Para

com votos de paz.

DIVALDO PEREIRA FRANCO
& LUIZ FERNANDO LOPES

SEXO E CONSCIÊNCIA

Salvador
1. ed. — 2023

COPYRIGHT © (2013)
CENTRO ESPÍRITA CAMINHO DA REDENÇÃO
Rua Jayme Vieira Lima, 104
Pau da Lima, Salvador, BA.
CEP 412350-000
SITE: https://mansaodocaminho.com.br
EDIÇÃO: 1. ed. (3ª reimpressão) – 2023
TIRAGEM: 1.000 exemplares (milheiro: 21.800)
COORDENAÇÃO EDITORIAL
Lívia Maria Costa Sousa
CAPA
Cláudio Urpia

MONTAGEM DE CAPA
Ailton Bosco
EDITORAÇÃO ELETRÔNICA
Lívia Maria Costa Sousa
REVISÃO
Luciano Urpia
Christiane Lourenço
COLABORADORES
Ana Landi
Jorge Leite
COEDIÇÃO E PUBLICAÇÃO
Instituto Beneficente Boa Nova

PRODUÇÃO GRÁFICA
LIVRARIA ESPÍRITA ALVORADA EDITORA – LEAL
E-mail: editora.leal@cecr.com.br

DISTRIBUIÇÃO
INSTITUTO BENEFICENTE BOA NOVA
Av. Porto Ferreira, 1031, Parque Iracema. CEP 15809-020
Catanduva-SP.
Contatos: (17) 3531-4444 | (17) 99777-7413 (WhatsApp)
E-mail: boanova@boanova.net
Vendas on-line: https://www.livrarialeal.com.br

Dados Internacionais de Catalogação na Publicação (CIP)
(Catalogação na fonte)
BIBLIOTECA JOANNA DE ÂNGELIS

F825	FRANCO, Divaldo Pereira. (1927)
	Sexo e consciência. 1. ed. / Divaldo Pereira Franco e Luiz Fernando Lopes. Salvador: LEAL, 2023.
	584 p.
	ISBN: 978-85-8266-038-6
	1. Espiritismo 2. Sexo 3. Consciência
	I. Franco, Divaldo II. Lopes, Luiz Fernando III. Título
	CDD: 133.90

Bibliotecária responsável: Maria Suely de Castro Martins – CRB-5/509

DIREITOS RESERVADOS: todos os direitos de reprodução, cópia, comunicação ao público e exploração econômica desta obra estão reservados, única e exclusivamente, para o Centro Espírita Caminho da Redenção. Proibida a sua reprodução parcial ou total, por qualquer meio, sem expressa autorização, nos termos da Lei 9.610/98.
Impresso no Brasil | Presita en Brazilo

SUMÁRIO

Sexo e Consciência	9
Apresentação	13

1 ENERGIA SEXUAL — 17
Canalização de energia — 17
Diálogo com Chico Xavier — 24
Polaridades sexuais e mediunidade — 44

2 SEXO E REENCARNAÇÃO — 49
Processo reencarnatório — 49
Psicose puerperal — 59
Reencarnação e famílias não planejadas — 61
Contraceptivos e planejamento familiar — 63

3 ABORTO — 67
Aborto provocado — 67
Aborto devido a estupro — 70
Aborto eugênico — 73
Aborto, células-tronco e fertilização *in vitro* — 79
Consequências e responsabilidades — 82
Aborto espontâneo — 90
Renovação e resgate — 101

4 SEXO E OBSESSÃO — 109
Sobre o livro de Manoel Philomeno de Miranda — 109
Ressonâncias do aprendizado — 121
Cilada obsessiva — 125

5 TRANSTORNOS SEXUAIS — 131
O drama de uma atriz — 131
A psicoterapeuta e o transtorno sexual — 134
Pedofilia — 145
Complexos de Édipo e de Electra — 148

6 RELIGIÃO E TRANSTORNOS SEXUAIS — 159
Acolhimento e diálogo fraterno — 159
Relacionamentos ilusórios — 165
"Almas gêmeas" — 176

7 HOMOSSEXUALIDADE — 189
Polaridades sexuais e reencarnação — 189
Orientação sexual — 191
Reflexos do passado — 196
A proposta da Doutrina Espírita — 204
Sublimação — 214
Afinidades perturbadoras — 223
Casamento, herança e adoção de filhos — 233
Uma breve conclusão — 238

8 SUPERANDO A PROSTITUIÇÃO — 241
Maria de Magdala — 241
Um objetivo para a vida — 282
A vendedora de ilusões — 293

9 O AMOR EM SUAS MÚLTIPLAS EXPRESSÕES — 315
O amor é unilateral — 315
Eufrásia: o poder do amor — 321
"Você amaria assim?" — 337
O Evangelho do coração — 346
Aprendendo a valorizar o amor e a amizade — 352
Yvonne Pereira: laços de amor além do tempo — 362

10 SEXO E SOCIEDADE — 371

Sexualidade no mundo contemporâneo — 371
Carnaval — 384
Sexo e questões de gênero — 398

11 DESAFIOS CONJUGAIS — 417

A amizade na vida conjugal — 417
O processo de envelhecimento — 423
Infidelidade — 431
Perdão e recomeço — 449
Reencantar a vida a dois — 460
Evangelho no lar e harmonia conjugal — 471

12 O JOVEM E A SEXUALIDADE — 483

Sexo e compromissos — 483
Sedução e envolvimento sexual — 503
Sexo, namoro e casamento — 508
Amor e paixão — 510

13 EDUCAÇÃO AFETIVO-SEXUAL — 519

Dialogando sobre sexo — 519
Educação e vulnerabilidade social — 521
Erotização precoce e o papel dos pais — 533
Namoro e educação afetiva — 543
A falência da educação sexual no lar — 547

14 JESUS: MODELO DE SEXUALIDADE INTEGRAL — 553

A *anima* e o *animus* — 553
O contexto cultural judaico-cristão — 557
Jesus sob o olhar da Psicologia — 567

Sexo e Consciência

O pai da psicanálise, Sigmund Freud, após longas reflexões e análises, concluiu que o indivíduo humano é direcionado por dois impulsos básicos que lhe comandam a existência, os quais denominou como *eros* e *tânatos*.

O princípio de conservação da vida, *eros*, impulsiona-o à sua manutenção, expressando-se por meio da libido, em face do impositivo da procriação. Simultaneamente, experimenta a exigência de *tânatos*, que representa a necessidade da morte, agindo no inconsciente como força dominadora.

Um pequeno exemplo auxilia a compreensão desses dois vigorosos mecanismos psicológicos: a necessidade alimentar para a preservação da vida é essencial para todos os seres vivos, nada obstante, para que seja alcançada a sua finalidade é indispensável a destruição do alimento, numa complementação total para mantê-la.

Analistas, ainda mais audaciosos, como a senhora Melanie Klein, que observou algo surpreendente: desde o ato inicial da alimentação o recém-nascido tem também ciúme do peito materno, sua fonte de vida, num comportamento destrutivo, desse modo confirmando a presença das duas pulsões. O seio que sustenta a existência proporciona, ao mesmo tempo, o medo de perdê-lo, num conflito que se poderá prolongar por todo o curso da jornada, gerando-lhe mais tarde, dificuldades de adaptação e de equilíbrio.

Carl Gustav Jung, no entanto, procurando penetrar no mesmo inconsciente humano para encontrar as respostas para a conquista da plenitude, apresenta os arquétipos como as heranças primitivas mais remotas, dos quais resultam os fenômenos conflitivos, as aspirações e lutas pela sobrevivência, a ânsia de libertação, na busca do estado numinoso.

Outras correntes valiosas que estudam o ser humano propõem a predominância dos instintos agressivos, como fundamental, qual ocorreu com Alfred Adler, que estabelecia como fundamentais o meio social e a tensão contínua do indivíduo em alcançar os objetivos essenciais, mediante a conquista do poder, do aparecer, do triunfar. Quando isso não ocorre, segundo ele, surgem os complexos de inferioridade e outros que o maceram.

Variando de autores, o sexo, melhor dizendo, a função sexual é sempre considerada como elemento essencial para a aquisição de uma existência harmônica ou entorpecida pelos desassossegos e transtornos, alguns dos quais se apresentando com caráter neurótico e psicótico.

O Espiritismo, porém, analisando o ser humano no seu aspecto tríplice: Espírito, perispírito e matéria, propõe uma Psicologia baseada nas experiências ancestrais do comportamento desde os primórdios da sua evolução que, de alguma forma, dão lugar ao surgimento de arquétipos que se lhe manifestam como provas e expiações, ensejando os impulsos de vida e de morte, bem como as necessidades de autossuperação, quando mantendo relacionamentos saudáveis com as demais pessoas.

Considerada como fonte de vida pelo *milagre* da reprodução, é acompanhada pelo prazer no seu exercício saudável, tornando-se, também, fator de desequilíbrio quando alguma dificuldade a inibe, a direciona equivocamente, através da eleição de conduta patológica.

A necessidade de uma ética-moral para a função sexual inspirou algumas religiões a estabelecerem regras castradoras e preconceituosas que geraram, através da História, situações embaraçosas que ainda prosseguem como heranças infelizes de que a sociedade padece, empurrando o comportamento, na atualidade, para a liberação excessiva ou libertinagem, para a castração, ou para tormentos de outra natureza...

Fundamentada na ética do amor, a Doutrina Espírita propõe ao comportamento sexual higiene moral e respeito indispensável ao exercício da sua função dentro de padrões equilibrados, de modo que se constitua elemento proporcionador de saúde e de bem-estar, contribuindo seguramente para o desenvolvimento de todos os valores intelectuais e espirituais em que a vida se estrutura triunfante.

Isso, porém, deflui da conquista da consciência, do nobre instrumento da razão e do discernimento, que capacita o indivíduo a viver da função e não exclusivamente para ela ou sem ela...

A aquisição da consciência é, portanto, o grande e inadiável desafio que todos devem enfrentar, por meio do estudo profundo de si mesmo, das próprias possibilidades, das heranças ancestrais e de como aplicá-las, diluindo as perturbadoras e ampliando aquelas que lhe constituem motivação de vida e de realização.

Nesse processo, que se prolonga através das reencarnações, em cada etapa o Espírito imprime na constituição orgânica e emocional necessidades compatíveis com o nível do seu progresso, disciplinando e educando todas as funções e cuidando, especialmente, daquelas que se derivam dos conteúdos psicológicos profundos. O sexo e a sua correspondente finalidade encontram-se insertos nessa condição.

Pode-se afirmar que a maioria dos conflitos humanos, pessoais e coletivos, tem no sexo, nos seus atributos e manifestações, a gênese essencial que se apresenta mascarada por diversos mecanismos de ocultação e de fuga da realidade, o que se transforma em buscas equivocadas e comportamentos estranhos, esdrúxulos, agressivos, criminosos...

A partir da gestação, quando o Espírito vincula-se ao futuro corpo, as ocorrências do intercâmbio entre a mãe e o futuro filho, as imposições do ambiente, a conduta na vida infantil, a convivência social, influem de maneira inequívoca na construção da sua saudável ou doentia conduta sexual, imprimindo no inconsciente receptivo às informações exteriores, os instrumentos hábeis para o seu desenvolvimento, no que resultam o equilíbrio ou os transtornos graves durante toda a existência.

O conhecimento, portanto, da realidade do ser — Espírito imortal que é em experiência transitória pelo corpo físico — faculta a conquista dos processos educacionais próprios para que se desenvolva em harmonia, dentro dos padrões de equilíbrio moral e social, logrando o êxito no processo de autoiluminação, que é o objetivo essencial do renascimento material.

✳

O presente livro, sintetizando observações e estudos, discussões e análises de diferentes comportamentos humanos ao longo de várias décadas, faculta uma visão muito ampla a respeito do sexo e da consciência, narrando experiências humanas diversificadas e apresentando diretrizes de equilíbrio para uma existência saudável, dentro dos padrões ético-morais e espirituais, tendo em vista a imortalidade do Espírito.

Oportunamente, quando por ocasião de algumas das conferências e seminários, entrevistas e diálogos aqui apresentados, estivemos presente, inspirando o médium, de modo a oferecer a visão vigente entre nós outros, os desencarnados, a respeito de tão relevante questão, qual a de natureza sexual ante a consciência lúcida.

Fazemos votos que as propostas nele exaradas possam contribuir favoravelmente em benefício dos nossos leitores, ante suas preocupações e condutas, indicando-lhes rumos felizes, todos inspirados no Evangelho de Jesus e nos mais enriquecedores contributos das modernas ciências psicológicas.

Salvador, 16 de abril de 2013. (*)
JOANNA DE ÂNGELIS

(*) Página psicografada pelo médium Divaldo Pereira Franco, na Mansão do Caminho, em Salvador, Bahia.

Apresentação

"Eu fiz da minha própria vida o meu laboratório."

Divaldo Franco

exo e Consciência é o resultado de um trabalho realizado através de pesquisas em material audiovisual contendo a gravação de palestras e seminários realizados por Divaldo Franco em todo o Brasil, desde a década de 1980 até o ano de 2013.

O livro é constituído por narrativas e reflexões elaboradas pelo autor em sessenta e seis anos de atividades espíritas. Proferindo conferências e atendendo pessoas em diversos lugares do mundo, o médium se defrontou com inúmeras situações que integram a pauta da evolução espiritual no campo da sexualidade: consequências da prática do aborto, obsessões sexuais, crianças com erotização precoce, jovens inseguros, dificuldades conjugais e outros aspectos em torno do sexo e das uniões afetivas. Essas dificuldades evolutivas, que se avolumam de forma exponencial neste período de transição planetária, foram sempre abordadas conforme as diretrizes dos amigos espirituais, que proporcionaram a Divaldo uma visão ampla, permitindo que o médium recebesse o respaldo necessário para intervir com segurança em todos os episódios. Por isso, as páginas deste livro contêm informações bastante elucidativas de mentores como Joanna de Ângelis, Bezerra de Menezes e Manoel Philomeno de Miranda.

Foi o médium Francisco Cândido Xavier que ofereceu a Divaldo as primeiras noções sobre a concepção espírita da sexualidade. Na ocasião em que se conheceram, Chico referiu-se às propriedades da energia sexual e demonstrou como educá-la em benefício do processo evolutivo, um conhecimento formulado a partir de profundos diálogos com seus mentores espirituais. Por este motivo, no presente livro Divaldo desdobra um número expressivo de conceitos que pôde coletar nas visitas realizadas a Pedro Leopoldo e a Uberaba durante toda a vida, razão pela qual este trabalho também reflete a sabedoria de Chico Xavier, Emmanuel e André Luiz.

O leitor notará que os conteúdos presentes no texto não representam um conjunto de especulações incipientes, pois decorrem de uma longa experiência de vida e estão em consonância com os mais sólidos princípios doutrinários. Em todos os capítulos adicionamos notas explicativas que indicam as fontes nas quais os conceitos apresentados podem ser confirmados, permitindo o aprofundamento dos temas abordados pelo autor. Como consequência, o trabalho assume simultaneamente a característica de um tratado sobre sexualidade à luz da Doutrina Espírita e de uma fonte de pesquisa com referências bibliográficas indispensáveis à análise do assunto. Fiz a opção de restringir essas referências aos livros psicografados por Divaldo Franco, Chico Xavier, Raul Teixeira e Yvonne Pereira, embora a bibliografia espírita contenha obras assinadas por outros médiuns. Também fazem parte das indicações bibliográficas alguns livros de entrevistas com os autores mencionados.

Ao constatar que a obra estava concluída, um sentimento de gratidão brotou espontaneamente, desenhando emoções difíceis de traduzir em palavras. São muitas as pessoas que contribuíram para que o livro estivesse à disposição dos leitores.

Inicialmente eu desejo agradecer aos escritores, pesquisadores e palestrantes que se debruçaram sobre o tema da sexualidade e ofereceram ao Movimento Espírita os frutos preciosos da sua dedicação. Menciono aqui alguns autores cujo trabalho considero de valor substantivo: Divaldo Franco, Jorge Andréa, Alberto Almeida, André Luiz Peixinho e Anete Guimarães. A partir das últimas duas décadas do século XX até a atualidade, esses autores produziram as informações mais consistentes sobre sexualidade e relacionamento amoroso, um território do conhecimento cujo trânsito é bastante sinuoso. Frequentando os seminários apresentados por esses autores, pude esboçar as primeiras impressões a respeito deste objeto de estudo, ampliando mais tarde as minhas observações devido à atuação profissional nos campos da saúde e da educação, que recebeu o contributo de uma formação científica na qual aprofundei o meu conhecimento nos domínios do comportamento humano. Dos contatos iniciais com a visão espírita sobre a sexualidade, no alvorecer da adolescência, até a conclusão deste trabalho, passaram-se mais de vinte anos, constituindo uma etapa de maturação intelectual e doutrinária que foi decisiva para que eu pudesse organizar o livro com o rigor metódico que o projeto exigia.

Quero agradecer a todos aqueles que disponibilizaram gravações de áudio e vídeo a fim de que a pesquisa fosse a mais extensa possível.

Um agradecimento especial ao nobre amigo Adilton Pugliese, colaborador valoroso do Centro Espírita Caminho da Redenção e da Mansão do Caminho, que por solicitação de Divaldo se dispôs a me auxiliar fornecendo-me com muita gentileza o material audiovisual publicado pela Editora LEAL. Adilton também atuou como revisor do livro, contribuindo para garantir o bom nível de qualidade do texto, que deve ser atribuído essencialmente ao trabalho incansável e às experiências do próprio autor.

Pretendo registrar também o meu reconhecimento aos colaboradores da Editora, cujo esforço e dedicação merecem todos os aplausos.

Por fim, desejo expressar a minha gratidão a Divaldo Franco, personagem central e autor desta obra que eu tive a oportunidade de ajudar a materializar. O seu idealismo e a sua generosidade fizeram-lhe acolher o projeto com entusiasmo, na certeza de que o livro refletiria com fidelidade o seu conhecimento acumulado ao longo dos anos.

Certa vez, Divaldo afirmou em um seminário: *"Eu fiz da minha própria vida o meu laboratório"*. A frase sintetiza a natureza deste livro com uma clareza meridiana, uma vez que o conteúdo aqui reunido apresenta inúmeras descobertas efetuadas no *laboratório* de Divaldo. Como o autor está sempre interessado na produção de saberes no campo da transcendência, tecendo propostas inovadoras no terreno da fraternidade, esta obra oferece aos leitores o resultado de toda uma vida de estudos, experiências enriquecedoras e diálogos com personagens que protagonizaram episódios de sombra e de luz nas tramas insondáveis do destino, permitindo ao médium e educador a elaboração de conceitos de extremo valor doutrinário e a realização de intervenções de caráter terapêutico e educacional.

Portanto, o leitor está convidado a conhecer os meandros do pensamento e da trajetória de Divaldo Franco em sua busca por uma visão integral da sexualidade humana. Este trabalho proporciona novos referenciais para uma análise profunda no plano psicológico e existencial, favorecendo o despertar da dimensão amorosa que repousa na intimidade do espírito, aguardando o nosso momento de decisão para eclodir com sabedoria e consciência no imenso painel evolutivo do ser.

São Paulo, 27 de março de 2013. (*)
LUIZ FERNANDO LOPES

(*) Esta foi a data em que Divaldo Franco completou sessenta e seis anos ininterruptos de atividades na Doutrina Espírita. Nota do organizador.

1
ENERGIA SEXUAL

CANALIZAÇÃO DE ENERGIA

O sexo, como qualquer outra função biológica, tem a sua finalidade precípua, que é a continuidade da vida na Terra. Ele se apresenta como um dos nossos mais predominantes instintos primários, aqueles que garantem a nossa preservação.

Para que os seres fossem atraídos uns aos outros, no intuito de realizarem o fenômeno da reprodução, a Natureza permitiu que os hormônios nos proporcionassem as sensações e os sentimentos nos concedessem as emoções. As duas experiências estão na pauta da nossa estrutura mental.

Aqueles que estagiam nas faixas primárias da evolução preferem as sensações que saturam rápido, passando a buscar experiências novas e diferentes que vão desaguar nas aberrações. Os indivíduos que transitam pela faixa evolutiva do equilíbrio, porque encontraram a realidade do espírito, têm mais emoções do que sensações. Nessas pessoas o intercurso sexual é feito de ternura, não é brutal como nos seres primitivos.

A nossa tarefa evolutiva é aprimorar os recursos espirituais de que somos portadores para atingir um estado de sublimação sexual. Essa sublimação não se dá exclusivamente pela abstinência. O indivíduo poderá se abster do uso do sexo, mas permanecer com os quadros mentais dos tormentos. Parceiros que vivem em plena harmonia estão sublimando a função sexual. E quando um dos dois experimenta a viuvez, está tão perfeitamente integrado às aspirações superiores que pode dispensar o exercício da função, já que a mente equilibrada proporciona um estado de paz. Ele preenche os espaços mentais com as lembranças e a gratidão ao ser amado.

Joanna de Ângelis afirma que sublimação não é abandonar a vivência sexual para assumir uma conduta castradora, inibitória. Afinal, muitas pessoas se encontram em castidade não por opção consciente, mas por conflito.

A disciplina mental, que favorece a sublimação sexual, é um hábito que pode ser adquirido mediante o esforço. Se nós selecionarmos os conteúdos que guardamos em nosso psiquismo ficará muito mais fácil alcançar a paz interior que nos preservará de tormentos desnecessários.[1] Eu procuro manter uma técnica para não impregnar a mente com cenas deploráveis: não me detenho a olhar tudo aquilo que está ao meu alcance. Seleciono as imagens para diferenciar aquelas que são agradáveis daquelas que não me interessa registrar.

De acordo com o direcionamento da mente, a nossa energia sexual será utilizada de formas variadas. Afinal, os fatores diferenciais do sexo (masculino e feminino) podem ser localizados no sistema reprodutor. Mas a sexualidade está localizada em todo o corpo, na mente, na aura e na emanação psíquica que possuímos.

Apoiados nas conclusões do grande cientista francês Lavoisier, compreendemos que *na Natureza nada se perde*, pois *tudo se transforma* e assume outras configurações para se manifestar. Por essa razão o nosso corpo pode ser interpretado como um grande laboratório.

Na área da sexualidade poderemos entender que a energia que não for exteriorizada em uma relação sexual, o organismo irá liberar espontaneamente durante o sono, no fenômeno das poluções noturnas, processos de ejaculação que eliminam os excessos de *energia fisiopsíquica*.

As glândulas endócrinas, em particular as glândulas sexuais, são fundamentais à nossa vida orgânica e psíquica. Os sábios esotéricos há milênios conhecem o gradiente de energia de que dispõe o nosso sistema genésico. Eles propõem que o ser humano realize o

---

[1] Consultar o livro *O Despertar do Espírito*, de Divaldo Franco/Joanna de Ângelis, Ed. LEAL, cap. 4 (Atividades Libertadoras), itens "Educação e Disciplina da Vontade" e "Sublimação da Função Sexual". Nota do organizador.

deslocamento das energias sexuais para ampliar a potência de funcionamento cerebral, num processo classificado como a ascensão da *kundaline*, que no idioma sânscrito significa *serpente de fogo*. É um trabalho que todos poderemos fazer utilizando o recurso da meditação. Não me estou referindo à meditação transcendental exclusivamente, mas à reflexão, à busca da disciplina do pensamento, já que a função sexual atende aos apelos da nossa vida mental. Quando esta função se manifesta à revelia do nosso controle consciente significa que estamos experimentando um transtorno de comportamento.

Muitas pessoas dirão, em uma análise apressada, que a relação sexual desgasta o ser humano e prejudica sua saúde. Na realidade não é a relação sexual em si mesma que desgasta o corpo e compromete o funcionamento do sistema reprodutor, mas é a mente viciada que lança *toxinas psíquicas* na estrutura dos órgãos e glândulas sexuais. Quando um casal se ama e se respeita, no momento da relação sexual são liberados também *hormônios psíquicos de ternura*, que se convertem em verdadeiro nutriente para o corpo e para a mente dos parceiros.

Um Espírito amigo disse-me certa vez:

— Em uma relação sexual feita de ternura ocorre uma transmissão de energia das mais profundas, semelhante a uma aplicação de passe. Na terapia do passe as energias penetram lentamente a aura e os *poros* do perispírito para depois beneficiar o corpo físico. Durante a intimidade de um casal que se ama, a *bioenergia sexual* penetra com mais intensidade no organismo. Há um fluxo de bioenergia de fora para dentro, a partir da radiação psíquica absorvida do parceiro, e outro de dentro para fora, que se origina no próprio orgasmo do indivíduo. Os dois fluxos de energia exercem sobre o casal um efeito terapêutico, irradiando-se pelos órgãos e produzindo saúde. E tudo isso graças ao milagre do amor!

De forma semelhante, nas experiências místicas dos santos, como São Francisco de Assis e Santa Teresa D'Ávila, verificamos que no momento culminante do êxtase espiritual eles experimentavam *o orgasmo do amor psíquico*, no qual o corpo apresentava descargas de orgasmo idênticas àquelas que têm lugar numa relação sexual. Como a nossa estrutura biológica preserva os mecanismos que são próprios ao reino animal, era natural que no instante do êxtase o organismo daqueles grandes místicos reagisse conforme está biologicamente programado, liberando a energia acumulada por certo tempo. O orgasmo é uma reação do sistema nervoso ao estímulo provocado pela emoção.

Esse fenômeno que descrevemos para os santos da igreja vale para todos os grandes místicos orientais da Índia, da China, do Japão e de outros países. São monges do budismo, do taoísmo, das doutrinas esotéricas. Todos eles são Espíritos habitando um corpo.

Além das formas mencionadas para o escoamento da energia sexual, poderemos canalizar essas energias para a nossa vitalidade e a nossa evolução. Os fenômenos mediúnicos também podem requisitar esses recursos fisiopsíquicos, uma vez que o exercício da mediunidade poderá mobilizá-los com grande proveito e sem qualquer prejuízo para o indivíduo.

Em face disso, aqueles que pretendem exercer de forma saudável a sua faculdade mediúnica devem cultivar a educação sexual e afetiva. Mas esta educação precisa estender-se para outros aspectos, pois não adiantará ao médium educar as forças sexuais e cultivar o hábito de falar da vida alheia, criticando as pessoas e preocupando-se com aquilo que não lhe diz respeito. Também não será equilibrada a mediunidade do indivíduo que experimenta o ódio e guarda ressentimentos. Conheço pessoas muito bem-educadas sexualmente, mas que alimentam a inveja impiedosa e apreciam crucificar os outros, carregando na alma ressentimentos terríveis. E ainda se arvoram em afirmar: "Eu vivo com pureza de alma, pois tenho uma vida sexual sem maiores comprometimentos!". Em realidade, uma postura como essa configura um conflito psicológico, mediante o qual a pessoa identifica no semelhante a imagem do que não tem coragem de fazer, um mecanismo de projeção do *ego* que lhe faz exibir uma falsa pureza para escamotear o seu drama íntimo.

Se uma pessoa é portadora de mediunidade e não trabalha suas energias sexuais para adquirir saúde integral, correrá o risco de ser uma presa fácil dos Espíritos que se obstinam em prejudicá-la.

A maturação sexual do adolescente, por exemplo, guarda relação com uma variada gama de fenômenos mediúnicos. A atividade das glândulas sexuais e endócrinas demais modifica os padrões de funcionamento da vida psíquica do jovem, facultando a eliminação de uma grande quantidade de energia que poderá ser canalizada de forma inadequada, caso o jovem não receba uma orientação educacional eficaz. Por essa razão, na produção de fenômenos de efeito físico, como os fenômenos denominados de *poltergeist*, a energia sexual funciona como um fator preponderante.

Ao longo das décadas em que tenho viajado para atender aos compromissos de divulgação espírita, testemunhei inúmeras ocorrências de apedrejamento, deslocamento de objetos, combustão espontânea e outros fenômenos mediúnicos de efeito físico. E constato que nos locais onde esses episódios acontecem sempre existe um adolescente na residência ou nas proximidades.

No momento da puberdade, quando o organismo humano altera o seu funcionamento hormonal e desenvolve os caracteres sexuais secundários, há uma energia fisiopsíquica que eclode no indivíduo e de que os Espíritos levianos se utilizam. Esses desencarnados, normalmente inimigos do passado do médium adolescente, dão curso a dolorosos processos de perseguição. Tenho visto pessoas em cuja pele eles cravam agulhas, produzem cortes profundos ou escrevem palavras na epiderme, fazendo-a sangrar, graças ao passado de delito da vítima e à energia liberada por ela na fase da puberdade.

A abordagem ideal para o atendimento de urgência a esses jovens é o passe, a transmissão de bioenergia com finalidade terapêutica, que deverá ser seguida pela evangelização. E à medida que este indivíduo for realizando o seu trânsito para a fase adulta, concluindo o período da puberdade e da adolescência, ele deverá aprender técnicas de amadurecimento mental, de educação afetiva e sexual.

Um dos maiores exemplos de aquisição de disciplina sexual e canalização de energia para o bem é o do apóstolo Paulo de Tarso, que era um Espírito antigo e muito rico de desenvolvimento intelectual. Porém, antes da sua grande transformação, quando se tornou cristão e trabalhou com afinco pela divulgação dos ensinamentos de Jesus, ainda possuía uma evolução moral bastante precária, pois nessa primeira fase da sua trajetória terrena ele revelou ausência de sentido ético, de respeito à vida. Quando era rabino, foi responsável por inúmeras mortes, como o assassinato de Estêvão a pedradas, caracterizando-se como um homicida cruel. Vários outros cristãos morreram pelas suas mãos. No entanto, quando ia a Damasco para matar e tem o encontro com Jesus, a sua honestidade e lealdade à fé mosaica abre espaço para que ele agora aplique a mesma energia na causa do Cristo. Sua transformação espiritual foi absolutamente extraordinária! Por isso, eu acredito que Paulo, numa só encarnação, atingiu o ápice da evolução que se pode alcançar na Terra.

Ele confessava que muitas vezes não fazia aquilo que queria, mas exatamente o que não desejava, demonstrando ser uma criatura frágil, com dramas emocionais que necessitava superar, como qualquer um de nós. Contudo, era portador de vontade férrea! E neste sentido, como noutros, é um personagem fascinante!

Entre os seus dramas evolutivos o apóstolo confessava ter *um espinho na carne*.[2] Ao longo dos séculos muitos teólogos se questionaram sobre o que seria esse espinho, sem que nenhum estudioso propusesse uma explicação satisfatória. Eu também me perguntei durante vários anos: "Que espinho seria esse na carne de Paulo? O que é que lhe constituía um tormento?" Até que cheguei a uma conclusão pessoal.

Reflexionando por um largo período, concluí que aquele homem vigoroso e audaz era um indivíduo com todas as suas funções sexuais em plena vitalidade. Por isso, ele também possuía os impulsos fisiológicos que são normais em qualquer ser humano como decorrência do funcionamento hormonal, ainda mais por ser um homem belo e jovem. Entretanto, Paulo decidiu canalizar as suas energias fisiopsíquicas para entregar-se totalmente ao seu ideal. E isso lhe constituía um *espinho*, pois essa canalização sempre será um trabalho que exige elevados níveis de disciplina e persistência. Além disso, para a visão mosaica o erro não estava somente em executar o ato equivocado, mas também residia em pensar nele, o que é uma sutileza conceitual que merece reflexão. O próprio Jesus já nos dizia que ao pensar no erro já estaríamos cometendo *adultério*, isto é, já estaríamos de alguma forma assumindo um compromisso negativo.

Todas essas reflexões me levaram a entender que o apóstolo sentia com frequência a inclinação biológica para manter relações sexuais, pois todo ser humano experimenta este impulso. Por mais transcendência

---

[2] I Coríntios, 12:7-9. Nota do organizador.

que a sua vida tenha alcançado, ele permanecia enclausurado num corpo físico, ou seja, mantinha-se na *carne* que o atormentava com um *espinho* doloroso. No livro *Paulo e Estevão*, Emmanuel confirma de maneira sutil a tese de que o apóstolo Paulo experimentava os tormentos do sexo.

Nesse sentido, sua tarefa era sublimar os impulsos para não ter conflitos, uma vez que ele próprio havia optado por dedicar-se completamente à causa cristã, sem abrir espaço em sua vida para outras preocupações. Pela sua disciplina férrea conseguia superar os obstáculos. Como se dispunha a sublimar todas as funções, comendo pouco, dormindo pouco, trabalhando muito e renunciando aos prazeres imediatos, o organismo se encarregava de eliminar os excessos de energia sexual por meio das poluções noturnas. Era a função biológica, automática, que o caracterizava. Nos *estados oníricos*, durante os sonhos, acredito, pessoalmente, ele fazia a catarse dos conteúdos arquivados no inconsciente. Antes de ser Paulo ele foi Saulo. Embora vivesse em castidade possuía libido como qualquer ser humano. E naturalmente, mesmo depois de assumir a identidade de Paulo e realizar exercícios de sublimação apoiados na abstinência, o inconsciente provavelmente liberava clichês sexuais que o faziam despertar aturdido no meio da noite.

Paulo sabia que dirigir as energias para o equilíbrio era uma necessidade imperiosa. Afinal, quando a energia sexual não é bem direcionada, ela desfigura as pessoas, que se transformam em subcriaturas, aqueles indivíduos insatisfeitos e atormentados que não se relacionam sexualmente, mas são psiquicamente desequilibrados, o que justifica a necessidade de trabalhar essas energias sexuais para transformá-las em forças psíquicas em benefício do próprio indivíduo.

Buda elaborou uma metáfora muito esclarecedora para entendermos as diversas formas como poderemos utilizar as nossas energias. Ele afirmou: "Se nós tomarmos uma vela e acendermos o pavio em uma sala na qual não existam correntes de ar, o combustível que mantém a vela acesa durará, digamos, oito horas. Se abrirmos uma janela que possibilite a entrada de vento, incidindo sobre a chama e fazendo-a gastar mais energia para manter-se acesa, o combustível durará quatro horas. Se acendermos essa mesma vela nas duas extremidades o combustível não durará duas horas".

Essa metáfora nos informa que quando gastamos o *combustível* com moderação e bom senso, multiplicamos o tempo de uso da nossa fonte de energia. Mas se consumimos demasiadamente esse mesmo combustível desperdiçamos energia e reduzimos rapidamente o tempo de uso da nossa fonte.

A vitória ou o insucesso na tentativa de sublimação sexual estará na dependência da nossa conduta mental.

Diálogo com Chico Xavier

Aprendi com Chico Xavier a mais bela lição de como canalizar as minhas energias sexuais para as atividades de fraternidade que me aguardavam desde a juventude. Com sua palavra segura e equilibrada, o apóstolo da mediunidade ofereceu-me um roteiro de aperfeiçoamento espiritual que utilizei durante toda a minha vida. As suas preciosas lições merecem um exame profundo e minucioso.

O confrade Ederlindo Sá Roriz foi quem me convidou para proferir a primeira palestra da minha vida, que teve lugar na União Espírita Sergipana, atualmente denominada Federação Espírita do Estado de Sergipe, no dia 27 de março de 1947. Na ocasião ele residia em Aracaju e eu era seu hóspede.

Como éramos muito amigos, no mês de março de 1948 fui convidado por ele a visitar Belo Horizonte durante as minhas férias de funcionário autárquico, uma vez que ele fora transferido com a família para a capital mineira. Após aceitar-lhe o convite, em lá chegando, no dia imediato tive a imensa alegria de conhecer o venerando médium Chico Xavier, em um inesquecível encontro que mudaria para sempre a minha vida. Desde alguns meses já nos correspondíamos. Foi por sugestão do Espírito Humberto de Campos que eu lhe escrevi a primeira carta.

Eu era muito presunçoso e inexperiente. Escrevi uma carta com todos os ingredientes daquela literatura formal que é utilizada quando nos dirigimos a uma autoridade: "Excelentíssimo Senhor Francisco Cândido Xavier, etc. e tal...". E o apóstolo da mediunidade respondeu a carta em tom bastante simples e amoroso: "Meu querido Divaldo (...). Fiquei tão curioso com a sua carta! (...)". Era uma verdadeira antítese do texto que eu redigira. A partir daí ficamos amigos e nos correspondemos diversas vezes.[3]

Naquela época, habitualmente, às terças-feiras, Chico Xavier visitava a família da dona Lucila Cavalcanti, viúva e fotógrafa, a quem era profundamente vinculado, especialmente em razão do afeto espiritual que dedicava ao jovem Carlos Cavalcanti, que então fundara e dirigia a União das Mocidades Espíritas Nina Arueira. A distinta senhora residia na Rua Tupinambás, número 330, na cidade de Belo Horizonte.

Como eu me encontrava na capital mineira, na convivência com alguns companheiros de ideal espírita, fui convidado para conhecer o querido médium na casa de sua amiga.

Estávamos em um número de aproximadamente quinze pessoas.

Às 17h, com esses amigos, entre os quais Ederlindo Sá Roriz, Arnaldo Rocha, e José Martins Peralva Sobrinho, vimos chegar, procedente de Pedro Leopoldo, o afável amigo, que logo saltou do automóvel e pôs-se a abraçar-nos a todos, que formávamos, à porta de entrada, um semicírculo. Ele estava com uma boina de camurça azul-marinho, que mais tarde me deu de presente. Jovialmente saudou o grupo e foi falando com todos, um por um. E quando chegou até mim, antes mesmo que eu lhe dirigisse uma só palavra, deu-me um abraço afetuoso e me falou:

— Olá, Divaldo! Que bom encontrá-lo em corpo físico!

Eu quase desmaiei! Na minha inocência eu comentei:

— Mas como você sabe que eu sou eu?

Com seu jeito mineiro, o amigo gentil respondeu:

— Você se lembra de que na minha carta eu lhe disse que os Espíritos me levaram para conhecê-lo? Emmanuel me levou ao seu encontro. E eu me recordo da fotografia do Espírito José Petitinga, o fundador da União Espírita Baiana, que está pendurada na parede do seu quarto.

— É verdade, Chico! Eu havia-me esquecido.

— Então segure aqui no meu braço e não o largue.

— Eu não largarei nem mediante cirurgia!

---

[3] Para uma análise sobre a correspondência e a amizade entre Divaldo e Chico Xavier, ver o livro *Amigos Para Sempre*, de Divaldo Franco e Cézar Braga Said, Ed. EBM. Nota do organizador.

Segurei-o pelo braço e o acompanhei. Eu era um verdadeiro papagaio de pirata, como se diz na anedota popular. Aonde ele ia, estávamos de braços dados. Chegava uma pessoa e solicitava:

— Posso? (fazendo menção a tomar-lhe o braço).

E eu respondia, com um sorriso no rosto que deixava a pessoa sem graça:

— Claro que não! Esse braço aqui é meu...

Assim que foi possível Chico comentou:

— Divaldo, sexta-feira é dia de nossa reunião em Pedro Leopoldo. Se você puder vá visitar-nos. Você ficará lá em casa e será meu hóspede. Poderá permanecer comigo também no sábado. E no domingo visitaremos a cidade de Matosinhos. Eu o receberei com muita alegria.

Com um convite irrecusável como esse eu fui a Pedro Leopoldo três dias depois.

Estando diante do extraordinário apóstolo, já venerável pela sua contribuição ao desdobramento da Doutrina codificada por Allan Kardec, eu desejava apresentar-lhe vários quesitos que integravam a minha pauta de inquietações juvenis, na tentativa de obter uma orientação segura e proveitosa. E entre esses quesitos estavam as perguntas sobre sexo, àquela época um verdadeiro tabu.

Eu me sentia deslumbrado com a sua presença. Em alguns momentos eu tinha dificuldades para falar. Gaguejava, tentava dizer uma coisa e enunciava outra, por conta da minha timidez.

Naquela época eu estava com vinte e um anos de idade, experimentando o ardor das energias sexuais em pleno vigor e não sabendo ao certo como me comportar. Eu era um jovem que havia abraçado o Espiritismo com os rigores positivos que esta Doutrina imprime naqueles que procuram solução para os desafios da existência planetária.

É claro que eu trazia a herança do catolicismo, religião que adotei por toda a infância e a juventude, chegando a exercer a função de coroinha. E me resolvi por adotar as disciplinas rígidas da Igreja Católica, confessando-me periodicamente. O sacerdote a quem eu recorria, às vezes, fazia-me perguntas tão perturbadoras que eu nem sequer sabia direito o de que se tratava. A sua mente impregnada de desejos sexuais reprimidos fazia com que ele me perguntasse a respeito de situações que ele gostaria de ter vivenciado. Após alguma narrativa sobre as minhas inquietações íntimas era muito comum que ele dissesse:

— Somente isso? Tem mais alguma coisa em que você pensa?

A partir daí ele me dava certas explicações na tentativa de me induzir a praticar os denominados pecados que ele não podia experimentar, para que depois eu fosse ao confessionário contar-lhe. Era uma espécie de *voyeurismo* auditivo. E eu realmente permanecia com as sugestões maliciosas na minha cabeça. Às vezes, eu ficava bastante aflito com aqueles diálogos que eu julgava serem benéficos. Por isso, as confissões me liberavam do *pecado*, mas não da *mente pecadora*, o que era muito pior. Todo sábado eu me confessava e todo domingo eu comungava durante a missa.

Não sabendo o que fazer com os meus conflitos, creio que fui aos poucos desenvolvendo um complexo de inferioridade. Nos momentos em que ia à escola eu notava que os meus amigos pareciam normais. Tinha medo de perguntar para eles se algo semelhante lhes acontecia porque eu poderia causar uma má impressão. Afinal, não se falava publicamente naquela *coisa impura* que era o sexo.

Quando eu me tornei espírita ainda guardava a concepção de que o sexo era sujo, imoral e pecaminoso. Podemos facilmente imaginar o que era a mente ansiosa de um jovem como eu, que ao abraçar a mediunidade desejava trilhar com segurança e com respeito os caminhos difíceis da exemplificação. E naturalmente temia deixar-me dominar por dolorosos conflitos. Mas agora, que eu estava ao lado de Chico Xavier, tinha a oportunidade de receber os esclarecimentos de que necessitava.

Chico estava publicando a série de livros do Espírito André Luiz.[4] No entanto, nas décadas de 1940 e 1950 a questão do sexo era tão impregnada de ignorância, tabus e preconceitos que o Espírito Emmanuel, fazendo uma análise da obra *No Mundo Maior*, em que André Luiz narrava as conjunturas dolorosas do sexo no Além-túmulo, entre as entidades mais primitivas, resolveu-se por diminuir a intensidade das informações, pois aquelas notícias que vinham do mundo espiritual po-

---

[4] Série *A Vida no Mundo Espiritual*, publicada pela FEB. É constituída por catorze livros ditados pelo referido autor desencarnado. Nota do organizador.

deriam chocar as tradições e os costumes da época. Nessa obra há uma página memorável de André Luiz fazendo uma abordagem sobre sexo, em que ele apresenta os tormentos da obsessão sexual, propondo terapias as mais valiosas.[5]

No sábado, quatro dias após o nosso primeiro encontro, eu estava com um grupo de quatro amigos na casa de D. Luiza, a irmã do médium mineiro. Era grande a minha ansiedade para lhe fazer perguntas sobre o tema do sexo. Chico nos servia o almoço muito generosamente e conversava com todos.

Com a sua natural grandeza ele nos *desarmou*. Eu não precisei fazer pose para aparentar uma educação refinada. O médium procurou deixar-me à vontade. Depois de nos servir e de sentar-se à mesa, a primeira coisa que ele fez foi pegar uma asa de frango com as mãos e saboreá-la tranquilamente, sem nenhuma cerimônia. A partir daí, todos nós que estávamos com receio de passar vergonha devoramos outras partes do frango, segurando-o com as mãos, para acompanhar o anfitrião, que de forma muito engraçada fez o seguinte comentário:

— Pois é. Todo mundo usa talheres para se alimentar de frangos e de outras aves. Quando um importante príncipe europeu esteve no Brasil e foi recebido no Itamaraty, levaram-no a um jantar com todas as regras de etiqueta social. No meio do jantar ele quebrou o protocolo comendo uma asa de frango com a mão, sem usar nenhum talher, dizendo ainda: "Não pode haver nada mais difícil para comer do que uma asa de frango como esta, portanto, de nada mais preciso". Aí, toda aquela gente que vive de aparências imitou o príncipe e também comeu com a mão, sem usar talheres.

A nossa ansiedade era tremenda! Deveríamos aproveitar cada minuto ao seu lado, mas na verdade não nos atrevíamos a uma abordagem tão delicada e tão grave.

A certa altura, enquanto estava de pé, com o recipiente do alimento nas mãos, Chico parou, olhou bem para mim, captando o meu pensamento, e sorriu tranquilamente, demonstrando um ar jovial e maduro. Naquela época ele contava trinta e oito anos. Em seguida começou

---

[5] *No Mundo Maior*, de Francisco Cândido Xavier/André Luiz, Ed. FEB, cap. 11 (Sexo e Vida). Nota do organizador.

a falar sobre sexo, de uma forma muito sutil, ali mesmo, em pé e segurando o recipiente com a comida. Disse que o sexo era um dos grandes enigmas que a Humanidade teria que decifrar à luz da Psicologia, que seria iluminada pela Ciência Espírita. Falou-nos que a conduta sexual, não menos grave do que hoje, porém oculta e sob os impositivos cruéis da intolerância, iria receber no futuro uma segura orientação da Ciência no que diz respeito aos problemas que alcançam as criaturas humanas.

Naquele instante o apóstolo do bem começou a oferecer um programa para toda a minha vida.

O assunto era delicado e eu não desmaiei porque não me lembrei! Esbugalhei os olhos, perdi o apetite e a respiração quase parou...

O fato de Chico falar sobre aquele tema sem que eu dissesse uma só palavra me impactou profundamente! Depois de alguns minutos, tecendo comentários, o querido médium, nos disse:

— André Luiz está trazendo uma colaboração para as nossas reflexões, que já somos todos capazes de entender e precisamos meditar sobre essa questão muito importante.

Após o comentário, ele mudou de assunto e deixou-me, e aos outros quatro amigos que almoçávamos com as mesmas interrogações, em silêncio. Ele havia feito uma abordagem panorâmica sobre o sexo, mas eu não pude falar-lhe sobre as minhas ansiedades pessoais. Confesso que fiquei um pouco frustrado. Todavia, agora eu possuía mais subsídios para raciocinar.

Ao terminar o almoço todos saíram da casa da irmã do médium. Essa residência tinha a frente voltada para uma determinada rua, enquanto a casa de Chico tinha a porta de entrada na rua lateral. E ambas se comunicavam pelos fundos do terreno. Chico e eu nos dirigimos à sua residência por essa comunicação. Ao passarmos por ali havia uma laranjeira formosa no quintal, estourando de flores alvinitentes e perfumadas. Chico estendeu o braço até uma haste para colher um pequeno buquê das suas flores. Ele olhou para aquele buquê muito branco e o seu olhar perdeu-se no Infinito... Em seguida ele olhou para mim de uma forma muito especial, parecendo não me estar vendo, para, logo depois, dizer-me suavemente:

— Tudo em a Natureza é sexo! A raiz da árvore, penetrando o seio generoso da terra em busca da água e do húmus, que se convertem em vida, está realizando uma função sexual. A planta, suas flores, sua folhagem e seus frutos são a bênção dessa função transcendente...

Ele começou a falar a respeito da responsabilidade que a inteligência tem em relação ao sexo, que o ser consciente deve manter para preservar-se das perturbações psicológicas, fisiológicas e espirituais que se derivam de uma conduta sexual desregrada ou inconveniente. Falou sobre o fenômeno da reprodução humana, mas também descreveu as manifestações sublimes da sexualidade que estão além da anatomia dos indivíduos e correspondem a todo esse conjunto de empatia e exteriorização vibratória que nos caracterizam.

Ouvindo aquelas considerações eu pensava: "Que coragem! Como é que ele fala essas coisas com tanta naturalidade?"

A sua abordagem prolongou-se por aproximadamente quarenta minutos. E eu bebi na taça cristalina da sua sabedoria as melhores diretrizes para uma vida saudável à luz da Doutrina Espírita. Fiquei em nobre estado de elevação, fascinado com aquelas orientações!

Ele permaneceu abordando o assunto, naquela mesma posição, com o braço estendido na direção da haste da laranjeira. Quando terminou, recuperou-se daquele estado de quase transe, recobrou a lucidez e acrescentou:

— O nosso querido André Luiz é especialista no tema da sexualidade... Ele resolveu falar para você, meu filho.

Desde aquele momento eu comecei a amar André Luiz, pois ele levantou a ponta do véu da ignorância e me permitiu visualizar o horizonte sublime da sexualidade.

Por fim, Chico me abraçou em uma atitude muito generosa de acolhimento e me falou sorrindo, certamente penetrando em meu mundo íntimo:

— Você gostaria de me fazer alguma pergunta?

— Gostaria sim. Mas eu tenho vergonha.

Minha dificuldade era fruto de uma época em que o sexo estava envolvido em muita ignorância e preconceito. Até mesmo pronunciar a palavra *sexo* era uma atitude imoral, como se todo mundo fosse assexuado. As crianças pensavam que os filhos chegavam ao mundo transportados pela cegonha, nascendo do repolho ou por outros meios estranhos. E eu guardava na mente o conceito teológico castrador do sexo. Então eu pensei: "Meu Deus! Como eu farei uma pergunta imoral a Chico Xavier?" Para me certificar eu perguntei:

— Eu posso mesmo fazer-lhe uma pergunta?

— Pode sim, meu filho — respondeu-me.

— Mas não será atitude imoral?

Procurando demonstrar que o preconceito que grassava não recebia o aplauso do mundo espiritual, ele esclareceu:

— Divaldo, recorde-se de que o apóstolo Paulo, na sua carta aos romanos, no capítulo 14, versículo 14, já nos ensinava: "Eu sei, e estou certo no Senhor Jesus, que nenhuma coisa é de si mesma imunda, a não ser para aquele que a tem por imunda; para esse é imunda."

Chico fez uma pausa e elucidou:

—O apóstolo referia-se aos prejuízos morais e aos preconceitos dos fariseus nas suas exigências formalísticas em torno da conduta de uma pessoa diante dos alimentos, pois era considerada uma atitude de imundície sentar-se à mesa sem obedecer à prescrição da higiene, que no código israelita gozava de caráter religioso. Por extensão, André Luiz afirma que nas nossas atividades sexuais a imundície não está no sexo em si mesmo, mas no comportamento da nossa mente.

Eu achei uma colocação extraordinária! E já que falar sobre sexo não era imoral eu aproveitei a oportunidade para perguntar-lhe, com muita timidez:

— Chico, como é que você faz para ter uma vida saudável e sem conflitos? Eu não me sinto perturbado, porque sou de temperamento muito calmo. Entretanto, às vezes, no estado onírico, o meu inconsciente libera quadros mentais perturbadores. Você, que é um sábio mestre, como é que consegue trabalhar essas forças psíquicas?

Com muito tato psicológico Chico contornou aquela situação, impedindo que eu tecesse qualquer comentário elogioso a seu respeito. Ele falava comigo revelando a ternura de uma mãe. Porque o médium mineiro transcendeu a forma. A *anima* e o *animus*, os símbolos psíquicos do feminino e do masculino, fundiram-se no psiquismo de Chico

Xavier, facultando que ele fosse um verdadeiro *pai*, quando necessário, e uma *mãe* generosa, quando indispensável, sem qualquer conflito de identidade sexual.[6]

Para responder ao meu questionamento o apóstolo do bem narrou que, quando possuía dezessete anos, mais ou menos, sendo portador de uma energia muito intensa, já que ele viera equipado de recursos para o exercício da mediunidade, começou a experimentar as constrições orgânicas impostas pela manifestação da libido.

Em certa ocasião, a sua mente começou a pensar na necessidade de uma companhia. No entanto, o casamento e os filhos biológicos não estavam no seu programa, dentro das leis éticas e das determinações evangélicas, porquanto todo o tempo disponível ele deveria canalizar para as atividades da família universal.

Não sabendo como proceder, nos recuados anos das décadas de 1920 a 1930, ele perguntou ao seu guia espiritual o que fazer. O benfeitor, depois de ouvir-lhe a justa interrogação, respondeu em tom educativo:

— Você deverá fazer a catarse. Não reprima, libere as suas energias para permanecer saudável.

Chico ficou sem entender a sugestão. Pedro Leopoldo era um lugarejo de dois mil habitantes ou um pouco mais. Naturalmente o mentor não estava recomendando que ele fosse a um bordel ou contasse com a ajuda de uma pessoa conivente para liberar as forças físicas e mentais. Emmanuel veio em seu auxílio esclarecendo que ele deveria caminhar ou mesmo correr pelos bosques da região, a fim de queimar as energias até chegar à exaustão. Dessa maneira ele poderia liberar-se do excesso de vitalidade, das forças genésicas que produziam de alguma forma o estímulo do seu sistema de glândulas endócrinas.[7]

---

[6] O último capítulo deste livro analisa a questão da integração entre os símbolos psíquicos, representando uma síntese de toda a obra. Nota do organizador.

[7] Gastar as energias em uma atividade saudável, para manter o equilíbrio emocional e sexual, é uma técnica utilizada pelo médium Silvério Carlos, personagem do livro *Entre os Dois Mundos*, de Divaldo Franco/Manoel P. de Miranda, Ed. LEAL, cap. 17 (Tribulações no Ministério). Para entender melhor a vida deste médium, ler também o cap. 16 (O Santuário de Bênçãos). Nota do organizador.

O trabalhador do bem aceitou a sugestão e passou a caminhar periodicamente pelos bosques. Ele orava, meditava e pedia a ajuda divina para superar as dificuldades de manter a disciplina mental e sexual.

Numa ocasião, Emmanuel recomendou:

— Já que tu tens sede de amor, deves abraçar as árvores.

Ao me relatar este episódio, Chico, com seu jeitinho mineiro, disse-me assim:

— Divaldo, eu até que abraçava as árvores, mas elas não me abraçavam...

Certo dia, quando estava na mata e se encontrava no auge da angústia, sem conseguir lidar com as suas energias, o jovem médium ergueu os braços e começou a gritar:

— Meu Deus! Como poderei me controlar? Que farei das minhas forças genésicas? Ajude-me, Senhor!

Nesse momento Emmanuel se lhe acercou e interrogou-o:

— Do que necessitas?

— Eu preciso de ajuda! Não sei o que fazer com as minhas energias! O senhor poderia me auxiliar?

— Cada um de nós é um ser com características específicas no plano da evolução. Transitamos em níveis evolutivos diversos. Por isso, eu não creio que as minhas experiências possam ajudar-te. Mas irei contar-te uma parábola, a fim de ajudar-te a entender o que deves fazer.

A narrativa é uma linda história que irei reproduzir devido à sua extrema importância.

Havia um rei que morava em um país onde tudo era abundante e a fartura desdobrava-se em rios de generosidade para todos os seus habitantes. O rei morava em um esplêndido castelo, governando com sabedoria e felicidade.

Passaram-se os anos... Os habitantes desse reino multiplicaram-se excessivamente.

Até que, oportunamente, veio um período prolongado de estio. A produção de recursos alimentícios começou a diminuir, e em breve alastrou-se a miséria. Nas regiões periféricas do reino a fome começou a ceifar algumas vidas e expulsou a população do campo, que não teve alternativa a não ser migrar para a cidade. Então, um ministro muito sábio e vigilante falou ao supremo governante:

— Majestade, o povo tem fome! Todos precisam ser atendidos. E como o estômago não tem moral, estamos diante de um grave momento da governança deste reino! Os celeiros estão abarrotados de grãos para a corte e os exércitos. Devemos distribuir esses recursos estocados, pelo menos uma parte deles.

O rei, no entanto, estava muito bem nutrido. A sua era uma mesa com refeição opípara, rica de acepipes variados. Ele vivia cercado de ministros e usufruindo tranquilamente do seu belo palácio, imaginando que não havia motivos para dar importância à advertência do seu ministro.

— Não farei isso, meu caro ministro! — afirmou o rei. — Não posso dar os meus grãos ao povo porque tenho que guardá-los para os meus militares.

— Majestade, não adianta ter soldados bem nutridos e estar na iminência de uma revolução interna. De nada servirá ter uma corte bem-alimentada se o povo se encontra em estado de degradação. A força do povo é enorme! E chegará até o rei em forma de desespero e de agressividade! A guerra de fora é temerária, mas a guerra de dentro é absolutamente devastadora!

O fato é que o rei, receando problemas mais graves, mandou ampliar os celeiros e fez grandes reservas de alimentos para os exércitos, pois temia que povos vizinhos, adversários que invariavelmente lhe ameaçavam a soberania, pudessem investir contra o reino debilitado pela fome. Se tal circunstância ocorresse, pelo menos o exército teria condições de defender a população. O cerco dos esfaimados fez-se cada dia mais vigoroso, chegando a ameaçar a estabilidade da coroa.

Apesar dos esforços do nobre conselheiro, o governante decidiu menosprezar aquela advertência.

Mais tarde, a seca tornou-se cruel e a fome adentrou-se pela cidade. As pessoas começaram a se revoltar e a gritar injúrias contra o rei.

O sábio ministro sugeriu ao rei que tomasse providências:

— Majestade, eu sugiro que encaminhe imediatamente parte das reservas dos soldados para o povo. Afinal, um povo bem-atendido torna-se um voluntário, um soldado do bem. O rei terá que agir agora, antes que seja tarde demais!

Mas o rei obstinadamente negava:

— Eu não posso fazer o que me pede! Esses grãos estão estrategicamente reservados para a defesa do reino!

E resolveu aguardar o desenrolar dos fatos.

Certo dia, enquanto fazia a refeição, uma pedra arrebentou a vidraça da janela e caiu sobre a mesa farta. O rei assustou-se e olhou para o ministro, que lhe disse em tom de desespero:

— Estamos sitiados! O povo esfaimado cercou a casa palaciana! Já estão lá embaixo, nos jardins. Nesse estado de ira, de necessidade e de angústia, as pessoas irão invadir o palácio e provavelmente ceifar a vida do seu rei, que não está preocupado com a sua miséria! Além disso, irão saquear os celeiros, destruindo tudo! E a desordem tomará conta do país...

O soberano empalideceu! Começou a ouvir a gritaria, as palavras agressivas, as ameaças... E então perguntou ao sábio:

— O que devo fazer? Se é que ainda posso fazer alguma coisa.

O ministro reflexionou um pouco e respondeu:

— Pois não. Eu lhe darei uma sugestão do que fazer. Aproxime-se da sacada da janela e fale à multidão! Converse com o povo e mostre que o ama. Diga a todos que você também tem problemas. O povo é rebelde, mas poderá acalmar-se.

E o rei, temeroso, subjugado pela sua consciência de culpa, respondeu-lhe:

— Mas eu não teria coragem! Eles me apedrejarão! E eu poderia ter a minha vida ceifada com um projétil de arma de fogo atirado por alguém mais intempestivo.

O ministro, então, acrescentou em tom firme:

— É um risco que Vossa Majestade deve enfrentar em decorrência da sua negligência. Eu o adverti desde há muito, mas a sua obstinação não permitiu que houvesse equilíbrio nem paz! A única alternativa agora é esta!

Nesse instante, uma nova pedra varou a vidraça da janela e caiu sobre uma taça de cristal que estava perto do rei. Ele olhou para os integrantes da corte e todos acenaram com a cabeça na intenção de dizer que a responsabilidade cabia exclusivamente ao governante.

O soberano encorajou-se, mandou que alguns dos áulicos tocassem os clarins para acalmar a massa, aparecendo em seguida na sacada de grande janela, de onde ele podia ver os jardins e a praça. A gritaria foi infrene! O povo desesperado vaiou o rei demoradamente e gritou-lhe palavras chulas. Algumas pessoas atiraram-lhe objetos que tinham nas mãos. Mas ele permaneceu impassível olhando a multidão. Em seguida levantou as mãos pedindo calma, sem conseguir sucesso. Até que alguém gritou, no meio da multidão:

— Pelo menos, deixemo-lo falar! Parece que ele tem alguma coisa a dizer. Vamos dar ao rei a chance que ele nos negou.

No silêncio que se fez natural, o rei começou a explicar:

— Meus súditos! Eu quero lhes pedir perdão! Não creiam que a tarefa de um rei seja tão simples. Administrar um reino é um desafio à sabedoria. Não suponham que é muito fácil a vida de um líder. Em algumas situações é até mais difícil do que ser um escravo. Além dos deveres administrativos ele também possui os seus compromissos pessoais; ao lado das lutas diplomáticas que deve travar com outros países coirmãos ou com adversários, um soberano tem muitos conflitos íntimos para equacionar; alguns dos meus descendentes desejam que eu morra para tomarem o meu lugar; uma fração do meu povo me odeia pelo simples fato de que eu sou o rei; e eu tenho ao meu redor alguns ministros que são perversos. Talvez o meu povo inveje a mesa farta. Mas por certo não invejará as minhas noites intranquilas, as minhas dificuldades para conciliar o sono quando vejo a seca atormentar as terras do meu país, que são aráveis, e a ausência de grãos ameaçar as nossas vidas... O destino de todos vocês depende dos meus decretos. Perdoem-me! Eu não tinha ideia de que a fome do meu povo era tão grande!

O soberano falou por longos minutos. E falou a verdade. Falou com lealdade e despiu-se daquela aparência de um ser arquipoderoso. Enquanto ele se explicava, as pessoas começaram a se entreolhar. Nunca haviam pensado no rei como alguém com problemas. Imaginavam apenas o luxo desmesurado, o conforto, o poder e a glória que cercam um governante. Ele tinha bajuladores, mas não contava com muitos amigos. Tinha admiradores, mas não possuía muitos súditos fiéis. E alguns dos seus melhores amigos o traíam.

O governante continuava a pedir a compreensão de todos:

— Eu quero lhes dizer que sofro a dor do meu povo! Eu guardei o alimento com receio das ameaças dos nossos inimigos. Pretendia que os soldados estivessem com saúde para defender o nosso reino. Mas eu repartirei tudo com vocês. Acalmem-se! Pedirei que façam filas, esvaziaremos os depósitos e viveremos em paz, até quando Deus nos mande a bonança e nos abençoe com chuvas. Eu os ajudarei. Mas também peço que me ajudem mantendo a ordem e a paz...

E no meio da multidão alguém exclamou:

— Pobre do rei! Ele não é tão feliz quanto eu imaginava!

Outra pessoa propôs:

— Se for possível, ajudemos o nosso rei!

E no meio da massa uma voz conclamou o povo:

— Demos-lhe oportunidade de governar-nos com sabedoria. Demo-nos as mãos e perguntemos ao nosso rei o que é que deveremos fazer!

O episódio de crise terminou com o rei sendo aplaudido.

Nos dias que se seguiram o soberano estabeleceu com um dos seus ministros um programa de trabalho para atender à miséria e às necessidades. E aquela força desorganizada que conspirava contra a sua vida passou a trabalhar pela felicidade dele e do seu reino.

Até que a chuva generosa chegou para aplacar a sede do povo, permitindo que o reino ficasse em paz...

Emmanuel encerrava aqui a sua história. Chico Xavier acrescentou que ao final da narrativa o benfeitor lhe disse:

— Aí está a minha resposta sobre a tua indagação. A parábola demonstra o que deves fazer com as tuas energias genésicas.

Com sua natural bonomia e simplicidade, Chico informou:

— Que linda história, meu irmão! Mas eu não entendi nada! Qual a relação entre essa lenda e os meus problemas? O que tem isso a ver com os meus conflitos sexuais?

E Emmanuel redarguiu:

— Tu és o rei feliz neste reino glorioso que é o corpo. Como Espírito reencarnado, tu és o administrador de trilhões de súditos, que são as células do teu organismo. Enquanto tu dominavas as tuas forças juvenis, na fase da infância, o corpo se autossatisfazia pela permuta de energias e a mitose celular se dava enriquecida pelo teu fluido vital. Para a criança, as necessidades são mais fisiológicas, sem maiores exigências de natureza psíquica. Por isso, tudo marchava muito bem. Quando atingiste a fase da juventude, na qual ocorre o amadurecimento sexual, as tuas células passaram a apresentar outras necessidades, exigindo a complementação energética pela ação dos hormônios físicos e mediante o intercâmbio de hormônios psíquicos. Elas precisam de estímulo e de acolhimento. É o momento em que o rei se dispõe a atender os súditos através do namoro, do noivado e do casamento, que se devem processar com equilíbrio e com responsabilidade. Por causa da tua negativa em satisfazê-las, várias células, sobretudo as células responsáveis pela função sexual, começaram a experimentar carência. Passaram a ter *fome*. À semelhança do rei, buscaste refúgio no palácio do teu cérebro, deixando o corpo entregue à fome das funções fisiológicas. Chega o momento em que os súditos te sitiam a casa mental e gritam: "Estamos com fome e não queremos saber quais são seus planos a nosso respeito!" Nesta circunstância só há duas alternativas. Tu podes alimentar as tuas células mantendo um relacionamento afetivo-sexual. Mas se resolveste sublimar as forças psíquicas aplicando-as no trabalho com o qual estás comprometido, darás às tuas células o alimento que deves oferecer, e não aquele que pode ser ofertado através do sexo. Deverás reservar as tuas energias sexuais para os teus ideais e para o futuro, a fim de que, durante a tua velhice, possas defender-te da agressão do mal, que são os adversários dos *países* vizinhos, os inimigos encarnados e desencarnados que trazes do passado. Dize às tuas células que não irás negar-te a dar-lhes o alimento, mas não conforme elas exigem. Pede-lhes que se nutram do *plasma psíquico* que absorverás a partir do afeto dos amigos, dos abraços, dos apertos de mão, das demonstrações espontâneas de ternura e simpatia. E se elas estiverem com excesso de forças, irás a cada dia aprendendo a transmutar a energia sexual em potências mediúnicas para a psicografia. Ao fazeres esta súplica, as tuas células te atenderão. Se te dispuseres a ajudá-las, elas farão o mesmo por ti. Por isso, vai à sacada da consciência para uma conversa franca. É necessário que cerres os olhos, que mergulhes no teu mundo, descendo psiquicamente até a área do inconsciente, e dialogues com as tuas células, especialmente aquelas que trabalham no território da função sexual. Terás que lhes dizer: "O que é que vocês estão pensando? Eu sou um rei com muitas necessidades! A minha residência sofre a carência de vitalidade. Ajudem-me! Eu tenho algo que fazer e não realizarei sozinho se a sua fome sitiar os meus sentimentos mais elevados. Socorram-me! Eu sou um rei porque alguém um dia destacou-me para governar o reino em que me encontro. A Divindade concedeu-me este corpo, que não é meu! É um traje do qual eu sou um mordomo, porque não posso utilizá-lo conforme gostaria. Agora mesmo dependo dele, que não depende de mim. Estou disposto a ajudá-las, mas necessito que vocês me ajudem!".

Emmanuel falou ao médium mineiro por longos minutos, desdobrando sua explicação.

Com os olhos banhados de lágrimas, Chico acrescentou, para me narrar sua experiência:

— Naquela noite eu fiz silêncio interior, procurando o refúgio da oração. Olhei o meu corpo com uma visão interior. Eu era um rei! Quantos súditos! Trilhões de células! Quantas vias de acesso aos departamentos variados! Milhares de quilômetros de veias, vasos e artérias para circulação. Departamentos de alta significação, como a bomba cardíaca, que trabalha sem cessar desde a concepção. Daí eu fui encontrando as diversas províncias do meu reino e uma onda de ternura imensa tomou-me por completo, do coração ao cérebro, do cérebro aos pés... E eu, procurando entender este mecanismo da máquina celular, imaginei cada célula como uma consciência individual formando a consciência coletiva do corpo. E a minha individualidade formando a consciência geral do cosmos. As células se movimentavam freneticamente. Eram verdadeiras operárias transferindo baldes de alimentos umas para as outras. Debruçado na sacada do meu cérebro, eu disse às células sexuais: "Ajudem-me! Eu não lhes posso dar o pão que vocês me pedem, mas eu lhes posso dar outro tipo de alimento que eu tenho para oferecer. Se vocês estão necessitadas de expansão; se desejam multiplicar-se nesse mecanismo da mitose ininterrupta e precisam de energia e de vibração, eu estou disposto a colaborar para que vocês também colaborem comigo. Liberem os excessos na corrente sanguínea para que essas energias subam e irriguem o meu cérebro, abrindo campo infinito para a superconsciência, a fim de que eu possa trabalhar na psicografia, que é o meu compromisso com a vida. Então, eu peço ao meu departamento genésico que libere as suas energias excessivas e que as minhas glândulas transformem essas energias em forças para que eu tenha resistência física nas atividades da mediunidade com Jesus. Já que a finalidade das células envolvidas na função sexual é realizar a reprodução e permitir o orgasmo, eliminando hormônios psíquicos e gerando êxtase, eu desejo aplicar essas energias no trabalho de amor ao próximo, experimentando o êxtase da caridade fraternal! Então eu quero pedir a vocês que libertem essas energias para que elas subam até o cérebro, alcancem a glândula pineal e desçam pelo sistema endócrino para que o fenômeno mediúnico ocorra. E nesse ciclo contínuo, as energias voltem até as células da função genésica para nutri-las. Não posso abrir os celeiros do meu reino e entregar-lhes tudo que possuo, pois tenho compromissos a atender. Mas deem-me forças para trabalhar e eu nunca lhes negarei alimento!"

E assim que terminei a minha súplica, ungida de ternura e de amor pelas minhas células, eu senti que houve uma movimentação no aparelho genésico. Uma onda de *calor* subiu-me, incendiou-me o cérebro e eu pude entrar num estado de êxtase. E a partir de então, sempre que me concentro para a psicografia, eu desço psiquicamente até as minhas células e as vejo em pleno movimento, como se fossem feijões saltitando, quando então as convido: "Minhas amigas, vamos trabalhar?". Desta forma eu sinto uma espécie de *calor,* que é causado pela transmutação das energias em recursos para a mediunidade. Quando comecei a utilizar esse recurso, senti que a minha psicografia ficou mais rápida, porque foi potencializada. Essas energias fluem pelos centros vitais, do chacra genésico ao coronário, potencializando o fenômeno mediúnico e revigorando-me todo o corpo. E sempre que me advém o cansaço, um desgosto qualquer ou um problema desafiador, eu faço silêncio interior e digo: "Minhas amigas, ajudem-me! Estou com fome! Sitiado no meu castelo também eu tenho fome. Ajudem-me a vencer os adversários do passado e a construir a nossa felicidade para o futuro!" E as células, que estão em incessante multiplicação, sempre banhadas por uma água tépida e levemente salgada, emitem ondas que me revitalizam e me dão suporte para trabalhar ininterruptamente até dez ou doze horas na mediunidade, com uma diminuição ou uma paralisação nas funções orgânicas, principalmente a excreção urinária e a digestão, que se aquietam para o ministério do serviço sem nenhum prejuízo para a minha saúde. Quando termino estou sentindo-me muito bem. Faça isso, Divaldo, e você alcançará um estado de saúde e de paz.[8]

Não foi necessário que o amigo querido me dissesse mais nada. E eu nunca mais lhe perguntei nada sobre sexualidade.

Chico demonstrou uma imensa sabedoria! Ele não desceu à vulgaridade aconselhando que eu liberasse os maus instintos juvenis. E também não se colocou em uma postura de superioridade em relação a mim. Eu não me sentia diante de um homem dezessete anos mais velho. Sentia-me diante de um sábio, mas um sábio amigo, que tem a capacidade de educar como se fosse ao mesmo tempo pai e mãe, que havia penetrado em minha alma e me ofertado a resposta que eu buscava, dando-me aquelas informações com tanta beleza! Ele me deixava inteiramente à vontade, em contraste com a percepção que eu formulava antes, já que eu vinha de uma religião dogmática, que em tudo via pecado e imoralidade. Mas Chico me falava sobre sexo utilizando como exemplo as plantas, os animais e outros seres da Natureza, referindo-se à grandeza da criação de Deus *pater-mater*.

Acompanhando o trabalho do médium ao longo dos anos, eu testemunhei inúmeras vezes a sua impressionante resistência física e o seu controle das funções fisiológicas. Ele entrava em transe mediúnico às 19

---

[8] Sobre o conceito de consciência celular, ver o livro *Dias Gloriosos,* de Divaldo Franco/ Joanna de Ângelis, Ed. LEAL, cap. 5 (Pensamento e Doenças) e cap. 6 (Enfermidades da Alma). Nota do organizador.

horas e começava a psicografar, prosseguindo até as duas da manhã sem interrupção alguma. Todos se levantavam de tempos em tempos para atender as necessidades fisiológicas, enquanto ele continuava escrevendo, graças a esse equilíbrio psicofísico. Ao terminar de escrever ele ainda lia as mensagens, indo para casa às 3h da manhã.

Acrescentemos o fato de que durante o transe mediúnico ele, em Espírito, não dormia, porque ficava fora do corpo em desdobramento consciente.

Chico fez uma breve pausa e concluiu:

— Em tudo que está no Universo existem trocas. Como dizia Lavoisier, repetindo, nada se cria nem se perde. Tudo está em transformação. Nem castração nem liberdade irresponsável. Nem punição ao organismo nem liberação total para levar-nos ao desequilíbrio.

Desde aquele recuado dia do mês de março de 1948, quando aprendi com o mestre a sua lição, sempre que eu percebo que se está aproximando o estio eu vou à janela da sacada da minha alma conversar com meu povo, no reino do corpo em que a Divindade me colocou para o trânsito carnal. Nas atividades que tenho abraçado, quando as forças parecem diminuídas ou quando os prejuízos normais da existência me afetam, eu procuro buscar nesse depósito de energias em reserva, forças guardadas para as minhas defesas do futuro, resistências para as necessidades do presente. E digo-lhes: "Ajudem-me! Este é um reino de aparência. Eu sou rei carente! Preciso de vocês! Já que não vou aplicar as energias sexuais para ter filhos biológicos, eu desejo que vocês venham até mim para construirmos filhos espirituais".

Vamos transubstanciar o conteúdo energético na sua finalidade derivando para a criação, para a reprodução, para a construção. Essa é a finalidade das funções genésicas: procriar, construir, reconstruir, vitalizar, não necessariamente em outras formas biológicas, mas também no cultivo dos ideais, que são criações da vida e da Divindade através de nós.

A aquisição de saúde por meio da transmutação das energias atinge os vários sistemas do organismo. Em todos esses anos de conferências públicas, iniciadas em 1947, nunca tive uma rouquidão, apesar de falar várias horas em pé quando ministro seminários. Nunca tive maiores dificuldades durante o exercício da mediunidade e jamais cancelei uma palestra por motivo de saúde. A memória está lúcida e eu já psicografei um elevado número de livros. Sinto-me mais jovem, agora que sou idoso, de quando possuía trinta anos de idade. E todos esses fatores se devem porque aprendi a fazer a transmutação das minhas energias sexuais, convertendo-as em elemento vital para sustentar a própria vida. A única ocorrência em relação à saúde é uma leve bronquite que apresento por causa das constantes mudanças de clima nas viagens pelo mundo.

No grande desafio sexual poderemos manter muita saúde se disciplinarmos a nossa mente. É como em qualquer setor de natureza fisiológica. Podemos disciplinar o nosso organismo para estabelecer horários para as suas funções, com equilíbrio e com harmonia. Por que a função genésica deve ser conturbada e permitir-se o direito de estar ao alcance do nosso desequilíbrio? A função não é a responsável pelo conflito. É o "rei" que a comanda, pois a ordem sai do cérebro e vai para as glândulas sexuais. É necessário que aprendamos a descer do "pedestal do nosso cérebro", da condição de pessoas poderosas que negamos tudo ou de pessoas frívolas que liberamos nossos instintos. A fonte muito visitada pelo balde e cujo minadouro tem um poder relativo de produção, termina por secar as suas águas. É necessário que a chuva generosa caia na superfície da terra para que, absorvida pelo solo, leve às nascentes que minam na fonte a água necessária para que ela possa atingir a borda.

O amor terá que ser um sentimento profundo no qual esteja incurso também o relacionamento sexual, mas como uma consequência, não como objetivo essencial. Porque logo depois de realizado, o desejo perde *in totum* o significado e o vazio existencial toma conta do indivíduo, que parte para as experiências da alucinação. E quanto mais foge, mais se torna atormentado e infeliz.

Quando falamos em sublimação sexual, não estamos falando necessariamente de abstinência. Um exemplo disso é o Dr. Bezerra de Menezes, que na sua última encarnação foi casado duas vezes e teve diversos filhos.

Em nossa vida tudo está relacionado ao sexo, porque tudo está vinculado à sexualidade. Mas as nossas expressões de sexualidade devem ser convertidas em ondas de ternura. Muitos autores contemporâneos comentam que *ternura* é uma palavra que está saindo do nosso vocabulário. Temos impulsos, desejos, ansiedades... Mas temos poucos momentos dedicados a essa virtude essencial. As pessoas que se enamoram não têm tempo para a ternura. Chegam, *ficam*, saem e não levam nada, nem mesmo o nome daquele ser com quem acabaram de relacionar-se superficialmente. E assim continuam vazias...

Onde está a ternura? Onde está a fonte generosa dos vínculos? O ser humano é, em sua essência, um animal gregário. Ele tem necessidade de outro ser humano. E quando assim não ocorre, é porque o indivíduo possui um transtorno de comportamento. Um indivíduo saudável é capaz de amar tanto a si mesmo quanto a outra pessoa. E este amor dedicado à outra pessoa não pode ser apenas sexual, pois isso expressa apenas o desejo, um fenômeno relacionado à nossa bioquímica cerebral.

POLARIDADES SEXUAIS E MEDIUNIDADE

Já que estamos estudando os efeitos da aplicação das energias sexuais em causas nobres, eu gostaria de oferecer um importante material de análise para os médiuns.

O médium que realmente se dedica ao trabalho de intercâmbio espiritual irá aos poucos desenvolvendo uma espécie de *bipolaridade psicológica*. Significa dizer que a médium que se esmera continuamente para atender aos compromissos iluminativos, com o transcorrer do tempo poderá apresentar uma tonalidade emocional nitidamente viril, sem nenhum prejuízo na sua afetividade feminina. Refiro-me ao fato de que ela passará a demonstrar certo vigor diante dos desafios que a existência impõe. São aquelas mulheres alçadas ao patamar de líderes naturais na sustentação de uma obra de amor ou de um ideal. Ou seja, ao lado da sua polaridade feminina, que funciona em regime de perfeita integração fisiopsíquica, ela terá o ensejo de ampliar o seu potencial na polaridade oposta, o que se torna uma excelente oportunidade evolutiva.

Da mesma forma, o médium que permanece dedicado à causa durante muitos anos, ininterruptamente, detectará em si mesmo o afloramento de uma sensibilidade afetiva mais aguçada, de uma tonalidade emocional tipicamente materna, sem nenhum prejuízo da sua condição masculina. Esta nova tonalidade emocional será o fruto da longa permanência na atividade mediúnica, já que a mediunidade é uma forma de maternidade. São aqueles homens que revelam uma especial ternura nas relações interpessoais. Ao lado da sua polaridade masculina ele também terá espaço para desenvolver o potencial anímico na polaridade oposta, o que será uma experiência evolutiva gratificante.

Conforme a conceituação da Psicologia Analítica de Jung, poderíamos sintetizar a tese dizendo que a médium lúcida e idealista desenvolve aos poucos o seu *animus* (o lado masculino da mulher), enquanto o médium dedicado favorece a manifestação saudável da sua *anima* (o lado feminino do homem).

Desejo frisar que esta bipolaridade psicológica não guarda relação com a orientação sexual adotada, que não sofre alterações por causa do fenômeno descrito.

Chico Xavier contou-me um episódio muito curioso.

Ele havia reencontrado um amigo que conhecia de Pedro Leopoldo, quando estava no início do seu mandato mediúnico. Havia muitos anos que os dois não se viam e o amigo foi visitá-lo em Uberaba, no Grupo Espírita da Prece, relatando algumas das suas experiências ao longo da vida. O cavalheiro referiu-se-lhe:

— Chico, há quarenta anos eu saí de Pedro Leopoldo e o deixei na mesa mediúnica. Retorno, depois de todos esses anos, e você está exatamente no mesmo lugar. Não progrediu nada! Continua pobre, sozinho e na companhia desses Espíritos! Naquela época em que nos conhecemos, eu era estudante. Hoje eu me formei e sou farmacêutico. Namorei e noivei várias vezes, até que me casei com uma mulher que me deu quatro filhos que, por sua vez, me deram vários netos. Além disso, eu tenho quatro apartamentos em Santos, de frente para o mar. E você aí, acabado e sem brilho, com seus Espíritos...

Quando o amigo saiu, Chico ficou aflito. Ao chegar à sua casa, ele estava carregando o peso do mundo nas costas. À porta da residência estava Emmanuel, o venerando Espírito que o orientava. A entidade, notando-lhe a tristeza, perguntou-lhe:

— O que houve, Chico?

O médium mineiro resolveu fazer uma catarse para se libertar daquela amargura:

— Ah, meu irmão! Eu sou muito infeliz! Acabei de me encontrar com um amigo de quarenta anos atrás que se casou e triunfou na vida. E eu estou aqui na tarefa mediúnica, que nunca me deu nada em troca...

— Não estou entendendo, Chico!

— Meu irmão e benfeitor! É que o meu amigo progrediu muito... Ele hoje é farmacêutico! E eu? O que sou?

— Pois é. Ele é farmacêutico. O nosso nobre amigo fornece aos pacientes aquilo que consta nas receitas médicas que os Espíritos escrevem pela tua psicografia. Ele é o farmacêutico que viabiliza os medicamentos do receituário, mas tu és o intermediário daqueles que prescrevem as receitas. Ele possui um diploma só, enquanto pelas tuas mãos passam vários diplomados. Portanto, tu és mais importante do que ele.

— Uai! Mas ele namorou muito!

— E tu, Chico?

— Eu nunca namorei ninguém!

— Porque não quiseste, pois muita gente namora contigo.

— Mas ele se casou!

— E tu também.

— Eu???

— Claro que sim! Casaste com a Doutrina Espírita, que não é uma esposa fácil de lidar. Então, tens muito mérito em assumir este casamento.

— Ah! Mas com a Doutrina não *rende*... O senhor sabe do que estou falando... Além do mais, ele teve quatro filhos e eu não tive filho nenhum!

— Como não? Tiveste vários filhos! O teu amigo teve quatro filhos com uma mulher e tu tiveste diversos filhos comigo, com Maria Dolores, com André Luiz e com outras entidades que escrevem pelas tuas mãos. Cada livro que produzimos é um verdadeiro filho. Vê que fecundidade! Que polivalência tu tens!

— Ele teve mais do que eu. Teve netos também!

— Tu tiveste e continuas tendo numerosos netos.

— Do que o senhor está falando?

— Dos teus livros traduzidos. Os *filhos* dos teus *filhos* são teus netos. Não poderia ser diferente.

— Só que ele cresceu financeiramente e adquiriu quatro apartamentos em Santos, de frente para o mar!

— E tu tens uma casa com mais de um quarto, uma copa, uma cozinha, uma sala e outros cômodos, que podes usar para o nosso trabalho. Se ele tem quatro ambientes tu tens cinco. Superaste as conquistas do teu amigo.

— E o fato dos apartamentos serem de frente para o mar?

— Em frente à tua casa tens uma lagoa onde o sapo coaxa todos os dias. Cada um tem a praia que merece! Então, coloca a queixa de lado e vamos trabalhar!

Quando terminou de me narrar o diálogo, Chico concluiu, em tom de bom humor:

— Divaldo, meu filho! Você precisava ver Emmanuel dando-me aquelas explicações inusitadas! Eu queria ser infeliz, mas ele não deixava...

Aí está a mediunidade lúcida, que se converte em maternidade abençoada. Enquanto o Espírito encarnado recebe um corpo pela via reprodutiva, o Espírito comunicante recebe temporariamente um corpo físico por via mediúnica, mobilizando as energias sexuais do médium, que são canalizadas para a finalidade do intercâmbio, plasmando vidas mediante um mecanismo de sublimação e de fraternidade.

Curiosamente, alguns anos mais tarde eu estava reflexionando sobre a minha vida. Em relação ao casamento e à formação de uma família, a minha existência possui semelhanças com a trajetória de Chico Xavier. Não edifiquei um lar convencional e também não tive filhos consanguíneos. No instante em que eu comecei a me lamentar um pouco Joanna de Ângelis aproximou-se e falou-me:

— Meu filho, além daqueles filhos que tu adotaste, quantos filhos nós tivemos juntos!

Fiquei um pouco mais animado com a colocação, mas respondi, meio sem graça:

— É, minha irmã... Mas eu até que gostaria de ter-me casado e de ter tido filhos biológicos.

Ela me respondeu em um tom carregado de muita ternura:

— Divaldo, tu tiveste vários filhos comigo, com Manoel Philomeno de Miranda, com Vianna de Carvalho, com Marco Prisco e com outros de nós! Vê quantos filhos esta união nos deu!

Como eu já sabia da história de Chico, resolvi adiantar o raciocínio:

— A senhora está falando dos livros psicografados, não é?

— Exatamente. Eles são nossos filhos espirituais e já estão nos dando *netos*!

— Eu sei, minha irmã. São as traduções para outros idiomas.

Quando eu achava que já sabia de tudo sobre aquele tema e que nada mais me confortaria, ela me olhou com bondade e acrescentou:

— No entanto, Divaldo, os nossos *filhos* e *netos* ainda não nos deram muitos bisnetos...

Nesse momento eu descobri que havia alguma coisa que eu não sabia sobre o assunto.

— *Bisnetos*? Não compreendo o que a senhora quer dizer...

E Joanna concluiu com sabedoria:

— Os nossos *bisnetos*, meu filho, são aquelas pessoas que se iluminaram com os livros que nós publicamos.

O fenômeno mediúnico é um *fenômeno sexual,* se analisarmos do ponto de vista do intercâmbio energético e afetivo. O Espírito comunica-se com o outro pela imantação do perispírito. É uma fusão de sentimentos profundos, na qual ocorre a interação sexual sem forma física.

Podemos canalizar as nossas forças sexuais para as criações mais enobrecidas do belo, do ideal. Se a vida nos reserva o direito de ter filhos biológicos, também poderemos optar por ter filhos psicológicos ou afetivos. As energias que não gastamos na vivência do sexo são transmutadas no organismo e as eliminamos em outros processos extraordinários e benéficos para nós próprios e para a Humanidade.

Não é necessário ser um sacerdote, um salvador da sociedade. Basta ser o salvador de si mesmo.[9]

---

[9] Reflexões sobre o equilíbrio das energias sexuais e a mediunidade encontram-se no livro *Tramas do Destino*, de Divaldo Franco/Manoel P. de Miranda, Ed. FEB, cap. 16 (Epifânia: seu calvário e sua ascensão) e cap. 17 (Escolhos à Mediunidade). Nota do organizador.

2
SEXO E REENCARNAÇÃO

PROCESSO REENCARNATÓRIO

No início da década de 1960, eu iniciei minhas experiências de desdobramento consciente, nas quais Joanna de Ângelis me conduzia em verdadeiras *viagens* pela dimensão espiritual.

Naquela época, a mentora espiritual me ensinava a sair do corpo. Eu era jovem e impulsivo, o que fazia com que ela tivesse dificuldades, pois eu não conseguia neutralizar os pensamentos, fazer uma espécie de *vazio na tela mental* para permitir o desprendimento parcial da matéria.

Joanna de Ângelis convidou-me certa vez para testemunhar uma reencarnação. Um casal amigo e jovem, embora já possuísse dois filhos, frequentava nossa Casa espírita. E a genitora da cara confreira era um dos braços direitos da nossa instituição, pois eu trabalhava o dia todo e não podia estar à frente dos nossos serviços em tempo integral.

Em uma madrugada, Joanna desdobrou-me do corpo físico e levou-me à casa dos meus amigos. Naquele tempo era muito comum na disposição arquitetônica dos lares um tipo de sala de visitas, que precedia os outros cômodos da casa. Quando chegamos naquela sala, ao lado do quarto do casal estavam presentes vários Espíritos nobres. E ao lado de um deles havia uma linda jovem, loura e de olhos azuis, que aparentava entre vinte e vinte e cinco anos de idade. Havia um grande esplendor na sua face!

Joanna, olhando docemente, esclareceu-me:

— Nós iremos reencarná-la. Ela será a continuadora do trabalho da mãezinha que, por sua vez, será a continuadora do trabalho da avó.

Trata-se de um Espírito com elevados títulos morais, que se dedicará a uma bela missão. Será uma missão anônima, mas muito nobre e muito perigosa porque lhe exigirá um esforço imenso para não falir, para não se deixar levar pelos convites da ilusão. Necessitamos de genitores que possuam material genético adequado, com os genes e cromossomos próprios para essa reencarnação. Por isso, escolhemos este casal.

Eu exultei! Era uma notícia fascinante saber que os meus amigos foram escolhidos para uma tarefa tão nobre.

Ao observar melhor o ambiente eu notei que um Espírito estava à porta do quarto do casal. Quando me aproximei, ele esclareceu-me:

— Estamos aguardando que eles entrem em *relax*, pois neste exato momento estão no clímax da relação sexual. E no instante da relação íntima os bons Espíritos não entram no recinto, para deixarem em plena santificação as pessoas que estão vivenciando o amor santificado. É uma entrega para a qual não deve haver testemunhas encarnadas ou desencarnadas.

Notemos a beleza desse conceito! Os guias aguardando aquela união sexual enriquecedora para darem prosseguimento a um grande projeto. Seriam três gerações dedicadas ao trabalho espírita. A proteção espiritual estava ali para impedir que Espíritos vulgares penetrassem no ambiente e pudessem gerar transtornos à intimidade do par.

Agora imaginemos a relação sexual praticada em um bordel. Os obsessores testemunham tudo. Zombam, levam ao ridículo e participam do ato sexual, porque o que prevalece é a intenção dos que estão naquele ambiente.

Enquanto aguardávamos, eu fiquei conversando com a entidade que iria renascer. Aproximadamente vinte minutos depois, Joanna falou-me:

— Agora que eles estão repousando, entraremos.

Ao entrarmos no recinto eu vi uma cena belíssima de ternura! Ambos permaneciam carinhosamente abraçados. O marido estava com o braço sobre o travesseiro e a esposa repousava em seu ombro, aconchegada. E ambos encostavam suavemente a cabeça um no outro. Era uma linda expressão de gratidão que ambos se dirigiam reciprocamente.

Em seguida, os mentores espirituais acoplaram na área genital da minha amiga um tipo de aparelho de imagem utilizado para observar o organismo humano. Eu podia ver o interior do corpo dela, particularmente a tuba uterina. Aliás, na época, eu não sabia o que era essa estrutura do sistema reprodutor feminino, mas Joanna me explicou.

Vi a massa de espermatozoides movimentando a cauda e deslocando-se na tuba uterina, ao mesmo tempo em que percebi o óvulo numa postura especial. Era muito curioso notar que o óvulo brilhava. Logo depois Joanna trouxe um especialista em embriogenia para fazer os procedimentos necessários. A nobre entidade conduziu o Espírito reencarnante para perto do organismo materno e aplicou-lhe passes, fazendo com que a jovem alterasse a sua aparência perispiritual. Ela assumiu características infantis, até os cinco anos de idade, aproximadamente. Observei que, da cabecinha da criança-Espírito começou a sair uma luz semelhante ao *laser*, que bailava no ar. O feixe luminoso penetrou aquela massa de gametas e se conectou a um espermatozoide, que adquiriu luminosidade especial e avançou, tomando a frente dos demais. Dessa forma, o centro coronário do Espírito foi magneticamente acoplado a um espermatozoide com a mesma *densidade vibratória* do reencarnante, a fim de gerar um corpo compatível com as suas necessidades evolutivas.

Ficamos ali por alguns minutos até a hora em que o espermatozoide entrou na coroa do óvulo e o fecundou. O óvulo era agora um *ovo* ou *zigoto*. E eu vi o Espírito sorrir, imantado à célula que daria origem ao seu novo corpo. Joanna esclareceu-me:

— Agora o zigoto vai subir na direção do útero, dando início ao fenômeno da multiplicação celular. Em breve, na *câmara sagrada do útero*, esta etapa da reencarnação será completada, ficando os detalhes finais para o futuro. Como o processo reencarnatório começa no momento da fecundação, a partir de agora qualquer interferência impeditiva caracterizará um aborto. E aonde for a gestante o ser espiritual estará ligado a ela. Como se trata de um Espírito lúcido, ele não ficará obrigatoriamente ao lado da genitora. Ela poderá ir a qualquer lugar que o vínculo perispiritual elastece-se sem romper-se.[10]

No dia seguinte eu contei o ocorrido à minha amiga, sem mencionar os detalhes:

— Você está grávida! Você vai ser mãe de uma menina linda!

— Mas, meu Deus! Eu ainda nem descansei da última gestação!

— Deveria ter descansado antes. Porque agora é tarde... — acrescentei, em tom de descontração.

Passou-se um largo período...

Em determinada noite Joanna informou-me:

— Vá tomar café com os nossos amigos, Fulano e Beltrano, porque o parto será hoje.

Naquele tempo havia uma parteira profissional que acompanhava a gestante. Somente quando o parto se complicava é que a parturiente era levada ao atendimento médico especializado. Algumas pessoas mais ricas preferiam ter seus filhos na maternidade, o que não era o caso dos meus amigos.

Eles sempre me recebiam em seu lar, pois frequentemente eu era convidado para um lanche naquela residência. Por isso, eu fui visitá-los depois das atividades espíritas daquela noite.

O meu amigo e eu estávamos fazendo uma breve refeição na sala de jantar, enquanto a gestante repousava em seu quarto. De repente, eu detectei a presença do Espírito reencarnante, imantado ao seu corpo físico pelo centro coronário. Eu pude vê-lo sendo *sugado* na direção do organismo materno de uma forma bem peculiar. A criancinha olhou para mim, acenou como quem se despede e me disse:

— Divaldo, eu já vou!

Então, eu falei ao marido:

— Corra que a criança está nascendo!

— Mas, Divaldo...

— Corra!

---

[10] Para ampliar a compreensão sobre o fenômeno da gravidez será útil analisar o tema da gestação frustrada e dos "partos" no mundo espiritual. Ver os livros: *Painéis da Obsessão*, de Divaldo Franco/Manoel P. de Miranda, Ed. LEAL, cap. 15 (Trama do Ódio) e cap. 16 (Causas Ocultas do Infortúnio); *Transição Planetária*, de Divaldo Franco/Manoel P. de Miranda, Ed. LEAL, cap. 12 (A Vida Responde Conforme Programada). Nota do organizador.

Ele saiu apressado pelo corredor da casa e quando chegou ao quarto, a esposa estava com contrações intensas e inesperadas. Até aquele instante ela experimentava apenas contrações muito suaves. Mas com esta contração súbita o próprio pai precisou segurar a criança, que acabou nascendo. E eu pensei comigo mesmo: "Oh, apressadinha!" Em seguida, eu saí às pressas para chamar a parteira, que morava em uma casa próxima e pôde terminar o trabalho de parto.

Devemos lembrar-nos de que o ser que vai reencarnar não se conecta definitivamente ao corpo de forma imediata. O organismo físico é como uma esponja que vai *absorvendo* lentamente o Espírito até os 7 ou 8 anos de idade, quando o Espírito perde a consciência da realidade espiritual e se apropria completamente do corpo. [11]

Quando olhei o rostinho da menina, constatei que ela possuía exatamente os traços fisionômicos que eu havia visto em minha projeção fora do corpo.

Hoje ela está com idade madura e já é avó. Casou-se aos vinte anos e uma de suas filhas casou-se aos dezoito, dando-lhe um neto.

Como Joanna me havia dito que a sua seria uma tarefa de rara beleza, eu fiquei na expectativa para testemunhar o desdobramento das suas atividades.

Esse Espírito tornou-se uma trabalhadora dedicadíssima do bem, uma espírita verdadeiramente cristã. Não é célebre. Ninguém a conhece. É portadora de uma mediunidade rutilante e anônima, tornando-se instrumento para o fenômeno da psicofonia acompanhada de xenoglossia. Sua psicografia inconsciente é luminosa e seus dons de cura espiritual têm auxiliado muitas pessoas em sofrimento.

Há muitas décadas, visitamos o hospital de hansenianos de Águas Claras, em Salvador. Quando a jovem médium completou quinze anos de idade ela começou a nos acompanhar. E, às vezes, quando a doença faz com que se abram feridas purulentas no corpo de um paciente, dolorosas e difíceis de tratar, ela distende as mãos, eleva-se em oração e se transfigura para atender ao semelhante. Eu vejo que de suas mãos se

---

[11] Ver o livro *Temas da Vida e da Morte*, Divaldo Franco/ Manoel P. de Miranda, Ed. FEB, cap. 2 (Reminiscências e Conflitos Psicológicos). Nota do organizador.

desprendem chispas luminosas que se derramam sobre a região lesionada. E os pacientes dizem: "Ah! Que alívio! Parece um ar refrigerado".

Esse alívio que os pacientes descrevem é mesmo peculiar. Um dia, uma senhora que é um pouco aturdida mentalmente estava recebendo um passe da médium dedicada. No auge da transmissão de energias revigorantes a paciente comentou: "Quem está colocando pomada de mentol nas minhas feridas?".

A trabalhadora do bem se especializou no tratamento de hansenianos, pacientes com câncer e pacientes soropositivos para o HIV, que desenvolvem feridas provocadas pelas infecções oportunistas. Portanto, eu tive a alta felicidade de acompanhar ao vivo, sem testemunhar o momento do clímax, uma união sexual sublime! O casal teve nove filhos e envelheceu vivendo a mais profunda ternura. Ele já desencarnou e ela continua viúva, a serviço do bem. E isso graças ao amor!

Entretanto, os Espíritos em degraus muito primários da evolução e aqueles que transitam por um estado evolutivo mediano reencarnam por um processo mais genérico e menos dotado de particularidades, no qual a interferência consciente do reencarnante na sua programação reencarnatória é muito pequena ou mesmo nula, ficando sob a responsabilidade dos seus Espíritos tutelares ou sob o efeito das leis do automatismo. Essas leis fazem com que sejamos atraídos automaticamente para uma forma física que dispõe de heranças genéticas compatíveis com a nossa *frequência vibratória*. O psiquismo espiritual entra em sintonia com esses genes porque eles trazem as características biológicas adequadas à tarefa evolutiva que iremos desempenhar na encarnação que está sendo projetada. O automatismo no processo reencarnatório acontece, por exemplo, com Espíritos obsessores.[12]

Entre os anos de 1962 e 1965, eu estava psicografando um livro de autoria do Espírito Joanna de Ângelis. A obra contém um capítulo muito intrigante, no qual Joanna esclarece que certas entidades de baixo

---

[12] Consultar os livros: *Temas da Vida e da Morte*, de Divaldo Franco/Manoel P. de Miranda, Ed. FEB, cap. 5 (Pensamento e Perispírito); *Trilhas da Libertação*, de Divaldo Franco/Manoel P. de Miranda, Ed. LEAL, cap.13 (O Caso Raulinda) e cap.21 (Ocorrência Grave); *Entre a Terra e o Céu*, de Francisco Cândido Xavier/André Luiz, Ed. FEB, cap. 28 (Retorno) e cap. 33 (Aprendizado). Nota do organizador.

calibre moral são programadas para renascerem em determinados meios sociais no intuito de criarem embaraços à marcha da evolução social. Nessas ocasiões, *técnicos em reencarnação* que se encontram comprometidos com objetivos perversos (Espíritos muito intelectualizados, porém de nível moral inferior) enviam à Terra os seus comparsas para provocarem interferências no progresso da humanidade, tentando impor obstáculos a inúmeros movimentos de elevação espiritual. Por meio de suas ideias torpes e de seu comportamento beligerante, esses comparsas retornam à dimensão física e *intoxicam* ambientes destinados a edificar a fraternidade e o bem.

Imaginemos uma doutrina que surge no cenário do mundo e que se transforma em uma contribuição enriquecedora para a coletividade. Espíritos atormentados e atormentadores reencarnam no seio dos trabalhadores dessa doutrina para torpedeá-la, criando controvérsias e dificuldades, uma vez que se dedicam a difundir falsos conceitos e a gerar dissensões entre os seus partidários.

É fácil concluir que a Doutrina Espírita não está imune a essas investidas do mundo espiritual inferior. Pessoas há, nas fileiras do movimento espírita, que se detêm em determinados ângulos do conhecimento e da prática espírita e assumem a condição de *donos da verdade*. Um indivíduo que elege tal postura costuma afirmar que sabe tudo sobre o Espiritismo e que nenhum outro estudioso ou praticante possui o respeito e o mérito que ele mesmo se atribui, passando a admitir que o seu papel é vigiar os outros para constatar se todos estão defendendo a verdade, conforme o seu ponto de vista.

Essas pessoas podem ser excelentes intelectuais, mas nunca se dispuseram a descer do trono da sua vacuidade para serem simples e humanas, distendendo a mão aos companheiros de jornada evolutiva e participando de atividades doutrinárias como mais um integrante, que pretende apenas colaborar sem sobrepor-se a ninguém.

Na época em que Joanna escreveu o livro e registrou o fato de que entidades perversas poderiam assumir a condição de técnicos em reencarnação, eu confesso que fiquei com dificuldade para assimilar a informação, pois se trata de um fenômeno inusitado. Resolvi deixar que o tempo me auxiliasse a digerir o assunto com tranquilidade.

Muitos anos depois eu conheci um senhor no Movimento Espírita e me surpreendi com a forma singular como ele interpretava os conceitos lógicos do Espiritismo. Ele distorcia os princípios espíritas e apresentava ideias exóticas para demonstrar seu presumido saber, além de estar psicologicamente armado contra tudo e contra todos. Minha surpresa foi tanta que eu resolvi dialogar brevemente com ele para tentar entendê-lo:

— O senhor é mesmo espírita? — perguntei-lhe. Já teve a oportunidade de ler, por exemplo, *O Evangelho segundo o Espiritismo*?

— Não me venha com essa tolice de *Evangelho*! — respondeu o confuso senhor. — Allan Kardec escreveu esse livro para agradar a Igreja!

— Mas o senhor leu *O Livro dos Espíritos*?

— Ah, sim! Esse é um livro fundamental.

— O senhor está esquecendo o fato de que Jesus está nessa obra. Além de afirmar que Ele é o nosso Guia e Modelo, *O Livro dos Espíritos*, em sua terceira parte, aborda as Leis Morais. E foi exatamente dessa parte que surgiu posteriormente *O Evangelho segundo o Espiritismo*.

Ele me olhou com ar de escárnio e desconforto emocional. Foi um olhar tão frio e cruel que me desmontou o ânimo e me causou uma desagradável sensação. Nesse instante, Joanna de Ângelis aproximou-se e informou-me:

— Este senhor é um daqueles indivíduos que foram programados para criar obstáculos ao bem. Ele foi trazido à reencarnação pelos mentores da perversidade no mundo espiritual, junto aos quais assumiu o compromisso de provocar embaraços no movimento de divulgação do Espiritismo.

Tempos depois, em uma reunião mediúnica da nossa instituição, Joanna trouxe um desses técnicos em reencarnação para comunicar-se conosco. O companheiro designado para dialogar com ele ficou em uma situação complexa e difícil de administrar, já que o comunicante se acreditava dotado de um conhecimento científico superior e praticamente não deixava o seu interlocutor expressar-se. Afinal, ele se julgava um técnico de grande saber... Na verdade, o Espírito exibia uma argumentação muito volumosa, mas de conteúdo vazio e rudimentar, como é característico em Espíritos pseudossábios. Quando ele se afastou do médium, Joanna comentou comigo:

— Ele tem a pretensão de ser um programador de reencarnações, quando na verdade, na condição de técnico, é apenas um executor, não conseguindo aquilatar o Planejamento Divino que se sobrepõe aos seus atos. A atividade nefasta que ele julga realizar com autonomia é simplesmente um efeito da vontade do Criador. Mesmo que uma reencarnação tenha sido efetuada por um técnico perverso, os seres que renascem sob o efeito da sua intervenção terão uma nova oportunidade de aprendizado, enquanto as criaturas humanas que estarão no caminho necessitam experimentar os obstáculos produzidos pelo mentor do mal e por seus colaboradores. A infinita Misericórdia permite a ação do Espírito em face das necessidades evolutivas da Humanidade.

Ao término da explicação de Joanna, eu compreendi o porquê da postura pretensamente superior daquela entidade. Não seja de admirar que esses seres perversos que habitam regiões inferiores julguem-se possuidores de uma grande força psíquica e de uma habilidade incomum para agirem conforme desejam. São Espíritos que, ao longo dos séculos, a mitologia dos povos denominou *demônios*, advindos de regiões do Além-túmulo que a mesma mitologia designou como *inferno* ou equivalente. De fato, eles possuem relativa força e habilidade na busca de seus objetivos insanos. Mas somente contam com esse instrumental porque isso lhes é concedido temporariamente para que se tornem agentes do Poder Soberano. Durante algum tempo eles serão os braços da Lei maior, até quando interessar a Deus esse processo, porque em breve os técnicos do mal serão também levados à reencarnação, que normalmente ocorre por um fenômeno compulsório.[13]

Não há privilégios para a reencarnação. Não obstante, como dissemos antes, aqueles Espíritos nobres, verdadeiros missionários do bem, recebem da Divindade uma maior liberdade para escolherem vários aspectos da sua futura existência física. Uma das prerrogativas desses Espíritos é a permissão para programarem o *mapa genético* que atenderá às

---

[13] Ver também *Trilhas da Libertação*, de Divaldo Franco/Manoel P. de Miranda, Ed. LEAL, cap.11 (Reflexões Necessárias). Nota do organizador.

suas necessidades de realização na Terra, bem como a escolha da família que os receberá.[14]

Quando falamos sobre o amor sublime, queremos lembrar que o afeto que possui uma dose mais acentuada de busca sexual também é perfeitamente compreensível. É possível amar-se sexualmente a outrem. Talvez não existam outros lances transcendentais, mas existirão o companheirismo e o carinho, porque o indivíduo pode ainda estar numa fase primária, em que o amor caminha ao lado das sensações. É muito nobre, desde que respeite o seu parceiro, pois o que foge da linha do equilíbrio é a ausência de consideração no relacionamento.

Os Espíritos amigos nos ensinam que o retorno de uma individualidade à vida corporal pode acontecer por diversos métodos. O mecanismo de imantação do Espírito à matéria será o mesmo. Desde que haja condições que propiciem a reencarnação ela poderá iniciar-se na tuba uterina ou fora dela, como é o caso da fecundação *in vitro*. O método para que o reencarnante se materialize na dimensão física é indiferente, desde que ele consiga produzir o acoplamento do seu perispírito ao zigoto, à célula primordial que vai desdobrar a realidade do futuro corpo. A explicação é válida, inclusive para a hipótese de uma clonagem...

Os instrutores espirituais acreditam que no futuro, provavelmente, um futuro não muito próximo, o avanço da Ciência tornará perfeitamente normal o processo de clonagem humana. É importante esclarecer que se trata da *clonagem do corpo físico*, porque as características psicológicas inerentes ao ser que manipulará o corpo jamais serão clonadas. A personalidade, a inteligência, as emoções, o livre-arbítrio serão sempre de responsabilidade do Espírito reencarnante, o que nos autoriza a concluir que o processo de clonagem estará restrito às características biológicas gerais que definem o ser humano.[15]

Vale ressaltar que, para os Espíritos, *futuro próximo* pode significar cem, duzentos ou trezentos anos...

---

[14] Consultar os livros: *Missionários da Luz*, de Francisco Cândido Xavier/André Luiz, Ed. FEB, cap. 12 (Preparação de Experiências); *Entre os Dois Mundos*, de Divaldo Franco/Manoel P. de Miranda, Ed. LEAL, cap. 19 (Compromissos de Libertação). Nota do organizador.

Os mentores espirituais ainda afirmam que a Ciência desenvolverá uma espécie de *útero artificial* que poupará à mulher os testemunhos dolorosos da gestação, já que esses equipamentos permitirão o desenvolvimento embrionário e fetal extracorpóreo.

A fertilização assistida é uma das maiores bênçãos, nessa área, que a Ciência obteve para proporcionar a felicidade à criatura humana!

Imaginemos uma pessoa que, por motivos cármicos, vem à Terra impossibilitada de ter filhos, mas que *daria a vida* pela honra de ser mãe. Se ela dispuser de um meio artificial que lhe proporcione esta bênção, quantas outras dádivas ela não poderá distribuir por causa da alegria que recebe? Enquanto que na frustração, quanta ira, quantos conflitos psicológicos e quantas mágoas teria se não pudesse fruir a felicidade de um filho nos braços?

A Psicologia recomenda que os pais devem manifestar um intenso carinho durante a gestação da criança, envolvendo o feto em uma atmosfera de receptividade e de amor. Numa visão espiritual concluímos que o reencarnante assimila as vibrações psíquicas emitidas pelos seus genitores, o que justifica ainda mais a participação deles para que o seu filho experimente uma reencarnação saudável. Por isso, com o surgimento desses úteros artificiais, mais facilidade ainda terão esses pais para proporcionarem ao filho um ambiente de amorosa expectativa, sobretudo a mãe, pois ela estará liberada da dificuldade de carregar a criança no útero e terá o seu filho praticamente diante de seus olhos, que envolverá com imensa ternura.

PSICOSE PUERPERAL

Na psicose puerperal temos, em princípio, um fenômeno fisiológico. A puérpera produz substâncias químicas que alteram o metabolismo

[15] Sobre o acoplamento do Espírito à matéria, a fecundação *in vitro* e a clonagem humana, ver os livros: *Atualidade do Pensamento Espírita*, de Divaldo Franco/Vianna de Carvalho, Ed. LEAL, cap. 2 (Ciências Médicas e Biológicas à Luz do Espiritismo), itens "Engenharia Genética e Genética" e "Embriologia"; *Dias Gloriosos*, de Divaldo Franco/Joanna de Ângelis, Ed. LEAL, cap. 9 (Engenharia Genética) e cap. 19 (Clonagem Humana); *Transição Planetária*, cap. 16 (Programações Reencarnacionistas) e cap. 18 (Reflexões e Diálogos Profundos). Nota do organizador.

neuronal, estabelecendo-se um desequilíbrio emocional. Na raiz desse fenômeno, porém, identificamos a *intoxicação* realizada pelo Espírito reencarnante, que libera energias psíquicas prejudiciais à gestante. Não se trata propriamente de um fenômeno obsessivo convencional, mas certamente é o resultado de questões cármicas, pois quando a mãe recebe em seu organismo um adversário do passado, em relação a quem possui uma dívida, desencadeia-se o fenômeno fisiológico que afeta as suas funções mentais e comportamentais.

Seria desejável uma terapia psiquiátrica na qual sejam utilizados medicamentos para restaurar o organismo da mulher, propiciando o reequilíbrio metabólico dos tecidos que formam o útero e harmonizando as emoções.

É de vital importância que o recém-nascido receba assistência espiritual adequada, pois ele mantém com a mãe ou com ambos os pais, nesse caso, uma vinculação pretérita negativa.

Existe outra explicação para a psicose puerperal. Durante a reencarnação de um Espírito muito endividado, aqueles seres desencarnados que o odeiam e desejam impor obstáculos ao seu progresso podem atuar diretamente sobre o perispírito do reencarnante de forma a *intoxicá-lo vibratoriamente*, atingindo o organismo da gestante como consequência. Como o Espírito em processo reencarnatório absorve a maior parte dessas energias tóxicas, enquanto ele permanecer no útero a mãe não registrará maiores dificuldades. Logo após o parto, no entanto, a ausência do feto faz com que a mãe sofra todo o impacto das vibrações deletérias invasivas, resultando no desequilíbrio fisiológico da puérpera, que libera substâncias químicas desarticuladoras das suas funções psíquicas. Nessa ocasião, advém uma reação inusitada de rejeição ao filho, intensificada pela interferência obsessiva, que se opõe ao prosseguimento daquela vida em formação.

Com isso ficam caracterizadas duas causas para o transtorno em análise: a psicose (fenômeno anímico) e a obsessão (fenômeno mediúnico), exigindo um acompanhamento psiquiátrico e uma terapia espiritual para a mãe, sem nos esquecermos de oferecer assistência ao recém-nascido para que ele se desenvolva de forma saudável.[16]

REENCARNAÇÃO E FAMÍLIAS NÃO PLANEJADAS

A família geralmente é projetada pela Providência Divina. A partir daí, muitos questionam se a gravidez na adolescência estaria programada para a concretização da família ou se episódios como esse seriam um desvio do caminho previsto para aquele grupo familiar.

Em realidade, as famílias programadas não surgem de encontros fortuitos. É evidente que esses episódios produzem resultados, mas eles não estavam necessariamente no plano traçado. No entanto, a partir da precipitação que resultou no surgimento da família, os amigos espirituais passam a investir na circunstância que se tornou uma realidade concreta. Dessa forma, a família de origem casual agora receberá por parte da Vida Maior uma programação emergencial.

Eu estava certa vez com Chico Xavier na cidade de Uberaba, acompanhando o médium em suas atividades assistenciais na Vila dos Pássaros Pretos, no tempo em que ele atendia à sombra do abacateiro. Ele estava cercado pela multidão que se comprimia numa fila enorme. Chico entregava alimentos, oferecia auxílio financeiro a um, afagava outro e prosseguia recebendo carinhosamente todos os integrantes da fila, enquanto eu permanecia prestando bastante atenção ao seu trabalho de caridade fraternal.

Em determinado momento, apareceu uma mulher fisicamente muito desgastada. Chico olhou-a e disse, em tom de bom humor:

— Está grávida, hein?!

Eu me surpreendi porque ela não apresentava sinais externos de gestação, além de me parecer em idade bastante avançada para exercer a maternidade. Mas ao observar melhor aquela senhora eu detectei que ela realmente estava grávida, pois era possível ver o acoplamento da criança (o Espírito reencarnante) no organismo da futura mãe. Comentei com o médium:

— Chico, esta senhora deve estar com quase cinquenta anos!

---

[16] Informações sobre psicose puerperal estão no livro *Nas Fronteiras da Loucura*, de Divaldo Franco/ Manoel P. de Miranda, Ed. LEAL, cap. 4 (Programática Reencarnacionista). Nota do organizador.

— Realmente, Divaldo. Ela está com quarenta e seis anos de idade.

Daí a alguns instantes chega outra senhora e Chico repete a cena:

— Muito bem! Engravidou, não foi?

— É verdade, *Sô* Chico! — respondeu a senhora.

Meu espanto agora foi maior, pois aquela senhora certamente já possuía cinquenta anos. Antes que eu falasse, o apóstolo do bem captou-me o pensamento e esclareceu:

— Ela já tem cinquenta e dois anos de idade.

— Mas Chico! Como pode?

Com o seu jeito mineiro, o missionário do bem elaborou a seguinte frase de efeito:

— Sabe o que é, Divaldo? É porque enquanto as mulheres ricas têm menopausa, as nossas pobrezinhas da fila não tem nem pausa para viver!

O trocadilho servia para indicar que as mulheres mais abastadas têm condições de fazer o acompanhamento clínico durante o climatério. E como as mulheres mais humildes não dispõem deste recurso, a maioria delas não cuida corretamente das questões relativas à fertilidade na idade madura.

Em seguida, ele narrou-me algo muito bonito:

— Esta fila aqui, meu filho, Dr. Bezerra de Menezes diz que é a da reencarnação. Quando as crianças são rejeitadas nos lares de excelente poder aquisitivo, o venerando médico espiritual conduz os Espíritos para que reencarnem com o auxílio dessas pessoas, aproveitando o fato de que elas acabam engravidando sem nenhum controle, por ignorância. Dr. Bezerra fica olhando todas e fazendo seleção. Então, ele escolhe algumas para a fecundação, pois assim ele poderá trazer alguns Espíritos de *lá* para *cá*, atendendo às suas necessidades de evolução. Embora em situação econômica extremamente desfavorável, estas mães têm muito amor para dar àqueles que precisam renascer. Quando engravidam, dizem umas às outras: *"Não há problema! Deixa nascer a criança que nós temos o 'Sô' Chico Xavier para dar enxoval pra nós!"* Então, Divaldo, é assim que funciona a fila da reencarnação administrada pelo nosso Dr. Bezerra de Menezes!

Somente aí eu me dei conta de que a maior parte da fila era constituída de gestantes.

Eu olhei bem para o querido médium e afirmei, com bom humor:

— Ah, Chico! Eu só espero que o Dr. Bezerra não resolva passar lá pela Mansão do Caminho...

Uma gestação fortuita é uma escolha de última hora, não é um contexto familiar previamente elaborado pelos nossos mentores espirituais.[17]

CONTRACEPTIVOS E PLANEJAMENTO FAMILIAR

No planejamento familiar defrontamos uma necessidade que o progresso nos impôs. Há pessoas que são radicais e advogam a desnecessidade de planejar a família porque Deus sabe o que é melhor para nós.

Como Deus conhece as nossas necessidades evolutivas, constantemente oferece-nos meios de atenuar a nossa ficha cármica. A Bíblia diz, por exemplo, que "a mulher deve parir com dor".[18] No entanto, graças ao nosso progresso intelecto-moral, a Divindade nos facultou o alívio de muitas dores com a utilização de anestésicos, desde as experiências iniciais com o éter e o clorofórmio até as substâncias mais modernas elaboradas pela farmacologia. Além disso, a obstetrícia desenvolveu vários métodos para reduzir a severidade do sofrimento durante o parto, incluindo as técnicas de respiração, concentração e ioga. Este avanço científico representa uma conquista da sociedade para que haja a diminuição do sofrimento físico, uma vez que a dor não é de Deus, mas é o resultado de opção nossa. O que provém de Deus é o amor. Quando o rejeitamos, experimentamos o seu oposto, que é o desamor. O sofrimento é uma decorrência natural desta opção infeliz.

Na esteira desse raciocínio, se a Divindade tem permitido à Ciência reduzir as dificuldades que se originam nas inúmeras circunstâncias da vida na Terra, os anticoncepcionais (ou contraceptivos) constituem

---

[17] Sobre processo reencarnatório, consultar também *Entre a Terra e o Céu*, de Francisco Cândido Xavier/André Luiz, Ed. FEB, cap. 27 (Preparando a Volta), cap. 29 (Ante a Reencarnação), cap. 30 (Luta Por Nascer).

[18] Gênesis, 3:16. Notas do organizador.

um dos métodos que se ajustam à nossa necessidade de programar a família, pois a mulher não é uma fábrica de crianças. Ela tem direito ao repouso após a fase gestacional. Se este repouso ocorre de forma apropriada, a mãe terá tranquilidade para propiciar ao filho melhores meios de educação, nesse momento delicado, que é o primeiro ano de vida da criança. Isso demonstra que os contraceptivos são uma medida muito válida para estabelecer linhas de equilíbrio na dimensão familiar. O planejamento é uma ferramenta muito útil para que os parceiros elaborem programas de assistência alimentar, de saúde e outros, dentro de juízos perfeitamente bem dirigidos.

Por isso, o Espiritismo examina a questão do planejamento familiar com muita simpatia, identificando os recursos positivos que instituem critérios para excelentes resultados na constituição do lar.

Em nossa área de promoção social espírita, eu conheci vários casos de pessoas com menor instrução e esclarecimento que tiveram dois filhos por ano: um em janeiro e outro em novembro. Em muitas comunidades a ignorância e o vício colaboram para a ocorrência de uma ou duas gestações num curto espaço de tempo, cujos resultados talvez não sejam os melhores. Nessas ocasiões, Espíritos profundamente endividados reencarnam pelo fenômeno do automatismo, mergulhando no *anestésico da carne* a fim de passarem por estágios incipientes da evolução. Esses reencarnantes cumprirão uma etapa inicial de fixação de potencialidades, em que o instinto se transforma nas primeiras manifestações da inteligência humana. Todos os Espíritos que ainda se encontram nessa fase da evolução renascem dirigidos pela compulsória das reencarnações automáticas. E isso acontece em muitas famílias de periferias urbanas que não tiveram acesso ou que menosprezaram a educação sexual e o planejamento familiar.[19]

Encontra-se à nossa disposição um elenco de métodos que são éticos e estão previstos na legislação de inúmeros países. No passado, a Igreja Católica Romana incentivava o planejamento familiar utilizando o método natural do acompanhamento do ciclo menstrual. Mas a Ciên-

---

[19] Sobre reencarnações automáticas em coletividades humanas, ver o livro *Painéis da Obsessão*, de Divaldo Franco/Manoel P. de Miranda, Ed. LEAL, cap. 21 (Providências para o Êxito). Nota do organizador.

cia demonstrou que esse método é ineficaz por causa da imprecisão da ciclagem hormonal de muitas mulheres. Às vezes, a ovulação acontece antes do que se imaginava ou depois do previsto, indicando que qualquer casal pode ser surpreendido por uma gravidez não planejada. Para evitar essa situação, a Medicina oferece-nos os contraceptivos femininos e os métodos de prevenção destinados ao público masculino, pois o homem também deve submeter-se aos mesmos cuidados dirigidos à mulher, uma vez que a carga de responsabilidade não deve ficar apenas nas mãos dela.

Desta forma, à luz da Doutrina Espírita, a utilização de anticoncepcionais é perfeitamente ética, embora Allan Kardec tenha referido que todo e qualquer obstáculo à reprodução torna-se coarctador da reencarnação. O codificador se reportava ao aborto, já que este era o único método conhecido em sua época para interromper a gestação. Vale lembrar que, na metade do século XIX, não se conhecia cientificamente o mecanismo da fecundação, uma vez que os microscópios pouco desenvolvidos daquela época não permitiam aos pesquisadores analisar a união dos gametas.[20]

---

[20] O tema da contracepção é analisado em *Após a Tempestade*, de Divaldo Franco/Joanna de Ângelis, Ed. LEAL, cap. 10 (Anticonceptivos e Planejamento Familiar). Nota do organizador.

3

ABORTO

ABORTO PROVOCADO

O aborto provocado é um crime hediondo! É, acima de tudo, um crime covarde, pois vai interromper a vida de alguém que não se pode defender. O Espiritismo, assim como as outras religiões, desaprova o aborto provocado.

De acordo com a Lei Divina, a união sexual, além das emoções e das sensações que proporciona, tem como efeito próximo e imediato a procriação. Quando o casal se encontra para o relacionamento sexual, é óbvio que deve esperar a geração de um ser, consequência daquele ato livre e espontaneamente aceito. O exercício da sexualidade deve estar acompanhado de responsabilidade.

Justifique-se o aborto como se melhor pretenda. Todavia, matar um ser indefeso é, sem dúvida, um dos mais graves delitos praticados contra a vida, ainda mais se pensarmos que este ser não teria pedido para ser formado por quem se conjuga sexualmente de forma leviana.

Receber nos braços um filho que a vida nos enseja é sempre uma bênção. A alegação de que a mulher é dona do seu corpo pode oferecer-nos no futuro uma argumentação sofista de filhos ingratos, constrangidos a atender pais escleróticos, hemiplégicos, deficientes mentais, podendo eles ser tentados a propor nas altas Casas do Legislativo um conjunto de leis para se livrarem desses genitores, estabelecendo a morte piedosa deles, em benefício de suas comodidades. De liberação em liberação do crime que se deseje legalizar, poder-se-á responder por mais tremendas e hediondas consequências.

Um ato como esse é programado nas trevas da consciência da mulher, que por alguma razão se sente culpada ou deseja vingar-se daquele que a fecundou e a abandonou em situação deplorável ante os padrões sociais vigentes. Trata-se de uma tentativa de agredir moralmente o companheiro que a deixou em uma situação de severas dificuldades materiais. Frequentemente a mulher que passa por essa circunstância adversa, desenvolve um sentimento de ódio pelo parceiro que a desconsiderou. E, por um desejo de vingança que eclode em sua intimidade, não podendo matá-lo, ela o faz contra o fruto daquele relacionamento que lhe provocou a mágoa de grandes proporções. O aborto também é praticado por mulheres que simplesmente rejeitam a maternidade. Devido à insatisfação com essa gestação não planejada ou mesmo por futilidade, quando tem receio de sofrer alterações estéticas no corpo, opta pelo aborto criminoso, adquirindo uma grande dívida perante a Consciência Cósmica.

Em nenhuma circunstância serão encontradas justificativas para o infanticídio. Não somos autores da vida! Por isso não temos o direito de submetê-la aos nossos caprichos, eliminando-a.

Perante os códigos éticos da vida espiritual apenas uma situação nos autoriza a praticar a interrupção do processo gestacional: o aborto terapêutico. Allan Kardec transcreveu a opinião dos Espíritos sobre o aborto no qual se pretende salvar a vida da gestante. Quando a integridade física da mãe está em risco é preferível que preservemos uma vida já consolidada do que comprometê-la em razão de uma vida ainda em formação. Salvando-se a vida da mulher-mãe ela terá outra oportunidade de ter filhos e de trazer à vida física o Espírito ora candidato à reencarnação.[21]

Justifica-se que, se o aborto tornar-se um ato legal, a onda de crimes em torno dele, se fará muito menor, o que é equívoco. As estatísticas demonstram a continuidade do aborto clandestino, pondo-se em risco a vida da mulher. Se tivermos de legitimar o aborto para impedir

---

[21] *O Livro dos Espíritos*, questão 359. Nota do organizador.

outros crimes, retornaremos às faixas primárias da vida! Abortar para evadir-se da responsabilidade livremente aceita, nunca!

Por mais que o aborto receba a legalização oficial, nunca deixará de ser um crime hediondo contra a Humanidade. No entanto, a criatura humana, pelos seus instintos agressivos, procura o mecanismo desculpista nas leis terrenas, invariavelmente injustas, para dar vazão aos seus sentimentos perturbadores, qual ocorre nestes dias, em que o abortamento é ilegal. Mesmo que as leis se tornem favoráveis ao crime do infanticídio, aqueles que o cometerem não poderão alegar que agiam sob o amparo da legislação humana, porquanto está estabelecido no Decálogo: "Não matarás". E este preceito não tem exceção. Diante da Consciência Cósmica a interrupção da vida da criança sempre representará um grave delito.

Ademais, repugna à consciência humana matar uma vítima indefesa, somente porque os caprichos, os preconceitos e os anseios desvairados impõem essa atitude, que nunca terá justificativa.

Pesquisas feitas ao longo das últimas décadas dão conta do aumento desenfreado de mulheres praticando o aborto em diversos países, como o Brasil. A partir da década de 1960, quando as mulheres passaram a sentir-se no direito de experimentar o sexo sem amor e sem vínculos, elas resolveram aderir à comodidade de rapidamente se verem livres de uma gestação que se transforma em empecilho para a busca de novos prazeres. E um fator que intensificou esta escolha foi a facilidade de praticar-se abortos clandestinos em todos os lugares.

Por outro lado, a ausência de educação em saúde contribui para que meninas em todo o mundo engravidem cada vez mais cedo. Em nosso serviço de saúde, na Mansão do Caminho, conhecemos meninas grávidas aos onze anos de idade, que se tornaram mães nesta faixa etária, o que significa uma verdadeira aberração, uma falência da sociedade em educar os seus jovens. Essas meninas praticaram sexo sem nem ao menos possuírem um organismo preparado para isto, estimuladas pela curiosidade e pela desinformação.

Os fatores que incentivam a prática do aborto são diversos. Primeiro a desinformação. Depois a influência da cultura em que a pessoa está imersa. E por fim, a facilidade em se executar uma intervenção médica que é oferecida indiscriminadamente em clínicas desumanas e exploradoras.

Em meu contato com comunidades extremamente vulneráveis, tenho percebido que o aborto é muito disseminado no seio da ignorância, pois, nas classes privilegiadas, do ponto de vista socioeconômico, as orientações para evitar a gravidez são ministradas em todos os lugares, concedendo às pessoas os meios para tomarem precauções antes de iniciarem uma relação íntima. Contudo, em comunidades com severas restrições educacionais, conheci jovens que nem sequer sabiam como ocorre a fecundação. E quando se veem grávidas, em meio aos relacionamentos múltiplos que cultivam, não são capazes de identificar o pai do ser em gestação e se submetem à intervenção dos métodos abortivos, que invariavelmente traumatizam a mulher, quando não a condenam à morte...

O homem, além de abandonar a mulher que fecundou, pode ainda chantageá-la para que ela pratique o aborto, condicionando a continuidade do relacionamento à realização do infanticídio, somente para se ver livre das responsabilidades que acompanharão a sua futura condição de pai. E algumas mulheres cedem ao apelo, e eliminam a criança, para depois se arrependerem quando percebem que foram enganadas por um parceiro que já planejava abandoná-la desde o princípio.[22]

Somente algumas mulheres de fibra, verdadeiras heroínas, decidem enfrentar todas as adversidades para levar adiante o compromisso da maternidade, mesmo que ele não tenha sido programado, como serial ideal. Elas entendem que é preferível ter um filho a ter um amante inconsequente e manipulador.

ABORTO DEVIDO A ESTUPRO

Defende-se ainda a tese de que, se a mulher for fecundada mediante estupro, seja ela legalmente liberada da responsabilidade do filho não desejado. O Espiritismo não aceita esse lamentável equívoco por entender a maternidade sempre digna e nobre.

---

[22] Um caso como esse é narrado no livro *Depois da Vida*, de Divaldo Franco/Espíritos Diversos, Ed. LEAL, primeira parte, cap. 3 (Crimes Desvelados). Nota do organizador.

Quando alguém sofre um estupro, podemos considerar que se trate de um doloroso resgate, sem a menor sombra de dúvida! Entretanto, devemos acrescentar que as Divinas Leis não necessitam do estuprador, pois que dispõem de muitos mecanismos para proporcionar a quem quer que seja a liberação de seus débitos perante si mesmo e perante a Consciência Cósmica. Pode haver um mecanismo mais afligente do que a solidão?! Estamos falando da solidão interna. Mesmo que estejamos em uma multidão, é possível estarmos sozinhos, em abandono. Esta é a experiência da soledade, que significa uma prova dolorosa! Numa situação deste porte, se estará expungindo o afeto que foi desprezado quando foi proposto. A ansiedade e a timidez, por exemplo, também são distúrbios que facultam ao indivíduo resgatar compromissos negativos do passado. Muitas pessoas vêm falar comigo com as mãos frias, úmidas e trêmulas de timidez.

O Criador colocou em suas Leis muitos recursos para que o automatismo faça funcionar a cobrança sem a intervenção de outra pessoa. E se alguém decide ingressar no circuito evolutivo do devedor, prejudicando-o de alguma forma, também estará adquirindo débitos, além de provocar o surgimento de um círculo vicioso que poderá prolongar-se por várias existências.

Em muitas ocasiões escutamos a expressão "fazer justiça com as próprias mãos". No entanto, a ninguém é atribuído esse direito! Toda vez que alguém fere outrem e supõe que está sendo instrumento da Lei, estamos diante de um artifício de escusa que o indivíduo utiliza para não assumir a responsabilidade do seu equívoco.

Devemos evitar, tanto quanto possível, comprometermo-nos negativamente em qualquer área, particularmente na de natureza sexual.

Na gravidez ocasionada por estupro, a realização do aborto jamais será uma solução ética. Em absoluto! Se o estupro é um crime, o aborto é um delito ainda maior! A Doutrina Espírita só reconhece o aborto como válido quando se pretende salvar a vida da mãe, conforme já assinalado.

A criança que se vai reencarnar não pode ser culpabilizada por causa do contexto em que foi gerada. Algumas instituições religiosas de grande influência anuem quanto ao aborto em mulheres que foram violentadas, considerando-o legal e moral. Embora consideremos a gravidade dos fatos (a tragédia, o trauma, os danos causados), isto não deixa de ser um resgate ou uma prova, conforme abordamos na questão anterior. Não queremos ser fatalistas e recorrer à reencarnação para explicar tudo. Mas se não recorrermos a uma causalidade, a vida será uma estupidez constituída por fenômenos fortuitos e acasos ilógicos.

Daí, entendemos que o ser que nasce nesse contexto possui algo de muito grave para ressarcir. E a futura mãe tem também algo de muito grave para recuperar. É provável que, no futuro relacionamento mãe— filho, venha surgir um grande amor e uma verdadeira sublimação de sentimentos. Essa criatura, recebida em circunstâncias tão sofridas, poderá converter-se em amparo e um amigo de que a mulher terá necessidade mais tarde, em outras condições, talvez, não menos dolorosas.

Em minha experiência na Doutrina Espírita travei contato com alguns casos de estupro que resultaram em gravidez. E aconselhei as pessoas a levarem a gestação adiante, dizendo-lhes:

— Se você não quiser a criança, pode trazê-la para a Mansão do Caminho. Fique tranquila que eu darei a este pequeno ser o abrigo e o afeto de que ele necessita e a que tem direito.

Diversas vezes elas prometeram que iriam levá-los após o nascimento. Mas, à medida que os meses se passavam e ocorria o seu envolvimento afetivo com a criança, da vida intrauterina até o nascimento, o quadro se transformava. E quando a criança nascia, suas mães se resolviam por assumir-lhes a maternidade.

Eu sempre ficava admirado com uma ocorrência específica da gravidez resultante de estupro. É que, às vezes, a mulher não está na fase fértil do ciclo hormonal, mas mesmo assim acontece a concepção. E eu me perguntava: "Por quê?". Descobri, consultando especialistas da área, que no momento da violência sexual o pavor da vítima é tanto que precipita a liberação do óvulo e oferece condições para a fecundação, o que não deixa de ser um fenômeno cármico. Fatores evolutivos criam esta injunção dolorosa para que o reencarnante venha numa circunstância que lhe permita limar as arestas morais com a genitora e com a família, ficando profundamente agradecido pela oportunidade que lhe foi oferecida para o recomeço terrestre.

Embora lamentável e dolorosa, a circunstância traumática da ocorrência, é dever da jovem e dos seus familiares manter a gravidez, auxiliando o Espírito que se reencarna em situação aflitiva e angustiante, embora se compreenda a dor da vítima e dos seus afetos.

ABORTO EUGÊNICO

O denominado aborto eugênico, aquele que é feito em função de anomalias no organismo fetal, também é criminoso, porque, nesses casos, estamos igualmente diante das Leis que regem a Vida. Ninguém deve tentar derrogar essas Leis, pois viver é um impositivo fatalista que não estamos autorizados a interromper, quando no corpo físico.

O Espiritismo possui um ângulo científico muito profundo, que nos descortina aspectos até então incompreendidos pela investigação humana.

O anencéfalo é um Espírito que renasceu sem uma parte do Sistema Nervoso Central porque está em um doloroso processo de reencarnação por ter atentado em outra existência contra a vida, mediante o suicídio. Um feto anencéfalo é decorrência de um indivíduo que na encarnação anterior, num momento de revolta, destruiu o cérebro e a caixa craniana disparando um projétil de arma de fogo contra a própria cabeça. Também pode ser uma pessoa que se atirou de montanhas, de altos edifícios ou de pontes, destruindo não apenas o encéfalo, mas provocando igualmente grave lesão no perispírito, o modelo organizador biológico, que orienta a formação do corpo físico durante o processo reencarnatório, razão pela qual retorna à vida física para realizar o ressarcimento por meio de uma marca que será impressa na matéria, uma vez que praticou um terrível gravame em relação a si mesmo e aos Soberanos Códigos da Vida. Em consequência, invariavelmente retorna ao mundo físico para ter uma existência breve.

Não nos é lícito matar, portanto, em circunstância nenhuma! O anencéfalo tem direito a viver! E há exemplos de alguns deles que chegaram a prolongar os seus dias de vida e foram amados pelos seus pais até o momento em que cumpriram o compromisso que lhes foi reservado, que é concluir a etapa que interromperam precocemente. Dessa forma, desencarnam naturalmente, recompondo-se na vida espiritual. E, muitas vezes, eles voltam a renascer na mesma família, para proporcionar aos genitores saudosos a felicidade que antes não puderam desfrutar.

A mãe que passa por essa dor superlativa também está vinculada ao resgate do Espírito reencarnante. Não nos parece coerente que ela tenha sido corresponsável pelo suicídio deste ser? E agora os dois se reencontram para que o seu amor contribua na recuperação da forma perispiritual do filho? Eu reconheço que deve ser torturante para uma mulher saber que carrega no ventre um ser que não viverá ou que terá uma sobrevida muito curta. Embora seja um grande sofrimento, trata-se de uma experiência programada pelas Leis Divinas, de que a futura mãe necessita, merecendo de nós o maior apoio e solidariedade a fim de lhe atenuarmos as angústias. Se ela decide realizar o aborto eugênico, o seu crime estará caracterizado da mesma forma que em qualquer outra circunstância de aborto delituoso. Estando consciente de que irá matar o filho em formação, embora portador de deficiência, certamente desenvolverá um conflito psicológico muito severo, que, não sendo hoje, ressurgirá mais tarde, quando o declínio dos anos convidá-la à reflexão.

Muita falta faz à Humanidade o conhecimento do Espiritismo, que ilumina as mentes, explicando as razões das ocorrências terrestres, e consola os corações, a fim de que se submetam às Leis de Deus com coragem e confiança.

Diante disso, por que abortar? Por que interromper o processo reparador que a vida impõe ao Espírito que se reencarna com essa deficiência? Será justo impedi-lo de evoluir, por egoísmo da gestante? Além disso, a escolha implicará correr o risco de uma intervenção cirúrgica que nem mesmo se justifica diante das Divinas Leis. Já ouvi relatos de médicos garantindo que o procedimento para a realização de um aborto é mais delicado do que um parto.

Se a criança vai falecer em pouco tempo, deixemos que a natureza siga o seu curso. Por que teríamos o direito de acelerar o processo? Inclusive há casos, em regime de exceção, nos quais várias crianças anencéfalas nascem e conseguem sobreviver por um longo tempo, até por mais de um ano, recebendo o profundo carinho dos pais. O fato da criança não possuir uma parte do sistema nervoso central e deficiências outras, não significa que não mereça viver. O sistema cardiovascular está funcionando e irrigando todo o organismo, embora o indivíduo não desfrute integralmente de suas faculdades orgânicas e mentais. Certamente, ele está desenvolvendo um trabalho evolutivo que precisa ser concluído.

É importante que a mulher compreenda e aceite o fato de que o filho que lhe foi concedido pela Divindade possui uma deficiência congênita. Que ela aguarde um pouco mais e ofereça o seu amor para que ele se liberte do compromisso espiritual. Se for um natimorto ou se vier a falecer após o nascimento, nos dois casos estará concluindo o seu aprendizado, enquanto a mãe terá desempenhado um papel de grande elevação perante a própria consciência e os Soberanos Códigos da Vida.

O desespero que responde pela escolha em fazer o aborto demonstra o imediatismo e a falta de amor que caracteriza o ser humano. Revela, também, a fuga ao enfrentamento da realidade, pois a frustração que decorrerá do aborto será a mesma que teria lugar após a morte natural da criança limitada. Se a mãe o mata ou se espera que ele faleça, o sofrimento afetivo deverá ser idêntico. Por que não diminuir esta dor amando-a e aguardando o natural desenrolar dos acontecimentos?

Os pais e familiares normalmente experimentam o desconforto e o desequilíbrio emocional quando recebem uma notícia sobre a malformação da criança em gestação. Uma das grandes dificuldades que poderemos experimentar é saber o que deveremos dizer a essas pessoas.

Eu me recordo de uma frase que Inácio de Loyola pronunciou em Barcelona. Antes de escrever os seus exercícios espirituais ele gritava: "Oh, Deus! Como são ignorantes os que desconhecem as Tuas Leis!".

Quando conhecermos as Leis de Deus, saberemos que tudo está inserido numa planificação muito bem articulada. Não se trata de fanatismo, de fé divorciada do pensamento lógico. Cientistas da área da Física passaram a trabalhar no século XX com o conceito de caos, afirmando que dentro do *caos* existe uma ordem que não é identificada quando se faz uma análise superficial. Por extensão, se aplicarmos este conceito a todas as situações da vida, reconheceremos que não existe casualidade no universo.

Se formos familiares conscientes dessa realidade transcendente, poderemos dar suporte ao drama de um filho ou de uma filha em situação aflitiva. E em vez de criarmos situações embaraçosas encontraremos os meios para tornar menos pesada a sua carga, oferecendo o nosso amor incondicional. O amor é sempre o grande diluidor das aflições, possuindo os recursos hábeis para sanar qualquer sofrimento.

Infelizmente, em grande parte das ocasiões a família estimula o aborto dizendo: "Tire esse filho! Por que você vai perder os seus melhores dias e destruir a sua vida? Aborte! Liberte-se deste problema! Hoje em dia todo mundo o faz! Por que você não faria também?" Esses parentes são igualmente criminosos, porque estão estimulando o infanticídio. Mas eles não fugirão de si mesmos nem da Consciência Divina.

O aborto do anencéfalo é um crime, reafirmemo-lo! Alguns juízes têm autorizado a prática do abortamento no caso de crianças com malformações fetais, como a anencefalia, sob a alegação de que se a vida não se irá concretizar, não há razão para que a mãe passe por todo o sofrimento de uma gestação que resultará em uma existência fugaz, destinada ao fracasso. Essa colocação das dignas autoridades constituídas é muito respeitável. Entretanto, o fundamento da decisão está apoiado em uma visão materialista, evidenciando que o seu autor desconhece a perspectiva espiritual da realidade. Essa perspectiva nos esclarece que não cabe a ninguém estabelecer a interrupção de um nascimento, mesmo que se trate de um anencéfalo. A Ciência médica já catalogou casos de indivíduos que nascem com segmentos intactos da massa encefálica, que tornam possível a vida em um período curto, justificando a continuidade da gestação para que aquele ser portador de inúmeras restrições cumpra a sua tarefa evolutiva.

Qualquer justificativa legal para matar, estará sempre ferindo a ética! Se abrirmos um precedente para a interrupção da gestação do anencéfalo, em breve surgirão propostas muito graves no tecido social...

Em 1935, quando Adolf Hitler assumiu o poder na Alemanha nazista, ele começou seu governo tornando legal a prática do aborto. Na chamada *noite dos cristais* ele liberou o assassinato em massa de milhões de indivíduos. Logo depois, na mesma sede de sangue e na alucinação que dele se apoderou, o líder alemão pediu aos pais que tivessem filhos deficientes, até mesmo aqueles que apenas sofriam de enurese noturna, que os enviassem às câmaras de gás e aos campos de extermínio, a fim de depurarem a raça alemã... Milhares de crianças foram mortas em nome de uma super-raça que estava apenas na imaginação delirante de um psicótico. Em seguida, ele autorizou o assassinato em massa de mais de seis milhões de judeus e de mais de três milhões de outras etnias, somente porque as considerava inferiores, exaltando o biótipo germânico.

Stalin, no início do século XX, enviou milhares de inimigos políticos para o exílio na Sibéria, sem contar aqueles que ele internou compulsoriamente em hospitais psiquiátricos ou que mandou executar através de injeção letal, porque divergiam politicamente da doutrina do Estado.

Tanto na Alemanha quanto na União Soviética milhares de vidas foram sumariamente dizimadas com apoio "legal" e justificativas diversas.

Penso que a legalização do aborto eugênico ensejará passos mais audaciosos no futuro, em favor da prática do aborto generalizado, o que será muito lamentável. E a legalização do aborto pela sociedade humana será um perigoso precedente que se abrirá em direção a outras propostas de aniquilação da vida.

Alguém poderá propor, por exemplo, que em vez de tratarmos o pedófilo como um indivíduo com transtorno mental, que necessita de reabilitação social, a punição de castrá-lo para que ele não volte a praticar o crime. Na mesma linha de raciocínio, outra pessoa de sentimentos torpes irá propor que todos os portadores de transtornos mentais severos, que praticam crimes e são internados para tratamento, deverão ser expungidos da sociedade por meio do homicídio patrocinado pelo Estado, mediante injeção letal e outras técnicas bárbaras, quando é dever desse mesmo Estado prover os meios para a recuperação da saúde mental de seus cidadãos, bem como utilizar de medidas paliativas, quando a recuperação completa não for viável. E se a proposta de assassinato ganhar cidadania, em pouco tempo alguém afirmará que tem direito a tirar a vida de seus pais, que são portadores de doenças neurológicas degenerativas, como o Mal de Parkinson e o Mal de Alzheimer, conforme referido anteriormente, que se transformam em um verdadeiro *peso* na sua vida de jovem que deseja estar livre para buscar seus sonhos.

Como as leis humanas são injustas, porque refletem a injustiça dos seres que as elaboram, algumas medidas procuram punir em vez de educar ou reabilitar. E isso não poderá generalizar-se para ser aplicado em qualquer circunstância, pois corresponderia à instalação do caos na vida social.

Numa sociedade que anseia pela justiça real, a reverência pela vida é fundamental, uma vez que deveremos respeitar as Leis Divinas que governam a Natureza e as relações humanas. Não me refiro a nenhuma conotação com denominações religiosas específicas, mas apenas ao respeito pela vida.

Eis por que o Espiritismo é frontalmente contra a proposta de matar. Qualquer iniciativa que tenha a intenção de fazê-lo irá configurar uma violência deplorável contra as Leis Divinas.

E o que dizer a uma mãe que está gerando uma criança destinada a ter uma vida breve? Deveremos dizer-lhe que agradeça a Deus pela gestação, pois se trata de uma oportunidade de reabilitação para todos os envolvidos.

Eu sou o décimo terceiro filho de uma família modesta. A minha irmã de número sete nasceu com uma grave doença que lhe ceifou a vida em tenra idade. Ela era portadora de hidrocefalia. Eu não a conheci, mas minha mãe contou-me sobre o espanto de todos os familiares ao perceberem a expansão no volume do crânio de minha irmã, naqueles tempos em que a ignorância médica sobre as doenças neurológicas ainda era muito acentuada. As pessoas a chamavam de *cabeça de água*. Os ossos do crânio eram visíveis para qualquer um que a observasse, quando um raio de sol penetrava pela fresta da janela e atravessava-lhe a cabeça. Ela nunca falou, ouviu ou enxergou absolutamente nada. Era um ser em estado vegetativo. Todavia, contrariando os prognósticos médicos, viveu até os sete anos de idade. Posteriormente, esse Espírito, que era um ex-suicida, reencarnou como a minha irmã número onze e viveu uma existência longeva.

As Leis Divinas são de uma sabedoria extraordinária! Ter um filho com limitações biológicas extremas é uma bênção, pois há razões plausíveis para essa reencarnação dolorosa. E se uma mãe recebe essa criança é porque a Lei está colocando a vítima de ontem nas mãos daquele Espírito que a infelicitou de alguma forma. A Divindade não deseja que a vítima cobre a dívida, pois a própria Lei conta com mecanismos para isso. Ela permite o reencontro, para que o amor estimule os pais a superar as dificuldades. Eu tenho visto mães e pais que possuem filhos com distúrbios altamente incapacitantes. Esses genitores pedem a Deus que prolonguem a vida de seus filhos, a fim de prosseguirem junto ao ser querido que se encontra sob sua responsabilidade. É um vínculo de amor genuíno que se estabeleceu ao longo do tempo.

Quando o Criador promove os laços familiares entre nós e oferece--nos um filho com restrições de saúde, que poderão inclusive levá-lo a falecer em pouco tempo, reconhecemos que a experiência é dolorosa, mas é coerente com o princípio de Causa e Efeito. Passada a tempestade do sofrimento, aquele que conduziu o seu filho com dedicação e amor estará livre para amá-lo por todo o sempre. É a troca de um breve período de lutas por todo um período de felicidade no futuro.

Para concluir a explicação, eu diria uma só palavra a essa mãe que já conhece as condições limitadas do seu filho que vai nascer: ame-o! Faça do seu amor um relicário de bênçãos! E tudo que não for possível modificar na atualidade estará nas mãos de Deus!

Aborto, células-tronco e fertilização "in vitro"

Para nós, espíritas, a questão das células-tronco embrionárias constitui um grande desafio. O tema também se relaciona ao aborto pelo fato de que um Espírito pode estar ligado ao embrião utilizado para a retirada de células com finalidade terapêutica.

Os Espíritos nobres são unânimes em abençoar os esforços da Ciência quando se dedica a gerar instrumentos de promoção humana, fomentando o desenvolvimento da sociedade e conduzindo o planeta a patamares mais elevados. Não obstante, quase toda descoberta recente torna-se polêmica porque os investigadores ainda se encontram na fase inicial da sua proposta. É natural que não possuindo resultados determinantes, tudo se encontre no plano do possível e do plausível.

Os amigos espirituais declaram que interromper uma vida em formação, sob qualquer pretexto que se apresente, constitui um aborto delituoso, já que o Espírito começa o seu trânsito reencarnatório no momento em que o espermatozoide acopla-se ao óvulo, transformando-o em célula-ovo ou zigoto. Se o fenômeno ocorrer por um processo natural ou se houver uma fecundação *in vitro*, de qualquer forma estaremos diante de uma existência nova.

Alguns especialistas em reprodução humana tentam demonstrar que a vida só tem início quando ocorre a implantação do zigoto no útero. Afirmam também que nesses primeiros dias da embriogênese é possível encontrar células em condições ideais para recompor órgãos e tecidos lesados. Porém, à luz da Doutrina Espírita, após a fecundação consideramos um crime qualquer tentativa de interrupção do desenvolvimento humano intrauterino.[23]

Se a Ciência encontra no embrião algumas linhagens de células mais favoráveis para diversos procedimentos terapêuticos, os pesquisadores também já conseguem identificar células muito úteis no organismo do indivíduo adulto. Os resultados da aplicação das células-tronco embrionárias são discutíveis, pois muitas consequências indesejadas têm sido detectadas, dando lugar, não poucas vezes, ao surgimento de tumores. Em razão dos bons resultados conseguidos com as células-tronco adultas, é mais válido que se prolonguem as experiências por essa linha de pesquisa, com menores riscos e com indiscutível êxito contra doenças como a leucemia, acidente vascular encefálico e outras enfermidades. Felizmente, essas células têm sido encontradas na placenta, no cordão umbilical e na medula. Com um pouco mais de paciência e perseverança na investigação científica, elas também serão visualizadas em outros órgãos. Continuando os seus esforços, certamente os pesquisadores produzirão alternativas tão benéficas como as que se esperam das células--tronco embrionárias.

Aguardemos que, no momento próprio, os cientistas consigam novas descobertas que possam contribuir para libertar o ser humano de carmas profundamente angustiantes, que se materializam em diversas anomalias, mas sem que se torne necessário atentar contra a vida em formação.

---

[23] *O Livro dos Espíritos*, questão 344; *Atualidade do Pensamento Espírita*, de Divaldo Franco/Vianna de Carvalho, Ed. LEAL cap. 2, item "Embriologia", questão 44. Nota do organizador.

Convém destacar que em alguns casos ocorre o desenvolvimento de um corpo sem Espírito, o que explica os bebês natimortos, como aborda a questão 136 de *O Livro dos Espíritos*. São circunstâncias em que as propriedades da matéria determinam fenômenos nos quais os elementos moleculares se aglutinam sem o influxo do psiquismo de um reencarnante. A ausência da alma faz com que aquela massa biológica não tenha vida. Contudo, a dificuldade é saber diferenciar o corpo que é apenas fenômeno biológico-molecular daquele que possui o vínculo com um Espírito.

Quando os cientistas acreditarem na existência de Deus, poderão formular diretrizes éticas para saber até que ponto avançar, mas não cabe aos benfeitores espirituais dizerem se determinado corpo em formação está unido ou não a um Espírito. A função das doutrinas espiritualistas não é dizer à Ciência o que fazer, compensando as limitações dos pesquisadores através de informação que substitua os equipamentos das doutrinas médicas e biológicas.

Por essa razão, a Humanidade terá que se debruçar sobre os estudos necessários à elaboração de códigos de bioética, sem a pretensão de interditar as pesquisas, mas para garantir que sejam estabelecidos os limites da investigação científica, de forma que não se venha a gerar verdadeiros *monstros* e criar situações embaraçosas, nas quais, para salvar uma vida, seja utilizado o recurso de eliminar outra.

Em qualquer tempo e em qualquer circunstância, a ética está resumida em um princípio: matar, jamais!

Por isso, optamos por aguardar até o instante em que a Ciência disponha de novos recursos para encontrar células adultas com a mesma capacidade de beneficiar a saúde que as embrionárias possuem.

Existe ainda o caso dos embriões conservados em baixas temperaturas nas clínicas de reprodução humana, que são excedentes dos processos de fertilização *in vitro* e que não serão destinados a nenhum procedimento. Ficam à disposição para os pais que decidirem ter novos filhos, o que, na maioria dos casos, não acontece. Segundo a Ciência, eles devem ter uma viabilidade de aproximadamente cinco anos. A partir de então é provável que já não tenham mais possibilidades de gerar a vida.

Em alguns casos, vinculado a um embrião congelado há um Espírito em estado de *semi-hibernação*. Se o embrião não tiver mais condições de se desenvolver e gerar um feto é porque o Espírito desligou-se naturalmente, ou porque não havia Espírito conectado à massa celular. Então se interroga: se considerarmos esses embriões que se tornaram inviáveis após o congelamento e foram descartados, essa situação é uma afronta as Leis Divinas?

Caso realmente haja um Espírito vinculado a um embrião nessas circunstâncias, é bem verdade que ao descartá-lo se interrompe uma futura reencarnação, porém, com menos consequências éticas negativas do que no caso da obtenção de células-tronco.

A explicação, para isso, é que os Espíritos que se encontram imantados a um embrião que se não irá desenvolver, estão cumprindo um período de expiação, que representa uma forma de resgatar débitos do passado.[24]

CONSEQUÊNCIAS E RESPONSABILIDADES

São muito graves os efeitos na economia moral de quem opta por fazer o aborto ou de quem o incentiva. Na ignorância moral em que se encontra e estando consciente da ocorrência, o Espírito abortado rebela-se e busca vingança, por compreender que lhe foi negada a oportunidade de evoluir. Não são poucos os casos de obsessões que têm a sua gênese no aborto provocado.

As mulheres que engravidam e matam seus filhos com muita naturalidade desconhecem que são responsáveis por esse terrível flagelo que se impõem a si mesmas, pois os Espíritos abortados normalmente não as perdoam, o que provocará um litígio de grandes proporções. Eles acompanham sutilmente essas mulheres até que elas vivenciem alguma dificuldade na vida. Nesse momento, eles se voltam contra elas e exacerbam seus conflitos existenciais até conseguirem perturbá-las, atirando-as em estados depressivos ou facilitando quadros psicóticos aparentes,

---

[24] A informação consta em *Atualidade do Pensamento Espírita*, de Divaldo Franco/Vianna de Carvalho, Ed. LEAL, cap. 2 (Ciências Médicas e Biológicas à Luz do Espiritismo), item "Embriologia", questão 41. Nota do organizador.

que na verdade são transtornos mediúnicos, classificados como obsessões espirituais. Em seguida, esse processo alcançará também o homem que foi motivo do crime hediondo.

Quando ainda não se encontra consciente do que lhe ocorreu, o Espírito sofre o ato cruel e imanta-se por afinidade àquela que o expulsou do útero materno. Como esses seres prematuramente expulsos do corpo já estavam com seu perispírito imantado às células, o organismo físico é eliminado, mas permanecem as suas fixações perispirituais junto ao organismo da mulher, o que poderá causar um futuro câncer de colo de útero e outras doenças do sistema reprodutor feminino. O ódio desses seres que tiveram a vida cerceada transforma-se em uma alucinação convertida em ondas mentais deletérias no organismo fragilizado da mulher, que as assimila e sofre alterações no seu estado de saúde.[25]

Certa vez, eu conheci uma senhora que deveria ter uns trinta anos de idade, quando começou a frequentar a Mansão do Caminho.

Quando contava aproximadamente cinquenta e cinco anos, ela recebeu o diagnóstico de um câncer de útero, que ao ser revelado já havia produzido metástase óssea que lhe provocava dores quase insuportáveis.

Naquela época, na cidade de Salvador, não havia quimioterapia. O único tratamento disponível era a radioterapia aplicada no Hospital do Câncer. A minha amiga submeteu-se ao tratamento radioterápico e ficou com muitas lesões no corpo, porque a técnica ainda estava em fase experimental. Quando ela estava muito mal, mandou chamar-me. Eu já a visitava periodicamente, mas, na ocasião, ela deu-se conta de que iria desencarnar e desejava falar-me. O câncer já havia invadido o mediastino e o óbito era uma questão de tempo.

Eu procurei levantar-lhe o ânimo, quando, então, ela fez-me a seguinte revelação:

— Divaldo, as Leis de Deus são soberanas. Eu sei por que estou com câncer. E felizmente a Doutrina Espírita chegou em boa hora para

---

[25] Consultar também os livros: *No Mundo Maior,* de Francisco Cândido Xavier/André Luiz, Ed. FEB, cap. 10 (Dolorosa Perda); *Nas Fronteiras da Loucura*, de Divaldo Franco/ Manoel P. de Miranda, Ed. LEAL, cap. 3 (Delito Oculto), cap. 4 (Programática Reencarnacionista) e cap. 5 (Primeiras Providências). Nota do organizador.

mim. Só a assimilei depois da doença. Como você sabe, eu conheço o Espiritismo há alguns anos, pois frequento a sua instituição faz muito tempo. Mas ainda não o havia digerido adequadamente. Eu aceitava a proposta sem maiores compromissos e permanecia enganando-me. A minha situação é a seguinte: eu tenho um companheiro que é um homem casado. Eu o amo muito e ele também diz que me ama. Nesses últimos vinte anos eu realizei mais de uma dezena de abortos dele, já que eu não poderia ser mãe. Ele me garantia que se eu preservasse um filho nosso e ele descobrisse, seria a última vez em que nos veríamos, pois ele nunca deixaria a esposa e jamais registraria um filho fora do casamento. Naquela época, não havia exame de DNA nem a imposição da lei para que o pai biológico assumisse a responsabilidade pelo filho. Então, por amor a ele, eu abortei em mais de dez ocasiões diferentes.

Eu fiquei simplesmente estarrecido! Como a alma humana é complexa! Como é que ela pôde ouvir a proposta de Jesus, os enunciados a respeito do "Não matarás", e em nome de um amor irreal, que era somente desejo, tormento sexual, matar crianças com tanta impiedade? Porque o amor não mata! O amor liberta! Se ela realmente amasse aquele homem, dir-lhe-ia: "Prefiro vê-lo feliz com a sua mulher a vê-lo atormentado comigo, causando-me também infelicidade!". Se ela de fato o amasse, renunciaria ao relacionamento sexual com ele e continuaria amando-o, desde que ele já era feliz com a esposa.

Por isso, o câncer era o resultado de todas as agressões que ela praticou contra o próprio organismo. Felizmente, a sua consciência despertou ainda aqui na Terra. E menos de uma semana depois do nosso diálogo ela desencarnou.

Muitos anos mais tarde eu a encontrei em uma visita a uma região dolorosa do mundo espiritual inferior, para onde os Espíritos amigos me conduziram em desdobramento consciente a fim de realizar observações e estudos. Ela me reconheceu e contou-me as consequências dos seus atos criminosos.

Esclareceu-me que estava profundamente arrependida dos abortos praticados. Mas os seres cujas vidas ela havia destruído não a perdoaram, sendo que um deles tentou renascer oito vezes, dela recebendo uma resposta negativa por meio da interrupção criminosa da gestação.

Alguns dos Espíritos receberam da Misericórdia Divina a oportunidade de reencarnar em outras famílias. Porém, esse reincidente desenvolveu por ela um ódio tão intenso que se lhe alojou psiquicamente no útero e deu início ao processo de alterações celulares que culminou no câncer e na sua desencarnação.

Por fim, ela informou-me que estava programada para reencarnar junto a esse Espírito vingativo, como gêmeos xifópagos, para que os dois pudessem regularizar o débito contraído.[26]

Não tenho a intenção de concordar com a atitude de revide que os seres abortados assumem perante aquelas pessoas que lhes roubaram a oportunidade da reencarnação, mas quero dizer que eu compreendo perfeitamente a dor que lhes aniquila os sentimentos profundos, pois sou o décimo terceiro filho de uma família numerosa, e quase não pude renascer... Pelo desejo dos meus pais, o meu irmão, que é cinco anos mais velho do que eu, seria o último filho a nascer. Minha mãe já experimentava os primeiros sinais do climatério quando percebeu algo estranho no seu corpo e consultou-se com um médico, que lhe deu a inesperada notícia de uma gravidez tardia. Por causa do organismo debilitado, depois de doze partos e três abortos espontâneos, o médico sugeriu-lhe que interrompesse a gestação para que ela não tivesse a saúde gravemente comprometida. A orientação médica foi dada nos seguintes termos:

— Dona Ana, vamos fazer o aborto! A senhora já realizou sua missão de mãe com os doze filhos que Deus lhe concedeu.

— Não, doutor! Eu não vou abortar meu filho!

— Mas esta criança vai matá-la! A senhora não tem condições de saúde para resistir!

Diante dos argumentos do médico, era provável que qualquer pessoa aderisse à proposta por ele apresentada. Nossa família tinha muitas dificuldades financeiras e faria ainda maiores sacrifícios se mais uma criança viesse ao mundo. Não obstante, a minha mãe, contrariando

---

[26] Para outras informações sobre as consequências do aborto na encarnação subsequente, ver o livro *Grilhões Partidos*, de Divaldo Franco/Manoel P. de Miranda, Ed. LEAL, cap. 12 (Histeria). Nota do organizador.

aquilo que para muitos seria uma solução óbvia, voltou-se para o médico e respondeu:

— Se eu morrer no intuito de dar a vida a um filho, para mim será uma honra!

E a minha mãe não me abortou... Eu tenho para com ela uma dívida de gratidão indescritível! Ao correr o risco de sacrificar sua própria vida, ela me permitiu mais de oitenta anos de existência física. Se me tivesse abortado, será que eu a amaria? Será que eu não estaria hoje dominado pela mágoa (e até mesmo pelo ódio) de ver perdida a chance que a Divindade me desenhava naquele momento? Não se pode descartar esta hipótese. No entanto, aqueles seres que indubitavelmente ainda se encontram num patamar incipiente de evolução psicológica cultivarão sentimentos de animosidade e de revolta que geram obsessões das mais lamentáveis, com consequências que se estendem para a vida espiritual. [27]

É fascinante constatar como devemos fazer tudo ao nosso alcance para preservar a vida. A vida humana é patrimônio de Deus e ninguém, sob pretexto algum, tem o direito de interrompê-la. O aborto, sob qualquer aspecto em que se apresente, permanece como crime hórrido que um dia desaparecerá da Terra, em face da crueldade e covardia de que se reveste.

No continente africano, em alguns países da América do Sul e em outros muçulmanos, o aborto não recebe apoio da sociedade para ser legalizado. No entanto, nos Estados Unidos da América, no Canadá e em quase todos os países da Europa esta legalização já ocorreu. De uma forma geral, parece que nos países economicamente mais desenvolvidos a probabilidade de legalização torna-se maior, levando-se a concluir que o mundo produziu um grande desenvolvimento científico e tecnológico e menosprezou o desenvolvimento dos valores éticos. Afinal, nesses países economicamente privilegiados também têm vigência a pena de morte, a eutanásia e outras práticas que, além de esfacelar a vida, são absolutamente ineficazes na solução dos problemas humanos. Mesmo

---

[27] Consultar os livros: *Nos Bastidores da Obsessão*, de Divaldo Franco/Manoel P. de Miranda, Ed. LEAL, cap. 6 (No Anfiteatro); *Memórias de um Suicida*, de Camilo Cândido Botelho/Yvonne do A. Pereira, Ed. FEB, 3ª parte, cap. 6 (O Elemento Feminino). Nota do organizador.

sabendo-se que a pena de morte não reduz os índices de criminalidade, o que transparece no comportamento social é a ânsia de querer matar, de exterminar a vida do criminoso como uma forma cruel de retaliação e vingança.

Quando analisamos a liberação do aborto, vemos a leviandade de algumas autoridades públicas que atentam contra a vida, desrespeitando-a na sua origem. Por que abortar, se poderemos investir em programas de educação em saúde para que as pessoas evitem uma gravidez indesejada? E se a mulher optar por não assumir o filho, existem numerosas instituições que aceitam recebê-lo e se responsabilizam por educá-lo.

Ninguém tem o direito de matar, sempre repito. Matamos animais para nos nutrir, o que evidencia que ainda nos encontramos em uma fase de barbarismo. Ideal seria que nos nutríssemos sem matar. O aborto configura uma verdadeira pena de morte, uma atitude de hediondez permitida pelo Estado que, quando fracassa em cuidar da saúde e da educação de um povo, decide matar para ver-se livre da responsabilidade que lhe diz respeito. O Estado deveria mudar a sua estratégia e criar instrumentos de dignificação da natureza humana, intervindo sobre os fatores sociais para extinguir a miséria e prevenir a gravidez não planejada.

Em realidade, o aborto adia a reencarnação, em vez de impedi-la. Porque aquele filho que nós expulsamos, pela interrupção da vida fetal, voltará até nós, talvez em um corpo estranho à nossa família, gerado em um ato sexual irresponsável por outras pessoas, na rua ou em um ambiente de prostituição. Ele poderá retornar aos nossos braços na condição de deserdado, não raro, como um delinquente. Os filhos que não aceitamos no lar poderão penetrar um dia em nossa casa na roupagem de alguém de conduta antissocial. Será talvez o colega de escola que oferece drogas ao nosso filho ou à nossa filha. Aquele que banimos do nosso regaço reaparecerá, porque ele não pode ser punido pela nossa leviandade. Todavia, as Leis Soberanas da Vida sempre abrem espaços para a correção dos nossos tropeços evolutivos.

Um tema importante para se debater é a responsabilidade do pai da criança abortada, que estimulou ativamente ou que influenciou a realização do aborto com sua omissão. Qual a parcela de responsabilidade que lhe cabe? Afinal, a mulher não pode ser o único foco responsável da questão. Nesse momento identificamos o machismo perverso que ainda sobrevive em nossa sociedade.

Se considerarmos os componentes do problema, iremos concluir que a mulher é vítima em todos os ângulos analisados: ela é vítima de si mesma (por consentir uma gravidez não planejada); é vítima daquele que a engravidou e se evadiu, abandonando-a à própria sorte; e é vítima do conceito hipócrita que lhe atribui a condição de única responsável pelo crime praticado, uma vez que é ela quem de fato realiza o aborto. E o homem covarde que a fecundou fica isento de responder legal e socialmente pelo ato. Todavia, a Divindade o conhece e as Leis da Vida não permitem que ele fuja de sua própria consciência, pois o homem reconhece que cometeu um crime vergonhoso, mesmo que não esteja ciente de que a mulher vai abortar. O seu delito, incialmente, foi não oferecer apoio àquela que ele fecundou, já que este apoio é compreendido como uma responsabilidade paterna intransferível. A tarefa de cuidar da criança e a responsabilidade por um eventual aborto não podem ser depositados apenas sobre os ombros da mulher.

Não importa que o ato sexual praticado pelo homem tenha sido por uma busca leviana de prazer momentâneo ou por causa do uso de bebida alcoólica e drogas numa festividade qualquer, que afetaram o seu julgamento em relação aos próprios atos. Isso é indiferente. Se o parceiro procurou-a para o sexo, com qualquer motivação que se possa imaginar, tem o dever de ampará-la, no caso de uma gravidez que surpreenda os dois, pois o que acontecer com a vida da gestante e da criança terá o pai como corresponsável. Os amigos espirituais são unânimes nesta opinião.

Os pais de adolescentes que incentivaram ou patrocinaram o aborto para ajudarem a filha a se livrar de uma gravidez não planejada são duplamente responsáveis pelo grave delito. Primeiro, porque não educaram, não vigiaram e não atenderam às necessidades afetivas da filha, deixando-a correr um risco desnecessário. E agora, para diminuir a culpa ou as consequências da sua invigilância, levam-na a perpetrar um crime muito maior, que pesará na economia espiritual dela e deles também, que são corresponsáveis.

Por outro lado, os profissionais de saúde que praticam a interrupção criminosa da gestação, são pessoas que cometeram um delito ainda mais cruel! Fizeram um juramento para salvar a vida e respeitá-la, mas estão amealhando recursos financeiros que defluem de um crime praticado contra a vida, ainda mais quando se trata de vítimas indefesas.

A História do século XX narra a trajetória de profissionais que cometiam mais de dez abortos por dia nos Estados Unidos. Nesse país, foi publicado um documentário denominado *O Grito Silencioso*, que mostra filmagens de abortos utilizando microcâmeras para captar imagens intrauterinas. As cenas documentam o momento exato da expulsão dolorosa da criança que se encontra no organismo materno. Quando o profissional introduz uma lâmina ou um aparelho qualquer para despedaçar a criança e retirá-la do útero, o pequeno ser percebe que será assassinado e desfere um grito pungente que ninguém ouve, mas que traduz o sofrimento de uma vida sendo esfacelada.

Esses profissionais corrompidos são verdadeiros infanticidas que, no seu ato de desmantelar a vida, assemelham-se àqueles que trabalham num abatedouro de animais, separando peças bovinas destinadas ao fornecimento de carne para consumo humano. O indivíduo que se encontra no abatedouro ao menos está exercendo uma profissão para a qual foi treinado, enquanto o profissional de saúde que pratica o aborto não foi preparado para matar, mas sim, para salvar.

Em um país que visito periodicamente há muitas décadas, está ocorrendo um fenômeno inusitado. Como o aborto foi legalizado nesse país, várias mulheres têm procurado médicos para realizarem a interrupção da gravidez a seu bel-prazer. E quando chegam ao consultório essas gestantes se deparam com muitos médicos que se recusam a efetuar o procedimento, afirmando que ele fere a ética da sua profissão. Este comportamento denota um amadurecimento psicológico coletivo da classe médica naquele país, atingindo um elevado patamar de dignidade humana e de respeito pela vida.

Mesmo nos países em que o aborto foi legalizado, o profissional de saúde que adere a essa prática estará dilapidando o patrimônio que lhe foi concedido por Deus, para que se tornasse um benfeitor da humanidade, porque ele fez um juramento para salvar vidas.

Na atualidade, alguns conceitos científicos mostram-nos que o compromisso dos profissionais de saúde não é impedir a morte a qualquer preço, mas salvar vidas ou tornar a vida mais agradável, prolongando-a sempre que possível e colaborando para que tenha qualidade. Nesse painel de responsabilidades claramente estabelecidas, por que uma pessoa, que exerce uma profissão de saúde, se permitiria o luxo de matar? Por que converter o *sacerdócio* num profissionalismo vulgar?

As consequências desta atitude são imprevisíveis, porque ninguém burla impunemente as Soberanas Leis da Vida. Mas não apenas para a mãe, senão também para o genitor do feto que tenha contribuído para a infeliz decisão, assim como para aquele que é o aborteiro.

Para que a decisão da mãe seja a do aborto, quase sempre o genitor tem envolvimento emocional indireto. A sua conduta pode ser visualizada como um fator preponderante. A negligência do mesmo em não se responsabilizar pela aceitação do filho, negando-se ao dever que se deriva da autoria da concepção, faz com que ele se torne corresponsável pela tragédia.

Ao médico, por sua vez, cabe o dever de preservar a vida em qualquer forma como se apresente e jamais interrompê-la, porquanto, para tal jurou e aprendeu como fazê-lo. Nesse conúbio que se apresenta entre a mulher que se sente defraudada, o homem que a explorou e aquele que interrompe a existência em formação, surge um compromisso negativo que os une para o futuro, nas consequências que sofrerão perante a Consciência Cósmica...

Aborto espontâneo

Na ocorrência de aborto espontâneo estaremos sempre diante de um mecanismo da Lei de Causa e Efeito, que compõe o conjunto de princípios da Doutrina Espírita. As causas desse tipo de interrupção natural da gravidez podem ser encontradas a partir de uma visão espiritual.

Muitas vezes, o Espírito que vai renascer elege um programa ao qual se submeterá durante a reencarnação, cabendo ao próprio interessado fazer ajustes que julgue convenientes e que o seu livre-arbítrio permita. Em *O Livro dos Espíritos,* Allan Kardec explica que chega um momento, durante a fase gestacional, em que o ser se reconhece impossibilitado de assumir as tarefas para as quais se preparou, mudando de atitude e desistindo de levar adiante o processo reencarnatório, o que tem como consequência o aborto espontâneo.[28]

Noutras vezes, trata-se da gestação de indivíduos em degrau evolutivo muito primário, o que dificulta sua adaptação à forma física sem provocar danos ao metabolismo embrionário ou fetal. Também pode ser um Espírito que já foi abortado em outras vidas ou que se tornou inimigo implacável daquela que está na iminência de recebê-lo como filho.

De outra forma, Espíritos que encerraram a encarnação anterior em decorrência de um suicídio ficaram em débitos perante as Leis Cósmicas, tendo como consequência essas reencarnações malsucedidas que resultam em aborto espontâneo na tentativa seguinte. A interrupção do renascimento será uma prova ou expiação que o ser se permite para resgatar aquele tempo de vida que não foi devidamente cumprido.

Acrescentemos também que um expressivo número de mulheres pode provocar psiquicamente o aborto ao rejeitarem uma gestação e se negarem a receber a criança em seus braços. A mente materna, talvez inconscientemente, *bombardeia* o embrião ou o organismo fetal com energias psíquicas desarticuladoras do funcionamento celular, responsáveis por expulsar o reencarnante da câmara uterina. [29]

Em todas as circunstâncias descritas a própria densidade vibratória do reencarnante extermina a vida em formação, desencadeando a sua expulsão do útero materno.

Não nos deveremos esquecer que os pais que estarão incursos no processo provacional ou expiatório de alguma forma se encontram implicados na trama ocorrida no pretérito daquele grupo.

Muitas mulheres entram em desespero com o aborto espontâneo, desenvolvendo estados psicológicos que demandam acompanhamento

---

[28] Ver: *O Livro dos Espíritos*, questão 345; *Temas da Vida e da Morte*, de Divaldo Franco/ Manoel P. de Miranda, Ed. FEB, cap.7 (Reminiscências e Conflitos Psicológicos). Nota do organizador.

[29] Informação que consta em *Evolução em Dois Mundos*, de Francisco Cândido Xavier e Waldo Vieira/André Luiz, Ed. FEB, 2ª parte, cap. 13 (Gestação Frustrada). Nota do organizador.

especializado por profissionais da área de saúde. A mulher que vivenciou uma situação de aborto espontâneo, normalmente experimenta um trauma muito grande. É provável até que o episódio venha a exercer influência em futuras gestações.

As alterações fisiológicas e psíquicas provenientes da interrupção da gravidez podem desencadear na mãe frustrada certos transtornos emocionais e mentais, como a depressão, que ela conseguirá superar após um período mais ou menos longo, a depender do seu esforço pessoal. Tudo isso estará previsto nos Códigos da Vida.

Se considerarmos a vida do Espírito, que é a vida causal, o fenômeno da interrupção da gestação será percebido como uma experiência evolutiva, integrando a relação dos incidentes naturais que permeiam a nossa trajetória no rumo da felicidade. Essa interpretação vale tanto para o reencarnante, que teve a vida orgânica obstruída, quanto para os pais, particularmente a gestante, que momentaneamente estará privada de experimentar a maternidade.

Poderemos dirigir-nos à mulher que experimentou semelhante sofrimento, sugerindo que ela procure adotar a paciência como conselheira. Vamos dizer-lhe que supere a dor, que persevere e que se prepare, pois numa situação desta ordem, invariavelmente ocorrerá, mais tarde, uma nova gestação. Aquele Espírito cuja reencarnação foi interrompida, se for bem-intencionado, retornará aos braços de quem o aguardava com carinho e ansiedade, permitindo que ela experimente a grande alegria de tornar-se mãe.

Algumas mulheres têm muitas dificuldades para engravidar. Mesmo que biologicamente tudo esteja bem com a sua saúde, elas não conseguem iniciar ou terminar o processo gestacional.

Conforme a Lei de Causa e Efeito, tudo aquilo que nos acontece hoje é o resultado de atos que praticamos ontem. Na ocorrência da dificuldade para engravidar ou levar até o final a gestação, podemos entender que se trata de pessoas que no passado se comprometeram negativamente na área da maternidade. Em face do mau uso da oportunidade de ser cocriadora da vida, a mulher retorna com esses fatores impeditivos para que possa ter êxito na condição maternal. Um dos exemplos desse mau uso é a prática do aborto.

Desta forma, certos fatores que impedem a gravidez são biológicos, enquanto outros estão relacionados à estrutura psicológica da mulher. Mas, quando estes aspectos estão saudáveis e mesmo assim ela não consegue realizar o sonho de conceber um filho, é fácil concluir que nela está instalada uma dinâmica provacional-expiatória que traduz a sua necessidade evolutiva naquele momento.

Como consequência, a candidata à maternidade desenvolve uma ansiedade imensa para alcançar o seu objetivo. Este estado ansioso converte-se em mais um fator impeditivo, porque produz uma descarga psíquica de alta intensidade que, de alguma forma, perturba a produção e a liberação dos óvulos pelo sistema reprodutor feminino, reforçando o bloqueio para que a gestação não aconteça, ou, se ocorrer, para que seja levada com êxito até o final.

Entretanto, nós não estamos na Terra para sofrer nem para pagar algo, como afirmam muitos estudiosos superficiais do Espiritismo. Estamos na estrada terrena para nos reabilitarmos, matriculando-nos em um programa de reeducação para progredirmos. Por isso, o esforço pela conquista de serenidade perante os desafios da vida permitirá que a mulher modifique lentamente o plano das suas experiências. Cabe-lhe insistir no seu sonho, utilizando os recursos da oração, da prática das virtudes e da terapia bioenergética dos passes, que quase sempre propiciam uma reversão do processo e permitem que a mulher realize o desejo de ser mãe.

Havia um casal em Salvador a quem eu reservava um afeto muito especial. Eles chegaram até mim num momento culminante de suas vidas, pois ela estava grávida de cinco meses.

Recentemente eles haviam passado pelo grande sofrimento proporcionado por duas gestações que não tiveram êxito. Na primeira, ocorreu uma gravidez tubária, enquanto a segunda gestação, dois anos mais tarde, resultou em uma criança prematura e natimorta aos quatro meses de gravidez.

Nessa época, ele deveria ter uns vinte e nove anos, ao passo que ela deveria contar com vinte e seis anos de idade.

Ambos entraram em um conflito tão intenso que se iniciou um quadro de depressão. O marido, que é de uma família de homens prolíferos, começou a questionar-se quanto à sua capacidade de ser fértil, achando que era incapaz de um filho saudável ou que estava sendo punido por Deus, já que todos os seus irmãos tinham filhos. Bastava que eles pensassem que as esposas ficavam grávidas... E ele seguia as recomendações médicas para ter intimidade sexual nas fases mais propícias do ciclo hormonal feminino, mas não obtinha sucesso. As duas primeiras gestações, pensava, haviam sido dois grandes fracassos.

O maior sonho deste jovem casal era ter um filho. Mas a gravidez tubária provocou a extirpação de uma das tubas uterinas, diminuindo a probabilidade de uma nova gestação.

Após um tratamento médico muito cuidadoso, com um dos melhores especialistas em ginecologia e obstetrícia de Salvador, a esposa concebeu pela terceira vez, aos 35 anos de idade. A notícia trouxe uma enorme felicidade para o casal e para toda a família. Foi exatamente nessa época que eu os conheci.

Agora que outra criança se encontrava em processo de formação fetal, a mãe experimentava o imenso receio de perder novamente o bebê.

Quando nos encontramos, experimentei uma forte afetividade, uma amizade superior aos meus sentimentos habituais. Para não criar uma relação de dependência psicológica dos jovens em relação a mim, procurei suavizar a exteriorização desse sentimento e ser mais discreto.

No momento em que eles chegaram à Mansão, contaram-me o seu drama e me pediram sugestões. Eu esclareci:

— Primeiro, vocês deverão ler várias questões de *O Livro dos Espíritos*. Leiam a dois para facilitar a compreensão dos assuntos. Eu irei oferecer-lhes dois exemplares. Um faz a pergunta e o outro lê a resposta, diariamente, antes do momento em que forem recolher-se ao leito ou em outra hora que acharem mais conveniente. Se interessar a ambos, venham à nossa instituição ouvir algumas palestras para se apropriarem melhor, conhecendo as informações que a Doutrina Espírita disponibiliza, aproveitando a oportunidade para receberem a bioenergia dos passes.

Eles realmente passaram a nos visitar com assiduidade, enquanto a gestação recebia o acompanhamento médico adequado. Porém, os cuidados médicos e espirituais dispensados não eram suficientes para dar tranquilidade à futura mãe, que constantemente me falava, com característica tristeza:

— Divaldo, eu tenho certeza de que vou perder a criança novamente!

Eu procurava confortá-la com palavras animadoras:

— Não se preocupe demasiadamente com isso. O seu receio decorre do trauma vivenciado na gestação anterior, que foi frustrada pelo imprevisto da formação fetal tubária. Procure fazer o que o médico recomenda e siga com a terapia espírita que a nossa casa realiza.

Da mesma forma que a jovem esposa, o rapaz demonstrava um profundo abatimento emocional, que me inspirava uma especial compaixão. Eu ficava frustrado porque não conseguia subtraí-lo daquela tristeza tão pronunciada.

Minha amizade com o casal foi-se acentuando, dando ensejo a visitas periódicas que eu fazia em sua residência para a realização do Evangelho no lar.

Finalmente a criança nasceu e eles celebraram intensamente a ocasião. Mesmo com todos os cuidados, a criança nasceu prematura, no oitavo mês de gestação. Depois de dois dias de permanência na incubadora os médicos constataram que a menina apresentava um distúrbio orgânico muito grave: estava com diabetes. Em seguida contraiu infecção hospitalar e faleceu no intervalo de cinco dias. Nessa ocasião eu havia viajado a fim de participar de um congresso espírita. O pai amargurado telefonou para a cidade em que eu estava e comunicou-me:

— Minha filha acaba de morrer!

Quando voltei a Salvador, fui vê-los no hospital. No momento em que eu estava na visita, os amigos espirituais me disseram: — Recomende ao casal, com muita delicadeza, que em uma próxima tentativa sugira ao médico a cerclagem. Como o problema da criança prematura estava relacionado às condições do útero, uma cerclagem poderá impedir um novo episódio de expulsão do feto do organismo materno.

Eu me dirigi aos pais e falei-lhes em uma linguagem muito popular, primeiro porque não sou técnico, depois para tentar ser jovial e transmitir-lhes um pouco de ânimo diante do sofrimento. Olhando para a mãe, comentei:

— Pois é. Eu tenho a impressão de que o bebê precisa de alguma espécie de costura aí por dentro, para garantir o nascimento na época certa. Quando você engravidar novamente, fale com o médico sobre isso. Ele vai esclarecer tudo em termos técnicos e fará os procedimentos adequados.

Apesar da minha sugestão, eles não pareceram dispostos a seguir adiante com o sonho de ter um filho.

Nesse ínterim, eu viajei para realizar uma série de conferências e seminários no estado do Paraná, iniciando a temporada pela cidade de Foz do Iguaçu.

Em um dos intervalos de atividade, eu fui chamado para atender um telefonema de Salvador. Era o rapaz angustiado, que estando devastado pelas circunstâncias me confessou:

— Eu vou suicidar-me! Minha mulher e eu fizemos um pacto. Decidimos que se nós fracassássemos neste investimento, a culpa seria nossa, como resultado da nossa deficiência genética. Por isso, eu telefonei para me despedir de você, ficando livre para levar adiante o meu planejamento.

Ao constatar o desespero do rapaz, procurei manter a serenidade e lhe propus:

— Meu filho, já que você está decidido a se matar, deixe para se matar daqui a alguns dias. Não há motivo para pressa, uma vez que a sua decisão já está tomada. Pelo menos permita que a sua mulher saia dessa fase difícil do pós-parto frustrado. Eu ficarei aqui em Foz do Iguaçu durante quatro dias. Por isso, assim que a sua esposa sair do hospital, tome um avião e venha para cá para conversarmos um pouco. Como vocês têm independência econômica, essa viagem sem programação prévia não será nenhum sacrifício. Quando você chegar aqui, conversaremos e pediremos a Deus que o perdoe por agasalhar pensamentos de tal monta, e faremos orações... Em seguida, você ficará livre para suicidar-se. O que você acha?

Ele aceitou a proposta e foram ao meu encontro.

O casal entrou em um quadro de depressão grave e entregou-se a um sofrimento superlativo. Até aquele dia eu ainda não havia visto alguém num quadro depressivo profundo. A amargura que tomava conta deles era algo de estarrecer. Eles conseguiram hospedar-se num quarto ao lado do meu, o que facilitou tremendamente o nosso intercâmbio.

Durante os quatro dias e quatro noites seguintes eu aproveitei todas as oportunidades de intervalo das atividades doutrinárias para conversar com eles. Dialoguei bastante e tentei insuflar um pouco de esperança no coração dos dois. Quanto mais eu sentia que poderia *perdê--los*, mas a minha afetividade por eles aumentava.

Passaram-se os dias e eu consegui postergar a destruição da vida do rapaz, que aderiu a alguns dos meus conselhos e ficou mais tranquilo, embora ainda estivesse cogitando sobre a aniquilação de sua existência. Até que, ao final das atividades naquela cidade, eu sugeri:

— Por que vocês não me acompanham no trânsito por outras cidades do Paraná? Eu irei a Curitiba e a Ponta Grossa nos próximos dias, realizando uma viagem de carro muito longa. Como vocês precisam descansar, seria ideal que estivéssemos juntos para que o cansaço natural da estrada favoreça o repouso de ambos.

Eles concordaram e foram ao meu lado no mesmo veículo, por solicitação minha.

Paramos em várias cidades e fizemos uma conferência em cada uma delas, que o casal acompanhou sem se ausentar em momento algum. Nesse ínterim, eles foram melhorando o estado de saúde e saíram do episódio agudo de depressão, até que concluímos o périplo pelo estado do Paraná e retornamos a Salvador.

Estávamos no mês de dezembro. E na primeira oportunidade eu me dirigi aos dois com carinho e lhes aconselhei:

— Deem outra chance a vocês mesmos! Eu estou vendo o Espírito que queria renascer e não teve permissão, porque era a sua necessidade evolutiva. Mas ele está me dizendo que vai reencarnar. Desejo dar-lhes uma informação que certamente não poderei garantir, porque a minha relatividade humana me faz ser uma pessoa falível como qualquer outra. No entanto, acredito que vocês serão pais de uma menina.

No dia 22 de dezembro, eu estava visitando o casal quando a criança espiritual apareceu e disse-me:

— Eu gostaria de escrever para papai e mamãe.

Diante disso, quebrando o meu hábito e a minha disciplina costumeira, eu pedi aos dois que fizéssemos um Evangelho no lar improvisado e que me fornecesse papel e lápis para tomar notas de alguns pensamentos que me ocorriam. Eles providenciaram o material e fizemos o estudo, orando com confiança e fé inabalável.

A menininha espiritual tomou-me as mãos e escreveu uma mensagem em francês. O texto era lindíssimo! Os dois não falavam francês e eu também não falo, a não ser algumas palavras do dia a dia, que qualquer viajante deve saber pronunciar para sobreviver num país estrangeiro. Entretanto, à medida que fui lendo a mensagem consegui traduzir mais ou menos noventa por cento do seu conteúdo. O Espírito infantil despedia-se de nós, justificando que estava programado para reencarnar em breve. A criança dizia ao casal, entre outras coisas:

— Papai, eu já estou chegando! Mãezinha, tenha paciência!

Apesar de estimular os dois a uma nova tentativa eu confesso que fiquei um pouco constrangido com a mensagem psicográfica. Porque a promessa era muito séria. E eu logo pensei: "Meu Deus! E se esta criança não chegar? O que vai ser desses jovens?". Afinal, ela já estava com trinta e cinco anos e experimentara três tentativas frustradas. Com muita habilidade psicológica, porém, falei-lhes, tratando de eximir-me de qualquer responsabilidade:

— Gostaria de dizer-lhes que eu não posso garantir que o conteúdo da comunicação seja a expressão do que vai ocorrer daqui por diante. O Espírito solicitou o meu intermédio para escrever a mensagem e eu concordei. Mas a responsabilidade pelo que foi dito é dele.

Nesta mesma noite a mãe engravidou. Ela percebeu o ocorrido somente em janeiro, quando começou a apresentar os primeiros sinais da gestação e os exames de laboratório, logo depois, confirmaram a suspeita.

Ao consultar o obstetra foi constatado que a criança estava numa posição inapropriada. A criança encontrava-se numa região muito baixa da câmara uterina. Nesta situação a gestação dificilmente transcorreria sem complicações, e o risco de interrupção natural da gravidez era muito expressivo. Por isso eu insisti com a informação de que os Espíritos aconselharam à mãe fazer uma cerclagem, que consiste em "costurar" o colo do útero da gestante para evitar que o feto nasça antes do momento adequado, uma vez que o órgão poderia facilmente sofrer uma ruptura por causa do histórico de parto prematuro.

Para que a gestante verificasse a possibilidade da cerclagem sugerimos que o casal consultasse um especialista em reprodução humana. Como os dois possuíam uma boa condição financeira não foi difícil providenciar a viagem para procurar o profissional. No entanto, o médico não foi hábil nem atencioso ao recebê-la, revelando um visível desdém com o caso da jovem. Ele a atendeu às pressas, nos corredores do seu estabelecimento, dizendo-lhe, com ar de superioridade e menosprezo:

— Se a gestação se prolongar até os quatro meses, volte aqui que eu farei a cerclagem. Até lá eu não me deterei em um caso como este porque é uma situação muito delicada e eu não tenho tempo para isso agora! Estou realmente muito ocupado!

É curioso notar como agem as pessoas que se notabilizam em alguma área. Começam reconhecer-se muito importantes e perdem a dimensão da humanidade e da gentileza nas relações interpessoais. A mãezinha falou do ocorrido com pesar e frustração:

— Divaldo, você precisava ver como ele me tratou sem a menor consideração!

Ao escutar-lhe o relato, eu tratei de tranquilizá-la:

— Não se lamente por isso, minha filha! Foi bom que ele não tenha dado a atenção que todos nós esperávamos. A soberba é um verdadeiro anestésico para as almas, fazendo as pessoas tomarem atitudes precipitadas, sem a menor lucidez ou bom senso. Com uma soberba tão evidente é possível que ele até realizasse uma intervenção inadequada e prejudicasse a sua saúde! Foi a Divindade que tratou de retirá-lo do seu caminho. Esqueça o episódio e siga em frente! Retorne ao seu obstetra habitual e aos dois meses de gestação providencie a cerclagem normalmente.

Uma semana depois, ela foi consultar-se com o antigo médico e relembrei a orientação dada pelos Espíritos, acrescentando:

—Como vocês são muitos amigos desse profissional não será difícil abordar o assunto, embora seja delicado.

A mãe respondeu-me:

— Já lhe falamos sobre isso. Ele nos informou que no segundo mês fará o procedimento.

De fato, estávamos diante de uma gravidez de alto risco. Por isso eu a convidei para ficar hospedada na Mansão do Caminho até o final da gestação. Ela aceitou o convite e ambos se transferiram para lá, ocupando um apartamento que tínhamos nas dependências da nossa instituição. Entusiasmadas, as crianças da Mansão fizeram um verdadeiro alvoroço com uma grávida convivendo conosco, pois a situação era inusitada para elas. A presença constante da meninada tornou o dia a dia do casal mais ameno e cheio de vida, embora ela se mantivesse em repouso absoluto por sete meses quase...

Conforme o combinado, a intervenção cirúrgica preventiva foi realizada e ela ficou sete meses no mais absoluto repouso. Deitou-se como uma verdadeira rainha no leito, praticamente sem se mover, e ali aguardou a chegada da criança. Qualquer movimento mais brusco poderia comprometer a gestação.

No entanto, o Espírito era tão *apressado* que apesar de tudo chegou dez dias antes do previsto, saudável e trazendo alegria aos corações ansiosos por amar. Era uma menina linda! Os dois me perguntaram qual o nome que eu gostaria que ela recebesse. Dei-lhes uma relação ampla, como sugestão, e eles escolheram um daqueles nomes apresentados.

A menina comemorou o primeiro e o segundo ano de idade fazendo uma festinha entre amigos na Mansão do Caminho, o que me deixou muito feliz por ter a oportunidade de testemunhar a felicidade dos pais. Até então, eu não havia declarado o grande afeto que nutria pelos dois, talvez com receio de não conseguir separar o meu sentimento da necessidade de me manter lúcido para dar os conselhos pertinentes.

Um dia, quando retornei de uma longa viagem ao exterior, encontrei os três no salão de palestras públicas, ao final de uma conferência. Cumprimentamo-nos afetuosamente e dialogamos um pouco:

— Ah, Divaldo! Nós sentimos muito a sua falta!

— Eu também senti muito a falta dos três! Sabem por quê?

Eles pareceram não entender muito bem a minha intenção, o que me fez ser mais explícito, abrindo o coração de pai que pulsava dentro de mim:

— Eu senti muito a falta de toda a família porque eu amo muito vocês! Vocês são os filhos que eu gostaria de haver tido!

O casal, sensibilizado com a minha declaração, abraçou-me e respondeu ao meu sentimento paternal:

— Nós também, Divaldo! Toda a nossa família o ama muito!

Quero ressaltar a felicidade imensa que tomou conta desse casal! O que eles experimentaram de alegria e esperança reverteu-se em desejo de ajudar os semelhantes.

RENOVAÇÃO E RESGATE

Muitas pessoas experimentam intenso sofrimento psíquico por causa da culpa por um aborto provocado. Por isso, quando ocorre a tomada de consciência a respeito do equívoco cometido, como fazer a transição para uma condição saudável e isenta dos danos produzidos pela culpa? Como remediar o mal imposto ao Espírito que estava para reencarnar?

Alguns amigos já me disseram: "Eu perdoo com muita facilidade, mas não esqueço". E eu acredito que essas pessoas não esquecem mesmo, pois este é um fenômeno psicológico comum a qualquer ser humano. Lembrar e esquecer são funções que pertencem à memória, enquanto perdoar é um atributo do sentimento. E nem sempre a memória consegue diluir alguns fatos, mesmo que seja este o nosso desejo mais profundo. Perdoar significa não desejar ao outro o mesmo mal que nos foi feito. Significa também não revidar, e dar à pessoa equivocada o direito de ser alguém mais feliz. Mas o perdão não se refere a uma proposta de amar de forma inconsequente e imatura, ofertando a nossa confiança a alguém que poderá valer-se da oportunidade para ferir-nos outra vez. Afinal, Jesus nos convidou a ser mansos como as pombas e prudentes como as serpentes.

Fiz esta introdução ao tema do perdão para que o meu comentário pudesse desaguar na importância do *autoperdão*. Para quem praticou o aborto, autoperdoar-se será uma psicoterapia de resultados salutares. Em qualquer circunstância da vida humana precisamos perdoar-nos verdadeiramente em caso de qualquer insucesso. Da mesma forma que o *aloperdão* (o perdão ao outro) não é sinônimo de amnésia em relação à ofensa sofrida, o autoperdão não consiste em eliminar da memória o erro em que incorremos. Na esteira deste raciocínio, se o aloperdão não requer uma confiança incondicional e ingênua em quem nos feriu, o autoperdão não admite o recuo diante da responsabilidade pelos nossos atos. Além disso, para se autoperdoar o indivíduo deve abandonar o cultivo da autopunição, que representa uma postura corrosiva para a vida mental.

Certa vez, uma senhora confidenciou-me ter praticado diversos abortos. Ao revelar tal fato, eu percebi que ela esperava de minha parte uma enfática reação de espanto. Tranquilamente eu olhei-a e respondi-lhe:

— Pois não. Em que lhe posso ser útil?

— O senhor não se espanta com o que eu lhe falei?

— Não, senhora.

— Por que, não?

— Porque a senhora utilizou o seu direito de praticar os abortos. Seu dever agora é reparar o mal que perpetrou, devolvendo à vida os bens que subtraiu.

— Mas como poderei remediar? Na idade em que estou, não tenho mais condições biológicas para ter filhos!

— Comece procurando algumas crianças que necessitam estudar e que têm dificuldades. Ajude-as naquilo que estiver ao seu alcance! Auxilie familiares economicamente vulneráveis. Mas, primeiro, ajude-se a si mesma. Faça uma análise do porquê de suas escolhas infelizes. Já que a senhora sabe que o sexo pode levar a consequências dessa natureza, refaça seus conceitos e reconstrua o seu caminho.

— Mas, senhor Divaldo, todo mundo me condena...

— Não é importante que os outros a condenem, pois este é um fato que emerge naturalmente do cotidiano, uma vez que nós nos condenamos reciprocamente por mecanismos psicológicos de transferência. Geralmente nos faz bem condenar os outros. Preocupe-se com o seu estado de consciência. O que a senhora sente neste momento?

— Sinto-me uma pessoa completamente abjeta!

— Pois agora comece a sentir-se gente! Viva plenamente e ame! Até agora a senhora não amou, apenas experimentou manifestações sexuais que lhe deixaram queimaduras morais que decorrem dos ácidos da insensatez. Tente amar!

— Mas o que eu fiz não é um crime?

— Este é outro aspecto da questão, quando então penetramos na esfera do julgamento e das consequências do ato. A senhora contou-me que cometeu um crime. Vamos deixar o julgamento para a sua consciência e para a Consciência Cósmica. Sua justificativa para manter-se em um estado temporário de amargura é até plausível, mas a senhora não tem o direito de destruir a vida porque optou pelo aborto. A senhora está viva! É evidente que não deveria ter cometido o infanticídio. No entanto, o crime já foi praticado e não há como retroceder. Volto a repetir que este é o momento de tentar reparar os danos que decorrem dos seus atos.

— Senhor Divaldo, creio que é tarde demais para mim. Estou com câncer uterino. Será que os abortos acarretaram esta doença?

— Eu conheço muitas mulheres com câncer uterino que nunca mantiveram relacionamento sexual. Procure não pensar que o seu delicado estado de saúde representa uma punição por causa do aborto. Esse câncer é uma incidência natural que se justifica porque a senhora possui útero. Por que terá que introjetar a culpa e infligir-se uma punição a si mesma? Se a senhora não tivesse útero, poderia desenvolver um câncer em outra região do corpo, de acordo com a sua necessidade evolutiva.

É fácil notar que o meu esforço terapêutico se concentrou em não agravar ainda mais o sofrimento psíquico que a infelicitava. Concluir que a doença era uma forma de punição imposta pela vida, não lhe traria benefício algum.

Após o meu esclarecimento em torno da doença, ela questionou:

— Mas o que fazer?

Olhei-a com ternura e esclareci-a:

— Siga a orientação do médico e diga ao seu útero cansado: "Desculpe-me, meu amigo! Vamos recomeçar tudo". Esta é uma forma de dialogar com o *psiquismo celular* e reverter a desarticulação biológica que provocou o câncer.[30] Não adianta arrepender-se e ficar atormentada, saindo de um conflito para logo em seguida experimentar outro drama de graves consequências. Liberte-se do conflito! Se a senhora reconhece

---

[30] Ver o livro *Dias Gloriosos*, de Divaldo Franco/Joanna de Ângelis, Ed. LEAL cap. 7 (Recuperação e Cura). Nota do organizador.

que não deveria ter praticado os abortos, esta tomada de consciência já representa um passo importante. Inicie a sua nova jornada realizando coisas que a senhora acha que deve e que pode fazer.

Com as orientações que ofereci a senhora saiu da Mansão do Caminho mais aliviada e com relativa serenidade.

Depois de algum tempo, ela submeteu-se a uma histerectomia e também retirou outros órgãos do sistema reprodutor. E até hoje continua uma mulher plena, não morreu e nem teve recidiva da doença. Mudou de atitude mental e procurou amar profundamente os irmãos de humanidade.

É importante ressalvar que ninguém deverá distorcer esta narrativa e afirmar que sou favorável ao aborto. Não se trata disso! O aborto é um crime hediondo! Mas jamais me colocarei na condição de juiz daqueles que abortam. A finalidade da proposta que apresento é psicoterapêutica, não condenatória. A pessoa tem o direito de fazer da sua vida o que lhe apraz, sofrendo naturalmente as consequências daquilo que elegeu. A nossa função, enquanto agentes da fraternidade, é estritamente terapêutica, oferecendo meios e sugestões para que o indivíduo implicado no drama psicológico supere o conflito que o dilacera.

Então, eu comecei a trabalhar com aquela senhora para que ela se exercitasse na terapia do autoperdão. Ela me diz constantemente:

— Divaldo, eu tenho dificuldade de me perdoar!

E eu lhe esclareço:

— Porque não amou a nenhum desses homens com quem se relacionou e de quem engravidou. No dia em que a senhora amar a um homem e modificar a sua trajetória em direção aos caminhos da ternura, vai constatar como é possível perdoar-se!

Ela já está com cinquenta anos de idade. Não encontrou especificamente um amor para estar ao seu lado, mas resolveu amar a vida e a si mesma. Esta iniciativa proporcionou-lhe uma recuperação afetiva, que agora ama a muitas pessoas e está com o coração tranquilo.

Um amigo comum, que lhe conhece a biografia, falou-me em uma ocasião:

— Divaldo, não sei como você suporta Dona Fulana! Ela é tão obsidiada!

— Como você sabe? — perguntei.

— Ela é abortista — respondeu.

— E como você sabe que ela tem obsessores? — insisti.

— Porque eu desconfio que aqueles que ela matou a estão obsidiando! Você não acha isso provável?

— Curioso... Eu nunca vi nenhum Espírito obsessor ao lado dela... Porque o Deus a quem eu amo não é aquele que pune com obsessores, é o que abre a porta para quem deseja redenção...

E confesso que realmente eu nunca me detive a ver se ela possui obsessores ou anjos de luz em sua psicosfera. Isso não é importante. O importante é que ela seja feliz!

A Doutrina Espírita é uma proposta de amor! Preconiza que não existe erro que não seja passível de correção. Todos nós, sem exceção, erramos. E quando isso acontece, as Soberanas Leis nos permitem a qualquer momento a reabilitação, que é o instrumento para reparar os nossos erros. O único ser que passou pela Terra incólume foi Jesus, pois Ele já veio ter conosco na condição de Espírito perfeito.

Há fatores em nossa juventude, na maturidade e na velhice que influenciam para que venhamos a delinquir conscientemente ou até mesmo sem nos darmos conta do equívoco. Por isso, para o indivíduo que comete o aborto, além dos agravantes também existem atenuantes: a ignorância, as circunstâncias adversas que estimularam o ato, o choque social e o conflito psicológico que se derivam do infanticídio realizado. Esses elementos, por si sós, já são o início da reabilitação para o crime perpetrado. Tudo isto atenua a falta. No entanto, o atenuante mais representativo são as boas ações que praticarmos, porque não estamos na Terra para pagar, mas, sim, para resgatar pelo amor os erros que cometemos pela arbitrariedade. Errar é normal. Reabilitar-nos é dever moral.

Gostaria de enfatizar as minhas recomendações a quem estiver entrando em contato com esta proposta terapêutica relacionada à interrupção desautorizada da vida em formação.

Se você se equivocou e praticou o aborto, caso já tenha filhos, que vieram depois, provavelmente aquele Espírito já retornou aos seus braços e perdoou você. Perdoe-se! Liberte-se da culpa! Ame! A Divina

Lei é de ternura, não é de impiedade, porque o nosso é o Deus de infinitamente amor!

Não temos que pagar "olho por olho, dente por dente"[31] e palavra por palavra. Em absoluto! Quando erramos, perturbamos a Ordem Universal. Por isso, a nossa reabilitação é feita quando recompomos esta mesma Ordem. Se, no passado, você atentou contra ela, hoje, com o seu lar e os seus filhos, você já conseguiu recuperar o que foi danificado.

Todo o bem que você fizer, será anotado para compensar aquele equívoco.

Mesmo que aquele Espírito ainda esteja no Além, se ele encontrar-se vinculado a você, poderá renascer de um encontro "casual", mas chegará aos seus braços. Se você já não se encontra mais na fase fértil do ciclo vital, ele poderá vir até você nos braços de uma pessoa conhecida, de alguém que precise dos recursos da sua solidariedade. Poderá vir como sobrinho, afilhado, alguém deixado em sua porta, etc. Por que a Lei é inexorável! E ela sempre aproxima o devedor do cobrador.

Adote afetivamente uma criança. Não é necessário levá-la para sua casa. Torne-se-lhe benfeitora, auxiliando-a na família com grandes carências materiais. Quando alguma criança necessitar de educação, de um socorro ou de um medicamento para recuperar a saúde, ajude-a em homenagem ao seu filhinho que não nasceu e fique em paz com sua consciência. Ampare uma pessoa sofrida. Distribua carinho. Cada gesto de amor irá aos poucos eliminando o mal que você praticou.

Ajude, de alguma forma, os seus irmãos de humanidade, e deixe que o amor se encarregue de iluminar as paisagens sombrias do delito, pois "o amor cobre a multidão de pecados".[32]

Infelizmente, é sempre a mulher quem paga o ônus mais expressivo. Sempre se fala da abortista, mas não se fala do indivíduo que a induziu ao aborto, seja o pai irresponsável, seja o profissional ou o leigo que realizou a cirurgia de interrupção criminosa da gravidez.

Às vezes, a jovem se entrega a um relacionamento afetivo-sexual por inexperiência. E quando se reconhece dilapidada, abandonada e

---

[31] Êxodo, 21:24. Nota do organizador.
[32] I Pedro, 4:8. Nota do organizador.

infeliz, acaba optando pelo pior, por causa de diversos fatores. Isto acontece graças ao estímulo de uma cultura materialista e a determinados comportamentos esdrúxulos de pessoas que se celebrizaram. Mas, um dia, a consciência dessa jovem irá dizer-lhe que ela escolheu um caminho tortuoso.

Carl Gustav Jung,[33] psiquiatra suíço, criador da Psicologia Analítica, afirmava que, em sua clínica destinada ao tratamento da depressão, o maior número de mulheres acima dos quarenta anos que apresentava um quadro depressivo havia praticado o aborto na juventude. Ao chegar à idade da razão, elas se davam conta do crime que cometeram quando eram inexperientes.

Não cultive a consciência de culpa e não olhe para trás! Não se autopuna e nem se entregue à depressão! A Divindade nos enseja, na reencarnação, a oportunidade abençoada de crescer e de amar.[34]

---

[33] 1875-1961. Nota do organizador.

[34] Para outras informações sobre aborto, consultar: *Após a Tempestade*, de Divaldo Franco/Joanna de Ângelis, Ed. LEAL, cap. 12 (Aborto Delituoso); *Evolução em Dois Mundos*, de Francisco Cândido Xavier e Waldo Vieira/André Luiz, Ed. FEB, 2ª parte, cap. 14 (Aborto Criminoso); *Missionários da Luz*, de Francisco Cândido Xavier/André Luiz, Ed. FEB, cap. 15 (Fracasso); *Vida e Sexo*, de Francisco Cândido Xavier/Emmanuel, Ed. FEB, cap. 17 (Aborto). Nota do organizador.

4

SEXO E OBSESSÃO

SOBRE O LIVRO DE MANOEL PHILOMENO DE MIRANDA

Eu me encontrava na cidade de Santa Mônica, na Califórnia, no mês de fevereiro de 2002. Estava na iminência de iniciar uma temporada de atividades doutrinárias pelos Estados Unidos, começando pela Costa Oeste, depois viajando ao Centro e encerrando as atividades pela Costa Leste.

Era um domingo pela manhã, mais ou menos às 9h. Apesar do inverno rigoroso, a temperatura era amena. Nilson, que estava comigo, foi levado por uma amiga para fazer uma visita de emergência e eu estava no hotel a sós. Preparava-me para meditar a respeito de um seminário que eu deveria iniciar às 14h na cidade de Anaheim, uma cidade próxima que ficava mais ou menos à uma hora e meia do local em que eu me hospedava.

Comecei a orar, a criar um clima psíquico favorável, quando entrou um Espírito muito amigo que vem escrevendo por meu intermédio desde 1970. Trata-se de Manoel Philomeno de Miranda, que se especializou no estudo das obsessões e desobsessões. Na Terra, havia sido um homem de parcos recursos intelectuais, embora muito lúcido. Ele se dedicava à escrituração mercantil e era muito devotado às experiências mediúnicas, nas quais se havia feito doutrinador das entidades sofredoras que chegavam espontaneamente à sua reunião, na sede da União Espírita Baiana.

Logo que ele desencarnou, no começo dos anos 1940, ao despertar no Além, interessou-se por estudar as consequências daquelas doutrinações, particularmente de um alcoólico que ele atendera durante vários anos, dialogando com seus obsessores sem conseguir êxito. A sua preocupação era tentar encontrar nas regiões dolorosas do mundo espiritual aquele indivíduo que num dos seus livros está sob o pseudônimo de Ludgero. Ele terminou encontrando-o, depois de uma longa pesquisa.

Philomeno fez uma avaliação com o próprio paciente e com o seu obsessor (que continuava no Além-túmulo) e decidiu estudar profundamente os transtornos obsessivos. Esse estudo seria feito observando os fatos de *lá para cá*. Enquanto estava encarnado, ele os estudava *daqui para lá*. Foi por isso que ele resolveu escrever uma série de livros, o primeiro dos quais eu ofereci à Federação Espírita Brasileira e chama-se *Nos Bastidores da Obsessão*. Ao longo dos anos ele escreveu diversos outros livros por meu intermédio.

Naquela manhã, em Santa Mônica, ele me apareceu e me propôs a psicografia de um livro desafiador para os padrões daquele momento. Disse-me ele:

— Divaldo, eu gostaria de escrever um livro sobre um tema muito delicado, que é o sexo. Mas eu desejo fazer uma abordagem muito abrangente em face das obsessões que campeiam em torno das funções genésicas das criaturas humanas. Tudo me diz que este e os anos porvindouros serão de muito sofrimento nessa área, conforme já vem acontecendo, pois será o momento de se desvelarem muitos cânceres na área sexual e crimes da pedofilia. Por tudo isso, eu gostaria de consultá-lo, para saber se você estaria disposto a fazer comigo esta *viagem* por um tema tão vasto e profundo.

Eu respondi que sim, que estava disposto. E ele completou:

— Mas há um preço muito grave a pagar. Porque iremos envolver-nos com questões muito delicadas, com problemas que possuem raízes milenares na evolução histórica da humanidade. Você irá enfrentar muitas lutas, que se traduzirão pela incompreensão dos *puritanos* e pela agressão de alguns amigos, que ficarão sensibilizados, pois um tema dessa natureza fere frontalmente a hipocrisia. Nós iremos trabalhar com problemas de obsessões sexuais. E esses obsessores irão desencadear contra você tremenda campanha negativa e perturbadora.

Então, eu lhe alvitrei:

— Mas, meu irmão, pior do que está não pode ficar! Na minha idade a crítica de outras pessoas faz parte do meu caderno de aprendizagem. É como o alimento. Campanha negativa é algo que toda pessoa pública experimenta. Todo mundo que de alguma forma se destaca do meio comum sofre *pedradas*. E se eu vier a sofrê-las por um nobre ideal, estará tudo muito bem, porque somente me acontecerá o que eu devo e de que necessitarei para melhorar espiritualmente.

Ele sorriu, e arrematou:

— Na teoria é muito bom! Mas quando vier a tempestade...

— Aí o senhor me ajuda! Eu o ajudarei a escrever o que o senhor deseja. E na hora em que eu for pagar o preço, o senhor me dará as moedas da bondade e da compaixão para eu poder resgatar...

Eu vi que ele não esperava a resposta. E acrescentou:

— Mas será um cerco muito forte! Porque os Espíritos da perturbação sexual são os mesmos que fomentam as guerras. Para você ter uma ideia, os estudiosos do comportamento humano acreditam que Adolph Hitler realizou a grande hecatombe por causa de conflitos sexuais. Na raiz do seu ódio à criatura humana, havia um transtorno de comportamento sexual que se originou na sua juventude. Posteriormente, ele experimentou uma inibição provocada por disfunção erétil. Daí ter vivido com Eva Brown em um tipo de relação de fraternidade, e não de coabitação sexual. Então esse indivíduo, estimulado por outros equivalentes do mundo astral inferior, fez com que a humanidade perdesse aproximadamente quarenta milhões de vidas, somente na Europa. Por isso eu desejo informá-lo que essas Entidades são muito perversas e irão criar-lhe ciladas e embaraços.[35]

Eu sorri para o venerando Espírito e confirmei:

— Esses Espíritos só irão causar-me as dificuldades que estiverem no meu carma. Se eu não resgatar por um lado, serei induzido a fazê-lo por outro. Se eu hei de ter um câncer, eu prefiro ser incompreendido.

---

[35] As guerras, os desvarios do sexo e as ciladas arquitetadas contra os trabalhadores do bem são temas discutidos no livro *Transição Planetária*, de Divaldo Franco/Manoel P. de Miranda, Ed. LEAL, cap. 16 (Programações Reencarnacionistas) e cap. 19 (Preparação Para o Armagedom Espiritual). Nota do organizador.

Se eu hei de ficar mudo por causa de um problema na garganta, que é o meu instrumento de ação, eu prefiro ser apedrejado. Se eu puder optar, eu elejo os dramas morais, contanto, que eu tenha um pouco de saúde física para continuar na tarefa.

— Está bem, Divaldo!

— Mas quando o senhor pretende começar a escrever esta obra?

— Agora mesmo.

— Também não precisava tanta pressa...

Como eu carrego sempre o meu material numa pasta que possuo, eu tomei dos papéis e lápis, sentei-me, e ele começou a escrever. Eram 9h10, mais ou menos, quando eu entrei em transe. Às 13h, eu já havia psicografado quatro capítulos.

À medida que eu vou escrevendo, às vezes, vejo psiquicamente aquilo que o Espírito está pensando. Porque, enquanto o autor espiritual vai elaborando as ideias, projeta-as no meu cérebro, que as decodifica e, por automatismo, escrevo. Era algo estarrecedor e ao mesmo tempo muito bonito, o que podia acompanhar psiquicamente. Era a imagem de um jovem padre adentrando-se em um educandário infantil. Ele era muito benquisto, possuía aproximadamente 30 anos e apresentava muito boa aparência. Quando se encontra em uma sala, uma criança vem correndo, abraça-o e o chama pelo nome. Sensibilizado, ele ergue-a nos braços e beija-a, ternamente. E sente um frêmito... Então, diz à criança:

— Eu estarei na outra sala dentro de alguns minutos. Siga para lá, que eu tenho presentes para você.

Notei que o psiquismo do padre ficou muito sombrio. Embora sem saber o que estava psicografando, eu acompanhava a história como num filme que se projeta numa tela de grandes proporções.

O padre Mauro foi para a sala, fechou as janelas e começou a baixar as cortinas. A sala ficou numa agradável penumbra. Ele pôs uma música no aparelho de som e deixou a porta um pouco encostada. Nesse momento o garoto, que deveria ter entre seis e oito anos, entrou na sala sorrindo, e apresentou-se, entusiasmado:

— Eu aqui estou! Mas onde está o meu presente?

O padre desenrolou algumas guloseimas e afirmou:

— Para a sua idade o melhor presente é chocolate!

Após esta afirmação, colocou o menino no colo e começou a acariciá-lo. Mas ao perceber que a porta estava semicerrada, ele levantou-se, cerrou-a por dentro e tirou a chave.

O menino estava encantado... Não se dava conta do que estava acontecendo.

Nesse instante, eu vi chegar um Espírito que havia desencarnado com uma idade entre cinquenta e cinco e sessenta anos. Era uma senhora de sentimentos nobres, mas não era um Espírito sublime. Era um Espírito bom. Eu a vi pedindo aos benfeitores espirituais que salvassem o seu filho do crime que ele estava para perpetrar. Ela se dirigia aos amigos espirituais nos seguintes termos:

— O meu filho tem desencaminhado crianças. Ele tem o melhor campo possível para atuar, pois que, nesta escola, ele faz a evangelização e na igreja faz o catecismo. Infelizmente, ele dispõe de vítimas inermes ao alcance das suas mãos. Já infelicitou várias crianças e ultimamente está atormentado em relação e este menino, planejando consumar o ato hediondo hoje.

Os benfeitores espirituais, que ouviram a súplica daquela senhora desencarnada, acorreram para ver o que estava acontecendo na sala. Notaram que o jovem padre estava nos preâmbulos da carícia, sem que a criança se apercebesse. Então os mentores se detiveram por um instante, que durou entre três e cinco segundos, e naturalmente encontraram uma solução.

Como a diretora do colégio estava na área interna, um dos benfeitores acercou-se-lhe, envolveu-a psiquicamente e falou-lhe: "Abra aquela porta!". Ela olhou para a porta sem entender, qual ocorre conosco quando recebemos intuições. Ao fixar seu olhar, achou estranho que aquela porta estivesse fechada e as outras abertas. Teve o ímpeto de bater, mas o mentor insistiu: "Não bata! Abra!". Meio sem jeito, a diretora aproximou-se, chamou uma servente e perguntou:

— Você tem a chave daquela sala?

— Está por dentro. — respondeu a funcionária.

— Então traga a chave mestra! Vamos ver o que está acontecendo lá! — concluiu a diretora, resoluta.

Apressada, a servente pegou a chave, destrancou a porta e a escancarou, no momento em que o padre começava a despir a criança. O sacerdote gritou:

— Não é o que você está pensando!

A consciência de culpa é terrível! Ela sempre transfere para o outro a responsabilidade do que está acontecendo de errado.

A senhora ficou estupidificada! Tratava-se de uma dama muito católica e com elevados princípios morais. Ela chamou o garoto e ordenou:

— Vá lá pra fora!

Em seguida olhou bem para o jovem sacerdote e arrematou:

— Monstro! Para fora! Para fora, imediatamente, antes que eu faça um escândalo!

Ele se corrigiu, levantou-se e saiu correndo na direção da igreja.

O livro *Sexo e Obsessão* se inicia com esse drama real, que se desdobra em uma história narrada em mais de trezentas páginas.

Um dos aspectos mais marcantes da obra é a descrição de uma região espiritual profundamente infeliz, que Manoel Philomeno de Miranda denomina como *A Cidade Perversa* (ou *Pervertida*). É uma cidade espiritual de sexo que se encontra nas proximidades da Terra. Nessa região pantanosa, que apresenta uma paisagem de cavernas e vulcões extintos, aglomera-se uma verdadeira multidão de mais de 1 milhão de Espíritos desencarnados, em uma orgia irrefreável. Eu estive visitando essa cidade, pois, enquanto psicografava o livro em questão, Philomeno de Miranda levou-me para conhecer o local, numa das excursões do grupo de benfeitores espirituais. Os seus habitantes realizam a cada entardecer um desfile de carros alegóricos e de bacanais. O que mais me impressionou é que os carros alegóricos possuem a forma de órgãos genitais deformados e grotescos, conduzindo indivíduos que encarnam mitos e personagens da prostituição, nas atitudes mais aberrantes de deboche e de depreciação da função sexual.

Nessa cidade, dedicada exclusivamente ao prazer da luxúria, encarnados e desencanados mantêm *relações sexuais*, realizando seus desejos apaixonados e vis. Conforme a questão nº 200 de *O Livro dos Espíritos*, o Espírito é, em si mesmo, assexuado, sendo-lhe a anatomia uma contribuição para o fenômeno da procriação. Ao desencarnar, no entanto, o Espírito mantém as suas tendências, especialmente aquelas de natureza inferior, às quais se aferrou em demasia, prosseguindo com as *construções mentais* que lhe eram habituais. Como resultado, acreditam-se capazes de intercursos sexuais nas regiões inferiores onde se encontrem, como efeito da condensação das energias mentais viciosas no perispírito. Frustrantes e perturbadoras, essas relações são degradantes e afligentes, porquanto são mais mentais que *físicas*, dando lugar a processos de loucura e de perversão...

A questão do perispírito é muito sutil. Kardec faz uma análise muito apropriada no item 47 do livro *A Gênese*.

Vamos explicar melhor a tese.

Uma pessoa que usava óculos na Terra, quando desencarna e pretende comunicar-se mediunicamente, muitas vezes aparece aos médiuns com os óculos que possuía, sem que, na realidade, necessite desse instrumento. Ou se ela revelava um problema de movimentos, claudicando de uma perna e se apoiando em um bastão, retorna com essa característica para ser identificada. Mas quando sai do ambiente de percepção dos médiuns e retorna ao espaço, assume uma aparência neutra, uma espécie de idade mediana que é muito comum ser retratada nos *anjos* do período barroco. Como esses Espíritos elevados se apresentavam sem uma definição de gênero muito acentuada, as pessoas portadoras de mediunidade detectavam essa imagem corporal difusa e não sabiam reconhecer se eram seres de aparência masculina ou feminina, o que gerou a famosa discussão histórica sobre o sexo dos anjos.

Emmanuel, guia espiritual de Chico Xavier, devido ao largo período em que se colocou ao lado do seu médium, assimilou a energia da Terra de tal forma que depois de muitos anos ele alterou o seu aspecto fisionômico, parecendo ter envelhecido. Aquele senador romano jovem, aparentando trinta ou trinta e cinco anos quando foi pintado por uma médium, muitos anos depois se apresentava com o semblante marcado e com rugas na face. O Espírito Meimei também sofreu o mesmo processo. E uma médium paulista autêntica, em um chá beneficente, retratou os dois benfeitores espirituais com essa nova fisionomia. Chico Xavier confirmou a imagem captada pela psicopictografia, conforme está em uma das edições do *Anuário Espírita*, afirmando que aquela aparência envelhecida era uma consequência do estado de intercâmbio mental com os habitantes da Terra.

Aqueles que desencarnaram em perturbação, transferem para o mundo espiritual *dores físicas*, sentem a barba e as unhas crescerem, a roupa rasgar-se, as feridas prolongarem-se, o que na verdade não são estados perispirituais, são estados ideoplasmáticos. A mente concentra-se em uma dada circunstância e desenvolve uma fixação com reflexos no corpo perispiritual.

A morte nos desveste apenas do corpo físico. Os hábitos e os vícios que cultivamos prosseguem conosco após a desencarnação, principalmente nas regiões espirituais inferiores, que estão muito vinculadas ao mundo físico. O ser, que se tornou viciado em sexo, buscará o convívio dos Espíritos semelhantes. Os dependentes químicos do álcool irão sintonizar com os ambientes nos quais poderão dar vazão aos seus desejos, experimentando os *prazeres* que os agradam. À medida que o ser se depura, compreende que essa busca é absolutamente dispensável, pois o Espírito, ao se despojar da matéria, não possui mais as necessidades a ela inerentes.

Esses são fenômenos ideoplásticos de fixação do indivíduo em seus interesses.

Há muitas décadas, eu tenho feito inúmeras viagens astrais em desdobramentos conduzidos pelos bons Espíritos. Mas somente em regiões inferiores eu testemunhei a *prática sexual* que reproduz o contato íntimo que os casais mantêm na Terra. São lugares vinculados à promiscuidade e à prostituição que existem no mundo físico, e onde seres encarnados e desencarnados intercambiam emoções e sensações. Esse comportamento não existe em regiões habitadas por Espíritos equilibrados.

Em consequência, é exclusivamente na dimensão física que acontece o fenômeno biológico da reencarnação, dentro dos padrões em que o conhecemos. No mundo espiritual, os seres não possuem estrutura anatomofisiológica para praticar o sexo. O intercâmbio de sentimentos é pautado no amor e na simpatia, que os preenche por completo. Mas nas regiões inferiores, onde há predominância das paixões, os Espíritos conservam uma diferenciação genital que plasmam no perispírito, por não terem aprendido a utilizar as potencialidades sexuais com equilíbrio.

A médium D. Yvonne do Amaral Pereira, que se tornou célebre por diversos livros psicografados, sobretudo a extraordinária obra *Memórias de um Suicida*, narrou-me que, quando jovem foi levada pelos seus mentores desencarnados para ver os desfiles de Carnaval em regiões espirituais inferiores, nas quais ela testemunhava a existência de carros alegóricos semelhantes aos que circulavam nas grandes avenidas do Rio de Janeiro, durante as festividades de *Momo*. Certa vez, exatamente na época carnavalesca, ela foi à Avenida Rio Branco, na capital carioca, onde passavam inúmeros blocos de Carnaval. A dedicada médium testemunhou cenas que lhe pareceram profundamente chocantes, principalmente o exagero da nudez e as máscaras de Carnaval, que traziam figuras estranhas e monstruosas. O que mais impressionou D. Yvonne foi que as máscaras não lhe eram desconhecidas, pois já havia visto aqueles adereços quando estava em desdobramento espiritual, nas ocasiões em que os seus mentores a levaram para visitar as regiões inferiores do Mundo Invisível.[36]

Quando Philomeno de Miranda me falou sobre a *Cidade Perversa*, ela já havia sido detectada por Francisco Cândido Xavier em suas experiências além do corpo físico. Eu desconhecia o fato, mas um amigo me apresentou um artigo do escritor e cientista Hernani Guimarães Andrade, no qual ele narra um diálogo entre Chico Xavier e o grande orador espírita Newton Boechat. Nesse artigo, Chico explica a Boechat que antes da revolução sexual ocorrida nas décadas de 1960 e 1970 ele havia sido levado por Emmanuel para conhecer uma cidade no Além onde os seus habitantes, profundamente dominados pelas sensações primitivas e grotescas, realizavam orgias inimagináveis para a mente humana, traduzidas em desfiles de Carnaval que expunham a condição de grande torpeza espiritual daquela comunidade. Chico denominava a região de *Cidade Estranha*. O artigo foi colocado na íntegra como posfácio no livro de Philomeno.

---

[36] A informação de que as máscaras carnavalescas da Terra são reproduções de imagens do mundo espiritual inferior, também consta no livro *Nas Fronteiras da Loucura*, de Divaldo Franco/Manoel P. de Miranda, Ed. LEAL, cap. 6 (Lições Proveitosas).

Os Espíritos habitantes dessa região, que se entregam à sensualidade desde o tempo do imperador romano Tibério César e de Calígula, estão, aos poucos, sendo trazidos à dimensão física pelo mecanismo da reencarnação compulsória. Os guias da humanidade assim procedem para dar-lhes uma última oportunidade de permanecerem na Terra, rumando para o mundo de regeneração em que ela se transformará. Nesse sentido, fascina-me o amor de Deus pelos Seus filhos! A oportunidade que está sendo oferecida aos habitantes da *Cidade Perversa* é para que eles não afirmem no futuro que foram relegados a uma espécie de presídio e depois de certo tempo foram expulsos de Terra sem a menor consideração.

Por isso, a partir das décadas de 1960-70, eles passaram a renascer em massa no solo do planeta. Como o fenômeno da hereditariedade pode lhes proporcionar formas físicas harmoniosas, frequentemente os seus corpos são muito belos, mas os Espíritos que os animam são grosseiros e ainda distantes do sentido de beleza transcendente, preferindo viver do corpo e para o corpo, em vez de trabalharem pelo seu enobrecimento e pelo desenvolvimento de suas potencialidades espirituais.

Philomeno ainda narra no livro referido — *Sexo e Obsessão* — que a música apreciada por esses Espíritos possui uma espécie de propriedade hipnotizante de baixo teor, que contribui para que entrem em estados de êxtase perturbador. Afinal, a música influencia o ser humano em todas as áreas.

A música erudita e harmoniosa é uma emanação do Psiquismo Divino. Ela acalma e produz um ritmo nas células que favorece a saúde. Pesquisas científicas já demonstraram que, quando uma pessoa medita, ela altera os seus padrões de funcionamento cerebral, o que se evidencia com o uso de técnicas modernas de neuroimagem, que registram alterações em áreas cerebrais relativas a certas percepções e emoções, como decorrência do estado mental que o indivíduo imprime a si mesmo. Algumas áreas são acionadas e outras sofrem uma momentânea redução no seu funcionamento. O mesmo raciocínio é válido para a influência que a música exerce sobre o cérebro.

Existem músicas hipnóticas de efeito positivo, como é o caso dos *mantras* utilizados há milênios pelas tradições orientais. Mas algumas religiões ocidentais também se valem de técnicas semelhantes. Vemos, na Igreja Católica, a utilização das jaculatórias, que são breves orações ou invocações que incluem em uma sequência programada orações mais extensas. O *terço* é um instrumento que os religiosos utilizam para favorecer a manutenção de um ritmo nas orações. Essa ritmicidade específica funciona como um verdadeiro mantra, levando ao êxtase. Na música tribal, que os nossos antepassados cultivavam em seus rituais, existem expressões sonoras que excitam e despertam, inclusive a sensualidade.

No *rock metálico*, temos padrões sonoros que incitam à violência, pois geram no organismo grandes descargas de *adrenalina* produzidas pelas glândulas suprarrenais, que são atiradas na corrente sanguínea e o corpo não consegue eliminar rapidamente, causando excitações prolongadas. Como a oferta de sexo é abundante e pode ser encontrada em qualquer lugar, essa forte excitação induz o indivíduo a manter relacionamentos que satisfazem o apelo fisiológico a que foi submetido, satisfação que também se dá por meio do consumo de substâncias psicoativas, levando o indivíduo à dependência química.

Isso tudo é para termos uma ideia da paisagem de um núcleo de obsessores que se alimentam do psiquismo de criaturas da Terra atormentadas pelo sexo. Essas criaturas, que somos alguns de nós, oferecem o seu *plasma psíquico* aos Espíritos vampirizadores. São aqueles indivíduos que, quando se vão deitar para dormir, começam a mentalizar imagens não realizadas de prazeres alucinantes. São aqueles que se permitem mentalmente as fantasias eróticas e sonham que estão em verdadeiros bordéis. Na verdade, eles estão vivenciando a concretização dos seus sonhos, pois estão frequentando aquela região infeliz, cujas imagens o cérebro registra como sonhos lúbricos e perturbadores.

O padre Mauro foi levado à presença de um personagem que administrava determinada área da *cidade* que, como dissemos, possui mais de 1 milhão de habitantes. O personagem em questão era o antigo Marquês de Sade, que eu acredito ser a reencarnação de Calígula, o imperador romano. Naquela região de sombras, fundada há quase 1900 anos, encontravam-se também outros personagens da decadência do Império Romano, como Domício Nero e Messalina...

Como nos recordamos, o Marquês de Sade morreu louco, com delírios, em um sanatório-presídio dirigido por uma entidade religiosa que possuía direitos civis sobre ele. Sua morte foi hedionda, pois ele ficou absolutamente dementado, fazendo esculturas e escrevendo imoralidades nas paredes com seus próprios dejetos. Ao desencarnar, o Marquês foi habitar aquela região de torpezas, tornando-se uma das personalidades centrais da cidade, graças à sua sagacidade. E o padre Mauro era um de seus asseclas.

No desenvolvimento da história, os amigos espirituais trabalharão para atender ao pedido daquela mãe, salvando o filho de comprometimentos mais graves. É uma linda intervenção realizada pelas entidades superiores, que merece profunda reflexão. Em determinado momento, instruções de Mais Alto chegam até aquele campo para que o padre Mauro e o Marquês sejam libertados. E os benfeitores escolhem uma Casa Espírita, aqui, na Terra, que seria utilizada para essa finalidade, o que nos mostra que devemos valorizar e respeitar as nossas instituições, apesar da moda que se espalha por aí...

O Centro Espírita não é um clube, um lugar de folguedos ou de recreação! É um lugar de intercâmbio com o mundo espiritual. É uma oficina de iluminação, uma escola de educação e um hospital de almas. E em recintos assim não poderemos ter conduta reprochável nem exibir o *ego*, nosso narcisismo, nossas pequenas paixões, nossas irregularidades... Porque necessitamos de luz, mas os bons Espíritos necessitam de nossa *energia animal* para cuidar dos Espíritos *animalizados*, aqueles que estão em faixas muito inferiores em relação à nossa psicosfera. Dizendo de outra forma, os mentores utilizam nossa energia fisiopsíquica para realizar intervenções em benefício de seres que desencarnaram, mas ainda se encontram impregnados pelas sensações da matéria densa.

Ao eleger a referida Casa Espírita, os amigos espirituais consultaram o Espírito mentor da instituição, que é uma senhora, e indagaram se ela estaria disposta a contribuir em favor daquele trabalho. Ela anuiu e ofereceu os seus médiuns para o trabalho de socorro espiritual àqueles obsessores, pois para libertar o padre Mauro havia injunções coletivas implicadas naquela trama. Ao atender o sacerdote os benfeitores teriam que atender também os Espíritos perversos e o Marquês de Sade.

Eu acompanhei uma grande parte dessas *negociações* e deslumbrei-me com a sabedoria do mundo espiritual. Impressionaram-me as técnicas para atrair os Espíritos profundamente asselvajados, a fim de que eles tivessem acesso àquela comunidade onde o ex-Marquês seria tratado.

Como parte do processo de atendimento espiritual foi programada uma reunião mediúnica no mundo espiritual, em que alguns médiuns foram desdobrados e auxiliaram os mentores, trabalhando além do corpo físico.[37] Eu tive a oportunidade de presenciar essa reunião, da qual participaram vários Espíritos envolvidos na tragédia protagonizada pelo padre Mauro e pelo ex-Marquês.

Durante essa atividade socorrista, em determinado momento, ouviu-se uma música portadora de beleza celestial! Uma voz cantava a *Berceuse*, de Brahms, enquanto chegava ao recinto, um cortejo de Espíritos nobres: uma senhora, um religioso e outras entidades. Tratava-se de Marie-Eléonore, a mãe do Marquês de Sade, que entoava a canção de ninar com a qual embalava o Marquês em seus braços quando ele era criança. Ela estava acompanhada do abade Amblet, que era de Notre Dame e tornou-se o preceptor cultural e religioso do futuro Marquês. O encontro com a sua mãezinha produziu uma profunda transformação no infeliz obsessor.

Essa reunião espiritual, que foi de uma beleza inolvidável, aconteceu no mês de março do ano de 2002.

O livro se encerra com o padre Mauro totalmente modificado. Ele foi transferido para o Brasil Central e hoje dirige um Lar de crianças, onde, um dia, os seus inimigos que, no passado, foram suas vítimas, estarão hospedados em um corpo *despedaçado* e doente para que o sacerdote sublime os sentimentos...

RESSONÂNCIAS DO APRENDIZADO

Nessa área das obsessões sexuais, eu já ouvi falar de quase tudo. Mas assim que eu terminei de psicografar o livro, tive uma experiência marcante no atendimento fraterno. Uma senhora procurou-me para falar de um transtorno sexual que estava estreitamente relacionado ao

---

[37] Toda a obra de Manoel Philomeno de Miranda, psicografada por Divaldo, está repleta de descrições a respeito desse tipo de reuniões. Nota do organizador.

conteúdo do livro. E vale ressaltar que ninguém sabia sobre as minhas experiências mediúnicas em torno da história do padre Mauro, pois eu só comentei sobre elas depois que o livro foi publicado. A senhora, então, confessou-me:

— Senhor Divaldo, eu sou uma atormentada!

— Todos nós somos atormentados, minha irmã!

— Mas eu sou diferente. Eu sou casada e sou mãe.

Nessa hora, levantei a cabeça e olhei-a, detectando que no seu psiquismo havia uma enorme quantidade de Espíritos deformados. Com essa visão surpreendente eu me assustei! Era a primeira vez que eu via uma cena como aquela na sala que eu reservo para o atendimento fraterno, onde existe um campo vibratório muito especial. Os mentores permitiram a entrada dos obsessores porque se eles fossem retirados subitamente do campo psíquico daquela senhora ela enlouqueceria. Estavam tão cristalizados e interdependentes que os benfeitores não podiam afastá-los abruptamente, senão, aos poucos. E a consulente me fez a seguinte declaração:

— Sabe qual é o meu drama, senhor Divaldo? É que em matéria de sexo eu já fiz de tudo! E agora eu estou com a ideia fixa de fazer sexo com animais...

Eu sempre tenho muito bom controle nessas ocasiões. Por isso, procurei não demonstrar surpresa. Entretanto, fiquei profundamente chocado! E logo procurei tirar da mente a informação para não me impregnar de pensamentos não recomendáveis, pois a imaginação começa a fazer várias indagações...

Pelas leituras que já fiz, tomei conhecimento de que existem lugares onde animais amestrados (macacos, cães e outros) são utilizados por pessoas zoófilas, tanto homens quanto mulheres. Contudo, no meu inconsciente eu não podia acreditar no que os livros descreviam. Era-me tão violenta a informação que eu não tinha dimensão para entender.

Tentei concentrar-me no drama da senhora e respondi-lhe:

— Mas a senhora terá que reagir! A senhora está sob uma indução muito perversa.

Quando eu pronunciei estas palavras, adveio-me uma grande angústia. Porque é tão chocante a situação que, por mais que tentemos agir com naturalidade, uma situação como essa nos colhe quase sempre de surpresa. E foi a primeira vez que eu me deparei com um drama deste porte. Eu levantei-me e falei-lhe:

— Aqui, no atendimento fraterno, eu não aplico passes. Mas como tudo tem seu momento, hoje eu irei fazê-lo.

Chamei um casal amigo (porque eu atendo com a porta da sala aberta), pedi que os amigos sentassem e orassem para que eu pudesse aplicar o passe. E assim o fiz. Logo após, conversamos por mais de uma hora, pois ela estava a ponto de suicidar-se. E daquele choque inicial, passei a sentir uma profunda compaixão, dispondo-me a orar em seu favor sempre que possível.

Pedi-lhe que voltasse outras vezes. Não mais para abordar o tema, porque há assuntos que só se discutem uma vez, para não cairmos na vulgaridade. Completei o encontro, fornecendo-lhe a seguinte orientação:

— Já que a mente não pode ficar sem pensar, toda vez que lhe vier essa ideia negativa substitua por outra saudável. E passe e pensar nesta ideia-desvio. Em breve, a *ideia-desvio* será a ideia central e vice-versa. É uma técnica psicológica para cultivarmos os bons pensamentos. Não é necessário crer. Basta criar o hábito que a repetição irá transformá-lo em uma *segunda natureza*, um automatismo psicológico. Sempre que a ideia negativa surgir, ore, leia uma página agradável, mude de pensamento até que ela se dilua por falta de receptividade mental.

Sempre que a senhora retornava, dava-me o testemunho de que estava mais livre daqueles clichês mentais, já que eu lhe havia ensinado as técnicas para isso.

Muitas pessoas dizem-me que, quando vão orar, são perturbadas por clichês mentais de atos sexuais que praticaram com seus parceiros. É normal, pois essas imagens estão no arquivo do inconsciente. Que fazer? Educar-se mentalmente. Eu costumo dizer a essas pessoas: "Nessas ocasiões, quando vier a lembrança de um ato sexual, especialmente se for perturbador, pare a prece, dê campo ao pensamento por alguns segundos e depois retorne à oração. Porque toda vez que recalcamos uma ideia ela fica no arquivo e retorna com mais intensidade. É como uma porta com uma mola fixada na parte de trás. Na razão direta que nós comprimimos a mola, ela reage. Então, a única maneira de obter o êxito é desligar a mola para que a porta nos atenda".

Quando damos campo, por alguns segundos que sejam, a uma ideia perturbadora que nos toma de assalto durante a prece, isto serve para que possamos digeri-la, para em seguida continuarmos no cultivo da oração. E se a ideia tentar nos invadir outra vez, não devemos mais ceder, porque isso configura um vício mental, quando não se está acostumado a emoções superiores. Muitos indivíduos se comprazem com certas ideias inferiores, mas não as praticam por medo, timidez ou falta de oportunidade. E por isso as *praticam* no mundo mental ou no mundo espiritual, quando vão dormir. Acalentam pensamentos absurdos naqueles instantes que precedem o sono, sendo depois atraídos para regiões equivalentes, o que nos remete ao princípio de que a oração deve ter prevalência nos momentos que antecedem o desprendimento parcial.

A partir do dia em que eu tive aquela experiência de zoofilia no atendimento fraterno, os Espíritos trouxeram-me ao conhecimento muitas aberrações, que estavam ocultas em pessoas de rostinhos lindos e aparentemente equilibradas.

É impressionante como conduzimos tantos escombros dentro de nós! Por isso, devemos amar a todos, indistintamente, sem traçar regras de ética e de moral para quem quer que seja, tomados sempre de compaixão e de fraternidade, exigindo-nos o melhor, e a todos concedendo o que lhes aprouver, sem interferirmos no destino de ninguém. Se nos pedirem auxílio, ofereçamos. Se não nos pedirem, cada um é responsável pelos seus atos.

Depois que publicamos o livro *Sexo e Obsessão*, em setembro de 2002, os Espíritos me sugeriram que saísse a realizar seminários sobre o tema, que mal cuidado fica escabroso e bem tratado fica sublime.

Em torno do sexo, antes de decisões perturbadoras e de atitudes grotescas, não nos esqueçamos da reflexão. Antes de assumirmos determinados compromissos em qualquer área, particularmente na sexual, meditemos e nos lembremos de que tudo tem um preço. Se a nossa atitude for nobre e o meio for ilícito, ela perde a dignidade. Se o meio for nobre, mas a finalidade for indigna, a nossa atitude não se justifica.

Então devemos pensar antes, pois chegará o momento de respondermos pelos nossos atos.

CILADA OBSESSIVA

Há um provérbio popular que afirma: "Dize-me com quem andas e eu te direi quem és". À luz do Espiritismo podemos fazer uma adaptação deste provérbio e apresentá-lo da seguinte forma: "Dize-me o que pensas e eu te direi com quem estás". Dize-me o que desejas e eu te direi quem está ao teu lado. Conforme pensarmos, produziremos uma ressonância equivalente. Conforme agirmos, teremos uma resposta. Como consequência, as nossas elucubrações, desejos e aspirações inferiores atraem Espíritos inferiores, que se tornarão comensais da nossa vida e passarão a participar da nossa realidade psíquica, influindo no nosso comportamento, no nosso equilíbrio, na nossa saúde e na nossa necessidade de paz.

Muitas pessoas perturbam os Espíritos desencarnados. Parceiras saudosas da convivência dos seus respectivos companheiros acalentam certas lembranças e permanecem recordando os momentos da sensação sexual, atraindo-os, embora desencarnados, que sendo também sensuais e estando encharcados de *energia física*, mantêm com as mesmas o conúbio sexual conforme o faziam antes. E a própria parceira oferece o *ectoplasma* para que o Espírito a utilize, enquanto ela se compraz em delírios mentais e revive as recordações. Inicialmente ela passa a revivê-las no plano mental. Depois também experimentará as reações correspondentes no plano orgânico.[38]

As obsessões sexuais são das mais difíceis de recuperação, porque o Espírito furta o *plasma psíquico* do encarnado, dele utilizando-se. Uma das energias mais poderosas na criatura humana é a de natureza sexual. Por isso, deveremos erguê-la, sublimá-la, transformá-la em elemento de força, em vez de gastá-la desordenada, sensual e vulgarmente nos apetites insaciáveis...

---

[38] A interferência negativa de um cônjuge desencarnado sobre outro encarnado pode ser estudada no livro *Painéis da Obsessão*, de Divaldo Franco/Manoel P. de Miranda, Ed. LEAL, cap.15 (Trama do Ódio). Nota do organizador.

Há muitos anos, eu fui realizar uma palestra numa cidade que sempre visito. Na ocasião eu me hospedei numa residência onde havia várias filhas e filhos, porém com predominância feminina. Entre as filhas havia duas que eram casadas.

Era uma casa rica e ampla. Quando a família estava reunida para me receber, eu notei um distúrbio na filha mais velha. Ela revelava ansiedade e insatisfação. Em meio àquele desequilíbrio, eu percebi que a sua aura estava muito densa e escurecida. E pelo tom sombrio eu interpretei qual era o seu problema. Mesmo sem ter-me dito nada eu pude ter um vislumbre do drama de esposa que ela estava vivendo. Mas como eu tinha compromisso doutrinário, fui à tarefa que me cabia. Quando retornei, após um lanche leve, deitei-me e adormeci.

Em certa hora da noite ouvi um som à porta e acordei assustado. Uma voz enunciava meu nome num balbucio:

— Divaldo! Divaldo! Ajude-me! Abra a porta!

Eu levantei-me, vesti paletó do pijama (pois fazia muito calor) e fui abrir a porta. Quando pus a mão na maçaneta da porta para destrancá-la, eu vi a mão de Joanna de Ângelis, muito alva, sobre a minha, em tentativa de impedir-me de abrir a porta. Ela, então, falou-me:

— Não abra a porta! E fale muito alto!

Eu então respondi:

— Um momento! Eu estou vestindo-me.

E a voz solicitava baixinho:

— Abra a porta!

Eu prosseguia:

— Um momento! Estou vestindo-me. Vá chamar sua mãe, Dona Fulana!

Enquanto estávamos nesse impasse, eu ouvi um "clique" da luz da sala e o som característico de um golpe. Abri a porta rapidamente. Era o pai da senhora, que estava de vigília, e, ao acercar-se, violentamente deu-lhe um soco na face. Eu olhei para aquela cena, sem entender nada, tomei a frente e indaguei:

— Mas o que é isso?!

Ela me dirigiu um olhar de súplica que eu nunca irei esquecer! Aquele olhar de profunda tristeza, pedindo-me socorro. Eu segurei o pai e insisti:

— Mas o que é isso?!

Ele respondeu-me:

— Minha filha é uma meretriz! O marido está deitado lá na frente e ela veio aqui perturbar você. Não podemos ter um hóspede em casa...

Ele usou expressões muito vis para referir-se à filha. E a única forma que eu encontrei para minorar o drama foi tentar defender a moça. Daí, eu elucidei o pai.

— O senhor está enganado! O senhor me respeite! A sua menina está doente e havia-me pedido socorro. Eu é que me esqueci da solicitação, porque estava muito cansado.

Voltei-me para a senhora e perguntei-lhe:

— Você veio pedir que eu lhe aplicasse um passe, minha filha?

— Vim... — respondeu ela, vencida pela humilhação.

— Mas, minha filha, por que não chamou a sua mãe? — indaguei.

— Eu fiquei com pena de acordar mamãe...

— Venha! Eu vou aplicar-lhe o solicitado passe.

Dei-lhe a mão, olhei para o pai em tom de reprimenda e ele perdeu um pouco a pose, ficando meio sem jeito. Propus-lhe de imediato:

— Vá chamar sua esposa, por favor! Sua filha está muito doente. Ela me confidenciou seus problemas e me pediu ajuda. Mas eu, negligentemente, não a atendi. Vamos orar e ler o Evangelho...

Trouxe-a ao quarto e vieram também a mãe, o pai e o marido, que acabava de acordar. Ela tremia muito, expressando sua angústia. Ao iniciar a leitura do texto evangélico, passei a ver o obsessor. Era um Espírito de baixo calibre moral que a vampirizava. Ela era uma obsidiada da área sexual. O Espírito sugava-lhe o *plasma psíquico* e ela se frustrava toda vez que se entregava ao ato sexual com o esposo. Era uma volúpia semelhante ao vício alcoólico. Quanto mais se entregava, pior ficava. Ela havia perdido a dignidade perante si mesma e odiava-se, pois o Espírito desejava que ela se matasse ou que fosse assassinada pelo marido. Tratava-se de um drama do passado reencarnatório.

Assim, fizemos uma leitura evangélica, magnetizamos água e eu lhe apliquei um passe demorado. Supliquei ajuda a Jesus com muita ternura. Ao mesmo tempo, pedi a Joanna, que em suas encarnações como freira havia lidado tanto com mulheres equivocadas, para que ela atendesse aquela pobre moça de vinte e seis anos, mas que tinha uma idade de dor de oitenta anos.

Quando terminei de aplicar-lhe o passe, ela deu um grito e chorando, explicou:

— Mamãe! Saiu algo de mim, mamãe!

E abraçou a mãe, que também chorava...

O marido sabia que ela era doente. Mas a amava tanto que disfarçava o conhecimento.

Como há beleza no amor! Como o sexo fica um tanto desprestigiado diante do amor!

Ela voltou-se para o marido e comentou, desolada:

— Você não sabe o que eu sou!

Ele respondeu:

— Sei, sim! Você é a mãe dos meus filhos! Tudo o mais que você faça não me importa! Você sempre me respeitou e me amou. O resto não é importante!

Em seguida, ela dirigiu-se ao pai e suplicou:

— Perdoe-me, papai! Você tinha razão. Eu não pedi passe nenhum. Você sabe o que eu desejava fazer. Perdoe-me, papai!

Daí, eu vi aquele homem amargurado dobrar-se e chorar sobre a filha. Todos nós choramos também. Depois, fomos todos deitar-nos e, pela manhã, ela me expressou:

— Ah, Divaldo! Renasci! Nunca mais!

E até hoje somos amigos. Ela é avó, educou a força negativa e canalizou os excessos para aplicar passes, revelando uma bela mediunidade curativa. Seus pais já estão no Além, sendo que sua mãezinha, que era uma boa médium, é uma das Entidades que a assessoram. Sempre que eu vou à sua cidade, hospedo-me em sua casa.[39]

---

[39] Outro caso de obsessão sexual sobre uma médium pode ser estudado no livro *Trilhas da Libertação*, de Divaldo Franco/Manoel P. de Miranda, Ed. FEB, cap. 9 (Terapia Desobsessiva), cap. 12 (Ensinamentos Preciosos), cap. 13 (O Caso Raulinda), cap. 20 (Ocorrência Grave), cap. 25 (Noite de Angústias) e cap. 28 (O Enfrentamento). Nota do organizador.

Esta é uma face da questão. Mas há outra face.

Vamos supor que eu houvesse aberto a porta, que ela entrasse, mas não que houvesse ocorrido nada. O pai, que estava à espreita, iria imaginar que nós havíamos combinado. Armava-se, então, um escândalo. E até explicarmos que éramos inocentes, quem acreditaria? E como os escândalos em nosso Movimento Espírita tomam corpo com muita facilidade, o fato correria o mundo e seríamos vítimas de uma cilada obsessiva. Este fato serve para nós, espíritas, vermos como somos vigiados e não damos a devida importância.

Vemos, frequentemente, em nosso Movimento, muita levianidade e maledicência. Como nos apraz dizermos coisas que não podemos provar! Como nos agrada supor coisas e darmos uma *tinta* de realidade!

Vamos imaginar, por outro lado, que eu tivesse algum tormento e me aproveitasse de uma pobre moça doente que eu deveria amar como irmã. Vamos supor que eu fosse uma dessas pessoas que pregam e não praticam (sem qualquer censura de minha parte). São pessoas que se utilizam dessas brechas e justificam-se:

— Eu não procuro, mas quando me aparece, eu aproveito! Eu apenas não perco a oportunidade.

Ao ouvir esse tipo de declaração, surpreendo-me com a imprudência e o desgaste dos valores éticos que tipificam esses indivíduos. Se eu agisse assim estaria traindo a Causa que abracei.

Então vigiemos e amemo-nos. E a melhor maneira de amar é preservar a prática sexual com responsabilidade e compromisso afetivo, que significa um ato insofismável de autorrespeito.

5

TRANSTORNOS SEXUAIS

O DRAMA DE UMA ATRIZ

Conforme já foi mencionado, o sexo, assim como qualquer outra função que se manifesta em nossa maquinaria orgânica, deve ser utilizado com o respeito que devemos dedicar aos demais mecanismos fisiológicos. Encarregado de perpetuar a espécie, a sua prática reveste-se de significados profundos, por ensejar a reprodução, particularmente na espécie humana. Igualmente portador de hormônios fisiológicos e psicológicos, pelo prazer que proporciona, merece o envolvimento do amor, sem o qual se torna automatismo orgânico destituído de mais elevada consequência. Ademais, pelo fato de envolver outra pessoa, quando nos relacionamentos saudáveis, sempre se torna responsável pelos efeitos psicológicos que vinculam uma à outra. A sua utilização promíscua e irresponsável sempre gera distúrbios morais, sociais e emocionais profundos, de que padece a nossa sociedade, alguns dos quais serão transferidos para o Além-túmulo.

Quando observamos a promiscuidade sexual, notamos que a pessoa muda de parceiro, mas não muda de comportamento. E vai procurar no outro parceiro (masculino ou feminino) aquilo que faltava no anterior. É a busca do novo, do diferente, que em breve será normal, repetitivo, cansativo. E, por consequência, o indivíduo passa a usar a função sexual *como alimento de variação constante*, sem jamais alcançar uma *digestão de plenitude*.

Como devemos comportar-nos ao testemunhar a prostituição? Cabe-nos o dever de assumirmos numa atitude de compaixão por aqueles que vivem do sexo. Na atualidade, a prostituição assumiu um aspecto de grande variedade, pois não se encontra apenas no bordel, nas ruas escusas da cidade ou nos motéis elegantes da periferia, mas também nos apartamentos de luxo onde desfilam ases e astros que comovem o mundo e que são atormentados sexuais. Essa variedade infinita de formas de prostituição, embora não assalariada, permanece sendo um distúrbio de compostura moral. Quando dizemos que não é assalariada, é porque não há um preço estabelecido na tabela, na entrada do bordel, mas o preço é cobrado de outra maneira. Quantas pessoas se prostituem para granjearem um lugar de destaque na sociedade: na política, nas artes, nos relacionamentos sociais em geral, nas aspirações de qualquer natureza. Recebem como pagamento apartamentos de luxo, joias de alto preço, automóveis, casacos de peles raras... Nunca, porém, a paz interior! Porque ao trocar de parceiro a pessoa viaja para novas experiências com o sentimento dilacerado, sabendo-se não amada. Se essa pessoa é socialmente influente, sabe que aqueles que lhe falam de amor estão desejando a sua luz para se projetarem com essa claridade. E quando lhe propõem uma união conjugal, quase sempre é para que se tornem comentados pela mídia, partindo, em seguida, para divórcio, quando novamente se tornarão alvo do sensacionalismo dos meios de comunicação.

Tudo isso são transtornos psicológicos da área sexual, por ausência do amor. Examinemos a paisagem afetiva dos grandes campeões de sexo e veremos quão solitários eles são!

Mas a vida é muito severa quando desrespeitada.

Eu conheci uma atriz de televisão no esplendor da sua glória. Uma moça linda que fazia telenovelas, realmente atraente, não apenas no vídeo, mas também como pessoa. O meio em que ela viveu e as experiências que teve por certo a corromperam. Em breve tempo, além do que ganhava como atriz numa postura de muito destaque por todo o país, preferiu optar também pelos relacionamentos extravagantes. Na mesma época, eu conheci também uma família muito rica de uma determinada cidade, na qual o filho, relativamente esnobe, portador de uma grande fortuna, permitia-se receber do Rio de Janeiro e de São Paulo voos especiais na sua granja para relacionar-se com atrizes de renome nacional ou internacional, aquelas personagens do sexo mais provocantes e mais famosas. Para dar curso a essas orgias, ele convidava amigos igualmente ociosos e atormentados.

Numa das vezes em que eu estava na sua cidade, a sua mãezinha me disse:

— Divaldo, você não sabe o tormento em que eu estou!

Ela narrou-me o drama, esclarecendo que o seu filho estava recebendo, entre outras pessoas, essa atriz específica a quem me refiro.

Passaram-se alguns anos... O desespero, a sede e a sofreguidão dessa jovem, por certo vampirizada, fizeram com que ela colocasse, nos avisos referenciais e álbuns em que se expunha para ser eleita, qual a forma que deveria ser usada pelos seus clientes. Chegara a assinalar que aceitava até cartão de crédito. Vejamos como são os dramas da criatura humana!

Quando eu li o anúncio, comecei a orar por ela. Adveio-me uma compaixão imensa, como se ela fosse minha filha!

Em breve, ela contraiu o HIV. Imaginemos as dificuldades de uma pessoa soropositiva naqueles dias heroicos dos anos 1980. Foi despedida do trabalho, porque os demais atores negavam-se a cenas românticas com ela, pois acreditavam que a saliva do beijo seria veículo de contágio. Ela também começou a ser expulsa dos grandes relacionamentos sociais. Tempos depois, ela deu uma entrevista com o coração ralado de amarguras. Porque agora, nem pagando ela conseguia um parceiro. Por fim, suicidou-se.

Eu tenho orado por essa moça há mais de dez anos. Nesse longo período, tivemos um contato psíquico, e ela contou-me o seu drama, a sua volúpia, a alucinação que continuava atormentando-a. Era portadora de um desejo sexual incontrolável, classificado hoje como uma compulsão sexual. Portanto, insatisfeita e atormentada por um transtorno psíquico, especialmente em decorrência dos abortos praticados nesta mesma existência, as suas vítimas não a perdoavam. Levaram-na ao suicídio e a estavam explorando no mundo espiritual.

Quando encontramos uma pessoa bela, atraente e disputada por muitos, estamos longe de conhecer-lhe os conflitos do mundo íntimo.

A psicoterapeuta e o transtorno sexual

Em certa ocasião realizei um seminário para psicoterapeutas em uma importante cidade da Europa. Há vários anos eu realizo esse seminário, que é programado por uma organização ligada à UNESCO. Para o evento são convidadas entre sessenta e oitenta pessoas, no máximo.

A atividade era extensa. Começava com uma conferência na sexta-feira, à noite, estendia-se por todo o sábado e por todo o domingo. O tema era *Sexo e Vida*. Os organizadores desejavam conhecer a visão da Doutrina Espírita e assim como a minha interpretação pessoal em torno do assunto. Não sendo um sexólogo nem especialista de qualquer natureza, sendo médium e um expositor do Espiritismo, conhecendo um pouco a vivência humana, aceitei o convite, pedindo desculpas antecipadas pelas minhas limitações.

Quando estava concluindo o seminário, uma jovem psicoterapeuta que deveria ter entre trinta e trinta e cinco anos de idade, de muito boa aparência, levantou a mão e afirmou:

— Sr. Divaldo, eu desejo informar ao senhor que participei do seminário, mas não resolvi o meu problema sexual!

Fui tomado de surpresa, que procurei dissimular, respondendo:

— Mas o seminário não é para resolver problema algum, mas para esclarecer as pessoas em torno da sua dificuldade em relação ao tema. Quando vamos a um curso de especialização é para aprendermos mais e com o exercício atingirmos o grau desejado. Eu ensinei as técnicas para a manutenção do equilíbrio. Agora, cada um deverá exercitá-las. Quando a senhora recebe um paciente no consultório e franqueia-lhe a palavra, não espera ter resolvido o problema dele. A senhora aponta os rumos para ele solucionar no inconsciente os conflitos armazenados. Eu não pretendo com um seminário de quinze horas solucionar os conflitos dos participantes, principalmente pelo fato de que, à luz da reencarnação, algumas dos nossas dificuldades psicológicas não podem ser solucionadas com nenhum tipo de intervenção terapêutica exterior, porque temos a necessidade de experimentá-las durante toda a vida, em benefício da nossa evolução.

Ela continuou a falar, explicando-me:

— É que eu tenho um grave problema sexual: eu nunca repito um parceiro.

Novamente tomado de surpresa, eu acrescentei:

— Façamos o seguinte, doutora: quando terminar o nosso evento eu terei muito prazer em atendê-la particularmente.

— Mas não há problema se falarmos aqui mesmo — respondeu--me. — Nós aqui somos todos adultos para dialogar. E pode ser que meu caso seja útil a outras pessoas. Além disso, estamos numa cidade que não possui os tabus da América Latina.

Ao receber esta "alfinetada" eu fiquei tranquilo, afinal, a atormentada era ela, não era o latino-americano...

Respondi-lhe, então, serenamente:

— Se lhe apraz, poderemos dialogar.

Eu logo percebi que ela era uma exibicionista sexual. Sendo psicoterapeuta, deveria saber que há um transtorno sexual chamado *exibicionismo*. Assim, ela prosseguiu narrando seu conflito:

— Senhor Divaldo, é o seguinte: depois que eu *uso* um homem eu o *mato* na minha memória. E eu gostaria de saber por quê.

— Eu fico constrangido em responder-lhe. Sendo a senhora psicoterapeuta, deve recordar-se que tal ocorre porque durante a infância a senhora deve ter sido molestada pelo seu genitor ou algum parente próximo... E está matando a imagem do pedófilo em todos os homens com os quais mantém parceria. A senhora quer que os homens se apaixonem para ter o prazer de negar-lhes afeto.

— Realmente o meu pai abusou muito de mim. E se eu mato a imagem do meu pai nos homens é porque os homens não prestam!

— Há exceções! E eu sou uma delas! E tenho certeza de que aqui, em nosso evento, há outros homens que também são exceções.

Após uma ligeira pausa, ela continuou:

— O Senhor imagine que, desde os quinze anos de idade, eu diariamente tenho um novo parceiro sexual. Eu não consigo amar a ninguém e não sinto prazer no ato sexual.

Eu fiquei admirado! Como os nossos distúrbios nos deixam cegos para a realidade! Ela estava achando a maior vantagem contar tudo aquilo. Começou, então, a explicar como é que encontrava os parceiros e como os descartava. Era a abelha-rainha descartando os zangãos.

Depois de ouvi-la um pouco, elucidei:

— Doutora, eu compreendo perfeitamente. Mas não posso concordar com a senhora. A senhora tem tanta mágoa do seu pai que não conseguiu realizar-se como mulher. A sua feminilidade está centrada no aparelho genésico do qual ele abusou, porque ele é um portador de transtorno de comportamento: é um pedófilo. Ele cometeu um dos crimes mais hediondos que se pode imaginar. E a senhora passou a ser apenas um organismo sexual, desprezando todos os outros valores da sua condição humana. Apesar de ser uma bela senhora, uma intelectual, formada por uma das melhores universidades do mundo, a senhora pensa apenas naquele conflito que a levou ao sofrimento.

— E o senhor tem alguma receita para mim?

— Tenho sim!

— E o que é que eu deveria fazer?

Eu vi que ela estava emocionada. Continuei a esclarecê-la, dizendo:

— A senhora deve amar! Ame sem experimentar o desejo pela pessoa elegida. Eu venho a esta cidade há doze anos, continuamente. E, há quatro, eu visito um casal de soropositivos do HIV. Esse casal me facultou uma amizade e uma ternura muito significativas! Ele está com vinte e dois anos de idade e ela com vinte e um. Já que a senhora não consegue amar nenhum homem, eu tenho certeza de que se for visitar o meu paciente a senhora o amará. São os olhos mais lindos que eu jamais vi, mas num corpo cadaverizado. Infelizmente eu viajarei amanhã a Viena. Mas logo lhe seja possível a senhora poderá visitá-lo e também a sua namorada. Quando estiver em contato com o rapaz, a senhora verá que ele lhe inspirará amor em vez de sexo. É um cadáver que respira. Mas ele possui uma irradiação de ternura que irá cativá-la. E a namoradinha dele, que eu adotei como minha neta, possui uma doçura na alma que eu a amo mesmo sem falar o seu idioma, pois somente consigo falar-lhe de alma para alma. Eu sempre os visito acompanhado da minha amiga, a tradutora. Quando amamos muito, falamos pouco, pois não necessitamos de muitas palavras. Há um suave enternecimento... O jovem se contaminou em uma relação íntima com a namorada. Ela havia tido uma iniciação sexual um tanto vulgar e era portadora do vírus, mas não o sabia. Quando ela o encontrou e ambos usaram esta opção do *ficar,* do relacionamento sem compromisso, houve a contaminação... A doença eclodiu na jovem e quando ele foi fazer o exame, descobriu que também estava contaminado. Logo depois, o seu sistema imunológico entrou em declínio. Ela já estava internada e ele fez o mesmo a seguir. Há quatro anos eles estão ali. Hoje, com o coquetel de medicamentos antiAIDS, estão sendo mais beneficiados, porém, sem perspectiva de uma existência mais longa...

— Mas o senhor está recomendando-me buscar um paciente com AIDS?! — perguntou-me.

— Sim, senhora! — respondi-lhe. — Ele é uma fonte inexaurível de amor! Além disso, eu recomendo que a senhora faça uma terapia para diluir a violenta imagem de seu pai, que depois de inumeráveis a senhora não conseguiu *matar.* E não continue mantendo-a, porque, ao contrário, ele irá *matá-la!* A senhora verá sempre nele o *animal* predador que a perturbou psicologicamente e que se utilizou de um dos mais belos patrimônios da vida, que é o sexo, para poder fruir de uma sensação tão fugaz quanto infeliz. Depois eu conversarei melhor com a senhora.

Encerrei o diálogo, que se processava em público, porque ela queria exibir-se mais, partindo para os comentários a respeito das práticas sexuais não convencionais que adotava.

Quando terminamos o seminário, ela veio até mim. Nesse instante, uma onda de ternura invadiu-me e eu quis abraçá-la, mas não era o momento adequado. Era como uma filha! Em realidade havia completado vinte e sete anos. Era uma moça linda! Loura, com olhos azuis que pareciam duas estrelas... Eu percebi que ela estava chorando por dentro, porque sentia apenas o ódio, não conseguindo amar nem vivenciar a plenitude sexual. E quando sentimos ódio, seja por qual razão for, somos infelizes. Então, expliquei-lhe:

— Doutora, quando a senhora for visitar os meus afilhados espirituais, diga-lhes que fui eu quem lhe sugeriu. Visite-os desarmada da estrutura psicanalítica freudiana. Visite-os como gente! Antes de ser terapeuta ou de ser mulher, a senhora é gente! Eles têm independência econômica e moram num pequeno apartamento privado do hospital.

Eu lhe sugeriria que levasse um pequeno ramalhete de miosótis para a moça, pois ela gosta muito deste tipo de flor. E para ele eu sugeriria que levasse uma barra de chocolate suíço, que ele aprecia. Assim ficará muito simpático, embora eu saiba que a senhora mesma já é muito gentil. Mas, como eu os conheço, dou-lhe esta sugestão porque é sempre muito agradável ofertarmos aquilo de que a pessoa gosta. E depois que a senhora os visitar, telefone-me. Em Viena eu me hospedarei na casa de alguém que é poliglota. Ele fala muito bem o português, o alemão, o inglês e o francês. Poderá traduzir-nos na extensão do telefone.

— O senhor acha que eu acredito nisso?

— Não estou lhe pedindo que acredite, doutora. Estou lhe pedindo que o faça!

Ela me olhou espantada e arrematou:

— É a primeira vez que vou fazer terapia com um portador do vírus da AIDS.

Eu concluí:

— Eles têm muitas lições para nos ensinar...

Começamos a despedir-nos e eu vi que ela estava trêmula de emoções. Pela primeira vez um homem havia estado com ela sem que houvesse um envolvimento sexual. Subitamente, perguntou-me:

— O senhor me achou interessante?

— Não, não achei.

— Mas os homens *caem* por mim...

— É porque não são homens, no sentido integral do conceito, são apenas do sexo masculino! Nós, os homens, temos uma ética. Não é toda mulher que nos atrai. Às vezes, uma mulher que não é bela sensibiliza--nos, porque é uma questão de *química*, não de aparência.

No dia seguinte, uma segunda-feira, eu viajei.

Na terça-feira, à tarde, ela me telefonou. O meu anfitrião ficou na extensão traduzindo-me e ela narrou o seguinte:

— Sr. Divaldo, na segunda-feira pela manhã eu fui visitar os seus afilhados e estou apaixonada pelo rapaz! Aqueles olhos penetraram a minha alma! Eu poderia ter sentido asco, pois ele é um cadáver que respira. Mas eu o olhei, desde o início, com simpatia.

— Deveria apaixonar-se também pela moça — acrescentei.

— Ele me produziu uma estranha sensação de não posse, de não desejo — continuou ela. — Então, eu perguntei-lhes se mantinham um relacionamento sexual intenso e eles me disseram que não. Surpresa, voltei a interrogar: "Mas como?! Vocês estão morrendo e não se aproveitam?!". E eles me responderam: "Não necessitamos! Porque agora nós nos amamos. Tocamo-nos, sorrimos, falamos sobre nossos sonhos e aspirações... E isso nos basta! Muitas vezes, ouvimos Bach enquanto ficamos em um grande silêncio... É evidente que lamentamos a nossa infantilidade juvenil, mas temos também momentos de união e de entrega. Às vezes, acontece sem que nos demos conta. Começamos com uma onda de ternura que tem a sua continuidade através da carícia. E quando menos esperamos, atingimos o orgasmo... Isso não acontece como fator essencial, mas como ocorrência plenificadora...". E eu indaguei ao casal: "O que é que vocês gostaram no Sr. Divaldo Franco quando ele esteve aqui?" Ela respondeu: "Ele não nos fez nenhuma pergunta, como a senhora está fazendo. Somente sorriu para nós, disse que era um religioso e que se nos pudesse ser útil ficaria muito contente. Começamos a conversar e ele nos esclareceu que era um educador que lidava com crianças. Eu atrevi-me a pedir-lhe que contasse a nossa história aos seus filhos para que eles não se iludissem, pois os jovens acham que não se contaminam, quando não se precatam nos relacionamentos íntimos. O diálogo com Divaldo sensibilizou-nos, já que estávamos planejando suicidar-nos naquela ocasião. Ele viu a mãe do meu namorado, que houvera morrido".

Realmente, foi o que acontecera. Durante a minha primeira visita ao casal eu vi atrás do rapaz uma senhora desencarnada que me falava em alemão. Embora eu não fale o idioma, houve uma decodificação psíquica que me permitiu entendê-la. O Espírito informava-me:

— Diga ao meu filho que ninguém morre!

Eu comecei a conversar com o rapaz e pedi para a intérprete dizer-lhe que, se ele morresse, *viajasse* com muita tranquilidade e se libertasse da culpa por haver contraído o vírus, pois a culpa é sempre um algoz terrível, consciente ou inconscientemente. Falei-lhe que ouvia os mortos e que estava vendo a sua mãezinha, descrevendo-a e dizendo-lhe o nome. O rapaz foi tomado de um grande espanto. A sua cultura totalmente materialista havia forjado para ele outras concepções sobre a vida. Jamais havia pensado nessa remotíssima possibilidade. Achou, a princípio, que eu estava sendo instrumento de alguém e me respondeu com a maior naturalidade:

— Que mentira é essa? Minha mãe morreu há vários anos! Quem mandou vocês aqui?

A intérprete falou-lhe algo, que eu não saberia dizer o que foi, e ele resolveu ouvir-me. Esclareci, então:

— Pense em alguma coisa. Se você quiser eu lhe falarei sobre a sua infância. Você gostaria que a sua mãe recordasse algum fato que lhe marcou em qualquer período da existência?

A senhora desencarnada revelou-me o apelido pelo qual o chamava desde a infância. Eu comuniquei a mensagem à intérprete, que a traduziu para o jovem. Ele começou a chorar, mesmo sem crer, pois o impacto emocional foi grande, ao lado da fragilidade em que ele se encontrava.

Eles eram tão jovens e tão ingênuos... Eu lhes esclareci sobre a realidade e como é a vida. Conversamos por mais de uma hora. Em dado momento, eu ampliei as informações:

— Eu possuo uma energia, que é normal em todos nós, e poderia transferir um pouco deste recurso para você e para sua namorada. Eu sei que vocês não fazem orações, mas podem pensar em coisas boas, já que se amam. Pensem nos dois de mãos dadas caminhando por um belo campo e saudando a Natureza, num encantador amanhecer... É um pensamento bom que um dia acontecerá.

Apliquei-lhes a terapia da bioenergia com muito carinho e pedi para visitá-los todas as vezes que eu retornasse àquela cidade. Eles ficaram muito contentes. Então, ele me informou:

— Sr. Franco, que curioso! Eu estou transpirando! Quando o senhor colocou sobre a minha cabeça suas mãos eu senti uma espécie de ar refrigerado!

— É assim que acontece — confirmei. —As mãos podem refrigerar ou aquecer, dependendo do estado do paciente.

Nos anos subsequentes, eu tenho retornado e visito-os. Com o surgimento dos novos medicamentos para o tratamento da AIDS, eles periodicamente saem e retornam ao hospital. Já tiveram várias recidivas com o câncer de Kaposi e outras infecções oportunistas. Consegui para eles algumas obras em alemão e lhes ofereci. Eles adotaram o comportamento espírita, embora sem terem *O Evangelho segundo o Espiritismo* em alemão. Receberam *O Livro dos Espíritos*, *O Livro dos Médiuns*, algumas obras nossas traduzidas e algumas outras espiritualistas.

A psicoterapeuta continuou a narração da sua visita ao jovem casal, explicando-me:

— Pela primeira vez, Divaldo, eu olhei um homem que não me disse nada e que me despertou fortíssima onda de ternura!

— Volte lá, doutora!

— Por culpa sua, Divaldo, eu estou em abstinência sexual há duas noites!

— Já é um começo...

Prossegui no diálogo telefônico e disse-lhe que nos Alcoólicos Anônimos a pessoa nunca se considera curada. O indivíduo declara-se sempre como um doente em tratamento, pois o primeiro trago o leva de volta ao vício.

— A senhora está em tratamento — eu a esclareci — e dentro de um ano, oferecer-lhe-ei a primeira medalha.

— Qual é a medalha?

— Um livro espírita em alemão para a senhora ostentar no coração. Vamos ver se a senhora aguenta um ano!

— Mas dessa forma eu vou enlouquecer!

— Então, a senhora não usa os homens, necessita-os. A senhora socorre-se com eles. Colocou a ideia de forma errada quando me contou o seu problema. Porque se lhe faz falta, a senhora é quem se faz necessitada.

No sábado imediato, fui eu quem lhe telefonou. E ela narrou-me:

— Estive hoje com eles e fui levar-lhes flores. Eu pedi-lhes para ser a sua intermediária e visitá-los como psicoterapeuta. Quero informá-lo que, há uma semana, continuo em abstinência!

— E como está sentindo-se?

— Maravilhosa! É como se eu fosse uma escrava e um dia tivesse as mãos libertadas! Nas primeiras noites eu fiquei aturdida! O hábito de ir ao baile do clube estava muito impregnado. Agora eu estou lendo as *Confissões*, de Santo Agostinho.

— Começou bem! Que as *Confissões* possam ajudá-la!

Passaram-se os meses e ela continuou a visitar os *meus afilhados espirituais*. Pedi que me escrevesse em inglês porque era mais fácil, já que um dos meus filhos se comunica muito bem nesse idioma. Mantivemos vasta correspondência.

Seis meses depois, ela contou-me que estava vivendo uma abstinência de meses, mas que estava namorando. Na carta, informava-me, meio preocupada:

"Senhor Divaldo, o que é que eu faço? Eu estou com namorado e ele quer se casar comigo!".

Eu aconselhei-a:

"Namore à antiga! Porque à moderna a senhora já experimentou sem sucesso!".

É tão maravilhoso namorar à antiga! A gente olha o ser querido e sorri... Abaixa os olhos, envergonhado... Eu ensino meus filhos a namorar à antiga. Eles ficam admirados e indagam-me:

— Puxa, Tio! E a gente aguenta?

— Aguenta, sim! — respondo. — E torna-se feliz, sem conflitos!...

No ano seguinte, a jovem psicoterapeuta estava novamente em nosso seminário, que abordava outro tema. Quando terminou o evento ela veio até mim e apresentou-me um psiquiatra:

— Este é o meu namorado.

Eu pedi à intérprete que traduzisse fielmente e indaguei-lhe:

— À moderna ou à antiga?

Ela respondeu:

— À antiquíssima! Estamos enamorados há alguns meses, e ele me expôs, certa vez: "Afinal, nós já nos conhecemos o suficiente para termos intimidades...". Ao que respondi: "Nós nos conhecemos pela metade! Se nós já conhecemos um caminho para os relacionamentos, vamos experimentar outro ainda não percorrido!".

Ela sorriu e acrescentou:

— Pretendemos casar-nos!

Sorrindo, feliz, confirmei-lhe:

— Irá ganhar o livro que eu prometi!

Ofereci-lhe o livro *As Leis Morais da Vida*, de Joanna de Ângelis, traduzido ao alemão. A obra é baseada no terceiro capítulo de *O Livro dos Espíritos*, que trata das dez Leis Morais.

Então a inquiri:

— Como está se sentindo ao lado dele?

Ela respondeu-me, demonstrando júbilo:

— É tão maravilhoso ter apenas uma pessoa para nos comprazer!

— Mas a senhora já pensou em comprazê-lo? Porque até agora a senhora somente recebeu dele. Já pensou nele? Já não está na hora de pensar se ele se compraz com a sua companhia?

— Eu não me houvera dado conta disso! — respondeu-me em tom de surpresa.

— Pois está na hora de dar-se conta — concluí.

No ano seguinte eu retornei à sua cidade para ministrar o seminário habitual e ela estava casada. No final do evento a babá veio empurrando um carrinho de bebê que trazia uma criança linda! Ela retirou o menino do carrinho e disse em público:

— Quero ter o prazer de explicar aos meus amigos que a terapia proposta pelo Sr. Franco foi excelente!

O casal de soropositivos também estava presente, pois eles eram os padrinhos da criança. Padrinhos afetivos, porque eu sugeri que ela não utilizasse nenhuma cerimônia religiosa.

Perguntei-lhe como o menino se chamava e ela ripostou sorrindo:

— Divaldo!

Como nos tornamos correspondentes frequentes, periodicamente ela dá-me notícias suas, da família e da profissão. Certo dia, escreveu-me, informando-me que estava atuando como terapeuta para pacientes soropositivos. E afirmou, manifestando autoconsciência:

"É uma coisa curiosa! O meu transtorno sexual era apenas um hábito mental. Não era uma necessidade real. Refleti bastante sobre a proposta da reencarnação e acredito que no passado fui uma pessoa com graves comprometimentos nessa área e que me reencarnei para disciplinar e educar os impulsos eróticos. Isso explica porque eu renasci em uma cidade muito permissiva, que me facultou dar campo às inclinações atormentadoras. Mas hoje, com uma visão diferente, reformulei a vida e os meus objetivos existenciais".

Sempre que me escreve, relata que não pode haver nada mais enternecedor e completo do que amor com sexo e sexo com amor!

✳

Joanna de Ângelis afirma que o sexo sem o amor é como sede de água do mar: quanto mais se sorve, mais sede se tem, porque a água é salgada. Quando o que existe é o simples desejo do sexo pago, do sexo de rua, do sexo apressado, a pessoa abre campo a Espíritos vulgares que se lhes acoplam, psiquicamente, passando a vampirizá-la. Por isso, o sexo, nesse indivíduo, nunca é atendido confortavelmente. Termina a relação sexual com certa frustração, fadiga física e o desejo de mais tarde voltar a praticá-la. É a síndrome de que a pessoa está sendo vitimada por Espíritos que utilizam o seu corpo para atender às paixões que não foram consumidas com a desencarnação.

O drama vivido pela jovem psicoterapeuta era complexo. Enquanto ela supunha que usava os homens, Espíritos obsessores usavam-na. Ela possuía, ao mesmo tempo, um transtorno sexual e uma obsessão sexual. Essa obsessão era provocada por Espíritos perversos que lhe estavam na programação afetiva desde a vida anterior. Eles induziram o atual genitor, que era um ex-amante, a saltar a linha da dignidade e explorá-la sexualmente, já que, na encarnação anterior, ela fora dona de bordel.

É óbvio que isso não justifica a atitude do pai, mas elucida o porquê da tragédia. Ela estava sempre insatisfeita em suas relações sexuais, pois toda vez que chegava próxima ao momento do êxtase, um Espírito obsessor a incorporava e absorvia a sensação do orgasmo no seu lugar. Mas, ao mudar de atitude mental, tirou o *plugue da tomada* usada pelos obsessores, porque passou a pensar em termos de pessoas completas e não de aparelhos sexuais transitórios.[40]

---

[40] Comentários interessantes sobre obsessão sexual podem ser encontrados em *Loucura e Obsessão*, de Divaldo Franco/Manoel P. de Miranda, Ed. FEB, cap. 3 (As Consultas). Nota do organizador.

Pedofilia

A pedofilia é um dos crimes mais hediondos da humanidade. Uma vida infantil abusada é uma vida humana destruída. A vítima dificilmente consegue reabilitar-se do trauma! Por melhor que seja a terapia psicológica e a assistência afetiva, aquela agressão repercute na sua mente tomando aspecto de horror, fazendo com que toda a sua vida seja ceifada.

Eu ouço pessoas que foram abusadas em casa pelos pais, tios, irmãos mais velhos ou vizinhos abjetos. Aquela experiência produziu-lhes marca psicológica tão profunda que não conseguem sentir-se felizes, por mais que lutem. Essas *feridas* podem até ser transferidas para outras encarnações.

O pedófilo, além de cruel, é de uma covardia insana! Esse indivíduo usa uma criança que não pode se defender porque tem medo de abordar um adulto e fracassar. Isso significa que além de possuir uma psicopatologia característica, o pedófilo possui um conflito sexual de insegurança. Como a sua libido é atormentada, ele tem receio de se relacionar sexualmente de maneira prazerosa e compensadora, mesmo que seja casado (ou casada, porque também existe a pedofilia feminina).

Trata-se de um transtorno psiquiátrico em relação ao qual devemos agir com toda a energia. Esse indivíduo deve ter a liberdade cerceada, sendo retirado do convívio social, caso no tratamento psiquiátrico não haja resultado libertador. A medida deve ser tomada em benefício da sociedade, assim como do próprio infrator, evitando-lhe ampliar a carga de responsabilidades infelizes.

Esses casos de pedofilia normalmente são a trágica consequência de afetos mal resolvidos. O adulto não vê na criança o ser infantil. Antes vê o Espírito adulto do passado. E por isso é psicologicamente atraído pela *química da libido*. É compreensível que a ocorrência manifeste-se, porém, cabe-lhe o dever de reagir! O verbo é imperativo! Ele não somente deve, tem que reagir aos impulsos inferiores! De maneira nenhuma se justifica qualquer atitude de ceder, pois irá complicar mais a situação.

Conheço casos muito graves.

Certa vez, eu recebi a carta de uma amiga que me pedia uma opinião. Essa amiga, que é psicóloga, registrava na carta:

"Minha filha está com quinze anos. Aproximou-se dela um rapaz querendo namorar e ela ficou desequilibrada, rejeitando-o com muita hostilidade. Ela contou-me: 'Mamãe, eu não posso namorar!' Eu indaguei-a: 'Minha filha, e por que não? Você é linda!' Ela acrescentou: 'Toda vez que um homem se aproxima de mim, até mesmo quando é papai, eu tremo e fico apavorada!' Eu respondi-lhe: 'Então vamos fazer uma terapia psicanalítica.' A partir daí eu levei minha filha ao divã".

Durante a terapia a mãe descobriu algo estarrecedor. A filha contou que quando estava com três anos e ia visitar os avós maternos, era abusada pelo avô que a ameaçava, dizendo que se ela contasse a alguém, ele a mataria! Esta situação durou cinco anos.

A mãe, por pouco, não enlouqueceu de desgosto! Levou a filha a um exame ginecológico e confirmou que ela tinha sido violentada. Por isso, o trauma psicológico da jovem. Ela odiava o pai e o avô, além de não conseguir aproximar-se de nenhum rapaz.

A mãe quis denunciar o próprio pai, que é uma pessoa de alta representatividade social. Mas ficou tão abalada que não sabia direito o que fazer para remediar a questão. Buscou os seus irmãos, que também possuem filhos, para fazer uma análise com os sobrinhos. Constatou, surpresa, que o avô havia abusado de quase todas as outras crianças, inclusive dos meninos. Na mesma carta, esclareceu-me:

"Vou tomar as medidas compatíveis!"

Eu aconselhei-a:

"Sugiro que você, como psicóloga e como cidadã, procure evitar um escândalo, que não ajudará em nada. Consulte uma autoridade para receber orientações. E providencie um psiquiatra para retirar este indivíduo do convívio social".

Agora imaginemos a sucessão de dramas que iriam decorrer deste caso! O que acontecerá com a esposa idosa, com setenta e cinco anos, quando souber do ocorrido? O que sentirão os filhos, os genros e as noras?

Periodicamente a imprensa mundial veicula notícias sobre casos de pedofilia dentro da família, nos quais um pai mantém uma filha em regime de cárcere privado, para manter relações sexuais infelizes.

É difícil elucidar todas as motivações para o fato, mas certamente se trata de um episódio que reflete o passado reencarnatório de ambos.

É um enigma que somente entenderemos, com precisão, se analisarmos a questão do *mundo espiritual para o mundo material*, e não no sentido contrário. Mas poderemos concluir que, nesses casos, há uma relação muito dolorosa entre a vítima e o seu algoz, pois o algoz de hoje é a vítima de ontem, que não teve resistências para superar a injunção desagradável e perturbadora, entregando-se sem reservas à oportunidade de vingar-se ou prosseguir no conflito...

Chamou a atenção, certa vez, o caso de um pai pedófilo da Áustria, que manteve a filha presa por muitos anos num porão. Ele manteve relações sexuais com ela durante todo o tempo em que a reteve e ambos tiveram vários filhos nessa condição lamentável. Mas pelos relatos dos vizinhos a menina nunca gritou nem chamou a atenção para o fato de estar sendo seviciada em um relacionamento incestuoso, o que indica que era um caso trágico de antiga amante, que renasceu na condição de filha para sublimar o amor e não o conseguiu. E o homem não resistiu à presença daquele ser feminino, que no passado reencarnatório arrebatou-lhe os sentidos na volúpia sexual. Talvez ele tenha começado a agredi-la durante a infância, para depois prosseguir com os seus tormentos ao longo da adolescência da filha. No seu inconsciente profundo a menina aceitou o contato erótico com o pai, pois ela silenciou e submeteu-se, por anos a fio. Além disso, a mãe afirmou que não notou nada de estranho acontecendo em casa. Qual a mulher que não percebe que alguém está interferindo no seu relacionamento com o parceiro? Qual é a companheira que não detecta que se encontra inserida em um triângulo amoroso? Qual é a esposa que não nota isso? Toda vez que o nosso parceiro ou parceira se fascina por outra pessoa, a mudança de comportamento torna-se clara. E, ainda mais, quando se trata da própria filha...

Somente a reencarnação explica as situações mais complexas, desde que tenhamos as bases do conhecimento causal, que nos farão compreender os efeitos.

Gostaria de relembrar que o livro *Sexo e Obsessão* narra o transtorno pedófilo de um jovem padre que abusava de crianças que lhe eram confiadas para o catecismo da igreja ou para a orientação em uma escola onde ele atuava. O autor espiritual elucida a trama demonstrando que o grave transtorno do padre emergiu do passado, no qual a sua corrupção havia chegado ao absurdo. No entanto, mobilizando intensamente a vontade ele pôde corrigir seus desatinos.

Com empenho e continuidade poderemos vencer qualquer dificuldade. É uma questão de direcionamento mental, uma vez que Jesus nos disse: "Podeis fazer tudo que eu faço e muito mais!".[41]

COMPLEXOS DE ÉDIPO E DE ELECTRA

Quando experimentamos reminiscências do passado, precisamos trabalhar essas lembranças em benefício do nosso equilíbrio. Se elas emergem de vidas anteriores é porque temos condição de entendê-las e administrá-las. Essas reminiscências são muito comuns e interferem constantemente em nosso comportamento diário.[42]

Há alguns anos, uma senhora procurou-me porque estava em um momento muito difícil da sua vida. A filhinha de três anos provocava-lhe ciúme com o pai, acariciando-o diante dela de forma acintosa. Nessas ocasiões, a menina dizia-lhe: "Ele me ama mais do que a você!". O pai, por sua vez, sentia reações fisiológicas ante as carícias da filha. A senhora percebia tudo e foi, aos poucos, desenvolvendo um sentimento de ódio pela criança.

Certo dia, a mãe planejou matá-la. Ao narrar o episódio, ela justificava:

— Divaldo, aquela não era uma criança! Era uma mulher pervertida e competidora. Por isso, eu aproveitei uma ocasião quando meu marido viajou. Pedi à empregada e à babá que não viessem, alegando que todos iríamos fazer uma breve viagem. Logo, pela manhã, quando fui banhá-la, enchi bem a banheira e coloquei-a dentro da água tépida. Quando ela estava brincando, eu a segurei sem estrangulá-la para poder afogá-la lentamente. Fui empurrando-a para dentro da água com

---

[41] João, 14.12. Nota do organizador.

[42] Ver *Nas Fronteiras da Loucura*, de Divaldo Franco/Manoel P. de Miranda, Ed. LEAL, cap. 15 (Recordando Vidas Passadas); *Painéis da Obsessão*, de Divaldo Franco/Manoel P. de Miranda, Ed. LEAL, cap. 10 (Reflexos do Passado na Personalidade). Nota do organizador.

as mãos crispadas, e dizendo, mentalmente: "Morre, miserável! Morre, competidora!". Ela se debatia enquanto eu a empurrava para baixo... De repente, voltei ao normal e salvei a minha filha! Desorientada, pensei: "Mas o que eu estou fazendo?!". Ela me olhou séria, tossindo e me acusou: "Você queria me matar! Eu vou contar a papai!". Quando o meu marido chegou, ela lhe falou: "Papai, aquela mulher hoje tentou me matar!". E eu respondi: "Realmente! E, por isso, vou deixar vocês! Porque se eu continuar aqui, irei matá-la! Eu não garanto pelos meus atos, ante a provocação dessa meretriz!".

Nesta altura da narrativa, a senhora acrescentou, em tom de grande sofrimento:

Ajude-me, Divaldo! Eu estou desesperada! Eu não sei o que fazer!

Notemos os conflitos humanos... Como precisamos de compaixão e de compreensão!...

Eu olhei-a e, confesso, não sabia o que lhe dizer. Nesse ínterim, o Espírito Joanna de Ângelis acudiu-me:

— Peça-lhe para conversar com a filhinha quando estiver dormindo. Trata-se de um triângulo amoroso. Na encarnação anterior, a atual mãezinha tomou-lhe o marido, que cometeu muitas loucuras depois que perdeu o homem amado. Por isso, a jovem lesada em seu mundo afetivo veio na condição de filha dos dois para que os três se reabilitem e modifiquem a estrutura do amor. Como a menina ainda está em *processo de reencarnação*, o Espírito está mais no mundo espiritual do que no fisiológico e as lembranças ainda estão sendo *absorvidas* pelo cérebro, diga-lhe que converse com a filha enquanto a menina estiver dormindo.

Transmiti àquela mãe aflita todas as orientações que a benfeitora espiritual me recomendou:

— A senhora deve dizer à sua filhinha, no momento em que ela estiver dormindo: "Minha querida! Você veio para ser filha! Eu a amo! Ajude-me a amá-la mais!". Eu tenho certeza de que, vendo-a dormindo, tão pequenina, a senhora vai ser dominada pela ternura. Procure falar-lhe com carinho! Diga-lhe que a ama (mesmo que no momento ainda não sinta este amor) e peça-lhe perdão!

Ela me respondeu:

— Vou fazer isso, Divaldo, pois, de certo modo, eu amo a minha filha!

Ela foi embora e com o passar do tempo eu me esqueci do fato.

Anos depois, essa senhora apareceu-me com uma menina de aproximadamente dez anos. E a pergunta clássica surgiu:

— Lembra-se de mim?

— Lembro-me sim! — respondi.

— Aqui está minha filha, Divaldo!

A menina beijava-a, demonstrando um grande carinho pela mãe. Eu fiquei espantado com os efeitos da terapia recomendada por Joanna de Ângelis.

Ela continuou:

— Divaldo, quando a minha filha completou seis anos, ela disse-me: "Mamãe, eu sonhei com você fazendo-me carinho e dizendo que me amava! Você me ama mesmo, mamãe?" E eu respondi emocionada: "Amo, minha filha!". A partir desse dia desapareceram as impressões antigas e o relacionamento entre mãe e filha tornou-se enriquecido pela presença do amor em plenitude.

Episódios como esse são extremamente comuns, chegando até o nosso conhecimento muitas vezes de forma inusitada.

Em certa ocasião, eu fui entrevistado por uma revista que circulava na cidade de Curitiba na década de 1960. Eu estava naquela cidade e um companheiro de atividades doutrinárias propôs-me:

— Divaldo, nós vamos participar do próximo número de uma revista de muito luxo e eu gostaria de entrevistá-lo a respeito de alguns temas básicos do Espiritismo. Você aceitaria? Quando a edição for publicada eu remeterei um exemplar para você.

— Sim, aceito. Não haverá problema — afirmei.

A entrevista foi realizada e eu viajei para cumprir outros compromissos.

Tempos depois, eu estava retornando de uma longa viagem e encontrei um exemplar da revista na Mansão do Caminho. Ele havia passado pelas mãos de Lígia Banhos, uma das nossas mais valorosas colaboradoras. A revista estava grampeada para bloquear quase todas as páginas. Estava aberta somente na seção que apresentava a minha entrevista.

Eu olhei a revista e me admirei com a qualidade gráfica. Era feita de papel *couché* e trazia excelentes fotografias. Não entendi porque ela estava grampeada. Procurei tirar os grampos para apreciar o material e tive uma surpresa desagradável. Ao olhar as páginas das outras seções eu só não morri, porque não me lembrei... Era uma revista de nudismo profundamente vulgar, da pior qualidade.

Nesse instante, experimentei um certo ressentimento em relação ao companheiro espírita que me havia colocado naquela situação. Na capa da revista havia uma mulher desnuda fumando charuto, em atitude vulgar. E ao seu lado eu estava. Ao lado da minha foto, encontrava-se exarada uma das frases que utilizei na entrevista. Imaginemos que enorme paradoxo!

Fiquei tão amargurado que pensei em fazer uma carta ao companheiro responsável, chegando inclusive a cogitar da abertura de um processo contra ele. Contudo, reflexionei melhor e concluí que aquela revista iria para as mãos de alguém que se identificava com o tema do sexo vulgar. E como o conteúdo da entrevista era um convite a uma nova visão da realidade, talvez a minha abordagem pudesse ser útil.

Após algumas semanas eu recebi mais de uma centena de cartas de leitores daquela revista que haviam lido a minha entrevista. Só então eu me dei conta de que o tema do sexo era intensamente comentado e fazia parte do cotidiano de muitas famílias.

Numa das cartas que recebi, uma senhora me informava que estava num grande dilema porque seu marido, pai da sua filha de dezesseis anos, estava seduzindo a menina. Afirmava que encontrou meu endereço na revista porque o marido comprava aquele tipo de periódico e lia-o escondido. Desta vez, no entanto, ele havia esquecido o exemplar num lugar de fácil acesso e ela resolveu descobrir quais eram as leituras ocultas que o companheiro andava fazendo. Então percebeu que o marido era portador de transtorno sexual. Mais grave do que ser um leitor de revista pornográfica era o fato de que ele estava seduzindo a própria filha. E o envolvimento erótico alcançava um estágio avançado. Faltava pouco para ele satisfazer seu desejo abjeto e ela não sabia como proceder. Por essa razão decidiu escrever-me, por eu ser uma pessoa espírita, para me pedir um conselho, em razão da entrevista que ela havia lido naquele veículo de grande circulação.

Eu respondi sua carta e pedi-lhe que viesse à Mansão do Caminho, uma vez que ela morava no Sul do Estado da Bahia, e que trouxesse a adolescente para conversar comigo. Ela atendeu o meu pedido e veio visitar-nos com a filha.

Conversei bastante com a jovem, que me revelou amar o pai sexualmente. A psicanálise classifica esse transtorno como *complexo de Electra*, o amor sexual da filha pelo pai. Insisti com meus argumentos e mostrei que em breve ela iria encontrar rapazes encantadores para a experiência do amor na juventude, podendo construir seu futuro e sua família. Falei-lhe do ponto de vista afetivo, do ético e, por fim, abordei o aspecto espiritual daquele episódio. Ao final do diálogo eu lhe sugeri que se afastasse do pai.

Embora razoavelmente convencida do que eu lhe havia dito, ela não conseguiu ver uma alternativa para obter esse afastamento.

— Mas como?! — perguntou-me. — Como eu vou afastar-me do meu pai?

— Peça-lhe para estudar em Salvador — sugeri. — Já que você está às vésperas de realizar os exames para ingressar na universidade, poderá dizer-lhe que gostaria de estudar na capital, que conta com escolas mais qualificadas para a sua formação educacional. Como ele promete tantas coisas para agradá-la, dificilmente discordará de uma solicitação sua que será melhor para o seu futuro. Ao estabelecer-se aqui você poderá frequentar a nossa instituição. Você conhecerá muitos jovens que poderão fazer parte do seu grupo de amigos.

Ela aceitou a proposta e em pouco tempo transferiu-se para Salvador.

Quando a jovem se instalou em nossa cidade, o pai veio falar comigo, revoltado com a minha intervenção na sua dinâmica familiar. Entrou na fila do atendimento com o revólver na mão para me ameaçar. Ao aproximar-se de mim, esbravejou:

— Você destruiu a minha vida! Você me afastou da minha grande paixão! Separou a minha filha de mim!

— O senhor disse muito bem! Realmente eu separei a menina de um ladrão que iria roubar-lhe a felicidade e destruí-la. O senhor colocou muito bem a palavra quando disse que ela é sua filha, o que significa dizer que ela não poderá ser sua amante, porque isto seria uma aberração!

— O senhor não tem medo de morrer?

— O senhor faria um favor se me matasse! Seria uma maravilha se eu morresse nesta circunstância, tornando-me um mártir! Se o senhor tirar a minha vida física, eu irei direto para as colônias espirituais superiores, pois morrerei como vítima, embalado pela leveza dos ideais que preconizo! Mas eu sei que o senhor está tentando somente assustar-me, o que não conseguirá.

— O senhor realmente não tem medo de morrer?

— Sincera e honestamente eu não tenho. Como estamos todos morrendo a cada segundo da vida, eu considero o tema com naturalidade. Tudo que nasce, morre.

Nesse momento, olhei-o com verdadeira compaixão, com sincero pesar pelo seu conflito amargo. E continuei, mudando de tom e pondo a mão no ombro dele:

— Meu caro irmão, que futuro você planeja para si mesmo e para sua filha? Você deseja ser pai do seu neto? Já imaginou que situação constrangedora e aberrante? E se esse neto-filho vier ao mundo com uma deficiência genética provocada pela consanguinidade? Além disso, a sua esposa não merece uma traição tão aviltante! Eu sei que você a ama!

Por longos minutos eu falei-lhe sobre as consequências espirituais daquele desatino. Comentei sobre o triângulo amoroso que, por vezes, se estabelece numa família que necessita resgatar um débito de elevadas proporções na esfera do amor e da sexualidade. À medida que eu falava, conseguia encontrar a explicação no passado daquela família, captando psiquicamente as cenas da reencarnação anterior, quando ele vivia com a esposa e outra parceira, que o tomou da companheira legal e o retirou do lar. Na reencarnação atual a amante renasceu na condição de esposa e a esposa retornou na condição de filha, o que lhes permitiria sublimar o amor.

Quando terminamos o atendimento fraterno, ele perguntou-me:

— O senhor pode ajudar-me?

— Não posso — retruquei. — O senhor é que terá que se ajudar! Nós ambos iremos pedir a Deus que auxilie a todos da sua família. Quando puder volte à nossa Casa ou frequente outra instituição para tomar passes, a transfusão de bioenergia que nos faculta o restabelecimento da saúde. O senhor vai superar esta fase! É um homem jovem de apenas quarenta e cinco anos e pode alterar para melhor o seu futuro. E certamente ao entrar na fase dos 60 anos o seu drama íntimo terá sido equacionado.

Ele aceitou minhas sugestões e saiu da nossa Casa mais confortado.

No momento em que ele se afastou o Espírito Joanna de Ângelis aproximou-se de mim e esclareceu-me:

— Meu filho, a palavra da Doutrina Espírita tem espaço em qualquer lugar. Você constrangeu-se tanto por estar numa revista pornográfica... A mensagem de amor e renovação ali publicada funcionou como um verdadeiro lírio no pântano das paixões: fez muito bem a um incontável número de leitores em conflito psicológico. Diversas pessoas a quem você não conseguiria alcançar, porque não frequentam ambientes de paz e de aprendizado espiritual, tiveram a oportunidade de conhecer a proposta espírita estampada nas páginas de um veículo de comunicação abjeto, que levava agora uma dose de otimismo e de libertação.

Aquela explicação da nobre entidade causou-me uma emoção profunda. Eu pude entender um pouco melhor os caminhos invisíveis de Deus, levando-nos a resultados positivos além da nossa expectativa.

Por muito pouco a trama espiritual que vinculava aqueles três Espíritos não se tornou mais complexa e dolorosa. Felizmente aquele pai atordoado conseguiu superar suas dificuldades. Ele está com mais de 75 anos de idade e nós somos amigos até hoje.[43]

O desejo sexual entre mãe e filho ou entre pai e filha, que configuram os Complexos de Édipo e de Electra, pode ser explicado com as leis da reencarnação. Um relacionamento sexual infeliz em uma existência recebe a honra de prosseguir em outra oportunidade em forma de amor de sublimação. Os amantes vêm como pai e filha ou como filho e mãe para superar o impulso erótico atormentado. Porque a vida infantil, rica

---

[43] Narrativa feita em 1997. Nota do organizador.

de ternura, afabilidade e inocência, dulcifica-nos os sentimentos. E o apelo da viciação que está inoculado em nós é confrontado com a ideia de que aquele ser precisa de proteção sem o interesse da libido.

Mesmo não apresentando o transtorno da pedofilia, isto é, não sentindo atração sexual por outras crianças, não se justifica que um pai venha a se relacionar sexualmente com a filha alegando que ela é um amor de vidas passadas. Que ela continue sendo um grande amor, mas um amor não sexual, pois existem expressões amorosas sem a inclusão do sexo na relação afetiva. Cabe ao pai lembrar-se de que ele é o genitor, não o amante.

Joanna de Ângelis ensina-me que o amor é como uma circunferência. Do centro da circunferência partem raios que chegam até a borda, fazendo verdadeiros ângulos. Cada ângulo representa um tipo de amor. Um ângulo é o amor fraternal, o outro é o maternal, o outro é o familial, outro mais é o sexual, e assim por diante. O ciúme é o amor inseguro, e até o ódio também é amor. O ódio é o amor que enlouqueceu, conforme diz o Espírito Joanna de Ângelis. Tudo, enfim, é amor.

Por isso, temos que trabalhar para conseguirmos o amor pleno, de 360 graus.

Compete ao adulto analisar as inclinações da criança para entendê-la melhor. E se ele perceber no filho ou na filha essa tendência erótica inadequada saberá que está diante de uma reminiscência gravada em regiões profundas do psiquismo, mas que transborda para o seu inconsciente atual.

Se a mãe ou o pai já está esclarecido quanto a isso, por que entrar em pânico? Aquele comportamento infantil irrompe do inconsciente e a criança não sabe discernir o que está acontecendo, pois considera como normais as suas reações biológicas, que a depender da idade não apresentam nenhum sentido para ela. Somente os pais notam o conteúdo sexual do seu comportamento.

Evitemos chocar-nos com essas situações, que são muito frequentes. É o direcionamento da nossa mente, encharcada de malícia, que nos leva a sofrer um impacto atordoante quando nos deparamos com um episódio dessa natureza.

A solução para esses casos não é reprimir violentamente a manifestação erótica na criança, mas conduzir o ser para que ele possa canalizar as suas energias e vivenciá-las em contextos de ternura. A obrigação dos pais será direcionar o problema com franqueza e tranquilidade.

No caso do pai a que nos referimos, ele deveria ter dito à sua filha, desde cedo: "Papai é o seu protetor. Papai ama você, mas você vai ter um marido, vai construir a sua família. Você veio da intimidade da mamãe graças ao amor que ela tem pelo seu pai".

Por outro lado, vamos supor que a mãe possua um filho que lhe acaricia de forma especial, transparecendo uma expressão de energia sexual não adequada para a relação mãe-filho. Ela deverá conversar naturalmente, beijar-lhe a testa e dizer: "Filho só beija a mãe na testa ou no rosto. Venha aqui para que eu também beije o meu filhinho. Que bom que você está aqui comigo! O meu lindo filho veio à Terra para ajudar mamãe e papai, que é o marido da mamãe. O amor entre mamãe e papai foi a causa de você nascer."

Por um longo tempo o adulto insistirá nessa terapia. Como resultado desse processo os conteúdos do inconsciente serão acessados pela criança e se tornarão conscientes, desarticulando os impulsos automáticos e modificando o mecanismo das reações orgânicas. Quando o filho atingir a adolescência não terá mais eclosões de desejo nem de excitação pela mãe ou pelo pai, pois o seu inconsciente estará *esvaziado* desse conteúdo perturbador proveniente do passado reencarnatório.

Tenho receitado esse tipo de diálogo preventivo a muitos pais, para que eles contribuam com a *reciclagem do psiquismo* da criança e também para que se reabilitem com os inimigos que nos chegam na condição de filhos.

De acordo com a orientação da benfeitora Joanna de Ângelis, digo sempre aos pais que se tiverem maiores dificuldades em aplicar essa terapia procurem conversar com os filhos quando eles estiverem dormindo. E os pais me perguntam: "E quando eu saberei que o meu filho ouviu minhas palavras?" Então, esclareço: "Quando ele disser que sonhou, ouvindo essas palavras". Eu explico que, no momento quando o inconsciente liberar na fase onírica a informação absorvida, advirá o sonho no qual o pai (ou a mãe) diz ao filho que o ama. Nesse instante teremos a confirmação de que a ideia já foi fixada e a terapia está terminada.[44]

Essa técnica será útil não apenas para aquela pessoa cujo filho apresenta uma conotação sexual na relação com o genitor, mas também para aquele que percebe que é odiado pelo filho, como resultado do triângulo amoroso que se formou no passado e que reaparece agora em outra configuração familiar.

Nossa responsabilidade em agir dessa forma independe de vinculação religiosa, uma vez que deve atender ao apelo de princípios éticos. Esses valores nos induzem a demonstrar à criança que a carícia e o relacionamento sexual entre pai e filha e entre mãe e filho são impossíveis. Não temos o direito de manter sonhos inatingíveis, porque eles se transformarão em pesadelos cruéis.

---

[44] Ver: *Autodescobrimento: Uma Busca Interior,* de Divaldo Franco/Joanna de Ângelis, Ed. LEAL, cap. 4 (O Inconsciente e a Vida) e cap. 7 (O Ser Subconsciente); *Temas da Vida e da Morte,* Divaldo Franco/Manoel P. de Miranda, Ed. FEB, cap. 2 (Reminiscências e Conflitos Psicológicos). Nota do organizador.

6

Religião e transtornos sexuais

Acolhimento e diálogo fraterno

Muitas pessoas procuram a religião para fugir dos seus conflitos psicológicos, o que é um tremendo equívoco. A finalidade da religião não é albergar *fugitivos*, mas iluminar as almas humanas para que se libertem da consciência de culpa. Há indivíduos que procuram a Doutrina Espírita para se evadirem de tormentos e escamotearem os seus erros, uma atitude que se mostra ineficaz e antiética. Um dos melhores exemplos dessa tentativa infrutífera é o padre Mauro, personagem central do livro *Sexo e Obsessão*, que já abordamos.

Os estados de transtornos mentais profundos, sobretudo esquizofrênicos, configuram uma fuga psicológica que o ser realiza. Ela produz um quadro de alteração na percepção da realidade e constrói uma própria, na qual acredita ser feliz. E bloqueia a consciência para o mundo que considera hostil. Nesses casos, o paciente está sob a injunção de um carma expiatório. A provação está nos casos de depressão, de transtornos neuróticos, de ansiedade e outras situações menos comprometedoras. Nos transtornos esquizofrênicos identificamos, portanto, uma expiação vivida por um criminoso do passado que fugiu da penitenciária ou conseguiu evitar a sua condenação utilizando manobras ardilosas. E agora deve ficar em uma *cela isolada*, que é o corpo, para resgatar a dívida, mesmo que durante esse período praticamente não evolua. Ele deve aprender duras lições no silêncio e no isolamento.

No entanto, certa vez um Espírito me disse algo muito curioso. Ele me informou que esses problemas de consciência de culpa são tão graves que, quando o indivíduo não vem incurso em um desses processos de transtornos mentais ou retardo mental, acaba fugindo para mosteiros, para ser uma pessoa isolada do mundo mediante uma fuga consciente, com as exceções compreensíveis. Ele se recusa a estar no mundo da mesma forma que o paciente mental. E sofre igualmente por viver uma vida artificial em detrimento de uma existência normal na sociedade, permanecendo naquele ambiente afastado de tudo e tentando lutar contra suas funções sexuais para cumprir as exigências da religião, sem o conseguir, já que, através da violência, ninguém conseguirá domar a sua energia sexual. A canalização da energia sexual só pode ser alcançada por meio da sublimação.

Esses fugitivos de si mesmos podem procurar qualquer meio religioso, mesmo que não se trate de uma instituição de regime fechado, pois isso dependerá do grau e das características da culpa albergada no inconsciente. Muitas dessas pessoas poderão buscar também, e certamente, a Casa Espírita.

O Espiritismo não vai oferecer sombras nas quais se ocultem, mas acenderá o sol para que sejam desvelados. Jesus asseverou: "Não há coisa alguma oculta que não seja desvelada".[45]

Constantemente, perguntam-me o que devemos recomendar a pessoas que procuram o Centro Espírita em desespero, narrando que se encontram com o coração amargurado por um drama afetivo ou sexual. Questionam-me sobre a importância de o indivíduo exteriorizar o seu conflito no momento do diálogo com o atendente fraterno, como uma forma de reduzir o peso do seu sofrimento e de trabalhar o problema.

A catarse é um mecanismo positivo. Abrir-se com um terapeuta ou um atendente fraterno, no intuito de eliminar o fator que gera constrição na alma será sempre uma medida de auxílio ao tratamento. Contudo, não devemos permitir que isso se transforme em uma repetição

---

[45] Lucas, 12:2 e 8:17; Mateus, 10:26; Marcos, 4:22. Em todas as passagens nas quais Jesus utiliza essa frase Ele está falando aos discípulos sobre dois assuntos: a importância da divulgação do Evangelho e o cuidado em se precaver da postura hipócrita, do comportamento que possui apenas a aparência de equilíbrio, mas está impregnado de vícios. Nota do organizador.

inútil, em uma ideia fixa de transferir para o outro um problema que o próprio indivíduo não quer equacionar.

Na condição de atendentes fraternos, poderemos ouvir a narrativa do paciente quando estabelecermos o primeiro contato com ele. Na ocasião seguinte, poderemos ouvir o relato novamente, de forma mais sucinta. Se o paciente tentar falar sobre o assunto uma terceira vez, cabe ao atendente não lhe dar espaço para a repetição desnecessária. Porque tudo que havia de essencial no problema já foi abordado no primeiro encontro, e apresentada uma orientação compatível. Se por acaso faltou acrescentar algo, que seja feito no segundo diálogo. Na terceira oportunidade de diálogo, qualquer tentativa de aconselhamento será uma reedição improdutiva do que já foi comentado.

É importante compreendermos que as pessoas gostam de queixar-se. Muitas vezes, o paciente apresenta uma queixa repetidamente, mas não se decide a diluir o problema que ele já sabe como solucionar. Se a dificuldade chegou a um estado avançado é porque foi cultivada. Uma erva daninha cortada sofre atrofia e perde sua capacidade de causar danos. Uma árvore podada desenvolve a sua vitalidade. Nesse sentido, se colocamos limites para as nossas deficiências espirituais evitamos que elas se proliferem e nos causem sofrimento, ao mesmo tempo em que nos fortalecemos para enfrentar as dificuldades que elas já nos provocaram.

Na área dos transtornos sexuais, tem havido muita negligência e muito estímulo negativo. Na mídia contemporânea, os comportamentos sexuais esdrúxulos, que antes eram motivo de crítica e de preconceito, passaram a ser uma alternativa de promoção social. Um jovem que está na fase transitória de afirmação afetivo-sexual pode ver num indivíduo exótico um modelo a ser seguido, passando a cultuar os comportamentos eróticos daquela figura pública. O adolescente cultiva os devaneios por dentro até que aparecem os conflitos por fora. E quando o problema se instala, seu desejo é libertar-se dele rapidamente, esquecendo-se de que um longo período de cultivo vai exigir um tempo equivalente para a libertação, ao lado de uma decisão firme e contínua para alcançar a sua recuperação. Ou o indivíduo inclina-se na direção das diretrizes de saúde que lhe propiciarão o reequilíbrio desejado, ou ele estará enganando-se a si mesmo, utilizando-se do atendente fraterno na Casa Espírita. Por isso, precisamos ser francos em colocar a questão abertamente para o paciente, lembrando-nos de que a franqueza não deve ser acompanhada de frieza e insensibilidade, mas adornada com uma boa dose de ternura.

Digamos sem receios a alguém que revela um transtorno sexual: "Meu irmão, lembre-se de que o problema está no seu psiquismo, não no seu corpo, uma vez que a mente comanda o nosso comportamento. Dizer que é o corpo que pede determinadas posturas é uma tese falsa. Quem solicita insistentemente os prazeres ilusórios é a mente viciada".

No livro *Missionários da Luz*, o Espírito André Luiz refere-se à canalização das energias para o trabalho saudável com o corpo. Ele afirma que os exercícios físicos e a prática esportiva constituem uma forma de eliminar os excessos de energia que se manifestam no indivíduo, sobretudo nos mais jovens.[46]

Todavia, o autor espiritual também se refere a uma forma de *exercício* que foi sugerida por Jesus e que a Doutrina Espírita preconiza: a prática do bem. Se pensarmos nos problemas que os nossos irmãos de caminhada evolutiva experimentam, concluiremos que os dramas sexuais que nos alcançam não são tão espinhosos quanto parecem. Há sempre alguém inserido em um processo expiatório ou provacional mais doloroso do que o nosso. Nós até conseguimos pensar no sofrimento de outras pessoas, mas preferimos utilizar o tempo chorando os nossos pesares. Se olharmos aqueles que gostariam de ter pelo menos uma parte do que possuímos, mesmo com aquele problema que nos estiola por dentro iremos reconhecer o quanto temos a agradecer e quão pouco necessitamos de pedir.

O indivíduo conta com uma boa saúde, trabalha e tem um lar saudável, por que deverá entregar-se ao desespero devido a um transtorno de comportamento? Por que fazer disso uma tragédia? Ninguém na Terra experimenta a felicidade total. Quem não está incurso em uma dificuldade encontra-se em outra.

Se a pessoa está imersa em uma experiência de transtorno sexual, que lhe martiriza a alma e lhe corrói o coração, visite criaturas com enfermidades infectocontagiosas, degenerativas e deformantes. Visite

---

[46] *Missionários da Luz*, de Francisco Cândido Xavier/André Luiz, Ed. FEB, cap. 2 (A Epífise). Nota do organizador.

alguém no auge do sofrimento e ofereça a sua contribuição, pois ao mesmo tempo em que estiver exercendo a caridade poderá constatar como o corpo é algo enganoso!

Toda vez que um problema de saúde me aflige, eu vou a um hospital exercitar a fraternidade e analisar o sofrimento alheio, renovando a minha concepção de que nos deixamos levar pelas aparências de uma existência e de um corpo transitórios. Quando vejo a dor de uma criança com câncer ou de um paciente com pênfigo, a doença conhecida popularmente como *fogo selvagem*, não consigo furtar-me ao questionamento: "Por que ele? Por que não eu? Qual é a diferença entre nós? Qual a garantia de que eu não venha a contrair a mesma doença?".

O contato com o sofrimento denuncia a minha fragilidade orgânica, pois não há garantias de que amanhã eu não estarei em uma experiência idêntica.

A mim me surpreende este arquipélago celular que contém trilhões de células. Basta que uma delas cometa um erro de memória na mitose, e logo se origina um tumor, que se transforma em cancerígeno. Da mesma forma, basta uma picada de alfinete contaminado com um microrganismo letal para que este edifício colossal que é o organismo seja demolido. É suficiente apenas uma emoção súbita, como a perda de um ente querido ou um amor não correspondido, para eclodirem problemas psíquicos graves.

Nem é necessário que cheguemos a visitar um doente para fazer essas reflexões. Basta ficarmos na porta de um hospital, como um Pronto-socorro, por exemplo, para vermos aqueles que se encontram expungindo as suas lesões da alma, que ressumam do ser profundo e se manifestam na periferia, na forma de enfermidades renovadoras. Por isso, quem ainda não as teve provavelmente as terá, mais cedo ou mais tarde. É claro que sempre poderemos converter a nossa dívida espiritual em moedas de amor e serviço no bem, que atenuam as dores.

No bairro do Pau da Lima, onde resido, considerado um dos mais perigosos e violentos do Estado da Bahia nos últimos cinquenta anos, temos o hábito saudável de visitar as pessoas com maiores carências socioeconômicas. Ofereço-lhes os meus melhores sentimentos de fraternidade e ternura e fico pensando, ao ver certas situações profundamente cruéis: "O que me credenciou a não estar nesta condição?" Ao me conscientizar de que aquele irmão em processo evolutivo poderia ser eu, mais motivos tenho para tentar amá-lo como eu gostaria que me amassem.

Ao sair de uma visita a uma comunidade sem grandes recursos socioeconômicos, na qual alguns de seus moradores não possuem condições mínimas de sobrevivência, gastaremos as nossas energias em excesso e ao mesmo tempo seremos tocados por um sentimento que nos levará a exclamar: "Meus Deus! Eu não sabia que tinha tanto na vida! O meu problema é insignificante diante do que acabei de testemunhar...".

Por essa razão, se alguém está vivenciando um conflito sexual, agradeça a Deus pela oportunidade de resgate! Está libertando-se de um compromisso assumido em função do uso inadequado da energia erótica. Canalize as suas forças para o Bem. Se na sua percepção o fluxo de energias está excessivo, suba morros e visite residências humildes. Leia o Evangelho para um idoso e deposite um pouco de alegria em um coração amargurado. Não pense que se manterá em equilíbrio apenas estudando a Doutrina Espírita em seu aspecto científico, o que é muito válido. No entanto, todas as pessoas necessitam aliar a teoria à prática. Em vez de ser apenas médiuns de Espíritos desencarnados, que se transformem em *médiuns da vida*. Concentrar a atenção exclusivamente no estudo científico é um mecanismo de fuga para não se ter que enfrentar o desafio do autoburilamento espiritual.

Portanto, lembremo-nos todos deste precioso recurso psicoterapêutico para as terríveis expressões do nosso egoísmo, que nos levam a ceder às paixões: visitar pessoas doentes, conviver com as pessoas simples e sofredoras.

Para conservar o equilíbrio psicológico, dispomos também de dois equipamentos infalíveis que Jesus nos ofereceu: a vigilância e a oração. Vigiar as imperfeições, estar atento às deficiências, identificar o próprio *calcanhar de Aquiles*. São perguntas que teremos que nos fazer constantemente: "Onde está o meu ponto nevrálgico? Em qual ângulo do meu comportamento eu sou frágil e não resisto?". Com essa conduta poderemos trabalhar o ser interior que somos, sem desânimo e sem nunca cessar o processo de aprimoramento.

Se cairmos, levantemos para seguir adiante, porque todos tombamos em algum momento da vida. Não nos esquecermos dos instrumentos da solidariedade e da fraternidade.

Portanto, a melhor maneira de lutar contra essas paixões que predominam em a natureza humana é a coragem da autoanálise e o esforço para ser a cada instante melhor do que antes, evoluindo sempre.

RELACIONAMENTOS ILUSÓRIOS

Pode parecer que estou propondo uma atitude muito enérgica, que depõe contra a liberdade sexual. A proposta que apresento não é de repressão, mas de reflexão. Ao adotar uma postura religiosa deveremos ser coerentes, evitando utilizar a religião para abafar determinados comportamentos.

Não são poucos os médiuns e dialogadores, por exemplo, que formulam ideias falsas em nome do Espiritismo e se utilizam de mulheres fragilizadas para dar vazão aos seus instintos primários. Tive notícias de pessoas que já desfizeram o lar motivadas por uma frase sobre as almas gêmeas inserida no livro *O Consolador*, de Emmanuel. A dúvida gerada por essa expressão foi suficiente para que a Federação Espírita Brasileira escrevesse a Chico Xavier pedindo esclarecimentos, uma vez que não existem almas gêmeas, no sentido de duas metades espirituais que se unem. Então Emmanuel preferiu que a colocação fosse entendida no sentido de que essas almas gêmeas são *almas afins* e não metades que se fundem. Mesmo assim a expressão desencadeou um volumoso número de comportamentos bizarros nas pessoas que escamoteiam seus conflitos apresentando inúmeras justificativas. E eu me surpreendo com o número elevado dessas ocorrências. [47]

É natural que, em determinada circunstância, encontremos alguém por quem sentimos uma atração, uma *química* específica. Todos nós, sem exceção, sentimos isso, mesmo que já tenhamos uma parceria afetiva, pois o compromisso não estabelece um bloqueio na atração se-

---

[47] Analisar: *O Livro dos Espíritos*, questões 297 a 299; *O Consolador,* de Francisco Cândido Xavier/Emmanuel, Ed. FEB, questões 323 a 328. Nota do organizador.

xual por outra pessoa. A nossa conduta moral é que deverá sobrepor-se para que contornemos o apelo e evitemos comprometimento grave.

Mas na religião muitos indivíduos apresentam uma postura piegas e encontram almas ansiosas que estão "morrendo afogadas", à espera de um braço que lhes salve. Os astutos e criminosos dizem para essas pessoas frágeis: "Você é a minha alma gêmea! Você não sabe como meu casamento está recheado de problemas!" A partir daí a pessoa passa a ser confidente daquele que lhe franqueou a própria intimidade conjugal.

Procuremos sempre evitar ser confidentes dos outros! Quando um relacionamento entra em confidências é sinal de que ele está ameaçado. Porque, quando o indivíduo está emocionalmente fragilizado abre a alma para uma pessoa e narra aspectos verdadeiros e falsos do seu relacionamento. Mais tarde, fica envergonhado da confissão e se distancia, permanecendo, a partir daí, com a contínua suspeita de que o outro vai passar o assunto adiante.

Se a questão é confidencial, não é para ser dita a ninguém. Se comentamos com outra pessoa, a questão já deixou de ser confidencial e corre o risco de popularizar-se. Se alguém conta a outrem algo que se lhe transformou num fardo difícil de carregar, por que motivo esse alguém terá a obrigação de suportá-lo sem solicitar que outra pessoa também venha em seu socorro? Então, acaba narrando o problema a um amigo. E é claro que não poderá garantir que o sigilo seja mantido, pois o melhor amigo sempre tem outro melhor amigo com quem desabafar. E em breve a cidade inteira estará sabendo da confidência...

É comum que homens ardilosos comentem com uma mulher afetivamente fragilizada: "Ah, se eu encontrasse uma mulher como você!" Em seguida, ele *confidencia* as dificuldades enfrentadas com a esposa. E de tanto se aproximarem por meio desses diálogos, ambos acabam em um relacionamento indébito. Percebo que eles sentem essa atração erótica intensa porque a mulher em questão, a que se torna depositária da *confidência*, ainda não foi conquistada. Quando ele conseguir o que deseja, o relacionamento perde o encanto e o relapso busca outra vítima...

Outros indivíduos audaciosos e atormentados utilizam-se do passe, da terapia de transmissão de bioenergia, para fazer massagens nas mulheres, o que não deixa de ser um absurdo! Para aplicarmos um passe não é necessário tocarmos as pessoas, pois é uma transmissão de energias espirituais. É a aura que capta a energia, não é o corpo físico. Porque se fosse assim os massagistas seriam excelentes curadores. E muitas vezes não o são. Não, poucas vezes, eles transmitem para o paciente sua energia perniciosa e viciada. Os músculos são ativados, mas o paciente absorve as energias de baixo teor vibratório.

É imprescindível vigiarmos porque todos somos falíveis. Em determinada circunstância poderemos fazer algo que não realizaríamos em outra ocasião, devido ao fato de que aquele contexto era propiciatório. Daí a gravidade da conduta espírita!

Viveu em Minas Gerais um espírita admirável, que se transformou em verdadeiro exemplo de bondade e perseverança ante a adversidade. Ele se chamava Jerônimo Mendonça.

Jerônimo é um dos grandes missionários da Nova Era. Nascido na cidade de Ituiutaba, no Triângulo Mineiro, desde jovem dedicou-se ao Espiritismo. Vítima de uma paralisia progressiva e irreversível, ele experimentou as mais torpes provações. Um erro médico prejudicou a sua visão, causando-lhe a cegueira de um olho. E mais tarde, como a doença se alastrou para o segundo olho, ele perdeu totalmente a faculdade de enxergar.

O seu drama era de tal forma que as articulações se enrijeceram e os problemas de circulação sanguínea davam-lhe grande agonia. Ele vivia com um ventilador ligado em alta velocidade há menos de um metro de distância. Dormia pouquíssimo devido a todas essas situações estressantes.

Contudo, Jerônimo nunca perdeu a alegria de viver. Era jovial, exibindo uma inteligência brilhante e as qualidades de um excelente conferencista. Ele costumava demonstrar bom humor imitando a minha voz quase perfeitamente. Muitas vezes, no Grupo Espírita da Prece, em Uberaba (MG), quando a instituição estava repleta, ele começava a falar em um tom de voz alto e as pessoas diziam: "É o Divaldo Franco!". Jerônimo dava gargalhadas muito joviais e respondia: "Não, meus amigos! Por enquanto é somente o Jerônimo Mendonça!".

Jerônimo vivia em uma cama especial e se deslocava nesse móvel para realizar as suas atividades espíritas, inclusive as palestras. Amigos gentis transportavam-no para os lugares em que ele se fazia presente para exercer o seu trabalho modelar de vivência do Evangelho.

Quando eu terminava de proferir palestras na região do Triângulo Mineiro, às quais ele sempre comparecia, na hora da saída, ele comentava, em tom divertido:

— Veja só, Divaldo! Você faz a palestra, mas eu é que saio carregado!

Ao desencarnar, mais ou menos quinze dias depois, ele me apareceu em Espírito e eu não o reconheci de imediato. Após identificá-lo senti-me alegre com a visita e ele me expôs:

— Divaldo, você não faz ideia de felicidade que é poder ver e locomover-me novamente! A cegueira e a paralisia ficaram no corpo de que me utilizei, eu que tanto devia e precisava resgatar. Agora estou feliz!

Fiz esta breve explicação sobre as condições de vida do eminente divulgador para dar uma ideia das suas limitações físicas e dos desafios que ele enfrentava diariamente. Diante de tantos testemunhos que a vida apresentava ao trabalhador do bem, havia pessoas que se dispunham a dificultar-lhe, ainda mais, a caminhada.

Certa vez, ele me confessou que frequentemente era abordado por jovens atormentadas do sexo que se aproximavam com a intenção aparente de cumprimentá-lo na Instituição Espírita. Essas pessoas insensatas aproveitavam a ocasião para dizer-lhe ao ouvido palavras chulas, recheadas de insinuações eróticas, com a finalidade de despertar-lhe pensamentos sensuais, perturbando-lhe as reflexões.

Esse comportamento infeliz perturbava-o muito e causava-lhe grande desconforto. Afinal de contas, ele tinha um problema na visão e a impossibilidade de locomover-se. Todas as demais funções orgânicas estavam em perfeito funcionamento. Numa oportunidade em que conversávamos, ele comentou-me:

— Ah, Divaldo! Quanta incoerência dessas moças! Será que elas não entendem que eu continuo sendo um homem normal, apesar de não conseguir mexer-me nem poder ver? Será que não compreendem que estão agindo com uma total ausência de equilíbrio e de escrúpulos?

Eu o confortava, esclarecendo:

— Não, meu amigo. Infelizmente elas não compreendem todo o alcance do que estão fazendo...

Como é extenso o elenco dos nossos deslizes! Por tudo isso é que deveremos tomar cuidados necessários em torno dos próprios conflitos.

Muitas vezes, pessoas entusiasmadas se aproximam de mim e me dizem: "Divaldo, eu vou dar-lhe um abraço e um beijo!" E eu respondo: "Não é necessário!". Afinal, para que eu saiba que a pessoa me tem apreço basta um abraço discreto ou um aperto de mão. Tomo essa atitude, não por pureza, mas para prevenir-me em relação à minha inferioridade. É perfeitamente dispensável o excesso de explosão emocional. Isso não é afetividade. Poderemos amar o nosso próximo com um enorme arrebatamento e respeitá-lo. Os excessos no contato físico produzem consequências que muitos desconhecem ou fingem ignorar. Esses contatos mobilizam a energia psíquica que magnetiza as pessoas, despertando *apetites sexuais*. E uma bela amizade, constituída de afeto e de confiança, pode transformar-se em tormento de difícil solução.

No transcorrer dos anos eu aprendi a ter cautela para não me tornar um objeto que circula de mão em mão.

Certa vez, uma senhora falou-me:

— Mas, Divaldo, Chico Xavier deixa que o abracemos e o beijemos à vontade.

E eu retruquei-lhe:

— Esse é o *estilo Chico Xavier*. O meu é diferente. Cada um tem a sua forma de enfrentar os próprios problemas.

Com essa resposta, eu pretendia evitar que ela não se sentisse no direito de extrapolar os limites do bom senso. Mas eu sei que Chico não deixava que os outros fizessem tudo que queriam. E se ele correspondia a determinados cumprimentos tinha razões plausíveis para isso. Uma vez ele me confidenciou:

— Quando alguém me beija a mão, eu agradeço e também retribuo, beijando-lhe a mão. Se eu deixar que me beijem e não retribua, pode parecer que eu sou uma espécie de *bispo do Espiritismo*. Então eu retribuo para não dar ensejo a interpretações equivocadas a meu respeito. Mas, às vezes, eu fico constrangido com o exagero de algumas pessoas...

Outras criaturas beijavam-lhe a cabeça, enquanto algumas desvairadas, aproveitavam-lhe da sua calvície e escreviam o próprio nome na sua cabeça!

Precisamos entender que a Humanidade está referta de pessoas atormentadas. E se a pretexto de bondade e de humildade formos permitir que os atormentados façam o que querem, iremos perder o caminho por não fazer a distinção entre o que é certo e o que é errado. Além do mais, se temos uma tarefa a executar e assumimos um compromisso educativo, deveremos possuir uma conduta reta, que seja o espelho no qual se reflitam as nossas palavras.

Não são poucas as instituições espíritas que eu tenho encontrado, nesse largo período de atividades, nas quais são comuns certos relacionamentos esdrúxulos, disfarçados de fraternidade. As esposas vêm queixar-me, muitas vezes, com razão. São situações em que nascem as fofocas para discutir quem é mais querido pelo médium ou pelo presidente da Casa, ao mesmo tempo em que eclodem campanhas nefastas contra os líderes da instituição. Tudo isso, sob a ação da nossa inferioridade, que os Espíritos maus exploram. Eles não nos violentam. Apenas agem na nossa onda de conduta mental. Se tentam alcançar-nos e não encontram ressonância, desistem e procuram aqueles que estão mais receptivos, conforme está em *O Evangelho segundo o Espiritismo*.

É evidente que, em nossa condição de espíritas, não devemos deixar de amar, de querer bem, de beijar ou de abraçar as pessoas. Mas tenhamos certos cuidados para evitar vínculos afetivos de dependência comportamental.

Certo dia, uma senhora, frequentadora de nossa Casa, chegou ao extremo de explicitar-me:

— Senhor Divaldo, quando o senhor não vem proferir a palestra, levanto-me e vou embora.

Eu redargui-lhe, surpreso:

— Ao tomar esta atitude, a senhora faz um grande mal, pois que, na minha idade atual, eu irei desencarnar em breve e aí eu gostaria de saber o que a senhora fará. Irá deixar o Espiritismo?

— Eu acho que sim!

— Então, penso que lhe fiz um grande mal! Em vez de conduzi-la a Jesus, eu o fiz em direção a mim, por mais que me tenha esforçado, para apagar-me, enquanto Ele brilhasse! Peço-lhe desculpas por haver-lhe apontado o caminho errado! Entretanto, recomendo-lhe procurar um psicólogo para cuidar do seu transtorno de comportamento, que me parece grave. Se a senhora pensa que me está agradando, na verdade está-me produzindo uma grande dor moral. E se acredita que, com isso, irá ter maior acesso a mim, infelizmente dificultou o intento!

Ao tomar uma atitude enérgica, desfazemos imediatamente qualquer tipo de ilusão. Não adianta deixar para depois e prolongar as fantasias de alguém que já está com a mente perturbada.

Não seja de estranhar que em nossas instituições surjam periodicamente fenômenos dessa natureza, em que alguém se encanta com o médium. O médium exala, na sua energia, um *plasma psíquico* muito especial. Muitas pessoas reagem a essa emissão de energia desenvolvendo ódio ou antipatia por ele. Outras, no entanto, sentem-se tocadas afetivamente, pois esse plasma tem o poder de atração. E nessa atração começam a querer fazer exigências e a querer manobrá-lo. Como o médium tem a característica de ser passivo, porque a sua faculdade o torna dócil, quem se lhe acerca, logo se acha no direito de querer governá-lo, com as exceções normais. Esses indivíduos acreditam que o médium é ingênuo e por isso precisa ser guiado por alguém mais habilidoso. Só que se esquecem de que o padrão de conduta do médium é diferente da linha horizontal do comportamento profano. Desde que ainda não podemos ter uma conduta absolutamente vertical, o padrão de comportamento do médium deve ser sempre uma linha inclinada, no sentido ascendente. E aqueles que estão na horizontalidade, sem o desejo de ascender, com os seus conflitos e exigências acabam por perturbar-lhe a existência.

Diante dessas pessoas, o médium deve ter altivez, no bom sentido da palavra, para esclarecer: "Desculpe-me! Mas o nosso afeto não permite que você administre os meus hábitos!" Não poucas vezes, assim tenho procedido com lealdade. Quando noto que a pessoa irá extrapolar, sorrio e elucido: "Perdoe-me, mas eu sei conduzir-me. Se me portei até aqui antes de você chegar, é natural que eu continue a jornadear de agora em diante sem que os amigos se envolvam".

Não há idade para encontrarmos pessoas desequilibradas que se apaixonem por nós. E por isso eu gostaria de dizer aos médiuns mais jovens e mais atraentes: tenham muito cuidado! Essa é uma das válvulas para perturbação.

Chico Xavier não era uma pessoa dotada de grande beleza física. Antes de reencarnar ele pediu aos Espíritos amigos para que viesse à

Terra sem os padrões de atração sensual. Como brilho da sua mediunidade, se fosse mais belo, tornar-se-ia uma figura notória no mundo, que sempre procurou evitar a atração, preservando a incomum harmonia interior. A medida preventiva não adiantou muito, considerando que ele enfrentou situações bastante embaraçosas. Narrou-me, como certamente a outros amigos que, em certa ocasião, foi assessorado por uma senhora muito perturbada na área do sexo. Ela tentou seduzi-lo de todas as formas. A dama, que também era médium, conversando com o apóstolo de Uberaba, propôs:

— Chico, eu venho aqui em nome do Dr. Bezerra de Menezes. Eu gostaria de dizer que ele deseja reencarnar em breve. Ele me informou que para isso precisa da minha energia e do seu plasma.

Chico respondeu:

— Então pode dizer-lhe, que irá ficar no Além por muito tempo! Porque o meu plasma ele não terá de jeito nenhum!

Ao final da narrativa, Chico completou:

— O mais curioso, Divaldo, é que naquele tormento ela esqueceu que Dr. Bezerra comunica-se comigo.

Eu também já fui vítima de uma dessas enfermas da alma, agindo sob o comando de Espíritos inferiores que pretendem desarticular o equilíbrio dos médiuns e de outros trabalhadores do bem.

Quando era jovem, recebi o convite para o meu casamento, que seria realizado no Rio de Janeiro. Somente que, a noiva esqueceu-se de combinar comigo que iríamos casar-nos.

Era um convite belíssimo, confeccionado em um papel de extrema qualidade e com uma letra muito elegante. Quando li o texto estava escrito mais ou menos assim:

"Divaldo Pereira Franco e Fulana de tal convidam para o seu casamento, que será realizado no dia X, na Igreja do Outeiro da Glória".

Incialmente eu pensei que se tratava de alguém homônimo. Mas quando vi o endereço do noivo em Salvador percebi que o nubente era eu mesmo! Pensei comigo: "Mas não é possível que isso esteja acontecendo!".

Telefonei a uma amiga do Rio, em cujo lar eu normalmente me hospedava, e pedi-lhe algumas informações:

— Fulana, eu recebi o convite do meu casamento, que será aí na sua cidade. Mas o detalhe é que eu não conheço a noiva...

Para minha surpresa, a minha amiga estava magoadíssima comigo porque também recebera o convite, mas até então eu não lhe havia dito nada sobre as bodas. Pedi desculpas, informando que, à sua semelhança, eu também não sabia que iria casar-me.

Logo percebi que a noiva era portadora de um grave transtorno de comportamento. Anotei o endereço que estava no convite e escrevi para o pai, que por certo era outro doente mental. Ele me apresentou a sua versão dos fatos e eu pude elucidar o ocorrido.

Em certa ocasião, eu havia terminado uma palestra no Colégio Militar, naquela cidade, no bairro da Tijuca. Quando estávamos no momento dos cumprimentos acercou-se-me uma jovem e falou-me:

— Guarde muito bem esta chave! É de um coração que está com D. Fulana de tal.

Notei, imediatamente, que se tratava de uma pessoa desequilibrada.

— Pois não! — respondi sem afetação.

Peguei a pequenina chave e guardei-a no bolso, sem dar a menor importância ao fato. Continuei a cumprimentar outras pessoas e a jovem ficou olhando-me a regular distância, languidamente, com o rostinho de beata admirando a estátua de Santo Antônio... Eu achei estranho, mas não me incomodei. E este foi o meu único contato com a minha *futura esposa*. Nunca mais a vi em lugar algum.

A anfitriã que me hospedava no seu lar era a portadora do coração, um artefato feito de plástico para presentear alguém. Peguei aquela peça estranha e fui para casa. Utilizando a chave que me havia sido entregue, abri o embrulho e havia uma caixa em forma coração, tendo dentro uma carta de amor, que li e logo a atirei à cesta de papéis.

A jovem narrou ao pai que eu estava apaixonado por ela e que lhe havia pedido em casamento. O pai, que era uma elevada autoridade militar, tomou as providências para o casamento e marcou a data. É fácil notar que o genitor era tão enfermo quanto ela. Querendo ver-se livre da filha-problema, tratou de transferir para mim a responsabilidade. Certamente deve ter pensado: "Eu vou jogar a responsabilidade para ele, que é espírita e deve ser uma ótima pessoa. Como espírita precisa carregar um carma para depurar-se. Será uma união perfeita!".

Infelizmente para ele a sua filha não estava no meu *carma*. Ela era somente uma *carga* para me criar uma situação embaraçosa...

Não dei importância ao convite e logo procurei esquecer o episódio.

Para vermos como essas entidades, que manipulam psiquicamente pessoas invigilantes, são vis e sem escrúpulos. E aqueles que lhes caem na teia tornam-se semelhantes. É o que Allan Kardec denomina como *fascinação*. Vale lembrar que um dos planos das entidades que se locupletam nessas situações, é destruir, que se consolidou como uma barreira para a expansão dos transtornos sexuais e dos seus objetivos torpes.[48]

Todos aqueles que vivenciamos o sexo precisamos entender a necessidade da disciplina e da educação específica. Porque, se procurarmos justificativas para continuar fazendo o que fazíamos antes de sermos espíritas, em que o Espiritismo influenciou nossa vida? Se não foi útil para dar-nos forças na educação dos impulsos inferiores, qual a finalidade da nossa adesão ao comportamento espírita?

Joanna de Ângelis asseverou-me certa vez:

— Meu filho, nunca faça às ocultas aquilo que você não faria às claras. Se você respeita os outros deverá igualmente respeitar-se a si mesmo.

Às vezes, eu vivo momentos em que não estou bem e a vigilância sofre um pequeno relaxamento provocado pelas circunstâncias desfavoráveis. E quando me deixo empolgar, penso: "Não! Eu não mereço isso porque tenho que me respeitar!" Essa é uma postura de boa conduta, pois eu viverei com o que eu sou e não com a imagem que eu projete publicamente.

A questão sexual é de importância preponderante no comportamento humano, principalmente na Casa espírita, a fim de que não nos utilizemos da ingenuidade dos incautos para dar campo às nossas perversões sexuais, tornando-nos pessoas perturbadoras da paz alheia, sob justificativas ardilosas e esquemas de evasão da realidade.

---

[48] Analisar o caso do médium Francisco no livro *Trilhas da Libertação*, de Divaldo Franco/Manoel P. de Miranda, Ed. FEB, cap. 20 (Vidas em Perigo), cap. 21 (Ocorrência Grave) e cap. 24 (Escândalo e Paz). Nota do organizador.

A Casa espírita é uma escola de almas, um hospital, uma oficina de trabalho e um templo de meditação, merecendo-nos o maior respeito. Em uma Casa espírita equilibrada, os Espíritos nobres fazem-se presentes para a terapia de todos nós, seres equivocados, que tombamos nas malhas da nossa própria leviandade.

O Espírito Djalma Montenegro de Farias, que na Terra desenvolveu suas atividades espíritas na cidade do Recife, escreveu, por meu intermédio, uma bela mensagem intitulada Templo Espírita, na qual ele afirma: "O *Templo Espírita* é como um colo de mãe narrando a verdade atraente e bela ao filho querido".[49]

Muitos de nós não temos sabido honrar essa instituição como deveríamos. Algumas pessoas aproveitam-se da terapia dos passes para tocar sensualmente o corpo dos pacientes. O passe não deve ter toques físicos, repito. Temos que respeitar a integridade física e moral das pessoas. A mediunidade precisa ser exercida com santa mente, conforme nos disse Allan Kardec.[50]

Tenho tido notícias de Espíritos que se dizem mentores e que se utilizam do médium para abusar dos frequentadores da Casa por meio de contatos físicos desnecessários e desrespeitosos. Teremos que manter conduta muito rígida para que as nossas instituições não reeditem a experiência nefasta de antigas doutrinas que ficaram no passado, em cujos templos os seus ministros ensinavam uma coisa e agiam de maneira inversa.

Por esse motivo, os indivíduos que se reconhecem com uma acentuada capacidade de atração no campo da sexualidade, que procurem trabalhar-se para não despertar emoções perturbadoras em ninguém. E de uma forma geral, todos nós deveremos trabalhar para não nos deixarmos escravizar pelo lado escuro da nossa individualidade, que se traduz, entre outros fatores, na tendência para o abuso sexual. Se não estivermos dispostos a trabalhar esse lado escuro, o Centro Espírita se transforma em um clube aonde vamos em regime de recreação quando não temos o que fazer.

---

[49] Do livro *Aos Espíritas*, de Divaldo Franco/Diversos Espíritos, organizado por Álvaro Chrispino, Ed. LEAL, cap. 17 (Templo Espírita). Nota do organizador.
[50] *O Evangelho segundo o Espiritismo*, cap. 26, item 10. Nota do organizador.

O Espiritismo é uma doutrina séria, para pessoas sérias e interessadas na própria transformação moral para melhor.

Ao expressar-me dessa forma, não desejo assumir uma postura doutoral, mas apenas apresentar reflexões de muitas décadas de convivência em um movimento como o nosso, no qual ninguém escapa de si mesmo, à semelhança de qualquer outro campo da atividade humana. Em uma doutrina de libertação de consciências não devemos permitir que nós, por invigilância e insensibilidade, venhamos a oferecê-la corrompida às gerações futuras.

Não banalizemos o Espiritismo! Não permitamos que em nome da tolerância as pessoas vulgares e insensatas tenham acesso às nossas Casas Espíritas para desarticular o respeito e a dignidade com que fomos honrados para construir a Era Nova. Aqueles neófitos que vierem somar esforços conosco deverão adaptar-se ao código moral da Instituição, que é o Evangelho de Jesus desvelado pela mensagem espírita.

Para que eu me resguardasse de qualquer situação embaraçosa, um dia, quando eu ainda era muito jovem, Joanna de Ângelis advertiu-me:

— Divaldo, se tu desejas canalizar as tuas energias para a mediunidade a serviço de Jesus, terás que viver como um velho!...

Eu tive dificuldades para imaginar o que seria ser jovem, mas viver como um velho, o que me levou a solicitar maiores explicações:

— A senhora poderia ser mais clara, minha irmã?

— É simples, Divaldo. Um jovem, mesmo que possa fazer certas coisas, não deve. E um velho, mesmo que queira fazer certas coisas, não pode...

"Almas gêmeas"

A mediunidade é uma faculdade humana muito delicada, que merece cuidados apropriados. Quanto mais ela seja portadora de grande capacitação, muito mais perigos corre o médium. Quanto mais ostensiva e fascinante é a faculdade mediúnica, mais riscos ela apresenta.

Na vivência mediúnica é indispensável vigiar muito, pois o campo mental que se irradia recebe a natural resposta daqueles que estão sintonizados na mesma onda vibratória.

A mediunidade é um verdadeiro ímã que atrai adoradores, admiradores, exploradores e *vampiros*, encarnados e desencarnados. Por isso, vemos os transtornos morais de presidentes de Centros espíritas que se vinculam a médiuns casados. Outras vezes, o vínculo se forma entre o médium e o responsável por dialogar com os Espíritos na reunião mediúnica. Pode ocorrer o mesmo entre o passista e o seu paciente.

Tudo começa por uma ligação de natureza magnética, de atração provocada pela admiração com o fenômeno mediúnico. Depois termina em intimidades físicas e morais, que degradam ambos e destroem os dois.

Essa atração é inevitável como aquela exercida por um artista ou um intelectual, alguém próspero ou poderoso. Tal fenômeno também é muito comum entre um terapeuta e o seu paciente, principalmente quando são de sexos opostos. Nessas circunstâncias, desenvolve-se um mecanismo psicológico de *transferência* e a pessoa se apega à outra como forma de sustentação da personalidade.

O médium tem que ser uma pessoa emocionalmente estável, para ser fiel como qualquer meio de comunicação eficaz. Deve ser alguém espiritualmente generoso, mas preocupado em exercer vigilância pessoal constante para não se vulgarizar.

O indivíduo que possua qualquer tipo de magnetismo precisa educar essa capacidade para não perturbar as pessoas nem se deixar perturbar por elas. Isto é um pouco difícil de ser trabalhado, pois requer um relativo domínio das emoções, dos sentimentos e da aplicação das energias mentais.

A nossa mente é tão extraordinária que ficou célebre o fenômeno da *pseudociese*, a falsa gravidez provocada pela autossugestão.

No século XVI, a rainha da Inglaterra, Maria Tudor, ansiosa para ter filhos, ficou "grávida" várias vezes até o nono mês, quando desaparecia a falsa gravidez. Nessas ocasiões ela apresentava o ventre dilatado e sofria alterações no corpo todo: suspensão do fluxo menstrual, alteração nos seios, dores na coluna e até dores do parto, após o qual tudo desaparecia.

Há muitos anos, em uma Instituição Espírita, uma senhora casada, que era excelente médium, apaixonou-se por um jovem que também era casado. Ela estava com aproximadamente quarenta anos de idade, e ele com vinte e dois a vinte e cinco anos.

Na ocasião, havia sido publicado um livro de Emmanuel que falava sobre as *almas gêmeas*, a que me referi anteriormente. Ela começou a dizer que havia encontrado no rapaz sua alma gêmea. Isso é muito comum. Mas o que eu acho curioso é que as almas gêmeas têm sempre corpos bonitos. Eu ainda não encontrei ninguém que achasse sua alma gêmea num desdentado, capenga, curvo ou disforme... É sempre um tipo apolíneo ou uma Vênus de Milo.

Como era médium, recebeu uma comunicação de um "Guia", a informação de que deveria unir-se à sua alma gêmea, porque Jesus necessitava reencarnar e precisava do plasma dela e dos genes dele. Os dois ficaram tão alucinados que resolveram separar-se dos seus respectivos cônjuges para se unirem, embora não houvesse divórcio naquela época. Assim, as almas gêmeas uniram-se e foram procurar Chico Xavier. Ao chegarem lá, ela apresentou-lhe o rapaz e falou:

— Chico, eu encontrei minha alma gêmea!

Chico era ingênuo, mas era muito moralizado.

— Mas, minha filha... — iniciou Chico, sendo logo interrompido por ela.

— É, Chico! Nós nos separamos dos nossos cônjuges e estamos juntos.

Chico balançou a cabeça e ficou calado. Afinal, ela não perguntou nada. Apenas informou o que já era um fato consumado.

Nesse ínterim, ela informou que teve uma visão psíquica e concluiu que deveria consumar a tarefa para que Jesus reencarnasse. Engravidou e chegou aos nove meses, aos dez meses, aos onze meses... Ela não via problema porque entendia que Jesus é um ser especial, que não iria nascer com nove meses como qualquer um de nós.

No décimo segundo mês, ela deitou-se grávida e despertou normal. Era uma pseudociese que a mente havia provocado.

O relacionamento do casal não andava bem, pois nenhuma alma gêmea resiste muito tempo quando conhece, na convivência, a outra pessoa a quem se vincula. Eles acabaram separando-se.

Meses depois ela encontrou outro cavalheiro por quem se interessou. Antes de consumar o relacionamento, foi a Chico Xavier com o futuro namorado e disse:

— Chico, eu encontrei uma fagulha do meu sol!

E o venerando médium, experiente e sábio, respondeu:

— Minha filha, de fagulha em fagulha até completar um sol, de quantos homens você vai precisar?!

É óbvio que ela desencarnou sob o domínio de entidades perversas e zombeteiras, pois facultou a abertura do campo mental.[51]

A obsessão possui aspectos que as ciências médicas irão estudar melhor no futuro. No caso da pseudociese a mulher elabora determinados condicionamentos psíquicos que permitem a investida de Espíritos inferiores, desencadeando sintomas que não passam de uma ação de energias mentais sobre o corpo físico.

Em tais ocasiões, entidades adversárias provocam uma interferência psíquica na mulher, perispírito a perispírito, para insuflar-lhe ainda mais o desejo da gestação. Como todo processo obsessivo, esse desejo surge no emaranhado polivalente das ideias, e vai tomando corpo até tornar-se uma monoideia, na qual o indivíduo se abstém de pensar em outros temas para fixar-se no objeto do seu interesse compulsivo. À medida que a ideia se implanta na memória atual da vítima, o perispírito do desencarnado se acopla de tal forma ao da mulher, que essa entidade obsessora reduz as suas dimensões perispirituais e se implanta no organismo materno, buscando agasalhar-se na região intrauterina. Em seguida, o Espírito produz alterações fisiológicas que resultam no bloqueio das tubas uterinas, na interrupção do fluxo menstrual e até na dilatação do abdômen, causando a impressão de aumento do volume do útero em função de uma gestação que em realidade não existe. O Espírito fica alojado no organismo da mulher e gera uma vampirização de forças genésicas, que podem levar a vítima à tuberculose pulmonar, ao desequilíbrio hormonal e a transtornos psiquiátricos muito severos. Este ciclo pode ir de cinco meses até doze meses, nas fases mais prolongadas.

---

[51] Recomendações para que o médium resista aos convites da sensualidade vulgar encontram-se nos livros: *Tormentos da Obsessão*, de Divaldo Franco/Manoel P. de Miranda, Ed. LEAL, cap. 5 (Contato Precioso), cap. 6 (Informações Preciosas) e cap. 13 (A Experiência de Licínio); *Entre os Dois Mundos*, de Divaldo Franco/Manoel P. de Miranda, Ed. LEAL, cap. 11 (O Fracasso de Laércio). Nota do organizador.

Com o avanço dos diagnósticos médicos, ficou mais fácil detectar os casos de pseudociese. E em alguns dessa ordem a terapia da bioenergia, a aplicação de passes, expulsa do organismo feminino o Espírito em falsa gestação.

Assim como na mediunidade, quanto maior é a responsabilidade do indivíduo que colabora em qualquer atividade espírita mais elevado deve ser o seu grau de vigilância, de educação dos sentimentos para não se envolver em circunstâncias embaraçosas, que lhe causem problemas familiares e que lhe tragam amargas decepções. Quando não meditamos a respeito dos compromissos assumidos com o nosso parceiro no lar; quando nos deixamos seduzir por ilusões atraentes que encontram guarida em nosso *ego*, as ciladas do mundo invisível poderão desestabilizar a nossa vida e nos levar ao ridículo no ambiente religioso em que transitamos.

Um amigo a quem eu respeitei muito aqui na Terra era um excelente cidadão e um espírita dedicado. Era casado e pai de três filhos, tendo quase sessenta anos de idade na época do episódio que irei narrar.

Uma jovem muito atraente começou a frequentar o grupo espírita do qual ele fazia parte. Surgiu uma grande afinidade entre eles, porém, que era, evidentemente, entre uma jovem e um ancião. Era praticamente um problema psicanalítico... Ela ficou fascinada pela eloquência e inteligência do dirigente, enquanto ele ficou fascinado pela juventude da menina.

Um dia, esse fascínio transformou-se em uma relação mais próxima e eles começaram a estreitar os laços. Naquela época, o pudor social fazia com que as pessoas tomassem alguns cuidados para se preservarem de exposição excessiva. Até que um dia ele me confessou:

— Divaldo, eu encontrei a minha alma gêmea! É uma moça linda! Ela realmente conseguiu conquistar-me! Eu descobri que desejo estar ao seu lado até o fim dos meus dias!

Eu escutava a confissão sem entender muito bem, pois ele era um homem casado e sempre aparentou amar e respeitar a esposa. Pude notar que o depoimento se revestia da mais nítida sinceridade. Em decorrência da sua fragilidade afetiva, estava realmente encantado com a moça que integrava a juventude do Centro Espírita. Ele prosseguiu, expondo-me o seu dilema:

— Mas o problema é que eu sou casado, como você sabe, e sou muito feliz com a minha esposa. Eu a amo e não a deixaria por nada!

— E o que você fará? — perguntei-lhe.

— Pois é, Divaldo. Estive pesando na solução. Como eu amo muito a minha mulher e os meus filhos, não pretendo desfazer o meu lar. Mas sem a minha alma gêmea eu não poderei viver! Por isso, eu gostaria de fazer-lhe um pedido, já que você vê Dr. Bezerra de Menezes e se comunica com ele.

— E o que você quer do Dr. Bezerra?

— Eu queria pedir uma ajuda ao querido mentor.

— Pois não. Eu poderei levar o seu pedido ao Dr. Bezerra numa oportunidade em que ele se comunique comigo. Qual é a ajuda?

— Divaldo, eu amo tanto a minha esposa que eu gostaria de pedir ao Dr. Bezerra que a desencarnasse. Assim, eu me casaria com a minha alma gêmea e ele reencarnaria a minha esposa como minha filha, para que ela retornasse aos meus braços e recebesse o meu carinho, o meu beijo... Então ficaria tudo bem!

Eu parei por um instante, perplexo, com a solução encontrada pelo meu amigo, para em seguida responder-lhe:

— É a primeira vez que eu ouço uma proposta para Dr. Bezerra ser assassino!

Para que a proposta se consumasse, é óbvio que o Dr. Bezerra teria que matar a esposa dele, que, aliás, nunca havia estado com tanta saúde como naquele momento.

Então eu esclareci:

— Meu amigo, eu não teria coragem de pedir isso a um Espírito nobre e gentil, já que a sua esposa não está com nenhum problema. O problema é seu, não dela.

Não havia como eu transmitir o recado ao mentor, uma vez que se tratava de uma ideia absurda, fruto de uma pessoa vitimada por um distúrbio afetivo e manipulada por seres espirituais maliciosos. Ele chorava copiosamente diante de mim, pois era um homem honesto.

Cinco dias depois, eu estava realizando o atendimento fraterno, quando detectei a presença do Dr. Bezerra de Menezes. Sem que eu pronunciasse uma só palavra, o benfeitor falou-me:

DIVALDO FRANCO

— Quanto à proposta que o nosso amigo lhe fez, há alguns dias, eu desejo apresentar outra solução. Como ele é o problema, não a sua família, diga-lhe que eu poderei desencarná-lo e reencarná-lo como filho da sua alma gêmea, quando ela, por sua vez, encontrar a terceira alma gêmea...

De fato, eu levei a sugestão ao meu amigo. Mas ele não aceitou a proposta...

É interessante notar que temos a idade que gostaríamos. Isso é muito positivo, se nos concentramos em atividades saudáveis. Mas pode ser temerário se nos esquecemos da faixa etária em que estamos para assumir uma postura ridícula de quem não se respeita a si mesmo, desejando viver uma fase da vida que não corresponde àquela em que de fato nos encontramos.

É muito curioso esse fenômeno psicológico! Eu encontro muitos casos assim. O velhote namorando mocinhas como se fosse um adolescente. Ele já está até despedindo-se da Terra, porém, considera-se o mais novo galã do bairro. Sua saúde é muito boa e ele se sente tão bem que fica até com a cor da pele juvenil. Ao mesmo tempo ele se anima quando vê a possibilidade de uma nova conquista. E quando consegue o que quer, exibe a *presa* que conquistou na *caçada,* enquanto a mocinha feliz exibe o velhote que seduziu para resolver sua vida financeira...

Algo semelhante acontece com a velhota. Ela nasceu em um país do Ocidente e tem no rosto os traços característicos dessa parte do mundo. Mas depois da quarta cirurgia plástica fica uma verdadeira cidadã chinesa! A transformação radical é feita para conquistar os rapazes. Quando está namorando o seu "deus grego" ela vai a uma festa e o exibe para as amigas, enquanto o rapaz, de mãos dadas a ela, mostra a todo mundo o seu cofre para garantir o futuro...

Ninguém se iluda! Uma acentuada diferença de idade não proporciona a estimulação da libido. E, quando, de fato, alguém mais jovem se sente afetivamente inclinado para uma pessoa muito mais velha, estamos diante de um complexo de Édipo ou de Electra, de acordo com as elucidações da psicanálise. É o rapaz que está amando naquela senhora a imagem projetada da sua mãe, já que a relação entre ele e a sua genitora sofreu algum tipo de ruptura. Em contrapartida a jovem vê no senhor mais velho a imagem projetada do pai, que representa uma figura de protetor. Inúmeras vezes eu ouvi algumas moças dizerem textualmente: "Eu me apaixonei pelo meu namorado porque ele pareceu ser alguém que me daria proteção!".

Esse pensamento é um equívoco afetivo! O amor não precisa de proteção. O amor ama! Quando procuramos, acima de tudo, proteção e apoio, é porque não existe amor, existe transferência de conflito psicológico.

Quero enfatizar que não me coloco contra o progresso. Estamos vivendo um período em que a Ciência desenvolveu métodos para tornar o nosso organismo mais saudável, dando-nos uma maior longevidade, o que é recomendável porque nos brinda com um prolongamento das possibilidades de crescimento interior, mas ao mesmo tempo, atribui--nos uma grande responsabilidade. Se a existência física dilata-se, temos que refletir sobre como usaremos os nossos valores. E não falo necessariamente em relação ao aspecto espiritual ou religioso. Eu refiro-me aos valores do ponto de vista psicológico e ético.

À medida que a máquina orgânica vai sendo usada, perde a integralidade das suas funções. É inevitável. Poderemos manter a jovialidade interior, mas o funcionamento biológico está comprometido pelo tempo de uso e pelos desgastes. Por isso, nessa fase da vida, a natureza convida-nos a canalizar a energia expressando uma libido diferente. Já não é mais a libido sexual, mas de natureza emocional dirigida para a beleza, a arte, os ideais e as buscas superiores. É um processo que acontece com naturalidade, a não ser na mente viciada que, quanto maior a idade mais atormentada fica, principalmente porque o corpo já não responde aos estímulos como antes.

Devemos lembrar-nos de que todos somos o somatório das nossas experiências anteriores. Mas recordemos que seremos amanhã o resultado das nossas experiências atuais.

Tenho encontrado um número incalculável de indivíduos idosos e amargos porque a função sexual já não se encontra mais na plenitude de suas forças. Alguns ficam com sérias dificuldades, porque não têm resistências para reagir aos apelos eróticos, embora o corpo já não atenda aos estímulos. São aqueles velhinhos que ficam com os olhos *acesos*, à procura de alguém para lhes aplacar o desejo, nos últimos vestígios da libido mais pronunciada.

Na cidade do Rio de Janeiro ficaram muito conhecidos os velhotes da porta da Confeitaria Colombo, que ficavam nas proximidades do estabelecimento olhando as mulheres mais jovens para investir em conquistas ilusórias.

Uma amiga pernambucana, solteira e ainda jovem, era muito elegante e vestia-se muito bem. Estava com aproximadamente quarenta e cinco anos.

Em uma conversa informal, na década de 1970, ela narrou-me:

— Divaldo, eu sou uma louca absolutamente tranquila! Periodicamente eu me visto com muito capricho e passo na porta da Confeitaria Colombo, em Copacabana, *deslizando* lentamente e jogando charme... Os velhinhos quase enlouquecem! Então vou andando e eles se aproximam: "Olá, garota! Como vai?". Tentam uma abordagem, mas eu nunca paro para falar com ninguém. Fico insensível, somente observando se algum deles vem atrás de mim. Às vezes, alguns se arriscam e vêm correndo ao meu encontro, trêmulos e a passos curtos, para depois perceberem que a investida foi em vão. Um dia desses, um deles aproximou-se e propôs-me: "Mas que mulher! Que tentação!" Nesse momento o sinal de trânsito fechou e eu parei, fazendo a caridade de olhar para ele. O velhinho era um verdadeiro *caco* de vidro remendado! Estava com os olhos brilhando, parecendo um relâmpago! Ele perguntou-me: "Você é brasileira?". Eu resolvi esnobá-lo, falando em francês: "Non! Je suis française! (Não! Eu sou francesa!)". Ele ficou encantado por falar com uma francesa em plena praia de Copacabana, às quatro horas da tarde! Entusiasmado, o velhote respondeu-me: "Française? Ah! Mas que bom! Bonjour, madame! (Boa tarde, senhora!)". Eu lhe falei: "Madame, non! Mademoiselle! (Senhora não! Senhorita!)". Ao constatar que eu era solteira o pobrezinho começou a tremer! Ele também falava um pouco de francês e insistiu no diálogo. Conversa vai, conversa vem, ele elucidou: "Eu gostaria de estar com a senhorita em outro lugar". Na mesma hora eu mudei o idioma para o português e perguntei, já meio aborrecida: "E para quê?" "Para irmos ao meu apartamento!" "Para quê, meu senhor?". "Bem, bem... Naturalmente, para bebermos um vinho e ouvirmos música..." Eu cortei-lhe a frase pelo meio, e concluí: "E só isso, não é? Porque na sua idade é somente vinho e música! Porque para o resto o senhor já não serve mais!". Ele foi tomado de surpresa e respondeu, meio assustado: "Mas a senhora é louca!". Ao dizer isso, saiu andando apressado para longe de mim...

Ao narrar-me esse fato a amiga acrescentou:

— Veja se tem cabimento uma coisa dessas! O velho estava praticamente morto! Se ele se deitasse alguém iria sepultá-lo na mesma hora! E se atreveu a jogar conversa de sedutor pra cima de mim... Onde já se viu?

Essa história demonstra como as pessoas estão com o sexo na cabeça! E os idosos também são alcançados por esses convites ao desvario.

É interessante constatar que a minha amiga também era portadora de um transtorno sexual. Ela provocava os velhinhos, mas nunca correspondia. Insinuava-se, oferecendo o *queijo* saboroso ao *ratinho*, mas ficava sempre com o melhor para ela, sentindo-se realizada.

Naquela época, eu não entendia com clareza a situação. Com o passar do tempo e com as informações que Joanna de Ângelis ofereceu-me a respeito da Psicologia, eu comecei a interpretar melhor o comportamento da amiga.

Quando nos encontramos oportunamente, eu indaguei-lhe:

— Você se recorda da época em que provocava os velhinhos na porta da Colombo?

— Ah! Eu me lembro, sim! Ai, meu Deus! Eu já fiz coisas incríveis na minha vida!

— Pois é, Fulana. Naquele tempo você tinha um transtorno sexual. Você sabia disso?

— Eu acho que era mesmo. Porque eu só conseguia chamar a atenção de velhos. Eu tinha medo de não ser bonita o suficiente para atrair homens jovens...

Na hora em que conseguirmos exercer a função sexual em harmonia, teremos os nossos parceiros afetivos e amaremos sem nenhum conflito psicológico, dentro de um clima de dignidade humana. Não precisamos ser mais agressivos que os animais não humanos.

Por outro lado, muitos viúvos e viúvas que conheço não se perturbam ao se depararem com a ausência do ser querido.

Conheci uma senhora que era muito rica. Ela e o marido eram tão ricos que um dia adotaram um lar de crianças por sugestão minha, pois desejavam empregar o seu patrimônio em uma atividade humanitária.

Em 1985, quando ele desencarnou, a viúva ficou com os bens e prosseguiu como benfeitora do lar infantil.

Os candidatos a substituto do marido apresentaram-se com furor, como se fossem vespas sobre o alimento. Alguns deles, mais jovens, não conseguiam disfarçar a ânsia de conquistar uma boa aposentadoria, enquanto outros realmente pretendiam ter uma companhia feminina para a velhice.

Ela os recebia com serenidade, aceitando o convite para almoçar ou jantar, mas desde que o encontro fosse em sua própria casa. Quando alguns insistiam em convidá-la para ir a restaurantes ela respondia:

— Eu não tenho interesse em ir a nenhum restaurante, por mais refinado que seja. Moro em uma confortável mansão e disponho de um chefe de cozinha francês, além de outros empregados que me auxiliam de forma satisfatória. Eu não vou sair da minha mansão para ir a um lugar comer algo mal preparado, só porque está na moda. Se você deseja conversar comigo, então almoce em minha casa.

Eles iam à sua casa, contentes, cheios de charme e usando até perfume francês para agradá-la. Durante a conversa aproveitavam para dizer palavras românticas na intenção de sensibilizar a anfitriã. Ela permanecia tranquila, comparando todos os candidatos com o marido e escolhendo a melhor companhia.

Em uma das ocasiões, um velhote mais "animado", que também era muito rico e, portanto, não precisava do dinheiro dela, expôs-lhe o quanto seria bom se ficassem juntos. Ela perguntou:

— Você é infeliz?

— Infeliz não é a palavra correta. Eu me sinto incompleto.

— Eu compreendo. Mas como eu estou completa, não irei incompletar-me para satisfazê-lo, portanto, é melhor sermos apenas amigos.

Até hoje, com oitenta e quatro anos de idade, ela permanece serena e feliz.[52] E depois que o marido faleceu, também adotou mais um centro espírita e uma creche, e agora está trabalhando para adotar uma maternidade em sua cidade, uma capital do Brasil. Por isso, ela me explicou um dia:

— O dinheiro deve ser movimentado. E a melhor forma de movimentá-lo é investir em vidas, que será um investimento para a eternidade...

Notemos que a senhora foi capaz de superar a ausência da vida sexual. Como qualquer esposa saudável, ela possuía vida sexual ativa com seu marido. E mesmo quando jovem, antes de ser casada, teve outras experiências afetivas. Era uma mulher muita bonita da alta sociedade, o que normalmente implica certas facilidades para conhecer pessoas e relacionar-se. Não obstante, ao casar-se, ela se plenificou nas alegrias inefáveis do amor, não encontrando razões para ter outro parceiro após a morte do marido.

Em uma oportunidade em que conversávamos, ela me ofereceu uma explicação para a sua opção:

— Divaldo, eu tive o melhor companheiro da Terra! E confesso que muitos homens têm vindo até mim na intenção de se relacionarem comigo. Quando, porém, faço a comparação com o que eu tive, noto que eles perdem comparados ao meu marido em todos os sentidos. E alguns me propõem manter relações sexuais sem compromisso, somente para que eu não me sinta solitária. São tão tolos esses senhores equivocados! Se fosse para experimentar o sexo sem compromisso eu não precisaria deles. Com a fortuna que possuo compraria um amante. Mas não é isso que desejo, pois pretendo manter-me sem envolvimentos afetivos perturbadores.

Todos somos capazes de fazer uma pausa nessa corrida insana para ter parceiros sexuais a qualquer preço, atendendo aos estímulos vulgares apresentados pela sociedade contemporânea.

Nós até poderemos eleger uma companhia quando estivermos na viuvez ou se formos solteiros na maturidade, desde que as razões sejam ponderáveis, fundamentadas no amor, não representando apenas uma adesão insensata aos apelos da moda.

---

[52] Depoimento gravado em 2003. Nota do organizador.

Dessa forma, seja em nossa instituição religiosa ou em outro ambiente, a vigilância com os nossos desejos e sentimentos nos trará uma harmonia interior que nos preservará de aventuras sexuais destruidoras da nossa paz.

7

HOMOSSEXUALIDADE

POLARIDADES SEXUAIS E REENCARNAÇÃO

As Leis da Vida permitem que o Espírito utilize variados perfis de programação reencarnatória. Desta forma, poderemos reencarnar diversas vezes em um só sexo para depois fazermos um longo percurso no sexo oposto ou reencarnar alternadamente em um e em outro sexo.[53]

Para entender esse processo, basta pensar no fenômeno da aprendizagem. Um aluno poderá fazer as matérias do seu curso lentamente ou poderá estudar todos os conteúdos de uma vez. Se ele tiver energia e capacidade para empreender este esforço, a coordenação pedagógica da instituição permitirá que ele avance mais rapidamente para os níveis seguintes. Outros alunos não receberão a permissão para tentar um investimento tão ousado, que certamente ultrapassa a capacidade de conquista desses aprendizes. Se ele apresentar um bom rendimento dentro da proposta que elegeu, continuará a cursá-la. Se o nível logrado não for o esperado, os seus preceptores irão redirecioná-lo para outro programa de aprendizagem no qual ele tenha que percorrer o percurso num ritmo mais lento. A estrutura íntima de cada um é o fator determinante da sua velocidade no cumprimento dos compromissos escolares.

Esses conceitos evidenciam que a tarefa evolutiva de todos os Espíritos é desenvolver as qualidades psíquicas inerentes às duas polaridades.

---

[53] Informação encontrada no livro *Sexo e Obsessão*, de Divaldo Franco/Manoel P. de Miranda, Ed. LEAL, prefácio (Sexo e Obsessão). Nota do organizador.

Essas qualidades psíquicas predominantes em uma e outra polaridade podem ser divididas em duas:

A Energia — a capacidade de enfrentamentos, a ousadia, a liderança, o destemor. Esta é uma característica predominantemente masculina.

O Amor — a capacidade de acolhimento, a doçura, a compreensão, a sensibilidade. Esta é uma característica predominantemente feminina.

Ambas as polaridades, quando plenamente desenvolvidas, levam à conquista da sabedoria.

Sendo assim, um Espírito pode realizar grande parte da sua jornada evolutiva em um mesmo sexo, se isso for da sua preferência, desde que, ao longo dessas reencarnações, ele consiga desenvolver os valores evolutivos inerentes às duas polaridades. Mas se isto não acontecer e o rendimento do aluno não for o esperado pelos seus tutores, haverá um redirecionamento do programa. Ou seja, se ele desenvolver de forma muito desproporcional apenas as características de uma das polaridades ou se desrespeitar o sexo oposto, a Divindade fará com que ele tenha alterado o plano de aprendizado reencarnatório. Deverá retornar ao corpo alternando as experiências em um e em outro sexo, a fim de que os valores da masculinidade e da feminilidade sejam assimilados de maneira mais equânime.

Joanna de Ângelis, a mentora espiritual que me orienta nesta reencarnação, desenvolveu de forma bastante equilibrada as duas polaridades psíquicas. Até onde eu pude examinar, ela tem reencarnado sempre como mulher nos últimos dois mil anos. Não posso informar com certeza em qual gênero a benfeitora teria renascido antes desse período ou talvez nesse ínterim. Talvez tenha experimentado a masculinidade em época bastante recuada, uma vez que ela apresenta simultaneamente a doçura de uma mãe e a energia de uma verdadeira líder.

Outra explicação para o desenvolvimento ambivalente das duas polaridades é que, ao longo dos últimos vinte séculos, Joanna tenha vivenciado a condição feminina em suas reencarnações mais expressivas, que podem ter sido entrecortadas por alguns intervalos em que retornou ao corpo físico no sexo masculino. Mas ela pode ter ampliado as suas expressões psicológicas de liderança e energia mesmo experimentando apenas a reencarnação no sexo feminino. Durante toda essa jornada existencial pela qual estou transitando, aprendi com ela disciplinas rigorosas, mas também recebi belíssimas lições de ternura maternal.

Emmanuel, guia espiritual de Chico Xavier, apresentou-se ao médium na sua indumentária psíquica masculina. E até onde nos é dado analisar ele esteve reencarnando como homem nos últimos dois mil anos... No entanto, quando esse Espírito fala sobre o amor, demonstra um sentimento profundo de maternidade, que pode ter desenvolvido em reencarnações como mulher ou em experiências de devotamento e abnegação, mesmo reencarnando no gênero masculino.

Todos conhecemos homens que são nitidamente meigos e dóceis, apesar de sofrerem a influência fisiológica da testosterona, o hormônio masculino. E para que essa característica sensível aflore, o ser não necessariamente terá que reencarnar como mulher.[54]

ORIENTAÇÃO SEXUAL

Os geneticistas têm tentado encontrar genes que explicariam o comportamento sexual. Outra corrente científica, na área da Psiquiatria, tenta identificar neurotransmissores cerebrais que responderiam por este fenômeno.

Um dos aspectos do comportamento sexual, que as pesquisas mencionadas tentam decifrar, é a *orientação sexual*, o interesse que o indivíduo possui em estabelecer relacionamentos afetivo-sexuais com o gênero oposto ou com o mesmo gênero.

Analisando a questão pelo ângulo da Ciência e da Espiritualidade, o Espírito realiza experiências em quatro modalidades de conduta sexual:

1. *Assexualidade* — Nesta circunstância, o indivíduo possui a estrutura anatomofisiológica saudável, sem nenhuma disfunção, mas a sua

---

[54] Para o tema das polaridades sexuais no processo reencarnatório consultar o livro *Pinga Fogo com Chico Xavier,* organizado por Saulo Gomes, Ed. InterVidas, primeira parte, cap. 14 (Reencarnações na Mesma Família). Nota do organizador.

estrutura psicológica faz com que ele não experimente a presença ostensiva da libido. Esse indivíduo normalmente atravessa toda a existência sem buscar nenhuma parceria afetivo-sexual, aplicando suas energias em outros campos de atividade.

2. *Heterossexualidade* — Nesta experiência, o indivíduo realiza um aprendizado sexual relacionado à perpetuação da vida biológica. É a orientação sexual que podemos denominar de *convencional*, porque adotada pela maioria dos seres humanos.

3. *Homossexualidade* — Neste contexto, o indivíduo elege um parceiro do mesmo sexo. No que diz respeito à escolha de parceiros afetivo-sexuais, ele apresenta estrutura anatomofisiológica que não corresponde ao seu perfil psicológico.

4. *Bissexualidade* — Na bissexualidade encontraremos um indivíduo que apresenta interesse em se relacionar ora com o sexo oposto, ora com o mesmo sexo, o que não significa que ele possua os dois sexos biológicos. Quando o indivíduo, de fato possui os dois sexos biológicos, a Ciência denomina este quadro de *intersexualidade* ou *hermafroditismo*, que não corresponde a uma forma de orientação sexual, mas a uma anomalia biológica amplamente estudada pela Medicina.[55]

Conforme já dissemos, a espécie humana pode apresentar-se na vida biológica em dois gêneros, o masculino e o feminino, uma vez que o ser espiritual foi criado por Deus para expressar duas polaridades. Em uma oportunidade, ele mergulha na forma física masculina e em outro momento, na feminina. Equivale dizer que em uma determinada fase da nossa evolução experimentamos o aprendizado que a condição masculina proporciona. Em outro momento evolutivo tratamos de aprender as lições que a experiência feminina disponibiliza.

Para que a vida seja plenamente saudável, a consciência deve elaborar um comportamento que proporcione uma perfeita sintonia entre o sexo no qual reencarnamos e a nossa manifestação psíquica. Significa

---

[55] A expressão *intersexualidade* é tecnicamente mais adequada. Nota do organizador.

que se renascemos na condição masculina a nossa expressão psicológica deve ser masculina. E se nos encontramos na polaridade feminina, é porque o nosso psiquismo precisava experimentar a dinâmica emocional feminina. A Divindade nos coloca no contexto de que necessitamos para superar as nossas dificuldades, o que nos faz concluir que a orientação heterossexual é aquela que contempla as duas modalidades de expressão sexual projetadas pela evolução.[56]

Frequentemente o Espírito programa uma longa jornada apenas em um sexo. E quando se transfere para o outro, isto é, quando inicia uma série de reencarnações na polaridade oposta, muitas vezes, ainda se encontra com as *marcas psicológicas* do sexo anterior.

Nesse contexto, a homossexualidade é um fenômeno provocado por diversos fatores. Um desses, algo preponderante, é quando, em uma encarnação anterior, o indivíduo não soube manter a postura psicológica e emocionalmente equilibrada. O abuso das experiências em uma das polaridades impõe a necessidade do retorno em outra, a fim de aprender a respeitar a função sexual. Portanto, a homossexualidade tem suas causas profundas na intimidade do ser espiritual.

Imaginemos uma mulher que vive exclusivamente para o sexo, iludindo vários homens e contribuindo para a dissolução de muitos lares. Na próxima encarnação, ela poderá retornar em um corpo feminino e desenvolver algum transtorno sexual, como a frigidez. Mas também poderá renascer em um corpo masculino e conservar as tendências psicológicas femininas, caracterizando a orientação homossexual. Significa que uma mulher que haja violentado os sentimentos da dignidade humana, adulterando e destruindo a vida de muitos homens, reencarna em corpo masculino para aprender a valorizar o gênero do qual abusou. Mas a sua mente preserva as suas expressões psicológicas de vidas pregressas.

No sentido oposto, um homem que, de alguma forma, se utilizou do sexo para o prazer irresponsável, para seduzir mulheres e desprezá-las em seguida, poderá reencarnar novamente como homem e desenvolver um distúrbio orgânico ou psicológico que lhe provoque transtornos se-

---

[56] Esta informação consta no livro *Dias Gloriosos*, de Divaldo Franco/Joanna de Ângelis, Ed. LEAL, cap. 14 (Mudança de Sexo). Nota organizador.

xuais, como a disfunção erétil, por exemplo. Ou poderá reencarnar em um corpo físico feminino e conservar traços psicológicos masculinos, que irão configurar a sua inclinação homossexual. Equivale dizer que quando ele se utiliza da masculinidade para perturbar e contaminar os sentimentos femininos, retorna exatamente no gênero que corrompeu, mantendo as suas características emocionais e afetivas de encarnações anteriores.[57]

Somente a Divindade saberá em qual mecanismo provacional--expiatório o indivíduo renascerá.

Vemos a homossexualidade como uma dificuldade evolutiva relacionada à adaptação do ser espiritual ao gênero no qual reencarnou, sem nenhuma censura ou preconceito de nossa parte. Eu a compreendo como uma experiência do Espírito, em vez de visualizá-la como uma patologia. Não se trata, portanto, de uma anomalia, por mais que se tenha preconceito contra essa nobre expressão de conduta. Anteriormente a homossexualidade era compreendida como uma questão psiquiátrica. No entanto, em face de análises científicas mais profundas, constatou-se que se trata de uma variante do comportamento humano, assim como de outros animais, razão pela qual a Organização Mundial de Saúde retirou do seu código internacional de doenças a orientação sexual daqueles que se relacionam com indivíduos do mesmo sexo. É importante diferenciar que o desejo, a inclinação, o afeto por uma pessoa do mesmo sexo é algo que nós denominamos orientação sexual. Mas a decisão de realmente se relacionar com alguém do mesmo gênero é uma opção do indivíduo.

Seja em que faixa de orientação sexual o ser se movimente, mesmo que não represente a opção ideal, estaremos sempre diante de um processo de evolução.[58]

---

[57] Ver: *Ação e Reação,* de Francisco Cândido Xavier/ André Luiz, Ed. FEB, cap. 15 (Anotações Oportunas); *Vida e Sexo*, de Francisco Cândido Xavier/Emmanuel, Ed. FEB, cap. 21 (Homossexualidade); *Desafios da Vida Familiar*, de Raul Teixeira/Camilo, Ed. FRÁTER, parte II, questões 28 e 29. Nota do organizador.

[58] Informação que está presente no livro *Encontro com a Paz e a Saúde*, de Divaldo Franco/Joanna de Ângelis, Ed. LEAL, cap. 8 (Reflexões Sobre a Sexualidade). Nota do organizador.

As leis biológicas estabelecem para a criatura humana as definições fisiopsicológicas que servirão de parâmetro para o seu comportamento na área sexual. Toda vez que o ser desrespeita os recursos genésicos e os aplica indevidamente, é óbvio que ele adquire uma dívida perante a Consciência Cósmica e a própria consciência. Daí, poderá reencarnar trazendo a matriz dos vícios, mas movimentando-se em um corpo diferente, o que induz o Espírito a deixar vazar aquelas características psicológicas da encarnação anterior. Esse é um fenômeno que faz parte do trânsito evolutivo e pode ser interpretado como um acidente de percurso.

No caso da homossexualidade, a finalidade desta inversão de polaridade sexual é estimular o indivíduo a superar as dificuldades provocadas pela sua conduta na encarnação anterior, quando ele se entregou às paixões desgovernadas.

Além das causas espirituais, em decorrência de encarnações anteriores, a homossexualidade pode originar-se na encarnação atual, em mecanismos de experimentações sexuais que o ser realiza quando está atormentado, sobretudo, na fase da adolescência, quando anseia por descobrir seus valores e aspirações.

Nesse particular, é comum que os pais também tenham alguma influência. Muitos pais, bastante atormentados, planejam ter um filho do sexo masculino e são surpreendidos pelo nascimento de uma filha. Eles se revoltam contra a circunstância indesejada e acabam tratando a filha de uma forma incompatível com a sensibilidade feminina, como se fosse um menino.

Da mesma forma, encontramos situações em que a mãe, por exemplo, gostaria de ter uma filha e é colhida pela insatisfação de ter um menino em seus braços. Inconformada com a frustração, ela procura transferir para o filho todas as emoções que acalentou durante a gestação e passa a tratá-lo de maneira esdrúxula, vestindo-o com roupas que tendem ao estilo feminino e ensinando-lhe hábitos tipicamente femininos.

Tanto um quanto outro contexto pode deflagrar conflitos psicológicos no momento em que o filho estiver transitando pela fase da puberdade e da adolescência. Cabe aos pais amar o filho e não o sexo biológico no qual ele se encontra.[59]

Os episódios de comportamento homossexual também podem estar relacionados a fenômenos de obsessão espiritual, o que não é uma regra, embora ocorra com certa frequência. Conhecemos um número extenso de casos nos quais a influência de desencarnados é um fator preponderante. Relatarei logo a seguir um caso bastante ilustrativo.

Como se pode observar, são diversos os fatores que respondem pelo fenômeno da homossexualidade como expressão do comportamento humano.[60]

No caso da bissexualidade, deparamo-nos com um fenômeno que merece uma análise mais criteriosa. Esse comportamento passou a ser um fenômeno de grande divulgação quando ocorreu a revolução sexual dos anos 1960-70. A música alucinante, as drogas, e os comportamentos rebeldes deram curso a experimentações em busca do prazer desvinculado dos sentimentos. Aqueles Espíritos, que estavam reencarnados em corpos jovens, traziam do passado terríveis vícios sexuais, que os induziram a manter relações sexuais promíscuas tanto com pessoas do mesmo sexo quanto com indivíduos do sexo oposto.

Portanto, a mente que experimenta transtornos sexuais profundos, insatisfação, quase sempre responde pelo comportamento bissexual com as compreensíveis exceções.

REFLEXOS DO PASSADO

A homossexualidade pode ser desencadeada ou influenciada por um processo obsessivo. Existem muitos casos de obsessão sexual em que o indivíduo é arrastado para um relacionamento com alguém da sua mesma polaridade física. O adversário desencarnado, que foi profundamente lesado pela sua vítima de agora, induz este indivíduo a um

---

[59] Ver também *Adolescência e Vida*, de Divaldo Franco/Joanna de Ângelis, Ed. LEAL, cap. 22 (O Adolescente e os Transtornos Sexuais). Nota do organizador.

[60] Consultar também: *Loucura e Obsessão*, de Divaldo Franco/Manoel P. de Miranda, Ed. LEAL, cap. 6 (Destino e Sexo) e cap. 15 (O Passado Elucida o Presente); *Educação e Vivências*, de Raul Teixeira/Camilo, Ed. FRÁTER, cap. 10 (Homossexualidade e Educação). Nota do organizador.

relacionamento homossexual que é angustiante para ele. O objetivo é cobrar a dívida desencadeando agressões ao equilíbrio sexual do devedor. Como este Espírito está imantado ao campo da aura do seu *hospedeiro psíquico*, ele passa a experimentar as sensações, emoções e desejos daquele a quem manipula, inclusive nos momentos de relacionamento sexual que a vítima estabeleça com um parceiro.

Nos anos 1970, procurou-me na Mansão do Caminho um jovem que era um pouco mais velho do que eu e que ocupava uma posição social relevante na cidade de Salvador. Ele se dizia homossexual e afirmava sofrer um grave preconceito. Todo preconceito é sempre cruel, mas naquele tempo era ainda mais doloroso do que hoje, salientando que muito daquilo que era publicamente combatido também era praticado às ocultas, o que torna o fenômeno ainda mais lamentável porque é acrescido de uma boa dose de hipocrisia.

Desta forma, o rapaz falou-me sobre a sua orientação homossexual e me contou algo de estarrecer. Afirmou que já havia consultado um psicólogo, que lhe havia recomendado assumir seus desejos sem receio. Mas ele era casado e tinha filhos, o que conferia maior soma de sofrimento para o seu drama pessoal. Aliás, ele havia procurado o casamento exatamente para poder escamotear o seu conflito. Além disso, ele ocupava uma posição relevante na sociedade, uma posição de destaque na empresa e o respeito dos seus familiares.

Sua narrativa deu-se nos seguintes termos:

— Divaldo, existem dias em que me sobe uma *sede*, uma *febre*, um tormento... E eu saio para caçar! Como eu sou uma pessoa de sociedade, de certo nível cultural, eu tenho o meu padrão. Então eu vou ao clube que frequento ou vou a determinados lugares onde encontro pessoas do meu nível *social*. Mas quando eu não acho companhia o desespero me assalta e eu vou descendo de patamar sócio-intelecto-moral até que, pelas ruas, eu encontro aventureiros a quem eu pago para me satisfazer. Quando eu termino me vem a ideia do suicídio. Atingi o máximo da degradação! Desejo matar-me porque eu sei que não tenho coragem para enfrentar meus filhos! É um conflito terrível!

Quando ele resolvia buscar aventuras e depois voltava para casa, após o *surto* (palavra que ele mesmo utilizou), sentia-se *sujo* e preferia deitar-se no chão em vez de dormir na cama. Justificava este comportamento para a sua esposa afirmando que estava fazendo uma penitência. Por mais que se banhasse com rigor, nada o fazia sentir-se higienizado. Como consequência, nessas ocasiões ele não mantinha relacionamento íntimo com sua esposa, pois se sentia um ser abjeto. Seu sofrimento era agravado pelo fato de se preocupar em não revelar nada aos filhos. Ele ficava imaginando como seria quando os filhos soubessem do seu comportamento ou quando seu segredo caísse na impiedosa boca popular. Por isso estava a ponto de se suicidar, sobretudo porque a sua posição social ficaria abalada, razão pela qual recorria ao Espiritismo como última alternativa.

É claro que as transformações culturais ocorridas na segunda metade do século XX fizerem esta carga brutal de preconceito cair por terra.

Naquele tempo eu ainda não tinha um conhecimento mais pronunciado sobre as questões sexuais à luz da Doutrina Espírita, que os anos e a experiência me deram posteriormente, ao lado de obras específicas que psicografei e que contribuíram para que eu compreendesse melhor esses conflitos que atingem o ser humano.

Eu disse ao rapaz que iria orar para receber dos amigos espirituais uma orientação sobre o que lhe dizer. Enquanto nós conversávamos, eu vi um Espírito muito perturbador que o assessorava, revelando um aspecto vampiresco e cruel. Deduzi que era um compromisso negativo do passado.

Envolvi-me numa onda de ternura por aquele jovem. Eu o aconselhei bastante e sugeri que ele fizesse a terapia dos passes, a transmissão de bioenergia. Sugeri também que quando ele estivesse muito desesperado, fizesse a aplicação do autopasse, para que tirasse do centro cerebral do perispírito (da memória, portanto) as lembranças truanescas. Eliminando as reminiscências negativas e orando a Deus ele seria socorrido. Falei-lhe que voltasse à nossa Casa, se lhe aprouvesse, para ouvir as reuniões, pois isso seria uma psicoterapia. Lembremo-nos de que a reunião doutrinária é uma verdadeira terapia de grupo, pois enquanto estudamos e elucidamos questões diversas, estamos solucionando dramas pessoais ou coletivos.

Ele voltou e se tornou assíduo, melhorando ao longo dos meses.

Depois de várias semanas frequentando a nossa instituição, ele me disse, eufórico:

— Divaldo, os meus surtos, que eram semanais, estão mais espaçados. Eu estou há quase um mês sem ter nenhuma *crise*.

Em todas as reuniões nós conversávamos um pouco.

Neste ínterim, eu comecei a cultivar por ele um estranho sentimento de animosidade, de antipatia, que se somava a um mal-estar físico quando eu estava na sua presença. Como eu sempre fui alegre e jovial, estranhavam-me aquele sentimento e aquela sensação perturbadora. Quando eu o avistava na fila para conversar conosco emergiam imediatamente aqueles sintomas inexplicáveis. Quando ele se aproximava eu me esforçava para atender a sua necessidade e o envolvia em ternura, conseguindo reverter a situação inusitada e atendê-lo com tranquilidade.

Quatro ou cinco meses depois eu passei a ter outros sintomas orgânicos mais agudos. Desenvolvi um desconforto digestório, como se fosse um distúrbio gástrico ou hepático sem causas detectáveis. Quando encontrava o rapaz na fila eu sentia náuseas intensas, ao mesmo tempo em que uma angústia inusitada tomava conta das minhas emoções.

Certo dia ele nos visitou e os sintomas reapareceram de forma acentuada. Conversei com ele com certo esforço. Quando ele saiu, eu continuei com aquele estado orgânico desagradável e com certo mau humor.

Nos dias que se sucederam o mau humor periodicamente me visitava. Por três ou quatro dias o mau humor e a indisposição me perturbaram. Mas eu estava gozando de saúde e me encontrava muito bem com a minha consciência, dentro dos meus limites. Depois de reflexionar muito e de deter-me para descobrir a causa profunda daquela situação, eu concluí que se tratava de uma interferência mediúnica. Mesmo vigiando e orando eu estava sendo acometido de uma investida do plano espiritual inferior. Resolvi orar. Como disse São João da Cruz: "Fugi para o silêncio da minha alma".

Concentrei-me bastante e orei, pedindo a Jesus e aos bons Espíritos que lançassem luzes sobre a questão. Quando eu estava no auge da oração, nesse estado de parcial desprendimento do corpo, eu vi quando aquela entidade vampirizadora, com aspecto sombrio, acercou-se-me e desafiou-me com palavras muito venais. O Espírito dirigiu-se a mim nos seguintes termos:

— Vou perturbá-lo porque você está me perturbando!

Eu não associei de imediato as suas palavras à situação. E lhe respondi:

— Mas, meu irmão, eu o vi apenas em companhia de um amigo. Em que eu o estaria perturbando?

— Quero dar-lhe um conselho: deixe o meu escravo e siga o seu caminho sem interferir nos meus planos!

Ao declarar que eu não sabia quem era o seu escravo ele resolveu explicar-me, utilizando uma metáfora muito ardilosa:

— Meu escravo vivia comigo numa ilha, a ilha do prazer e da fantasia. No início ele desejou fugir, mas não tinha para onde. A ilha era pequena e à volta tudo eram perigos. Subitamente ele grita para a outra margem e alguém lança uma ponte, que se inclina do continente e faz surgir uma alternativa para o meu escravo. Ele está fugindo e eu não consigo detê-lo, pois a atração do continente é maior do que o seu desejo de permanecer ao meu lado na ilha. O meu escravo já está mais próximo de sair da ilha do que de ficar. Desta forma eu não vejo outra solução a não ser destruir a ponte!

— Eu sinto muito, mas não entendi nada do que o senhor falou... Como os meus recursos intelectuais são muito reduzidos, eu gostaria que o senhor falasse com mais clareza.

— Então eu vou explicar. Eu vivia com Fulano na minha ilha. Eu o uso de todas as formas que achar conveniente. *Ela* foi a minha mulher e deve continuar como minha amante. *Ela* é minha, embora tenha vindo mascarada num corpo masculino para se disfarçar. *Ela* me traiu, menosprezou a minha confiança. Agora eu a reencontrei e a induzi psiquicamente a voltar à antiga posição de minha amante! No início eu fazia por vingança, mas agora experimento um enorme prazer!

Uma declaração como essa nos faz ver a que ponto chegam as mentes desvairadas!

Continuei falando com o Espírito, que era muito cruel e se obstinava na sua tese. Ele me contou que o rapaz a quem ele perseguia havia sido sua amante há menos de cinquenta anos, cuja conduta moral foi muito perturbadora.

O Espírito interrompeu por um instante o seu depoimento e logo depois voltou a falar:

— Se neste momento ele se apresenta como um homem, isso não muda nada. *Ela* veio fantasiada de homem e procurou um casamento de mentira! Mas eu vou cobrar porque o seu amante sou eu! Aliás, quando ele se entrega ao prazer eu desfruto. E vou levá-lo à morte! Vou lhe causar uma frustração tão intensa que o fará suicidar-se![61] No entanto, você o está *seduzindo* e desviando da obrigação. Com qual intenção? Não vou admitir! Eu vou destruir você! Então eu resolvi dar a você uma assistência perniciosa. Como eu não encontro determinados campos na sua mente, eu vou gerar uma atmosfera à sua volta que vai criar uma animosidade contra ele, até desenvolver em você um asco por ele, que vai fazer com que você o expulse.

Depois que o Espírito falou o que lhe pareceu ser seu direito, eu redargui:

— Meu irmão, você pode falar o que achar melhor, mas eu tenho certeza de que os seus planos já estão sofrendo abalos, pois você já perdeu grande parte do domínio mental que tinha sobre o seu suposto escravo. E ainda quero lhe dizer mais: eu vou conquistar a confiança dele e vou tirá-lo de você. Primeiro porque Deus quer assim, depois porque ele quer e por último porque eu também quero. Então somos três que se opõem ao desejo de apenas um. Além do mais, a ponte é de aço inoxidável alemão! E você não vai quebrar! Agora mesmo eu tomarei a providência de chamá-lo severamente para conversar e contar o ocorrido, a fim de que ele esteja advertido. Ele procurou Jesus, que nos dá um fardo muito leve... Tenha a certeza de que você não afetará nem a mim nem a ele. Esse desespero é sinal de terreno perdido. Cuide da sua ilha,

---

[61] A influência de Espíritos obsessores sobre alguns indivíduos, desencadeando o comportamento homossexual, está referida no livro *Nos Bastidores da Obsessão,* de Divaldo Franco/Manoel P. de Miranda, Ed. LEAL, cap. 8 (Processos Obsessivos). Nota do organizador.

pois depois que ele passar, a ponte, que é levadiça, vai deixar você sozinho para refletir sobre os seus atos em descompasso com a Lei Divina.

Ao dizer isso, a entidade perturbadora saiu do recinto tomada de ira, contestando as minhas afirmativas. Como eu já estava acostumado com esse intercâmbio com os desencarnados e com ameaças que por vezes, eles me fazem, não me permiti abalar e continuei insistindo em que o rapaz se reequilibrasse.

Numa ocasião em que o jovem veio à nossa instituição eu lhe dei a seguinte orientação:

— Fulano, como você está frequentando a nossa casa há algum tempo, eu gostaria de lhe dar algumas orientações úteis para o seu equilíbrio. Mas para isso será necessário que você leia este livro, *O Livro dos Espíritos*, que lhe dará uma base doutrinária para que eu possa lhe oferecer vários esclarecimentos. O que eu vou lhe falar exige que antes você entenda o que é a reencarnação, porque senão eu estarei dando uma informação que você não vai conseguir processar.

Depois desse dia ele passou a ler o livro com muito afinco e permaneceu realizando o tratamento espiritual.

Às vezes tinha recidivas e chegava à Mansão do Caminho bastante entristecido. Ao perceber o fato eu procurava tranquilizá-lo afirmando:

— Que bom que você caiu! Cair é um fenômeno natural para quem caminha. Se alguém um dia lhe disser que jamais caiu é porque esta pessoa nunca saiu do lugar em que está. E depois que caímos temos a grande alegria de nos levantarmos... Não olhe para trás e siga em frente!

Continuei conversando com o rapaz sempre que ele nos visitava.

Oportunamente eu lhe falei:

— Quando você tiver um episódio mais agudo, procure-nos para receber passes. Você já tem uma relação afetivo-sexual plenificadora com a sua esposa e não necessita desviar-se do seu caminho. Quando a sua energia psicofísica estiver excessiva e houver algum risco de você permitir-se uma conduta vulgar, visite pessoas doentes e ofereça o seu amparo fraternal. Auxilie portadores de tuberculose, hansenianos, etc. Dessa forma o comportamento saudável lhe fará dissipar o excesso de energia.

Numa de nossas reuniões mediúnicas, o Espírito que o perseguia, foi trazido à comunicação conosco. Ele estorcegou na aparelhagem mediúnica e blasfemou à vontade, recebendo a orientação compatível com a sua necessidade espiritual.

Em virtude do esforço de crescimento individual realizado pelo jovem, posteriormente os guias espirituais resolveram reencarnar a entidade adversária como filho de sua vítima de agora. Eu tive a oportunidade de presenciar um diálogo que Espíritos amigos tiveram com ele, no qual as entidades venerandas lhe disseram:

— Já que você tem este sentimento por ele, que é um misto de amor e de ódio, você irá receber os beijos, os abraços e a ternura que deseja.

— Mas então será uma maravilha para mim!

— Só que este será um amor exclusivamente de ternura, pois você vai renascer como filho dele.

O Espírito não se conformou. Quis resistir, mas não havia alternativa.

Com o passar do tempo, o rapaz conseguiu romper o vínculo negativo e dedicou-se ao bem. Até que desapareceu do nosso convívio e não o vimos por largo período.

Anos depois ele voltou com uma criança nos braços e me disse:

— Divaldo, eu quero apresentar-lhe o meu terceiro filho. Olhe como ele é lindo!

O rapaz beijava o filhinho com grande ternura paternal. E a nossa mentora espiritual Joanna de Ângelis informou-me:

— O amante traído voltou aos braços da amada!

A nossa mentora esclareceu-me que, na primeira oportunidade, o Espírito perseguidor foi encaminhado ao processo reencarnatório e renasceu como filho daquele a quem perseguia. E o meu jovem amigo não teve mais surtos ou incidentes de natureza sexual, uma vez que o seu equilíbrio foi plenamente restaurado. Aquilo que era um tormento transformou-se em uma proposta sublime de amor...

Hoje ele já é um homem de oitenta anos de idade que tem netos e bisnetos. Eu tive a oportunidade de acompanhar o desenvolvimento da criança que a Divindade colocou nos seus braços. Ele teve dificuldades terríveis com esse filho rebelde e agressivo, cuja verdadeira história lhe era desconhecida. Na época em que o Espírito foi trazido à reen-

DIVALDO FRANCO

carnação eu lhe disse apenas que os guias afastariam o obsessor, mas que ele, que hospedava em sua intimidade vários comprometimentos do passado, deveria manter a conduta austera e a mente clarificada pelo Evangelho de Jesus.

Durante muitos anos eu acompanhei o seu drama de pai. Muitas vezes, quando ele tentava beijar o filho, o menino o esbofeteava. Em outras situações, quando ele cultivava um ressentimento pelo comportamento do filho, o garoto parecia ser tomado por um sentimento de arrependimento e atirava-se nos braços do pai procurando carinho. Somente muitos anos depois eu lhe contei a trama na qual o seu antigo amor havia sido traído por ele e agora retornava para que ambos se reabilitassem, o que de fato aconteceu.

A PROPOSTA DA DOUTRINA ESPÍRITA

Perguntam-me se o homossexual tem direito a experimentar o amor e o sexo. Esta é uma questão que certamente pertence à consciência de cada um. Mas como eu não considero a homossexualidade um transtorno psiquiátrico, uma doença, uma aberração, não vejo por que o seu portador deva ser privado da afetividade dos relacionamentos saudáveis com o parceiro elegido.

O Espiritismo não estabelece normas de comportamento para os outros, uma vez que o seu corpo de princípios não condena as escolhas individuais de qualquer natureza. Seu papel não é proibir, é orientar, explicitar aspectos novos de determinado problema e apresentar sugestões que podem facilitar a caminhada do ser no rumo da felicidade, pois cada um responde pelo comportamento que decide adotar.

Seria ideal que o Espírito reencarnado conseguisse adaptar-se plenamente ao corpo físico que lhe serve de instrumento, pois que, desta forma, a sua postura psicológica estaria em sintonia com os hormônios que o corpo produz.[62]

Porém, se o indivíduo está incurso em uma experiência evolutiva na qual se vê inclinado ao comportamento homossexual, percebendo

---

[62] Esta informação consta no livro *Sexo e Obsessão*, de Divaldo Franco/Manoel P. de Miranda, Ed. LEAL, cap. 15 (Sexo e Obsessão). Nota do organizador.

que a heterossexualidade é uma proposta inteiramente inviável para a sua realidade íntima, seria preferível que ele optasse pela abstinência, canalizando as suas energias para objetivos nobres.

Contudo, quando consideramos o princípio do livre-arbítrio, à luz da Doutrina Espírita, concluímos que o indivíduo tem o direito de eleger o comportamento que lhe aprouver, pela forma de relacionamento que lhe dê equilíbrio afetivo. Se a sua opção é amar um parceiro do mesmo sexo, assumindo a responsabilidade de um relacionamento íntimo com este ser que lhe corresponde, é um direito que lhe assiste, credor do nosso maior respeito.

A sociologia e a antropologia da sexualidade elucidam que o ser humano apresenta um espectro bem amplo de comportamento sexual. E é compreensível que ele eleja a orientação sexual que lhe pareça satisfatória. Por uma questão de intolerância, preconceito ou imposição religiosa, não devemos chegar ao absurdo de impor ao nosso irmão de caminhada evolutiva, que ele permaneça atormentado com seus sentimentos e chegue às raias do suicídio, como ocorreu em diversas oportunidades na História da Humanidade e ainda ocorre, porque lhe negamos o direito de experimentar o afeto.

A esse respeito, gostaríamos de apresentar uma sugestão fraterna àquele que transita pela experiência da homossexualidade.

Se você deseja realmente uma vida feliz, não se deve expor a uma conduta sexual perturbadora. Aliás, a sugestão é extensiva a todos os indivíduos em qualquer situação de polaridade sexual. Exercendo-a ou não, trabalhe-se para prevenir qualquer tipo de transtorno psicológico e canalize as suas forças para ser feliz! Se você encontrar um parceiro do mesmo gênero que o seu, masculino ou feminino, ame-o! Mas ame-o com naturalidade. Compraza-se! Se não tiver a oportunidade de uma vida mais íntima, ame-o, mesmo assim, pois o amor, na acepção profunda da palavra, não exige nada em troca. Eu tenho amigos por quem nutro uma grande afeição e nunca lhes pedi nada. E não me passa pela cabeça jamais esperar sequer que gostem de mim. A experiência mais gratificante do amor é amar, embora ser amado funcione como uma compensação perfeitamente compreensível.

Cabe aqui uma distinção entre a situação referida e aquela na qual o indivíduo procura variações sexuais incompatíveis com o seu quadro de compromissos afetivos e familiares. Muitas vezes, ele possui um bom relacionamento conjugal e filhos saudáveis. Repentinamente "descobre" que este contexto familiar não era exatamente aquilo que desejava e que a rotina do lar não mais o satisfaz. A partir daí, entrega-se a aventuras sexuais irrefletidas, podendo incluir no seu cardápio de desvario a utilização do sexo pago. Para saciar os seus desejos mais recônditos, são incontáveis os homens casados, por exemplo, que investem em momentos de prazer com pessoas do mesmo sexo em ambientes de prostituição. Neste caso, estamos falando de uma questão completamente diferente da que expusemos antes, uma vez que essa conduta extravagante produz a banalização do sexo, a vulgarização das forças espirituais que nos constituem. Esse indivíduo imprevidente em breve irá tombar em estados depressivos ou em outros transtornos muito profundos, em nome de um modismo esdrúxulo que a sociedade apresenta como alternativa para sair-se da rotina.

Desejamos reiterar que a mesma recomendação que apresentamos para um relacionamento heterossexual, aplica-se ao relacionamento homossexual: respeitar o parceiro ou parceira e viver com saúde, evitando a promiscuidade, as experiências que dilaceram o corpo e corroem a dimensão afetiva. Qualquer pessoa que procura variar constantemente de parceiros, buscando o prazer de forma desenfreada, mudando periodicamente de atitude e não estabelecendo vínculos saudáveis com ninguém, certamente encontra-se na área do transtorno de comportamento. Aqueles que agem assim ainda estão no primarismo da função sexual.

É importante que o indivíduo que opta por se relacionar com pessoas do mesmo sexo evite posturas de confronto com aqueles que não o compreendem ou não o aceitem. Será inútil uma explosão de amargura ou uma atitude autodestrutiva, na ânsia de ferir e de dar uma resposta incisiva à sociedade que o oprime. São posturas absolutamente injustificáveis, haja vista que nenhum desafio existencial será solucionado por intermédio da exibição agressiva de nossos dramas íntimos.

O respeito ao grupo social é fator preponderante. Ninguém deve impor a sua orientação sexual como se ela fosse um comportamento que todos devem reproduzir. Essa é uma atitude própria das incongruências do ser humano. Quando fazemos algum tipo de opção desejamos, consciente ou inconscientemente, que o mundo mude para estar ao nosso lado, desconsiderando o fato de que os outros também possuem as suas opções.

O ser humano pode apresentar transtornos de comportamento em qualquer orientação sexual: seja homo, hétero ou bissexual. Da mesma forma que vemos entre os heterossexuais muitas manifestações que pretendem causar escândalo, também observamos o mesmo entre os homossexuais, porque isso faz parte da natureza humana. Todo indivíduo que procura demonstrar o seu conflito agredindo a sociedade está precisando de uma terapia para trabalhar suas questões íntimas, considerando que cada cidadão deve respeitar as leis e o contexto cultural que têm vigência nos grupos sociais que ele integra.

Muitas pessoas perguntam-me se seria saudável que todos os indivíduos homossexuais investissem em relacionamentos heterossexuais com o intuito de reequilíbrio das energias fisiopsíquicas. Mas será esta uma proposta viável para aquisição de saúde psicológica e espiritual? Realmente eu não vejo por quê. Primeiro, porque seria uma fraude! Ao investir em um relacionamento para o qual talvez não esteja afetivamente equipado, ele estaria fraudando a si mesmo. Se ele acredita possuir uma estrutura psicológica para exercer a sua sexualidade dentro da orientação convencional, que contempla a função biológica da reprodução, seria recomendável o apoio de um terapeuta que o auxilie a tentar um trabalho de autoconhecimento. Com o recurso da terapia ele poderá autodescobrir-se, verificando se consegue ultrapassar barreiras inerentes às suas dificuldades afetivas. Mas isso terá que ser feito de uma forma muito criteriosa, para que não se configure uma situação forçada e artificial que só trará consequências negativas, contribuindo para a infelicidade do indivíduo.

Algumas pessoas homossexuais e transexuais optam por realizar uma transformação física através da aplicação de hormônios, do implante de próteses ou da cirurgia de mudança de sexo, tencionando dar ao corpo uma aparência anatômica que corresponda à sua realidade psicológica.[63]

Essa violência que o indivíduo impõe a si mesmo lhe trará graves danos na atualidade e em futuras reencarnações. Como o psiquismo é o elemento mais importante na relação espírito-matéria, o ato de detestar o próprio corpo ficará impregnado na organização psíquica e repercutirá na encarnação seguinte.

Além disso, as modificações anatomofisiológicas promovidas pela cirurgia de mudança de sexo implicam criar a reminiscência de um corpo que o indivíduo já possuiu e em cuja experiência possivelmente fracassou, necessitando agora permanecer em uma condição fisiopsicológica oposta àquela que lhe trouxe comprometimentos espirituais severos. Isso nos permite concluir que a tentativa de modificação do sexo é uma proposta desaconselhável,[64] nada obstante o direito que cada qual possui de agir conforme lhe pareça melhor.

Quando uma cirurgia ou intervenção radical no corpo é feita devido a uma necessidade inevitável, para preservação da saúde, as alterações anatomofisiológicas dela provenientes, não afetam o perispírito que cria matrizes quando de ocorrências de tal porte. Permanece como órgão modelador em condições saudáveis para futuras experiências reencarnatórias. Contudo, nos casos da transexualidade, quando há amputações ou reconstruções de órgãos, nele ocorre inevitavelmente uma grave lesão, que é o resultado da contribuição do psiquismo do paciente que deseja driblar as leis da Natureza para exercer o sexo a qualquer preço, com o objetivo de experimentar sensações que a vida lhe negou, estando incurso em um processo de reeducação evolutiva.

A transexualidade implica muitos conflitos psicológicos como é compreensível.[65] Eu conheço alguns indivíduos que fizeram a mudança de sexo...

---

[63] A cirurgia de mudança de sexo é denominada cientificamente de cirurgia de *redesignação sexual* ou de *transgenitalização*. Nota do organizador.

[64] Ver o livro *Dias Gloriosos,* de Divaldo Franco/Joanna de Ângelis, Ed. LEAL, cap. 14 (Mudança de Sexo). A mesma opinião é apresentada por Chico Xavier no livro *Lições de Sabedoria,* de Marlene Nobre, Ed. Folha Espírita, cap. 37 (Cirurgia para Mudança de Sexo). Nota do organizador.

[65] Para uma análise sobre a transexualidade ver o livro *Loucura e Obsessão*, de Divaldo Franco/Manoel P. de Miranda, Ed. FEB, cap. 5 (Sombras e Dores do Mundo), cap. 6 (Destino e Sexo) e cap. 15 (O Passado Elucida o Presente). Nota do organizador.

Na realidade, não há uma mudança completa de sexo. O procedimento cirúrgico modifica a genitália externa, mas a fisiologia do indivíduo não é totalmente transformada. Se um homem se submeter à intervenção cirúrgica e se tornar uma mulher, ele não possuirá tubas uterinas, ovários nem conseguirá a produção dos hormônios específicos que caracterizam uma mulher. Ele se sentirá psicologicamente realizado, mas a sua função sexual será muito mais mental do que física.

A Doutrina Espírita considera que seria muito melhor que ele sublimasse a função sexual, reconhecendo que o seu desafio existencial corresponde a uma prova que lhe foi imposta pelo fato de ter, talvez, utilizado a sexualidade de forma irresponsável em vidas anteriores...

Não obstante, é de vital importância ratificar que o Espiritismo não condena comportamentos, conforme fizeram e ainda fazem diversas doutrinas espiritualistas fundamentadas no conceito de pecado e punição. Ao afirmarmos que os procedimentos de modificação do corpo provocarão distúrbios que serão percebidos nesta e em futuras reencarnações, isso não representa uma postura discriminatória aos homossexuais e transexuais. Cada ser tem o direito de optar pelo que lhe parece melhor. O Espírito sempre está semeando ao adotar determinadas condutas, colhendo naturalmente os frutos relativos à sua escolha.

Entre os heterossexuais também registro essa forma de violência ao corpo, naquelas situações em que a mulher, por exemplo, procura intensificar a sua beleza física com finalidade exclusivamente erótica, potencializando sua capacidade de sedução para ser objeto de desejo sexual. O mesmo acontece com o homem que utiliza anabolizantes para ganhar massa muscular nas práticas de fisiculturismo, a fim de enquadrar-se nas exigências modernas da sociedade.

Conforme já declaramos, quando um indivíduo reencarna com uma forma biológica e com um psiquismo diferente dela, encontra-se em processo de adaptação. Pelo fato de necessitar adquirir experiências da polaridade na qual renasceu, ele deve respeitar o corpo biológico, que é o veículo da sua evolução naquele instante. Porque abusou de uma expressão sexual (masculina ou feminina) e retorna na outra para corrigi-la, é evidente que a oportunidade de aprendizado não deve ser menosprezada. Do contrário, ele poderá incidir num processo expiatório provocado pelo choque do psiquismo que se manifesta num corpo cuja estrutura hormonal é incompatível com as suas emoções.

No entanto, se este indivíduo, masculino ou feminino, não pôde resistir ao conflito entre os hormônios e o seu psiquismo, se ele teve necessidade de buscar harmonia afetiva ao lado de alguém do mesmo sexo, as Leis Superiores da Vida não vão considerá-lo um criminoso. Examinarão os seus atos, em qualquer angulação da sua realidade, se lhe ofereceram prejuízos ou benefícios evolutivos, de acordo com a lei de méritos e deméritos, pois este exame do aproveitamento da existência é igual para todos, já que o problema não se encontra na Lei Divina, mas reside na consciência de cada um. Não será a orientação sexual o único aspecto da vida deste ser que será levado em consideração.[66]

Ao mencionar a necessidade de complementação a que um indivíduo homossexual resolveu atender, porque não encontrou resistências em seu mundo íntimo para a sublimação, eu não me refiro à promiscuidade, ao sexo pelo sexo, para satisfazer simplesmente um desejo irresponsável. Eu me refiro à complementação afetiva, na qual um indivíduo elege um parceiro do mesmo sexo para estar ao seu lado como um coração amigo, permitindo-se experimentar momentos de intimidade sexual com seu companheiro ou companheira, como é natural em um relacionamento a dois. Portanto, se a busca da afetividade for a motivação para esse vínculo, as Divinas Leis não irão considerar essa opção como uma infração aos seus princípios. Afinal, Deus não é cobrador de impostos. Até porque há outros comportamentos humanos que são muito mais impactantes do que escolher um parceiro do mesmo sexo para experimentar o afeto. Considero como crimes tenebrosos a calúnia, a traição a uma pessoa que confia em nós, a maledicência, que ateia incêndios morais na vida alheia, o ciúme mórbido, a perseguição sistemática a alguém que não se pode defender. A gravidade de um erro está na razão direta das consequências que ele produz. E mesmo diante de posturas graves e aviltantes existe a Misericórdia Divina.

---

[66] Informação encontrada no livro *Sexo e Destino*, de Francisco Cândido Xavier e Waldo Vieira/André Luiz, Ed. FEB, segunda parte, cap. 9. Nota do organizador.

Os Espíritos nobres não admitem qualquer forma de preconceito. Se o indivíduo possui uma estrutura biológica masculina e um perfil psíquico feminino, ao desencarnar ele será visto não pela aparência que apresentava, mas pela sua essência espiritual, já que o ser é a soma das experiências de todas as suas reencarnações.

Há uma situação muito comum que já testemunhei diversas vezes. Quando a pessoa se declara homossexual, alguns daqueles que se diziam seus amigos passam a hostilizá-lo. E o indivíduo se torna objeto de uma verdadeira perseguição, sem saber o que fazer para contornar o sofrimento que o atinge.

Quando tomamos uma decisão, deveremos arcar com as suas consequências. Qualquer pessoa que opta por uma proposta artística, cultural ou ética, por exemplo, irá enfrentar um preço que deve ser pago, no sentido positivo do conceito, consubstanciado na aceitação de si mesmo e na autoestima que o leva a não valorizar demasiadamente a opinião dos outros. Até porque muitas pessoas são agressivas com o homossexual devido ao fato de terem conflitos semelhantes. E como não admitem suas dificuldades nem se dispõem a trabalhá-las, exteriorizam-nas contra outros, com ira, pois gostariam de ter a mesma coragem para assumir a sua orientação sexual. Por isso, ao hostilizar o indivíduo homossexual a pessoa estará projetando a sua própria imagem e tentando agredi-la para libertar-se do conflito.

O preconceito em relação à homossexualidade tem suas raízes mais antigas na tradição bíblica, onde iremos encontrar, no livro do *Gênesis*, a informação de que Deus fez homem e mulher com a finalidade da procriação. A partir daí foi gerado um código de conduta pertinente à tradição judaica que também influenciou o pensamento cristão.

Se reflexionarmos na História da Civilização, desde priscas eras constataremos que o fenômeno da homossexualidade sempre esteve presente no contexto cultural. Entre os gregos e os romanos exerceu papel preponderante. No entanto, como consequência da repressão que os dogmas das igrejas tradicionais infligiram, particularmente na Idade Média, a homossexualidade se tornou um tabu, sendo classificada pelos teólogos como *pecado*. Esse código foi elaborado por indivíduos assaltados por inúmeros conflitos, porque mantinham a castidade fisiológica,

DIVALDO FRANCO

mas conservavam uma vida mental de aberrações, estabelecendo o que era certo e que era errado para os outros, sem levarem em conta a natureza específica de cada indivíduo e a sua estrutura psicológica. É natural que com o tempo esse preconceito seja diluído, como outros tantos que fazem parte das velhas perseguições da Inquisição e da ignorância medievais.

Inúmeros estudiosos publicam estimativas afirmando que entre os homens o comportamento homossexual é mais comum. Eu penso que o número seja equivalente. O que ocorre é que entre os homens a homossexualidade é mais conhecida historicamente. Ao longo dos tempos a homossexualidade feminina foi alvo de perseguições ainda mais expressivas, por ser considerada uma patologia muito grave e uma conduta inadmissível. Parece-me que a intensidade com a qual as mulheres homossexuais foram discriminadas sempre foi muito maior, o que as inibe e fomenta a ocultação mais frequente dos seus sentimentos.

Aliás, pensando no aspecto da homossexualidade como um fenômeno social, no livro *Sexo e Obsessão*, que foi publicado no ano de 2002, há uma frase que poucos leitores com os quais eu tive contato conseguiram perceber. Manoel Philomeno de Miranda afirma que o número de pessoas homossexuais iria aumentar muito nos próximos anos, chamando a atenção de psicólogos e outros pesquisadores para esse fato, merecendo estudos mais profundos que possam abordar o tema sob novos enfoques. E esse aumento se deve exatamente ao mau uso da sexualidade pelos heterossexuais no passado reencarnatório.[67]

Ao declarar-se homossexual, muitas pessoas produzem um grande impacto nos familiares. Esses, por sua vez, deverão considerar que o Espírito que renasceu naquela família tem o direito de viver a sua individualidade. É um direito inalienável. Além disso, quase sempre não temos os filhos que desejaríamos. Recebemos os filhos de que temos necessidade para evoluir. Se algum pai ou mãe afirma que ter um filho homossexual é uma espécie de *castigo divino*, precisará refletir que jamais chegará às suas mãos o fruto de uma sementeira que não lhe pertença.

---

[67] Livro *Sexo e Obsessão*, de Divaldo Franco/Manoel P. de Miranda, Ed. LEAL, cap. 15 (Sexo e Obsessão). Nota do organizador.

Sexo e Consciência

A partir desse raciocínio, os pais têm a responsabilidade de ajudar a criança quando identificarem nela uma dificuldade de adaptação ao gênero no qual reencarnou.

Às vezes, notamos, desde cedo, a inclinação do nosso filho para um comportamento homossexual ou percebemos que ele tem identificação com comportamentos que são característicos do gênero oposto. O menino gostando de vestir-se de menina, a menina que prefere vestir-se de menino. O menino gostando de brincar de boneca ou se maquiando como faz a mãe. A menina admirando esportes de luta, filmes agressivos ou colocando a gravata do pai. Nesse momento deveremos conversar com naturalidade, aproveitando o fato de que a libido ainda não se está manifestando conforme ocorrerá na adolescência. Esses comportamentos correspondem muito mais a traços de curiosidade e lembranças de reencarnações passadas.

Poderemos aproveitar as situações para fazer a criança refletir que se ela reencarnou em um sexo é porque aquela era a sua necessidade evolutiva. Esse procedimento poderá ser efetivado mesmo que não utilizemos as explicações específicas da Doutrina Espírita, que uma criança ainda muito pequena terá dificuldades para compreender.

Se a menina coloca a gravata, por exemplo, nós lhe diremos: "Que linda gravata! Mas esta é a roupa do papai. Você vai usar um lacinho que eu vou colocar". Quando o menino estiver utilizando a maquiagem ou os acessórios femininos faremos com que ele saiba que aquilo não pertence ao gênero masculino: "Sua maquiagem e sua roupa ficaram muito bonitas! Mas essas são as coisas da mamãe. Meninos não usam isso. Você terá barba ou bigode, irá usar calça como aquela que ali está e ficará um homem muito bonito. Vamos fazer o seguinte: irei colocar agora mesmo em você um perfume masculino que está na moda. Você gostará!".

Com essa conduta trabalharemos os arquétipos do masculino e do feminino na criança, antes que ocorra a eclosão da sexualidade na fase da adolescência. O nosso filho, quando ainda está na infância, tem leves recordações de reencarnações anteriores que estão sendo decodificadas pelo seu psiquismo. E nós podemos contribuir para que as memórias, o reajustamento ou corpo físico e a maturação psicológica se completem com cada coisa em seu devido lugar, o que favorecerá o desenvolvimento de uma personalidade saudável.[68]

De acordo com a faixa etária e o nível de compreensão em que o filho esteja, os educadores explicarão que a vida tem uma finalidade superior, e que o sexo é apenas um dos departamentos da existência humana. Simultaneamente irão advertir que o Espírito reencarna, não somente para fruir as supostas alegrias da vida de forma irresponsável, mas também para construir o bem. Dirão também ao seu filho que dentro da dinâmica existencial que caracteriza a experiência homossexual, sublimar os impulsos seria a opção que lhe traria melhores resultados no processo evolutivo, pois ele estaria reabilitando-se do passado conflitivo no qual não soube utilizar a sexualidade com sabedoria. No entanto, quando chegar o momento em que o ser, saindo da infância, adquira maturidade para fazer suas escolhas de vida, os pais deverão aceitar a decisão do filho e amá-lo sem reservas, porque cada qual é livre para seguir o seu próprio rumo.[69]

Se a função dos pais é educar, o amor é a ferramenta mais hábil para fomentar nos filhos o desenvolvimento de um comportamento saudável, visando à sua felicidade. A solução é amar sempre, sejam quais forem as características espirituais daquele ser que a vida colocou sob nossa proteção.

SUBLIMAÇÃO

No instante em que a vivência sexual experimenta alterações, transtornos ou imposições de resgate, ele não se plenificará de acordo com o que seria o ideal, uma vez que o intercâmbio de hormônios psíquicos com o parceiro escolhido não ocorrerá conforme o previsto pela Natureza. Por esta razão o Espiritismo considera que a experiência ho-

---

[68] Ver o livro *Triunfo Pessoal,* de Divaldo Franco/Joanna de Ângelis, Ed. LEAL, cap. 1 (O Cérebro e o Espírito), item "Os Arquétipos Junguianos". Nota do organizador.
[69] Essas orientações educacionais também estão presentes no livro *Minha Família, o Mundo e Eu,* de Raul Teixeira/Camilo, Ed. FRÁTER, cap. 9 (Filhos Homossexuais). Nota do organizador.

mossexual é uma oportunidade para o indivíduo compreender as Leis da Vida e encontrar a sua própria felicidade.

O ser humano tem o direito de exercer a sua sexualidade conforme lhe aprouver. Mas quando procura sublimar as suas aspirações sexuais e canalizá-las dentro dos padrões ético-morais estabelecidos no Evangelho de Jesus, isto lhe dará muito mais plenitude.

Todavia, vivenciar sexo ou transubstanciar as suas energias, aplicando-as em outros campos da vida, é uma decisão de foro íntimo. O apóstolo Paulo já apresentou uma solução para esta questão: se o indivíduo não tiver resistências para optar pela abstinência saudável, sofrendo o perigo de desenvolver um transtorno psicológico perturbador, é melhor que busque amar. Tanto a canalização das energias para causas nobres quanto à vivência de um relacionamento saudável, fundamentado no amor genuíno, constituem terapias para a alma imersa na experiência da sexualidade em processo regenerativo.

A sublimação depende das resistências morais de cada um. Eu, por exemplo, sou solteiro e não experimento nenhum conflito, pois disciplinei a mente para alcançar este objetivo. Desde cedo criei hábitos mentais que respondem pela minha tranquilidade emocional e afetiva. Preencho os vazios existenciais com outras motivações.

A sublimação bem trabalhada não gera conflito, por não constituir uma violência que programamos para submeter o corpo. Como o próprio nome esclarece, sublimar significa transformar conscientemente as nossas tendências para o bem, o equilíbrio.

Eu diria àqueles que se encontram nessa transição, entre as experiências anteriores e a conquista da paz na atual reencarnação, que preenchendo as suas horas com quadros mentais superiores, que são o fruto das ações nobres, terão um grande contributo para superar a cada dia as tendências que necessitam de reeducação, até o momento em que as suas emoções lhe facultem a restauração do equilíbrio.

Para que isso ocorra é indispensável evitar as imagens e outros estímulos sensoriais que instigam o afloramento das inclinações negativas, que ressumam do passado de descalabros que nos caracteriza. Infelizmente, vivemos em uma sociedade sexualista, em vez de vivermos em uma sociedade afetiva. Os programas televisivos de teor deseducativo, as companhias perturbadoras e os lugares repletos de pessoas igualmente aturdidas pelos conflitos do sexo, funcionam como estímulos perniciosos que depõem contra a nossa paz íntima. Se o indivíduo tomar as precauções necessárias facilmente irá transformando os apetites e as tendências. E se for médium, poderá converter as suas energias sexuais em potências para o desempenho da mediunidade.

O nosso organismo é um laboratório que produz substâncias sob o comando da mente, exigindo que canalizemos as energias sem jamais tentar bloqueá-las ou implodi-las, o que resultaria em um desequilíbrio de consequências lamentáveis para a nossa saúde psicofísica. E se apesar dos cuidados tomados para aplicar as nossas energias o organismo ainda se apresentar com alta potência energética, durante o sono e os sonhos os excessos serão eliminados por meio das ejaculações ou poluções noturnas.

Mencionamos a mediunidade como uma das possibilidades de canalização das energias sexuais para que o indivíduo se beneficie com um processo de sublimação das suas forças. Uma colocação como essa pode gerar a pergunta: o homossexual pode ser médium no Centro Espírita ou exercer outras atividades na Casa Espírita? Se considerarmos os princípios do amor, que devem reger a nossa vida em qualquer circunstância, não será difícil equacionar a questão.

O homossexual é gente portadora de valores como todas as demais pessoas! Por que não poderia colaborar com a construção do mundo melhor? A orientação sexual que lhe caracteriza está sob a custódia da sua própria consciência. E o heterossexual que é adúltero e frequenta a atividade mediúnica? E o heterossexual que tem muitos conflitos de comportamento, seja no relacionamento profissional, social ou familiar? Muitas vezes, não sabemos que ele é prevaricador ou portador de transtornos psicológicos, mas isso não significa que esteja imune a dificuldades evolutivas. Se esse indivíduo for à nossa instituição e revelar posturas esdrúxulas, que não condizem com a proposta de convivência em um ambiente religioso, ele estará liberado para trabalhar na Casa Espírita somente pelo fato de ser heterossexual? Sua orientação sexual o isenta de qualquer responsabilidade?

Façamos uma análise psicológica e ética.

Ser homossexual não compromete o indivíduo com uma conduta moral desequilibrada nem saudável na reencarnação em vigência. São aspectos distintos da individualidade humana. Ser homossexual significa ter atração afetivo-sexual por uma pessoa do mesmo gênero. Se ele é um homossexual masculino, por exemplo, não quer dizer que seja promíscuo, que se entregue à prática do sexo desvairado. Se se tratar de uma mulher homossexual, não necessariamente ela adotará um comportamento de busca do prazer irrefletido e danoso. Neste caso, estaremos diante de um transtorno da sexualidade, que pode acometer pessoas de qualquer orientação sexual.

O interesse em ter um relacionamento com uma pessoa do mesmo sexo significa que ele estabelece um vínculo com alguém da sua mesma polaridade psicológica. Mas isto é uma questão privada da sua vida. Não somos patrulheiros da vida de ninguém.

Há outras pessoas que vão além e advogam que uma pessoa homossexual deve ser convidada a se retirar da Casa Espírita para não influenciar negativamente outros frequentadores. Se nós lhe fecharmos a porta, para onde ela irá? Para o bordel? Para o cabaré ou para a sala de encontros? A pessoa que tenha qualquer dificuldade ou opções de diferente natureza e procure a Casa Espírita é credora de respeito, desde que no ambiente da instituição proceda com dignidade.

Evitemos ser vigilantes da vida alheia, pois quem vigia muito os outros denuncia a existência de conflitos semelhantes em seu mundo íntimo. Quem pretende *castrar* os outros é porque tem transtornos tão ou mais severos do que aqueles que deseja extirpar nos outros. Quem persegue qualquer orientação sexual é porque, na linguagem popular, é um enrustido, é alguém que odeia no outro aquilo que descobriu em si mesmo.

Todas as pessoas interessadas em conhecer o Espiritismo devem ser bem recebidas no Centro Espírita, que é a *Casa de Deus*, no sentido filosófico.

Eu me recordo de um episódio marcante em minha mediunidade.

Eu estava proferindo uma palestra em uma Instituição Espírita que sempre visito. De repente, um senhor sentado na primeira fila levantou-se e ficou em pé, parado, cantando uma música em voz muito alta. Ao olhar para ele eu percebi que estava em transe, dominado por uma entidade que não parecia ser má, embora aquele não fosse o momento adequado para uma comunicação mediúnica. As pessoas presentes ficaram sem saber o que fazer diante da situação incomum. Imediatamente eu comecei a orar, enquanto prosseguia com a palestra. Daí a instantes entrou no recinto o Espírito Dr. Bezerra de Menezes. Ele se aproximou e me perguntou:

— Divaldo, meu filho, você está precisando de ajuda?

—Estou sim, Dr. Bezerra. Será que o irmão poderia pedir para aquele Espírito retirar-se? Eu não vou conseguir terminar a palestra se ele continuar a gritar!

Fiquei olhando enquanto o bondoso mentor dialogava com a entidade. Ele disse alguma coisa e o Espírito respondeu. Depois disso o médico gentil se aproximou novamente de mim e explicou:

— Divaldo, eu falei com o nosso visitante e lhe expliquei: "Meu irmão, você poderia retirar-se deste ambiente e interromper a sua influência sobre o médium? Sua atitude está atrapalhando a palestra do nosso Divaldo". Então ele me respondeu, perguntando-me: "Meu senhor, eu até posso atender ao seu pedido. Mas se me expulsarem da Casa de Deus, para onde eu irei?". Por isso, Divaldo, eu vim saber o que você gostaria que ele fizesse.

— Então, irmão Bezerra, deixe-o lá mesmo que eu não quero expulsar ninguém...

Ao dizer isso, eu comecei a orar mentalmente com simpatia para ele se acalmar, em vez de orar para ele ir embora. A entidade foi aos poucos asserenando e sentou o médium em sua cadeira, que saiu do transe aparentando não saber o que havia acontecido.

Fraternidade e tolerância sempre! Porque o nosso papel não é impedir que as pessoas tenham acesso a recursos mediante os quais poderão contribuir em favor da sua paz.

O indivíduo homossexual, optando ou não por um relacionamento com alguém que lhe sensibilize o coração, tem o direito de frequentar a Casa Espírita, mas também tem o dever de respeitar a todos e de não fazer dali um lugar onde procure parceiros para aventuras sexuais, despertando sentimentos compatíveis com as paixões que por acaso possua. Essa recomendação vale para indivíduos de qualquer orientação sexual.

O nosso cuidado será o de preservar o grupo de trabalho como um todo, estimulando relações saudáveis entre os participantes das atividades que se desenvolvem. Se uma pessoa (seja homo ou heterossexual) começar a derivar para comportamentos incompatíveis com o ambiente, poderemos dialogar fraternalmente e chamar-lhe a atenção, orientando o companheiro com dificuldades evolutivas: "Meu irmão, aqui não é o lugar para dar vazão aos seus conflitos pessoais. Este ambiente é um lar, templo, hospital, escola, oficina. Não é aqui que você vai ser o campeão das conquistas!" E, se mesmo diante das orientações fraternais, a pessoa demonstrar uma postura que exige maiores cuidados, que demanda um esforço mais acentuado de reformulação interior que ele não está conseguindo realizar, poderá frequentar a Casa Espírita e não assumir, pelo menos temporariamente, responsabilidades mais expressivas nas atividades da instituição.

As paixões extemporâneas que podem surgir em um ambiente religioso são situações muito comuns. Periodicamente irrompem escândalos protagonizados por indivíduos que passam a ter relacionamentos clandestinos, que começaram com uma bela amizade e derivaram para condutas sexuais aberrantes ou extraconjugais. E isso, que fique bem claro, não é exclusividade dos indivíduos homossexuais.

Daí, todos os indivíduos merecem o nosso respeito, consideração e direito de trabalhar onde se encontrem, desde que não se tornem, na palavra de Jesus, motivo de escândalo.

Todos eram contra a mulher adúltera no episódio evangélico em que ela foi flagrada em delito. No entanto, Jesus ofereceu-lhe a oportunidade sublime para que reencontrasse o caminho do equilíbrio e da saúde integral.

Ao receber alguém na Casa Espírita, nosso compromisso é agir sempre com lucidez e disposição para exercitar a fraternidade, sem o puritanismo que tudo condena e sem o liberalismo que tudo permite, porque cada um vai responder pela sua própria conduta, conforme as resistências que possui.

E aquele que estiver isento de problemas, equivalentes ou não, atire a primeira pedra!

Por outro lado, é forçoso fazer uma observação das mais relevantes.

Estamos de acordo que cada um tenha a vida que lhe apraz, mas que não nos traga certas propostas para pedir a nossa adesão.

Alguns afirmam que a pessoa renasce homossexual porque necessita exercer uma atividade específica no campo artístico-cultural. Às vezes eu leio textos de autores precipitados que querem justificar seu comportamento afirmando que grandes gênios da humanidade também experimentavam conflitos sexuais e davam vazão a esses sentimentos, sem nenhum receio de represália ou discriminação. Mas, por que razão deveríamos analisar o comportamento de uma figura célebre da História para repetir suas escolhas no terreno da sexualidade? Uma vez que as escolhas pertencem à consciência de cada um, utilizar um personagem famoso como pretexto para a nossa conduta é uma proposta evasiva e sem sentido. Além do mais, não é fácil comprovar uma hipótese relacionada à intimidade de uma figura histórica que viveu há muitos séculos. Na maioria das vezes esses autores precipitados fazem afirmações sem possuírem a menor documentação histórica. Eles simplesmente acreditam naquilo que lhes foi informado, embora não consigam comprovar através de documentos confiáveis.

Podemos explicar esse fato a partir do princípio psicológico da projeção, a que já nos referimos. Aquilo que está em nossa paisagem mental poderemos ver projetado no outro. Esses autores, inquietos com os seus próprios conflitos sexuais, identificam nos outros os dramas que carregam em si mesmos, pois os olhos são as lentes da alma para visualizar o mundo externo. De acordo com o nosso comportamento, teremos as cores e tonalidades dessas lentes de observação da realidade.

É possível que muitos indivíduos das páginas da História humana tenham experimentado problemas sexuais que os afligiam, porque ninguém está isento de percorrer a senda evolutiva somente porque apresenta uma genialidade nessa ou naquela área. No entanto, muitos deles canalizaram suas forças para objetivos nobres, como a Ciência e a Arte. E foi exatamente essa canalização o motivo para que o seu legado à Humanidade tenha-se tornado tão expressivo.

Tenho ouvido justificativas injustificáveis. Alguém chegou a sugerir, em certa ocasião, que o relacionamento homossexual seria útil para evitar o crescimento populacional da Terra. Então abandonaríamos aquilo que a Natureza programou biologicamente através do sexo com finalidade reprodutiva? A ignorância a respeito das leis da vida chega aos limites do absurdo!

Também já vi uma declaração, que considero uma verdadeira aberração, segundo a qual a homossexualidade facilita o exercício da mediunidade. Uma opinião como essa, sem a menor procedência, só pode ser apresentada por indivíduos que experimentam transtornos sexuais e são igualmente acompanhados por Espíritos que tombaram em situações de desequilíbrio psíquico profundo. O conhecimento da integração mente/corpo nos leva a uma interpretação que aponta exatamente para o sentido oposto. O fenômeno mediúnico ocorre com maior facilidade se nós procuramos solucionar os conflitos em nosso campo mental. Por isso devemos procurar a harmonia entre a polaridade física e a polaridade psíquica, para que durante a comunicação mediúnica haja uma espécie de *campo fisiopsíquico* neutro que permite um transe com maior qualidade.

Um indivíduo que conheci, certa vez formulou uma proposta ainda mais grotesca e destituída de fundamento. Em um seminário espírita ele afirmou que todo médium é homossexual. Ao escutar este conceito, fiquei espantado com a ignorância que caracteriza a criatura humana em relação ao sexo e à mediunidade. No intervalo do evento, aproximei-me do palestrante e perguntei-lhe:

— Meu amigo, só por curiosidade, você é médium?

— Não, Divaldo. Por que a pergunta?

— Por nada. Eu pensei que você fosse.

A pergunta foi proposital, já que eu estava diante de uma pessoa que não estudava a Doutrina Espírita e se dispunha a apresentar opiniões aparentemente legítimas sobre temas do Espiritismo. É necessário, em casos dessa natureza, que questionemos o indivíduo como se fôssemos ingênuos, para ver se ele reflete um pouco e reavalia a opinião sem fundamento.

Chico Xavier contou-me que um dia um jornalista bastante atrevido de Belo Horizonte lhe perguntou:

— Chico, você é homossexual?

Com aquela mineirice típica, Chico respondeu-lhe com ar de ingenuidade:

— Ah, meu filho! Quem sou eu? Um nome tão bonito como esse eu nem mereço! Essas coisas não existem aqui em Pedro Leopoldo, meu filho. Isso é coisa pra vocês que são da capital...

O engraçado é que, na mesma hora, a curiosidade jornalística do interrogante desapareceu. Ele não fez nenhuma outra pergunta...

A decisão de optar pela sublimação ou de estabelecer um vínculo com alguém que lhe complemente, em regime de afeto profundo, pertence somente à própria pessoa que experimenta o desafio evolutivo imposto pela experiência homossexual.[70] É muito fácil propor a alguém que suba a montanha, sem saber até onde vão as suas forças. A Doutrina Espírita nos mostra que ninguém se deve arvorar a viver as experiências alheias. O nosso papel, enquanto trabalhadores da fraternidade, é ensinar exemplificando, para que cada um faça o melhor ao seu alcance.

Certa vez eu atendi a um rapaz que dizia ser homossexual e relatava estar na iminência de cometer uma loucura. Como se tratava de alguém com formação em determinada doutrina religiosa muito rígida, ele se impôs não ceder aos seus desejos. Estava num conflito intenso e me informou:

— Sr. Divaldo, eu não aguento mais! Eu vou matar-me!

Então eu o esclareci, informando:

— Meu filho, por que você vai procurar a solução pior, aquela que não resolve o problema? Se você matar-se, por causa do conflito íntimo, você apenas sairá do corpo, mas continuará a viver com a mesma

---

[70] A canalização de energias para o processo de sublimação, no contexto da homossexualidade, é sugerida na obra *Loucura e Obsessão*, Divaldo Franco/Manoel P. de Miranda, Ed. FEB, cap. 23 (Expiação e Reparação). O autor esclarece que o personagem central deste livro era um transexual que havia sido influenciado pelo seu tio a manter um comportamento homossexual, conforme está escrito no cap. 6 (Destino e Sexo). Nota do organizador.

aflição, agora ampliada com as consequências do suicídio e com aqueles Espíritos que o perseguem. Procure serenidade na oração! Busque a proteção de Deus!

Eu o aconselhei muito, e, por fim, ele indagou-me:

— Que deverei fazer?

— Não me compete dizer-lhe o que fazer! — respondi-lhe. — A opção é sua. Porque senão serei eu o responsável pelo seu destino.

É importante destacar que a nossa proposta na Doutrina Espírita não é tomar a *cruz* dos outros, mas oferecer um ombro de amigo para auxiliar os nossos semelhantes, porque essa cruz pertence a cada um.

Eu conversei bastante com o rapaz. Ele retornou várias vezes à nossa Casa Espírita e conseguiu superar aquele momento mais agudo de crise.

Tempos depois, ele obteve êxito e conseguiu ajustar-se. Revelou-se um excelente artista plástico e canalizou as suas energias para este fim. Sempre que nos encontramos ele me diz:

— Superei-me a mim mesmo! Casei-me com a Arte e me *consumo* nas labaredas do meu ideal...

Notemos que linda afirmação! Foi uma demonstração de sublime transformação.[71]

Sendo assim, o indivíduo que identifique qualquer forma de transtorno sexual em seu comportamento deverá compreender que se encontra na escola da vida, cuja finalidade é aprender e reaprender, solucionando suas dificuldades evolutivas por meio de um projeto de autoeducação que lhe proporcionará uma vida feliz.

AFINIDADES PERTURBADORAS

Conforme já foi amplamente elucidado, os transtornos da sexualidade não são causados pela estrutura anatomofisiológica do sistema

---

[71] Ver os livros: *Sexo e Obsessão*, de Divaldo Franco/Manoel P. de Miranda, Ed. LEAL, cap. 8 (Atendimento Fraterno); *Diretrizes para o Êxito*, de Divaldo Franco/Joanna de Ângelis, Ed. LEAL, cap. 12 (Ouvir com o Coração); *Roteiro de Libertação*, de Divaldo Franco/Diversos Espíritos, Ed. LEAL, cap. 9 (Com Simplicidade e Afeição). Nota do organizador.

reprodutor, mas residem nas forças mentais que tipificam as criaturas humanas. A mente que retornou viciada à Terra, trazendo seus conflitos do mundo invisível, tem *sede*, não se incomodando em que *recipiente* vai sorver a água para saciar-se.

Não poderemos contestar uma lei que tem vigência nos Soberanos Códigos da Vida: temos o dever de nos respeitar e de respeitar o nosso próximo. Portanto, o que recomendamos é que o indivíduo evite manter uma vida promíscua, entregando-se a aventuras sexuais variadas, sem nenhum respeito por si mesmo nem pelo outro. Esta recomendação é válida para qualquer circunstância. Um indivíduo promíscuo na heterossexualidade, por exemplo, é alguém que estará de alguma forma lesando a sua própria saúde física e psíquica, qual ocorrerá com a promiscuidade em qualquer modalidade de orientação sexual.

Em muitas ocasiões, após as palestras ou no atendimento fraterno, fui abordado por pessoas que se diziam homossexuais e que afirmavam ter chegado ao fundo do poço, utilizando drogas e praticando a promiscuidade, além de frequentarem lugares perigosos e de se envolverem com a prostituição. Essas pessoas pediram-me sugestões para romper o ciclo da obsessão, no intuito de saírem deste mundo do comércio do sexo e da depressão.

Para qualquer tipo de transtorno dessa natureza minha recomendação inicial é sempre a mesma: assistência psiquiátrica, psicológica e principalmente espírita.

Nós, latino-americanos, temos rejeição a algumas expressões como *psicólogo, psiquiatra, psicoterapia, tratamento,* etc., como se elas significassem que estamos em estado de extrema degradação mental. Quando as pessoas me narram problemas, eu recomendo que busquem um profissional da área de saúde mental. Alguns refutam a minha sugestão, esclarecendo-me: "Mas, Divaldo, eu não sou maluco!" E eu concluo: "Mas vai ficar, se não se cuidar...".

Naturalmente que o meu comentário não é um prognóstico. É uma forma de advertir e orientar, até com certo tom de humor, para que a pessoa entenda que não é vergonhoso recorrer a um psiquiatra ou a um psicólogo quando surgirem os primeiros sinais de um transtorno do comportamento, pois isto pode acontecer com qualquer um de nós. Da mesma forma como nos consultamos com um médico para averiguar o nosso estado geral de saúde física, por que não poderemos fazer uma consulta periódica sobre o nosso estado de saúde mental e emocional? Afinal, sob determinadas dificuldades existenciais poderemos começar a descer a rampa do desequilíbrio sem nos darmos conta. A nossa família também se vai acostumando às nossas estranhezas e menospreza essas mudanças de comportamento, até o momento em que temos um surto depressivo ou psicótico e todos se surpreendem, descobrindo da forma mais dolorosa que nós vínhamos desenvolvendo um transtorno psiquiátrico e que preferiram ignorar.

Se fizermos avaliações periódicas em relação à saúde mental, o profissional, que já está acostumado com os diversos quadros clínicos, poderá detectar alguns sinais que nos ajudem a refazer o caminho para que preservemos a saúde, evitando a queda no poço dos transtornos mentais e emocionais mais profundos, conforme foi descrito na pergunta.

Allan Kardec nos ensina que, quando a obsessão se torna prolongada, ela afeta o funcionamento cerebral e faz com que o paciente tenha necessidade de tratamento médico e de passes magnéticos, porque se transforma em loucura. A partir dessa informação, nós interpretamos que a obsessão de longa duração altera a produção e a circulação dos neurotransmissores, responsáveis pelo comportamento dos neurônios, o que demanda uma terapia especializada. A terapia poderá ser farmacológica, psicológica ou uma associação das duas, dependendo do quadro clínico em que se encontre o indivíduo. No entanto, seja qual for o caso, ao lado da terapia científica sempre deveremos utilizar a terapia espírita, que é das mais relevantes, porque ela alcança o cerne do ser, tratando o paciente de dentro para fora, do Espírito para a matéria. Por isso, a psicoterapia espírita é a mais extraordinária de todas as modernas conquistas nessa área.

Para o indivíduo que se encontra incurso nos dramas mencionados, o primeiro passo será recorrer a um serviço de saúde mental que lhe irá fornecer a terapia adequada para a depressão. Em seguida, será importante realizar um tratamento para o descondicionamento em relação à dependência química e aos comportamentos sexuais patológicos.

Durante esta fase inicial o paciente deverá ser portador de uma grande força de vontade em querer modificar as paisagens da sua existência. Aliás, quando o indivíduo resolve transformar-se o tratamento tem início nesse instante.[72]

É importante reforçarmos a ideia de que a entrega a aventuras sexuais promíscuas não é exclusividade de pessoas homossexuais. Menciono esses indivíduos porque o estigma, a exclusão a que foram relegados, fez com que durante muito tempo eles frequentassem guetos sociais e se envolvessem com pessoas desconhecidas que os aceitassem, como solução para darem campo às suas necessidades psicológicas.

Na minha longa jornada de divulgação espírita, um dia encontrei um jovem que me ouviu realizar uma conferência e fascinou-se pela doutrina codificada por Allan Kardec. O rapaz, bem mais jovem do que eu, aproximou-se para conversar sobre a palestra e mantivemos um convívio fraternal.

Certo dia, ele me confidenciou que era portador de um grande conflito sexual e que precisava de ajuda para superá-lo. Pediu-me para auxiliá-lo neste desafio interior e disse que gostaria de conviver um pouco mais comigo, pois ansiava por realizar esta tarefa de levar a doutrina a todos os lugares que lhe fosse possível visitar. Além de conduzir a mensagem espírita por meio da atividade de divulgação, ele queria também vivê-la integralmente, pois não é prudente ensinar aos outros aquilo que não vivenciamos. Estava consciente de que o Espiritismo deve refletir--se em nossa conduta, em nossas palavras e em nossos pensamentos.

Como ele residia em uma cidade distante de Salvador, solicitou--me que, quando eu retornasse ao seu estado, procurasse avisá-lo com antecedência, uma vez que ele gostaria de tirar uma pequena licença de uma semana no trabalho para acompanhar-me nas tarefas espíritas. Ele acreditava que a convivência comigo iria beneficiá-lo bastante, já que a sua família era muito desajustada e ele não conseguia apoio para o seu problema. Suas palavras foram as seguintes:

---

[72] O papel fundamental da força de vontade e da vigilância está exemplificado em *Loucura e Obsessão*, de Divaldo Franco/Manoel P. de Miranda, Ed. FEB, cap. 16 (Libertação pelo Amor) e cap. 17 (Terapia Desobsessiva). Nota do organizador.

— Divaldo, será que eu poderia acompanhá-lo numa das viagens que o senhor faz para divulgar a Doutrina Espírita? Como o senhor sabe, eu tenho um grave problema de comportamento sexual. Sou homossexual e não tenho bom senso em relação à busca de parceiros, uma vez que sempre me entrego a aventuras com pessoas variadas. Mas eu gostaria de me libertar deste conflito. Como eu sei que o senhor é uma pessoa de conduta austera, que se impõe disciplina e comportamento saudável, obedecendo ao programa que elabora, eu tenho a impressão de que seria útil para mim, pois eu estaria por um bom período ao lado de uma pessoa disciplinada, o que me permitiria modificar pelo menos alguns dos meus atos viciosos.

Concordei com a proposta e esclareci que teria um grande prazer com a sua companhia, desde que ele realmente se comportasse conforme recomenda a ética espírita. Estabelecemos que numa oportunidade em que eu viesse à capital do seu estado, iria proferir algumas conferências e me deslocaria para atividades no interior, nas quais eu poderia ser acompanhado por ele.

Numa ocasião em que agendei um périplo por diversas cidades, iniciando pela capital do seu estado, escrevi-lhe, colocando-me às suas ordens para cooperar fraternalmente. Eu o avisei com um mês de antecedência e mandei-lhe o programa para que ele se preparasse.

Chegamos à capital mencionada e pronunciamos duas conferências, programando para três dias depois a viagem para uma cidade relativamente distante, no interior do estado. O rapaz estava eufórico, permanecendo comigo os três dias e participando de todas as atividades que eu havia elaborado com as lideranças espíritas locais.

No entanto, antes de viajar, como o jovem estava muito ansioso, eu expliquei-lhe:

— Meu rapaz, eu tenho o dobro da sua idade. E não se vive na Terra sem adquirir as experiências que decorrem da passagem do tempo, particularmente pelo dia a dia existencial que eu experimento. Quero dizer-lhe que, enquanto você estiver comigo nesta tarefa, policie a sua conduta. Procure ter cuidado porque nós estaremos a serviço de um ideal de características transcendentais. Não nos podemos permitir o luxo de comportamento leviano, não condizente com a nossa conduta espírita. Espero que você corresponda à minha confiança.

Ele comprometeu-se com o esforço de manutenção do seu equilíbrio psicológico.

Chegando à cidade do interior, amigos que nos aguardavam levaram-nos do aeroporto até o hotel em que iríamos hospedar-nos. Os organizadores do evento, cientes de que eu me encontrava na companhia do rapaz, gentilmente providenciaram uma reserva para ele.

Quando eu estava no *hall* do hotel para o preenchimento do cadastro, o jovem se aproximou e pediu-me:

— Divaldo, você pode preencher a minha ficha? É que eu desejo ir aqui ao lado, no restaurante do hotel, tomar um café. Eu deixarei a minha carteira de identidade com o senhor.

— Com prazer! — respondi. — Quando terminar de preencher os meus dados, eu providenciarei o registro dos seus.

Ele me entregou a carteira de identidade e saiu do recinto.

Transcorridos menos de cinco minutos, eu ainda não havia concluído o preenchimento do seu cadastro, quando ele retornou, pálido e ansioso, afirmando-me:

— Divaldo, não precisa terminar de preencher a ficha, porque eu não vou me hospedar no hotel.

— Por que não?

— É que eu encontrei um amigo e vou ficar na casa dele.

Fui tomado de surpresa com a informação, mas continuei a dialogar, mantendo a tranquilidade.

— Eu confesso que não sabia que você possuía um amigo aqui. É a primeira vez que você vem a esta cidade? Porque, se assim for, é mesmo muito curioso... Logo na primeira oportunidade que você vem já encontra um amigo...

— Bem, não é exatamente um amigo...

Diante da situação inusitada eu resolvi pedir-lhe esclarecimento:

— Então você tem a obrigação de me explicar do que se trata. Já que você pediu-me permissão para estar ao meu lado e eu concedi, não me pode deixar como se eu fosse um objeto descartável, que se atira fora para seguir adiante, sem nenhuma preocupação. Você assumiu um compromisso com a tarefa e eu desejo que me explique em detalhes o que está acontecendo. É o mínimo que uma pessoa gentil deve fazer.

O jovem atormentado olhou-me demoradamente, permitindo que eu lhe percebesse a angústia.

— Divaldo, é que eu tenho uma espécie de *radar*...

Ao pronunciar a frase ele fez uma pausa, enquanto eu também me mantive em silêncio para que ele fosse claro em sua explicação e me permitisse compreendê-lo. Fiquei aguardando a conclusão, que não demorou.

— Sabe o que é, Divaldo? Na hora em que chego a um lugar qualquer, os meus olhos fazem uma verdadeira varredura no ambiente, como se eu dispusesse de um sensor especial para detecção daquilo que me interessa. Desta forma eu reconheço as pessoas que se permitem viver da mesma forma que eu. Você entende, não é?

— Não entendo, meu filho! Necessito que você me explique.

— É um tipo de identificação... É difícil de verbalizar... Quando eu cheguei aqui no hotel, olhei o ambiente e logo sintonizei com uma pessoa. No instante em que eu me preparava para o café ele se aproximou e começamos a conversar.

Então eu o esclareci que a responsável por essa identificação é a lei das afinidades, que estabelece as identificações psíquicas. E acrescentei:

— Tenha muito cuidado com o seu *radar*! Ele pode detectar algo sem saber corretamente qual é o tipo de objeto. Pode ser um asteroide, um avião ou uma pedra que se desloca no ar e entra em rota de colisão com você. Significa dizer que o seu radar tem a capacidade de detectar várias emissões de ondas diferentes. E nem sempre serão ondas superiores.

Concluindo sua justificativa, o jovem informou-me:

— Essa pessoa que acabo de conhecer, convidou-me para ficar hospedado em sua casa e eu aceitei.

— E você não acha bastante perigoso? Como você tem coragem de dormir na casa de alguém que nunca viu, cujos hábitos não conhece? Pode ser que essa pessoa seja tão ou mais atormentada do que você.

— Mas o senhor acha mesmo perigoso?

— Mais do que isso! Além de perigoso eu penso que se trata de um ato criminoso! Não há razão para isso! Nós estamos vivendo numa sociedade permissiva, na qual ninguém o impediria de viver uma vida de excessos. Mas como indivíduos que ponderamos, devemos ter o cuidado de preservar a nossa integridade física.

Tomado de compaixão eu lhe pedi, com extremo carinho:

— Não vá, meu filho! Você não se deve envolver nessa aventura! O seu problema se reveste de uma característica provacional. Todos nós estamos assinalados na Terra com as deficiências que precisamos superar. A função da reencarnação não é dar ensejo à repetição de erros. Temos que trabalhar para a nossa superação, pois este é um dos desafios da vida. Supere essa compulsão! Serão apenas dois dias em que você permanecerá numa outra sintonia. Faça uma experiência de equilíbrio sexual e afetivo, pois assim você terá um parâmetro para avaliar qual a forma de comportamento que realmente contribui para a sua felicidade. Transfira esse prazer mórbido que o atormenta para mais tarde. Digo isto porque os alcoólicos anônimos jamais afirmam que *nunca mais* vão consumir bebidas alcoólicas. Se assim procedessem, o seu psiquismo reagiria e a decisão teria curta duração, pois o inconsciente sabe que nunca mais é uma proposta muito improvável. Por isso, eles se utilizam de um artifício psicológico que consiste em afirmar para si mesmos: "Hoje, até o meio-dia, eu não irei ingerir bebidas alcoólicas". Como esta é uma meta muito simples, relativa a poucas horas, é mais fácil cumpri--la sem maiores dificuldades. Quando chega o meio-dia, eles renovam a meta: "Na tarde de hoje eu não irei beber substâncias alcoólicas". E logo mais, à noite, a tática se refaz: "Esta noite eu não utilizarei bebidas que contenham álcool, em hipótese alguma!". Desta forma, aquele que se candidata à renovação e à conquista da saúde, vai trabalhando o inconsciente para desarmá-lo, pois somente assim o vício não terá os equipamentos do automatismo. Portanto, meu filho, diga para si mesmo: "Nos próximos dois dias eu estarei longe do meu hábito vicioso!".

Antes que eu me prolongasse, ele retrucou, um pouco agitado:

— Infelizmente, eu não posso!

Ao enunciar esta frase, o rapaz foi tomado de uma grande angústia e eu senti que uma tragédia iria acontecer. Segurei-lhe fraternalmente as duas mãos, que estavam frias e levemente trêmulas, e insisti na minha recomendação:

— Não vá, meu filho! Volte para casa! Se você entende que as suas resistências morais não puderam suportar o impacto desse encontro (ou reencontro) para a tragédia, vá para casa! Não se hospede com esse desconhecido a quem você chama de amigo.

— Não é preciso, Divaldo — insistiu o jovem. — Pessoas como eu, que trazem este conflito na personalidade, são muito cuidadosas e perspicazes. Eu irei tomar as precauções necessárias. O senhor não ficará magoado se eu me for?

— De forma alguma! Minha sugestão é para o seu bem. Se eu não estivesse pensando na sua integridade eu até ficaria aliviado com a sua ausência, pois enquanto você permanecer comigo eu estarei, de certa forma, preocupado com a sua conduta. No entanto, em benefício do seu equilíbrio e da sua segurança, seria melhor que você prosseguisse conosco ou que retornasse para casa.

— Sim, senhor Divaldo. Obrigado pelo seu conselho. Eu vou levá-lo a sério.

— Eu sei que você não o vai levar a sério. Porque você nem entendeu direito o que eu lhe falei. Contudo, eu me desobriguei do meu compromisso de alertá-lo.

Naquele instante, eu percebi que ele estava fortemente influenciado por uma entidade perversa, certamente vinculada à sua conduta no passado reencarnatório. Eu já havia feito tudo ao meu alcance para salvá-lo de si mesmo, mas não havia obtido êxito. As pessoas presentes assistiram ao meu diálogo e não entenderam o que se passava. Então eu me despedi:

— Está bem, meu filho! Nós nos encontraremos em outra oportunidade.

Dessa forma, meus argumentos não conseguiram convencê-lo e ele preferiu partir.

Proferi a palestra naquela cidade e no dia seguinte eu visitei um município próximo, retornando ao final da atividade para o mesmo lugar onde me havia despedido do rapaz.

Na manhã do terceiro dia, quando os amigos me foram buscar para uma atividade às dez horas da manhã, um deles, muito circunspecto, perguntou-me:

— Divaldo, há quanto tempo você conhecia aquele rapaz que o acompanhava?

— Eu o conheci superficialmente há alguns meses apenas. Ele estava em uma palestra que realizei aqui no estado e logo após conversou comigo.

— Então você deve saber o que aconteceu com ele. Você está informado?

— Não. Realmente eu não sei. A informação que recebi da última vez em que nos vimos é que ele foi para a casa de um amigo.

Naquele momento, o amigo de ideal espírita pegou o jornal da cidade, que estampava na primeira página a notícia de um crime hediondo, no qual um jovem havia sido brutalmente assassinado por outro rapaz durante um envolvimento íntimo entre ambos, em um hotel de alta rotatividade. Era um doloroso fenômeno de transtorno sexual. A vítima era o meu conhecido, que tentou acompanhar-me para modificar a sua conduta e encontrar a paz... O indivíduo com quem se encontrou no hotel era um explorador sexual que o seduziu. E como o jovem era alguém profundamente perturbado, dominado pelas más inclinações que não conseguia vencer, aquele encontro/reencontro culminou na tragédia fatal de um homicídio.

Grande parte das pessoas que cultivam determinados conflitos sexuais não consegue conter-se diante da oportunidade de fazer propostas esdrúxulas aos outros. Aquele que concorda é porque possui dramas semelhantes. E muitas vezes um dos dois ingressa na aventura sexual porque deseja exterminar a outra pessoa para *matar o conflito* em seu íntimo, o que representa um mecanismo de *projeção* estudado pela Psicologia. O indivíduo percebe que aquilo que ele gostaria de fazer e não pratica, o outro tem a coragem de realizar. Como ele tem inibições e limites e não se atreve a transpor a barreira, decide matar no outro aquilo que odeia em si mesmo. Frequentemente, os crimes sexuais são o resultado desse mecanismo psicológico. O parceiro mata no outro a personagem conflitiva que esmaga o seu ser consciente.

No caso do rapaz a que me referi, a hipótese de latrocínio foi descartada, pois nada foi roubado da vítima. O fato representava a *morte do conflito* em alguém. Era uma pessoa que procurava destruir aquilo que odiava em si mesma. Isso acontece com muita frequência em todo o mundo.

Esta experiência marcou-me profundamente. Eu meditei bastante sobre a forma como se desenvolveu o drama, que evidenciava a lei da sintonia. O rapaz chegou a um ambiente em que nunca esteve e identificou num bar alguém que emitia o mesmo tipo de onda mental, a mesma frequência vibratória enferma.

A nossa existência está repleta de desafios. E as nossas afinidades perturbadoras devem ser ultrapassadas mediante o exercício do amor e o esforço pela disciplina, pois a vida nos pede o grande contributo do respeito que ela nos merece.

Cabe aqui uma recomendação para aqueles que estiverem tendo acesso a essas informações neste exato momento.

Se você está imerso neste problema e admite que precisa de ajuda para solucioná-lo, procure ainda hoje os profissionais de saúde psicológica que poderão auxiliá-lo! Não tenha receio de buscar o auxílio daqueles que possuem plenas condições de ajudá-lo. Isto será muito importante para que não lhe aconteça algo mais doloroso. Evitar a promiscuidade e a prostituição, além de prevenir transtornos no presente permite-nos interditar compromissos mais graves que levarão o Espírito à necessidade de reparar seus desatinos de forma compulsória, em expiações posteriores. E, além disso, procure conhecer as diretrizes oferecidas pelo Espiritismo para uma existência saudável, feliz, com sentido psicológico.

CASAMENTO, HERANÇA E ADOÇÃO DE FILHOS

A homossexualidade sempre esteve presente no processo histórico, aceita em um período, noutro combatida, desprezada em uma ocasião e noutra, ignorada. Mas sempre presente...

Alguns países reconhecem o direito ao casamento e à herança entre parceiros homossexuais. É uma questão delicada, em face das ocorrências desse gênero que não mais podem permanecer ignoradas pela sociedade. Penso que a legalização de algo que permanecia à margem, dando lugar a situações embaraçosas para os parceiros, deve ser entendida como uma conquista em relação aos direitos humanos.

Se dois indivíduos se associam em qualquer tipo de vínculo, a legislação humana que rege esta relação deve ser única, pouco importa o sexo em que os parceiros se apresentem no mundo. Se em um relacionamento homoafetivo esses parceiros procuram dar um ao outro o apoio que deve existir quando duas pessoas se amam, contribuindo para uma vivência saudável nessa nova família, é perfeitamente compreensível que ambos tenham o direito de legalizar o relacionamento. Até porque, não é o fato de a lei reconhecer ou não as uniões homossexuais que isso vai alterar a sua existência. Elas continuarão a se formar de maneira massiva, independentemente do reconhecimento do Estado. Por isso, ignorá-las é um absurdo e marginalizá-las é um crime. Já que a união moral se efetiva na vivência do amor, por que não a legalizar? Por qual razão não permitiremos que os seres humanos tenham direito a tornar legal aquilo que o sentimento já consagrou?[73]

O reconhecimento da união homoafetiva também é importante para favorecer a sua aceitação social, retirando o relacionamento da clandestinidade e evitando que os parceiros se revoltem, tornando-se agressivos para afrontar a sociedade que os exclui.

Outra questão pertinente é a proposta de oficializar a transmissão de bens entre parceiros homossexuais, no caso do falecimento de um deles. Do ponto de vista ético-moral a herança terá que ser transferida para aquele que ficou e que era sua companhia, masculina ou feminina. Se duas pessoas permanecem vinculadas por um sentimento e uma delas vem a falecer, por que este ser que lhe deu a mão durante tantos anos, que foi o seu estímulo, a sua inspiração, não merece ser parceiro também para os bens que ficaram? Não importa se ambos trabalharam para granjear os recursos materiais de que desfrutavam ou se apenas um deles assumia o papel de provedor dentro do lar. Nos dois casos, a transmissão dos bens é uma proposta muito nobre, uma medida que significa avanço cultural da nossa civilização.

---

[73] Chico Xavier também admitiu a necessidade do reconhecimento legal das uniões homoafetivas. Ver o livro *Pinga Fogo com Chico Xavier*, organizado por Saulo Gomes, Ed. InterVidas, primeira parte, cap. 35 (Homossexualismo e Sexo), segunda parte, cap. 40 (Homossexualidade e Transexualidade na Reencarnação). Nota do organizador.

A análise realizada acima não pretende abordar as motivações que levaram os parceiros a estabelecer a união. Equivale dizer que não estamos dando aval a condutas de qualquer natureza. Este aspecto do problema é uma questão de foro íntimo, conforme explicitamos anteriormente.

No caso da adoção de filhos por casais homossexuais estamos diante de um fenômeno inusitado, do ponto de vista da formação psicológica e educacional de uma criança. Tanto o pai quanto a mãe desempenham um papel relevante no processo de desenvolvimento psicológico do Espírito reencarnante, razão pela qual a Divindade programou a família com esta configuração. Se os dois gêneros complementares (masculino e feminino) não interagem com a criança no contexto familiar e em vez disso estão presentes no lar dois parceiros do mesmo gênero, quais os efeitos disso para o desenvolvimento psíquico infanto-juvenil? Ainda não sabemos ao certo.

Se um casal de mulheres adota uma criança, este ser, provavelmente, sentirá a ausência da figura paterna, mesmo que o fenômeno seja inconsciente. Se dois parceiros homossexuais masculinos adotam uma filha, por exemplo, ela terá que lidar com a ausência da imagem de mãe na convivência diária. É muito comum que este casal, deslumbrado com a situação que lhes proporcionou felicidade e realização, não se dê conta dos desafios que a criança deverá superar, pois, a princípio, a menina pode ser vista apenas como uma bonequinha. Como esta bonequinha vai crescer e atingir a fase adulta, de que forma a inexistência de uma figura feminina influenciará a sua vida? É claro que a estrutura biológica e psíquica de uma mulher possui características específicas, que nenhum homem, por mais terno e amoroso que seja, terá condições de suprir. Provavelmente, esta menina sentirá a falta da ternura e do calor maternais...

A Psicologia terá que investigar os parâmetros dessa nova experiência em nosso tecido social e familiar. Contudo, eu não tenho dúvidas de que sempre será prematuro dizer: "Essas crianças serão saudáveis enquanto aquelas serão infelizes". Uma atitude como essa estará expressando preconceitos subliminares. E qualquer tipo de preconceito é danoso.

Somente depois que se encerrar esse novo ciclo de intensas mudanças sociais, quando então identificaremos os valores emergentes que darão suporte à família do amanhã, é que poderemos aquilatar as consequências dessa modalidade diferente de adoção. O futuro irá demonstrar com maior profundidade as ressonâncias desse contexto para o ser em desenvolvimento. Não obstante, é importante destacar que qualquer carência que um indivíduo experimente na vida estará relacionada ao seu quadro de necessidades evolutivas.

Independentemente do fato de que há perguntas importantes a serem respondidas, não podemos negar aos parceiros a opção de se responsabilizarem por um pequeno ser que lhes sensibilize o coração. Se um casal de indivíduos do mesmo sexo recebe uma criança e se desvela para educá-la, evidenciando carinho e atenção incondicionais, somos convidados a admitir que qualquer adoção é um gesto de solidariedade e nobreza incontestáveis.

Quando recebi as primeiras notícias a respeito da adoção de filhos por casais homossexuais, surpreendi-me e comecei a refletir sobre as dificuldades que seriam geradas em relação à orientação sexual dos filhos, por exemplo. Fui questionado diversas vezes em conferências e argumentei que deveríamos aguardar as conclusões da Ciência psicológica na área do comportamento. Todavia, imaginando prováveis danos ao desenvolvimento psicossexual da criança, eu estava bastante inclinado a considerar a proposta como inviável.

Um dia, dialogando comigo sobre o tema, o Espírito Joanna de Ângelis esclareceu-me:

— Analise a questão sob outro aspecto. Ao reencarnar, cada indivíduo traz consigo as marcas da sua trajetória evolutiva. Se casais heterossexuais não dispõem de meios para evitar que nasçam filhos com inclinações homossexuais, o fato de uma criança ser educada por um casal de homossexuais não significa que ela estará comprometida com a mesma orientação sexual dos seus pais, porque isso está sob o comando do Espírito que renasce.

Joanna afirmou que o ato de adotar uma criança é credor do nosso respeito e admiração, se estiver fundamentado no amor genuíno. A iniciativa reduz o número daqueles que estão relegados ao abandono, repletando ruas e avenidas de incontáveis cidades, entregues à orfandade e a outras situações amargas. Mesmo que o arranjo familiar não seja convencional nem ideal, é preferível que uma criança esteja sob a proteção deste lar do que submetida à violência doméstica, urbana, ao crime, à miséria, aos vícios e à solidão.[74]

Vemos o admirável exemplo de atores de fama internacional que adotam crianças de origem humilde. Algumas pessoas que apreciam criticar os outros condenam a atitude, justificando que o objetivo desses atores é aparecer na mídia. Que bom que este é o objetivo! Melhor que eles estejam na mídia devido a gestos nobres do que virando notícia por protagonizar escândalos. Vi, certa vez, uma cantora norte-americana famosa, que depois de décadas protagonizando escândalos resolveu criar uma fundação de amparo a crianças. E ela mesma adotou uma muito pobre do continente africano, fato que gerou comentários agressivos de pessoas que desconhecem a gentileza. Mas que bom que a cantora desejou adotar uma criança em situação de extrema pobreza! Pelo menos ela retirou alguém de um estado deplorável.

A adoção de filhos por casais homossexuais deve ser entendida como uma atitude nobre, semelhante às outras. É algo que merece nosso respeito e consideração. Quando vemos tantas crianças que precisam de apoio, e alguém se resolve por amá-las, por que o preconceito? Por que ver diferenças na orientação sexual, na característica racial ou em qualquer outra característica de quem adota? Seria o mesmo que dizer que uma pessoa de epiderme negra não poderia adotar uma pessoa loira ou vice-versa!

Por outro lado, devemos reconhecer o benefício que a presença de um filho trará para o casal homossexual. Se esses indivíduos necessitam trabalhar adequadamente a sua dimensão afetiva, eles terão nos filhos uma grande oportunidade para se aprimorarem através da canalização das suas energias amorosas. Quando um casal assume a responsabilidade por uma criança, os abalos que periodicamente atingem um lar tornam-se mais facilmente superáveis em função do desejo de preservar a família. Na iminência de uma separação conjugal que não foi ponderada nem amadurecida, que é fruto apenas da precipitação e da intolerância, um filho representa um fator muito importante para impedir a

---

[74] O mesmo ponto de vista é apresentado em *Desafios da Vida Familiar*, de Raul Teixeira/ Camilo, Ed. FRÁTER, parte I, questões 12 e 13. Nota do organizador.

ruptura do relacionamento, evitando que os parceiros saiam de casa e se entreguem a aventuras promíscuas, que em nada iriam contribuir para a paz e a felicidade de ambos.

Por isso, a adoção de filhos por casais homossexuais é uma proposta que produz inegáveis benefícios para a criança, o casal e o contexto social.

UMA BREVE CONCLUSÃO

Conforme já foi demonstrado, o uso adequado da função sexual se processa no âmbito da sintonia entre a polaridade psicológica e a estrutura anatomofisiológica. Se estivermos reencarnados na masculinidade, por exemplo, o comportamento sexual masculino representa o perfil necessário ao nosso desenvolvimento psicológico. Por isso, se o indivíduo se encontra incurso na experiência homossexual, sublimar as suas energias é a opção preferencial, na perspectiva de atender às demandas indicadas pelo processo evolutivo.

Através da união homossexual não existe a possibilidade de dar continuidade à vida biológica, e o intercâmbio de hormônios psíquicos não produz a complementação energética ideal entre os parceiros para que possam procriar. Pelo fato de a experiência homossexual, em alguns casos, ser a consequência do uso indevido das energias sexuais no pretérito do indivíduo, seria de excelentes resultados que o ser encarnado fizesse um esforço para crescer na direção do infinito, realizando a experiência de sublimação, que se traduz por uma decisão consciente e amadurecida da aplicação das suas forças em outros campos de atividade. Com essa medida, estaria indo ao encontro das leis que regem a vida, buscando a superação do Espírito sobre os impositivos da matéria e sobre o seu próprio passado, trabalhando as suas potencialidades genésicas para atingir a plenitude. Afinal, não estamos na Terra para repetir e agravar os nossos erros, mas para disciplinar os impulsos e corrigir as imperfeições.[75]

---

[75] A preferência pela sublimação é uma opinião compartilhada por Emmanuel no livro *Religião dos Espíritos,* de Francisco Cândido Xavier/Emmanuel, Ed. FEB, cap. "Sexo e Amor". Ver também a resposta de Chico Xavier no livro *Kardec Prossegue*, de Adelino Silveira, Ed. CEU, segunda parte (Entrevistas), item "Homossexualismo". Nota do organizador.

Não obstante, eu gostaria de dizer àquele que transita pela experiência homossexual que o amor será sempre a chave para equacionar todos os nossos desafios evolutivos.

Se alguém teve necessidade de afeto e compreendeu que a solução era procurar respaldo na afetividade de outrem do mesmo sexo, que pôde contribuir para o seu equilíbrio e a sua paz, tranquilize a consciência e construa um relacionamento saudável. Ame, sirva e edifique o Reino de Deus interiormente! E continue trabalhando pela sua evolução em todos os aspectos, pois este é um dever inadiável que nos compete a todos.

A atitude daqueles que não transitam pela experiência homossexual ou transexual é a do respeito pelo ser humano, sem pretender discriminar ou violentar a intimidade do seu próximo.

Todo indivíduo puritano que censura tudo e está sempre vigiando os outros é um profundo atormentado, é um infeliz, em condições mais conturbadas do aquele a quem censura, porque está projetando o seu conflito no outro para aliviar as cobranças da própria consciência. Como não consegue assumir um determinado comportamento, opta por agredir aquele indivíduo que é autêntico. Esses censores da vida alheia normalmente se esforçam para exibir uma aparência de verdadeiros anjos que sentem asco de tudo. Mas isso não é pureza, é ausência dela. Uma pessoa que se permite essa postura hipócrita está subjugada por um terrível drama psicológico, em virtude de não conseguir equalizar os dois lados de si mesmo, que estão em luta constante.

Nessa personalidade *fragmentada* é necessário unir os dois lados, realizando uma integração saudável para alcançar o *ser uno*. Quando uma pessoa está fragmentada, pensa: "Eu detesto este meu lado que me incomoda! Eu definitivamente não o aceito! Nem quero pensar nele!". Essa rejeição é inútil, porque todos temos um lado que nos fere e nos causa desconforto. É uma herança psicológica que herdamos de nós mesmos. O ideal é admitir que a herança existe para poder trabalhá-la de forma adequada. Se eu identifico, por exemplo, que sou egoísta, direi a mim mesmo: "Eu sei que sou egoísta. E vou amar o meu lado egoísta para torná-lo altruísta".

Vamos olhar o lado *sombra* que se nos constitui, conforme a tese da Psicologia Analítica, e iluminá-lo com um sentimento de amor para fazer a nossa integração, a fim de que sejamos pessoas sem preconceitos e sem falsos escrúpulos. Quando fizermos isso, teremos maturidade psicológica para entender as dificuldades e as opções do outro, passando a respeitar os desafios evolutivos que ele possui e que a ele cabe solucionar.

8

SUPERANDO A PROSTITUIÇÃO

MARIA DE MAGDALA

Pretendo abordar um tema que a partir da segunda metade do século XX tem sido motivo de muita discussão e de inúmeras controvérsias.

Desde que começaram a serem estudados os evangelhos apócrifos e a partir da publicação de obras que têm a audácia de propor interpretações esdrúxulas sobre Jesus e o Evangelho, uma das personagens que se tornou alvo de especulações é Maria de Magdala ou Maria Madalena, uma figura muito amada pelos cristãos. Na opinião de alguns autores, que têm publicado livros e documentários históricos em canais de televisão internacionais, Maria de Magdala teria sido apenas uma figura fictícia criada pela Igreja Católica na sua hostilidade contra a mulher. Na opinião de outros autores ela teria de fato existido, mas não teria qualquer ligação com a prática do comércio sexual.

Eu me permito o direito de discordar de ambas as teses, que me parecem absurdas. Uma leitura cuidadosa dos textos evangélicos dignifica essa personagem. O fato de ter sido uma mulher envolvida inicialmente com a prostituição em nada a desmerece. Pelo contrário! É um ângulo da sua biografia que a exalta, devido ao fato de que ela superou com méritos esta difícil conjuntura. Eu a considero uma das figuras mais dignas do Evangelho, além de ser aquela que realizou a maior revolução moral de que nos dão notícias as páginas do texto bíblico. Paulo de Tarso, por exemplo, era um homem casto e manteve-se assim. Para aquele que nunca experimentou a queda, não se permitiu hábitos viciosos, é mais fácil manter-se numa posição de saúde moral. Ela, no entanto, havia sorvido a taça da amargura até a última gota, necessitando de uma coragem titânica para sair do fosso em que se encontrava. Portanto, a sua foi uma trajetória de desenvolvimento espiritual muito mais áspera e mais meritória, pois ela transformou em um jardim de bênçãos o pântano da existência em que foi atirada por circunstâncias diversas. O seu esforço foi tão notável que mereceu a própria presença de Jesus no instante da sua desencarnação, conforme veremos mais adiante.

Depois de meditar muito e ter proferido inúmeras conferências pelo mundo a respeito deste vulto evangélico de beleza incomum, formulei uma visão sobre Maria de Magdala baseada em narrativas evangélicas, em histórias do passado da Humanidade e na opinião de muitos Espíritos nobres com os quais mantive contato. Todas essas fontes convergem para o relato que irei sintetizar.

Ao tempo de Jesus, a Galileia era uma região muito agradável em Israel, de clima suave proporcionado pelo Lago de Genezaré, também chamado de Mar da Galileia ou Lago de Tiberíades. É um acidente geográfico formado pelo Rio Jordão, que vem do Norte e ali derrama suas águas em uma pequena depressão que fica a duzentos e vinte metros abaixo do nível do mar. Essas águas continuam a correr na direção do sul e vão formar o Mar Morto, área considerada a maior depressão do planeta terrestre, pois se localiza a quatrocentos metros abaixo do nível do Mar Mediterrâneo.

Concentrando a nossa análise na região do Tiberíades, constatamos que esse lago agradável era cercado de cidades prósperas, que exibiam um casario formoso. Magdala, Dalmanuta, Cafarnaum eram consideradas pequeninas joias encravadas numa região de montanhas e postas diante das águas transparentes e piscosas do referido mar.

Desde aquele tempo até os dias atuais, a região é povoada por indivíduos que se dedicam à agricultura e à vida pastoril: vinhateiros, plantadores de trigo, mercadores de cabras... Naturalmente, esses povoados que se erguiam à beira-mar tornavam-se bastante atrativos para visitantes de diversos países. Fenícios, romanos, gregos, egípcios, assírios e babilônicos passavam férias naquele lugar bucólico, no qual periodicamente ventos fortes levantavam as águas e tempestades estrugiam inesperadamente.

Jesus havia elegido aquela região para vir à Terra porque era um lugar de gente simples, acostumada ao trabalho intenso e diário, sem a presunção intelectual que dominava a Judeia ou a vacuidade dos que viviam na Pereia. Por isso mesmo, aquela gente modesta, os galileus, era tida como uma multidão de cidadãos de segunda classe. Havia uma velha ironia muito repetida na Palestina que dizia: "Que pode vir de bom da Galileia?". Mas o Mestre resolveu viver na Galileia e convidar onze habitantes daquele lugar para compor o seu Colégio Apostólico. Da Judeia *nobre*, intelectual e austera ele convidou apenas um discípulo, que se chamava Judas, de Kerioth,[76] exatamente aquele que o traiu, numa demonstração de que a áspide da inteligência, caracterizada pela astúcia e pelas exigências de quinquilharias materiais, tem poucas resistências morais para os enfrentamentos do cotidiano.

A cidade de Magdala, considerada a verdadeira *pérola* da região, era um burgo famoso que possuía uma arquitetura muito própria. Seus edifícios apresentavam estilo grego, refletido em casas que eram verdadeiros palácios, com colunas que exaltavam o país que influenciou toda a cultura ocidental. A cidade também apresentava residências com traços da cultura mesopotâmica. As ruas encontravam-se repletas de cambistas que ali faziam a permuta de *denários, sestércios*[77] e outras moedas, sempre dentro desses interesses perturbadores das ambições humanas. Mercadores de todos os tipos cumprimentavam-se nas mesas dos cambistas. Ali também tinham lugar os grandes espetáculos noturnos. A própria rainha Cleópatra, descendente dos Ptolomeus,[78] veio do Egito passar algum período, fruindo-lhe o clima agradável.

Magdala também era o lugar da ociosidade, atraindo aventureiros e mulheres entregues ao comércio do sexo, principalmente aquelas que

---

[76] Também chamado Judas Iscariotes. Nota do organizador.

[77] Moedas utilizadas na Roma Antiga. Nota do organizador.

[78] Quando o grande conquistador Alexandre III da Macedônia (Alexandre, O Grande) dominava quase todo o mundo conhecido, ele entregou a parte egípcia do Império Macedônico ao general Ptolomeu I Sóter, que se tornou o primeiro rei da dinastia ptolomaica. Cleópatra era filha do rei Ptolomeu XII. Nota do organizador.

já se encontravam no crepúsculo da vida, que em mansões suntuosas recebiam clientela especial.

Foi nessa confluência de sentimentos e de paradoxos que uma mulher se tornaria célebre. Chamava-se Miriam e passaria à posteridade com o nome de Miriam de Migdol (Maria de Magdala).[79]

A sua família tinha por hábito frequentar festas populares, como as tradicionais da Páscoa Judaica, que celebravam a saída do povo hebreu do Egito. Certo dia, quando ainda era uma criança, contando entre dez e onze anos, foi levada pelos seus pais a Jerusalém. E passando pela praça central da cidade, a praça do mercado, ela ouviu alguém dizer em voz alta: "Um dia, que não está muito longe, ele virá e será o libertador do povo eleito!".

Naquele tempo, os contadores de histórias usavam uma vara especial que movimentavam com habilidade para dar dimensão ampla e mais cativante às suas narrações. É uma técnica que se assemelha à oratória ou à linguagem corporal, utilizadas atualmente para dar harmonia de movimentos em representações teatrais, no intuito de dizer com gestos apropriados o que as palavras não conseguem expressar.

Por isso, erguendo a sua vara de contar histórias o narrador apontava-a para o infinito e encantava a todos. A menina Miriam se deteve diante dele, com os olhos luminosos, e perguntou-lhe:

— Como será este homem?

O venerando contador de histórias reflexionou por alguns instantes e respondeu:

— Ele será belo como a madrugada! Será bravio como o mar açoitado pelos ventos! A sua voz será penetrante e doce, e o seu olhar balsâmico será como a ternura de um coração de mãe transmitindo vida ao filhinho doente...

Maria nunca poderia dizer por qual razão, a partir daquele momento, passou a amar esse *estranho* que um dia chegaria. Ela nem sequer fazia uma ideia precisa a respeito do que o narrador falava, particular-

---

[79] O nome que equivale a *Maria* e que consta nos textos antigos é *Miriam*. O nome *Maria* surge quando se faz o processo de transliteração, de adaptação de um a outro idioma. Nota do organizador.

mente quanto ao seu papel na libertação do povo hebreu, uma vez que uma menina tão jovem desconhecia completamente questões relativas à política e ao poder. Mas, na voz do ancião, havia uma melancolia cheia de esperança e uma saudade feita de dor tão pungente que ela sentiu o peito trespassado de alegria, sentindo que o seu coração estava nas mãos daquele que seria o libertador do seu povo.

Quando ela estava com mais de doze anos, escutou outro profeta ainda em Jerusalém que afirmava: "E quando o Rei estiver conosco o mundo será um lugar de amor!".

No entanto, a partir dali tudo foi diferente. Seus pais morreram, e ela foi vendida como escrava, permanecendo em Jerusalém e experimentando situações dolorosas de humilhação.

Mais tarde, quando contava quinze anos de idade, o seu corpo já havia adquirido formas de mulher. Os seus cabelos da cor de mel desciam até quase a cintura e os seus olhos eram como dois pedaços de céu azul. Ela vagava pela cidade de Jerusalém, órfã e desamparada, sem saber ao certo qual seria o seu destino.

Um dia, ainda em Jerusalém, ela se deixou envolver por uma voz cariciosa e quente que lhe falava palavras ardentes, prometera--lhe felicidade, enriquecera de fantasias a sua imaginação. Encantada, entregou-se aos braços do amor e se deixou arrebatar... Porém, para sua surpresa, quando despertou, descobriu que estava em um bordel. Na realidade não era o amor que havia chegado ao seu coração, mas as patas violentas e galopantes de um verdadeiro *animal* que lhe estraçalharam os anelos, as ansiedades de menina-mulher. No prostíbulo, ela foi usada de várias formas, padecendo nas mãos de homens exploradores e inescrupulosos. E nunca mais reencontrou aquele que lhe falou de ternura, para logo em seguida atirá-la na mais absoluta miséria moral.

Entre outras obrigações que lhe foram impostas no bordel, estava a da venda de perfumes nas portas dos habitantes da cidade.

Nesse estado de inquietação, quando se preparava para vender os primeiros aromas, visitando uma das portas triunfais do Templo de Jerusalém ela ouviu alguém dizer:

— Aleluia! Ele chegou à Terra para trazer venturas! É chegado o grande e terrível dia do Senhor!

Sem saber qual a *magia* que a dominava, Maria sentiu-se atraída por aquela voz que cantava a litania, e perguntou-lhe:

— Como Ele é?

Aquele que falava do futuro foi tomado de certa emoção, e respondeu-lhe:

— Ele é tão forte como um herói mitológico e tão bom como um sorriso de criança!

Com o coração despedaçado, ela O amou ainda mais! Amou com uma ternura infinita e com uma imensa sede de paz...

Foi exatamente assim que, alguns anos depois, ela recordaria toda a sua infância e adolescência, passando pelo período de autodestruição que a levou à situação em que se encontrava. Maria agora era a rainha da noite, uma estranha mulher que passaria à História da humanidade devido à sua vida tumultuada, às duas faces da sua existência. Inicialmente ela se estabeleceu em uma mansão que era um verdadeiro palácio na cidade de Jerusalém, onde se tornou meretriz de luxo. Depois se transferiu para Magdala e deu continuidade às suas atividades no comércio da ilusão.

A sua casa famosa recebia os melhores hóspedes que transitavam pela Galileia. Era um palacete que ficava a regular distância da região mais movimentada da cidade. Legionários vinham de Cesareia de Filipe, exatamente para fruir as alegrias ilusórias que a mulher singular propiciava. Sacerdotes chegavam de Jerusalém e mercadores atravessavam a região de Bethabara, a casa da passagem do Rio Jordão,[80] para se ufanarem de haver tido uma noite com *a joia preciosa de Magdala*.

Ela possuía tudo aquilo que o dinheiro poderia comprar: a mansão vetusta, cercada de rosais em flor, escravas da Núbia e de outros países,[81] moedas que lhe chegavam de diferentes regiões da Terra, joias

---

[80] *Bethabara* ou *Betânia* significa "lugar da passagem" ou "casa da passagem", em hebraico antigo, por ser um local de fácil passagem para viajantes e caravanas. De acordo com a narrativa bíblica foi nesse lugar do Rio Jordão que João Batista batizou Jesus. Nota do organizador.

[81] A autora espiritual Amélia Rodrigues esclarece que Maria de Magdala possuía servas e servos de várias nacionalidades, segundo consta no livro *Primícias do Reino*, de Divaldo Franco/Amélia Rodrigues, Ed. LEAL, cap. 17 (A Rediviva de Magdala). Nota do organizador.

preciosas e adereços variados. Tinha quase tudo, menos a paz... Parecia que o seu coração estava envolto em um luto cruel. Por mais que os homens lhe dessem alegrias, a embriaguez dos sentidos não preenchia o vazio dos sentimentos.

Certo dia, uma escrava, enquanto penteava os seus cabelos, falou-lhe a respeito daquele estranho Messias:

— Senhora, já ouvistes falar daquele que consegue penetrar o coração das pessoas como se fosse um perfume delicado, e que consegue balsamizar a alma como se fosse uma brisa suave que nos acaricia?

Parecendo estar anestesiada, ela não pronunciou uma só palavra.

Dizia-se que aquela mulher era portadora de sete demônios.[82] Numa interpretação moderna, poderíamos dizer que ela apresentava severos transtornos de comportamento, que eram acentuados pela influência negativa de entidades espirituais perversas. Em outras palavras, ela era, ao mesmo tempo, portadora de transtorno psiquiátrico e de obsessão espiritual. Quando as *forças telúricas*[83] do mundo invisível tomavam-na de assalto, ela ficava praticamente morta. Nas noites de lua cheia, quando ela mandava fechar as janelas com cortinas pesadas, entrava em uma espécie de êxtase: a pele nacarada, os olhos abertos e fora das órbitas, dominada por tremores e suores álgidos. Nessas ocasiões, a dona da casa não recebia ninguém. A mansão mergulhava em silêncio, as escravas caminhavam descalças e mesmo a voz do vento parecia silenciar para que ela penetrasse no abismo da amargura.

A escrava insistiu em seu comentário:

— Senhora, hoje Ele estará em Magdala! Ao entardecer a Sua voz irá saudar o Sol que se esconde, e Ele oferecerá blandícias aos que estão desesperados.

A *rainha da ilusão*, mergulhada no mais profundo de si mesma, estava longe da realidade objetiva e não esboçou qualquer reação.

Novamente a escrava afirma-lhe:

— Senhora, o nosso Mestre está entre nós! Ele é leve como um sorriso, mas o seu olhar é profundo como um punhal que rasga a alma!

---

[82] Lucas, 8:2. Nota do organizador.
[83] Ver mais adiante a informação sobre as *Fúrias* ou *Erínias*. Nota do organizador.

Ela meneou a cabeça e não deu importância. Estava dominada pelas *Fúrias*,[84] conforme diziam aqueles que a conheciam.

Contudo, Maria alternava este estado de prostração total com surtos de exaltação, de alegria esfuziante. Numa linguagem da Psiquiatria moderna, poderemos entender que Maria de Magdala era portadora de transtorno afetivo bipolar, pois ela caía na depressão profunda e subitamente entrava em um estado de humor superexcitado.

Na noite seguinte, uma noite tranquila de luar do mês de *nissan*,[85] ela estava totalmente dominada pelo desequilíbrio psíquico e espiritual. A casa estava impregnada de odores de sândalo, de mirra e outras ervas preciosas que eram queimadas para afastar as forças negativas do Além.

De repente, um homem golpeou fortemente a porta da casa palaciana, que era cercada por um muro de grandes proporções.

A vila estava em silêncio, praticamente em sombras. Parece que todos dormiam em função do avançado das horas. E o homem prosseguiu batendo na porta de carvalho com o seu cajado. Subitamente chegou um servo da residência e abriu a pequena abertura no alto da porta. Por essa fenda só se pode ver o rosto de quem está do outro lado. O servo repreendeu o visitante inesperado:

— Mas isso são horas? Não é hora de mendigos baterem à porta para solicitar ajuda!

E a voz estranha daquele homem retrucou:

— Eu desejo falar com a senhora.

— Mas como? A esta hora? A senhora não atende! Além disso, ela está na sua crise periódica.

E porque o estranho insistisse, o servo ameaçou soltar os mastins contra ele.

---

[84] As Fúrias ou Erínias eram deusas da mitologia grega que representavam forças primitivas da Terra (telúricas). Segundo a concepção mítica, elas perseguiam pessoas que atentavam contra a moral: criminosos, homicidas, traidores da própria família, etc. Eram descritas como demônios alados com tochas e chicotes utilizados para agredir suas vítimas. Representam a simbologia das culpas que perseguem todos aqueles que se tornam infratores. Nota do organizador.

[85] Mês de abril no calendário palestino da época. Nota do autor.

— Mas eu tenho que falar com a senhora — insistiu o homem.

Gargalhando, o servo respondeu com ar de desdém:

— Parece que tu não entendeste. A minha senhora não está disponível no momento! Ainda hoje ela rejeitou um sacerdote, um centurião e um príncipe da Indumeia que era enviado de César. Por que razão ela iria receber-te?

— Porque eu tenho uma mensagem para a senhora. E tenho certeza de que se ela souber que aqui eu estive e não lhe pude falar, tu serás gravemente punido.

O servo receou um pouco, mas terminou por abrir o portão. O homem entrou na residência caminhando por um pequeno átrio que dava acesso à casa imensa e luxuosa. Ele falava alto afirmando a sua necessidade de transmitir o recado. Todos os que foram acordados com o vozerio olharam para ele, perplexos e aborrecidos. Mas o visitante inesperado pareceu sorrir de felicidade, pois estava prestes a desincumbir-se da sua tarefa.

Enquanto isso, a dona da casa estava naquele estado de fragilidade física e de debilidade psíquica, sem energia sequer para levantar-se da cama.

A serva que cuidava da mulher, ao ser abordada pelo servidor e pelo visitante inesperado, informou que iria verificar como se encontrava a dona da mansão. Minutos depois, retornou com os pés descalços, respondendo, em tom firme:

— A senhora não recebe ninguém no dia de hoje.

— Mas a mim irá receber. Ela está aguardando a minha palavra há algumas luas... Eu havia-lhe dito que na hora em que O encontrasse viria trazer-lhe notícias. Diga-lhe que quem deseja falar-lhe é o leproso da estrada a quem ela deu uma moeda de ouro.

A serva gargalhou com zombaria e redarguiu:

— Imagine! A senhora recusou a presença de um príncipe e teve a coragem de negar acesso a um sacerdote do templo. Além disso, um jovem sonhador e poeta passou pela nossa porta desejando vê-la, mas ela também se recusou a recebê-lo. Por que razão receberia um leproso da estrada?

Sentindo-se agredido moralmente o homem estranho empurrou-a com violência, dizendo-lhe que se ela não fosse avisar à senhora ele entraria de qualquer forma, dirigindo-se aos aposentos da meretriz.

Assustada, a jovem adentrou-se pela casa sem perceber que o estranho peregrino a acompanhou com passos cuidadosos. O silêncio era total e a luminosidade era tênue, mantendo a residência em uma pesada sombra. Chegaram a uma sala ampla com uma claraboia por onde entra palidamente a luz da lua. As cortinas espessas também compunham o ambiente, ao lado de suportes de metal nos quais tochas acesas produziam fumaça que se assemelhava a um balé macabro, ao lado do odor de incenso que se espalhava tornando o ar mais denso e desagradável. Sobre um triclínio havia uma bela mulher de pele alvinitente, com uma indumentária negra, a perna descoberta contrastando com as vestes e com a sombra da sala. Ela encontrava-se mergulhada em profundo torpor.

Quando a escrava concluiu que não seria possível qualquer comunicação com a senhora, tentou retornar para dar a notícia e se surpreendeu com a presença do homem que a seguiu. Ela sabia que, quando a mulher entrava naquele estado, estava possuída pelos demônios: o demônio da luxúria, o do ódio, o do desprezo, o da amargura e outros que lhe roubavam as forças, fazendo com que, às vezes, despertasse violenta e cruel. A escrava tentou gritar, mas não houve tempo. O homem andrajoso entrou na sala repentinamente, ajoelhou-se diante da mulher estática e gritou:

— Senhora! Eu o encontrei! Jesus está perto!

A dona da casa permaneceu entorpecida. Ele a segurou pelo braço e sacudiu o seu corpo, atrevidamente, insistindo:

— Senhora! Venha! Jesus está aqui próximo! Ele se encontra em Cafarnaum! Eu prometi que iria encontrá-lO e o fiz!

A mulher balançou a cabeça pesada e dolorida. O seu transe de amargura e de perturbação era profundo. Os olhos semicerrados nada viam e ela movimentou-se com uma expressão de enfado.

Lentamente saiu daquele torpor, sentou-se, olhou para o estranho, de joelhos aos seus pés, e lhe perguntou:

— Quem és tu? Que queres de mim?

— Senhora, não vos recordais de mim? Vínheis pela estrada de Dalmanuta em vossa liteira, acompanhada do senador Próculo. Eu me atirei aos vossos pés, interrompi o vosso trajeto e vos disse: "Tende piedade de mim! Tenho lepra. Eu ouvi dizer que o Profeta de Nazaré se encontra pelos nossos caminhos. Dizem que Ele limpa as feridas morais e cicatriza aquelas que estão purulentas no corpo. Mas eu sou leproso, pobre e solitário. Não tenho recursos para alcançá-lO. Ajudai-me, senhora! Ajudai-me com uma moeda para ir até Jesus! Vós que tendes o poder e a fortuna, a fama e a glória! Dai-me uma moeda para comer pelo caminho!". E vós, sarcástica, abristes a cortina, atirastes um sestércio de ouro e me dissestes: "Vai! E quando O encontrares, se tiver gratidão dentro do peito, volta para dizer-me, a fim de que este profeta também me cure. Se esperas que Ele te lave a lepra do corpo, traze-me esse peregrino para que Ele me lave a lepra do coração." Depois disso, fechastes a cortina, a liteira se ergueu e continuastes na direção do vosso destino. Vede, senhora! Já não sou mais o mesmo!

Em meio à penumbra ele abriu a camisa suja na altura do peito e ela percebeu que os tecidos do seu corpo estavam restaurados.

— Ele me tocou e lavou-me a lepra — prosseguiu o visitante. — As feridas cicatrizaram com o seu olhar! Ele distendeu a mão sobre mim e me disse apenas uma frase: "Se tu crês que eu te posso curar, cura-te! Eu te ordeno". Eu senti um frêmito incontrolável! Algo diferente percorreu-me as carnes apodrecidas e eu aqui estou! Nenhuma marca! Nenhuma mancha! As feridas se fecharam como pétalas de rosa que tombam depois da morte primaveril. E eu prometi a mim mesmo que vos procuraria para que tivésseis a felicidade que eu alcancei. Vinde, senhora!

O mendigo ria com o entusiasmo do seu depoimento, enquanto permanecia de braços abertos para demonstrar seu perfeito estado de saúde.

Na sequência, ela sorriu com amargura e respondeu-lhe, com certa melancolia:

— A Galileia está tão cheia de *profetas*!... Como posso acreditar Nele? É apenas mais um...

— Mas Ele é diferente, senhora! Ele veio para redimir o mundo!

— Conheço esses redentores. Muitos deles passam aqui pelo meu leito de meretriz.

— Eu insisto, senhora! Jesus é diferente de todos que a senhora já conheceu. Ele é nobre como uma espada nua, é puro como uma labareda de fogo e é bom como um favo de mel.

— Mas certamente o teu Rabi, como todos os da mesma espécie, deve ser um hipócrita! Tenho certeza de que Ele fala de amor, mas ameaça apedrejar as meretrizes diante do templo. Ele deve detestar-nos a todas nós, as mulheres *vendedoras de ilusão*. Ele cura as feridas do corpo e não tem compaixão das misérias da alma. Se o teu Profeta souber que está diante de uma mulher que um dia será apedrejada até a morte, certamente Ele terá uma reação estranha ao me receber.

— Não, senhora! Jesus ama os pecadores! Eu vi mulheres equivocadas ao seu lado. Vi pessoas aturdidas enrodilharem-se aos seus pés. Testemunhei seres vulgares, conhecidos por todos, desfrutarem da sua atenção. E Ele até confraternizava com eles. Eu também O vi comendo com a mão, sem lavá-las, em um grupo daqueles que somos os rejeitados pela sociedade.

— Não comigo! Tu sabes que eu tenho a alma marcada pela peste da vergonha! Sabes bem quem eu sou e qual é o meu futuro.

— Mas Ele nos disse que feliz é aquele que, havendo perdido tudo, ainda tem Deus na intimidade. Que bem-aventurado é aquele que aspira ao mundo transcendental e despreza as coisas da Terra. Vinde, senhora! Eu tenho certeza de que Ele vos amará! Ele cura todas as formas de lepra. A minha estava por fora e a vossa está por dentro. Vinde! Aproveitai a oportunidade!

Nesse momento, a mulher hesitou. O peregrino da miséria ergueu-se, segurou as mãos da meretriz e levantou-a, advertindo:

— Vossa oportunidade de vê-lO é somente hoje. Será hoje ou nunca mais! Ele não dorme duas vezes numa mesma casa. Está ali próximo, em Cafarnaum. Ele veio para dar alegria aos que choram, esperança aos desesperados e amor àqueles que perderam a razão de viver! Vinde sem demora!

O próprio homem puxou a corda que badalava o sino para chamar a serva. Quando ela chegou, Maria lhe pediu um manto para cobrir a cabeça e lhe impôs, com voz pastosa:

— Prepare a barca. Desejo ir a Cafarnaum.

A pobre mulher ainda estava hipnotizada pela sua crise periódica. Na noite anterior ela se entregara às práticas de prostituição mais torpes. Fizera uma bacanal promovida pelo seu amante romano, o senador Próculo. Ele trouxera legionários que encheram a mansão de fantasia e de erotismo. Parecia que ainda era possível escutar as gargalhadas dos soldados ébrios ecoando pela casa. O senador havia partido ao raiar do dia e Madalena ficou imersa em profundo constrangimento. Era sempre assim: depois da orgia, o desencanto; depois das bebidas alcoólicas, a embriaguez e o cansaço; depois do prazer, o arrependimento...

A senhora pediu à serva um manto e encobriu a cabeça para esconder-se dos olhos do mundo. O homem da estrada ajudou-a a disfarçar os ombros seminus para que ela ocultasse melhor a sua identidade. Segurou-a pela mão, atravessou os corredores do pátio, passou pela porta do fundo para atingir o quintal e chegou à praia branca cercada de flores miúdas e de madressilvas gargalhando perfumes. Junto à areia está uma barca com um homem de bíceps desenvolvidos. Estava acostumado às travessias pelo mar levando a senhora a lugares variados.

Alguns minutos depois, no silêncio da noite, o remador conduzia a pequena barca cruzando as águas daquele mar-espelho na direção de Cafarnaum. O profundo silêncio só era quebrado pelas onomatopeias da natureza. Dentro da embarcação estavam o mendigo e a mulher cobiçada pelos homens, coberta por um peplo romano pesado e espesso, para que não fosse reconhecida por ninguém. Em meio à brisa fresca e ao ritmo dos remos, que vão dilacerando as águas, a mulher foi aos poucos recuperando a lucidez.

Duas horas depois, a barca era cravada nas areias marrons, numa praia de pedras miúdas, à sombra de tamarineiras em flor. Haviam chegado a Cafarnaum.

Satisfeito, por ter-se desincumbido da tarefa, o estranho saltou da barca e afirmou:

DIVALDO FRANCO

— Senhora, vede! Ali está a casa onde mora Simão Bar Jonas, o pescador.[86] É ali onde Ele está hospedado esta noite. Ide, senhora! Eu tenho certeza de que Ele vos receberá!

Era uma casa quadrangular típica da região, constituída de basalto e de pedra vulcânica, com uma escada lateral e uma claraboia, que são vistas até hoje em algumas construções daquela área. Aquele era o lugar onde pernoitava a esperança.

Maria aproximou-se e receou entrar. O manto imenso cobria-lhe a cabeça, e ela hesitou.

— Senhora, Jesus a espera! — encoraja o mendigo. — Vede! A porta está aberta.

O barqueiro, agora de pé, reforçou a proposta:

— Ide, senhora! A noite chega ao máximo e logo mais amanhecerá...

Naquele momento Maria se recordava de quando era menina e visitou Jerusalém, ouvindo o narrador de histórias dizer: "Um dia virá o Rei! Montará num ginete branco e salvará a humanidade!". A partir daí, mesmo sem saber como explicar, ela passou a amar esse Rei. E, durante toda a infância, ela se sentiu tocada pelo Messias que viria para transformar o mundo. A sonhadora menina desejava amar um homem nobre e gentil, que tivesse a bondade esculpida na alma e que fosse capaz de cicatrizar as feridas do coração. No entanto, após ser jogada no abismo da prostituição, o amor desapareceu dos seus sentimentos, batendo asas e o ressentimento tomou conta do seu coração. Maria prometeu a si mesma que nunca mais amaria ninguém, uma vez que o homem que a levou para o bordel havia extirpado da sua alma o encanto, a pureza, a ingenuidade e a doçura. Por esta razão, a sedutora mulher de Magdala nunca mais amou nenhum daqueles com quem esteve no leito. Procurou extrair deles o ouro e as pedras preciosas, a fim de vingar-se daqueles que a degradavam. Ela decidiu odiar todos os homens! Mas Jesus também era homem! Por isso, ela ficou perguntando-se como Ele a receberia e como ela se sentiria em sua presença. Por alguns minutos Maria permaneceu na praia, experimentando o conflito que a martirizava. Além desses dramas íntimos ela teve medo de ser reconhecida por alguém.

---

[86] Mais tarde conhecido como Simão Pedro, apóstolo de Jesus. Nota do organizador.

Por fim, decidiu entrar. O manto se desvencilhou da cabeça e o fulgor dos cabelos de ouro caiu-lhe sobre os ombros nus. Ela seguiu caminhando lentamente e com visível receio. A consciência estava pesada de remorso, o coração encontrava-se amargurado pelas desilusões. Aproximou-se da velha porta de carvalho e empurrou-a devagar. A porta rangeu, movimentando-se com ruídos enferrujados, e ela entrou na residência de Pedro. Ao permitir que o luar adentrasse o ambiente, um retângulo prateado de luz caiu sobre a sala, na qual, sobre uma pedra, um homem estava sentado de costas para a porta. Ele moveu a cabeça para o lado e o queixo ficou paralelo ao ombro, formando um ângulo quase reto, procurando demonstrar que havia detectado a presença de alguém que chegava. A cabeleira abundante apresentava a tonalidade do mel, do metal sujo ou do ouro velho, para nos utilizarmos de uma imagem que facilite a descrição. Ao mesmo tempo, os cabelos eram penteados de forma muito própria, repartidos ao meio, como faziam costumeiramente os homens de Nazaré, misturando-se com a barba longa descendo da face. A testa era ampla e bem desenhada. Os zigomas salientes. Era um homem com aspecto magro, de 1,78 m de altura, mais ou menos, e 70 kg, aproximadamente.

Quando ela O viu de perfil, fascinou-se com a sua imagem e nada pôde dizer. Há momentos em que as palavras devem silenciar...

Maria foi tomada por uma emoção estranha... *"De onde eu O conheço?"*, perguntava-se intimamente, enquanto uma onda de amor esfogueava-lhe o ser! Ela se acercou, deslumbrada, atirou-se aos seus pés, e de joelhos lhe exclamou, suavemente, banhada de lágrimas:

— Rabboni![87]

Havia tanta doçura nos olhos azuis daquele homem que ela se comoveu ainda mais. E Jesus, com um jovial sorriso, respondeu-lhe:

— Maria!

A mulher de Magdala começou a chorar mais intensamente e perguntou-lhe, soluçando, com a voz embargada:

— Tu me conheces?

---

[87] É uma palavra que significa *mestrezinho* ou *mestre querido*. Nota do autor.

— Como não, Maria! *Ego sum Pastor Bonus*![88] (Eu sou o Bom Pastor!). Eu conheço todas as minhas ovelhas, uma a uma. Então não te surpreendas que te chame de Maria.

— Oh, Senhor! Se Tu me conheces Tu sabes da minha desgraça!

— Maria, não te preocupes com isso.

— Mas a minha vida é um flagelo! Não tenho razão para viver!

— Ah! Sempre temos razão para viver...

— Mas Senhor, eu vivo em um bordel!

— Um bordel também é um lar, Maria. E todos têm direito a um lar.

— No entanto, no bordel eu sou a mercadoria.

— De fato, seria preferível que em lugar de estares exposta, tu estivesses composta. Que em vez dos homens te procurarem para o comércio da ilusão, tu te transformasses em uma realidade de paz...

— Eu sou uma dama da ilusão... Eu sou toda podridão!

— Oh, Maria! Todas as experiências da vida são sempre transitórias. Tu nunca viste os muros velhos e abandonados, enegrecidos pelo tempo quando chegam as brisas da primavera risonha?! Eles reverdecem e desabrocham suavemente em flores miúdas... Tu nunca viste os pântanos, sob o carinho da drenagem, transformarem-se em jardins de beleza incomparável? Tu nunca viste o deserto, trabalhado com ternura, converter-se em pomar generoso? Assim é todo aquele que se acerca do Reino de Deus! Não digas que tu és uma pessoa condenada ao sofrimento e à dor, porque para o coração de Meu Pai todas as criaturas merecem amor!

— Que deverei fazer, então, Senhor?

— Deverás amar!

— Ah, pobre de mim! Tenho sido usada e odeio! Estive com muitos homens em meu leito e nunca encontrei o amor!

— Não, Maria! Não me refiro a este tipo de amor. Deverás amar os teus filhos.

— Filhos?! Mas eu não os possuo. Sou uma mulher infeliz! Tive o ventre varado mil vezes e nunca tive a honra de ser mãe!

---

[88] Expressão encontrada na primeira versão da Bíblia para o latim, a *Vulgata Latina*. É utilizada com frequência por teólogos e sacerdotes das igrejas cristãs. Nota do organizador.

— Não me refiro a este tipo de maternidade. A mulher que tem um filho possui certamente um dever para com ele. Contudo, há mulheres que geram a vida no próprio ventre e que matam seus filhos ao nascerem. Há outras que abandonam suas crianças para morrerem na estrada, o que as serpentes não fazem. Quando te digo que ames os teus filhos eu não me refiro aos filhos da tua própria carne. Desejo referir-me ao amor entre os filhos que não têm mães e as mães que não têm filhos, quais aquelas mulheres que fizeram a mesma opção que tu elegeste e que se encontram envolvidas com o equívoco a que se entregam. Ama essas mulheres que são desprezadas, que sofrem perseguição e são amaldiçoadas, já que elas vendem o corpo e a alma, e não contam com ninguém. Lembra-te dos pequeninos que foram abandonados e necessitam de carinho, que têm sede de ternura. Esses é que serão teus filhos. Torna-te mãe de todos eles. Amar o filho da própria carne é um dever imposto pela vida. Mas amar aquele que é de outra carne, é uma oferta do amor de Deus! Por isso, quando eu te digo que ames aos que não têm amor é para que o muro velho dos teus desencantos reverdeça e desabrochem as flores da tua afetividade, que estão esmagadas na tristeza.

— Mestre, eu quero seguir-Te!

— Sim, Maria. Mas é necessário um grande sacrifício para me seguires. Somente recebe um grande prêmio quem faz um elevado investimento. Se desejas seguir-me, terás que renunciar a todas as coisas da Terra para desfrutares das excelências daquelas que são de Deus!

— Senhor, eu Te darei a minha vida, hoje, se necessário!

Ele meneou a cabeça e respondeu-lhe:

— Eu aceito. Não agora, Maria. É muito cedo. É muito fácil dar a vida sem que isso represente o cumprimento de um compromisso maior. Morrer é simples. Significa apenas a falta de ar no peito e o trânsito para outra realidade. Se pretendes dar-me a tua vida, eu irei pedi-la. Não para uma morte repentina e vã, mas para uma demorada agonia. *Morrerás* a cada dia e em todas noites, a cada hora e em todo lugar, exemplificando a renúncia, a abnegação e a coragem diante do sofrimento. Esta é a morte mais difícil, e é exatamente a que te peço. Eu te conheço desde muito antes e espero que estejas comigo muito depois de agora! Vai, Maria! Um dia eu te tomarei a alma em minhas mãos.

Um dia, que não está muito perto, mas também não está muito longe, eu te pedirei a vida...

E calou-se após esta última frase. Ela compreendeu que o diálogo estava encerrado e ergueu-se, cambaleante, saindo do recinto sem dar-Lhe as costas.

Ela se retirou do recinto absolutamente fascinada! As lágrimas que lhe escorriam dos olhos não eram de dor, mas de felicidade. Pela primeira vez um homem não lhe pediu nada! Pela primeira vez um olhar suave penetrou-a, dulcificando-lhe o coração atormentado. Quando estava na praia, olhou para trás e notou que o retângulo prateado de luar ainda iluminava a sala. Pôde vê-lO movendo os lábios como quem desejava dizer-lhe uma última palavra. Devido à distância ela não conseguiria escutar, mas ouviu na acústica do coração quando o Mestre balbuciou:

— Eu estarei contigo! Sacrifica-te e ama, a fim de que possas passar pela porta estreita! Nada temas, e creias sempre! Vai, em paz!

Ela desejou gritar! O amor a plenificava pela primeira vez e ela sentia no corpo o êxtase da sua presença, trazendo na alma uma sinfonia que não era possível expressar. Entrou correndo na barca, retirou o manto do rosto e recebeu a carícia da noite, enquanto no alto lucilavam as estrelas, as eternas sentinelas do cosmos. O remador levou-a cuidadosamente de volta ao lar.

É importante notarmos que Jesus não condenou nem absolveu a jovem de Magdala. Ele deixou o problema nas suas mãos, pois o drama pertencia exclusivamente a ela. Afinal, o problema do equívoco não é de quem o vê, mas de quem o traz na intimidade. O problema do conflito não é nosso, é daquele que se torna o protagonista da situação conflitiva. Não temos o direito de condenar ou aplaudir. A nossa obrigação é apenas de auxiliar, oferecendo o bálsamo que suaviza o sofrimento.

Quando retornou ao lar, Maria mandou iluminar a casa, abrir as janelas e retirar as pesadas cortinas, recolhendo-se, logo em seguida, aos seus aposentos.

No dia seguinte, Magdala estava em polvorosa, pois a meretriz parecia haver enlouquecido! Chamou os mendigos, os loucos, os leprosos e com todos eles repartiu o que possuía. Atirava pelas janelas joias, peças de tecidos nobres, alimentos, objetos de arte e vasos de perfumes.

A dona da casa doou tudo que pôde, libertou os servos e as servas e lhes deu carta de alforria. Quando terminou de se desfazer dos seus bens ela declarou, em voz alta:

— Esta casa agora pertence àqueles que não têm um teto para morar!

Todos na vila comentavam que não se poderia esperar outra coisa de uma louca, uma endemoninhada. E a insensatez humana, nas suas objurgatórias de impiedade, comentava em tom irônico: "Até que ela demorou para se entregar de vez à loucura!"

A convertida de Magdala reservou para si apenas duas lembranças. Abriu uma velha arca, atirou pela janela as peças de seda e de veludo que estavam guardadas e retirou um vestido raro, de tecido bem-trabalhado, semelhante a um *calamaço*,[89] que ela usou no primeiro dia em que foi maculada no bordel. Maria havia guardado a roupa como uma recordação da sua pureza inicial. Depois, pegou um vaso de alabastro no qual estava um perfume de *nardo* dos mais refinados e caros, que era lembrança de sua mãe. Decidida a sepultar de vez aquela etapa da sua vida, vestiu-se com o traje retirado do baú, segurou o vaso e saiu, desaparecendo dos olhos da cidade.

A partir desse dia, ao cair da tarde, nas praias de Magdala, Dalmanuta e Cafarnaum, ou nas terras de Corazim, onde quer que Jesus estivesse ensinando o Evangelho, no meio de uma multidão esfaimada, doente e marcada pela miséria, estava uma mulher muito bela que acompanhava o Nazareno. Era Maria, a ex-meretriz de Magdala, uma jovem de olhar transparente e de corpo estuante, fascinada pelo Mestre e por suas inigualáveis demonstrações de amor à humanidade.

Nessa época, havia um homem que gostava de oferecer banquetes para se exibir. Chamava-se Simão.[90] Era rico, mas sem nenhuma relevância no tecido social. Por isso, ele realizava banquetes para satisfazer o seu caráter esnobe. Era um fariseu, portanto, era pusilânime, conforme costumavam ser os fariseus. Preocupava-se com a *limpeza*

---

[89] Tecido de seda antigo. Nota do organizador.
[90] Não confundir com Simão Pedro, apóstolo de Jesus. Simão, o fariseu, é outro personagem da história do Evangelho. Nota do organizador.

de fora, mas não se dedicava à *limpeza de dentro*. Toda personalidade expressiva que passava pela região ele convidava para um banquete.

Na atualidade é muito comum este tipo de comportamento social leviano. Um grande contingente de pessoas sem projeção de relevo manipula as circunstâncias para brilhar com a luz dos outros. Por isso, sabendo da presença e da importância de Jesus, que era muito disputado em cada cidade por onde passava, Simão O convidou para ir à sua casa farisaica. E para surpresa geral, o Mestre Excelso, que era comedido, aceitou a proposta. O convite foi formulado naquela mesma semana em que Maria de Magdala resolvera reconstruir por completo a sua vida.

A notícia correu por toda a região. Mas é evidente que ela estava caracterizada pelo escândalo e pela maledicência. E as vozes da intolerância ecoavam aos quatro ventos: "Como pode um profeta ir à casa de um pecador? Como pode um homem santo ir à residência de um insensato e perverso, que se compraz nutrindo-se da miséria e dos restos cadavéricos do povo, como um verdadeiro abutre?". Maria também soube que a visita iria ocorrer em poucos dias.

Simão residia em uma vila de beleza extraordinária, localizada nos arredores da cidade, entre laranjeiras exuberantes.

No dia estabelecido, abençoado pelo Sol do mês de *Kislêv*,[91] Jesus, Pedro e João caminharam pela estrada poeirenta e cercada de árvores frondosas, dirigindo-se à casa de Simão. O anfitrião, que estava à porta, em um maravilhoso alpendre de mármore, recebeu os visitantes festivamente, ao lado de vários amigos igualmente detentores de grande fortuna. Alguns instrumentistas recepcionaram-nos com música suave. Simão estava vestido com uma roupa especial: a indumentária branca debruada de azul. Curvando o tronco em uma pretensa atitude de reverência, solicitou que todos se dirigissem à sala de refeições.

A mansão encontrava-se especialmente preparada para o evento. Ali estavam as personalidades mais exóticas da frivolidade: fariseus, saduceus, centuriões e outros desses indivíduos ociosos que apreciam momentos rutilantes da vida social.

---

[91] *KIislêv* ou *Kislev* é o 9º mês do calendário judaico. Nota do organizador.

Jesus foi convidado a deitar-se em uma mesa baixa, um triclínio. A primeira parte da refeição era composta por alimentos defumados: peixes, aves, carnes de cabritos e outros pratos semelhantes. Logo depois foram servidos frutos secos do deserto (tâmaras, azeitonas e outros), vinho e mais alguns pratos da culinária nobre da época. Jesus, alimentando-se de forma comedida, detinha-se em uma ou outra fruta ou em peixes defumados. Ao fundo ouviam-se os batuques surdos, os pandeiros, as flautas e os címbalos. Também havia algumas mulheres seminuas que contorciam seus belos corpos de forma sedutora, no intuito de agradar os convidados. Uma bailarina especializada em dança do ventre apareceu repentinamente no centro da sala dançando uma música sensual e despindo-se dos sete véus com os quais se apresentava. Os tambores, as melodias, o ritmo sensual... Tudo convidava para uma tarde de orgia.

Simão, por ser o dono da casa, sentou-se em uma cadeira mais alta e olhava Jesus com desconfiança, interrogando-se intimamente: "Será que Ele é mesmo profeta? Eu devo amá-lO ou detestá-lO?". Porém, havia n'Ele algo que se exteriorizava, penetrante e profundo, e que cativava o anfitrião. Sentia sua atração magnética, mas pensava: "Ele é muito importante para seguir a hipocrisia do povo e as superstições da massa..." A refeição transcorria em um silêncio algo desagradável. De repente escutou-se um vozerio, reclamações, uma agitação estranha. Os tambores e os outros instrumentos silenciaram. Assustado, Simão levantou-se para ver o que estava acontecendo na direção da porta de entrada. Ele viu os servos correrem desordenadamente para segurar uma mulher que chegou sem ser convidada, com a cabeleira desgrenhada e o olhar brilhante. A visitante imprevista havia segurado as saias e adentrado a sala. Depois de haver penetrado no recinto, ela olhou em volta do ambiente, correu e ajoelhou-se ao lado do divã em que Jesus estava.

Na presença do Mestre, Maria começou a chorar, passando a acariciar os pés do Nazareno, cobertos de pó, enquanto as lágrimas se derramavam abundantemente sobre eles. Constrangida, ela as enxugou com seus longos cabelos. Em seguida abriu o vaso de alabastro que conduzia, retirou o perfume e o colocou delicadamente nos pés do Galileu, repetindo o gesto de enxugá-los com os próprios cabelos. E o Mestre permaneceu impassível, como se aguardasse o desdobrar dos acontecimentos.

Simão reconheceu a mulher: era a meretriz! Todos a conheciam. Ele olhou para os servos e fez sinal para expulsá-la, já que ela estava maculando a sua casa. Quando os servos robustos se aproximaram, ela olhou para Simão desafiadoramente e lhe gritou:

— Os infelizes não têm mais nada a perder...

Naquele momento ela o ameaçou com a expressão do olhar. Afinal, Simão também era seu cliente. Era um homem hipócrita que recomendava boa conduta, mas permanecia explorando a miséria do semelhante. Pregava a necessidade da justiça e mantinha-se como uma pessoa ingrata. Proclamava a virtude, mas cultivava uma vida devassa. Publicamente ele se dizia contra a prostituição, porém, às ocultas ele saciava-se com mulheres que haviam caído no fosso escuro do comércio do prazer. Portanto, ele era ao mesmo tempo prostituidor e prostituto. E Maria estava preparada para aquele enfrentamento moral, o que a fez olhá-lo com a ousadia daqueles que já perderam tudo, menos a coragem de viver. Temendo o escândalo, em um ato de extrema covardia moral, o rico fariseu deu um sinal para que os servos recuassem, deixando-a livre para manifestar-se.

Maria continuava chorando e lavando os pés de Jesus. Simão, como fazem os hipócritas, não podendo expulsar a meretriz que o conhecia, descarregava a sua ira em Jesus. Em meio a outros que não conseguiam esconder a insatisfação, o velho fariseu resmungava: "Este homem é um mistificador! Não é profeta! Se fosse um profeta genuíno saberia que tipo de mulher está lavando seus pés neste instante. É um impostor, pois permite que esta mulher imunda enxovalhe a minha casa, denegrindo a imagem da minha família!".

Judas Iscariotes, que chegara ao banquete depois, vendo a mulher derramar o precioso bálsamo começou a pensar: "Que desperdício! Poderiam vender este perfume por um bom preço e oferecer o dinheiro aos pobres!".

Captando-lhe telepaticamente o pensamento, o Homem de Nazaré olhou para Judas, o ambicioso, e esclareceu:

— Filho de Kerioth! É verdade que este perfume poderia ser vendido para darmos o dinheiro aos pobres. Mas os pobres vós sempre os tereis. Quanto a mim, nem sempre. Esta mulher me embalsama por antecipação. Ela parece que prevê o dia da minha morte e traz um unguento para conservar o meu corpo.

A ira de Simão era tão intensa que ele estava a ponto de ter um colapso orgânico. Nesse momento Jesus olhou as pessoas que estavam estarrecidas com os acontecimentos. Logo depois, sorriu calmamente e iniciou um diálogo com o anfitrião:

— Simão, eu sei que tu és um hábil negociador.

— Oh, não é tanto, Senhor!

É curioso como as pessoas levianas apreciam palavras elogiosas! E como Simão era venal, de imediato mudou de postura psicológica e procurou aparentar uma grande receptividade à proposta de Jesus. O Mestre prosseguiu:

— Como tu és um homem próspero, eu gostaria de propor-te uma questão.

— Pois não, Mestre!

Todos pararam e o doce Galileu formulou a seguinte parábola:

— Havia um homem que possuía dois devedores. Um deles devia--lhe uma alta soma, quinhentos dinheiros, enquanto o outro devia-lhe uma importância quase insignificante, cinquenta dinheiros. Como ambos não lhe podiam pagar, ele perdoou aos dois. Eu te pergunto: qual aquele que mais amou o homem complacente?

Simão sorriu acreditando que facilmente daria a resposta correta, pois era muito astuto.

— A resposta é óbvia, Senhor! Aquele que mais amou o homem generoso foi o devedor que necessitava ressarcir uma maior soma em dinheiro. Aquele que estava mais comprometido, ao ser perdoado, amou--o com mais intensidade.

— É verdade, Simão. Disseste bem. Quando eu cheguei a tua casa, não me deste o ósculo na face, que a lei prescreve para os convidados. Esta mulher, pôs-se em beijar-me os pés desde que chegou. Tu não me deste uma bacia para lavar as mãos e o rosto, nem me ofereceste uma toalha alva de linho para que eu enxugasse o suor que trago das estradas. Mas ela lava-me os pés cansados com bálsamo e com lágrimas, enxugando-os com os seus cabelos...

O Sublime Amigo olhou com ternura para Maria e complementou:

— Vai, mulher! Por muito amares, os teus pecados são perdoados! Vai em paz!

A mulher ergueu-se, deu um grito de alegria incontida e saiu com a felicidade emoldurada no rosto. As pessoas recuaram para deixá-la passar e ela se retirou do recinto, com os cabelos ao vento e a alma em festa...

A notícia correu pela cidade e todos diziam que Maria estava agora apaixonada pelo Carpinteiro Galileu.

A lição que Jesus apresenta nesta passagem é comovedora! É claro que Maria não ficou isenta das consequências do seu erro. Entretanto, o amor de que era portadora e que doava a outras criaturas poderia perfeitamente lenir as chagas imensas dos seus equívocos morais.[92]

A convertida de Magdala havia-se desfeito de tudo. Tinha o dia e a noite, as estradas e o céu como suas metas. Desde então, em toda parte, ela seguia os passos do Nazareno pelas cidades e aldeias, auxiliando Jesus no socorro ao sofrimento humano, ao lado de outras mulheres que também ficavam a regular distância. Ajudava na preparação dos alimentos, limpava as feridas dos leprosos, dialogava com as crianças perturbadoras, atendia os loucos, os obsidiados, as meretrizes que vinham procurar Jesus como se fossem abelhas sedentas de néctar para produzirem o mel. E Maria a todos atendia com ternura. No entanto, ela cultivava um pavor peculiar em relação aos leprosos. Aquelas carnes que se transformavam em rosas rubras e entravam em decomposição apavoravam-na. A imagem de asco, consubstanciada na velha tradição de que o leproso era imundo, produzia-lhe uma inevitável sensação de horror.

Um ângulo interessante deve ser destacado nesta análise: Maria de Magdala quase não conviveu com Jesus porque as mulheres não tinham acesso amplo e irrestrito aos homens, mesmo que fossem seus próprios maridos, pois na cultura da época o gênero feminino ocupa-

---

[92] O episódio da visita de Jesus à casa de Simão, o fariseu, está relatado em Lucas, 7:36-50. O Evangelho menciona apenas que *uma mulher* pecadora havia entrado na casa de Simão sem ser convidada, mas não revela a identidade da visitante indesejada. A revelação de que se tratava de Maria de Magdala é uma informação mediúnica, constando no livro *Primícias do Reino*, de Divaldo Franco/Amélia Rodrigues, Ed. LEAL, cap. 17 (A Rediviva de Magdala). Nota do organizador.

va posição subalterna. A mulher era obrigada a andar alguns passos atrás do homem em sinal de submissão e de respeito à sua privacidade.

Em determinado dia, Jesus viajou a Jerusalém. Na ocasião estava sendo realizado um festival de primavera e todos os que O acompanhavam cantavam pelas estradas, até que o grupo entrou triunfalmente na cidade. Junto a Maria estava um grupo de amigas que O seguiam, entre as quais se encontrava Joanna, a esposa de Cusa, oficial romano enviado de César.[93]

Sempre me chamou atenção um detalhe da chegada de Jesus em Jerusalém, que me foi elucidado pelo Espírito Joanna de Ângelis. O Mestre mandou buscar um jumento e entrou pela Porta formosa, sendo estrondosamente aplaudido pela massa humana. As mulheres atiravam-lhe o peplo, os mantos, ao mesmo tempo em que colocavam tapetes para o Celeste Mensageiro passar. Mas, na verdade, Jesus estava sentado sobre o animal e não tocava o solo, pois estava suspenso em sua montaria. Seus pés não entraram em contato com nenhuma das honrarias fúteis que lhe eram oferecidas pela multidão. Por essa razão, conforme esclareceu Joanna, na verdade era o jumento que estava sendo homenageado. O Mestre não aceitou as oferendas que eram filhas da ignorância e do imediatismo. Suspenso no ar, no lombo do animal, Ele está colocado entre a Terra e o Céu, como aconteceu, posteriormente, na cruz, uma vez que Jesus é a ponte entre a criatura e o seu Criador.

Jesus entrou na cidade em triunfo, mas um triunfo prenunciador da tragédia.

Todos nos recordamos do que aconteceu depois. O beijo de Judas após traí-lO, a negativa de Pedro por três vezes, o julgamento por Anás, Caifás, Herodes e Pilatos, o engano e a troca por Barrabás, a via

---

[93] Joanna de Cusa é uma das encarnações de Joanna de Ângelis, guia espiritual de Divaldo. Ela apresentou ao médium informações detalhadas a respeito da vida e da personalidade de Maria de Magdala. Para outros detalhes sobre esta encarnação de Joanna de Ângelis, ver os livros: *Boa Nova*, de Francisco Cândido Xavier/Humberto de Campos, Ed. FEB, cap. 15 (Joana de Cusa); *Joanna e Jesus uma história de amor*, de Divaldo Franco e Cezar Braga Said, Ed. LEAL, primeira parte (Joana de Cusa). Nota do organizador.

DIVALDO FRANCO

dolorosa pelas ruas tortuosas de Jerusalém, em direção aos muros que conduziam para fora da cidade, onde se erguia um morro de aproximadamente quinze metros de altura, denominado *Calvário*, que significa *Monte da Caveira*.[94] O nome se deriva da sua aparência peculiar. O Monte ficava fora dos muros da cidade para ser utilizado na execução dos criminosos.

Mesclada com a multidão, Maria acompanhou Jesus em todos esses momentos fatídicos.

Jesus, tombando, carregava uma cruz que deveria pesar aproximadamente cinquenta quilos, segundo alguns pesquisadores. O prisioneiro havia recebido chicotadas nas pernas, no tórax e nas costas, com o objetivo de lhe tirar as forças. As feridas estavam abertas em chaga viva e com o sangue coagulando. Desfalecente, ele caiu três vezes ao peso da madeira, avançando para o seu destino final.

Permaneciam ao lado do Mestre algumas mulheres audaciosas. Maria (a de Jerusalém), Maria (a de Nazaré, sua mãe) e uma terceira Maria (a de Magdala). Ainda estavam próximas Verônica e Joana de Cusa, a mulher do tetrarca, alto funcionário de Herodes Antipas. Muitas mulheres piedosas foram gentilmente chamadas para prestar solidariedade naquele instante difícil. Mas essas eram as mais corajosas, que enfrentaram o machismo seguindo na triste caravana, acompanhando o condenado de perto até a crucificação. Elas estavam diante de Jesus quando Ele foi erguido e o seu corpo tombou sobre a cruz fincada no solo. As farpas da estrutura de madeira penetraram-lhe pelas costas, dilacerando-as ainda mais. O próprio peso do corpo acentuou a transfixação do material perfurocortante. Ele foi atado à tora horizontal e fixado com pregos que lhe perfuravam os pulsos, na região da articulação entre a mão e o antebraço, pois se a sua permanência na cruz estivesse a cargo de pregos que atravessassem as mãos, certamente o peso do corpo rasgaria as suas palmas e Ele cairia. Encostado na tora vertical, sempre que escorregava um pouco mais o tórax, sofria compressão e a dificul-

---

[94] A palavra *Calvário* deriva do latim. A palavra *Gólgota* tem o mesmo significado, mas é derivada da língua aramaica. Nota do organizador.

dade de respirar tornava-se mais intensa, causando asfixia dolorosa. Os pés estavam presos um sobre o outro, por meio de um prego, e apoiados em um pequeno suporte fixado na tora vertical. Ele procurava usar os pés para subir o corpo e facilitar a respiração.

Todas essas observações estão de acordo com os estudos mais modernos a respeito dos aspectos históricos da vida de Jesus.[95]

As mulheres permaneciam chorando enquanto a multidão entrava em êxtase com as cenas de horror proporcionadas pelos soldados, que prosseguiam golpeando Jesus em curtos intervalos de tempo.

Assim se comporta a massa humana, até hoje, enlouquecida pelas demonstrações públicas de violência. Este comportamento de insanidade coletiva reproduz-se atualmente nos espetáculos de lutas, nas disputas de boxe, nos jogos de futebol e em outros eventos de selvageria em que o *ego* se exalta, a inferioridade agride e mata, debatendo-se nos estertores da agonia e dos instintos primários...

Maria de Magdala viu-O ser supliciado. Testemunhou quando Ele foi coroado com uma erva daninha, retirada das muralhas da cidade onde eram atirados os dejetos. A erva era extremamente espinhosa e foi cravada em Sua cabeça, causando-lhe a contaminação pelo tétano. Ela também O viu vestir a túnica vermelha que lhe fora colocada como um ato de zombaria, significando a Sua condição de Rei dos Judeus, juntamente com um pedaço sujo de cana-de-açúcar que lhe forçaram a segurar, à semelhança de um cetro, como forma de representar o poder temporal do mundo.

O Mestre não esboçou reação nenhuma. Ele parecia acima de todas as misérias humanas, revelando um olhar ensimesmado. Nenhum gemido. Nenhuma queixa.

Por diversas vezes, a convertida de Magdala segurou a mãe d'Ele para transmitir-lhe apoio naquele instante de dor. E ambas choravam copiosamente...

---

[95] Para ampliar as reflexões sobre os últimos momentos da vida de Jesus, consultar a obra *Um Encontro com Jesus*, de Divaldo Franco, organizada por Délcio Carlos Carvalho, Ed. LEAL, cap.12 (A Morte de Jesus — o flagício). Nota do organizador.

Ali se encontrava também João, o jovem discípulo que o Mestre tanto amava. Todos os outros fugiram amedrontados. Onde estavam aqueles que eram beneficiários do Seu amor? Foram tantos! E agora Ele estava só. Em determinado momento, quando as dores tornaram-se insuportáveis, Maria, Sua mãe, gritou diante de todos:

— Meu filho, meu filho! Que te fizeram os homens?

E Ele, agônico e arquejante, olhou-a com ternura e rompeu os estreitos vínculos consanguíneos para nos ensinar uma lição inesquecível:

— Mulher, eis aí o teu filho!

E olhando para João, aquele belo rapaz que tinha entre dezesseis e dezoito anos e que se Lhe manteve fiel, asseverou com bondade:

— Filho, eis aí a tua mãe!

No bojo desta sentença nascia o sublime conceito de família universal. Os vínculos da consanguinidade, que Ele relativizou quando questionou "Quem é minha mãe e quem são meus irmãos?", estavam agora diluídos na fraternidade que deve ter vigência entre todos nós. É a partir daquele momento que Maria de Nazaré passou e ser mãe de todas as criaturas.

A ex-meretriz viu quando Jesus deu o último grito e a Sua cabeça pendeu. Ela também quis gritar, mas a voz estava estrangulada na garganta. Ajoelhou-se diante Dele e a tarde se fez noite, com um temporal que estrugiu em meio a relâmpagos e trovões. A Terra estremeceu...

Por fim, Jesus desligou-se do corpo. Tiraram-no da cruz e sepultaram-no numa cova recentemente escavada em uma rocha até então intocada, que José de Arimateia, Seu admirador discreto do Sinédrio, mandara fazer especialmente para ele mesmo. Os apóstolos e outros que O acompanhavam retornaram à cidade, dirigindo-se ao lugar exato da última ceia. Todos estavam desolados! Tomé disse aos irmãos de apostolado:

— Ele nos abandonou miseravelmente!

Thiago lamentava, Pedro arrependia-se de O haver negado e João chorava ao lado de Maria de Nazaré. Eles tinham medo das perseguições que estavam sendo articuladas naquele momento. O Sinédrio encontrava-se reunido para deliberar. A massa humana desvairada estava sedenta de sangue, de violência e de loucura. Pilatos, que odiava o povo (que também o odiava), desejava libertar-se do tormento adquirido quando lavou as mãos para eximir-se da responsabilidade pelo destino do Inocente. Por isso, ele desenvolveu um transtorno obsessivo-compulsivo que o fazia lavar as mãos constantemente. Seu destino foi trágico, pois ele suicidou-se mais tarde, no exílio, quando morreu o imperador Tibério e ele caiu em desgraça política.

Aqueles eram dias de angústia, porque os discípulos não conseguiam compreender o que acontecera. Esperavam um messias para reinar na Terra, embora Jesus sempre se referisse ao Reino dos Céus. Nós, seres humanos, somos quase todos assim: escravos declarados do imediatismo.

No terceiro dia, antes que a madrugada tingisse a noite com seu pincel de luz, Maria de Magdala, Pedro, João e algumas outras mulheres foram ao sepulcro para embalsamá-lO com substâncias próprias, ao mesmo tempo em que desejavam depositar incenso no ambiente, como era convencional. Quando os visitantes chegaram, perceberam que a sepultura estava aberta. A pedra redonda, utilizada para moer grãos de trigo e que servia para selar o túmulo, estava removida. A sepultura era cavada na rocha e dentro dela fazia-se uma cova escavando o chão. Estava localizada no lado oposto daquele pequeno monte onde Ele fora crucificado. Maria olhou e viu naquela cova apenas o lençol que cobria o Seu corpo, juntamente com o lenço que ficava em volta da cabeça para fechar a boca do cadáver. Ela concluiu que alguém Lhe havia roubado o corpo e perguntou a si mesma onde estavam os guardas que Herodes Antipas havia colocado à porta. Ao colocar soldados diante do sepulcro a intenção do governante era que o corpo não fosse violado nem furtado pelos discípulos, já que os romanos temiam que o desaparecimento do Seu corpo confirmasse a Sua promessa de ressurreição, pois isso O transformaria em uma figura mítica ainda mais perigosa para o Império. Mas ninguém havia visto nenhum movimento que denunciasse a retirada oculta dos despojos.

Pedro e João interrogaram-se, e não encontraram resposta plausível. Em seguida desceram até a cidade ao lado das mulheres que os acompanhavam.

E a *doce flor de Magdala* ficou desesperada, saindo a procurá-lO nas proximidades do túmulo.

A análise deste episódio é muito complexa. O nobre codificador Allan Kardec, em sua extraordinária obra *A Gênese*, faz uma abordagem clara a respeito do corpo material de Jesus. Mas em relação ao desaparecimento deste, o codificador não chegou, penso, a uma conclusão precisa.[96] Oportunamente, estando em Uberaba e ouvindo o venerando médium Chico Xavier abordar a questão, anotei o seu esclarecimento de que ocorreu uma espécie de implosão com características muito singulares, que provocou a completa desintegração das moléculas que Lhe constituíam o corpo.

Amanhecia... Aquele lugar estava repleto de rosas silvestres vermelhas e miúdas. Maria viu alguém de costas e supôs que se tratasse do jardineiro de José de Arimateia.

— Jardineiro, ajude-me! Eu desejo saber para onde levaram o corpo do meu Senhor!

Quando o homem se voltou e olhou-a, Maria O reconheceu e gritou:

— Rabboni!

Era a mesma expressão que ela utilizara no primeiro encontro com Ele. Jesus lhe parecia tão real quanto naqueles dias no mar da Galileia. Tão belo como o esplendor do amanhecer... No contraste com o Sol da manhã, Ele estava aureolado de peregrina luz, e ela correu feliz para abraçá-lO.

— Não me toques, Maria — pediu-lhe o Mestre —, pois eu ainda não subi ao meu Pai.

Esta resposta tem suscitado muitas reflexões. Em uma tradição católica muito antiga, a oração do Credo afirma que Jesus "desceu ao inferno ao terceiro dia". Como na visão espírita não existe o inferno das mitologias convencionais, supomos que Jesus desceu a regiões espirituais de profundo sofrimento para aliviar a dor de Judas Iscariotes, o discípulo equivocado que, ao cometer suicídio, desejou reabilitar-se pela traição praticada, cometendo assim um erro muito mais grave. Judas havia sido vítima de uma trama arquitetada por entidades perversas e obsessoras que dele fizeram instrumento para ceifar a vida do Nazareno.

---

[96] Ver o livro *A Gênese*, cap. 14, nº 36 e cap. 15, nº 64 a 67. Nota do organizador.

E o Mestre socorreu o amigo que se desviou do rumo e se encontrava naquele *abismo*,[97] retornando depois para apresentar-se à jovem de Magdala nas proximidades do local do seu sepultamento.

Devido a esse fato, Jesus não poderia permitir que Maria se aproximasse, pois Ele estava impregnado com a energia das regiões inferiores. Como Ele ainda não havia liberado aquelas vibrações deletérias, se Maria O tocasse receberia uma descarga que lhe provocaria grave choque perispiritual. Jesus conseguia suportar a densidade vibratória das regiões *infernais*, isto é, das regiões onde são cultivados o crime, a perversidade, a crueldade. Maria, no entanto, não poderia resistir. Esta explicação me foi oferecida pelo médium Chico Xavier.

— Não me toques, Maria! — afirmou Jesus. — Mas vai e dize aos meus discípulos que eu voltei![98] Dize a todos que estou vivo!

Ao término da frase, Jesus se *diluiu* diante dos olhos de Maria, inebriados de ternura.

A mulher convertida saiu correndo, feliz, desceu aquele terreno inclinado e entrou em Jerusalém cantando.[99] Rapidamente dirigiu-se ao Cenáculo, o lugar da última ceia. Os apóstolos ainda estavam apavorados, surpresos ante a notícia sobre o desaparecimento do cadáver, quando Maria se adentra no recinto, empurrando a porta e gritando em alto e bom som:

— Ele voltou!

Ela quase não podia falar! O tremor nervoso e a agitação de felicidade dominavam-na por completo.

— Eu O vi! Ele mandou que eu anunciasse aos Seus irmãos que voltou!

---

[97] Ver o livro *Coração e Vida*, de Francisco Cândido Xavier/Maria Dolores, Ed. GEEM, cap. 14 (Amor e Perdão). Jesus foi aliviar o sofrimento de Judas, mas quem resgatou o apóstolo foi Maria de Nazaré, conforme consta no livro *Momentos de Ouro*, de Francisco Cândido Xavier/Maria Dolores, Ed. GEEM, cap. 3 (Retrato de Mãe). Nota do organizador.

[98] João, 20:11-18. Nota do organizador.

[99] Naquele tempo, o Monte do Calvário ficava fora das muralhas de Jerusalém. Atualmente está localizado dentro das muralhas. Nota do autor.

A mãe do *ressuscitado* segurou-lhe as mãos para tentar acalmá-la e solicitou:

— Fala-nos, minha filha! Conta-nos!

Maria, no entanto, não conseguia falar com precisão porque as palavras estavam atropeladas pela emoção.

— Ele me apareceu!

O cepticismo estampado no rosto de todos foi um duro golpe que a atingiu. Os discípulos menosprezaram a informação. Uma voz no fundo da sala dirigiu-se-lhe, com aspereza:

— Ele voltou e apareceu a ti antes de vir falar-nos, a nós que estamos assustados? É muita presunção de tua parte!

Tratava-se do apóstolo Tomé, em uma atitude de extrema agressividade.

Nós, seres humanos, somos muito singulares. Nunca nos esquecemos do defeito do outro. Oferecemos sempre a garantia de que perdoamos quando, na verdade, apenas toleramos aquele que erra. Na hora em que alguém cai, são poucos os que lhe dão a mão. E sempre que possível fazemos questão de recordar o momento em que o nosso semelhante se equivocou. É muito comum pensarmos: "Eu conheço muito bem aquele ali. Ele pensa que eu esqueci? Hoje ele está muito bem, mas eu me lembro do que ele fez!". É lamentável que nos lembremos de feridas em vez de pensarmos que elas cicatrizaram e desapareceram! É lastimável recordarmos o pântano em vez de aproveitarmos a primavera!

— Ele apareceu a ti? A ti?? — prosseguiu a voz acusadora de Tomé.

O pronome parecia estar grifado, destacando que Madalena era considerada um ser humano de classe inferior. Ela recordou-se de que era detentora de duas chagas sociais: era mulher e havia sido meretriz.

— Se Ele aparecesse — afirmou Tomé —, Ele, que nos traiu, viria primeiro à Sua mãe ou a João, de quem muito gostava, ou mesmo a Pedro, a quem nos confiou e que O negou. Mas a ti?? Tu pensas que vamos acreditar nisso? Nunca!

Notemos que nessa frase o apóstolo pretende fazer duas críticas ácidas: uma pela especial ternura que Jesus devotava a João e a outra pela negação de Pedro. Era a manifestação da pequenez moral, materializada no ciúme e na inveja dos próprios companheiros de ideal.

— Não acreditaremos em ti! Ele nos abandonou! E agora deveremos carregar também a nossa cruz!

A mulher convertida entristeceu-se e compreendeu o abismo que separaria sempre aqueles corações... Toda a sua vida retornou à memória naquele instante. Ela ergueu os ombros e respondeu, agora com voz mais baixa e com ar de profunda humilhação:

— Eu sei que Ele me apareceu. Se não o fez à Sua mãe, a Pedro ou a João, é algo que também me espanta. Mas a mim Ele apareceu e mandou-me que anunciasse o Seu retorno.

Contudo, a mãe do Celeste Amigo acercou-se-lhe, abraçou-a, encostou-lhe a cabeça ao coração dorido e lhe disse, em tom coloquial:

— Eu creio, minha filha! Meu coração me diz que Ele te apareceu. Porque aquele que mais errou e que se renovou é quem mais merece o Seu amor... Eu sou mãe e as mães sabem onde está a verdade!

Minutos depois, o Mestre Redivivo apareceu ao grupo. Todos ficaram atônitos e, ao mesmo tempo, deslumbrados, com exceção de Tomé, que persistiu em seu cepticismo, porque não estava no ambiente naquele momento, e, desconfiado, quando soube, redarguiu:

— Eu só acreditarei se Lhe tocar as chagas, se eu colocar a mão para sentir a ferida causada pela lança do soldado que O trespassou.

Posteriormente, o Mestre volve ao recinto, e olhando com ternura Tomé que está afastado, propõe-lhe:

— Vem, Tomé. Toca as minhas chagas — solicitou Jesus, inundado de misericórdia pela incredulidade do amigo.

Tomé aproximou-se com o dedo trêmulo e, covarde, tocou-O. Ao sentir as marcas que Jesus lhe permitiu atestar, rendeu-se à evidência:

— Agora eu creio, Senhor!

— Tu acreditas porque viste. Felizes, porém, são aqueles que não viram e creem! [100]

Depois desse dia Jesus apareceu a outras pessoas em diferentes lugares. Na estrada de Emaús, Ele dialogou com dois viajantes. Também apareceu na praia numa noite em que Simão estava pescando, quase despido. E o Mestre lhe sugeriu:

---

[100] João, 20:28-29. Nota do organizador.

— Joga tuas redes para a esquerda, Simão!

Pedro cobriu sua nudez, atirou as redes na direção indicada e pescou tanto que o pequeno barco quase naufragou.

Quarenta dias depois Jesus apareceu quando João estava falando em uma montanha para quase quinhentas pessoas da amada região, que passariam à história do Evangelho como os *quinhentos da Galileia*.

O Mar da Galileia pode ser considerado uma cítara especial na qual o Mestre tocou a sinfonia de vida! O Rio Jordão pode ser visto como uma harpa em cujas cordas aquosas Ele tangeu a balada de eterna esperança!

E naquela *tarde de fogo*, quando o Sol abriu o seu leque de plumas douradas, o Mestre ofereceu aos apóstolos as últimas instruções:

— Que vos ameis! Ide! Dois a dois. Eu vos dou o poder de pisar serpentes venenosas, que não vos farão mal algum. Eu vos concedo o dom de expulsar espíritos maus, sem que vos perturbeis. Eu vos envio como ovelhas mansas no meio de lobos vorazes. Ide e amai!

E numa nuvem de luz, diante daquelas quase quinhentas pessoas presentes, ascendeu na tarde formosa e desapareceu no claro-escuro do anoitecer...

Após aquele encontro todos foram cuidar de suas vidas. Porém, permanecia no ar a saudade pungente daquela voz... A dor da Sua ausência os martirizava. Maria, a Sua mãe, voltou à convivência com a família em Nazaré. Joana de Cusa volveu à tetrarquia. Pedro foi para Jerusalém com Tiago para criar uma casa de amor e de fraternidade na estrada que ficava entre a velha capital e o Porto de Jope: a Casa do Caminho. João foi morar em Éfeso, num promontório distante, para guardar carinhosamente a memória de Jesus.

Desta forma, cada apóstolo tomou um rumo diferente.

Nesse ínterim, Maria de Magdala percebeu que ficaria só. Por isso resolveu apelar para a bondade do apóstolo que desejava redimir-se da negativa a respeito de Jesus:

— Leva-me contigo, Pedro! Eu não tenho a ninguém! Leva-me contigo!

— Não posso, Maria! Tu és mulher. As mulheres são frágeis. Tu podes cair outra vez e comprometer o nosso ideal. Eu me recordo do teu passado próximo. Além disso, tu és jovem e és bela, o que aumenta ainda mais as chances de tu voltares a pecar. A fragilidade humana está presente em cada gesto nosso. Eu mesmo o neguei três vezes! Lembra-te, Maria? Perdoa-me, Maria! Mas o Evangelho não pode ser erguido sobre o lamaçal das nossas misérias!

Maria começou a pensar: "É tão fácil falarmos em virtude, mas é tão difícil ajudarmos aqueles que se equivocaram! Todos comentam sobre o perdão, mas é tão raro dar-se oportunidade a quem delinquiu! Todos comentam sobre a Nova Era, mas ninguém esquece a sombra do passado que o seu próximo infeliz carrega no íntimo!".

É curioso notar como a alma humana é frágil e atormentada! Eles nunca perdoariam o passado da ex-atormentada, o lugar de onde viera. Perdoavam os homens que a fizeram cair, mas não aquela que lhes havia sido vítima desditosa.

Mas ela entendeu. E até sorriu para não desanimar o amigo. Era um sorriso melancólico, desenhado em um rosto sofrido. Beijou a mão de Pedro e desejou-lhe sucesso nos desafios. Simão acenou um adeus e se foi...

Maria estava só. Naquele dia ela ficou na praia de Cafarnaum, vagando sem destino e sem perspectiva, adormecendo diante da casa na qual encontrou Jesus pela primeira vez.

Permaneceu por três dias naquela região, caminhando pelas praias de Dalmanuta e de Magdala. Procurou emprego, mas não encontrou oportunidade em parte alguma. Quem lhe daria? As mulheres da cidade, que a detestavam, jamais a ajudariam a reerguer-se. Algumas não tanto porque os seus maridos eram adúlteros, mas porque tinham inveja da sua beleza. Afinal, ela era uma competidora. Muitas até gostariam de ter tido as mesmas experiências que ela viveu com os homens. E por tudo isso, odiavam-na!

A alma humana é muito complexa, feita de paradoxos. Muitas diziam: "Volta ao meretrício! Ali é o teu lugar, tu que roubavas os nossos maridos! Tu pensas que te colocaremos dentro de casa para que os roubes outra vez? Estás enganada!".

Em diversos lugares Maria recebeu as bordoadas morais da insensatez. Ela concluiu que na Terra não há lugar para quem deseja uma vida saudável. Somente há lugar para a mentira e a hipocrisia das convenções sociais. Ao encontrá-la pelas ruas os homens afirmavam: "Volta ao prostíbulo! A loucura que tomou conta de ti já deve ter passado. Magdala sente a tua saudade! Ainda és bela. Nós te daremos um novo palácio e tu nos servirás novamente. Volta!".

No entanto, Maria foi fiel a si mesma e ao compromisso assumido com Jesus. Ela compreendeu que não é difícil a transformação interior. Difícil é que as pessoas acreditem naquele que decidiu por modificar-se. A ex-equivocada não teve alternativa a não ser mendigar. Mas nem mesmo encontrou alguém que se dispusesse a dar-lhe uma esmola.

Na madrugada do terceiro dia, estava na praia, com o estômago revirado de fome e com muito frio, quando escutou o som da matraca, um aparelho semelhante a um sino que era agitado pelos grupos de leprosos para anunciarem a sua passagem. Eles eram obrigados a tanger o instrumento para que as populações, ao perceberem a sua chegada, pudessem esquivar-se no intuito de evitar o contato com a lepra. E Maria, ao ver aquele grupo de deformados que se aproximava pela praia, identificou que ali estavam homens, mulheres e crianças considerados párias pela sociedade, que exibiam as rosas pútridas da *morfeia*.[101] Alguns estavam montados em animais e outros se deslocavam a pé, segurando em bastões de madeira para apoiar o corpo alquebrado. Eram cegos, aleijados, mutilados... Havia mulheres cobertas pelo véu escuro que escondia a doença. Ela quis correr, pois a sua repulsa à lepra era bastante acentuada. Quando Jesus estava na Terra, a situação era diferente. Agora ela estava só e não acreditava ser capaz de aproximar-se deles e ajudá-los, como fazia nas vezes em que auxiliou o Nazareno em Sua jornada de amor. E os homens gritavam alto:

— Morfeia! Morfeia! Saiam todos da direção do vento!

Olhando aquela cena, Maria iniciou um diálogo, perguntando:

— Que procurais?

— Procuramos Jesus de Nazaré — responde um deles. — Nós ouvimos falar sobre Ele na Assíria e resolvemos vir ao Seu encontro, mas nos perdemos pelas estradas. Disseram que Ele *lava* a lepra do corpo dos

---

[101] Outro nome pelo qual a lepra era conhecida. Nota do organizador.

desgraçados como nós. Por isso estamos aqui para que nos cure desta doença que nos consome. Estamos tão cansados...

— Infelizmente chegastes tarde! Ele foi assassinado em Jerusalém, há quase sessenta dias. Foi crucificado pelo crime de amar! É tarde para todos nós, os desgraçados!

Ela percebeu o desencanto no rosto de todos. O desânimo se instalou nas mentes e nos corações antes esperançosos daquela gente sofrida. As mulheres abraçaram os filhos chorando, e os homens deixaram-se vergar ao peso da realidade dolorosa. Alguns deles até sentaram-se na praia para chorar copiosamente.

A jovem mulher condoeu-se profundamente e tentou minimizar-lhes o sofrimento:

— Não choreis! Jesus se foi, mas deixou-nos a sua palavra... Ele prometeu que atenderia a quem O chamasse...

...E falou-lhes longamente sobre o Nazareno, esquecendo-se inclusive da própria fome. As pessoas enxugaram os olhos e pararam para ouvi-la falar. Crianças sorriram com o rosto macerado de úlceras. Os homens interrogaram-na sobre as lições do Celeste Amigo e Maria repetiu o que Ele havia dito. Falou-lhes durante o dia e falou-lhes à noite com entusiasmo e ternura. Alimentou-se com eles e lhes fez companhia por muitas horas. Até que eles, tomados de alegria, gritaram:

— Temos esperança! Vamos para o Vale dos Imundos de Jerusalém!

Pela manhã, quando as autoridades de Cafarnaum vieram para expulsá-los, eles reuniram seus poucos pertences e começaram a sua viagem. Maria ficou por alguns minutos vendo o grupo ir embora. No momento em que eles dobraram na última curva da praia para pegar a estrada e uma criança acenou-lhe adeus, a rediviva de Magdala reflexionou que não tinha a ninguém, que aqueles foram os únicos amigos que havia encontrado. Então foi tomada por uma estranha sensação, e deu um grito:

— Esperai por mim, meus irmãos!

Ela correu até a curva da praia e os abraçou, carregando duas crianças e juntando-se à caravana. Aquele magote de leprosos foi o primeiro grupo que a recebeu.

Duas semanas depois, no Vale dos Imundos (ou Vale dos Leprosos), em Jerusalém, a caravana se adentrava na companhia de uma mulher formosa, que passava a habitar as cavernas do reduto da lepra, um lugar infecto e esquecido pelas autoridades.

A partir daquele dia, ao entardecer, quando o Sol se ocultava no Monte de Gelboé, sobre uma plataforma na pedra, uma linda mulher falava a respeito de Jesus para aqueles homens e mulheres de lábios retorcidos, de corpos pútridos e rostos sem expressão. E o Vale de Lepra *reverdeceu*, como um pântano que subitamente florescesse ou como um deserto que, beijado pela umidade, fizesse surgir a erva delicada. Maria falava e sorria:

— Meus irmãos, *vós*, os leprosos, aguardai a vinda do Reino de Deus...

E cantava a música da Boa Nova para aquelas almas sedentas.

Dez anos depois, Maria banhava-se calmamente numa corrente próxima, que possuía uma queda natural de água. De repente ela percebeu que em seu corpo havia uma pequena despigmentação na região do seio, que se assemelhava à pétala de uma rosa. Incialmente pensou que fosse mancha de sujeira e tentou retirá-la, notando logo em seguida que não era possível a sua remoção. Imediatamente pegou um graveto e o cravou sobre a pele, mas não sentiu dor alguma.

Naquela tarde, ao subir à plataforma para falar sobre Jesus, o seu discurso havia sido modificado. Ela abriu os braços e se dirigiu à multidão:

— Meus irmãos, *nós*, os leprosos, pagaremos na carne aquilo que na carne degeneramos! — afirmava Maria, que agora também era portadora da grave doença.

Maria resgatava na carne aquilo que na carne havia maculado. O uso indevido do corpo e da beleza seria agora ressarcido pelo fenômeno da desfiguração física. Mas o seu resgate era vivenciado com alta dose de amor e submissão à vontade de Deus, pois ela continuava a pregar o Evangelho.

Vinte anos depois, na década de 60 do primeiro século da era cristã, não restava mais nada daquela bela mulher de Magdala. Ela estava quase cega e com os dentes caídos. Alguns dedos haviam sido amputados, as orelhas haviam crescido desmesuradamente, as narinas estavam carcomidas e os olhos estavam cobertos de cataratas. Uma febre persistente atormentava-lhe todo o corpo. Ela lembrou-se de Maria de Nazaré, que agora residia em Esmirna, em Éfeso, em um promontório que João recebera de um patrício romano convertido por ele ao Cristianismo. Fazia mais de trinta anos que ela não via nenhuma daquelas pessoas que acompanharam Jesus em Sua jornada. Chegaram ao Vale as notícias de que os discípulos do Rabi estavam sendo devorados pelas feras na arena romana. Madalena sentia uma saudade imensa do Mestre e de Sua mãe. Então resolveu procurá-la, uma vez que acreditava estar no fim de sua caminhada terrestre. Disse aos amigos leprosos:

— Eu tenho que vê-la antes de morrer!

Todos tentaram dissuadi-la da ideia absurda. Como viajaria? Temendo a contaminação, ninguém a levaria em veículo algum. Insistindo em seu propósito, Maria despediu-se de todos os amigos. O Vale dos Leprosos banhou-se de pranto, e ela começou a longa jornada a pé, pelas estradas empoeiradas que levavam a Éfeso. Viajava à noite, devido à inclemência do Sol, e descansava de dia, à sombra das árvores do caminho. Crianças atiravam-lhe moedas e migalhas de comida, daquelas que se jogam aos cães, enquanto outras pessoas a insultavam.

Algumas semanas depois, completamente exaurida, ela chegou às portas de Éfeso, a gloriosa cidade, das mais populosas de então. Era uma cidade importante à época, por possuir um porto que fazia a conexão marítima entre a Europa e a Ásia. A cidade onde Paulo de Tarso falaria sobre Jesus pela primeira vez e onde seria erguida por João a Igreja dos efésios.

João morava mais ou menos a dois quilômetros da região central da cidade, em uma das curvas do monte. Mas antes de chegar à casa do apóstolo, Maria perdeu os sentidos e desfaleceu, começando a delirar por conta da febre. Em seu delírio, ela chamava pelo nome de Maria de Nazaré e de João. Um casal de cristãos que morava à porta de entrada da cidade viu aquela mulher caída e socorreu-a. Um mensageiro subiu o monte até a casa da mãe do Messias, que desceu a buscá-la. Quando chegou, encontrou-a em estado de coma. Ali estava o que restou daquela mulher que vendia perfumes e prazer. Carregaram-na e levaram-na até a casa humilde em Esmirna. Colocaram-na no leito, e a mãe de Jesus ficou ao seu lado, velando com carinho. Contudo, ela não mais retornou à realidade objetiva, não teve mais olhos humanos para falar com a mãe do Galileu. João foi chamado para acompanhá-la em seus últimos momentos. Durante três dias e duas demoradas noites a antiga equivocada esteve nas vascas da agonia delirante.

Na terceira madrugada, estremeceu e o corpo cadaverizou-se. Maria de Nazaré fechou-lhe os olhos e lembrou-se de quando a sua filha espiritual era uma *vendedora de ilusões* na cidade de Magdala. Como o corpo é uma quimera! Como a beleza física é ilusória!

Maria de Magdala finalmente abandonou o corpo físico. Logo após o instante do seu desligamento, recuperou a forma e viu-se livre, jovem e bela, como naquela noite em que havia conhecido Jesus. Não detectava mais as pústulas que a lepra havia produzido. Uma brisa cariciosa ergueu-a e ela experimentava a sensação de que estava flutuando... Nesse instante Maria pôde ver Éfeso em um lindo panorama. Logo depois se adaptou à nova *gravidade* e pousou no local do seu desenlace. Olhou o ambiente em volta e viu o seu próprio corpo no leito de morte, velado pela Mãe Santíssima da Humanidade, que estivera ao seu lado nos últimos momentos. A mãe de Jesus chorava, abraçada a João, condoída com a desencarnação daquela que tanto amara o Mestre.

Minutos depois, Maria lembrou-se do seu encontro com Jesus. Ela experimentou a sensação de um doce transporte e mãos invisíveis carregaram-na até a praia de Cafarnaum, a mesma na qual tantas vezes estivera e onde vira o Mestre pela primeira vez. O Sol dardejava sobre o mar... As ondas cansadas de beijar a areia e as praias exaustas de humildade, recebendo carícias... Recordou-se da crucificação, e aquelas mãos angélicas levaram-na até ao Gólgota, o Monte da Caveira, permitindo que a sua memória revisitasse a tarde da tragédia. Passaram-lhe pela mente as pregações que Jesus realizara em diferentes lugares.

O dia surgia com seu disco de ouro e Maria, pés descalços, que as espumas bordavam de rendas, avistava o monte no qual Jesus deixara para o mundo as bem-aventuranças. Quando estava embevecida com as mais cariciosas recordações do Sermão Profético, notou que um pequeno sol flutuava sobre as ondas. Ela concentrou sua atenção naquela imagem surpreendente e percebeu que o sol foi-se tornando cada vez maior. A imagem se transformou aos poucos e assumiu os contornos de um homem, até o momento em que Maria se deu conta de que era Jesus, de mãos estendidas na sua direção. Ela correu sobre as ondas para encontrá-lO e gritou:

—Rabboni!

— Maria! — respondeu o Celeste Amigo. — Tu foste fiel até o fim. Agora repousa e adentra-te no Reino de Meu Pai!

Maria abraçou Jesus e desmaiou naquele instante de indescritível emoção. O Mestre afagou-a paternalmente, segurou-a nos braços e ambos flutuaram na direção do infinito...

Narra uma antiga lenda grega que um astrólogo que se encontrava em um país distante, olhando os céus naquela noite viu uma luminosidade peculiar e anotou em seus estudos que se tratava de uma nova estrela. Na verdade, o que ele havia visto, era Maria de Magdala em ascensão para o Reino dos Céus, deixando na atmosfera um rastro de luz...

A vida dessa mulher singular me fascina porque ela é a personagem do Evangelho com a qual a maioria de nós se assemelha, pois possuímos as suas imperfeições da primeira fase de vida. E mesmo que tenhamos encontrado Jesus algumas das nossas dificuldades evolutivas ainda permanecem vivas. Por isso, a rediviva de Magdala é a síntese de quase todos nós. Ela é um pouco das nossas ausências e um pouco das nossas presenças.

Madalena fez a maior revolução interior da história do Cristianismo! E graças a essa revolução ela retornaria, em nova encarnação, na força de uma mulher mística extraordinária, para amar novamente a Jesus e para reformar a Igreja com este mesmo amor e esta mesma tenacidade.[102]

As ideias vulgares que desejam atribuir a Maria uma relação íntima e sensual com Jesus não passam de acusações assacadas para desmerecer a grandeza do Homem Incomparável, que prossegue como nosso Modelo e Guia, conforme disseram os Espíritos nobres a Allan Kardec. Essas propostas absurdas são formuladas e deflagradas por entidades perversas do mundo espiritual inferior, que pretendem denegrir a imagem de Jesus perante a Humanidade.

---

[102] O autor se refere a Santa Tereza D'Ávila, uma das *doutoras* da Igreja, responsáveis pela formulação do pensamento teológico da Doutrina Católica. Nota do organizador.

Maria de Magdala é o exemplo do que pode o amor e do que todos nós podemos fazer para realizarmos uma verdadeira transformação na intimidade do ser.[103] Estevão era puro. Paulo era casto. Mas Maria estava imersa no lodo do sofrimento e dos equívocos morais. E foi exatamente do pântano que o lírio floresceu. Foi exatamente no charco que surgiram as *rosas de Sharon*. Trata-se de uma mulher admirável que, buscando o auxílio de Jesus, reencontrou a pureza. É muito mais fácil preservar a pureza do que consegui-la. É mais fácil educar do que reeducar. E ela se reeducou para servir à causa do Bem, razão pela qual, após a Sua desencarnação, o Mestre apareceu-lhe primeiro, transformada pela presença do amor. Com este gesto, Ele pretendia dizer à Humanidade que o Reino dos Céus é uma conquista para nós, os equivocados, os renitentes no erro, mas que ao menos estejamos dispostos ao esforço pela nossa transformação íntima, mesmo que precisemos beber a taça amarga da nossa recuperação espiritual.

Nesse contexto cabe a todos aqueles que derraparam no erro a tarefa de se perdoarem.

Se alguém cometeu algum erro, como aquele que caracterizou a vida de Maria, perdoe-se! Qualquer erro merece a reabilitação, pois não existem atitudes irreparáveis. As atitudes equivocadas não devem ser repetidas, mas serão sempre passíveis de reparação.

Para alcançar esse objetivo, precisaremos cultivar a coragem de amar até podermos dizer: *"Já não sou eu quem vive! És Tu, Senhor, que vives em mim!"*.[104]

UM OBJETIVO PARA A VIDA

Nunca me esquecerei de uma palestra que proferi em uma pequena cidade do interior do estado de São Paulo.

---

[103] Para outras narrativas e reflexões sobre Maria de Magdala, ver os livros: *Boa Nova*, de Francisco Cândido Xavier/Humberto de Campos, Ed. FEB, cap. 20 (Maria de Magdala) e cap. 22 (A Mulher e a Ressurreição); *Caminho, Verdade e Vida*, de Francisco Cândido Xavier/Emmanuel, Ed. FEB, cap. 92 (Madalena); *Pão Nosso*, de Francisco Cândido Xavier/Emmanuel, Ed. FEB, cap. 168 (De Madrugada). Nota do organizador.
[104] Gálatas, 20:20. Nota do organizador.

Curiosamente, o único lugar disponível para a realização do nosso encontro era um cabaré, uma casa noturna. Dr. Flávio Pinheiro, o amigo que organizava o evento, esclareceu-me a situação:

— Divaldo, o único salão que há é o lugar de prazeres da cidade, pois a escola que havíamos reservado está interditada. Infelizmente choveu muito e os alicerces foram abalados. Você iria ao cabaré?

Eu respondi-lhe afirmativamente, interrogando-o:

— Como eu não iria?! Eu vou muito a ambientes como esse para visitar pessoas doentes, cumprindo a minha obrigação de exercitar a fraternidade. O problema é se as pessoas da cidade iriam à palestra num local incomum como esse.

— Se eu pedir, eles irão. Eu vou telefonar à esposa do prefeito, pois ela é espírita.

— E a esposa do juiz?

— Ela também o é. E se as duas forem à palestra todo mundo irá. Muita gente irá somente para ver quem estará presente! Então, irá todo mundo...

Ele convidou, e a esposa do juiz respondeu com muito entusiasmo:

— Eu tinha desejo de entrar num lugar desses para ver o que há por lá! Graças ao Espiritismo, finalmente irei conhecer!

Portanto, quando o meu amigo recorreu aos responsáveis pelo estabelecimento, pedi-lhe para ir antes ao local a fim de ver o ambiente. As pinturas eram muito "animadas", o que nos levou a cobri-las com lençóis, que foram devidamente lavados e higienizados com produtos químicos. Para tornar o ambiente mais agradável, ele mandou lavar o piso com detergente. Por fim, colocou cadeiras para a palestra.

À noite, seguimos ao local anunciado. As senhoras e os cavalheiros, muito circunspectos, ficaram à porta de entrada. Eu cheguei com o Dr. Flávio, que era um médico muito bom e amado na cidade, e estranhamos que ninguém entrava. Ao vê-los naquela postura de receio, o nobre amigo comentou:

— A palestra será lá dentro! Não há motivo para ficarmos aqui.

O prefeito e o juiz, com suas respectivas esposas, tomaram a frente e entraram com imponência. Vencendo o receio, todos começaram a segui-los para o interior do edifício, inclusive eu. Quando entramos, as pessoas que estavam curiosas ficaram decepcionadas porque não havia nada demais, além dos quadros cobertos com lençóis brancos e o odor de detergente no ambiente.

Na palestra, eu aproveitei para falar sobre a história de Maria de Magdala, um tema apropriado para o local.

Ao terminar, comecei a atender a fila de pessoas que me cumprimentavam. Entre elas estava uma jovem, já num dos últimos lugares da fila, que se aproximou e timidamente falou-me:

— Ah! Eu queria tanto conhecer o senhor! Eu tive tanta dificuldade para vir!

Eu não entendi de imediato as razões dela, já que se tratava de uma cidade pequena e praticamente sem maiores problemas para as pessoas se deslocarem.

— Mas por que você teve tantas dificuldades, minha jovem?

— Porque ali na entrada havia um soldado separando quem entrava e quem não entrava. E eu sou uma *mulher da noite*.

Eu estava um pouco deslocado porque o nosso diálogo ocorria logo depois da palestra. Às vezes, durante a minha exposição, fico imerso em outra psicosfera. Demora um pouco para retornar à realidade objetiva. Daí, eu pensei: "O que será uma dama da noite?". Mesmo sem entender, eu sorri para ela e continuamos conversando:

— E você gostou da palestra?

— Gostei, sim, senhor! Porque Maria de Magdala era igual a mim.

Somente, nesse instante, eu compreendi a realidade que moldava o sofrimento daquela jovem.

Ela insistiu nas explicações sobre a sua entrada no evento:

— Como eu disse ao senhor, quase que não consigo entrar aqui. Eu sou frequentadora da casa. Mas hoje foi proibido *prá nós*. A polícia ficou vigiando tudo e *nós somente* poderíamos entrar depois da 1h da madrugada. Agora, era a festa só para os ricos. Então eu fiquei curiosa para saber o que iria acontecer aqui. Só entrei porque o guarda que controlava a porta também é meu cliente. Por isso, ele me deixou passar, mas exigiu que eu trocasse de roupa. Eu estava vestida com a roupa do trabalho. Então eu me vesti como *gente direita* e vim. Gostei muito da sua palestra e fiquei apaixonada por Maria de Magdala! Eu gostaria muito de deixar esta vida! O que eu farei? Porque eu sou daqui desta casa...

— Não, você não é daqui! Você está passando por aqui! Daqui é o piso, é o telhado, é a parede... Isto tudo vai ficar aqui. Você, não! Você está em trânsito.

Eu olhei-a bem, que era tão jovem e tão sofrida, e indaguei:

— Minha filha, por que você trabalha nessa profissão?

— Porque é a única coisa que eu sei fazer. Eu sou analfabeta. Não sei nada da vida.

Entendendo que ela necessitaria de mais tempo para receber orientações, propus-lhe:

—Você gostaria de conversar comigo?

— Ah! Gostaria!

— Ouça, minha filha, eu não poderei conversar mais com você agora porque tenho um compromisso dentro de alguns minutos. Mas se você quiser ir à casa do Dr. Flávio para conversarmos após a reunião, será muito bem recebida.

— Ah, *Seu* Divaldo, à casa do Dr. Flávio eu não irei! É porque ele é o médico do Posto de Saúde que me examina toda semana.

— Por que você não irá? Ele proíbe?

— O senhor sabe... Se uma mulher como eu for assim à casa dele, será um escândalo! Será que ele me aceita?

— Creio que sim, se ele de fato for espírita. Vamos verificar.

Na mesma hora eu chamei o meu amigo para comunicar-lhe o desejo de atender à jovem, aguardando que ele, como verdadeiro espírita, não se opusesse. Ele era um homem admirável e eu lhe expliquei a situação:

— Dr. Flávio, eu convidei a nossa irmã para ir à sua casa conversar comigo. O senhor nos permite?

O caro amigo aquiesceu, o que provava que ele não era espírita somente no Centro, conforme acontece com outras pessoas. Há pessoas que dizem aderir ao Espiritismo, mas não procedem conforme nos recomenda o espírito de fraternidade sem julgamento.

— Claro, Divaldo! Minha casa está aberta! Você poderá convidar quem quiser. Será um prazer!

E voltando para ela falou-lhe, gentilmente:

— Vá sim, minha cara! Quando você chegar, provavelmente nós não estaremos. Você entra e nos aguarda.

Desta forma, combinamos que eu atenderia ao meu compromisso e por volta da meia-noite, estaria de volta para vê-la.

Era o mês de junho e fazia muito frio. Quando chegamos à casa do Dr. Flávio, a jovem estava debaixo de uma árvore, tremendo de frio e aguardando-nos. Eu lhe indaguei:

— Por que você não entrou, minha filha? Está frio!

— Eu fiquei com vergonha, *Seu* Divaldo!

E após algumas palavras de saudação, todos entramos na residência.

A família foi muito acolhedora com ela. Sentamo-nos na sala e eu atendi os convidados que o anfitrião havia chamado para nos cumprimentar. Depois que todos se foram eu comentei com ela:

— Agora, minha filha, poderemos conversar a noite toda, se for necessário!

— Eu já estou acostumada, *Seu* Divaldo. A noite é o meu dia.

— Eu também digo o mesmo! Também sou uma pessoa da noite! Adoro a noite, pois que trabalho muito nesse período!

Falei em um tom muito bem-humorado e expliquei-lhe que tenho por hábito, desde jovem, visitar pela madrugada pessoas doentes, obsidiadas ou com outros problemas, assim que concluo a palestra e o atendimento na Mansão do Caminho.

Dialogamos bastante. Ela era como uma filha que Deus me enviava de volta ao coração!

Quando se estava despedindo, ela comentou:

— O senhor nunca se vai arrepender do tempo que perdeu comigo!

— Mas eu não perdi tempo nenhum! Eu usei este tempo em sua companhia porque escolhi assim. E agradeço a você por ter-me dado a honra de vir conversar comigo!

Quando terminou nosso diálogo e ela finalmente se foi, já eram 5h da manhã. Às 6h já deveríamos estar na estrada para seguir a uma cidade vizinha. Lavei o rosto, tomei um café ligeiro e viajamos.

Muitos anos se passaram após este episódio.

Dez anos depois eu voltei àquela cidade. Fiz a palestra em outro auditório e notei que a cidade havia progredido muito. Ao longo dos anos o município ficou conhecido como "a cidade dos bordados".

Quando eu terminei a palestra, fui atender à fila e vi uma senhora linda, com um senhor mais velho ao seu lado. Ela deveria ser uns vinte anos mais jovem do que ele.

Ao chegar o momento de atendê-los, ela me deu um abraço com emoção indescritível e me perguntou:

— O senhor lembra-se de mim, senhor Divaldo?

— Claro que eu me lembro!

Realmente ela havia mudado muito, mas eu a reconheci imediatamente ao ouvir a sua voz. O senhor ao seu lado não pronunciou muitas palavras. Permaneceu reticente.

— Eu quero apresentar-lhe o meu marido — falou-me.

O marido aproximou-se e estendeu-me a mão com toda timidez, como é comum em muitas pessoas simples do interior.

— Meus parabéns! — congratulei-me com o cavalheiro. — Que boa escolha você fez ao se casar com ela!

A senhora fez uma pausa, olhou para o marido com ternura e prosseguiu:

— *Seu* Divaldo, eu gostaria que o senhor fosse tomar o café da manhã lá em casa.

— Minha filha, eu não posso. Porque logo cedo eu viajarei a outra cidade e não posso atrasar-me. Minha vida é como a dos ciganos. Eu monto o acampamento, a polícia vem, desmonta e eu mudo de lugar...

— Mas seria tão bom que o senhor fosse...

— Infelizmente, fica muito difícil. Eu darei uma entrevista em um programa de rádio às 10h e me levantarei muito cedo para evitar imprevistos.

Naquele tempo, muitas estradas não eram asfaltadas e os atrasos tornavam-se constantes.

— O senhor irá levantar-se muito cedo mesmo?

— Irei, sim.

— Então faça um esforço para se levantar um pouco mais cedo e passar lá em casa. Dr. Flávio sabe onde nós moramos.

Eu olhei para o meu anfitrião e ele balançou a cabeça, afirmativamente.

— Está bem. Eu tomarei café com vocês. Mas não faça nada demais. Somente o café, o leite, o bolo, o pão, o queijo, a manteiga... Essas bobagens que não são quase nada... E não se esqueça da batata cozida!

Todos sorrimos. Ela riu bastante e ele também, que até então estava com a fisionomia muito séria e em uma postura retraída. Na hora das despedidas ele me deu um abraço caloroso.

Nessa noite, eu quase não consegui dormir! A expectativa em ver as transformações que o amor de Deus pode produzir causou-me enorme ansiedade.

No dia seguinte, levantamo-nos às 5h. Fomos visitá-los às 5h30 para depois continuarmos a viagem.

Quando chegamos, ela estava na porta com uma criança nos braços, o marido e mais oito crianças cujas idades formavam uma verdadeira escada descendente.

Em seguida, entramos na residência e demos continuidade àquela rápida visita. Conversamos muito e nos alimentamos muito bem. Aliás, ela fez uma mesa farta, um pouco além do que eu havia imaginado... Ela contou-me a sua história de vida, conforme a sequência que reproduzo em seguida.

Depois daquela noite em que assisti à palestra, eu nunca mais fui a mesma! Naquela noite eu fui a casa em que recebia os clientes e pedi minhas contas. É muito difícil a gente sair de um lugar como aquele, onde eu trabalhava! O que a gente ganha é dividido em três partes: uma é da polícia, dos policiais corruptos; a outra é do homem que agencia os encontros com os clientes; a terceira pertence à dona do lugar. E a mulher que vende o corpo fica com uma quota muito pequena, uma verdadeira miséria como recompensa pelo seu trabalho. E mais. Tudo que ela usa é alugado. Nada lhe pertence de fato. Só o que ela rouba fica em suas mãos. Mas se tentar esconder qualquer parte do lucro e o agenciador descobrir, ele acaba matando-a sem piedade. Quando a mulher adoece é jogada para fora da pensão. Às vezes mandam matá-la com drogas, já que se torna um peso para eles. É tragédia viver dessa forma! A realidade das chamadas "mulheres de vida fácil" muitas vezes não é tão fácil assim...

Daí, eu pedi as contas e disse para a dona da pensão:

— Eu vou trabalhar para pagar à senhora. Mas tenha a certeza de que eu não virei mais aqui!

Como eu possuía muitos débitos, precisava pagar para me ver livre das cobranças. Procurei um lugar para morar nos arredores da cidade. Não achei emprego, porque as pessoas são assim mesmo. Todo mundo se posiciona contra a prostituição, mas ninguém dá oportunidade para quem quer sair dela. Então, eu fui trabalhar na lavoura. Porque aquela mulher, aquela tal de Maria de Magdala, não saía da minha cabeça!

Antes de ser meu marido, o companheiro que tenho ao meu lado era meu cliente das quartas-feiras. Toda quarta-feira eu era *alugada* a ele. Por isso, na quarta-feira após a palestra do senhor, ele foi me ver. Quando chegou ao local, a *tia*, a dona da casa, informou que eu não estava mais. Ele ficou atônito e quis saber o que havia ocorrido:

— Mas o que é que aconteceu?

— Não sei — disse a senhora. — Eu só sei que ela foi embora porque não quer mais trabalhar aqui.

— Mas para onde ela foi?

— Não sei. Não é da minha conta!

E este homem começou a me procurar desesperadamente! Eu fui morar em uma viela, acomodada em um pequeno quarto. Todo dia eu acordava cedo, trabalhava na lavoura e voltava para o meu quarto.

Como todos os colegas da lavoura me conheciam, quiseram me *alugar*, mas eu reagi:

—De jeito nenhum! Agora eu sou cortadora de cana-de-açúcar! Acabou a festa!

E nunca mais eu me permiti retornar à vida de antes!

Por fim, uma semana depois, o meu antigo cliente me encontrou em casa e quis entender a situação:

— Mas que loucura lhe deu na cabeça? É porque você ganha pouco? Eu estou disposto a pagar mais pelos seus serviços!

Mas eu respondi:

— Não! Não se trata disso. Eu simplesmente não quero mais!

— Como é que você largou a casa onde estava?

— Larguei a casa, larguei você e larguei todo mundo! E fora daqui, porque este quarto sou eu quem paga com meu trabalho na lavoura!

— Mas você era tão boa comigo!

— Porque você me pagava para que eu fosse boa com você.

Eu notei que ele ficou assustado e insistiu:

— Quer dizer que você não vai voltar nunca mais?

— Não! Não vou voltar nunca mais!

Ele me olhou fixamente e me perguntou:

— Então você quer ser minha namorada?

—Como é que pode? Começar agora pelo início uma coisa que já chegou ao final? Já fizemos tudo. Não há mais nenhuma novidade. Não dá para ser tudo ao contrário!

— Dá sim! Porque nós poderemos namorar, fazendo somente o que não experimentamos ainda, já que a outra parte nós já conhecemos. Vamos começar como se nunca houvesse acontecido nada entre nós.

— Vou pensar. Antes você era um cliente. Agora é diferente!

A proposta dele até que mexeu comigo. Só que eu não sabia como é que se namora. Por isso, para me garantir, ele ficava do lado de fora da janela, na rua, e eu do lado de dentro. Assim eu não corria "riscos". Ficávamos somente acariciando as mãos um do outro. Quando ele se entusiasmava muito, eu dizia:

— Pois bem! Já está na minha hora!

Daí eu me despedia, fechava e janela e ia dormir! Ah! Era tão bom namorar! Ele me levava tantos presentes... Tentava me agradar de todas as formas...

Um dia, ele me perguntou:

— Se você se casasse comigo, você iria me respeitar e não ter mais ninguém?

— É claro! Se eu por acaso quiser me casar com você...

— E o que eu tenho que fazer para você decidir?

— Conquistar-me! Porque antes você me *alugava*. Agora não. Vai ter que ser por amor!

— Já que você passou por lá, pela vida da prostituição, já sabe como é. Eu confio em você e a quero como minha esposa.

A partir daí, nós assumimos compromisso e tempos depois nos casamos. Foi então que eu fiquei sabendo que ele era um homem muito rico. Era dono de fazenda. Ele me levou para conhecer a sua propriedade e eu fiquei muito envergonhada. Porque agora eu era dona de fazenda! Imagine o meu embaraço com os empregados da fazenda! Mas com o tempo eu me acostumei a ser dona de tudo aquilo.

Certa vez, quando estávamos visitando alguns serviços da fazenda, ele me falou:

— Eu quero ter um filho!

— Mas você sabe que eu não posso ter filhos.

— Mas eu quero ter uma criança!

— Eu já falei que não posso! Fiz uma cirurgia que me impediu de ter filhos, para não ter que cuidar de crianças enquanto trabalhava na noite. Porque no bordel é assim que acontece. Recebemos orientação para seduzir os homens e para não perder tempo com gravidez. Então eu não posso ter filhos.

— Não estou dizendo que o nosso filho terá que ser gerado por você. Vamos adotar uma criança que não tenha pai nem mãe e vamos cuidar dela.

— Ah, sim! Dessa forma será possível.

Então adotamos uma criança que aumentou a nossa felicidade!

Quando a senhora concluiu a sua história, a emoção tomou conta de mim! Era o depoimento de alguém em busca de um recomeço que lhe exigia mudanças radicais. Ela me confidenciou:

— Na verdade, *Seu* Divaldo, eu era virgem quando trabalhava na noite!

Diante de uma afirmação surpreendente como essa, eu indaguei, tentando entendê-la:

— Mas como, minha filha? Como alguém pode trabalhar com a prostituição e ser virgem?

— Eu era virgem na alma! — explicou-me. — Eu vendia o corpo, mas a alma nunca havia sido tocada! Era tudo automático. Eu não sentia nada quando estava no leito com aqueles homens que me pagavam! Mas o meu marido veio e me conquistou com muita delicadeza. Por isso eu o amei... E um dia eu me entreguei a ele. Foi o primeiro contato íntimo que eu tive na minha vida...

A anfitriã prosseguiu o diálogo esclarecendo a respeito daquelas crianças:

— Eu fiz questão "do senhor" vir hoje aqui para que eu pudesse lhe mostrar a minha família. A cada ano, nós adotamos um filho, como fazem as famílias que têm filhos naturais. No intervalo de um ano, dá tempo "da gente" descansar para ter outro, não é? E nos últimos nove anos nós adotamos todas essas crianças, como se eu tivesse um filho a cada ano. E como sabíamos que o senhor viria visitar a nossa cidade, nós adotamos este menino, o Divaldinho. Gostaríamos que o senhor pusesse a mão na cabeça dele e pedisse a Deus que o abençoasse.

Emocionado, eu abracei o Divaldinho, olhei para todas as crianças e falei:

— Vou pedir a Deus que abençoe todos os seus filhos, não apenas o Divaldinho.

Aquele foi um dos momentos mais gratificantes de toda a minha vida! Todos nos emocionamos. Ela chorava e eu também.

Passaram-se aproximadamente quarenta anos e, ao longo desse período, eles se tornaram avós, mantendo um lar com dezesseis crianças. O lar possui sempre este número de integrantes. Quando alguns se emancipam, outros ingressam, de forma que fiquem sempre dezesseis.

Há pouco tempo, ele me informou que a sua esposa desencarnou.[105] Disse ainda que transformou a sua fazenda em um pequenino

---

[105] Este depoimento foi gravado no ano de 2010. Nota do organizador.

núcleo espírita, uma instituição muito simples do interior, e que estava rico de esperanças e de alegria com a presença dos netos.

Ao longo do tempo eles permaneceram jovens no ideal, pois encontraram um objetivo para a vida...

A VENDEDORA DE ILUSÕES

Em nossa existência, muitos episódios acontecem repentinamente. Formulamos um programa, e a realidade da vida o altera quando menos esperamos. Ocorrências variadas tomam corpo na existência terrena, fazendo com que o nosso destino, a cada momento, sofra modificações em seu curso. São alterações para melhor (sucesso, alegria, saúde) ou alterações afligentes (amargura, doença, desespero).

A vida é mesmo repleta de lances surpreendentes! Uma experiência que se configura como satisfatória e positiva, passadas as emoções preliminares, poderá se apresentar como uma situação de agonia, desencanto e até de tragédia. Por outro lado, ao enfrentarmos obstáculos de qualquer natureza, se soubermos confiar na Divindade e persistirmos nos ideais superiores, aquilo que inicialmente se revela como dificuldade poderá converter-se em verdadeira bênção.

Em certa ocasião, fui convidado para realizar uma série de palestras em um país de língua hispânica que faz fronteira com o Brasil. E numa tarde especial, deveríamos falar no edifício-sede do órgão federativo local, que aglutina as entidades daquele país sob a bandeira da Doutrina Espírita.

Ao terminar a conferência, formou-se uma fila de pessoas para estabelecer um breve diálogo e para me oferecer um abraço caloroso, no intuito de realizar esse intercâmbio fraterno, que é saudável para todos nós.

Nesse ínterim, chamou-me a atenção a presença de uma jovem esguia, que trazia nos ombros uma espécie de saco ou maleta de viagem, que ela resguardava com muito carinho. A sua expressão melancólica demonstrava a face pálida e abatida, embora houvesse uma beleza física bastante perceptível, que o tempo parecia ter desgastado.

Ela foi se aproximando e no momento próprio falou-me sem preâmbulos:

— Eu não entendi quase nada do que o senhor acabou de falar na palestra. No entanto, encontro-me numa encruzilhada da vida, e algumas das coisas a que o senhor se referiu parece que se ajustam perfeitamente à minha conduta. Eu teria necessidade de conversar com o senhor pelo menos por duas horas, pois estou numa conjuntura aflitiva em que o meu destino talvez dependa das orientações que o senhor me possa oferecer.

Olhei-a com muito carinho e notei, pela sua idade, que ela poderia ser minha filha. Respondi que não seria possível atender-lhe à solicitação, uma vez que eu estava ali apenas em trânsito. Era hóspede de uma família e estava com um compromisso agendado para as 19h do mesmo dia, salientando que naquele instante já eram 18h. Disse-lhe que para não ser desatencioso eu poderia lhe dar no máximo dez minutos, considerando que havia também outras pessoas na fila para conversar comigo.

Ela olhou-me algo decepcionada e informou que dez minutos não seriam suficientes. Esclareceu-me que havia planejado suicidar-se naquela tarde. Algumas horas antes daquele nosso diálogo, ela resolveu entrar numa lanchonete que fica em frente à instituição federativa, solicitando um refrigerante e preparando-se para colocar um veneno letal no recipiente daquela bebida. Ao fazer a narrativa ela retirou um recipiente de vidro da sacola que trazia ao ombro, mostrando-me e afirmando que se tratava do frasco que continha o tóxico. Realmente parecia ser a substância com a qual ela iria consumar o suicídio.

Continuou a dizer-me que quando se preparava para realizar o gesto hediondo, chegaram à lanchonete duas senhoras, que ela apontou e me mostrou no auditório. As damas sentaram-se numa mesa próxima à dela e enquanto se preparavam para o lanche começaram a conversar sobre a palestra espírita que assistiriam horas mais tarde:

— A palestra será proferida por um brasileiro. Sua conferência será sobre a reencarnação. Eu tenho uma curiosidade imensa de saber exatamente o que é a reencarnação!

A outra senhora redarguiu:

— A reencarnação é a doutrina que explica quem somos nós, de onde viemos, para onde vamos e porque sofremos. Portanto, é a resposta que Deus nos proporciona para os enigmas do comportamento e os problemas humanos.

Ao declarar que ouvira este diálogo das duas senhoras, a interlocutora justificou sua vinda ao evento:

— Senhor Divaldo, quando escutei essa referência aos problemas e aos porquês da vida, interessei-me de imediato, pois era exatamente o que eu queria saber. Quero dizer ao senhor, sem rodeios, que eu sou uma vendedora de ilusões. Existem hoje vários nomes que disfarçam a velha e indecente profissão exercida pela mulher que se prostitui. Pode me chamar de acompanhante, de profissional da noite ou de outra denominação qualquer. A verdade é que eu vivo do sexo. E, porque me encontro saturada desta vida miserável, eu desejava suicidar-me, já que não consigo entender a razão da minha tragédia, do meu sofrimento. Acerquei-me de uma das senhoras na lanchonete e confessei que planejava me matar, mas que havia ouvido a conversa sobre a reencarnação, uma doutrina que poderia explicar o motivo de nós sermos tão infelizes. Ela sorriu bondosamente e concordou que a reencarnação realmente esclarece os fatos que nos alcançam. E sugeriu que, antes que eu tomasse a decisão sobre destruir a minha vida, eu assistisse à sua conferência, para que ao menos eu me desse uma última oportunidade. Por isso, algumas coisas que o senhor mencionou na sua apresentação penetraram-me profundamente, embora tenham ficado certas lacunas no meu entendimento. É claro que eu não conseguiria compreender em profundidade todos os detalhes, pois este é o meu primeiro contato com o tema. Mas eu necessitava contar-lhe a minha vida...

Nesse momento o meu anfitrião deu-me um sinal de que já estávamos quase na hora de encerrar as atividades naquele recinto para seguirmos ao próximo compromisso, uma vez que teríamos uma larga distância a percorrer em uma cidade das mais movimentadas da América Latina. Para solucionar o impasse, eu olhei para ela e propus:

— Eu poderei atendê-la, se realmente deseja dialogar mais detidamente comigo. Mas somente se for no horário da madrugada.

Ela olhou-me com surpresa e indagou:

— De que forma seria isso?

— Não haverá outra ocasião para conversarmos, a não ser nesse horário, no qual disponho de tempo e os compromissos que agendei não serão prejudicados. Todavia, precisamos da permissão do meu anfitrião.

Ao dizer estas palavras eu chamei o meu amigo, um juiz de Direito muito distinto e um espírita dedicado, para lhe informar sobre minhas pretensões:

— Meu caro amigo, esta jovem necessita conversar comigo. Como o meu compromisso será até a meia-noite, eu estou me atrevendo a convidá-la para que vá à sua casa para nós conversarmos com tranquilidade. O que você me diz?

Gentilmente o nobre cavalheiro me respondeu:

— Mas é claro, Divaldo! A casa é sua. Se eu o estou recebendo em meu lar significa que ele também é seu. Pode convidá-la.

Para que o meu amigo soubesse do que se tratava, por uma questão de honestidade da minha parte, eu pedi a jovem que declinasse a sua profissão. Ela se voltou para ele e balbuciou, um pouco constrangida:

— Eu... Eu... Eu vendo ilusões...

— Mas eu não estou lhe perguntando quem você é agora — atalhou o juiz. — Eu desejo saber o que você pretende ser. Depois da entrevista com o meu convidado, me interessa saber que rumo você dará à sua vida. Portanto, seja bem-vinda à minha residência! Nós deveremos estar em casa por volta da meia-noite. Você poderá chegar antes, que a minha esposa a receberá.

O amigo afável tirou do bolso um cartão e entregou-lhe. Ela pegou o cartão e olhou-me com lágrimas. Nunca mais me esqueci daquela expressão de amargura, de desejo e de dor! E é evidente que fui atender ao outro compromisso, mas permaneci com a mente voltada para o drama daquela jovem.

Quando retornamos à casa do meu amigo, era quase 1 hora da madrugada. A cidade é bastante fria nesta época do ano, e havia um vento que soprava, álgido e desagradável. Ela estava à porta nos aguardando, sob uma árvore. Surpreso, eu perguntei:

— Minha filha, por que você não entrou? Está frio aqui!

— O senhor sabe, não é?

— Eu ainda não sei, minha filha. Você é quem vai me contar.

Por fim entramos os três na residência. Da parte dela havia um constrangimento. Fizemos um lanche e eu lhe propus:

— Vamos para a sala para conversarmos mais à vontade. Eu vou lhe dar duas horas para o nosso diálogo, pois às 6h eu terei que me levantar para embarcar num avião às 8h, que me levará a uma conferência programada em outro estado.
— Eu serei breve — disse-me ela.
Em sua narrativa ela me deu informações sobre o drama que vivia, que passarei a reproduzir a partir de agora com as palavras da própria jovem.

Eu nasci como filha única em uma família abastada. Meu pai, imensamente rico, residia num bairro elegante e luxuoso da capital. Entretanto, os descaminhos da vida reservaram-me experiências amargas.

Quando completei treze anos, meu pai faleceu vitimado por uma doença cardíaca. A dor que se abateu sobre mim e sobre a minha mãe, uma jovem de apenas trinta e um anos, foi tão intensa que ambas nos desarticulamos emocionalmente. Por isso os meses subsequentes foram de sofrimento inenarrável. Além disso, a religião que professávamos não nos dava orientação para compreendermos a realidade da morte. A doutrina da qual éramos adeptas também não explicava porque os bons sofrem tanto e porque os maus muitas vezes possuem uma vida longa e próspera.

Contrariando as expectativas que se desenhavam, seis meses depois de adentrar a viuvez, a minha mãe apaixonou-se por um jovem. Era um rapaz de aproximadamente vinte e cinco anos de idade, leviano e vulgar, que ganhava a vida como profissional do sexo. Minha mãe, que se tornou viúva muito cedo e não possuía maior experiência de vida, particularmente em assuntos de relacionamento afetivo, foi apresentada ao rapaz em uma reunião social e logo se interessou por ele, que por sua vez percebeu nela a fragilidade afetiva e a necessidade de companhia, predispondo-se a ser um amigo portador das melhores intenções. Notando que ela era uma mulher muito rica, conseguiu seduzi-la e passou a morar em sua casa, consumando seus planos mediante um casamento por interesse, menos de um ano depois da morte do dono da casa.

O jovem, astuto e manipulador, passou a ser uma presença incômoda. Venal, sem caráter e com um temperamento bastante oscilante, depois de alguns meses de convivência, ele passou a direcionar para mim o seu charme sedutor.

Certo dia, quando despertei pela manhã, ele se encontrava em meu quarto acariciando-me, seduzindo-me. Como eu era apenas uma menina muito tímida, recebendo a investida perniciosa daquele estranho que me devassava a intimidade, fui tomada de pavor e ameacei gritar. Com absoluto cinismo, ele me disse:

— Grite à vontade! Se sua mãe entrar no quarto eu lhe direi que foi você quem me convidou. Simplesmente isso. E se houver algum confronto entre a minha e a sua explicação para o fato, é claro que a sua mãe acreditará em mim, pois ela precisa mais de mim do que de você!

Ah, senhor Divaldo! Este foi um momento de amargura que não há palavras que possam descrever... Utilizando o ardil de confrontar a minha palavra com a dele, o bandido me estuprou! Violentou-me como um animal selvagem! A vergonha, o ódio e o desespero que tomaram conta de mim tornaram a minha vida insuportável! E o infame ameaçava-me sempre. Dizia que se eu contasse para minha mãe o que havia acontecido, ele falaria que eu o amava, que tentava seduzi-lo constantemente, mas que ele se negava a me amar e, por isso, eu estaria investindo numa denúncia falsa para me vingar. Com este artifício ele me explorou miseravelmente dentro do meu lar, por meses ininterruptos, praticamente diante de minha mãe, que não desconfiava de nada. Até que um dia eu resolvi contar tudo. Chamei a minha mãe em nosso gabinete e, diante da fotografia de papai, eu lhe revelei a tragédia de minha vida.

Surpreendentemente, após a minha confidência, mamãe sorriu sarcástica e indiferente. Com uma frieza inesperada, olhou para mim e retrucou:

— Muito bem. Já entendi o que se passa! Você está apaixonada por ele, que há algum tempo me tem falado sobre a situação. Eu estava aguardando somente o momento em que você se desvelasse. Mas ele me ama! E é claro que entre as suas mentiras de adolescente e a palavra dele, o excelente companheiro que Deus me deu, eu prefiro acreditar nele. E, se você tem dignidade, só poderá ficar na minha casa se aceitar o compromisso de mudar de comportamento, desistindo dos seus planos de tomar o meu marido. Mas na hora em que você quiser sair de casa, apesar de ser menor de idade, fique à vontade! A escolha é sua! A herança de seu pai você só receberá quando completar vinte e um anos. Até lá, como você é muito bonita e muito jovem, poderá cuidar de si mesma. Se você se julga com a capacidade de seduzir o meu marido, dentro da minha casa, certamente poderá ter uma vida confortável se optar por seduzir outros homens em qualquer lugar, até que tenha o direito de usufruir dos bens que lhe pertencerão na maioridade.

Aquela não poderia ser minha mãe, senhor Divaldo! Aquela era uma mulher torpe, insensível e violentada pelo desespero de agarrar-se a um marido que mal conhecia.

Não suportei a situação e procurei uma amiga que havia sido minha colega na escola. Ela me aceitou na sua casa e eu me transferi assim que tive oportunidade. Estimulou-me para que eu não voltasse mais para casa, já que a vida ali ao seu lado era muito agradável. Sua residência era um belo apartamento no centro da cidade, confortável e acolhedor. Minha amiga estava estudando e possuía bons vestidos. Em breve ela atingiria a maioridade e compraria um automóvel. E é claro que eu pensei que tudo aquilo vinha de sua família, que certamente deveria possuir uma condição financeira privilegiada.

No entanto, minha permanência no novo lar não durou muito. Após duas semanas, a minha amiga deu-me uma notícia inesperada:

— Bem. Eu já a ajudei pelo tempo suficiente. Você já se estabilizou. Para você sobreviver a partir de agora terá que se movimentar também. Você é jovem e bela, por isso possui recursos para se manter com uma vida confortável. Veja o meu caso. Eu sou acompanhante de cavalheiros distintos e solitários, executivos que vêm a capital e homens de negócios com bons recursos financeiros. Dou-lhes assistência indo com eles ao teatro, a jantares e outros eventos sociais. E naturalmente eu... faço-lhes outras formas de companhia também. Minha renda é excelente, o que me permite pagar a universidade. Somente depois que estiver rica, eu darei um destino à vida e pensarei em me casar. Você vai constatar como esta é uma profissão maravilhosa!

Senhor Divaldo, eu confesso que não pude absorver todas as informações de uma só vez. Não conseguia acreditar que a minha amiga pudesse viver de mão em mão! Ela me levou a um apartamento elegante onde estavam várias moças, à espera de serem solicitadas para o trabalho de acompanhantes. Era uma espécie de agência de escravas brancas. Alguém telefonava e fazia as exigências: "Eu desejo a companhia de uma mulher com a idade X, da cor tal, que fale tal ou qual idioma e que tenha esta ou aquela característica para estar comigo na noite de hoje." Desta forma todas as mulheres eram *alugadas* a esses homens. Metade do aluguel ficava com a empresa e a outra metade era da acompanhante. E se a jovem fosse bastante hábil, recebia uma gorjeta a mais daquele a quem acompanhava.

Os detalhes do comércio do sexo eram impressionantes. E minha amiga forneceu-me uma explicação mais específica a respeito da vida que levava:

— Como eu lhe disse antes e você está percebendo melhor agora, a nossa vida é maravilhosa! Durante o dia, eu fico na universidade até as 18h. À noite, eu venho trabalhar até 1 hora da manhã. Às vezes eu trabalho a noite inteira, o que é mais caro, é evidente. Atualmente eu estou na faixa de X dólares para passar vinte e quatro horas com um homem. Dá para imaginar? Em qualquer outra profissão não ganharíamos nem mesmo em um mês o que ganhamos aqui em um dia! Você poderá se dar muito bem neste trabalho. Afinal, se você não é nenhuma pervertida, qual o problema de ganhar a vida assim?

Notemos como os argumentos da perturbação e do desequilíbrio são bem arquitetados por aqueles que se fazem os seus defensores! Eu fiquei estarrecida, senhor Divaldo. Mas, contraditoriamente, as jovens eram muito alegres e havia entre elas um sentimento de amizade. Inicialmente eu resisti a me submeter! Disse não! Estava com apenas catorze anos. Então elas me disseram que por ser tão jovem o meu preço seria mais alto. Quanto mais jovem, mais caro é o serviço. Há muitos senhores de idade que preferem jovens em formação, pois assim podem iniciá-las sexualmente como lhes apraz. No entanto, eu não conseguia suportar!

Minhas resistências emocionais foram aos poucos sendo desmontadas pelo tenebroso convite. Eu não vislumbrava uma forma de me manter por um tempo mais dilatado, pois não recebia nenhuma ajuda financeira de minha mãe. E como forma de me dar um verdadeiro ultimato, minha jovem amiga argumentou:

— Não é justo que eu continue sustentando você! A minha profissão é abjeta para você seguir, mas não é indigna para você se beneficiar com o produto dela! Então você terá que optar entre ficar aqui ou ir para outro lugar de sua preferência, já que na minha casa você não ficará. A escolha é sua!

Fiquei em dúvida entre voltar para casa e permanecer nas ruas. Foi quando me apresentaram a dona do bordel. Era uma mulher fascinante! Ela me falou que seria como uma tia para mim. É óbvio que aquela senhora vivia da desgraça alheia, mas ao menos revelava maneiras distintas e sociáveis de se relacionar. A sua casa era bem classificada no mundo da prostituição. O seu nome figurava entre as personalidades mais conhecidas da cidade, fazendo com que homens de posição social relevante comparecessem àquele ambiente.[106]

Depois de uma conversa ampla, ela me garantiu que eu poderia morar na casa e trabalhar apenas nos dias que eu desejasse. Sem alternativa, eu aceitei a proposta. Ainda tentei telefonar para minha mãe a fim de pedir-lhe ajuda, mas ela negou-se a manter qualquer diálogo comigo.

Foi a partir daí que eu comecei a descer a escada da degradação humana... E esta escada não possui um último degrau. O poço da perversão e da promiscuidade não tem fundo. Sempre se cai num abismo mais profundo... A não ser que um choque, uma surpresa ou uma dor profunda nos faça estacionar.

A minha primeira noite naquele lugar ninguém pode imaginar como foi! Eu simplesmente fui leiloada. Conforme eu já mencionei, uma adolescente é alguém por quem se paga um alto preço. Por isso a comissão que me pagaram pelo leilão foi uma quantia considerável. Imagine o que é receber um hóspede no quarto, passar a noite com um homem por quem não nutrimos afeto! As minhas novas amigas me explicaram que não precisávamos sentir nada. Bastava fingir. E, desta forma, eu me iniciei nesta profissão degradante!

---

[106] Para analisar as consequências espirituais de quem induz outra pessoa à prostituição, consultar o livro *Transição Planetária*, de Divaldo Franco/Manoel P. de Miranda, Ed. LEAL, cap. 11 (Aprendizagem Constante). Nota do organizador.

E passando de mão em mão eu já estou com dezoito anos. Há quatro anos eu carrego esse martírio que me atormenta. Mas certo dia aconteceu-me algo que mudaria para sempre o meu destino. Só que mudou para torná-lo ainda mais cruel.

Um dia, quando eu estava com dezesseis para dezessete anos, passou a frequentar a casa um homem de cinquenta anos. Ele me escolheu no álbum de fotografias do bordel. Quando se aproximou de mim pela primeira vez, ele me esclareceu:

— Eu desejo apenas uma companhia jovem. Pela sua idade você poderia ser talvez a minha neta. Tenho o hábito de vir aqui nas quartas-feiras jogar com amigos. Sou de origem inglesa e tenho uma família muito bem-constituída. Amo minha mulher. Nós não temos filhos. Entretanto, a minha esposa está passando por um momento muito delicado de mudanças hormonais, que desencadeia uma tremenda modificação no seu comportamento sexual. Ela não sente nenhum desejo por mim, o que resulta em um problema que me aflige. A nossa relação sexual é um martírio para ela, uma experiência bastante desagradável. Portanto, ela praticamente me liberou para aventurar-me com outras mulheres e suprir o que me falta no lar, mas eu não desejo substituí-la por ninguém. Como eu sou um homem de cinquenta anos e disponho de energias, gostaria de intercambiá-las pelo menos fraternalmente com uma companhia feminina. Por isso eu quero contratá-la. Todas as quartas-feiras à noite, entre 19h e 1h da manhã, você estará a meu serviço. Jantaremos, veremos espetáculos de música, apresentações teatrais e poderemos até dançar. Ao final do horário eu a deixarei aqui, pois quero estar em casa no início da madrugada. E é claro que eu vou lhe respeitar.

Eu achei uma proposta maravilhosa! Ele poderia ser mais do que um pai para mim! O meu pai biológico havia falecido aos trinta e seis anos, enquanto ele estava com cinquenta.

Todas as quartas-feiras ele ia ao bordel me buscar. Chegava com hábitos muito gentis e todas as jovens invejavam a minha sorte. Conversava, era respeitador e falava sempre a respeito de sua mulher, dizendo do amor imenso que sentia por ela, da felicidade de ser casado com uma mulher tão nobre, lamentando apenas as suas alterações orgânicas, que prejudicavam a vida íntima do casal. Ele levou-me ao teatro várias vezes e conversamos muito. E quando menos esperei, notei que estava amando aquele homem diferente.

O amor é insidioso! É um sentimento terrível, pois às vezes ele surge de uma forma agressiva e nos arrebenta! Outras vezes ele chega com sandálias de veludo, e entra em nossa alma, embriagando-nos com suave perfume.

Certo dia ele me falou:

— Eu sei que você me ama, já que sou um homem experiente e conheço a forma ideal de tratar as mulheres. Poderei também fazê-la feliz. Eu tenho necessidade de alguém. Durante esses quatro meses de convivência eu venho conquistando o seu coração para que você desenvolvesse amizade por mim, para que depois eu a levasse a um intercâmbio físico verdadeiramente baseado no afeto.

A partir daí, nós começamos a ter um relacionamento mais profundo. Com a minha juventude, eu estava arrebatando-lhe a alma. De repente eu dei-me conta que iria roubá-lo da esposa, bastando para isso que eu lhe impusesse algumas condições. Tinha certeza de que, se eu desejasse, ele abandonaria a mulher para ficar comigo. O arrebatamento é como uma chama que crepita tênue, a princípio, para depois tornar-se uma labareda devoradora! Contudo, se eu de fato conseguisse subtraí-lo da sua mulher, depois de alguns anos, eu creio que ele se arrependeria. E eu o amava tanto que não poderia conviver com esta mácula na minha consciência. Além disso, o arrependimento por destruir a vida da esposa talvez o transformasse numa pessoa amarga, que estaria comigo apenas para manter o compromisso firmado. E isso me faria a mais infeliz das mulheres, pois eu não desejava somente o corpo do homem a quem me entreguei com toda a força da minha alma. Daí, eu tomei uma decisão. Se eu o amava, não era justo que o meu egoísmo provocasse a implosão do seu lar, vindo a infelicitar todos os envolvidos.

Para solucionar esse impasse eu tive uma ideia, uma medida extrema. Fugi do bordel para que ele não mais me encontrasse. Abandonei a cidade e fui para outro lugar trabalhar num cassino, em uma praia famosa que existe em um país próximo.

O tempo passou, mas eu não consegui esquecê-lo. Quanto mais eu me afastava, mais ele estava presente nas lembranças que me inquietavam a mente e o coração. Naquela casa de espetáculos eu me tornei *bailarina*, o nome com o qual muitas de nós ocultamos a nossa profissão. Se alguém olhar a minha identidade profissional vai ver que lá está escrito: *bailarina*. É notório que eu não entendo nada de dança. A minha apresentação era um bailado sensual e vulgar, sem a menor coreografia, porque num ambiente como aquele ninguém está interessado em assistir a um espetáculo genuíno de dança. Os expectadores não estão interessados numa artista, mas naquilo que a dançarina pode proporcionar no campo das sensações e emoções vulgares.

Depois de alguns meses eu não resisti a este contexto de sofrimento. A saudade dele foi tanta que eu passei a consumir bebidas alcoólicas todos os dias e sem o menor limite, optando pelo caminho da degradação absoluta da minha alma. Até que um dia a sensação foi tão angustiante que as minhas forças se esvaíram... Não suportei mais a saudade e resolvi voltar para procurá-lo, mesmo que o resultado não fosse o esperado e ele não me aceitasse. Estava disposta a arriscar tudo. Se ele decidisse abandonar a esposa para ficar comigo eu concordaria, pois foi ele quem me procurou, não fui eu que o encontrei. Eu não tinha culpa.

Voltei desesperada, com sede da sua presença ao meu lado. Procurei o bordel onde morava e informei-me sobre ele. A dona da casa e as minhas colegas disseram-me que ele continuava indo lá todas as quartas-feiras. Chegava às 19h, como de costume, pedia uma bebida, sentava-se ali silenciosamente até a meia-noite, pagava a conta e ia embora. Não aceitou a companhia de mais ninguém. Com o passar do tempo ele começou a ir apenas esporadicamente. E nos últimos três meses ele nunca mais apareceu. Ninguém sabia do seu destino.

Desesperada, eu telefonei para sua casa à procura de informações. Afinal, nós somos mulheres muito atrevidas. Além disso, eu o amava (ou pensava que amava)! Quando o telefone tocou o mordomo atendeu, e eu falei que necessitava entrar em contato com o distinto senhor que era dono da residência. Neste instante eu tive a trágica notícia que me abalou:

— Senhorita, isso não será possível! O patrão morreu há três meses.

Fiquei arrasada com aquela informação! Mas prossegui tentando concatenar os fatos.

— Mas como? Morreu de quê?

— Senhorita, eu sou o mordomo da residência! Não posso dar informações detalhadas sobre meus patrões a uma pessoa que telefona e que eu não sei de quem se trata.

— Então eu desejo encontrar-me com a senhora proprietária da casa, esposa do seu patrão. Gostaria de dialogar para poder entender o que ocorreu.

— Mas a senhora está de luto e não está recebendo ninguém.

— Diga-lhe que eu sou uma pessoa muito íntima do marido dela e que devo muito ao seu falecido esposo.

O mordomo pediu-me licença e demorou-se um pouco longe do telefone. Em seguida retornou e me comunicou:

— A senhora está marcando uma entrevista com a senhora para o próximo sábado, às 17h. Ela aproveita para convidá-la a tomar um chá.

Era quarta-feira quando eu telefonei agendando a minha visita à esposa enlutada. A dor se fazia mais dilacerante porque aquele era o dia da semana em que ele vinha me ver. Apoderou-se de mim uma ânsia incontida de conhecer a esposa que era tão amada e por cuja causa nós duas havíamos perdido o companheiro que nos sensibilizava.

Finalmente chegou o dia da visita e eu fui à sua casa. Era uma dama refinada. A sua expressão de tristeza e o seu olhar, a sua nobreza e a palidez da face fizeram-me ter vergonha de estar ali, desempenhando o papel de competidora, de mulher que lhe roubara o marido aproveitando da juventude que abençoava os dias. Ela me mandou entrar e começou a entrevista:

— Pois não, minha filha! O que você pretende me relatar?

Iniciei a minha história dizendo mais ou menos assim:

— Senhora, eu sou uma beneficiária do seu marido porque estudo balé. E como sou uma moça de origem pobre ele pagava uma bolsa de estudos para mim. Agora que estou concluindo os estudos eu vim agradecer e recebo a trágica notícia de que ele morreu!

Então ela começou a chorar profusamente... Tentou enxugar um pouco as lágrimas e explicou:

— Isso é comovedor! Inúmeras pessoas vieram aqui para agradecer a generosidade dele! Com os recursos da nossa indústria ele financiava a educação de muitas crianças e pagava hospitais para pessoas que não podiam custear serviços de saúde. Eu não sabia deste lado extraordinário de meu marido! Minha filha, não se preocupe! Eu honrarei os compromissos que ele deixou em aberto. Se você deseja continuar o seu curso eu pagarei, em homenagem à memória dele.

Constrangida com a generosidade da esposa, tentei me esquivar para que ela não descobrisse a verdade que eu pretendia ocultar a qualquer custo:

— Não é necessário, senhora! Eu realmente já conclui os estudos e pretendo trabalhar em alguma empresa aqui na cidade. Só gostaria de saber de que morreu o seu marido.

— Ninguém sabe — esclareceu a viúva. — Ele começou a entristecer de repente e entrou numa fase de profunda apatia. Eu perguntava: "Que se passa com você?". E ele me respondia, tentando tranquilizar-me: "Não é nada, meu bem! São problemas no escritório e nos negócios. Mas isto logo passará!". Um mês depois ele estava desfigurado, quase não se alimentando. Levei-o ao médico, que esteve com ele durante longos minutos. Ao final da consulta o cuidadoso profissional de saúde me falou: "Senhora, seu marido não tem nenhuma alteração orgânica. Ele sofre de uma depressão profunda e não quer viver. E para este tipo de situação não existe tratamento se o paciente não quiser reagir.". Voltei-me para ele e perguntei: "Por que você não quer viver?". Ele me respondeu: "Não é verdade! Eu não quero morrer.". No entanto ele foi definhando cada vez mais. Até que um dia ele teve uma parada cardíaca e faleceu...

Ao terminar a narrativa a nobre senhora começou a chorar... E eu também... Mas ela não imaginava jamais o motivo do meu pranto. Decorridos alguns segundos ele perguntou:

— Você a amava como a um pai, não é, minha filha?

— É verdade! — respondi. — Eu o amava!

— Então volte aqui para me visitar! Eu tenho interesse em colaborar com a sua educação.

Despedimo-nos, enfim. E naquela noite, pela primeira vez eu usei cocaína... Tinha que trabalhar e não podia sequer ficar de pé sem um estimulante. Como eu já havia *perdido a alma*, iniciei-me no mundo das substâncias químicas e comecei a descer o precipício da condição humana como eu jamais imaginei que poderia, mesmo que já trabalhasse me prostituindo. Agora eu desci de nível e faço meus clientes na rua. Veja em que estado eu me encontro! Na noite passada eu fui presa, não porque a polícia esteja interessada em coibir a prostituição, mas porque na delegacia do bairro eu deveria ser cadastrada para ser reconhecida como uma meretriz. E agora tudo que eu ganhar na rua eu deverei pagar a várias pessoas que me exploram a desgraça. Por isso, eu cheguei à conclusão de que deveria morrer. Mas agora que eu ouvi as suas palavras, esclarecendo que não adianta matar-me porque eu não desaparecerei da vida, o que é que vou fazer?

Eu prestei atenção naquelas palavras de dor da jovem vendedora de ilusões e acompanhei toda a narrativa, imaginando quais seriam os novos capítulos para o desenrolar daquela história. Mas durante toda a narrativa eu percebi um Espírito ao seu lado, que apresentava a fisionomia marcada pela tristeza. Ignorava estar desencarnado e a acariciava. Ela não detectava a presença nem as carícias do Espírito, experimentando apenas uma sensação de perda que não conseguia compreender.

Como se estabeleceu uma breve pausa em nossa conversa, devido ao encerramento do seu depoimento, a protagonista parecia reunir forças para prosseguir de pé.

Neste instante o meu anfitrião apareceu na sala e me avisou:

— Divaldo, já são 5 horas da manhã e nós precisamos nos preparar para a viagem. Temos que chegar ao aeroporto no horário marcado.

Ela levantou-se assustada e eu comentei:

— Minha filha, eu terei que viajar por três dias e visitarei três cidades. Quando eu voltar, gostaria de continuar esta conversa.

O meu amigo, que era um homem abalizado e conhecia muitas nuanças da vida, proporcionadas pela sua experiência como juiz da Vara de Família, dirigiu-se a ela e lhe perguntou:

— E você? Para onde vai?

— Eu vou voltar para o bordel.

— Vai voltar porque quer. Por que não fica aqui? Nós não temos filhos. Você poderia ser a nossa hóspede até que Divaldo retorne. Pelo menos descansaria por três dias e nós explicaríamos o que você quiser entender. Tenho certeza de que a minha esposa a receberia muito bem. Se você deseja uma solução para o seu drama, aí está o começo dela.

A dona da casa veio de seus aposentos e recebeu-a com carinho maternal, levando-a a outra parte da residência para acomodá-la confortavelmente.

Enquanto isso, eu fui me preparar para ir ao aeroporto.

Três dias depois eu retornei. Ela estava com a aparência renovada! Era outra jovem. Aquela palidez desaparecera e as marcas do vício estavam mais diluídas. Conversamos durante o dia e ela foi à minha palestra. À noite conversamos os quatro na residência do meu anfitrião: o casal e nós dois.

Quando eu me preparava para dormir e retornar ao Brasil na manhã seguinte, o meu amigo me disse:

— Minha jovem amiga, hoje é a noite da decisão! Depende de você deixar que a tragédia aniquile a sua vida ou permitir que nós possamos auxiliá-la a se renovar. Minha esposa e eu estamos dispostos a adotá-la. Você ainda não tem dezoito anos. Como juiz de Direito eu poderei resolver o seu problema de pendências com a caftina que a aliciou. Irei fechar o bordel e pedirei a um psicólogo que nos ajude a cuidar da nossa filha adotiva. Você perdeu uma mãe, mas se quiser poderá ganhar dois pais para lhe ajudar a refazer a vida. O que você acha?

Ela voltou-se para mim com olhos tranquilos e dolorosos, enquanto lágrimas correram-lhe pelo rosto juvenil. Sem palavras ela me pedia uma opinião em relação àquela inesperada proposta de adoção. De minha parte, fiz um gesto com a cabeça indicando que aprovava a feliz iniciativa do casal. E os três se abraçaram como se estivessem se reencontrando depois de uma grande ausência.

Viajei de volta ao Brasil e continuamos nos correspondendo. Numa das mensagens ela me informava que estava sob terapia intensiva para desimpregnar-se das substâncias que a tornaram dependente química, além de seguir outras recomendações médicas para restaurar o organismo debilitado.

Mais tarde comunicou-me que estava frequentando o Centro Espírita que havíamos fundado naquela cidade.

Um ano depois ela me disse que estava diante de um grande problema. Devido à sua participação na Instituição Espírita um rapaz que também participava das atividades da casa começou a se aproximar dela. Numa das mensagens que me enviou ela me falava um pouco aflita:

— Tio Divaldo, eu não sei o que fazer! Não pretendo me casar, pois tenho um passado obscuro e vergonhoso. Ele está insistindo em dizer que me ama, mas eu me acostumei a não amar os homens. Sei que deveria empreender esforço para mudar de atitude mental, embora não saiba como fazer isso. O que você me sugere? Estou atordoada com essa situação!

Então, enviando-lhe uma carta eu lhe respondi nos seguintes termos:

— Minha filha, para você mudar de atitude mental em relação aos homens, namore com o máximo de ternura! O nosso coração funciona como os nossos olhos, que necessitam periodicamente de lubrificação para terem saúde. O amor é o líquido suave que lubrifica os delicados tecidos do coração! Coloque-o de vez em quando para que você tenha autoestima. Insista numa relação baseada na ternura. Como você já tem experiência, saberá impor limites se ele se entusiasmar demais. À medida que o relacionamento se aprofunde, vá dosando para manter a serenidade de ambos.

Em outra ocasião ela me telefonou:

— Tio Divaldo, eu estou numa situação muito difícil! Eu permiti que o nosso relacionamento se tornasse mais próximo e com uma cumplicidade amorosa que é realmente gratificante. E eu estou gostando muito dele! Afinal, quem não gosta de uma companhia gentil e agradável? Além disso, meus pais adotivos o adoram! E ele falou que vai me pedir em casamento amanhã, quer eu queira, quer não queira que ele faça o pedido. Mas eu não sei como poderei levar adiante um sonho de amor como esse, já que guardo a sete chaves o segredo do meu passado nas drogas e na prostituição. Como devo agir? Estou desesperada!

Na tentativa de dar uma orientação fraterna, eu lhe apresentei a seguinte sugestão:

— Conte a ele a verdade! Conte hoje à noite, já que o pedido será amanhã à tarde. Chame-o para passear e fale da sua trajetória na vida.

— Mas, Tio! Contar tudo?

— Sim! A mim, que era um estranho, você contou toda a sua vida. Portanto, a ele que você já ama profundamente, não será nada demais dar o seu depoimento. Fale com naturalidade e vamos ver se ele é de fato um homem, na acepção da palavra, ou se é apenas do sexo masculino. Entre os animais domésticos que nos rodeiam há alguns que são do sexo masculino, mas não são homens. Daí, o indivíduo poderá exibir características físicas que o qualificam como um macho da espécie humana. Mas ser homem exige qualidades muito mais expressivas. Seja sincera e corajosa ao relatar a sua vida. Se ele for de fato um homem, não vai olhar para trás e condená-la pelo seu passado de dificuldades. Leve em consideração que você nunca perguntou a ele todos os detalhes do que ele fez antes de conhecê-la. Você o aceitou do jeito que ele se permitiu conhecer. Eu não advogo a tese de que a mulher deve viver de forma leviana até decidir se casar. Mas também não penso que homem deve ser o mais promíscuo possível até o dia em que resolva encontrar uma companheira que o aceite. Os dois necessitam de uma experiência de juventude saudável e equilibrada antes de se unirem pelos laços do afeto para constituírem uma família. E o respeito que oferecerem um ao outro estabelecerá uma linha de dignidade para o casal. Como você nunca pediu a ele um documento comprobatório de antecedentes pessoais e éticos, ele não tem o direito de exigir de você uma postura impecável no seu passado. Conte tudo e aguarde o resultado para ver se ele é uma pessoa de bom senso. Depois do noivado me diga o que aconteceu.

Como é fácil de perceber, eu encerrei a minha recomendação sinalizando que acreditava no sucesso da tentativa. Porque de certa forma ela também era minha filha adotiva.

No dia seguinte, à noite, ela me telefonou novamente:

— Tio, eu estou noiva! Tenho em minhas mãos um lindo anel de brilhantes!

— Mas isso é consequência. Eu quero saber como foi a conversa.

É interessante notar que nós os homens não somos curiosos como as mulheres... Eu só queria saber um pouquinho mais os detalhes... Então insisti:

— Você contou tudo?

— Tudo! E não adicionei nenhum disfarce! Iniciei a narrativa pelo final e fui até o começo para que ele soubesse os detalhes. Depois que falei sobre tudo, inclusive sobre a história da minha mãe, ele me respondeu com as seguintes palavras: "Eu não quero saber o que você foi, mas o que você pretende ser ao meu lado. Para mim é ótimo que você tenha frequentado um meio tão complicado! Terei tranquilidade porque você já veio de lá e sabe o que encontraria se voltasse. A sua revelação não vai influenciar em nada a minha forma de tratá-la. No entanto, quando você estiver na condição de minha companheira, eu não admitirei qualquer mudança no seu roteiro de vida. Eu só desejo saber se poderei confiar em você". Eu lhe disse que sim, garantindo que, no dia que assumisse um compromisso com ele, seria definitivo e sem interferências do meu passado. Portanto, tio Divaldo, eu estou noiva e estamos com o casamento marcado!

Meses depois ela casou-se, e eu voltei à sua cidade para novas atividades de divulgação doutrinária. Para minha surpresa, ela estava grávida. Enquanto nós conversávamos, os Espíritos amigos elucidaram que a sua gravidez traria de volta aquele companheiro que havia morrido de angústia: o homem que se transformaria de amante em amado, deixando de ser parceiro para ser filho, recebendo da futura mãe o carinho que não pôde receber na última existência.

Tempos depois eu estava novamente na mesma cidade. Encontrei o menino já com dois anos e meio. Enquanto brincava com ele, o pequeno acercou-se, segurou-me gentilmente pelas mãos e me disse:

— Você se lembra de mim?

— É claro! Desde antes de você nascer!

Ninguém entendeu nada. Mas nós dois entendemos e continuamos a brincar. Foi quando a mãe do garoto contou algo muito belo. Relatou que continuou a visitar a viúva do seu ex-companheiro e que se tornaram grandes amigas. O juiz que a adotou conheceu igualmente a senhora distinta e todos se uniram em um só laço de fraternidade. Quando a criança nasceu, a viúva desejava batizá-lo conforme as determinações de sua religião, para tornar-se madrinha do garoto e sentir-se mais próximo dele. Como entre nós espíritas não há cerimonial nem sacramentos, ela afirmou:

— Eu serei madrinha espiritual deste menino e vou repartir os meus bens com ele, que receberá de nós uma educação refinada.

Ao lado disso, ela também começou a frequentar a Casa Espírita.

Notemos a Sabedoria Divina nesse episódio! O cavalheiro trabalhou, construiu uma fortuna e a aplicou em práticas filantrópicas que realizava, tornando-se um verdadeiro anjo para tantas pessoas, conforme a viúva veio a descobrir quando o seu marido faleceu. Ao desencarnar, ele deixou toda a fortuna construída ao longo dos anos. Mas ao reencarnar, recebeu de volta o que lhe pertencia por direito. É da Lei! Aquilo que nós deixamos, de bom ou de ruim, volta aos nossos braços no mecanismo da reencarnação.

O juiz, que era avô adotivo da criança, falou que a ajuda financeira da viúva não era necessária, já que a criança estava muito bem amparada por ele e por sua esposa. O resultado é que o menino ganhou um avô e duas avós adotivas que fariam o possível pelo seu bem-estar.

Emocionada, a mãezinha me confessou:

— Veja, tio! Eu, que vivia um drama aparentemente sem solução, agora vivo um verdadeiro drama de felicidade! Porque eu disponho de um casal de pais adotivos e de mais uma mãe adotiva, que é a viúva, que declara também ser minha mãe espiritual. E meu filho conta com um número extenso de avós querendo cuidar dele, além da avó biológica que eu gostaria que ele conhecesse, mas ela se recusa a uma aproximação de nós. Quando o menino nasceu, eu até telefonei para minha mãe, que me falou com acentuado rancor: "Nunca mais me procure! Eu odeio você! Você tanto fez que conseguiu desencaminhar o amor da minha vida! Depois que você foi embora, ele me explorou, roubou os meus bens e me abandonou! E é tudo culpa sua! Aliás, falando em bens, eu não sei por que você ainda não veio em busca da herança de seu pai, já que a maioridade bateu à sua porta". Com um profundo pesar pela sua solidão e amargura, eu esclareci: "Mamãe, eu não fui buscar o que me pertence porque tenho o suficiente para viver bem. Tenho uma boa posição social e tenho um filho, que não necessita de avós porque os tem em grande quantidade". Não havia outra coisa a dizer a não ser mostrar que não estava interessada em dinheiro. Minha vida agora encontrou o rumo que a Bondade Divina consentiu. Todavia, uma dúvida me toma de assalto em alguns momentos. Eu gostaria de saber quem será este filho que tenho em meus braços. Eu amo meu filho de uma forma que me deixa intrigada! Eu o beijo com infinito carinho! A minha mãe espiritual, a viúva, coloca o meu filho nos braços e chora copiosamente, declarando-se completamente apaixonada pelo neto adotivo.

Diante daquela afirmativa comovente, eu não lhe contei que o menino era a reencarnação do companheiro que ela tanto amava. Preferi não dizer nada para não influenciar na ternura maternal que ela deveria cultivar.

Como forma de sintetizar a sua história, ela concluiu:

— Por tudo isso que lhe revelei, Divaldo, hoje eu compreendo a excelência do amor e a grandeza do Espiritismo, um bálsamo revigorante para os meus conflitos sexuais e familiares. E a minha aventura como infeliz vendedora de ilusões teve um desfecho diferente, quando eu passei a experimentar a paz de consciência e o amor, que soluciona os mais complexos desafios humanos...

Hoje, quinze anos depois, esta jovem, que mora em um país de língua hispânica, prossegue em sua tarefa na Doutrina Espírita. Ela é uma excelente mãe de três filhos e está construindo um mundo novo ajudando outras jovens que experimentam o mesmo conflito, pois ela periodicamente visita o bordel em que esteve na tentativa de recuperar moças equivocadas.[107]

---

[107] Para outras informações sobre o tema da prostituição, consultar o livro *Transição Planetária*, de Divaldo Franco/Manoel P. de Miranda, cap. 9 (Desafios Existenciais); *Grilhões Partidos*, de Divaldo Franco/Manoel P. de Miranda, cap. 23 (Abigail e Josefa) e cap. 24 (Dia Novo de Luz).

9

O AMOR EM SUAS
MÚLTIPLAS EXPRESSÕES

O AMOR É UNILATERAL

Em um seminário que ministrei certa vez, perguntaram-me se o amor sempre vale a pena, mesmo que seja unilateral.

O verdadeiro amor é sempre unilateral! Quando é um amor praticado esperando reciprocidade, que se torna condição para este amor se expressar, estamos diante de um sentimento que não representa o amor legítimo, mas significa um depósito no banco na tentativa de que ele possa render juros.

O amor é bom para quem ama, independentemente de uma resposta imediata que este amor produza. Digo *resposta imediata*, porque indubitavelmente, em algum momento, o nosso ato de amar nos fará receber da vida uma resposta gratificante. E quando será isso? Não importa!

Às vezes, quando estou num avião que voa baixo, vejo árvores em festa, cobertas de flores, deslumbrando-me com as cores e matizes que me chegam aos olhos. E surge dentro de mim um impulso para lamentar o fato de que somente eu esteja testemunhando aquela cena transbordante de beleza. Eu penso: "Que pena que ninguém esteja vendo!". Mas logo me conscientizo de que isso não é importante. É maravilhoso entender que a Natureza deve ser exatamente como é, mesmo que poucas pessoas consigam penetrar-lhe a intimidade. Deus coloriu a Natureza de uma forma que nós nunca poderemos replicar. E muitos de nós nem sequer nos dispomos a contemplá-la.

Há muitos anos eu ouvi um analista de laboratório dizer algo que me surpreendeu. Ele falava que ao realizar um exame de fezes ficou deslumbrado ao olhar uma partícula e ver a beleza de um cristal que apareceu em meio à amostra fecal. Apenas com aparelhos apropriados é possível visualizar uma bela estrutura química entre dejetos humanos. Da mesma forma, somente com as lentes do amor seremos capazes de ver a beleza em qualquer circunstância, mesmo nas situações mais insignificantes ou adversas da vida. Porque o amor transforma a percepção de quem o exercita, trazendo ao indivíduo um novo olhar sobre a realidade.

Quando nós amamos, nos sentimos bem. Mas quando percebemos que a pessoa também nos ama, temos a tendência a nos tornar caprichosos e exigentes. Neste momento o amor perde um pouco o seu sabor, porque está permeado pelo condimento da cobrança. É quando dizemos ao ser amado: "Você não nota quanto eu o amo!" Este é o tipo de cobrança que deprecia o amor. Ame, simplesmente! E se não for oportuno dizer que ama, não explicite. No entanto, se sentir que há espaço e necessidade para relembrar, declare o seu amor com naturalidade, mas não como quem pede resposta ou cobra um pagamento, à semelhança de um capricho infantil.

Jesus nos ama e não nos cobra nada! A vida nos ama! E como nos comportaremos em relação à vida e ao amor unilateral que ela nos oferece? O nosso procedimento terá que ser do mesmo teor.

Desta forma, o que fazer quanto aos medos que nos assaltam de perdermos a pessoa que amamos e de sermos abandonados? Só ficamos privados daquilo que realmente nunca foi nosso! Quando nós temos de fato, não perdemos. Quando amamos, mesmo que o ser amado se vá, isso não deve interromper o nosso sentimento. Poderemos ficar tristes pela perda da companhia física ou até magoados, como fruto do nosso egoísmo, mas o amor verdadeiro é tão grande e tão nobre que a pessoa que um dia recebeu esse amor jamais se afastará em definitivo de nós. O reencontro poderá não ser na presente encarnação, mas ele se dará um dia, mesmo que seja num futuro longínquo. Por isso, não nos deixemos tragar pela dor ou pelo desespero! Consideremos que aquele afastamento temporário é um acidente de percurso.

Nem tudo em nossa vida será conforme desejamos. Podem acontecer vários fenômenos, incluindo alguns que nos farão sofrer, razão pela qual a serenidade ante os imprevistos da vida tem regime de urgência.

Se a pessoa não pretende ficar conosco, libertemos! Quanto mais nós libertarmos, mais teremos. Esta é uma das lições que constam em um livro que narra a vida de um notável pastor protestante. A obra se chama *Para Todo o Sempre*,[108] narrando a vida do Reverendo Peter Marshall,[109] pastor protestante escocês que aos 24 anos emigrou para os Estados Unidos. Rev. Marshall foi capelão do Senado americano e um dos maiores pregadores da história dos Estados Unidos. Casou-se com Catherine Marshall, uma escritora que publicou diversos livros, inclusive a biografia de seu marido, o livro que mencionei.

Há um ângulo no texto que me impressiona desde que eu o li, nos anos 1950. É um trecho que em minha opinião justifica, por si só, a existência dessa publicação.

O pastor era um dos homens mais notáveis da Escócia. Segundo narrava, um dia ele recebeu uma revelação e um chamado de Deus para que saísse pelo mundo pregando a nova era, tarefa para a qual possuía muitos requisitos, pois ao longo dos anos tornou-se um orador incomparável. Quando ele subia ao púlpito, a plateia ficava magnetizada. Atraía multidões que a igreja não comportava, fazendo com que as pessoas ficassem na rua para ouvi-lo falar pelo sistema de alto-falantes.

Assim, ele foi convidado para pregar nos estados e tornou-se pastor na Igreja Presbiteriana em Washington-DC, onde o presidente Abraham Lincoln havia sido membro. As mulheres milionárias, esposas de senadores e de altos políticos, disputavam para ter um pouco da sua atenção. Mas ele, que era um dos homens mais belos dos Estados Unidos da América, mantinha-se sereno diante do excesso de euforia feminina. Era casado com uma esposa que não era bela, mas de um coração e de uma inteligência singulares.

Um dia ele estava pregando e a esposa estava ao lado. Ao terminar o sermão e descer do púlpito, ele foi cercado pelas mulheres triunfantes de Washington. Uma delas aproximou-se da esposa para *alfinetá-la*, como costumam fazer as mulheres, provocando umas às outras:

---

[108] *A Man Called Peter,* obra publicada no Brasil com o título *Para Todo o Sempre* (São Paulo: Casa Editora Presbiteriana, 1955). Nota do organizador.
[109] 1902-1949. Nota do organizador.

— Ah! Mas o seu marido é um homem lindo, não é?

— É? Curioso... Eu nunca notei... — respondeu a esposa, devolvendo a provocação.

— Sabe o que me deixa impressionada? É de você não demonstrar ciúmes dele. Você não tem ciúmes?

— Não. Por que teria? Ele é meu marido.

— Mas por que ele foi casar-se com você, que não é um símbolo de beleza feminina?

— Não sei... Pergunte a ele. Eu até nem queria me casar com ele... Mas ele insistiu tanto que eu lhe fiz o favor de aceitar...

— Mas veja as mulheres fantásticas que estão ao seu lado! Que mulheres notáveis! Olha lá! Um delas está beijando o seu marido! Você não tem ciúmes mesmo?

— Não.

— Mas por quê?

— Porque ela o beija em público, enquanto o beijo na intimidade...

Como a mulher importuna persistiu com seus questionamentos sem sentido, a esposa disse uma frase que para mim vale o livro inteiro:

— Eu descobri que no amor, quanto mais damos, mais temos. Quanto mais eu o liberto, mais eu o tenho...

Uma pessoa amada, que é libertada pelo parceiro e se sente realmente livre, nunca se envolve com atos de traição conjugal, pois a consciência não lhe permite. Em contrapartida, uma pessoa que é constantemente fiscalizada e controlada se sente inclinada a trair para provar que não está encarcerada no relacionamento. O ser humano tem necessidade de liberdade.

Quase todos os meus amigos e amigas que mantêm um relacionamento estável e feliz dizem-me que quando alguém nos ama e confia em nós ele não cede à covardia de trair, porque o amor é tão poderoso que enlaça o casal.

Então, vamos amar! Se uma pessoa não ama você, eu compreendo que é doloroso. Mas ame esta pessoa. Pode ser que mais tarde ela descubra que você foi o único amor real que existiu na vida dela.

A tentativa de reter alguém ao nosso lado é atitude ilusória.

Certa vez eu li na imprensa uma crônica muito singular. Uma esposa insegura desejava reter o marido em casa. Toda vez que ele se vestia para sair, ela tinha fortes dores de cabeça. Mas o curioso é que essas dores não eram fingimento. Ela realmente ficava dolorida e necessitava de cuidados. A sua estrutura emocional em conflito gerava uma reação orgânica que desencadeava as dores. E o marido, ao ver a esposa naquele estado, decidia ficar ao lado dela, pois como ele a amava o seu inconsciente desencadeava uma resposta de defesa, para evitar a angústia de se sentir culpado. Então ele cancelava a saída e ficava ali escravizado à companheira. Até que um dia ele se acostumou e não se abalou mais. Como ele não era enfermeiro, arrumou alguém para cuidar da dor de cabeça dela...

Uma pessoa que opta por um subterfúgio como esse perdeu a faculdade de amar e de inspirar amor. Por isso, resolve inspirar somente a compaixão. E quando inspira compaixão, o seu afeto não é puro, é uma farsa.

O nosso amor tem que ser puro, sem artifícios ou meandros escabrosos para reter o outro. Ninguém pode reter ninguém! Porque se forçarmos a permanência do outro ao nosso lado, estaremos produzindo uma situação em que o corpo da pessoa fica, mas ela se vai. A mente se localiza em outro lugar, e aquele ser que desejávamos aprisionar não está conosco, está em outra paisagem. Se fizermos essa escolha de reter um corpo sem vida, ficaremos como coveiros, carregando um cadáver...[110]

Eu costumo dizer, em tom de humor: você ama uma pessoa e ela não sente o mesmo por você; essa pessoa, por sua vez, ama alguém que não a ama; este alguém também ama uma pessoa que não corresponde ao seu afeto; mas esta, que não corresponde ao afeto de ninguém, ama aquela outra, que não lhe dá importância; e esta última também ama alguém que não aceita o seu amor. E o círculo dos amores não correspondidos se processa até que um dia o amor volta, e alguém lhe diz: Eu amo você! Você então olha e pensa: "Meu Deus! Não era exatamente isso que eu tinha em mente! Mas na solidão em que estou, eu vou aceitar..." Então você aceita esta pessoa, que não era a ideal, e descobre que esse é o

---

[110] Analisar a obra *Depois da Vida*, de Divaldo Franco/Diversos Espíritos, Ed. LEAL, terceira parte, cap. 1 (Reencarnação e Resgate). A narrativa demonstra as consequências trágicas do ciúme patológico e da pretensão de aprisionar um parceiro que não deseja permanecer ao nosso lado. Nota do organizador.

grande amor da sua vida. Um amor realmente plenificador. É uma alma que chegou suavemente, de mansinho, tocou o nosso ombro, segurou a nossa mão e se dispôs a nos amar sem exigências. Ao contrário disso, aquele amor que chega de forma ciclópica e ardente, pode deixar passar, porque ele vai embora. Labareda que muito arde é como incêndio em campo de trigo: o fogo queima com intensidade, mas se apaga depressa...

O amor é como um bumerangue: jogue-o, sem exigência alguma, que um dia ele retorna a você. E quando ele voltar, estará em suas mãos. Segure, mas não retenha, porque todo amor retido é amor que se vai perder. [111]

Quando nós queremos ser amados, ainda somos crianças psicológicas. Quando nós amamos, atingimos a plenitude. Quando alguém nos persegue, está doente. Quando nós perseguimos, estamos mal. Se nos fazem mal, esse mal não nos alcança, porque o mal só tem vigência naquele que o cultiva.

Seja você quem ama! Dispute a honra de amar. Não tema o amor. Quando nós amamos, uma estrela de paz brilha em nosso coração e a felicidade irradia-se como perfume. Quando queremos ser amados, ainda temos caprichos, temos impositivos, temos perturbações. Notemos que a primeira manifestação de quem ama é dar alguma coisa ao ser amado. É uma forma de dizer: *"Eu te amo!"*.

O amor, diz Joanna de Ângelis, é a Alma de Deus, porque Deus é a Alma do amor.

Pelo que depreendemos desse raciocínio, amar sem exigências é uma escolha que descortina horizontes novos e propicia resultados surpreendentes em nossa existência, como ocorreu no caso de Estela, uma jovem que aprendeu a amar sem aprisionar a sua alma querida, recebendo da vida os frutos que defluem dessa feliz opção. Sua trajetória de amor e renúncia poderá ser analisada na linda história protagonizada por Eufrásia.

---

[111] Ver o livro *Conflitos Existenciais,* de Divaldo Franco/Joanna de Ângelis, Ed. LEAL, cap. 7 (Ciúmes). Nota do organizador.

EUFRÁSIA: O PODER DO AMOR

Eu a conheci de uma forma inesperada. Viajava por um país latino-americano e amigos me informaram que naquela programação eu participaria do lançamento de um livro que psicografei e que havia sido traduzido ao espanhol, abrindo espaços para a divulgação da Doutrina Espírita naquela região. O nosso livro daria margem à publicação de outras obras mediúnicas, ampliando a interpretação e o conhecimento do Espiritismo naquela região. Portanto, faríamos uma longa viagem. No início do percurso, eu deveria proferir uma palestra no período da tarde, quando ocorreria o lançamento da obra.

Dessa forma, eu tive o ensejo de conhecê-la (ou de reencontrá-la) quase inesperadamente, pois me tornei seu hóspede durante aquela excursão.[112]

Era uma senhora muito rica, cuja residência, um verdadeiro palácio de beleza exuberante, deslumbrava àqueles que a contemplavam de forma inadvertida. No entanto, em meio às condições materiais privilegiadas que caracterizavam a vida daquela senhora, havia um trágico detalhe de que nem todos tinham conhecimento: ela estava com uma grave doença degenerativa e encontrava-se na iminência de desencarnar. Ela possuía um câncer em fase final de metástase, o que praticamente a impedia de levantar-se da cama. Porém, para estar conosco por alguns momentos, a senhora suspendeu o uso dos medicamentos analgésicos, que além de suprimirem a dor também lhe provocavam uma forte sonolência. A nobre trabalhadora da causa espírita havia empreendido um grande esforço para que a obra de Joanna de Ângelis pudesse alcançar um público mais numeroso. E aguardava a oportunidade em que o seu trabalho fosse coroado com o lançamento de um livro da benfeitora espiritual. Por isso, ela desejava testemunhar o momento da realização do seu projeto.

Quando eu a vi deitada num leito branco, uma grande emoção tomou conta de mim. Ela apresentava-se com a face marmórea, os cabelos longos, louros e encaracolados, os olhos azuis e translúcidos e a tristeza

---

[112] Ao se referir a um reencontro, o autor sinaliza que no seu passado reencarnatório já havia mantido contato com a personagem central desta narrativa. Nota do organizador.

desenhada no rosto de uma mulher nobre. Apertei-lhe a mão suavemente e estive com ela apenas por alguns instantes, para não cansá-la demasiadamente. Com a voz ofegante ela me disse:

— Hoje é o maior dia da minha atual existência! Eu vivi dias inesquecíveis na minha vida. Mas hoje, que sou cristã e espírita, é o dia de maior significado na minha jornada. E para que esse dia fique definitivamente insculpido em minha memória, desde ontem eu não tomei nenhum medicamento analgésico ou tranquilizante, mesmo que as dores me despedacem o corpo. Desta forma, eu irei ao lançamento do nosso livro.

Ao ouvir as suas palavras de sofrimento e ao mesmo tempo de extrema coragem diante do desafio que a doença lhe impunha, procurei confortá-la e dizer-lhe da desnecessidade do esforço, já que a minha conferência seria transmitida pelo rádio, propiciando a ela a oportunidade de ouvi-la em seu próprio leito, com uma maior comodidade. Ela sorriu, jovialmente, e afirmou:

— Mas como? Eu não poderei perder esta oportunidade! Imagine você que eu comprei em Paris um par de meias, especialmente para esta ocasião. Afinal, uma mulher, mesmo na hora da morte, continua com as suas características femininas, permanecendo vaidosa. E eu não vou perder o produto que adquiri com muito cuidado para estar neste evento. Portanto, quero exibir meu par de meias esta tarde...

Sorrimos e eu saí dali sensibilizado.

Aguardei a hora determinada para a conferência e fui com alguns amigos para o clube onde o evento aconteceria. Enquanto faziam a minha apresentação, a senhora entrou no recinto, acompanhada do marido e da enfermeira. Os três se deslocaram lentamente, vindo do fundo do salão até a primeira fila, onde estavam reservadas cadeiras para esta finalidade.

Durante a realização da conferência, ela sorria alegremente por detrás da máscara de sofrimento. Ao terminarmos a palestra ela me falou:

— Divaldo, agora eu preciso ir. Esperarei você chegar à minha casa, pois necessito de alguns minutos para conversarmos a sós.

Eu sorri e permaneci no local do evento por mais algum tempo, atendendo às pessoas que nos procuravam para breves cumprimentos.

Por volta das 22h, eu retornei à casa da minha anfitriã. Fiz um lanche ligeiro com os amigos e nos dirigimos ao quarto dela, que nos aguardava. Àquela altura ela já havia tomado os analgésicos que não utilizava há dois dias. Este intervalo na administração dos medicamentos provocou-lhe fortes dores, que a nobre dama tentava minimizar com a retomada do tratamento.

Depois das primeiras palavras do diálogo, ela pediu ao marido e aos amigos que saíssem do quarto a fim de conversar um pouco comigo. Segurou minha mão e explicou-me:

— Eu não irei me demorar muito. É apenas uma conversa rápida de um coração de mulher que deseja falar.

Após essa introdução, a corajosa senhora me fez o relato que apresento logo a seguir.

Eu sou judia. A minha família veio para este país durante a segunda guerra mundial. Eu era menina e fui criada na ortodoxia judaica. Quando meus pais se transferiram para cá, perderam tudo que tinham. Minha mãe, que era uma mulher refinada, foi obrigada a adotar um comportamento de trabalhar em coisas mais ásperas. As suas mãos arrebentaram-se, e nós, eu e meus irmãos, fomos exercer profissões muito modestas para sobreviver.

No entanto, eu acalentava o sonho de ser médica. Empenhei-me com todo sacrifício que um ideal requer, estudando Medicina para atingir o meu objetivo. Para atingir o meu desejo de obter a diplomação, eu precisei trabalhar em atividades muito simples. Trabalhei num bar durante muito tempo, onde lavava pratos, limpava o chão e fazia tudo aquilo que propicia ao ser humano um salário honrado. Até que concluí os estudos e me diplomei.

Vencida essa etapa, aguardei a oportunidade de começar atuar na minha clínica particular. Especializei-me em ginecologia e obstetrícia, porque era uma forma ideal de estar em contato com as pessoas.

Mas a vida foi tão dolorosa para mim que eu me divorciei de Deus. Achei que Deus era uma figura de retórica, reservada aos sacerdotes que desejavam fazer belos discursos para encantar as pessoas durante uma cerimônia religiosa. Porém, tratava-se de um conceito sem qualquer significado. E frequentava a sinagoga e orava para cumprir o formalismo que era exigido pela comunidade que eu integrava. Mas no meu mundo interior eu detestava a figura Divina. E detestei muito mais porque, desde que havia me formado não me chegava uma só cliente para requisitar os meus serviços de médica. Talvez pelo meu *sangue judeu* eu tenha decidido adotar uma tática para equacionar o meu drama. Comecei a negociar com Deus e lhe disse: "Senhor, eu irei atender mulheres pobres dos bairros da periferia da cidade. Mas, pelo menos, mande-me uma senhora rica para o meu consultório. Eu sou médica e necessito de clientes para viver!". Mesmo com a barganha que propus a Deus, não me chegava nenhuma cliente da classe média e muito menos da classe rica da sociedade.

Eu começava a sentir os primeiros sinais de fome, de necessidades materiais variadas e de amargura.

Um dia um automóvel de luxo parou em frente à porta da minha clínica. De dentro do carro saiu uma dama refinada e me informou, sem hesitação:

— Estou grávida de três meses e vim aqui para realizar um aborto.

Admirada com a naturalidade com qual a dama falara sobre o infanticídio, eu olhei para ela e respondi:

— Como a senhora pode procurar uma médica para matar? A senhora sabe que a missão de um profissional da Medicina é salvar vidas!

Ela olhou para mim com muito cinismo e retrucou:

— Esta não será a primeira vez. E creio que talvez não seja a última...

Em seguida, com ênfase e com um tom de desespero, ela explicou o motivo da sua insistência:

— O fato é que eu não posso ter este filho! Meu marido está viajando há quatro meses pelo Oriente Médio. E eu estou grávida de três meses! É óbvio que esta criança não pode nascer! E se você não extirpar este ser incômodo do corpo, certamente outro colega seu fará o serviço. Para mim pouco importa quem faça o aborto. O importante é que eu posso pagar. Por este gesto sem importância, que terá a duração de apenas alguns minutos, eu prometo que lhe darei o salário que você não ganhará em um mês atendendo a essas loucas que desejam ser mães.

Eu reagi à provocação. Ela fechou a bolsa onde estava o talão de cheques e começou a se retirar. Neste instante eu entrei em conflito. Afinal, aquela mulher poderia me dar o pão de cada dia, para que eu pudesse ter um pouco de dignidade. E eu, com escrúpulos que talvez fossem uma grande estupidez, estava me negando a aceitar a oportunidade. Ela era uma mulher acostumada com a prática do aborto, enquanto eu pretendia salvar vidas. Daí, eu racionei: "Se eu salvarei tantas pessoas ao longo da minha carreira como médica, um aborto a mais ou a menos não terá importância! Qual a diferença que isto fará na estatística de milhões de abortos clandestinos realizados todos os dias neste país? Se eu não lhe fizer esse serviço alguém o fará. E ela poderá cair nas mãos de uma pessoa inábil e inescrupulosa, perdendo a vida durante a intervenção cirúrgica".

Daí, eu pedi que ela voltasse, que não fosse embora naquele momento. Tentei dialogar um pouco mais e fingi ter apreço pelas razões que ela apresentou. Por fim eu concordei e pedi que a senhora retornasse no dia seguinte para fazermos o aborto. Este foi um instante crucial para minha vida. Foi exatamente aí que teve início a minha trajetória de equívocos e de violação das Leis da Vida.

Fizemos o aborto, e ela me pagou uma importância que eu certamente não ganharia em seis meses. O sucesso me fez melhor de vida e até reformei as instalações do meu consultório.

Uma semana depois chegou até mim uma senhora entusiasmada e me falou:

— Eu tenho ótimas recomendações da senhora! Fulana de tal, que esteve aqui na semana passada, informou-me que e senhora tem mãos de fada! E como eu não desejo ter a criança que estou aguardando, resolvi procurá-la.

Mais uma vez eu reagi à estranha proposta. E a senhora, sem se perturbar e revelando o mesmo teor de cinismo daquela que lhe antecedeu, completou:

— Mas por que o escrúpulo, minha querida? Afinal, você é uma abortista! Se você fez o aborto de Fulana, somente porque ela pode pagar, eu lhe pagarei o dobro! Se o problema é esse, não há porque discutirmos.

E foi assim que eu me tornei uma abortista assumida e granjeei uma verdadeira fortuna. Mudei-me para um bairro elegante da cidade, onde passei a atender uma clientela muito especial, formada pelas mulheres mais refinadas da cidade.

Entretanto, mesmo com a satisfação de possuir tudo aquilo com que eu havia sonhado, a consciência continuava a apontar para o fato de que eu havia enriquecido com a prática de crimes. E como a consciência é uma perseguidora vigorosa e implacável, os seus efeitos não podem ser amortecidos com facilidade. Por isso, para diminuir o impacto da minha consciência sobre mim, eu abri uma clínica num bairro miserável, na tentativa de compensar os delitos praticados no bairro de luxo. Toda vez que realizava um aborto no consultório, eu corria para o bairro miserável e atendia gratuitamente duas pacientes que não podiam pagar pelos meus serviços.

Passaram-se os meses, os anos e a vida foi transcorrendo sem maiores surpresas...

Até que um dia, eu conheci o homem mais extraordinário da minha vida: o meu marido. Era um homem rico, atuando na indústria de construções. Ele aproximou-se de mim e começamos a namorar. Quando ele já estava apaixonado e disse que me amava, falei-lhe que não pretendia casar-me com um homem que desconhecia o meu passado. Na ocasião eu já era uma mulher de quarenta e dois anos.

Ao ouvir as minhas razões, ele argumentou que não se importava com o meu passado, pois pensava apenas no meu futuro ao seu lado. A partir daí, este homem deu-me um amor que é impossível de haver na Terra. Nós nos casamos e somamos as duas fortunas.

Passaram-se os anos e eu continuei a praticar o aborto. E para minha infelicidade não tive a honra de ser mãe. Eu que matei tantas crianças nunca pude segurar nos braços um filho meu.

Todavia, seis meses atrás eu tive um sonho muito peculiar. Sonhei que estava às margens de um rio. Em lugar da água, havia um grande volume de sangue correndo em seu leito. Subitamente eu me senti dentro desse rio e estava me afogando. Flutuando na massa líquida havia corpos mutilados, despedaçados, enquanto vozes desesperadas gritavam comigo, condenando-me e ameaçando-me. Continuei a me afogar em meio àqueles destroços humanos em decomposição. Quando, de repente, uma mão segurou-me e me puxou, ergueu-me das ondas caudalosas do rio de sangue. Então eu ouvi a voz me dizer: "Isto é o que te aguarda, se tu vieres para o lado de cá agora, conforme está programado. Passarás um longo período neste rio de desgraça e sofrimento. Mas se estás disposta ao arrependimento e a recomeçar a tua vida, Deus, que é Infinito Amor, irá proporcionar-te um câncer que funcionará como oportunidade de reparação".

Naquele momento, a minha mente célere e meu arrependimento me fizeram reflexionar que eu não mais suportava manter aquela vida irregular. Então eu negociei intimamente com Deus e acordei banhada de suor...

Curiosamente, eu tive a impressão que, durante aquele pesadelo, alguma coisa havia me acontecido na coluna. Um mau jeito ou um problema de postura deveriam ter provocado a dor terrível que passou a me apunhalar.

No dia seguinte eu fui ao traumatologista e ele me prescreveu uma fisioterapia, que cumpri rigorosamente até que melhorei um pouco. Mas na semana seguinte as dores retornaram persistentes e excruciantes.

O médico providenciou vários exames de imagem e percebeu um tom escuro em minha coluna. Suspeitando que eu houvesse contraído algo mais grave, ele me recomendou novos exames, após os quais me falou com franqueza:

— Os seus exames revelam que você está com um câncer ósseo na coluna.

— E quanto tempo de vida eu ainda tenho? — indaguei.

— Dois a três meses, no máximo. E esse período transcorrerá com dores quase insuportáveis para você.

Eu entendi que havia chegado o momento da justiça.

Voltei para casa e me preparei para a morte, mas não disse nada ao meu marido.

Dias depois eu recebi em casa uma senhora que periodicamente me visitava. Era uma dessas mulheres envolvidas *nesse negócio* de Espiritismo. Ela sempre vinha me pedir doações para a confecção de enxovais, que oferecia a mulheres gestantes e em situação de grande pobreza, numa obra social que matinha. Ao chegar à minha casa, perguntei-lhe o que desejava de mim, e ela explicou-me algo que me causou uma grande inquietação:

— Hoje, senhora, eu não lhe venho pedir nada. Hoje eu quero apenas lhe oferecer. Um Espírito amigo apareceu-me esta noite e falou que a senhora necessita de minhas mãos.

Intrigada com a explicação, eu lhe questionei para qual finalidade as mãos dela serviriam. Afinal, eu é que possuía mãos para salvar e matar.

— Minhas mãos são *magnéticas*, são curativas — esclareceu. — E eu sei que a senhora está com um grave problema de coluna. Naturalmente eu não pretendo curá-la, mas aliviar-lhe as dores.

Não havia como alguém saber do meu estado de saúde, o que anulava completamente a possibilidade de fraude. A partir dessa data nós estabelecemos uma relação de amizade. Ela me visitava regularmente e aplicava-me passes para aliviar-me as dores. A sua energia curativa penetrava-me e suavizava-me a vida. Ela me falava sobre Deus, sobre a reencarnação e a Justiça Divina, explicando-me sobre as leis de amor. Docemente, como uma brisa de primavera, ela penetrou-me a alma e mudou totalmente a estrutura da minha vida. É evidente que eu não me curei do câncer. Mas me curei das doenças da alma, que geram as doenças do corpo físico.

Quando eu soube que você estava por vir, eu me candidatei a patrocinar a tradução de um livro de Joanna de Ângelis, que tanto me havia consolado com as suas lições. Minha intenção era levar essa mensagem a milhares de vidas que também necessitam de consolo. Empenhei-me e assumi a responsabilidade até o fim. E agora o livro de Joanna está publicado em espanhol e vai percorrer o mundo de fala hispânica. Eu não podia deixar de dizer isso a você antes de morrer, pois eu desejo fazer-lhe um pedido. Meu marido sabe que eu sou abortista, embora nunca me tenha perguntado sobre isso. Ele honrou aquele compromisso de não se interessar pelo meu passado, conforme narrei. Depois do meu casamento eu mudei muito. Abandonei a prática do aborto e comecei a dedicar o meu tempo às mães infelizes. Portanto, quero lhe fazer um pedido especial. Você viu esta mulher que é minha enfermeira. Ela é uma verdadeira mãe que Deus colocou no meu caminho. Contudo, eu noto que, à medida que eu estou morrendo, ela está desenvolvendo um verdadeiro amor pelo meu marido. Ele a odeia, e eu percebo a sua reação. Mas, na condição de mulher, eu sei que ela o ama. Depois que eu *viajar,* ele vai lhe pedir alguns conselhos, porque eu sei que ele confia muito em você. Se algum dia ele lhe perguntar a razão da nossa conversa de hoje, peça-lhe para que ele apoie a nossa Estela, que necessita de um braço amigo para a difícil jornada da vida. A bondade que ela revela para comigo eu não poderei retribuir com dinheiro. E se é verdade que "o amor anula a multidão de pecados", uma palavra gentil ou um gesto da parte dele será suficiente para plenificá-la.

Após a narrativa da senhora, conversamos bastante até as 5 horas da manhã. Como eu notei que ela estava muito cansada, apliquei-lhe um passe, pedi que ela fosse dormir e me retirei do quarto.

Quando eu estava no corredor da casa, dirigindo-me ao meu quarto e preparando-me para dormir, o marido aproximou-se e perguntou-me:

— Divaldo, eu poderia falar-lhe por dois minutos?

— Claro que sim. É natural que o senhor deseje falar comigo.

Ele entrou no quarto e acrescentou:

— Eu não vou perguntar o que ela lhe disse. Mas eu quero dizer o que sinto neste momento.

O cavalheiro fez um gesto de amargura e me apresentou o seguinte depoimento:

— Divaldo, se a minha esposa morrer a minha vida perderá o significado. Ela para mim é um anjo! Eu sei que ela é abortista. Sempre soube, mas não é um problema meu, pois se trata de uma questão para a consciência dela resolver. Eu a amo muito! Ao seu lado eu sou o homem mais feliz do mundo! Mas para a minha infelicidade a mulher que veio morar em nossa casa depois que ela adoeceu não é digna de estar aqui. Um dia ela se dirigiu a mim e disse que me amava e que estava disposta a substituir a minha esposa. Quando eu reagi contra esta tentativa sórdida de seduzir-me, ela redarguiu: "Como você pode não ter gostado da minha proposta? Você é um homem jovem, de apenas quarenta e dois anos, que fica em casa acompanhando este cadáver em decomposição! Como você pode ser fiel a esta mulher que está aqui apodrecendo, quando eu estou aqui à sua disposição? Use-me à vontade!".

Quando ela terminou de pronunciar aquelas palavras aviltantes, eu a esbofeteei! Cinicamente ela falou: "Pode bater mais! E, se você quiser me expulsar daqui, eu direi a ela que você tentou me seduzir e eu me neguei. Desta forma ela morrerá com uma grande amargura contra você! Escolha: ter que me aguentar e me amar ou me perder e perdê-la também, porque o que eu contarei a ela você não pode imaginar... Se você fizer alguma coisa que me desagrade eu abreviarei a morte dessa mulher miserável! Eu só a trato bem porque amo você. Mas na verdade eu a odeio porque ela é sua mulher". Depois de dizer-me isso ela saiu correndo como uma louca. Portanto, na hora em que a minha esposa morrer, eu irei matá-la, pois assim eu extravasarei os sentimentos que me sufocam desde o instante em que essa enfermeira insana trouxe a tragédia para a minha vida. E, depois que eu arrebatar a sua vida, eu também me matarei, porque não haverá mais sentido para a minha existência.

Eu segurei as mãos daquele homem e lhe falei da excelência do perdão. Comentei a respeito da sua esposa tão nobre, que estava morrendo naquele quarto, sob altas doses de analgésicos e sedativos. E por fim eu lhe fiz uma proposta de renovação:

— Se você de fato ama a sua mulher, perdoe Estela. Intimamente essa jovem está muito doente. A sua loucura é uma situação que ela consegue disfarçar até certo ponto, mas que não interfere na relação que mantém com sua esposa. Se Estela é boa para a paciente que acompanha, então, considerando o bem que ela faz a Eufrásia, dê-lhe o direito de ser louca. Você a odeia, mas ela tem o direito de dizer que o ama, pois os sentimentos humanos são imprevisíveis.

Após falar-lhe longamente, ele ainda repetiu:

— Mas eu tenho que matá-la!

— Então você não ama Eufrásia! Sua esposa me pediu que, depois que ela desencarnasse, eu lhe desse um conselho. Aproveitarei a oportunidade para lhe dar agora mesmo. Quando sua esposa falecer, viaje por algum tempo. Vá à Europa. Você é uma pessoa de muitas posses e poderá perfeitamente ficar um período fora. Passeie, distraia-se e volte com a cabeça mais tranquila. Você me promete?

Depois de vários minutos, em verdadeira convulsão de desespero ele cedeu:

— Eu prometo!

E eu adicionei à sugestão o seguinte convite:

— Eu gostaria que você fosse à Mansão do Caminho nos visitar. Passe alguns dias conosco. Vá ver as nossas crianças negras e pobres com suas dores e necessidades. E conversaremos lá, tentando sorrir em homenagem a Eufrásia, para você esquecer um pouco as dificuldades do momento.

Ele me abraçou e prometeu que iria me atender. Em seguida saiu do quarto e foi recolher-se.

Eram 7 horas da manhã. Quando eu me preparava para fechar a porta e ir dormir, eu vi um pé impedindo o fechamento. Era Estela, que imediatamente me perguntou:

— Divaldo, você aceita um cafezinho?

— Claro que sim! A um cafezinho eu não consigo resistir!

— Então já está aqui!

Ela me entregou a xícara e completou:

— Eu posso falar por um minuto?

— Pode sim!

Ela se posicionou melhor para falar, e continuou:

— Divaldo, eu sei que ele falou sobre mim. Não é verdade?

— Mais ou menos.

— Eufrásia sabe da situação, não sabe?

— Mais ou menos.

— Divaldo, eu sou a pessoa mais infeliz da Terra! Eu amo Eufrásia porque ela é o meu modelo de superação e de luta. Mas eu a odeio porque ela ama e é amada pelo homem com quem sempre sonhei. Além do mais, eu o amo e sou odiada por ele! É um sentimento duplo que tenho por Eufrásia. Eu gostaria de ser diferente, mas não consigo. É uma loucura que toma conta da minha cabeça! Eu penso que, na hora em que ela morrer, ele me matará! Mas se ele não o fizer, eu mesma o farei! Vou suicidar-me, porque não posso viver sem esse homem ao meu lado! Ajude-me pelo amor de Deus!

Eu olhei-a e adveio-me uma grande piedade da sua situação. Ela parecia uma criança assustada, abandonada e com frio. Ninguém tem culpa de amar! Mas o amor é sempre a expressão de Deus. O nosso desequilíbrio é que pode torná-lo vil e sem sentido.

Eu a abracei e aconselhei-a:

— Vamos orar os dois. Não tome nenhuma decisão precipitada. Quando Eufrásia fizer a sua viagem de retorno à espiritualidade, fique um pouco na sua casa e dê tempo ao tempo.

— Mas ele irá me matar!

— Não creio que ele fará isso.

— Só que ele jamais irá me amar!

— Então, ame-o você! A felicidade no amor vem do próprio ato de amar, não do fato de receber uma resposta daquela pessoa por quem nutrimos afeto. Quando exigimos uma resposta estamos negociando com o amor. Afinal, o outro não pediu para ser amado. Nós é que o amamos. O amor é como um bumerangue: jogue-o e fique parada no lugar, aguardando-o, pois que ele sem dúvida voltará. A vida é mesmo curiosa. Eu posso amar a outro que não me ama. Mas este que não me retribui o afeto ama alguém que não lhe corresponde, e assim sucessivamente. E o círculo vai-se fechando até que um dia alguém irá amar-me sem que eu o ame, pelo menos inicialmente. E, neste caso, o amor poderá tornar-se rutilante, pois quando nos sensibilizamos com as demonstrações de ternura de quem nos ama, nasce entre nós e aquela pessoa um sentimento de amizade. Então eu tenho a impressão de que se você o amar, o amor um dia amará você!

Ela me beijou o rosto e saiu emocionada. Já eram 10 horas da manhã. Eu precisava viajar e não dispunha mais de tempo para dormir. Lavei o rosto e preparei-me para deixar a residência na qual me hospedei. Naquele momento Eufrásia despertou para despedir-se de mim. Eu me aproximei do quarto, abracei-a e ela me disse:

— Ficarei à porta para dar-lhe um adeus.

Fazia muito frio naquela manhã. A temperatura estava negativa. Quando entrei no carro e olhei, vi uma das cenas mais comovedoras da minha vida. Eufrásia estava agasalhada com um casaco de peles e o marido segurando-a nos braços, enquanto atrás, à porta, encontrava-se Estela, que em vez de olhar para mim pousava os seus olhos no casal, com a inveja de quem ama sem ser amada. No seu olhar de amor havia uma expressão de melancolia, de dor pungente e de amargura.

Eu dei adeus a todos e percebi os lábios de Eufrásia dizendo-me:

— Até logo, Divaldo! Nós nos reencontraremos na imortalidade!

O automóvel percorreu as imensas campinas, levando-me para outros compromissos que estavam agendados. E eu guardei na memória a imagem daquela cena inesquecível...

Retornando à capital, três ou quatro dias depois, eu já estava às vésperas de voltar ao Brasil e me encontrava hospedado na casa de outra família daquela cidade. Em determinada hora da madrugada, o telefone tocou e uma voz masculina muito tensa informou:

— Eu gostaria de falar com Divaldo. Eu me chamo John e quero lhe comunicar que Eufrásia está morrendo na UTI. Vou colocar o telefone para que eles possam se falar.

Quando eu atendi ao telefone, ele me disse:

— Divaldo, eu desejo que você diga a Eufrásia algumas palavras de despedida.

Coloquei o ouvido para tentar escutá-la. A nobre senhora estava ofegante, com grande dificuldade de falar e de respirar. Eu perguntei se ela estava me ouvindo e respondeu-me que sim. Em seguida eu recitei o salmo 23 de David, que todos conhecem, pois é muito popular entre os cristãos e entre os judeus: "O Senhor é o meu Pastor e nada me faltará...". Depois eu recitei o salmo 130, o *De Profundis*. Logo, a seguir, eu lhe disse palavras para que se abrissem os pórticos do mundo espiritual. A respiração dela se tornou mais ofegante e depois parou. John me falou, emocionado:

— Ela acaba de morrer.

Eu relembrei o meu pedido para que viajasse à Europa, passando por Salvador antes da volta ao seu país.

Duas semanas depois ele estava nos visitando na Mansão do Caminho. Encontrava-se emocionalmente desfigurado. Não era mais aquele homem alegre que nos recebeu de coração aberto em sua residência. Na primeira oportunidade ele me perguntou:

— Qual foi o conselho ou pedido que minha mulher solicitou que você me desse?

Antes de responder, eu lhe questionei:

— Você soube de Estela?

— Não. Eu continuo cultivando por ela um ódio bastante devorador. Mas confesso que na verdade ela foi tão abnegada com Eufrásia, que merece algo como prêmio.

— E o que você irá dar-lhe?

— Não tenho a menor ideia.

— Aceita uma sugestão?

— Aceito sim.

— Dê-lhe a casa onde morreu sua mulher. Você tem uma excelente condição financeira, e aquela casa, embora seja um verdadeiro palácio, não irá comprometer a sua fortuna. Deixe que Estela viva ali. Ela o amou tanto, que merece viver ali para respirar o clima do lugar em que você esteve. E isso será para ela um consolo, ao lado do fato de que naquela casa ela poderá cultivar a memória de Eufrásia.

— Mas trata-se de um grande patrimônio!

— Os patrimônios ficam, e nós desencarnamos com os atos de amor que constituem a nossa biografia. E se não temos nada de bom em nossa trajetória, viajamos com as mãos vazias...

Ele ouviu a minha justificativa, mas não me disse nada. Em seguida retornou à sua cidade para levar a vida adiante.

Um mês depois, Estela me telefonou e me revelou que estava residindo na casa que fora de Eufrásia. Afirmou que não sabia o que fazer e me pedia uma opinião. Eu lhe aconselhei:

— Eu creio que você sabe o que fazer. Reúna algumas amigas e comece a costurar para crianças que necessitam de roupas novas. Faça isso em homenagem a Eufrásia, que lhe permitiu conhecer esse homem e lhe deixou de herança esse palácio.

Ela anuiu e deu início à tarefa da costura.

Seis meses após, ela me escreveu uma longa carta na qual informava:

— Eu desejo dar a minha vida ao amor! E já que nunca terei filhos com o homem que amo, eu resolvi adotar uma criança.

— É exatamente o que você deve fazer — respondi.

Ela adotou uma criança que estava com tuberculose e cuidou dela com toda ternura, aproveitando sua condição de enfermeira. Um ano depois a criança curou-se e permaneceu na casa.

No ano seguinte eu voltei àquele país, e Estela me convidou para visitá-la. Eu concordei, porém, com uma condição: se John me levasse até lá. Minha intenção era ser o mediador para que os dois se entendessem e terminassem por ficar juntos. Ele continuava solteiro e cultivando a memória de Eufrásia. Levou-me a contragosto para a visita e estivemos na residência por mais de duas horas, onde almoçamos e conversamos bastante.

Numa oportunidade em que eu estava sozinho com ele, eu lhe falei:

— Que mulher notável que é Estela! Que alma sensível e bela que tem esta jovem! Como o amor é extraordinário! Tudo que ela tem feito é em nome do amor.

Da mesma forma, quando pude falar com Estela a sós, ela me confidenciou:

— Eu já não o amo com loucura. Agora eu o amo com ternura...

É claro que, naquela época em que a jovem havia chantageado John, o seu amor por ele ainda era imaturo.

Passam-se os meses, e ela colocou mais algumas crianças na casa. Quando estava com dez, eu sugeri que ele fosse à casa uma vez por mês para visitar os pequenos, em homenagem a Eufrásia, uma vez que Estela colocou na porta o nome "Lar de Eufrásia". Ele aceitou o conselho e começou a visitar o lar em que morou com sua esposa. Estela o tratava de uma forma toda especial.

Nesse ínterim, deixaram uma menina na porta do Lar, sem nenhuma identificação ou referência. Provavelmente tratava-se de pais que não se acreditavam em condições de cuidar da criança, conforme acontece com frequência. A menina apresentava algumas deficiências posturais e anatômicas no corpo. Já se haviam passado quatro anos desde a desencarnação de Eufrásia. Estela telefonou-me num estado ansioso:

— Divaldo, deixaram abandonada uma menina na porta do nosso Lar. O que eu faço agora?

— Antes de qualquer outra providência — esclareci — dê-lhe o nome de Eufrásia, em homenagem à anterior dona do domicílio. Depois, ame essa criança como se fosse sua própria filha. E finalmente apresente-a a John, pedindo que ele seja-lhe o padrinho, a fim de que ele se responsabilize pela educação da pequena Eufrásia.

Ela concordou e sem demora apresentou a menina ao homem que amava. Quando ele viu a pequenina pela primeira vez, ficou deslumbrado e passou a amá-la com todo o coração. Quis adotá-la como sua filha, e eu não aprovei a proposta. Falei-lhe que esta responsabilidade cabia a Estela, que era a pessoa a quem os pais biológicos da menina confiaram seu *tesouro*.

No ano seguinte, eu fui novamente àquela cidade. Ao visitar o Lar eu conheci a pequena Eufrásia, que caminhava com certa dificuldade em função das deficiências físicas a que me referi. O padrinho adotivo ergueu-a nos braços e me falou:

— Divaldo, se existe reencarnação, como você nos ensinou, eu tenho certeza de que esta é a minha Eufrásia, que retornou aos meus braços. Não é verdade?

Eu olhei-a com ar reticente e lhe respondi:

— Quem sabe? Só Deus o sabe!

A menina o beijava e o acariciava com uma ternura comovedora, que ele retribuía integralmente. Estela olhava aquelas cenas de amor profundo e também se sensibilizava.

Quando eu estava me despedindo para voltar ao Brasil, ele me perguntou meio atordoado com todos os acontecimentos:

— O que eu faço agora? Depois de tantos episódios, eu creio que me encontro sem rumo, estou em dúvida...

É óbvio que a sua fala não me refletia a dúvida que ele afirmava possuir. Na verdade, no seu coração ele já sabia o que fazer, mas o passado de rancor contra a jovem constituía uma barreira. Percebendo este estado de quase mudança para melhor, eu decidi dar apenas uma pequena ajuda:

— Meu caro, você ainda não sabe o que fazer? Mas eu vejo uma excelente alternativa para a sua vida!

— E qual é, Divaldo?

— Case-se com Estela! Ela é tão dedicada a esta obra da qual você é o benfeitor. Aí está a pequena Eufrásia para alegrar os dias de vocês dois.

— Mas, Divaldo, a menina é a minha Eufrásia??

— Que importa? É mais um filho de Deus para o seu coração de pai.

Um mês depois desta conversa que tivemos, eles se casaram e adotaram Eufrásia. E aquele triângulo amoroso, que se havia interrompido momentaneamente por intermédio da morte, recomeçava em nova circunstância, só que agora em bases absolutamente saudáveis.

Eufrásia tem hoje quinze anos de idade. É uma nobre e bela jovem, que está reabilitada pelo amor, ao lado dos seus pais adotivos, que já são idosos e felizes. O "Lar de Eufrásia" possui quarenta crianças sob as bênçãos desse casal, que soube cantar um hino de amor para reconstruir a vida.

O Reino de Deus começa quando o coração abre as portas para o amor! Enquanto houver na Terra uma pequena presença de amor, pode-se ter certeza de que Deus continua em ternura com os homens.

Numa hora como esta em que vivemos, de tanta violência, desagregação e conflito, que o amor luarize a nossa saudade! Que o amor pacifique a nossa ansiedade! Que o amor, à semelhança de um punhal, penetre-nos a alma, rasgando-nos a treva interior e deixando brilhar a luz da esperança, a fim de que a felicidade seja como uma legítima *fada*, cantando um hino de paz dentro de nossas vidas...

"Você amaria assim?"

Há muitos anos eu li uma página que me comoveu profundamente. O título é uma pergunta: *Você amaria assim?* Trata-se da história real de um casal que residia nos arredores de Boston, no estado americano de Massachusetts.

Era um casal de meia idade que trabalhava afanosamente para cumprir com todos os seus compromissos: a hipoteca da casa, o automóvel e outros bens. Estavam casados há 20 anos. Conheceram-se na escola, namoraram, noivaram e casaram.

No ano de 1947, depois da segunda guerra mundial, o marido dirigiu-se à sua mulher e lhe disse:

— Luísa, acabo de receber uma proposta extraordinária para trabalhar na reconstrução do Japão, arrasado pelos estertores da guerra que acaba de se encerrar. O que eu ganharia em um mês é muito mais do que em um ano trabalhando nos Estados Unidos. Na minha condição de engenheiro, eu poderei oferecer tecnologia aos nipônicos e receberei em troca uma sólida fortuna que nos libertará dos débitos e nos dará uma aposentadoria antecipada. Já que não tivemos filhos, vamos preparar nosso futuro. Mas eu terei que morar no Japão durante um ano.

A esposa recebeu a proposta com receio e retrucou:

— Mas, meu bem, é um período muito largo! Um ano parece que não passa nunca! Especialmente quando as pessoas estão separadas...

—Não vejo desta forma, querida! Eu creio que o tempo passa muito rápido quando temos uma meta. As metas são a manifestação mais explícita da nossa necessidade e nos aproximam daquilo a que aspiramos.

Por fim, o marido convenceu a esposa e viajou ao Japão.

Naquela época, o telefone internacional era muito difícil de ser utilizado. Por isso, o marido comunicava-se com a esposa por intermédio de cartas e de cartões que enviava periodicamente, numa linha de correspondência especial que os Estados Unidos mantinham para suas tropas, suas autoridades legais e seus técnicos enviados ao Japão para a missão de reconstrução que mencionamos.

Algumas vezes, ele conseguia comunicar-se através das ondas de rádio, em equipamentos do governo americano. E ambos choravam profusamente... Era uma saudade que corroía o peito como um ácido poderoso...

Seis meses, oito meses... No décimo mês ele fez uma carta longa e lhe disse:

"Os meus serviços são tão excelentes, que eu recebi uma nova proposta para ficar mais seis meses no Japão. Retornarei à América como um homem rico e não terei mais necessidade de trabalhar. Eu penso que você me concederá esses próximos oito meses: dois que faltam para completar o contrato anterior e seis que se referem ao novo contrato que me propuseram."

Ela ficou entristecida e respondeu-lhe que já estava esgotada. Seu sistema nervoso e sua saúde apresentavam distúrbios que precisavam ser cuidados. Entretanto, reconhecia que não havia outra alternativa, já que ele era tão importante para a reconstrução daquela país despedaçado pelo confronto armado. Enfim, declarou que concordava.

Depois de alguns meses as cartas começaram a diminuir. Ela entendeu que lhe faltava tempo para escrever e resolveu contentar-se com os postais. Porém, em pouco tempo, essa forma de comunicação também começou a tornar-se rara.

Ao completar-se o quarto mês do novo contrato, faltando, portanto, dois meses para o seu retorno aos Estados Unidos, ele enviou-lhe uma carta extensa, na qual expunha:

"Peço que você me perdoe e que me compreenda. Os homens são diferentes biológica e psicologicamente das mulheres. O período de minha ausência foi realmente muito largo... E eu não suportei a solidão e o trabalho áspero. Acabo de casar-me com uma japonesa. Solicitei o divórcio pelos meios legais cabíveis e imediatamente providenciei a minha nova união conjugal. Eu não quis lhe contar antes para não a magoar. Perdoe-me! Eu sei que você me ama e que teve resistências para suportar esta vida de solidão e abstinência íntima. Mas eu não consegui. Apaixonei-me pela camareira japonesa que vinha arrumar o meu apartamento. Ela é uma mulher pequenina, do tipo tímida e ao mesmo tempo muito simpática. É realmente uma pessoa de perfil diferente daquelas com as quais estamos acostumados na América. Não fez nenhum movimento para seduzir-me. Fui eu que me aproximei e a conquistei, pois a amei profundamente. Você será capaz de me perdoar?".

Ao terminar a leitura, a esposa experimentou um grande choque emocional. Estava divorciada e nem sequer fazia ideia! Todos os seus sonhos de mulher e toda a sua vida pareciam ruir diante de algumas palavras numa correspondência. Como aquela carta era cruel! Como pode um pedaço de papel destruir uma vida? Então ela o odiou com todas as forças da alma! Logo em seguida pegou a carta e rasgou-a, entrando em um estado de intensa deterioração afetiva.

Transcorridos vários dias, depois de meditar, ela respondeu ao ex-marido:

"Eu o amo muito! Não sei se sou capaz de lhe perdoar, mas pelo menos sou capaz de entender você. Eu gostaria de saber qual é o nome da sua nova esposa."

Ele, posteriormente informou que a esposa japonesa se chamava Aiko e ambos continuaram a manter uma tímida correspondência.

Quatro meses depois ele escreveu mais uma vez e comunicou-lhe:

"Quero dar-lhe uma notícia de grande importância para minha vida. Dentro de alguns meses eu serei pai! Infelizmente, em nosso longo casamento de vinte anos, Deus não nos abençoou com a alegria de ter filhos. Mas agora eu serei pai!".

Luísa leu carta e sentiu um misto de amargura e de alegria. Era como se ele estivesse dizendo que a culpa por não terem tido filhos era dela. Embora essa ideia não estivesse explícita, a mensagem subliminal parecia impregnar as palavras do ex-marido.

Quando a criança nasceu, ele enviou nova correspondência para dar a notícia:

"Tornei-me pai de uma menina linda! E como eu amo muito você, coloquei o seu nome na minha filha. Desta forma você estará sempre próxima de mim, pois eu não consigo esquecê-la".

A notícia chegava à ex-esposa como um duro golpe que ela teve que assimilar. Em seguida, reuniu todas as forças para manter-se digna e gentil, enviando um presente para a menina que acabara de nascer.

Dez meses depois, uma carta do antigo companheiro informava que todos estavam muito bem, que a menina crescia de forma saudável e que a sua esposa japonesa estava grávida novamente. Ao mesmo tempo ele enviada uma fotografia sua com a nova família.

Transcorridos mais alguns meses, ele comunicou que a gravidez estava indo muito bem e que as expectativas em torno do parto eram as melhores possíveis. No entanto, algo de estranho acontecera. Ele estava com um problema respiratório, mas os médicos ainda não haviam definido o diagnóstico da doença. Tudo que ele podia dizer é que frequentemente sentia uma dor intensa no peito e que respirava com dificuldade. Provavelmente se tratava de uma consequência do consumo prolongado de cigarros, uma vez que há muitos anos ele era tabagista.

A criança veio à luz e o pai enviou as notícias, colocando no final da carta uma informação breve sobre o seu estado de saúde:

"Os médicos me disseram que eu tenho um câncer de pulmão. A minha sobrevida é de apenas quatro meses no máximo...".

A informação produziu um grande impacto na ex-esposa, que se preparava para receber em breve mais uma dolorosa notícia.

Mais tarde ela recebeu uma carta de Aiko, a esposa japonesa. Era um texto malredigido, em um inglês sinuoso, repleto de incorreções gramaticais e ideias desconexas. Contudo, foi o suficiente para que ela entendesse que o marido de ambas havia desencarnado, o que a fez entrar em estado de profunda tristeza...

Decorrido algum tempo, a viúva nipônica enviou-lhe uma correspondência revelando que passava por grandes dificuldades financeiras. A situação no Japão era terrível! E na verdade o marido não recebia um salário de enormes proporções, pois a sua função não era das mais importantes. Quando estava reencarnado, ele preferiu projetar uma imagem de abundância para não preocupar a ex-mulher nos Estados Unidos.

Quando terminou de ler a carta, ela meditou demoradamente e decidiu enviar-lhe um cheque com uma importante soma em dinheiro. Afinal, as duas crianças eram filhas do homem que ela amou durante toda a vida.

Dois anos depois, a japonesa comunicou que continuava muito difícil cuidar das crianças em meio à recessão instalada em seu país. A adaptação à nova era apresentava desafios quase insuperáveis. Por ser uma japonesa casada com um americano, a jovem mãe sofria o preconceito e a rejeição de quase todos ao seu redor. As suas filhas, mestiças,

DIVALDO FRANCO

padeciam com as provocações constantes dos cidadãos americanos que residiam no Japão.

Nessa época, os Estados Unidos estavam recebendo os familiares dos americanos que se haviam casado fora do país. Mas o Departamento de Estado era muito severo ao selecionar aqueles que seriam admitidos em solo americano. E como a japonesa não contava com nenhuma ajuda, tornava-se pouco provável a sua transferência.

Quando a viúva americana analisou o contexto doloroso em que se encontrava a jovem mãe, tomou uma decisão corajosa e nobre. Fez uma carta muito longa e propôs à japonesa:

"Você gostaria que eu educasse as suas duas filhas aqui na América? Elas aprenderiam o inglês e estariam em segurança comigo. Eu moro em uma casa enorme nos arredores de Boston, uma verdadeira mansão na qual elas ficariam muito bem acomodadas. Eu educaria as suas crianças como se fossem minhas próprias filhas. Eu as educaria para você, fazendo por elas tudo aquilo que estiver ao meu alcance. Sei que para uma mãe deve ser terrível separar-se de suas crianças. Não sou mãe, mas tenho uma ideia do que significa isso. Porém, se você ama as suas filhas e deseja para elas a felicidade, creio que se faz necessária alguma renúncia da sua parte, pois desta forma o futuro das meninas estaria garantido."

Para surpresa de Luísa, a jovem mãe aceitou a proposta e marcou a data em que as crianças viajariam. A primeira esposa tentou obter apoio governamental para que a viúva japonesa também imigrasse, mas seu esforço foi em vão.

Finalmente chegou o dia tão esperado. A comissária de bordo encarregou-se de cuidar das meninas durante a longa viagem aérea de muitas horas, pois que possuía uma escala no território americano do Havaí.

O texto jornalístico no qual li esta história reproduz a narração da própria viúva americana em relação ao seu encontro com as meninas. As palavras aproximadas são as seguintes:

"Viajei de Boston a Nova Iorque e cheguei ao aeroporto John Kennedy. Comecei a imaginar como deveria receber as duas crianças. Eu já estava com mais de quarenta anos e não possuía experiência com o mundo infantil. As meninas estavam com 3 e com quase 5 anos. Pensava em contratar uma enfermeira e uma pedagoga para me ajudar. Faria o que fosse

possível. De repente eu fui chamada pelo serviço de som do aeroporto para que comparecesse ao setor de desembarque. Uma funcionária da companhia aérea conduziu até mim as duas japonesinhas. Eram duas meninas lindas, que pareciam duas bonequinhas de porcelana de tão delicadas. Quando se aproximaram, falando somente algumas palavras em inglês, saltaram-me nos ombros e me chamaram tia-mãe. E ambas tocaram profundamente o meu coração."

Luísa levou as meninas para casa como se estivesse levando o marido de volta ao seu lar, procurando educá-las com carinho e dedicação. Matriculou-as em uma escola especial que acolhia crianças que não falavam o idioma inglês. E continuou mantendo correspondência com a mãe das meninas.

Dois anos depois, as meninas estavam completamente integradas à cultura americana e se encontravam imensamente felizes. As duas já falavam corretamente o inglês, pois as crianças apresentam grande facilidade para absorver conteúdos novos, principalmente um novo idioma que estejam exercitando constantemente. No entanto, a mãe adotiva não poderia esquecer que uma criança necessita da presença da mãe biológica para ser plenamente feliz. Por isso, resolveu investir novamente na vinda de Aiko para os Estados Unidos, embora estivesse consciente da dificuldade que enfrentaria para atingir aquele objetivo. Se a japonesa fosse viúva de um soldado americano, o Departamento de Estado providenciaria a sua entrada no país sem fazer nenhuma objeção. Mas como era apenas esposa de um engenheiro, o interesse das autoridades constituídas em admiti-la não era o mesmo.

Após meditar a respeito, Luísa teve uma ideia que poderia ser a solução definitiva para contornar o obstáculo. Foi ao jornal de sua cidade e contou a história em detalhes, dando subsídios para que a jornalista publicasse uma matéria especial no periódico. A notícia teve tanta repercussão, que foi reproduzida no jornal *The Washington Post*, adquirindo notoriedade em todo o país. A intenção era sensibilizar a sociedade para que o Governo Americano se sentisse na obrigação de intervir a favor de Aiko. O plano deu certo! Enfim, a japonesa conseguiu o direito de ir morar nos Estados Unidos.

DIVALDO FRANCO

Alguns meses mais tarde, Luísa encontrava-se novamente no Aeroporto Kennedy. Estava esperando aquela que lhe *roubara* o marido. Levava as duas meninas, agora vestidas com um traje adequado à cultura americana.

Quando o avião pousou, ela fez uma reflexão, que em suas próprias palavras fica mais fácil de compreender:

"Como será que Aiko vai me ver? Como será que eu vou vê-la? Será que restou entre nós alguma mágoa? Eu vou olhar para ela e vou pensar: O que ela tem melhor do que eu? Ela é muito pequena e certamente não tem a minha elegância. O que foi que ele viu nela? Às vezes parece que os homens são meio atormentados, pois se veem atraídos por mulheres com uma aparência física muito singular. Eles gostam das coisas diferentes somente para contrariar a opinião geral..."

A viúva americana se deparava naquele instante com um ressentimento profundo que ela não havia percebido antes. E, quando experimentava o auge deste dilema, concluiu que a situação constrangedora era uma via de mão dupla. Pensou consigo mesma: "Ela também deve estar num grande conflito! Vem para um país estrangeiro sem falar o idioma, e vai ficar na casa da mulher que foi a primeira esposa do seu marido... Não é uma situação confortável..."

A anfitriã não teve tempo de reflexionar muito porque a imigrante acabara de chegar ao setor de desembarque internacional. Luísa viu sair pela porta uma mulher que era muito jovem, quase uma menina, de pequena estatura. Não tinha certeza, mas deveria ser ela. Estava com um sorriso no rosto, apesar de não conseguir ocultar a tristeza estampada na face. Sentaram-se e abraçaram-se efusivamente. Aiko, que estava trêmula, chorou longamente nos braços de sua nova amiga. Naquele instante, Luísa experimentou um estranho sentimento. A jovenzinha parecia uma filha que chegava de longe para aconchegar-se ao seu coração.

Levou-a para Boston e colocou-a no apartamento anexo à sua casa, para que tivesse independência, transferindo as meninas para o quarto ao lado daquele em que a mãe estava instalada.

Imediatamente começou a ajudá-la de várias formas. Matriculou-a num curso de inglês e resolveu estudar japonês para facilitar a comunicação entre ambas, pois a japonesa estava muito traumatizada com a guerra e com a morte do marido.

Algum tempo depois, a viúva americana transferiu a hóspede para dentro de sua mansão.

Aiko era muito inteligente, e logo se destacou nos estudos de matemática, ingressando oportunamente numa universidade americana onde concluiu o curso com brilhantismo, o que permitiu ter sucesso profissional em um período relativamente curto.

Os anos se passaram... A primeira esposa estava com mais de sessenta anos de idade. As meninas estavam crescidas e chamavam-na de *mãe*, o que era muito compreensível, embora também chamassem Aiko pelo mesmo nome, porém, em japonês.

Neste momento da sua vida, Luísa entendeu que era hora de definir alguns aspectos que não poderiam ser adiados. Escreveu seu testamento e deixou sua decisão nos seguintes termos:

"Inicialmente Deus me brindou com um grande amor! E este amor, por alguma razão que desconheço, Deus resolveu subtrair do meu caminho. Mas como o Criador é muito sábio, Ele multiplicou por três aquele amor que se foi. Sou imensamente feliz, porque Deus substituiu um amor ausente por três pérolas do Oriente, que são os amores da minha vida. Portanto, todos os bens que acumulei, tanto aqueles que adquiri com meu marido quanto aqueles que conquistei posteriormente, através do meu trabalho, eu ofereço à minha *filha japonesa Aiko e às minhas* netinhas.*"*

Menos de dois meses depois de redigir o seu testamento, a nobre senhora desencarnou. Contudo, foi um retorno feliz para a outra margem do rio da vida...

Ao concluir a narrativa da história, na reportagem a que me referi no início, o jornalista resolve fazer uma pergunta de grande significação ao leitor: "Você amaria assim?". É exatamente a questão que deu o título à reportagem.

Sempre que eu conto essa linda história, em palestras e seminários pelo mundo, concluo a reflexão fazendo a mesma pergunta, deixando a cada um a tarefa de respondê-la para si mesmo. Será que o seu amor seria tão grande que pudesse dar este verdadeiro *salto quântico* sobre uma experiência dolorosa? Será que poderia superar com todos os méritos uma traição, um abandono, uma ingratidão, um conflito conjugal?

Se nós afirmamos nossa plena confiança no Criador do Universo, deveremos permitir que o Amor de Deus represente a linha direcional para que tenhamos uma orientação em todas as nossas transições evolutivas. E, dessa forma, poderemos fazer ao outro apenas aquilo que gostaríamos que o outro nos fizesse.

O verdadeiro amor é aquele que liberta, rompendo as algemas do egoísmo, do orgulho e do ressentimento. A libertação pelo amor, como afirma o Espírito Joanna de Ângelis, é o luminoso caminho para encontrarmos a plenitude e praticarmos a caridade. Porque a caridade é o amor no seu mais alto grau, na sua manifestação mais sublime. É um ato de caridade oferecer alimento a quem tem fome ou disponibilizar um medicamento a quem necessita de cuidados de saúde. No entanto, as atitudes de caridade moral, representadas pelo perdão, pelo sorriso generoso, pela doação de ternura e pela renúncia aos embustes do nosso *ego*, são as expressões mais elevadas da caridade.

O Evangelho do coração

Certa vez, tivemos a oportunidade de conhecer, em Porto Alegre, uma senhora muito distinta que participava de um chá beneficente. Quando o evento estava em fase de conclusão, a dona da casa nos solicitou:

— Gostaria que vocês se demorassem um pouco mais, pois neste momento vamos levar alguns doces do nosso chá para um lar de crianças aqui na cidade.

Aceitamos o convite e permanecemos no local, aguardando a pessoa que generosamente nos iria conduzir.

Alguns minutos depois, uma senhora que estava sentada em nosso grupo de amigos pediu-nos licença e se retirou. Sua irmã, que também estava sentada em lugar próximo, acrescentou:

— Tenho inveja de minha irmã! Eu me refiro a uma inveja boa, que não é muito difícil de explicar. Eu sou uma pessoa espírita. Assumo esta condição perante a sociedade porque frequento e trabalho pela causa. Mas a minha irmã é muito mais merecedora deste título porque ela realmente vive a Doutrina que abraçou. Apesar de não ser assídua nas atividades do Movimento Espírita, ela tem a coragem de proceder com uma nobreza que eu ainda não possuo.

Após despertar a curiosidade em todas as pessoas presentes, a gentil senhora contou a história de sua irmã como uma forma de justificar aquele intrigante comentário.

Minha irmã teve o marido mais difícil da Terra! Ele foi um ótimo companheiro nos primeiros vinte anos, mas foi um péssimo parceiro nos vinte anos seguintes. Exatamente numa fase mais avançada da vida da parceira, quando nós mulheres necessitamos de compreensão e de fraternidade, ele se apaixonou por outra mulher, abandonou os deveres conjugais, e depois abandonou o lar. Minha irmã lutou corajosamente pela família e conseguiu concluir a educação dos filhos, que estão todos equilibrados e bem-encaminhados na vida. Até que um dia, o seu marido morreu deixando para a esposa e os filhos uma fortuna. Como a minha irmã já estava financeiramente independente, tornou-se então milionária e passou a agradecer a Deus pelo marido que teve...

A partir daí ela resolveu dedicar-se a causas beneficentes, amparando inúmeras iniciativas de promoção do homem, sobretudo no seio da Doutrina Espírita.

Certo dia, quando ela chegou à casa do filho mais velho, surpreendeu-se com uma reunião de família da qual participavam os três filhos. Os dois rapazes e a moça, que estavam conversando e foram colhidos pela presença súbita da mãe, silenciaram de forma bastante estranha. A genitora redarguiu:

— O que está havendo? Por que esta conversa foi suspensa tão repentinamente? Será que há segredos entre mim e vocês?

— Não, mamãe! — respondeu a filha. — Não se trata disso! Nós estávamos apenas cuidando de um problema muito delicado e não queremos magoá-la.

— Mas do que vocês estão falando, afinal? Se é assunto que envolve o meu nome, eu tenho o direito de saber!

A curiosidade das mulheres é uma coisa terrível! A das anciãs é mais incontrolável ainda!

O filho mais velho tomou a frente e explicou:

— Bom, mamãe. Nós teríamos que lhe dizer um dia. Então não faz mal que seja agora. Você sabe que papai era um homem muito difícil. Mas quando morreu nos deixou numa situação financeira confortável. Não é verdade?

— É verdade, meu filho. Talvez até ele não tenha sido tão mau assim...

— Mas nós desejamos lembrá-la de que aquela pobre mulher que o suportou em seus últimos anos de vida está passando por muitas provações. E nós decidimos ajudá-la.

Neste momento a minha irmã foi tomada por um acesso de fúria e rebateu:

— O quê? Ajudar a minha adversária, a minha competidora? Vocês têm coragem de auxiliar aquela mulher? Como se atrevem? Afinal de contas, ela foi a causa da minha infelicidade!

Na tentativa de diminuir a aspereza do diálogo e de evitar um atrito maior, o filho primogênito tentou falar-lhe com o máximo de doçura e compreensão:

— Mamãe, não era tanto assim. Você deve lembrar que papai não era lá grande coisa como marido, fazendo-a sofrer por longos anos o peso da sua postura de companheiro insensato. A segunda esposa de nosso pai experimentou o mesmo sofrimento. Não queremos dar muita coisa a essa senhora. Será apenas um salário mínimo para diminuir o seu drama e as suas dificuldades. Ela foi uma verdadeira escrava conjugal por quase vinte anos, e ele morreu sem deixar-lhe absolutamente nada. Vamos oferecer-lhe uma aposentadoria simples para que ela não vá pedir esmolas pela rua. Inclusive ela tem-se mantido fiel à memória dele porque realmente o amava. E em respeito ao amor que ele teve por ela (de uma forma ou de outra), nós gostaríamos de tomar essa iniciativa.

Sem nenhuma disposição para apoiar aquela proposta, ao ouvir as palavras do seu filho, a minha irmã desceu o elevador desesperada, esbravejando:

— Filhos ingratos! Toda uma vida de renúncia, e vocês me coroam com os espinhos da amargura e da ingratidão! Saberei tomar uma atitude compatível!

Saiu do elevador, demandou a via pública, deixou os filhos absolutamente paralisados, sem saber como proceder diante da reação intempestiva.

Imediatamente um dos filhos foi atrás dela, mas não a encontrou. Depois de algumas horas todos ficaram preocupados e tentaram localizá-la com o auxílio das autoridades. Telefonaram para a polícia e estiveram nos hospitais da região para obter alguma informação que os tranquilizasse. Muitas horas transcorreram e os três não obtiveram notícia alguma de sua mãe.

Não tendo mais o que fazer, ficaram em casa e aguardaram uma tragédia como desfecho para aquela situação inesperada.

Por volta de 1 hora da madrugada, a campainha da casa soou. Quando abriram a porta, a minha irmã entrou e acalmou a todos:

— Mamãe!

— Calma! Fiquem todos calmos que eu estou muito tranquila.

Após alguns segundos de perplexidade dos filhos a minha irmã explicou o ocorrido:

— Eu saí de casa desesperada, como vocês puderem testemunhar. Vocês devem recordar-se de que eu até já era espírita. Já havia lido algo a respeito do assunto e de vez em quando frequentava uma Instituição Espírita. Entretanto, quando cheguei à rua estava com vontade de me matar! Depois de ter o marido que eu tive, e de ver meus filhos conspirando para trair-me, evidenciando uma ingratidão que ultrapassava em muito a minha capacidade de resistência, resolvi suicidar-me. Peguei a primeira rua e fui na direção do Rio Guaíba para me atirar em suas águas e acabar com meu sofrimento. No entanto, antes de chegar ao meu destino, coincidentemente eu passei na frente do Centro Espírita X e vi que a porta estava aberta. Lembrei-me de que já conhecia a Instituição e que hoje era dia de palestra. Quando cheguei à entrada, percebi que estavam fazendo um estudo do evangelho. Entrei silenciosamente para não ser notada, mas o coordenador da reunião me viu e me chamou: "Olá, minha irmã! Venha aqui para a frente e participe conosco."

Envergonhada, eu respondi: "Não é necessário, meu irmão. Eu posso ficar aqui mesmo." Mas ele insistiu, com um tom de voz que até agora eu não sei se ele estava me pedindo ou me dando uma ordem: "Não senhora! Venha já para cá! A senhora vai nos ajudar no estudo da noite de hoje. E faça-me logo o favor de abrir o Evangelho!". Sem conseguir escapar daquele *convite compulsório* eu abri o livro que ele me pediu. Antes não tivesse aberto... O texto que apareceu em minhas mãos foi *"A Ira"*. Eu comecei a ler bem alto e fui aos poucos diminuindo a intensidade da minha voz. A mensagem era para mim! Toda a mensagem aplicava-se com perfeição ao instante de loucura e de insensatez que eu me permiti esta noite. O coordenador do trabalho ainda teve a coragem de me olhar e de me dizer assim: "Eu sei que este capítulo não diz respeito à nossa irmã, que é uma pessoa tão calma... Esta lição da noite é para todos nós que estamos escutando a leitura da nossa estimada visitante... Nós não temos o direto de nos entregar à ira! Nem diante de uma injustiça real nem diante de uma injustiça imaginária..." Ele prosseguiu esclarecendo vários aspectos daquela lição evangélica e falou durante longos minutos, enquanto eu fui renovando meus conceitos e adquirindo o estado de serenidade. Quando estava no final da sua argumentação ele sorriu e complementou: "Que coisa interessante! Eu sinto a presença do querido Espírito Bezerra de Menezes. Ele sorri, aponta para nossa irmã aqui presente e diz: Vá para casa, minha filha! Está tudo em paz! Seu marido está aqui conosco agradecendo a Deus a esposa que teve!".

Depois de causar um profundo impacto nos filhos, minha irmã até arriscou um comentário de bom humor:

— Vocês imaginem o atrevimento que o seu pai teve! Depois de tudo que me fez, ainda resolveu dizer que agradecia a Deus por me ter como esposa!

Por fim, a mãe que saíra daquela casa envolvida em uma atmosfera de ira e de rancor, surpreendeu definitivamente os filhos:

— Como vocês podem notar, meus filhos, eu hoje aprendi uma das mais lindas lições sobre o amor que uma pessoa pode colher na Terra. A intervenção do nosso estimado Dr. Bezerra foi decisiva para que isso acontecesse. A começar pelo fato de que ele salvou a minha vida. Portanto, quero dizer a vocês que vim aqui para comunicar uma decisão. Eu não quero que a minha antiga rival receba um salário mínimo! Aquela pobre mulher vai receber dois salários: um dado por vocês três e o outro dado por mim! Esta será a minha cota por ela ter aguentado até o fim o marido que eu quase não suportava.

Dias depois, a segunda companheira foi chamada ao escritório da família e passou a receber uma contribuição financeira como se fosse uma disposição testamentária estabelecida pelo marido.

Contudo, a minha irmã permaneceu interessada em descobrir qual a visão espírita sobre os relacionamentos que se desfazem, resultando na formação de novas uniões conjugais. Ela queria saber como ficam os vínculos espirituais em tais ocasiões. Intrigada, ela resolveu ler o livro *Nosso Lar* e se impressionou com a cena em que André Luiz retorna ao lar após a sua desencarnação e se depara com a esposa em um segundo casamento. Inicialmente ele fica revoltado, mas depois transforma num amigo aquele homem que havia ocupado o seu lugar de marido. Ao ler esta referência, minha irmã resolveu seguir a sugestão à risca. E foi buscar a antiga rival para morar na sua casa, encontrando nela uma grande amiga e uma companheira preciosa.

Quando a história terminou, estávamos todos profundamente sensibilizados. Eu me voltei para a narradora e lhe disse:

— Este sim é o Evangelho da ação!

— Da ação e do coração! — completou a interlocutora.

Sorriu com delicadeza e continuou:

— Divaldo, você viu aquela senhora que estava com a minha irmã aqui mesmo em nosso chá beneficente?

— Vi sim. É muito simpática.

— É ela. Trata-se da competidora que a minha irmã decidiu transformar em amiga.[113]

---

[113] Ver o livro *Depois da Vida*, de Divaldo Franco/Diversos Espíritos, Ed. LEAL, cap. 2 (Tormentos Ocultos). Trata-se do depoimento comovente de um Espírito, evidenciando que o perdão oferecido ao parceiro infiel é um tesouro inestimável para aquele que perdoa. Nota do organizador.

Aprendendo a valorizar o amor e a amizade

Na década de 1970, eu me encontrava em uma importante cidade do Brasil para proferir uma conferência. Ao me levantar da mesa para iniciar a atividade, eu vi entre os expectadores da minha palestra uma senhora que era de uma beleza incomum. Sua beleza e sua irradiação sensual chamaram-me a atenção, pois ela lembrava uma estátua grega. Vestia roupas de grife e utilizava um belíssimo penteado. De vez em quando eu olhava com discrição, e pensava: *"Meu Deus! Que mulher linda!"*.

Na ocasião, eu fiz uma série de palestras na cidade, em vários bairros diferentes. E a senhora acompanhava todas as palestras, cada dia com uma roupa e um penteado mais arrebatadores, dando-me a impressão de que era uma pessoa com muitos bens materiais.

No ano seguinte, eu retornei a essa cidade e vi novamente a senhora na plateia. Fui informado de que se tratava da proprietária de um grande jornal, com tiragem expressiva e de elevada penetração social. Quando terminei a palestra ela veio conversar comigo, momento em que estabelecemos uma ponte para uma futura amizade.

Em uma das ocasiões em que pude estar novamente na cidade, ela me falou:

— Divaldo, eu estou me sentindo uma verdadeira adepta do Espiritismo e gostaria de colaborar com a divulgação doutrinária. Eu poderia abrir no jornal uma coluna semanal para que você publicasse algum texto, se você se comprometer a escrever um artigo com essa periodicidade.

Expliquei-lhe que não era escritor, mas médium psicógrafo. Nunca escrevi página alguma em estado de lucidez, exceto dois artigos que publiquei em ocasiões especiais: um em homenagem à minha mãe e outro em homenagem a Chico Xavier. Fora isso eu nunca redigi nada. Daí eu falei à nobre senhora que lhe enviaria mensagens inéditas. Uma vez que psicografo diariamente, seria perfeitamente viável publicar algumas mensagens em seu jornal. Ela aceitou a oferta, e ficamos combinados desta forma, o que contribuiu para que a nossa amizade aos poucos se tornasse mais intensa.

Seis meses após esse fato, a senhora estava novamente numa conferência minha. Eu normalmente vou à sua cidade entre três e quatro vezes ao ano. Ao se encerrarem as atividades, ela me propôs:

— Divaldo, amanhã a sua palestra será no período da noite. Por isso eu gostaria de convidá-lo para tomar um chá comigo à tarde. Você aceita?

Diferentemente dos ingleses, eu não sou um grande adepto de chá, pois não é um dos líquidos que mais aprecio. Prefiro o café, que divulga o Brasil e cujo sabor me agrada mais ao paladar... Na minha terra só se toma chá medicinal: para o estômago, para o fígado, etc. Esse negócio de chá inglês não faz muito o meu gênero. Mas como se tratava de uma senhora gentilíssima, eu aceitei. Normalmente eu não aceito convite pessoal. Respondi-lhe, então:

— Eu aceitarei seu convite. Não pelo chá, mas para estar na sua residência e mantermos um contato de fraternidade. Basta que a senhora me diga o horário. Mas só poderei ficar por meia hora. O meu compromisso de palestras não me permite dispor de mais tempo.

Estabelecemos o horário das 16h para que a visita se realizasse, uma vez que eu teria que estar de volta às 17h para me preparar para a palestra da noite.

No dia seguinte eu fui à sua residência. Estava na moda uma roupa italiana especial, que vinha de Milão e era usada por muitas senhoras da alta sociedade. Ela me recebeu à porta com uma roupa dessas e me informou:

— Para podermos ficar a sós, eu dispensei o mordomo e as empregadas, que saíram para passear com os meus filhos.

Aquilo me soou de uma forma estranha. Afinal, por que teríamos que ficar a sós? Mas como eu lhe tinha uma alta consideração e um elevado conceito, pensei que talvez fosse um pouco de excentricidade, já que muitas pessoas gostam de comportamentos originais, sobretudo quando são muito ricas. Imaginei que deveria ser malícia minha. Entrei.

Daí a pouco eu fiquei meio desconcertado porque descobri que o convite era para tomar um chá à japonesa, sentados em almofadas baixinhas e com uma mesa também pequena. Eu não sei como as pessoas aguentam ficar naquela posição! Ela fez todo aquele ritual do chá japonês: gira o recipiente daqui e dali, vira para cá e para lá, finge que vai beber, mas não bebe...

Em determinado instante ela me falou:

— Divaldo, a razão pela qual o convidei é porque quero lhe revelar algo importante. Você sabe que eu sou viúva. E eu gostaria de lhe dizer que sou apaixonada por você!

Naquela época não era muito comum uma mulher se declarar a um homem. E também não era frequente que as pessoas assumissem abertamente essas paixões abrasadoras, que duram somente 25 horas... A paixão, em si, permanece estimulando o indivíduo por 24 horas. Na vigésima quinta hora ele volta ao normal e segue a sua vida...

Na verdade, a informação me pegou de surpresa e me provocou um impacto considerável, mas eu não demonstrei.

— Senhora — respondi-lhe —, na sua colocação, foram usadas duas palavras muito significativas e bastantes diferentes entre si. A senhora disse que está *apaixonada* e ao mesmo tempo disse que me *ama*. Mas paixão e amor são coisas distintas. A paixão é um desejo, é uma labareda que queima e se apaga subitamente, enquanto o amor é uma chama que crepita com tranquilidade e que persevera. Eu acredito que a senhora está mais deslumbrada comigo do que tocada pelo sentimento de amor. É natural que uma pessoa pública desperte determinado interesse em alguém que a conhece e que a acompanha em sua trajetória, mesmo que essa figura pública não possua maiores atributos de beleza e de atração, como é o meu caso. Por isso, é compreensível que a senhora se tenha deixado arrebatar. Contudo, vou dizer-lhe com lealdade que eu não sou a pessoa para exercer um papel de companheiro. Primeiro, porque eu já estou com quarenta e cinco anos e já programei a minha vida, não me dispondo agora a desviar-me da minha rota e ter alguém ao meu lado que talvez não tenha estrutura para me acompanhar. Num relacionamento afetivo, o indivíduo deve atender às necessidades do parceiro. E eu não terei tempo de atender à minha parceira, já que estabeleço para o ano inteiro um programa com muitas viagens a diversos compromissos que me retiram do lar. Além disso, candidatei-me a educar os filhos que não têm pais. Tenho sempre muitas atividades agendadas e durmo poucas horas, o que provavelmente faria com que uma companheira não suportasse este ritmo.

Ela voltou a insistir:

— Mas eu sou muito apaixonada por você!

— Mas eu não sou apaixonado pela senhora. Isso passa! Toda paixão é alimentada pelo combustível do desejo. Na hora em que acabar o desejo, passa a paixão.

Nesse momento, ela começou a chorar. Disse-me palavras bonitas, retiradas de textos poéticos que havia memorizado para me sensibilizar. Confesso que em vez de ficar sensibilizado eu achei aquela cena sem o menor propósito, sem o menor romantismo, que era sua intenção produzir. Mas embora tenha ficado indiferente à tentativa, eu respeitei os seus sentimentos. Quando o pranto diminuiu, ela me fez uma proposta descabida:

— Você não seria capaz pelo menos de ter um relacionamento sexual comigo?

— Não, senhora! — retruquei, enfaticamente. — Eu divulgo uma doutrina séria, de enobrecimento, e pretendo dar conta dos compromissos que assumi em relação à mesma. Logo mais, à noite, eu falarei em uma palestra que já está programada. E não gostaria de dizer algo que agredisse a minha conduta de agora à tarde. Sou uma pessoa muito imperfeita, mas só ensino aos outros aquilo que eu tenho condições de fazer. Durante muitos anos eu não falei sobre o perdão porque tinha ressentimento de uma pessoa. A partir do momento em que decidi trabalhar este ressentimento e consegui superá-lo, comecei a falar sobre os benefícios que alcançamos com o ato de perdoar. Procuro ser coerente com o que falo, para que a minha não seja uma *palavra vã*, como dizia o apóstolo Paulo. Devo admitir que a senhora inspira em qualquer homem da minha idade uma atração perfeitamente compreensível, já que se trata de uma mulher muito bela. Mas não pretendo me aproveitar da sua emoção para utilizá-la com vulgaridade.

Fiz uma breve pausa e continuei:

— Vou ser-lhe muito franco para que não prevaleça nenhum conceito duvidoso. Eu ensino dignidade e tento ser digno. Conforme eu já lhe disse, a senhora é o tipo da dama que faria pleno qualquer cavalheiro.

Mas o meu compromisso com a Doutrina exige que eu mantenha a conduta saudável. Se eu mantiver com a senhora um relacionamento injustificável a senhora dirá: "É um hipócrita!". E toda vez que a senhora estiver no auditório, em uma conferência minha, eu terei vergonha de falar o que penso. Tudo que eu estiver ensinando, a senhora saberá que é mentira.

Não é que ela não me inspirasse! Que fique bem claro! Mas eu não posso ter duas faces: a da verdade e da mentira.

Ela continuou chorando e segurou as minhas mãos de maneira nervosa e desesperada, enquanto eu prossegui em meus fraternais esclarecimentos:

— Pela sua beleza, fortuna e posição social, a senhora poderá ter vários amantes, se quiser comprá-los. Poderá passar temporadas em Londres, em Paris, em Nova Iorque ou em Frankfurt, como costuma fazer, e aproveitar estas oportunidades para experimentar a companhia de muitos homens. Inclusive terá espaço para contratar os homens que quiser, pois existem os profissionais. Não que eu esteja estimulando este comportamento. Estou apenas destacando as facilidades ilusórias que o dinheiro pode proporcionar. E eu jamais me permitirei ser um homem-objeto para a senhora manipular somente porque possui uma condição financeira privilegiada. Eu não sou profissional e não tenho experiência. Eu seria uma frustração para a senhora. Não pretendo criar expectativas nem deixar ilusões. Aliás, se os seus amantes poderão ser muitos, seus amigos serão muito raros. Eu me candidato a ser seu amigo para sempre! Se a senhora quiser, terá um amigo leal e muito valioso.

— Mas, Divaldo, eu sinto que no passado nós já tivemos algum relacionamento afetivo...

— Não, senhora! Procure tirar da mente esta ideia porque ela é falsa! E nós, seres humanos, gostamos muito de cultivar ilusões desmedidas. Esta é mais uma ilusão da sua parte. Se tivéssemos um passado em comum, eu sentiria pela senhora uma identificação imediata e um afeto intenso. Mas devo ser sincero em dizer que não sinto nada. O que sinto é apenas uma atração pela sua beleza física, que qualquer bela mulher me inspiraria. Isso não implica uma convivência anterior.

Declarações como essa são muito comuns. Pessoas que aderem ao princípio da reencarnação utilizam esse artifício para justificar vínculações amorosas sem sentido algum. E, quando um argumento como esse nos for apresentado, deveremos ser incisivos em rejeitá-lo.

Insisti novamente para que ela aceitasse a minha proposta:

— Quero reiterar que ofereço a minha amizade para que senhora possa contar comigo.

— Se for para que eu não o tenha como companheiro, é melhor não o ter de nenhuma forma!

— É uma escolha que irei respeitar. Mas a partir de agora, eu lhe quero solicitar que suspenda a coluna no jornal. Agora eu devo despedir-me porque tenho um compromisso à noite. Até logo! Fique em paz!

Fui-me embora naquele exato momento para não prolongar um diálogo que seria inútil. Claro que eu não estava feliz, pois era uma situação embaraçosa. Eu tinha que ser firme comigo mesmo para que ela não entrasse nas minhas cogitações mentais e aquele contexto não se convertesse em um conflito comportamental. A solicitação para que a coluna fosse suspensa era importante, já que a intenção dela em oferecer o espaço no jornal não guardava relação com o Espiritismo. Seu desejo era simplesmente me agradar para conquistar-me.

Passaram-se os meses e a senhora deixou de ir às palestras, evidenciando que ela não frequentava as atividades da Doutrina Espírita na intenção de ser brindada com novas luzes para a sua vida. Desde o início eu notei algo diferente na forma como se dirigia a mim, mas nunca me preocupei demasiadamente.

Dois anos transcorreram após aquele episódio...

Certo dia ela me telefonou para Mansão do Caminho:

— Divaldo, você se lembra de mim?

— Como não? Lembro-me perfeitamente!

— Você notou que eu não fui mais às palestras?

— Notei, sim.

— Você disse que seria meu amigo.

— De fato, eu falei.

— E você ainda o é?

— Mas é claro! Mesmo que não mais nos tenhamos visto, eu continuo seu amigo, pois não sou amigo da presença, mas da pessoa por quem tenho carinho e respeito. E mesmo que a pessoa deixe de ser minha amiga, eu permanecerei conservando a amizade, já que a ruptura do relacionamento será opção sua. Não sou este tipo de indivíduo emocionalmente frágil, que cobra dos amigos demonstrações ostensivas de amizade. Eu elegi para mim um padrão de equilíbrio afetivo para não me perturbar com as oscilações psicológicas do ser humano.

Depois de ouvir a minha explicação, ela pareceu mais confiante e me confidenciou:

— Eu estou apaixonada!

Ao ouvir tal declaração, eu me detive a pensar como as pessoas que gostam da paixão mudam de direção ao sabor do vento... Basta que as *correntes de ar* se alterem para que o indivíduo siga noutro rumo.

Daí, eu comentei ligeiramente a sua declaração:

— A senhora está cometendo o mesmo erro. A paixão passa!

Ela prosseguiu:

— Estou amando um homem lindo! Finalmente encontrei uma pessoa maravilhosa! Ele é loiro e de olhos azuis! Bem mais jovem do que eu. É um homem realmente fascinante! Ele quer casar-se comigo. O que você acha?

— Na condição de amigo, eu lhe digo que não se case. A senhora tem vivido tantos relacionamentos sem casamento, que não lhe custará tomar precaução. Por que agora se vai casar com este homem de forma tão precipitada?

— É porque ele me ama, Divaldo!

— Não creio nisso. Acredito que ele ama o seu dinheiro, o seu automóvel Mercedes Benz, os seus apartamentos e a sua posição social. E quer aproveitar-se da sua instabilidade afetiva. Por que a senhora não se relaciona um pouco mais com ele para certificar-se com segurança em torno da sua opção? Para que a pressa? Namore-o agora e case-se depois, se for o caso. Mas se resolver levar adiante a união conjugal, pelo menos consorcie-se com separação de bens.

— Mas eu o amo e não posso perdê-lo!

— Também não acredito nisso.

— Como não?!

— Minha intuição me diz que a senhora está apaixonada por um homem de beleza física diferente daquela com a qual já teve contato.

A senhora já se relacionou com moreno, com preto, com branco, com azul, com cor-de-rosa e outras etnias... E agora se encantou com um loiro que ainda não estava na sua *coleção*. Não se case agora!

— Não, meu amigo! Eu não poderei acatar o seu conselho a esse respeito. Eu quero muito tê-lo ao meu lado!

— O que eu lhe ofereço é apenas um conselho. A senhora tem o direito de proceder conforme a sua consciência.

Ela terminou por casar-se. E ele, como hábil explorador de mulheres solitárias, engravidou-a rapidamente. Aquele romance arrebatador resultou num filho.

Depois que a criança nasceu, eles viajaram para desfrutar da companhia um do outro. Fizeram um cruzeiro maravilhoso ao redor do mundo e se embriagaram de paixão pelos quatro cantos da Terra... De cada lugar que os dois visitavam, ela enviava-me cartões, falando sobre sua felicidade e afirmando que continuava apaixonada.

Um ano e meio depois, ela me telefonou novamente e me contou sobre uma mudança drástica em sua vida:

— Divaldo, eu estou numa situação muito difícil! O meu marido me abandonou! Está requerendo o divórcio e me pede uma fortuna. O que eu faço agora?

— Pague-lhe pelos serviços que lhe prestou. Se a senhora o comprou para usá-lo, já deveria saber que um dia o contrato financeiro terminaria. Ele nunca sentiu amor verdadeiro, e a senhora sabe disso, pois se trata de um explorador que se vendeu e que deve ter dado esse golpe em outras mulheres ingênuas. Como a senhora é rica, pague-lhe e torne-se livre do vínculo com este homem que não a merece.

— Ele exige também que eu lhe dê o meu automóvel importado, de grande valor financeiro, e o nosso apartamento de luxo na praia.

— A senhora deve recordar-se de que teve um filho com ele. Se a senhora comprou um explorador, tem que pagar!

— Mas ele é um mentiroso e me enganou!

— Pague o que ele pede sem se preocupar com o seu orgulho feminino que foi ultrajado! Esses bens não lhe farão falta. Para quem é financeiramente privilegiada, um pouco mais ou um pouco menos não fará diferença. Além disso, nada valerá o preço da sua liberdade. A senhora também é responsável pelo ocorrido. É a lei das afinidades. A senhora se lhe vinculou porque sintonizou com os valores que a ele são próprios, embora tenha sido advertida. Porque se não me perguntam, eu não digo nada. Mas se me perguntam eu dou a resposta gentil.

Por fim, chorosa, ela aceitou a minha sugestão. Satisfez as exigências do marido e consumou a separação, rompendo definitivamente os laços com ele.

Periodicamente ela me telefonava para conversarmos um pouco.

Aproximadamente três anos depois, quando ela já deveria estar com quarenta e seis anos de idade, eu recebi um novo telefonema:

— Como vai, Divaldo? Eu gostaria de lhe dizer que agora estou tocada pela presença de um homem a quem amo! Este, sim, é o homem da minha vida!

A diferença na linguagem utilizada por ela era nítida, se comparada com as vezes anteriores em que me falou sobre seu interesse por uma figura masculina. Agora não se referia a uma nova paixão.

— E como ele é? — perguntei.

— Ele é dez anos mais velho do que eu.

— Isso é muito positivo! É um homem experiente, já vivido. E um homem dez anos mais velho é adequado para uma mulher que já está com um pouco mais de quarenta e passou por muitas aventuras amorosas. Afinal, na idade atual a senhora está aproximando-se do climatério, que lhe trará muitas alterações hormonais, modificando-lhe o corpo e o comportamento. Possivelmente, o seu desempenho para a vida sexual já não será mais o mesmo, desse modo, seria ideal estar ao lado de um homem maduro, que cultiva outras expectativas em relação a uma companhia feminina nesta fase da vida. De qualquer forma, traga-o aqui para que eu o conheça e o analise psiquicamente.

— Então eu irei convidá-lo e, quando surgir a oportunidade, iremos à Mansão do Caminho para visitá-lo.

Daí a alguns dias, eles foram a Salvador e eu pude conhecê-lo. Era realmente um senhor viúvo, equilibrado e afetuoso, sem os grandes arroubos que são próprios da imaturidade.

Conversamos e fizemos um ligeiro lanche na Mansão do Caminho. Num determinado instante, em que ficamos a sós, ela me perguntou:

— O que você achou dele?

— É um homem de bem — respondi. — A psicosfera dele é boa: a aura é límpida e brilhante. Parece ser um homem calmo, o tipo de companheiro que a fará feliz. Procure-lhe os valores espirituais e ame-o!

Depois de alguns instantes, eufórica com aquele encontro fraternal, ela me falou na presença dele:

— Este é o homem que eu amo!

Ele sorriu, meio sem jeito, pois era um homem relativamente tímido, contando com cinquenta e seis anos de idade.

— Pois é, Divaldo. Ela diz a todo mundo que me ama, mas eu preferia que ela não fosse tão entusiasmada para repetir isso em todos os lugares aonde vamos.

E, voltando-se para ela, completou seu raciocínio:

— Nós nos amamos e nos damos muito bem! Na minha idade eu preferia casar-me com ela, que é a mulher que me completa. Ela diz o mesmo a meu respeito, mas me falou que preferia que o senhor me visse antes.

— E eu posso dizer que já vi e gostei bastante do senhor!

Nesse instante, a senhora revelou ao futuro marido:

— Eu já fui apaixonada por Divaldo! E ele disse que seria meu amigo. Já se passaram vários anos e muitos homens pelo meu caminho, representando o papel de amantes que vieram e que desapareceram da minha vida. E Divaldo continua meu amigo. Por isso, agora que eu desejo tomar uma decisão para o resto da vida, eu desejei consultá-lo. Desse modo, eu gostaria que você soubesse, diante de um amigo, quem eu fui. Mas também quero que você saiba quem eu serei. Enquanto estivermos vinculados, eu o respeitarei, até que a morte separe os nossos corpos, porque não irá separar nossas almas.

— Estou de pleno acordo com você — respondeu o senhor, jovial.

— E você, Divaldo? O que achou do meu companheiro? — indagou-me ela.

— Bom. Eu não sou nenhum oráculo para definir o que será do relacionamento de vocês, mas penso que os dois se completam. Os sentimentos que existem entre ambos falam melhor do que as minhas palavras! Amem-se e sejam felizes! E através do casamento poderão dar à união o reconhecimento social e legal que corresponde. Como vocês se amam de fato, eu vejo todas as razões para viverem juntos numa proposta de vida conjugal plena e compensadora.

Nesse momento eu vi lágrimas nos olhos dele. E vi também o marido dela já desencarnado, colocando a mão sobre a cabeça dele e me dizendo:

— Eu pedi a Deus que mandasse para ela, tão inquieta, de sentimentos nobres, mas tão atormentada, um coração amigo para pacificá-la![114]

Transcorrido algum tempo, os dois se casaram e são felizes até hoje! Ela está na casa dos sessenta anos e ele, na faixa dos setenta anos de idade.

É muito fácil aproveitarmos oportunidades para viver de forma leviana e mantermos amantes. Mas construir uma amizade requer confiança e continuidade. Amantes são para momentos fugazes, enquanto amigos são para toda a vida.

De vez em quando ela me telefona e me diz:

— Olá, meu amigo!

E eu respondo:

— Olá, senhora! Como vai?

Yvonne Pereira: laços de amor além do tempo

A médium Yvonne do Amaral Pereira é uma das personalidades mais importantes da história do Espiritismo no Brasil. Portadora de uma mediunidade exuberante, desde cedo teve que aprender a lidar com as presenças espirituais em sua vida. Enfrentou a doença e os estados psíquicos perturbadores provocados pelas potencialidades anímicas e mediúnicas que lhe caracterizavam, atravessando toda a infância e a juventude

---

[114] Os laços de afeto entre um cônjuge desencarnado e uma parceira encarnada são referidos no livro *Nos Domínios da Mediunidade,* de Francisco Cândido Xavier/ André Luiz, Ed. FEB, cap. 14 (Em Serviço Espiritual). Ver também *Nosso Lar*, de Francisco Cândido Xavier/André Luiz, Ed. FEB, cap. 38 (O Caso Tobias). Nota do organizador.

em meio a interferências de desencarnados e recordações de sua encarnação anterior, que lhe provocavam tormentos, às vezes, insuportáveis.

Quando eu a conheci, dialogamos muito e nos identificamos bastante, vindo a saber que, quando jovem, ela experimentou muitas sensações psíquicas e dificuldades que eu também havia vivenciado.

Ao entregar-se à Doutrina Espírita, D. Yvonne dedicou-se como poucos à causa do Bem, exercendo a mediunidade com a nobreza e a abnegação que são próprias aos Espíritos disciplinados, decididos a levar adiante os compromissos assumidos antes do retorno aos caminhos terrestres.

O seu livro *Memórias de um Suicida* é uma obra de beleza ímpar, devassando as dimensões espirituais e revelando ao mundo o sofrimento atroz que se instala na vida de quem opta pela fuga dolorosa mediante o suicídio. Sendo ela própria uma ex-suicida, a recepção mediúnica do livro constituiu-lhe, de certa forma, um sacrifício, porque ela foi obrigada a rever cenas de situações que havia vivenciado na erraticidade. No entanto, a obra tornou-se uma advertência de valor inestimável para os viajantes da vida física, muitos dos quais certamente devem a esse livro o fato de terem-se afastado das consequências devastadoras do autoextermínio.

Certo dia, quando fui visitá-la, por ocasião de uma de minhas viagens, encontrei-a com o braço fraturado, suspenso por uma tipoia para poupá-la de fazer movimentos bruscos. Ao perguntar sobre o ocorrido, a médium elucidou-me gentilmente:

— Divaldo, você deve saber que a publicação do livro *Memórias de um Suicida* não agradou aos Espíritos vampirizadores que no mundo espiritual exploram seres suicidas em regiões inferiores. Pois bem. Um dia estava saindo de casa e, ao abrir a porta, senti duas mãos vigorosas empurrando-me pelas costas. Sem conseguir segurar-me eu caí de forma desajeitada e quebrei o braço com o qual psicografo. Esparramada no chão, olhei para cima, tentando identificar o autor do empurrão. Então eu vi um Espírito com fisionomia retorcida e com ar de ódio que me disse: "Isso é para você aprender a não receber esse tipo de livro, que prejudica os nossos planos de dominação dos seres miseráveis que nós exploramos!". Então, eu pude entender o porquê da queda e do braço fraturado.

D. Yvonne não se deixou, porém, abater pelo acontecimento e prosseguiu sem vacilar no trabalho de amor que lhe cabia executar.

A médium dedicada, proveniente de um passado reencarnatório marcado pelo insucesso, nunca conseguiu adaptar-se a uma vida social mais ampliada, razão pela qual sempre trabalhou em sua própria casa, realizando costuras para fora a fim de obter o sustento material. Ela desejava casar-se e construir uma família, o que não estava no seu programa espiritual porque na existência anterior houvera se suicidado por causa de uma tragédia familiar desencadeada por ela mesma em Portugal, no século XIX. Na ocasião, a morte prematura da sua filha de quase sete anos e o falecimento do seu marido trouxeram-lhe uma dor insuportável, uma vez que ela havia cometido o adultério que destruiu o próprio lar e precipitou as duas desencarnações. Dominada pelo remorso, a jovem portuguesa atirou-se nas águas do Rio Tejo, morrendo afogada e experimentando todas as sensações angustiantes da imersão e da decomposição do cadáver. Ela trazia na memória espiritual as recordações desses episódios com lucidez impressionante, que incrementavam a sua dificuldade em permanecer com o psiquismo equilibrado para trabalhar na mediunidade. Sua infância e sua juventude foram assinaladas por sofrimentos indescritíveis, por causa da mente conturbada pelas lembranças amargas, que somente o Espiritismo conseguiu explicar para que obtivesse algum alívio já na fase adulta. [115]

Dessa forma, Charles, um Espírito protetor que havia sido seu pai por mais de uma encarnação, inclusive naquela existência em solo português, advertiu-a para o fato de que a solidão deveria ser o seu caminho na Terra, provação necessária para que aprendesse que o remorso pelos danos provocados à sua família jamais poderia justificar o desespero a que viesse a entregar-se, culminando com o gesto insano de tirar a própria vida. Por isso, nesta encarnação no Brasil, a nobre trabalhadora do Bem precisava aprender o respeito à vida por meio da renúncia e da entrega total ao amor fraterno.

---

[115] Yvonne narra essas lembranças no livro *Recordações da Mediunidade*, Ed. FEB, cap. 3 (Reminiscências de Vidas Passadas) e cap. 4 (Os Arquivos da Alma). Nota do organizador.

Certo dia, contrariando as orientações dos seus guias espirituais, D. Yvonne começou a estreitar laços afetivos com um rapaz. A aparente amizade foi-se dilatando até o ponto em que o jovem a convidou para um jantar. Após o restaurante, os dois assistiriam a um filme no cinema e completariam a noite agradável.

Muito empolgada, ela se vestiu com simplicidade, mas com elegância. Não poderia descuidar-se naquele momento de aproximação, que poderia resultar em um compromisso futuro. Tinha a certeza de que ele seria uma ótima companhia para um momento de espairecimento sem maiores consequências. Desejava conversar e via no moço um ar de educação que a deixou tranquila. Naquele tempo os rapazes eram muito cuidadosos ao se aproximar de uma jovem para tentarem namorar. Não seria, portanto, em um primeiro encontro que avançariam o sinal do equilíbrio. Estava tranquila.

O rapaz também se preparou convenientemente, não descuidando da roupa e do perfume que causariam boa impressão.

Na hora marcada, ele foi buscá-la em casa e ambos se dirigiram ao local do jantar. Durante todo o tempo, ele correspondeu às expectativas de D. Yvonne, com uma postura exemplar de educação e sem utilizar qualquer expressão vulgar. Era um verdadeiro cavalheiro. Por sua vez, a médium procurou demonstrar que se tratava de uma pessoa lúcida, simples e destituída de maiores ambições, apresentando-se sempre de forma muito reservada aonde quer que fosse.

A certa altura, o jantar se encerrou e os dois tomaram o caminho do cinema para darem curso à segunda etapa daquele momento de lazer ingênuo e respeitoso.

Quando estavam na porta do cinema, o rapaz comprou os ingressos e se dirigiu para a entrada da sala de projeção, seguido pela enamorada. Nesse exato momento, apareceu o Espírito Charles e perguntou-lhe:

— Aonde pensas que vais?

— Vou assistir a um filme, meu irmão. Nada demais — respondeu ela.

— Tu tens certeza de que não há nada com que te preocupares?

— Claro que sim. Ele é um rapaz educado e gentil. Não irá tomar nenhuma atitude para me desrespeitar.

— Infelizmente a tua ingenuidade é imensa... Depois de ter oferecido um jantar tu não achas que ele irá cobrar-te o *pagamento*?

D. Yvonne ficou surpresa com a informação do amigo espiritual. Enquanto dialogava psiquicamente com Charles, o rapaz estranhou o fato de que ela não o seguiu, atravessando a porta para entrar na sala de projeção.

— Mas ele me pareceu ser um bom rapaz...

— Pois bem. Agora tu já sabes que as aparências enganam e que deves estar mais atenta às circunstâncias da vida. E mesmo que ele fosse uma pessoa bem-intencionada, há muito tempo tu já conheces o teu caminho nesta existência física. Estamos aqui, os Espíritos que se comprometeram contigo para o trabalho da mediunidade, para a tarefa de aprimoramento e de renúncia que assumiste. Portanto, quero dizer-te que terás de escolher. Se tu fores com ele, nós não iremos contigo. O nosso compromisso de trabalho estará finalizado e aqui mesmo iremos despedir-nos.

Nesse momento, o jovem, percebendo que havia algo estranho acontecendo, insistiu para que ela entrasse no cinema:

— Yvonne, você não vai entrar? — perguntou ansioso.

A nobre senhora, refletindo sobre as palavras de Charles, tomou a sua decisão:

— Fulano, infelizmente eu não poderei acompanhá-lo! Lembrei-me agora mesmo de que tenho uma costura para entregar a uma cliente ainda hoje. Até logo!

Ao dizer isso, a médium saiu apressada, sem olhar para trás, deixando o rapaz sem entender o que aconteceu. E os dois nunca mais voltaram a ver-se.

De fato, D. Yvonne sentia a falta de um companheiro que alegrasse os seus dias. Mas o casamento não estava no seu programa reencarnatório. Ela necessitava transitar pelo mundo mantendo uma atitude de reflexão acerca dos valores da vida conjugal e da família.

Depois disso, nossa querida D. Yvonne mergulhou ainda mais no trabalho mediúnico, psicografando romances, participando de reuniões de desobsessão, consolando as pessoas e atuando no receituário mediúnico homeopático conduzido pelo Espírito Bezerra de Menezes.

A partir de uma certa época, ela entrou em contato com o idioma Esperanto, a língua neutra internacional proposta pelo polonês Lázaro Luiz Zamenhof. Com isso, a médium pôde fazer muitos amigos dentro e fora do Movimento Espírita, especialmente entre estudiosos da *Cortina de Ferro*, como eram chamados os que viviam nas repúblicas soviéticas, que se unem pelo ideal de uma comunicação sem barreiras linguísticas e permeada pelo sentimento de fraternidade.

Um dos esperantistas com os quais ela se correspondia despertou-lhe um afeto especial. Era um homem mais jovem do que ela e que denotava ser portador de boa cultura, ao lado de um expressivo espírito de generosidade. A amizade entre ambos foi aos poucos estreitando-se e o rapaz também confessou-lhe sentir por ela uma ternura especial.

Numa época em que não havia internet, a correspondência era feita por cartas, que se tornavam cada vez mais frequentes. Até que em uma ocasião o jovem polonês escreveu-lhe confessando que a amava. Não sabia dizer como, porque os dois não se conheciam pessoalmente, mas sabia que, ao dialogarem através das correspondências, D. Yvonne parecia-lhe muito familiar. O mesmo sentimento era compartilhado por ela, o que lhe causava sofrimento por reconhecer que não poderia alimentar qualquer ilusão de um relacionamento próximo ou remoto. Contudo, aquela sensação de conhecer esse rapaz perturbava-a.

Vamos abrir um parêntese explicativo.

Durante toda a sua infância e parte da juventude, D. Yvonne registrava a presença de um Espírito que nutria por ela um grande amor. Ela o chamava Roberto de Canalejas, nome que possuíra na sua última reencarnação, quando nasceu na França e foi morar em Portugal, casando-se com ela. Esse Espírito era exatamente o marido a quem havia traído, gerando a consciência de culpa e o desespero que culminaram no suicídio doloroso a que me referi.[116]

---

[116] Sobre o Espírito Roberto de Canalejas, ver: *Memórias de um Suicida*, de Yvonne do A. Pereira/Camilo Cândido Botelho, Ed. FEB, 1a parte, cap. 7 cap.7 (Nossos amigos — os discípulos de Allan Kardec); *Recordações da Mediunidade*, de Yvonne do A. Pereira, Ed. FEB cap. 2 (Faculdade Nativa) e cap. 3 (Reminiscências de Vidas Passadas). Nota do organizador.

Depois de um largo período de convivência com a médium, esse Espírito afastou-se para reencarnar, e a jovem Yvonne nunca mais recebeu suas visitas, que lhe faziam muito bem ao coração.

Essa observação que inseri tem o objetivo de elucidar que o jovem esperantista com o qual D. Yvonne se correspondia era o seu marido do pretérito, que retornava ao corpo físico em terras distantes, o que não lhe permitia uma aproximação mais pronunciada do antigo afeto a quem não deveria vincular-se na atual existência, a benefício de ambos. Acontece que o sentimento costuma trair-nos, precipitando-nos em situações não programadas que podem comprometer os nossos melhores esforços de sublimação e de resgate.

Em decorrência da extensa comunicação mantida pelo casal do passado reencarnatório, o rapaz decidiu viajar ao Brasil para conhecê-la, infringindo as normas do planejamento existencial traçado e tentando reencontrar o seu antigo amor. D. Yvonne foi advertida por Charles, informando-a de que não poderia encontrá-lo, visto tratar-se precisamente do antigo esposo em nova roupagem corporal. D. Yvonne tentou sem sucesso dissuadir o amigo estrangeiro de realizar tal viagem ao estado do Rio de Janeiro para visitá-la, apresentando mil alegações como empecilhos que deveriam desestimulá-lo. Nada obstante, o jovem esperantista veio ao Brasil, procurando D. Yvonne no endereço que constava nas cartas recebidas.

Ao chegar à porta da casa da médium, ele foi recepcionado delicadamente por um membro da família, que já estava instruído a não permitir o seu acesso ao interior da residência. D. Yvonne foi tomada de choque emocional ao vê-lo na porta de entrada. O seu coração vibrava ao sabor de uma balada de ternura que ecoava em sua memória desde tempos remotos. Ela se escondeu de uma forma que poderia olhá-lo sem que ele a percebesse. Por fim, quando o rapaz foi informado de que a médium havia iniciado uma longa viagem sem data certa para retornar, ele baixou a cabeça, profundamente entristecido, agradeceu a recepção e se retirou do local, deixando naquela residência todas as esperanças de conhecer pessoalmente o seu grande amor.

D. Yvonne ficou com a alma despedaçada, mas conformou-se com as provações afetivas que teria que arrostar para se redimir dos equívocos praticados em nome da invigilância e do desrespeito aos sagrados laços de família.

O tempo transcorreu célere e, certo dia, a médium recebeu notícias da desencarnação do amigo e afeto distante.

A vida de solteira, a sede de ternura e a dedicação à causa do Bem foram-lhe um bálsamo que lhe permitiram recuperar-se do passado de sombras compactas nos caminhos do coração, para que ingressasse definitivamente em uma nova fase de conquistas libertadoras.

D. Yvonne do Amaral Pereira desencarnou no ano de 1984, deixando um legado composto por obras psicografadas da mais alta qualidade, incluindo o extraordinário livro *Memórias de um Suicida*. Além disso, o seu amor às pessoas simples e aos Espíritos em sofrimento dão testemunho de que o compromisso espiritual assumido por ela foi honrado com todos os méritos possíveis, transformando-a em uma personalidade veneranda e atribuindo-lhe a condição de autêntica cristã, que conseguiu o mediunato.

Certo dia, quando eu fazia uma palestra sobre a mediunidade e mencionava a vida de D. Yvonne, referindo-me à sua história secular ao lado de Roberto de Canalejas, os dois se apresentaram à minha visão mediúnica, portadores de rara beleza Espiritual. Uma emoção peculiar invadiu-me o coração ao vê-los juntos, porque a cena era verdadeiramente comovedora. Estavam de mãos dadas, mais apaixonados do que nunca e muito felizes por se unirem novamente, revivendo em seus corações os laços de amor que prosseguem estuantes além do tempo...[117]

---

[117] Estudos sobre o amor podem ser encontrados em: *Nosso Lar*, de Francisco Cândido Xavier/André Luiz, Ed. FEB, cap. 18 (Amor, Alimento das Almas); *Amor, Imbatível Amor,* de Divaldo Franco/Joanna de Ângelis, Ed. LEAL; *Garimpo de Amor*, de Divaldo Franco/Joanna de Ângelis, Ed. LEAL; *Conflitos Existenciais,* de Divaldo Franco/Joanna de Ângelis, Ed. LEAL, cap. 19 (O Amor). A história de amor entre Yvonne e Roberto encontra-se no livro *Um Caso de Reencarnação* — eu e Roberto de Canalejas, Ed. Lorenz. Nota do organizador.

10

SEXO E SOCIEDADE

SEXUALIDADE NO MUNDO CONTEMPORÂNEO

Um dos nossos desafios é manter o equilíbrio sexual, mesmo que sejamos estimulados pela sociedade contemporânea à vulgaridade. Quando exercemos o sexo, sem educação mental, dando campo à pornografia e à utilização de recursos esdrúxulos, produzimos mecanismos de desajuste psicoemocional. A mídia e os meios de difusão da arte projetam conceitos ilusórios em torno do sexo, que contribuem para o nosso desequilíbrio.

No ano 1956, a atriz Brigitte Bardot protagonizou um filme chamado *E Deus Criou a Mulher*. Nesse filme há uma cena de beleza plástica incomparável, que demorou 8 horas para ser filmada e foi editada para perfazer um total de catorze segundos na trama do filme. Esta informação nos faz imaginar quantos componentes eróticos foram mobilizados para que durante os catorze segundos a cena atingisse o máximo do erotismo, permitindo que a mente do expectador fosse superestimulada. Da mesma forma, poderemos concluir que uma cena de sexo que seja filmada em quatro ou mais dias poderá durar alguns poucos minutos na apresentação da película, o que representa a exibição de um fenômeno irreal. Os próprios atores, nessas circunstâncias, admitem as suas dificuldades para levarem adiante a ideia proposta pelo roteirista do filme, considerando que ninguém tem capacidade fisiológica suficiente para uma excitação sexual muito prolongada. E por isso, a filmagem conta com inúmeras paradas, recomeços, ângulos de câmera e técnicas especiais, até atingir o perfil cênico que o diretor considere o máximo do erotismo.

Tudo isso são estratégias artificiais para produzir uma imagem que não corresponde à realidade. E, como as pessoas costumam deixar-se ludibriar pelo ilusório, tentam repetir o que veem na tela do cinema ou da televisão, exaurindo suas forças e adquirindo grande frustração. Para contornar a dificuldade e atingir a satisfação sexual, muitos acabam recorrendo à pornografia ou às drogas. Outros utilizam técnicas para o prolongamento do orgasmo.

Amigos me confessam que a função sexual está tão inibida pelo desgaste que vão com as esposas a motéis, onde assistem a filmes pornográficos a fim de sentirem estímulos, uma vez que suas mentes não conseguem mais desencadeá-los de forma natural. Outros utilizam drogas com essa finalidade, o que é um grande equívoco, já que a maioria das drogas de ação no sistema nervoso central tem como efeito inibir a função sexual. E algumas drogas que podem produzir essa excitação somente o conseguem por um tempo muito curto, após o qual, são necessárias doses maiores, gerando bloqueio mais acentuado, originando conflitos psicológicos de difícil solução.

Somente os estímulos sexuais produzidos pela mente bem-direcionada, acompanhada do toque de amor, são capazes de gerar saúde integral.

Segundo os bons Espíritos, o sexo será tão aviltado, conforme já vem acontecendo, que em breve não nos sentiremos estimulados quando focarmos nos veículos de comunicação de massa pessoas completamente desnudas. Paradoxalmente, iremos sentir os ardores da libido quando olharmos as pessoas vestidas. Como o sexo é fortemente induzido pelos recursos da imaginação, um *produto* excessivamente exposto não provoca a excitação, senão uma volúpia fugaz.

Nos Estados Unidos havia antigamente um concurso denominado *Miss Nua*. As mulheres que concorriam eram todas casadas e se despiam para participar do evento. Uma delas, uma mulher muito bonita, ao vencer o concurso foi questionada por um repórter sobre como se sentiu no momento da sua exibição. Ela respondeu:

— No instante em que eu me despi totalmente, senti três minutos de intensa vergonha. Depois, esta sensação desapareceu e eu me acostumei.

Chama-nos a atenção o inusitado do acontecimento. Na hora em que ela se despiu, os olhos curiosos se lhe voltaram cheios de intensão erótica. Decorridos alguns minutos todos já haviam visto tudo que poderia ser olhado. Não restava mais nada. A própria *Miss* percebeu que os olhares já não eram mais de desejo descontrolado, como no início da sua apresentação.

Situação semelhante acontece nas praias de nudismo. Os indivíduos se olham, experimentam o primeiro impacto e depois se ignoram uns aos outros.

Há muitos anos eu li uma interessante frase de Victor Hugo. No ano de 1880, quando os vestidos femininos eram longos e cheios de tecidos, para cobrir quase completamente o corpo da mulher, o escritor francês dizia mais ou menos o seguinte: "Nada mais belo que o calcanhar de uma mulher suavemente velado por uma meia".

Notemos como os padrões sociais e morais se modificam com o tempo. Naquela época, se um homem pudesse ver o calcanhar de uma mulher, já seria motivo para que tivesse pensamentos sensuais, razão pela qual fez muito sucesso na cidade de Paris, no século XIX, uma dança chamada *cancan*, em que as mulheres levantavam as longas saias e exibiam as pernas. Era uma verdadeira ousadia, uma atitude considerada de extrema sensualidade! Nos tempos modernos vemos festas em que as mulheres desfilam de busto nu e não provocam grande furor. Às vezes, até se apresentam completamente nuas, adornadas com alguns desenhos e pinturas sobre o corpo, situação que também não chega a despertar a libido de grande parte das pessoas presentes. É a banalização do corpo e da sexualidade, que satura o desejo e perde a capacidade de estimular.

É natural que tenha ocorrido esse fenômeno. Depois de tantos séculos de *castração psicológica* e de proibição, a liberação provocou um deslocamento para o outro polo, pois como não sabemos ser livres acabamos derrapando na permissividade. Entretanto, após os estertores do excesso, iremos cansar-nos e retornaremos à liberdade sadia.

O sexo sempre foi *livre*. Infelizmente também foi sempre libertino. Ser livre não significa permitir-se todas as aberrações em nome do prazer, porque, senão, os portadores de transtornos sexuais seriam as pessoas mais felizes da Terra. E não o são! Quase todos terminam na loucura ou no suicídio. Basta consultar a História e os veículos de comunicação da atualidade para verificarmos o que acontece com essas personagens, que nos inspiram ternura e compaixão, no entanto, não nos devem inspirar conivência.

Eu me encontrava na Alemanha, na cidade de Frankfurt, e vi uma Bíblia cuja capa era uma mulher nua. Como a palavra *"bíblia"*, em sua etimologia, significa *"livros"*, imaginei que fosse uma obra sobre erotismo. Solicitei à nossa intérprete que pedisse explicações ao vendedor:

— Esse livro fala sobre o quê?

— Ele contém o Antigo e o Novo Testamento.

—Testamentos de quem? De alguma meretriz? De alguma prostituta célebre da História?

— Não, senhor. São os livros tradicionais da revelação judaico--cristã, entre os quais estão os Evangelhos.

— Mas o que esta mulher nua está fazendo aí na capa, com este frio que está aqui na Alemanha?

— É para vender mais! Muita gente compra a Bíblia e outros livros se houver um apelo erótico na capa.

Fiquei pensando como é infeliz uma pessoa que necessita de um estímulo dessa natureza! A explicação para isso é que, até na hora de orar, os atormentados têm necessidade de ver as cenas viciosas do sexo vulgar.

Para resistir aos apelos de uma sociedade erotizada e de uma mídia que se torna sua fiel porta-voz, a solução é olhar com naturalidade todas as informações veiculadas, sem nos deixarmos arrastar pelos convites do desequilíbrio. Vemos crianças brincando e não nos tornamos infantis para imitá-las. Testemunhamos a existência de pessoas idosas com grande fragilidade física e não nos tornamos doentes ao observar--lhes o estado em que se encontram. Então, qual será a justificativa para o fato de que nos sensibilizamos com a observação de cenas sexuais? E a resposta é óbvia: isso nos agrada... Optamos por aceitar os convites da mídia porque eles encontram ressonância em nossos desejos mais íntimos e em nossas necessidades sensoriais.

Se fizermos um exercício de disciplina mental, poderemos receber as notícias que circulam na mídia com naturalidade, bloqueando qualquer possibilidade de sermos afetados.

Tenhamos a nossa mente tranquila.

Muitas vezes, quando eu era mais jovem, quando as facilidades sexuais se tornavam muito acessíveis ou quando os estímulos começavam a me perturbar, eu racionava, olhava para a pessoa e dizia a mim mesmo: *"Vou dar um salto no tempo. Como estará esta pessoa quando tiver oitenta anos?"* Então eu podia ver na minha tela mental aquela coisinha linda, desdentada, careca e trêmula, padecendo os efeitos da síndrome de Parkinson ou esquecida do próprio nome depois de ser acometida pelo Alzheimer. Imediatamente, os estímulos desciam para quinze graus abaixo de zero... E eu sentia uma onda de ternura... Daí eu pensava: "Vamos ser irmãos mesmo, meu bem! Ser irmão é muito melhor!". Isso eu aprendi com um Espírito.

Em uma oportunidade eu tive notícias de um suicídio que me impressionou muito. Desde então comecei a orar por aquela pessoa desconhecida. Era uma jovem senhora que tirou a própria vida quando descobriu que o marido tinha uma amante.

Dez anos depois, em um momento de oração e meditação, ela me apareceu e contou-me o seu sofrimento no mundo espiritual, ainda demonstrando profundo desespero.

Vinte anos mais tarde ela veio ao meu encontro novamente. Já estava mais serena, embora estivesse amargurada devido a uma dolorosa constatação. Após as dores excruciantes da substância tóxica que havia ingerido, ela agora vivia as dores morais, ao observar os filhos que deixou na orfandade e a mãezinha que enlouqueceu de dor. Porque o suicida não mata somente ele. Mata também aqueles que o amam. É um ato de vingança contra os outros e contra a sociedade, que expõe as feridas não cicatrizadas de um drama psicológico de alta complexidade.

Profundamente entristecida, ela me concedeu o seguinte depoimento:

— Divaldo, o que mais me dói é a raiva que eu tenho de mim mesma! Eu me matei por ciúmes daquele homem! Nesses vinte anos em que estou *do lado de cá* eu nunca mais o tinha visto. Agora que estou lúcida, fui recentemente atraída até ele. E confesso-lhe que tive dificuldades de reconhecê-lo. Ele está com setenta anos, com mal de Parkinson, envelhecido e com demência em fase avançada. Parece uma bola de carne de tão deteriorado e doente! Então eu pensei: "Meu Deus! Foi por causa dessa coisa que eu me matei? Eu merecia agora um castigo ainda maior! Onde está aquele homem lindo, sedutor, sexualmente atraente, másculo e confiante?!".

Essa é uma importante lição para vermos como a juventude e o corpo são ilusões que o tempo dilui.

Outro fenômeno que passou a tomar fôlego na era eletrônica é o denominado sexo virtual. Eclodindo intensamente, como decorrência dos desvarios que a criatura humana passou a se permitir após a revolução dos anos 60, do século passado, o sexo virtual por meio da internet é uma verdadeira aberração. De que forma será uma experiência sexual na qual existem apenas imagens, em vez da presença de um parceiro? Certamente será um processo de ordem exclusivamente mental, redundando no desenvolvimento do hábito da masturbação em substituição ao intercâmbio saudável com outra pessoa.

Por qual motivo deveremos fugir do convívio humano para adotarmos o computador como único meio de relacionamento? Muitos psicólogos e antropólogos por certo justificarão que vivemos num mundo em que o medo de estarmos juntos nos toma de assalto, fazendo com que utilizemos processos de evasão que encontram na internet uma das ferramentas mais apropriadas para isso. Navegando no mundo virtual, o indivíduo tem a oportunidade de dar vazão aos seus conflitos, sem ter que experimentar constrangimentos, uma vez que não contará com a presença física de outra pessoa. No entanto, é de se notar que um indivíduo que assim age não se respeita.

A situação fica mais dramática quando o internauta resolve passar do relacionamento virtual para o relacionamento presencial. São os namoros virtuais que se tornam namoros reais. Neste particular as decepções são inumeráveis, pois as duas formas de relacionamento são muito diferentes.

Desde que o fenômeno do relacionamento virtual surgiu na humanidade, a imprensa mundial relatou incontáveis episódios de pessoas que se tornaram vítimas dos namoros pela internet. Ao se deslocar do espaço virtual para o real, muitos namoros redundaram em casamentos precipitados, levando indivíduos descuidados a vivenciarem pesadelos cruéis, porque ao se casarem, passaram a conviver com portadores de transtornos mentais variados, que nos diálogos pelo computador disfarçavam os seus comportamentos mais abjetos. A partir daí, consumaram-se verdadeiras tragédias...

Se, no relacionamento presencial, nós nos equivocamos tanto e nos tornamos vítimas de pessoas-problema, imaginemos então um relacionamento com pessoas escondidas por detrás da tela de um computador? Grande parte desses indivíduos escreve muito bem e, por isso, são extremamente convincentes, mas não são portadores de sentimentos nobres. Os resultados serão desastrosos.

Eu tinha uma amiga que se apaixonou por um rapaz em uma sala de *bate-papo* virtual. Mantiveram um contato intenso por alguns meses e ambos envolveram-se afetivamente. Trocaram fotos, mensagens, poemas de amor. Dialogaram bastante sobre sua intimidade e acabaram estreitando os laços, surgindo entre eles uma grande cumplicidade.

Até que um dia o rapaz, não suportando mais aquela paixão à distância, prometeu visitá-la em Salvador. Marcaram a data e ela foi ao aeroporto recebê-lo.

O namorado virtual era um jovem de aproximadamente vinte e oito anos de idade, atlético, bronzeado e cheio de vida. Eu tive ocasião de ver algumas fotos dele.

Quando o rapaz chegou e ela se apresentou, ele reagiu com grande surpresa:

— Mas quem é você?

— Eu sou Fulana, sua namorada.

— Mas isso não é possível! Fulana é uma jovem que deve ter uns vinte e sete anos!

— Sou eu sim, meu bem! Vim encontrar você!

— Mas você não é a pessoa das fotografias que eu recebi pela internet!

— Aquelas fotos são minhas sim. É que são de trinta anos atrás.

— E por que você me enviou fotos tão antigas?

— Eu peço que você me desculpe, meu amor. É que eram as únicas que eu tinha.

— Mas você é uma bruxa! Aquela era você há trinta anos? Deus me livre! Até logo!

Ao dizer isso, o jovem deu-lhe as costas e foi-se embora, sem querer trocar nem mais uma palavra com a namorada virtual.

Decepcionada com o acontecimento, dias depois a minha amiga cometeu suicídio, pois a sua frustração afetiva, que já era dolorosa por estar na solidão até a idade madura, sofreu um duro golpe desencadeado pela trágica rejeição.

Em face disso, é perfeitamente compreensível a convivência virtual com outras pessoas, desde que não se transforme na única forma de relacionamento adotada. No plano do relacionamento humano, não renunciemos nunca à nossa afetividade na convivência real, valorizando a presença daqueles que nos fazem bem ao coração.

O sexo virtual é uma das maiores ilusões do ser humano nos tempos atuais.

O abuso, o uso inadequado da sexualidade, levam-nos a assumir responsabilidades muito grandes. Em qualquer situação da vida, nós deveremos utilizar o bom senso para viver com saúde integral. Da mesma forma como temos respeito pelos órgãos da digestão, pelo sentido da visão e por outras funções fisiológicas, o sexo, sendo um órgão que faz parte do santuário do corpo, precisa ser vivenciado com critério e dignidade. Quando agredimos o sistema digestório, adotando uma alimentação excessiva, os órgãos que o compõem apresentam falhas funcionais que causam transtornos como a diarreia e as dores abdominais. Quando abusamos do álcool, temos a tendência natural a desenvolver cirrose hepática. Quando abusamos do cigarro, marchamos inevitavelmente para o enfisema pulmonar.

Assim também, quando abusamos do sexo, corrompemos a sua função, e sofremos as consequências dessa injunção. A AIDS, síndrome que vem apavorando o mundo, é o resultado inevitável da promiscuidade sexual. Não apenas entre os homossexuais, porque está demonstrado que os heterossexuais também a contraem e se tornam instrumentos de contágio para os seus parceiros. É um fenômeno que nos vem convidar a acuradas reflexões.

Até o momento a AIDS é incurável. Uma das maiores dificuldades em encontrar uma cura para a doença é que o vírus HIV sofre mutações. Quando a Ciência produz um medicamento eficaz para interromper o ciclo viral, ocorre uma modificação na estrutura do microorganismo, e ele assume uma nova identidade. Este fenômeno é consequência do desequilíbrio do psiquismo humano que aderiu ao mau uso do sexo. É a mente indisciplinada que induz o vírus a se tornar agressivo ao organismo.

Originalmente havia um tipo de vírus encontrado em macacos africanos, principalmente o macaco verde, uma espécie muito comum no Continente Africano, especialmente no Congo. As mulheres de muitas regiões africanas têm o hábito não recomendável de brincar com os macacos de forma pouco cuidadosa, conduzindo-os no ombro e muitas vezes sendo feridas por eles, dando margem à inoculação do vírus pela corrente sanguínea. Esses animais transmitiam um vírus que causava doenças aos pequeninos seres, mas que era inócuo na espécie humana. Dentro do corpo humano, o vírus sofreu uma mutação e se tornou o atual HIV, responsável pela pandemia que devasta o mundo desde o início dos anos 1980. A princípio, o vírus se proliferava mais rapidamente em alguns grupos de risco; e depois, em indivíduos de qualquer classe ou condição sexual. Os amigos espirituais nos dizem que, devido à promiscuidade sexual, o vírus sofreu a interferência do psiquismo humano e se potencializou para atingir o sistema imunológico, destruindo as células de defesa do organismo. Isto demonstra que há um perfeito inter-relacionamento entre o psíquico e o físico, conforme demonstrado pela psiconeuroimunoendocrinologia, mediante experiências admiráveis realizadas em laboratório, a respeito da imunoglobulina encontrada na saliva.

Portanto, a vida sexual promíscua, a falta de higiene e a mente desorganizada contribuíram para dar ao vírus uma maior resistência.[118]

No início da pandemia, médicos e auxiliares recusaram-se a cuidar dos pacientes soropositivos. No entanto, isso nos faz recordar das pessoas que se dedicaram aos doentes, como Albert Schweitzer, Damião de Veuster e tantos outros. Eram verdadeiros heróis que se entregavam à causa dos antigos leprosos, dos tuberculosos e outros portadores de doenças infectocontagiosas, mas mantinham-se perfeitamente saudáveis, com algumas raras exceções.

[118] Ver *Dias Gloriosos*, de Divaldo Franco/Joanna de Ângelis, Ed. LEAL, cap. 7 (Enfermidades da Alma). Nota do organizador.

Os indivíduos que faziam parte dos chamados grupos de risco passaram a ser considerados os novos leprosos da sociedade. A ignorância ergueu-se para matar alguns, como se fez com os hansenianos na Idade Média. A hipocrisia, em vez de enfrentar a realidade, começou a discriminar as pessoas, que é a melhor forma de manter a sua própria perversão, sob o disfarce do puritanismo. Ser puritano é fácil. Basta ser hipócrita. Ser puro é muito difícil, porque para isso é necessário ser autêntico. Os portadores do vírus se dirigiram para os guetos a fim de evitar a perseguição.

A mente não é o cérebro. A mente é a autora do pensamento, que o cérebro recebe e decodifica. A mente pode viver sem o cérebro, mas o cérebro não pode permanecer lúcido e com as suas funções sem a mente, que é o Espírito imortal. Em momentos de exacerbação do instinto sexual ou do ódio, ficamos vulneráveis e mais suscetíveis a contrair infecções. Na hora em que nos elevamos emocionalmente, em que sorrimos e amamos, adquirimos resistência imunológica contra vários tipos de microrganismos.

Aprendemos com o Evangelho, e reconfirmamos com a Doutrina Espírita, que a nossa sementeira é livre, mas a colheita torna-se-nos compulsória. Assim, o ser humano é o responsável pela atual problemática de natureza pandêmica, ameaçadora e cruel. Embora a gravidade que envolve o problema da AIDS, muitas criaturas ainda permanecem distraídas e insensatas, permitindo-se a promiscuidade sexual e o abuso das drogas injetáveis em grupo, com agulhas contaminadas, na falsa confiança de que não lhes acontecerá a infecção letal. Ao mesmo tempo, governos levianos permitem-se descuidar das análises do sangue, distribuindo-o em condições lastimáveis, assim infectando incontável número de pacientes que se tornam vítimas indefesas.

Nenhum de nós está livre da contaminação. Mas como explicar o caso dos hemofílicos, que foram contaminados em transfusões de sangue, e não em comportamentos de promiscuidade? Qual seria a razão de alguém se contaminar mesmo tendo uma vida saudável? A explicação obedece aos imperativos da Lei de Causa e Efeito.

Se eles não fizeram nada para adquirirem a doença nesta encarnação, a causa desse episódio repousa em vidas anteriores. A tese também é válida para os casos em que uma criança nasce e logo está contaminada.

Portanto, indivíduos que receberam transfusão de sangue e crianças que nasceram com o vírus transmitido pelo organismo da mãe, estão incursos em um problema cármico expiatório. Por outro lado, nos casos daqueles que se infectaram por promiscuidade sexual ou por agulhas compartilhadas no uso de drogas, foram eles que escolheram contrair a doença. Não estava no mapa reencarnatório traçado anteriormente. Trata-se do efeito do seu comportamento atual.

Quando o indivíduo modifica a sua estrutura moral e psíquica para melhor, a sua vida torna-se mais feliz, menos afetada, não somente pela AIDS, mas também por outros fatores destrutivos. Como é uma doença sem cura até este momento, toda terapia que fazemos é de misericórdia, não de esperança em uma recuperação total. Tenho visto que todos os pacientes soropositivos que não assumem o seu estado desencarnam rapidamente. Quando o paciente admite que é portador de um vírus que vai levá-lo à morte e com isso muda de comportamento, ele elabora psiquicamente fatores que sustentam a vida, alongando mais a sua existência.

Portanto, a proposta apresentada pelo mundo espiritual repousa nos alicerces da dignificação do ser e da sua constante transformação para melhor.[119]

O vírus passa por mutações. Toda vez que a Ciência está a ponto de produzir uma vacina eficaz, ele muda a estrutura molecular, e o medicamento perde a eficácia. Mas segundo os benfeitores da Vida Maior, é lícito que acalentemos esperanças para que esses, como outros flagelos que afligem a humanidade, sejam vencidos. No entanto, em razão do próprio atraso do ser humano, que teima em permanecer na ignorância ou na indiferença a respeito das Leis de Deus, a cura da AIDS, por exemplo, não será para breves tempos. Não obstante, já se encontram reencarnados na Terra os missionários encarregados de debelarem esse mal, apresentando, oportunamente, não somente a terapia eficiente para

---

[119] Consultar *Dias Gloriosos*, de Divaldo Franco/Joanna de Ângelis, Ed. LEAL, cap. 3 (Interação Mente Corpo) e cap. 4 (Energia Mental e Vida Saudável). Nota do organizador.

a libertação da grave enfermidade, como também uma vacina para prevenir do seu contágio.

Felizmente, a Medicina conseguiu elaborar medicamentos que controlam a proliferação do vírus, e oferece ao indivíduo soropositivo uma maior sobrevida. Porém, ninguém tenha ilusões quanto a isso.

Periodicamente surgem notícias de pretensas cirurgias mediúnicas que curam a AIDS, induzindo pessoas a não mais procurarem a Ciência médica por se julgarem plenamente recuperadas, o que não deixa de ser uma proposta bastante temerária. A saúde é um patrimônio muito importante para todos! Jamais deveremos descartar os recursos da Medicina. Se desejarmos recorrer a terapias complementares vinculadas a doutrinas espiritualistas, façamos esta opção no intuito de que a doutrina em questão nos faculte um conhecimento superior da vida, que contribuirá para o nosso equilíbrio psicológico na convivência com a doença.

Perguntam-me constantemente se o paciente soropositivo pode aplicar passes na Casa Espírita. Não é recomendável que ele aplique passes na Casa Espírita ou em qualquer outro lugar, pois ele está enfermo, necessitando de ajuda.

Em vez de aplicar passes, uma pessoa portadora do vírus HIV precisa receber essa terapia, que a auxiliará no êxito do seu tratamento médico. Mesmo que a manifestação do vírus esteja sob controle medicamentoso, o paciente soropositivo não deve aplicar as suas energias em um indivíduo que necessita recompor a saúde. Se estamos falando sobre uma transfusão de bioenergia saudável, somente alguém em perfeitas condições fisiológicas poderá candidatar-se à doação das suas forças em benefício de outra pessoa.

Vale considerar que, se não houver uma real transformação moral e espiritual do ser humano, libertando-se desse terrível adversário que é o vírus HIV, os seus atos gerarão outro equivalente, senão pior.

O perigo do contágio é algo que exige muita cautela na hora de se iniciar um vínculo com alguém. Se o indivíduo deseja encerrar um relacionamento e começar outro, não acredite em palavras, mesmo que o seu parceiro alegue que isso significa falta de confiança. Faça o teste de detecção do vírus e peça ao seu parceiro para fazer o mesmo.

Tivemos a oportunidade de ouvir pela NBC, de Nova Iorque, um comentário em que se dizia: "Nos Estados Unidos, como nas grandes nações do mundo, primeiro o indivíduo assumia, para depois saber o nome do parceiro. Agora, não: a AIDS obriga o indivíduo a pedir primeiro a carteira de saúde do outro, para ver se assume ou não a responsabilidade."

Sou daqueles que acreditam que a AIDS é uma doença muito antiga. A partir do final do século XX, fatores psíquicos permitiram que o vírus atingisse a Humanidade em larga escala, conforme já mencionamos. É que, chegando ao extremo da perversão dos nossos sentimentos, pelo barateamento e pela vulgaridade promíscua das nossas emoções, a Divindade nos permite uma forma de reflexão, não como um freio ao exercício do sexo em si mesmo, mas como um apelo ao exercício equilibrado do ato sexual.

A AIDS representa hoje o que foi a lepra no passado da Humanidade. A própria ojeriza que muitas pessoas cultivam em relação aos pacientes soropositivos para o HIV é semelhante à perseguição realizada contra os leprosos. De tal forma essa rejeição é pronunciada, que muitos dizem com ar de superioridade: "Eu nunca vou adoecer de AIDS! Essa doença terrível, eu não a irei contrair jamais!". Quando eu ouço alguém fazer uma declaração tão enfática, é porque o seu inconsciente está rejeitando uma situação que já se encontra instalada. Aí eu acrescento: "Pois se eu fosse você, faria o exame agora mesmo, porque é provável que já esteja com o vírus no organismo".

A AIDS foi anunciada no livro bíblico do Apocalipse, de João Evangelista. O *Cavaleiro Amarelo*, um dos quatro cavaleiros, que é o símbolo da peste, que abrange a AIDS, a bubônica, a lepra, a gripe espanhola e todas as pandemias que devastaram a humanidade como consequência do seu comportamento de afronta às Leis da Vida.

É o momento de pararmos para pensar e reconhecermos que o Espiritismo já chegou à Terra para nos dizer que a vida física é transitória.

Se queremos a felicidade, é possível edificá-la começando aqui e agora, programando o nosso psiquismo, mudando de atitude mental e estabelecendo uma linha de comportamento ético, não desejando aos outros senão aquilo que desejemos para nós próprios.

CARNAVAL

Allan Kardec, quando estudou as Leis Morais, estabeleceu a Lei do Trabalho como uma das mais importantes para a vida. Contudo, o codificador reconheceu que o repouso é um elemento gerador de bem estar.

A criatura humana tem necessidade de espairecimento para renovar as suas energias e vitalizar as suas células. Alegria e repouso são indispensáveis ao equilíbrio do nosso estado psicológico. Nossa harmonia emocional também depende da restauração das forças físicas.

Em uma mensagem que recebi do Espírito Marco Prisco, ele afirma que mudanças de atividade são suficientes para promover repouso e renovação. Para descansar não é necessário entrar em ociosidade ou se entregar a agitações descontroladas. Basta sairmos da rotina e fazermos algo útil, que a reconstituição das forças se processa naturalmente.[120] Isso ocorre, por exemplo, quando interrompemos uma atividade intelectual e nos concentramos em outra que exige esforço físico. Por isso, muitos indivíduos do sexo masculino gostam de reservar em suas casas um espaço semelhante a uma oficina para a realização de trabalhos manuais. Nesse espaço eles esculpem objetos em madeira ou realizam pequenos consertos. Da mesma forma, as mulheres procuram costurar, fazer bordados ou algo equivalente para poderem variar de atividade, deixando de lado por alguns instantes o trabalho habitual exaustivo.

A busca da alegria sempre foi parte integrante da nossa existência.

No passado, em Roma, as tensões do ser humano eram descarregadas no *Circo Máximo*, quando o imperador oferecia alimento e divertimento às massas. Essas práticas se espalharam pelo mundo inteiro, desenvolvendo-se em cada região com as características específicas das culturas locais. Também havia as célebres *Saturnais*, comemorações que se estendiam por uma semana e ocorriam durante o solstício de inverno, no dia mais curto do inverno europeu (25 de dezembro). O evento se tornou conhecido como a festa dos escravos, dedicada aos deuses Saturno e outros.

---

[120] A mensagem encontra-se no livro *Seara do Bem*, de Divaldo Franco/Diversos Espíritos, Ed. LEAL, cap. Lazer. Nota do organizador.

Nessa festa as pessoas se esqueciam de tudo que se refere ao equilíbrio para se dedicarem ao desbordamento do prazer. Era um momento hedonista, do gozo, da beleza e da ausência absoluta de pudor. Os escravos e os senhores eram livres para fazerem o que quisessem. Havia uma promiscuidade tão tremenda, que os cristãos, na fase da História em que a doutrina era permitida pelo Império Romano, procuraram esvaziar as *Saturnais* colocando a data do Natal para 25 de dezembro.

À medida que o Cristianismo se propagou e foi eliminando os excessos de atividades dedicadas aos deuses pagãos, foram criadas as celebrações e as festas populares para substituir as antigas comemorações.

Séculos depois essas festas ganharam outros rumos. Reapareceram em Veneza, nos conhecidos bailes de máscaras, em que uma pessoa, utilizando-se de pequenas máscaras, procurava ocultar a identidade para participar das comemorações. A princípio era uma festa ingênua, com música, encontros e encantos, para depois se transformar em uma ocasião de entrega irrefletida às mais variadas paixões humanas. Surge aí a figura literária do Don Juan, o conquistador barato que retratava os homens sedutores de moças desavisadas, que se lhes entregavam com muita facilidade.

Mais tarde o Carnaval se instalou na Côte d'Azur, na Riviera Francesa, proporcionando experiências de insensatez e promiscuidade muito mais graves.

Em meio a essas comemorações, nasceu uma expressão latina com a seguinte frase: *"A carne nada vale"*. Ao destacar-se a primeira sílaba de cada palavra surge a expressão car-na-val. E a festa foi colocada antes da semana da Páscoa, estendendo-se até a quarta-feira de cinzas, que é uma herança judaica relativa ao mito bíblico da Criação, segundo o qual o homem foi criado do pó da terra e a ele voltará. Aliás, era exatamente para recordar este princípio que muitas pessoas periodicamente se cobriam de pó. São Francisco de Assis, por exemplo, ao sentir a aproximação da morte, pediu que o despissem e o cobrissem de cinzas.

Portanto, essa tradição de que a carne nada vale encontrou no Carnaval o espaço propício para se manifestar. Após as comemorações, as pessoas se arrependiam pelas loucuras cometidas (ou fingiam arrependimento) e recorriam às cinzas para se depurar. Foi a Igreja Cristã primiti-

DIVALDO FRANCO

va que criou a Quarta-feira de cinzas, cujo símbolo eram os ramos verdes que recordavam a entrada triunfal do Cristo em Jerusalém. Os ramos eram queimados, transformados em pó e utilizados para fazer o sinal da cruz na testa daqueles que participavam das suas crenças, garantindo assim o perdão total às alucinações praticadas no período carnavalesco.

Trazido pelos portugueses e pelos espanhóis, o Carnaval chegou ao Continente Americano, recebendo também a contribuição da cultura negra trazida pelos escravos africanos, que lhe acrescentaram a sensualidade do batuque, com seu ritmo que induz ao transe para experimentar o prazer das sensações mais grosseiras.

No Brasil, a contribuição dos portugueses foi particularmente significativa. Eles trouxeram uma forma de comemoração denominada *Entrudo*, de lamentável recordação. Nessa festividade, as pessoas atiravam umas nas outras todo tipo de substâncias que pudessem sujá-las, inclusive dejetos humanos, em uma imundície que proporcionava problemas de saúde e que inutilmente foi combatida pelas autoridades. A cidade passava a ter odores pútridos em toda parte.

Ao lado do Entrudo na via pública, havia também festas em clubes e ambientes fechados. Logo depois surgiram os concursos de fantasias, em que se podia exibir a riqueza da imaginação e da arte. E lentamente as formas iniciais de comemoração foram assumindo a configuração atual do Carnaval, quando os foliões prestam homenagem ao deus Momo, o deus-prazer. Esta simbologia é muita curiosa. A cada ano é eleito um rei Momo (primeiro, único e último) que assume o posto de comandante simbólico das festividades. Ele é celebrizado pela sua obesidade e ociosidade porque no passado a gordura significava boa alimentação, saúde e projeção social. Somente no século XX é que a Ciência detectou os inúmeros malefícios à saúde que a obesidade pode provocar, e já se elegem os magros...

Desta forma, o Carnaval assumiu a feição de grande bacanal, a celebração do deus Baco, o deus do vinho, da embriaguez e do prazer, segundo a mitologia grega. E tornou-se uma genuína tragédia do cotidiano. O Carnaval nos faz retroceder ao primitivismo, quando acessamos vícios soterrados em nosso inconsciente.

Eu me surpreendo quando vejo que em lugar de utilizar-se os dias de Carnaval para o refazimento das forças, as pessoas valem-se do período para a entrega às extravagâncias da sensualidade. Também me causa espanto testemunhar as autoridades governamentais distribuindo preservativos em todas as esquinas das cidades em que o Carnaval se intensifica, quando deveriam distribuir material de educação sexual. Agindo desta forma, os governantes estão contribuindo para que o Carnaval tenha como finalidade precípua o erotismo, em vez do repouso e do divertimento.

Quando vejo as pessoas desfilando nuas no Carnaval percebo que a estimulação ao erotismo resulta do excesso de exposição do corpo e da intimidade, que vai aos poucos produzindo a deterioração do prazer sexual saudável, uma vez que tudo aquilo que é muito exibido e muito visto, desgasta o registro sensorial e perde o encantamento. Com o passar do tempo, os indivíduos ficam insensíveis à excitação sexual natural e recorrem às drogas para se estimularem, conforme já referido, afetando as funções biológicas que deveriam ser exercidas sem artificialidades.

A sensualidade sempre esteve presente desde as manifestações iniciais do Carnaval. Normalmente era algo mais insinuante do que explícito. A nudez denominada hoje de nu artístico, provocante e sem a menor cerimônia, é uma expressão comportamental recente, porque muitos homens e mulheres abandonaram completamente o bom-senso. O problema não está na apresentação do nu em si. O problema está em exibir o corpo em atitudes vulgares, que denotam que a pessoa não se valoriza, que perdeu o respeito por si mesma. Aliás, excetuando-se os indivíduos atormentados, a ruptura total do pudor provoca até um certo asco nas pessoas equilibradas, como consequência do largo processo de civilização, de ética e de cultura que influenciam a nossa estrutura psicológica. Equivale a dizer que um choque repentino de erotismo exacerbado nos perturba porque confronta com os valores de equilíbrio que já construímos ao longo da História. Já não necessitamos de tantas sensações agressivas, relativas ao primitivismo que dominava o nosso passado antropológico. Essas sensações se transformaram e assumiram outra feição, principalmente no que diz respeito ao sexo, que hoje pode ser vivenciado com afetividade e consciência, sem o assalto pelo prazer imediato, fugaz e destituído de sentido.

A exposição excessiva dos corpos tem repercussões deletérias para o indivíduo. O corpo é muito transitório, por mais belo ou dotado de próteses que ele seja. Por mais que tenha sido submetido a cirurgias para torná-lo atraente, termina por decair. É lógico que os recursos da Medicina estética podem ser utilizados para que a pessoa se sinta bem e esteja feliz. Contudo, quando esses recursos são empregados exclusivamente para o erotismo, a estimulação visual desencadeia nos seus admiradores ondas mentais de desejo que vão invadir a estrutura fisiopsíquica do homem ou da mulher, causando-lhes prejuízos na saúde, produzindo, depois de certo tempo, transtornos sexuais como a frigidez ou a impotência. Os danos à função sexual farão com que esses indivíduos procurem as drogas para regularizar o organismo, estabelecendo ligações com Espíritos obsessores que se lhes acoplam. Ao desencarnar, esses atormentados do sexo prosseguem sendo vampirizados, como vítimas de si mesmos e dos seres que sintonizaram na mesma frequência mental. São cenas dantescas que normalmente evito descrever para não criar imagens perturbadoras na mente das pessoas.

Certo dia eu perguntei aos amigos espirituais até que ponto iríamos suportar o sexo corrompido e vulgar. Eles me contestaram, informando que chegaria um ponto em que ocorreria uma saturação. Quando vemos o triunfo do sadomasoquismo, das drogas estimulantes e outras aberrações, significa que o sexo em si mesmo foi subtraído das suas finalidades. Em alguns segmentos sociais, o sexo natural, defluente do amor, cedeu lugar a esses descalabros, que já nos estão fazendo pensar em voltar aos tempos da afetividade. Daí, a Humanidade vai começar a sentir saudades do namoro, do sorriso, do aperto de mão, da relação sexual enriquecida pela amizade entre os parceiros, adornada pela atitude gentil e enobrecedora. Portanto, chegaremos ao máximo, às culminâncias do absurdo, para logo depois fazermos o movimento de retorno, inclusive voltando aos carnavais mais ingênuos que tinham lugar em alguns grupos sociais do passado, divertindo-nos sem mergulharmos na alucinação sexual.

O crescimento do Carnaval é um fenômeno peculiar. Anteriormente a festa durava apenas três dias. Alguns foliões que exageravam nas comemorações eram presos e somente liberados na quarta-feira de cinzas. Por isso, muitas pessoas começaram a ir, nas quartas-feiras, para as portas dos presídios ou delegacias, tencionando recepcionar os que ganhavam liberdade nesse dia. Em consequência, o Carnaval ganhou mais um dia. Com a introdução da coroação do Rei Momo, na quinta-feira que antecede a comemoração propriamente dita, o Carnaval ganhou mais dois dias e se ampliou novamente.

Se observarmos sob o ponto de vista da cultura popular, seremos forçados a admitir que existem desfiles belíssimos em algumas festas de Carnaval. Certos desfiles são espetáculos de beleza, de Arte e de História, em que grandes compositores populares e artistas plásticos exibem trabalhos dignos dos maiores artistas da Humanidade. Se a comemoração se detivesse nesses aspectos, tudo seria diferente. O grande problema é que o ser humano acaba desviando os objetivos do Carnaval para o sexo irresponsável e promíscuo.

Adicionemos a isso o aumento exponencial da violência. Os indivíduos põem para fora a sua destrutividade, sua intenção de contaminar os outros com atitudes mesquinhas. O número de assaltos, estupros, assassinatos e outras agressões é alarmante, sobretudo, naquelas massas humanas que acompanham desprevenidas o desfile dos grupos carnavalescos. Muitos indivíduos se reprimem o ano inteiro para assumirem a sua realidade psicológica no Carnaval. E, por isso na verdade eles permanecem mascarados por 360 dias, revelando em apenas cinco dias o que realmente são.

Tudo isso é estarrecedor! Em vez do Carnaval ser uma festa que renove as energias, que prepare o indivíduo para enfrentar com disposição as suas atividades diárias, a comemoração torna-se uma ocasião em que a pessoa se compromete espiritualmente de forma negativa. A exceção fica por conta dos que procuram as praias, os hotéis-fazendas e os lugares tranquilos do interior para um justo refazimento. Por isso, nas expressões da psicanálise o Carnaval transformou-se em uma manifestação de *Tanatus*, a pulsão de morte que existe dentro de todo ser humano.

Quando termina o período carnavalesco, continua presente no psiquismo do indivíduo aquela ilusão dos dias que se passaram. Não sabendo discernir uma coisa da outra, a pessoa tenta converter os demais dias do ano em um permanente Carnaval, como se a vida fosse constituída apenas de prazer. Isso sem mencionarmos os efeitos danosos da festança, além das doenças que já enfocamos: a gravidez indesejada, o despertar da consciência, o arrependimento, o transtorno emocional e as obsessões provocadas pelos Espíritos que se utilizaram daqueles dias de atitude irrefletida para perturbar o equilíbrio psicofísico das suas vítimas. Sem contar com o abandono afetivo, pois muitas pessoas cultivam a ilusão de que encontraram alguém para a toda a vida em uma esquina ou em um baile, e acabam descobrindo que foram somente usadas por uma companhia que desejava alguns instantes de prazer, sem nenhum vínculo posterior.

O Espírito é o comandante em tudo que se faz. É necessário conservarmos a mente pacificada, ao mesmo tempo em que é indispensável valorizarmos o nosso corpo físico, que é o receptáculo sagrado no qual vivenciamos a nossa reencarnação.

No ano de 1982, eu psicografei um livro chamado *Nas Fronteiras da Loucura*, ditado pelo Espírito Manuel Philomeno de Miranda. A obra estuda profundamente o Carnaval da cidade do Rio de Janeiro em 1968, quando um grupo de Espíritos nobres, capitaneados pelo Dr. Bezerra de Menezes, desenvolveram um trabalho de socorro às vítimas do Carnaval, tanto as encarnadas quanto as desencarnadas. A psicosfera na cidade era terrível. Os desencarnados em estado de primarismo se utilizavam de vibriões mentais das pessoas e passavam a alimentar-se com essas emanações psíquicas. Logo depois, quando o indivíduo vai perdendo o equilíbrio, entra em faixas de grande perturbação. E esses Espíritos insanos praticamente se lhes apossam, atirando-os em processos que Allan Kardec denomina como de subjugação. São vítimas espontâneas que passam a viver entre os dois mundos. Daí porque os gozadores estão sempre frustrados, pois foram instrumentos de outros gozadores que os utilizaram. Estando no corpo físico, os adeptos do Carnaval desfrutam ao máximo do prazer, vivenciando situações em que se contaminam com doenças sexualmente transmissíveis, como a AIDS e a sífilis, que dizimam populações inteiras pelo mundo. Por outro lado, entidades perturbadas e vampirizadoras as utilizam para exauri-las, podendo assim experimentar as mesmas sensações que lhes agradavam quando estavam na Terra.

Os mentores da Vida Maior, preocupados com essas ocorrências, têm-se empenhado em criar lugares para atender aos encarnados que se deixam dominar por essas fantasias vampirescas, imiscuindo-se com as entidades perversas do mundo espiritual. Elas se conectam às mentes humanas indisciplinadas e extraem as suas forças fisiopsíquicas, atirando-as aos calabouços da insensatez. São requisitados milhares de Espíritos generosos que desejam servir para auxiliar as vítimas do desvario. Não são todos necessariamente entidades elevadas, mas são seres de boa vontade, orientados a inspirar aqueles que se envolvem em menos situações lamentáveis, em menos abusos. Esses desencarnados reconfortam, socorrem vítimas e trabalham em favor dos que desencarnam nesse período. Ainda prestam auxílio aos Espíritos que influenciam negativamente as pessoas, por malícia ou mesmo por ignorância, acreditando-se ainda encarnados. Esses seres benevolentes socorrem os Espíritos enfermos, oferecem-lhes a terapia do diálogo e levam-nos aos postos de socorro onde são atendidos. Com tais acertadas medidas os benfeitores diminuem a intensidade mórbida dos processos obsessivos.

Se, com todo esse socorro, ainda vemos resultados funestos, imaginemos se não houvesse a abnegação dessas entidades de boa vontade sob a direção dos nobres guias da humanidade!

A oração é uma medida fundamental para acelerar a diluição dos prejuízos ocorridos no período carnavalesco. Após o encerramento das festividades, seria ideal que construíssemos uma barreira vibratória do Bem para impedir que essa contaminação mental prosseguisse por vários dias na psicosfera terrestre.

Durante o Carnaval, as obsessões ficam mais frequentes porque as pessoas estão mais receptivas. A maioria pensa que a vida é um Carnaval, ignorando completamente que aqueles dias vão passar. Elas permanecem embaladas na ilusão e mantém uma conexão com os Espíritos que lhes são afins, dando lugar a processos obsessivos de difícil solução. Isso ocorre porque algumas vezes os encarnados sentem falta dos parceiros sexuais que foram apenas momentâneos. E, para compensar a falta, o seu psiquismo atrai companhias fora do corpo físico para estarem ao seu lado. Outras vezes, a fixação nas ideias eróticas não está relacionada a um parceiro específico, mas permite que a entidade vampirizadora possa introjetar na mente de sua vítima o desejo veemente, explorando as energias do desavisado que acaba por tombar em um estado de obsessão grave.

Nos lares que abrem suas portas para os festejos de Momo, há um risco das entidades inferiores se alojarem no ambiente doméstico. As mentes encarnadas retêm os seres invisíveis através das recordações do prazer que foi fruído e dos desejos que não foram atendidos. As lembranças passam a fazer parte da agenda diária de cada um. O indivíduo vai deitar-se à noite e fica elucubrando, em um verdadeiro diálogo com a entidade que lhe está imantada. E quando se desliga parcialmente pelo sono, ela o arrasta para regiões espirituais inferiores onde existem carnavais de pior procedência, conforme já esclarecemos nos comentários sobre o livro *Sexo e Obsessão*. Eu estive num desses lugares, desdobrado e levado pelos benfeitores, ocasião em que testemunhei cenas dantescas que se desenrolam em nome da atual alucinação sexual. E só não fiquei horrorizado porque fui preparado para olhar tudo com muita compaixão. Na bacanal organizada por esses Espíritos inferiores eu encontrei pessoas conhecidas da sociedade. Quando eles voltam ao corpo no dia seguinte, estão exaustos porque as energias saudáveis desapareceram. Como consequência dessa incursão ao mundo espiritual inferior, a obsessão está instalada.

Conforme já dissemos, esses seres do Além permanecem no ambiente doméstico e atraem outros Espíritos exploradores, pois eles, assim como qualquer um de nós, possuem grupos de amigos aos quais dizem: "Vamos para aquela casa porque lá o ambiente nos é propício!".

Como se pode notar, essa infestação espiritual acontece porque o intercâmbio psíquico nutriente é muito bom, resultando em consequências devastadoras para a família.

O Brasil convive com o paradoxo de ser considerado a *Pátria do Evangelho,* e ao mesmo tempo dar testemunho do seu apego a essas velhas práticas de insensatez. Isso se explica porque ainda não chegou o grande momento da espiritualização daqueles que habitamos o solo brasileiro.

O Carnaval tem sido exportado para muitos países dos Continentes americano e europeu. Nos lugares onde existe uma população expressiva de brasileiros, são realizadas festas de Carnaval nos moldes utilizados no Brasil.

Certa vez, realizou-se um Carnaval com elevado contingente de pessoas em Zurique, na Suíça. Por coincidência eu estava na cidade para ministrar um seminário. O que me chamou a atenção é que os habitantes de países economicamente desenvolvidos olham aquela manifestação popular com certo desprezo, considerando que se trata de algo exótico, uma herança tribal primitiva sul-americana tentando invadir a Europa. Quando interrogados, eles afirmam que gostam e que acham interessante. Mas, no fundo, consideram aquele movimento muito estranho, já que não faz parte da sua cultura. E os brasileiros, que pensam estar prestando um grande serviço para a divulgação do nosso país, estão na realidade apresentando o lado menos nobre da nossa cultura. Não poderia ser diferente, na medida em que as pessoas que participam das festividades se mostram seminuas, em atitudes grosseiras e dançando músicas de conteúdo dúbio, que trazem insinuações sexuais. E embora o Carnaval não seja uma comemoração adotada por toda a comunidade brasileira nessas cidades, acaba generalizando-se a imagem de que se trata de algo a que todos nós aderimos, principalmente as mentes jovens e menos equipadas de maturidade, que se encontram ricas de adrenalina e desejam dar vazão aos excessos de energia.

É difícil ocorrer uma mudança de comportamento durante o período carnavalesco porque existem muitos interesses econômicos em jogo, responsáveis pelo incentivo para que os foliões desfrutem do prazer sem controle. No entanto, depois que essa época passar, haverá outros tipos de interesse econômico, em novas formulações. Um dos estímulos para isso é que as cidades estão dando sinais de que não suportam mais os transtornos provocados pelas festas de Carnaval. Alguns moradores estão reagindo ao incômodo provocado pela promiscuidade e pela poluição de todos os tipos. As pessoas que residem nos locais em que a festa se desenrola ficam durante uma semana inteira sem poder dormir. E não é possível que se cultive uma liberdade pública capaz de interromper a vida de uma cidade por uma semana inteira. Isso provoca um cansaço e um aborrecimento evidentes na população.

Em muitos lugares do Brasil e da América Latina, vemos festas de Carnaval que arrastam milhões de criaturas à via pública, em cidades muitas vezes com uma capacidade populacional reduzida. As ruas e avenidas transformam-se em lugares de promiscuidade e atitudes anti-higiênicas, que obrigam as autoridades locais a um trabalho multiplicado de limpeza urbana, como se ainda estivéssemos na Idade Média, tal o horror que toma conta do espaço público. Imaginemos dois milhões de foliões se deslocando e produzindo sujeira de todos os tipos (bebidas alcoólicas, resíduos de drogas e dejetos humanos) por um trajeto de quase vinte quilômetros. Qual a cidade que suporta isso? É o que acontece no Carnaval de Salvador, por exemplo.

Algumas comunidades que mantém a festa de Momo, patrocinando desfiles e exibições diversas, afirmam que o benefício financeiro trazido pelo Carnaval justifica a sua existência, sem se darem conta de todos os prejuízos espirituais que nós já analisamos. Além disso, deveremos entender que o alegado benefício financeiro é ilusório. No Carnaval, muitas pessoas gastam dinheiro na mesma proporção do lucro que obtêm. Há cidadãos que conseguem trabalho temporário e ficam iludidos com um bom salário, que cinco dias depois será interrompido. Outros tomam dinheiro emprestado ou furtam para participar de desfiles e festas nesse período, pois não têm condições de patrocinar o seu próprio divertimento. Esses fatores comprovam que as vantagens econômicas tão alardeadas constituem uma quimera, uma utopia atraente que mascara momentaneamente a miséria da maioria.

Ainda poderemos adicionar uma importante consequência do período carnavalesco. Como a pessoa trabalhou, ganhou algum dinheiro e se divertiu durante poucos dias, o encerramento do Carnaval traz consigo a realidade, a frustração e a mágoa. E tendo-se acostumado com o dinheiro e as emoções experimentadas intensamente, dificilmente o indivíduo se ajusta novamente a uma vida normal, tranquila e serena, o que o induzirá a buscar a qualquer preço os recursos de que não dispõe, favorecendo o crescimento da violência urbana.

Em consequência, poderemos indagar: a quem o Carnaval mais beneficia? Aos grandes executivos, aos colarinhos brancos, àqueles que ficam escondidos em seus gabinetes planejando a festa para as massas, ou àqueles que ficam nos camarotes de altíssimo custo, com todo conforto, para receberem artistas famosos, que também apreciam tais situações para se manterem em evidência na mídia. É todo um jogo de interesses subalternos sem nenhum respeito pela maioria da população, com as exceções naturais. Mas, genericamente falando, estimular o Carnaval tem significado promover uma bacanal pública em que ninguém respeita nem tem compromisso com ninguém.

Portanto, que deveremos fazer nos dias do Carnaval? Nós, os espíritas, temos diversas sugestões para aproveitar o período. Aliás, não precisa ser espírita para chegar a essa conclusão. Qualquer pessoa de bom senso pode perfeitamente tomar a mesma decisão. Vamos utilizar esses dias para uma boa leitura, para meditar, para visitar pessoas enfermas, para conviver com a família e reestruturar planos, para reavaliar projetos pessoais. Se a pessoa tem uma confissão religiosa, poderá aproveitar a oportunidade e fazer um retiro com os companheiros de ideal.

Naturalmente poderemos utilizar o Carnaval para ir a festas ou bailes. Não é o Carnaval em si que traz consequências negativas, é o comportamento do indivíduo no Carnaval que pode prejudicá-lo. O fato de alguém isolar-se do convívio social não lhe garante paz interior. Um ermitão, aquele indivíduo que procura afastar-se do mundo e viver isolado de todos, pode estar atormentado pelos conflitos do sexo.

Um dos primeiros santos cristãos, Santo Antão, era um jovem egípcio que se fascinou pela mensagem de Jesus. Certo dia, sendo ele proprietário de grandes terras, viu uma escrava com o busto despido e aquilo lhe despertou o desejo. Ele ficou erotizado por aquele corpo escultural da mulher negra e se perturbou profundamente. À medida que se dedicou ao Cristianismo, decidiu ir para o deserto, ao Monte Pispir, onde se entregou a profundas meditações. Apesar do retiro, ele se dizia visitado por forças demoníacas que sempre o atormentavam com a imagem da jovem escrava. Por isso, ele se atirava sobre espinhos para se ferir e se libertar dos tormentos da carne. Sabemos hoje que o caminho para uma boa educação sexual não é o sacrifício do corpo, as punições que se impõem à matéria, porque não é ela a responsável pela ausência de paz, é o espírito que carrega viciações mentais. E a Psicologia explica que essas forças provêm do inconsciente do jovem, que ainda não haja superado os antigos impulsos para a vivência do sexo atormentado.

Desta forma, o Carnaval em si mesmo não é o responsável pelos abusos a que o ser se entrega. Mas sem dúvida, o clima moral e psíquico que existe nesse período favorece o comportamento alucinado e a perda do autocontrole, que encontram campo fértil nas oportunidades que são colocadas na bandeja do prazer. Poderemos perfeitamente, tomando certos cuidados, visitar lugares em que ocorram desfiles ou nos quais ouçamos uma música que nos agrade, que nos faça espairecer. O problema é quando a nossa conduta mental e moral nos faz assumir compromissos negativos com a vida, para depois do Carnaval colocarmos a máscara de hipocrisia social e de puritanismo.

Os nossos jovens da Mansão do Caminho, que são em número superior a duzentos, todos os anos se reúnem no Carnaval em nossa Instituição Espírita. Eles chegam no sábado de Carnaval e ficam conosco durante o período carnavalesco, ocasião em que estudam, fazem jogos, brincadeiras e estabelecem novos laços de amizade. Afinal, eles são jovens, necessitando do convívio saudável com pessoas da mesma faixa etária, dentro de padrões éticos que previnam algum exagero que esse ou aquele pretenda permitir-se. Pessoas mais experientes fazem o papel de orientadores para que o encontro transcorra em harmonia, com jovialidade e um clima de aprendizado para todos. Também trazemos indivíduos especializados no trabalho com a juventude para que conduzam as atividades de aprofundamento no conhecimento espírita. São trabalhados temas relativos ao cotidiano, como a sexualidade, a dependência química, a violência urbana e outros fatores que afetam a sociedade.

Eventos como esse podem ser destinados a jovens e adultos, como existem em inúmeras instituições que visitei. Nessas ocasiões são apresentados corais, jograis, peças teatrais, exposições artísticas. Porque a cultura é um meio eficiente para o desenvolvimento dos sentimentos. Algumas instituições federativas estaduais do Brasil realizam labores simultâneos em vários polos de seus respectivos estados, para que todos possam experimentar a alegria desses dias de refazimento.

Se alguém desejar utilizar o Carnaval para festejar, será recomendável que organize uma pequena festa para poucos amigos. Momentos assim podem ser muito agradáveis. As pessoas se reúnem em pequenos grupos e vão para fazendas, para propriedades rurais ou clubes frequentados por indivíduos do seu convívio social, quando pais levam os filhos para se divertirem com outras crianças ou adolescentes já conhecidos.

Um especial cuidado deve ser tomado para não permitir que os nossos filhos sejam imitações bizarras daqueles modelos que se apresentam em diversos veículos da mídia. Isso é muito comum com as meninas, quando as mães projetam seus conflitos e suas frustrações sexuais sobre as filhas. Já que elas não puderam aderir à imagem de mulheres seminuas e vulgares, por repressão familiar ou outros fatores, decidem transferir para as filhas o desejo não realizado, torpedeando precocemente os sentimentos infantis.

Se nossos filhos insistirem em sair um pouco, seja para ver apresentações na via pública ou para brincar um pouco na festa de um amigo, deveremos ir com eles. Somente assim teremos a certeza de que estará tudo bem, para que um lazer de jovens e adolescentes imaturos não se transforme em um encontro sexual de consequências imprevisíveis, quando a festa atinge altas horas da noite e as luzes são apagadas, abrindo espaços para que a juventude se entregue à promiscuidade e experimente uma forma de prostituição disfarçada. E se os filhos reagirem à nossa decisão de acompanhá-los, digamos-lhes: "Eu sou seu educador. Aonde *você vai*, eu vou também". Eles poderão refutar, dizendo-nos: "Mas eu quero ir com a turma, com meus amigos!". E nós poderemos completar: "Então você está dizendo que eu não tenho nenhuma amizade por você? É exatamente porque lhe quero bem que eu irei acompanhá-lo e fazer parte da sua turma!".

A liberação precoce, quando permitimos aos nossos filhos uma autossuficiência que eles não têm, é responsável pelas dificuldades enfrentadas em momentos como esse, nos quais, os filhos não desejam a presença do pai, da mãe ou de qualquer outro parente, pois eles pretendem jogar-se, arrebentar-se na festa, seja qual for, como fazem os seus amigos. Esse é sintoma de que está faltando a educação no lar, que não deve ser repressiva, mas orientadora, firme e vigilante.

Portanto, sejamos pessoas normais, alegres e joviais. Mas continuemos a trabalhar as imperfeições para atender ao nosso projeto de evolução. Allan Kardec já nos dizia que o verdadeiro espírita deve dedicar-se a superar as suas más inclinações, que podem emergir de épocas recuadas ou da vida atual mesmo. O indivíduo que se torna espírita somente na vida adulta, por exemplo, muitas vezes tem um longo caminho a percorrer para se libertar dos vícios que fizeram parte da sua juventude e estão impregnados em seu psiquismo... Se ele conhece bem a própria intimidade, sabe que pode vir a ceder a esses convites que durante muito tempo eram naturais em seu cotidiano.

O conceito de que a carne nada vale deveria ser substituído pelo princípio de que o corpo é o veículo da nossa sublimação. Temos necessidade de nos divertir, de festejar e de espairecer, pois tudo isso faz parte do nosso dia a dia. Não é proibido ser feliz, muito menos ser alegre, mas precisamos trabalhar profundamente para que o Carnaval tenha outro significado em nossa sociedade.

Sexo e questões de gênero

A maioria dos homens busca o ato sexual com interesse exclusivo no prazer que ele proporciona. Para as mulheres o que prevalece é a ternura, fazendo com que elas, de uma forma geral, precisem estar afetivamente envolvidas com o parceiro.

É interessante notar que essas diferenças se manifestam mesmo que nós saibamos que os Espíritos, na essência que os caracteriza, são assexuados, já que existem diversos componentes que influenciam a eclosão dessas diferenças de gênero.

Cada individualidade é o resultado do largo processo antropos-sociopsicológico da evolução humana. Nesse desenvolvimento, em sua dimensão mais biológica, existem instintos básicos que levam o ser a expressar determinados comportamentos, pois, quando o Espírito encarna, sofre o impacto dos impositivos do corpo. Os instintos a que me refiro são a *procura por alimentos*, o *repouso* pelo sono e a *reprodução* da espécie. Esta última necessidade impele a criatura a buscar o conúbio sexual.

No fenômeno da reprodução, que é acompanhado pela sensação do prazer, o indivíduo que seja um pouco mais materializado, porque ainda não alcançou patamares mais elevados da evolução, começa a supervalorizar o prazer e a menosprezar qualquer outro aspecto que o ato sexual possa envolver. Vamos explicar melhor a tese.

Nos primeiros instantes em que homens e mulheres na fase adolescente se buscam para estabelecer relacionamentos, estão impulsionados pela curiosidade, pelos mitos que o sexo carrega, pelos comentários que ouviram de pessoas mais velhas ou da mesma idade, que muitas vezes constituem informações verdadeiramente escabrosas. Depois que adquirem discernimento e se apropriam definitivamente da experiência sexual, os mitos caem por terra e eles se preocupam apenas em manter relações que lhes deem prazer, sem maiores responsabilidades. Nessa trajetória de descobertas, é possível que o indivíduo permaneça por um longo período à procura exclusiva do gozo, das sensações sexuais desprovidas de afetividade.

Por isso, em face da produção hormonal masculina, que lhe confere uma característica de força física, de vigor e de pretenso poder, muitos homens optam facilmente pela manutenção desta forma ainda primitiva de relacionamento destituído de sentimentos, uma forma mais *agressiva*, no sentido biológico e evolutivo da palavra. Ou seja, significa um comportamento animal em busca da satisfação.

Enquanto isso, a maioria das mulheres, cujos hormônios lhes permitem desenvolver a ternura, o altruísmo e o estabelecimento de vínculos afetivos, necessita de outros estímulos para que o seu desejo seja despertado e para que atinjam o orgasmo.

Ao lado das questões biológicas emocionais e evolutivas mencionadas, identificamos igualmente fatores culturais que contribuem para o quadro esboçado. Vemos o erotismo exacerbado manifestando-se na sociedade por intermédio de pessoas que exercem profissionalmente o sexo, interessadas unicamente no dinheiro e sem experimentarem o prazer ou o compromisso afetivo. Infelizmente esta proposta de vivência vulgar do sexo faz-se presente na grande maioria das situações por mulheres insensatas, que denigrem a imagem da delicadeza e da ternura femininas.

A cultura contemporânea é essencialmente erótica, ocasionando a deterioração gradual da afetividade. Como as pessoas estão preocupadas em aderir aos padrões sociais da modernidade, elas se dispõem a renunciar aos seus sentimentos para se adequarem ao meio em que se inserem, o que lhes produz terríveis conflitos sexuais, afetivos e existenciais.

As mulheres parecem sofrer mais intensamente os danos causados por esse comportamento permissivo de oferta de prazer sem vínculos profundos, pois como o ser feminino é genericamente mais sensível, necessitaria de um parceiro que a amasse, em vez de um companheiro que se preocupa apenas com o seu próprio prazer egoísta. Ela necessita, antes de tudo, da satisfação da convivência, até que as carícias que se seguem permitam-lhe a plenitude. Uma vez que lhe falta essa forma mais profunda de complementação, muitas mulheres apresentam dificuldades em sentir prazer na comunhão sexual.

Quando existe o amor, existe também a compreensão com as necessidades e carências do parceiro. Mas quando o amor não tem vigência na relação, a intimidade torna-se empobrecida e vulgar, mesmo quando praticada por pessoas que se autodenominam parceiros conjugais.

Muitos casamentos se desfazem exatamente porque o ser masculino tem uma tendência a experimentar o prazer mais imediato, enquanto o ser feminino normalmente necessita de outros ingredientes para completar-se, o que se explica pela sua estrutura emocional mais refinada.

Muitas vezes um indivíduo de sentimentos brutalizados, que teve uma vida de solteiro permeada por relações vulgares, pensa exclusivamente no seu prazer. Com isso ele não permite que a companheira também o experimente. Ele se desincumbe da tarefa, dá as costas e vira para o outro lado, sem nem ao menos perguntar como a companheira se sente. E a mulher fica frustrada... O que ele deveria fazer é acariciar-lhe a cabeça, dar-lhe a mão e olhar o seu rosto com ternura, para que o casal experimente a felicidade da relação íntima. Esses são gestos de gratidão, equivalem a dizer à parceira: "Muito obrigado por você existir!".

O cinema popularizou a expressão: *"Antes um uísque, depois um cigarro"*. É o tipo de cena que se viu muitas vezes nas telonas do século XX. Mas por que é necessário consumir álcool para ter relações sexuais? Para criar coragem? Para perder o senso e a direção de si mesmo? Mais do que nunca, a intimidade sexual é o momento de manter a lucidez, que contribuirá para que o fenômeno esteja impregnado de afetividade. E por isso, os relacionamentos são quase todos frustrantes, já que são recheados de erotismo e destituídos de sentimento.

É uma herança terrível do machismo que até hoje perdura em muitas religiões. Em algumas culturas, ainda vemos a mulher ser submetida à cirurgia amputadora, a fim de que não sinta prazer. A visão nova que precisamos fortalecer é uma concepção igualitária, na qual a mulher tem o direito de realizar-se ao lado do seu parceiro, dizendo-lhe o que lhe apraz e o que lhe desagrada, a fim de que não se torne um objeto descartável nas mãos dele.

Cabe aqui um alerta. Se desejarmos colaborar com um casal que tem dificuldades de convivência, tenhamos muito cuidado para não interferir de forma indevida no relacionamento conjugal, porque ninguém pode imaginar os conflitos pessoais que influenciam a vida íntima do par.

Até hoje muitas mulheres, no seu relacionamento conjugal, continuam *mentalmente castradas*, com vergonha de demonstrar ao companheiro que sentem prazer. Elas incutiram na mente a satisfação íntima como sendo imoral para o ser feminino. Ao homem são reservados todos os direitos de fazer o que desejar, enquanto à mulher só resta o cumprimento dos compromissos domésticos.

Quando surgiu a libertação das mulheres, nos anos 1960/70, muitas delas acabaram enveredando por um caminho equivocado. Sob o pretexto de usufruírem de seus direitos, uma parcela expressiva do contingente feminino passou a competir com o homem, no que ele tem de mais negativo, uma decisão infeliz que denuncia um alto grau de imaturidade psicológica. Feminismo não é competição machista, é autoidentificação de valores. Vejo mulheres que optam por se masculinizar e se transformam em figuras esdrúxulas, desenvolvendo um comportamento sexual claro-escuro, ambíguo. Encontramos homens e mulheres cuja estrutura fisiopsíquica denota um transtorno profundo. São tipos neutros, sem definição nítida do seu perfil psicológico e apresentando uma conduta aberrante. Respeitamos a todos, mas lamentamos essas formas de expressão que decorrem da ausência de maturidade psíquica.

Dentro desse panorama da vulgarização do feminismo, constatamos que a mulher passou a fumar publicamente, como *glamour*, graças à atriz Bette Davis, que fumou pela primeira vez no cinema e inspirou muitas no mundo inteiro, que acharam elegante vê-la tragar na tela. E a mulher passou a cultivar vícios e transtornos de comportamento que antes só pertenciam à masculinidade. No entanto, do ponto de vista fisiológico, o homem é mais resistente a essas agressões ao corpo do que o ser feminino. Por mais que a mulher queira masculinizar-se, continuará com as características específicas do gênero a que pertence, o que é uma bênção, porque ela pode desenvolver o sentimento de ternura que só a maternidade expressa com tanta profundidade.

Em suma, cada um deve exercer o papel correspondente ao seu gênero. E se afirmamos que ser homem não é ser brutal e agressivo, ser mulher também não é tornar-se erótica e sem respeito pela própria imagem, mas vivenciar um sentimento de doçura e "fragilidade" que é mais forte do que todas as forças...

Quando a mulher engravida, sofre muitas modificações fisiológicas, afetivas e emocionais. Alguns homens revelam dificuldade em compreender este processo, ocasionando desentendimentos entre os casais e até o surgimento de envolvimentos extraconjugais por parte do marido. Se o companheiro é um Espírito que já reencarnou algumas vezes na condição feminina, experimentando, inclusive, a maternidade em alguma dessas encarnações, terá mais facilidade em se posicionar com equilíbrio e compreensão. Portanto, um ser masculino de hoje, que no passado foi mulher, foi esposa e exerceu a maternidade, ao retornar agora, será um homem mais dócil e compreensivo, o que não quer dizer que será piegas, mas uma pessoa que entende, que em vez de uma conduta machista terá um comportamento mais humanizado na relação a dois.

De igual modo, o indivíduo que no passado exerceu a paternidade responsável e se desincumbiu com êxito dos deveres do lar, se retornar ao palco da vida na condição feminina, será uma pessoa terna e afável por influência dos hormônios e dos padrões culturais relacionados à sua formação individual, mas será uma mulher com notável energia e vigor psicológico, revelando-se alguém que sempre sabe o que deseja alcançar e que não vacila diante de qualquer decisão a tomar, uma consequência natural da sua experiência masculina anterior.

Conheci na Terra muitas esposas que se esqueceram de si mesmas para acompanharem os maridos. Merece destaque a extraordinária Amélie Gabrielle Boudet, a suave Gabi, esposa de Allan Kardec. Ela era miniaturista, uma artista de enorme talento. Ganhou um prêmio literário quando apresentou ao mundo o seu livro *Contos Primaveris*. Essa mulher extraordinária silenciou a sua voz para que o marido cantasse a melodia do Consolador. Ela providenciava tudo que era necessário para que ele tivesse tranquilidade na hora de escrever, de trabalhar as difíceis questões sobre a vida e a espiritualidade. Era a sua assessora, a sua carinhosa secretária, prosseguindo com a divulgação da Doutrina Espírita depois da morte do marido, a fim de preservar o patrimônio do Espiritismo, tal qual havia sido organizado por ele, na condição de codificador, oferecendo os direitos autorais, que passaram a pertencer-lhe, à União Espírita Francesa.

Certo dia eu exaltava a mulher numa palestra e dizia, entusiasmado: "Atrás de todo homem notável sempre há uma mulher admirável! Uma mulher grandiosa!".

Ouvindo esta afirmação, a nossa mentora espiritual Joanna de Ângelis, que foi mulher pelo menos nas quatro últimas encarnações, acercou-se de mim e retrucou-me:

— A sua frase é um excelente conceito machista! Por que a mulher tem que estar *atrás* de um grande homem?

Fui tomado de grande surpresa pela colocação da benfeitora! Eu pensei que estava elogiando a mulher e descobri naquele momento que o machismo estava embutido no meu inconsciente.

Para escapar da repreensão, eu decidi utilizar uma estratégia. Na mesma hora em que ela me chamou a atenção eu completei, em voz alta, continuando a palestra: "E essa mulher notável, saindo de trás do homem, passa para o seu lado, depois para a frente e, por fim, arrasta-o para voos mais altos!".

A estratégia deu certo! Eu acabei reabilitando-me, colocando a mulher no lugar de destaque merecido... Era natural que a benfeitora fizesse uma observação sobre a minha frase. Em sua reencarnação como

Juana Inés de La Cruz, no México, ela foi a primeira feminista das Américas.[121]

Mas Joanna ainda adicionou uma bela explicação que vale a pena reproduzir:

— É verdade, meu filho! A mulher conduz o homem desde o momento em que lhe dá a vida, pois quando o carrega no ventre e quando o coloca no colo, a mãe está atrás dele, até o instante em que, do mundo espiritual, após a desencarnação, ela o arrasta, a fim de que ele conclua com êxito a sua tarefa...

O que mais eu poderia dizer após um argumento como esse?[122]

Ao pensarmos nas questões relacionadas aos gêneros masculino e feminino, reconhecemos que Allan Kardec foi o primeiro autor a escrever sobre os direitos do homem e da mulher, dando a esta última a dignidade que merece.[123]

A partir daí, diversos autores se debruçaram sobre o tema para dar outras contribuições ao pensamento.

Mesmo que filósofos e escritores tenham reconhecido a grandeza da mulher, na tradição religiosa em vigor, ela continuava não tendo alma. Esta concepção podia ser encontrada na tradição católica, que afirmava que a mulher e o negro eram destituídos de alma, razão pela qual a escravidão era tida como um fenômeno normal, com a sua legitimidade amparada no texto bíblico. Por isso, quando os navios negreiros zarpavam dos portos africanos, quase sempre eram abençoados por um bispo, que rezava a Deus para que o transporte da *carga animal* fosse bem sucedido, a fim de servir aos senhores brancos no eito da escravidão.

Esta é a tragédia da evolução moral, na qual vigoram a ignorância e a barbárie das ideias humanas! É um fenômeno que reflete a projeção do *ego*, a inferioridade espiritual e o domínio da força sobre a razão.

---

[121] Ver o livro *Joanna e Jesus — uma história de amor*, terceira parte (Juana Inés de La Cruz), de Divaldo Franco e Cezar Said. Nota do organizador.

[122] Outra excelente análise sobre a questão do machismo e do feminismo pode ser encontrada no livro *Encontro com a Paz e a Saúde*, de Divaldo Franco/Joanna de Ângelis, Ed. LEAL, cap. 4 (Comportamentos Conflitivos). Nota do organizador.

[123] *O Livro dos Espíritos*, questões 817 a 822. Nota do organizador.

É estarrecedor como tudo isso durou quase 4 mil anos! E toda vez que a mulher tentou reagir a esses princípios, utilizando a sua polaridade masculina para o enfrentamento do preconceito, o seu *animus* foi esmagado pelas convenções sociais. E ela permaneceu com o que lhe restou: assumir a postura *anima* (resignação e doçura), que acabou desaguando na submissão, aceitação irrestrita, no complexo de inferioridade e no masoquismo.

Até o final dos anos 1950, eu testemunhei a época em que a mulher que sofria em silêncio o despotismo do marido era considerada uma mártir generosa, uma pessoa heroica e digna de todos os aplausos da sociedade. Quando uma mulher como essa passava em um lugar qualquer da minha cidade os moradores diziam: "Coitada! É uma mártir! Vocês precisam ver os filhos e o marido que ela tem!". E a mártir ficava feliz da vida porque estava carregando a sua cruz, que era o seu único papel na Terra. Por isso a mulher gostava de ser *crucificada*. Ela já andava com uma cruz ao lado para quando fosse necessário colocar nos ombros, a fim de que pudesse sofrer resignadamente.

Desta forma, a mulher ainda ficou *escrava* do homem e das convenções sociais até os anos 1950, quando foi publicado um documento conhecido como *Relatório Kinsey*[124] que demonstrou que a mulher era mártir dos homens, sendo obrigada a não sentir prazer na relação sexual. E mesmo que sentisse, não deveria demonstrar, para não dar ao marido a ideia de que era pervertida, como se ter sensações e emoções representasse perversão... Era como se o homem considerasse que a mulher não tinha o direito de ser humana. Mais tarde, em 1963, uma norte-americana chamada Betty Friedan[125] lançou a obra *Mística Feminina,* que pretendia contribuir para a libertação da mulher nos Estados Unidos. As duas obras desmascararam a hipocrisia social e estimularam o movimento de emancipação feminina. O movimento cresceu tanto, que depois de tantos milênios de repressão sexual era natural que a mulher

---

[124] *Sexual Behavior in the Human Female* (O Comportamento Sexual da Mulher), obra publicada em 1953 por Alfred Kinsey (1894-1956). Este foi o segundo Relatório *Kinsey*. O primeiro foi publicado em 1948 sob o título de *Sexual Behavior in the Human Male* (O Comportamento Sexual do Homem). Nota do organizador.

[125] Betty Naomi Goldstein ou Betty Friedan (1921-2006). Nota do organizador.

enveredasse pelos excessos já praticados pelos homens, tornando-se-lhe uma verdadeira competidora, por não saber vivenciar a liberdade sexual saudável. Quando vemos uma pessoa que pratica musculação (ou fisiculturismo), se olharmos de relance, poderemos não saber se é homem ou mulher. A Psicologia junguiana explica que esta é uma forma de a mulher resgatar o conflito psicológico milenar que carrega no inconsciente coletivo, que durante todo este tempo a empurrou para um complexo de inferioridade.

Não estamos advogando que a mulher não deva competir com o homem naquilo que é seu direito, como a vida profissional, por exemplo. Esta é uma competição que se justifica. Afinal, quem foi que disse que a mulher nasceu exclusivamente para o lar? A mulher nasceu para a vida!

A nossa viagem em busca do amor que liberta pode ser feita de desafios e dificuldades, que fazem parte do caminho ascensional. O Espiritismo, ao nos falar de amor, liberta-nos definitivamente do pieguismo. Amor não é conivência. Muitas pessoas confundem os conceitos e não se dão conta de que a conivência é uma forma de covardia, pois é preciso coragem para dizer *não*. É uma palavra que poderemos utilizar com naturalidade, sem cultivar a raiva daquele de quem discordamos.

Nos Estados Unidos, após o atentado às Torres Gêmeas, no dia 11 de setembro de 2001, transitar em um aeroporto era algo terrível para os passageiros, norte-americanos ou estrangeiros. Por motivos compreensíveis, a vigilância era muito intensa, mas às vezes os funcionários tornavam-se demasiadamente grosseiros. Parece que há no serviço público mundial uma tendência dos funcionários serem grosseiros, revelando certo prazer de tratar mal as pessoas.

No ano de 2003, eu estava na cidade de Atlanta e havia concluído uma série de palestras na região. Curiosamente eu percebi que sempre que fazia o *check in* no aeroporto vinha no meu cartão de embarque a letra "S" grafada três vezes (SSS), como uma forma de código de identificação. Eu comparava com o cartão de embarque de outros lugares e nunca detectava aquela letra no documento. E sempre que o símbolo aparecia, eu era enviado para uma fila interminável na qual se fazia uma vistoria mais cuidadosa. Era a fila mais desagradável que havia no aeroporto. Pedi informações e me disseram que o computador grafava aleatoriamente a letra no documento de alguns passageiros, não de todos. Mas eu percebi que a explicação não era verdadeira, que a escolha não era aleatória. Sempre que o passaporte era de um brasileiro, eles colocavam a tal identificação que obrigava o passageiro a se dirigir para a fila de revista minuciosa, o que demandava um tempo muito maior para ingressarmos na aeronave.

Como sou muito precavido, eu sempre chego aos aeroportos internacionais quatro horas antes de embarcar. Há pessoas que preferem ficar no hotel e chegar praticamente no momento do embarque, o que é um risco que pode resultar na perda do voo. Eu prefiro não correr esse risco desnecessário.

Eu estava com Nilson naquela fila quilométrica, aguardando para sermos revistados. Depois de quase uma hora chegou a nossa vez. Passamos pelo aparelho de raios X, tiramos todos os objetos de metal, o cinto, a carteira, etc. Só faltou tirarmos o perispírito... E na hora em que eu ia pegar os objetos para seguir caminhando, soou o alarme de perigo, que alerta para problemas com o passageiro que está sendo inspecionado, ou com caráter geral... Os funcionários *enlouqueceram* e começaram a gritar: *Stop! Stop!*. Aí eu fiquei *stopado*! Eu estava com as mãos para cima tentando pegar meus pertences. Do mesmo jeito que estava eu fiquei: com as mãos para o alto, parecendo uma estátua em praça pública... Aproveitei para dizer a Nilson, com certa preocupação:

— Não se mova. Fique parado!

Nesse momento aproximou-se de nós uma jovem negra (ou afro-americana, como preferem dizer naquele país). De forma extremamente grosseira, ela me disse, gritando:

— Abaixe as mãos!

Aí eu pensei, tranquilamente: "Eu vou dar uma lição nesta jovem que ela não vai esquecer nem na outra encarnação!". Subitamente eu experimentei um sentimento bastante complexo de compaixão mesclada com um pouco de revolta. Revolta porque não havia razão para que ela me tratasse de forma autoritária e grosseira. E compaixão porque eu sabia que ela estava com algum problema grave.

Eu não falo inglês. Conheço apenas algumas palavras básicas e consigo sobreviver quando estou em viagem. Tenho um amigo que fala muito bem esse idioma e frequentemente procura corrigir a minha horrorosa pronúncia com sotaque baiano... Mas não adianta...

Como eu precisava solucionar aquele impasse, apelei para o Criador e mentalizei: *"Meu Deus! Lá vou eu! O resto é com o Senhor!"*. Nesse momento os bons Espíritos acercaram-se de mim e a benfeitora Joanna de Ângelis envolveu-me em uma dúlcida paz, permitindo que eu tivesse facilidade de me expressar.

— O que você deseja, senhora?

— Abaixe as mãos! Eu já disse!

— Não vou abaixar.

— Abaixe agora!

— Não vou abaixar.

— Por que não?

— Porque não quero. Tenho o direito de colocar a mão onde eu quiser. Você não é meu chefe e nem é minha esposa. E a escravidão nos Estados Unidos já acabou há muito tempo. Eu sou um cidadão! Conheço perfeitamente o conceito de cidadania. Por tudo isso e pelo fato da senhora ser muito grosseira eu não vou atendê-la. Venho de um país considerado menos desenvolvido, mas no qual as pessoas são tão gentis e tão educadas que eu estranho que você, em um país de primeiro mundo, seja tão agressiva!

É evidente que eu exagerei um pouquinho falando bem do meu país com toda aquela carga de elogios. Mas era uma forma evangelizada de dar-lhe o troco...

Surpresa com a minha resposta, ela ficou pálida! Tremeu de ira e insistiu:

— Eu estou ordenando que você...

— O senhor! — atalhei, antes que ela terminasse a frase. — Esse é o tratamento que você deve me dar. E não vou abaixar as mãos porque não tenho medo de você, que tem idade de ser minha neta. Você está trabalhando graças a mim. Se você é servidora do Estado, é minha servidora também, já que para entrar no seu país, eu paguei cento e cinquenta dólares na obtenção do visto, dinheiro este que está pagando o seu salário e dos seus colegas aqui no aeroporto. Eu não admito que você seja grosseira comigo e que me faça exigências que não têm o menor sentido.

Notei que ela tremeu com as minhas palavras. Fiquei até preocupado e pensei: "Meu Deus! Ela vai ter um infarto e eu terei que ir ao enterro!". Fiz até uma prece para diminuir o impacto do que eu disse...

Continuei olhando-a e detectei que era uma jovem obsidiada, merecedora de compaixão de minha parte. Permaneci tranquilo.

Neste ínterim o alarme parou de tocar. Tratava-se apenas de um teste para saber se todos estariam treinados para uma emergência. Todos os funcionários voltaram ao normal e pediram que a fila continuasse.

Então eu falei:

— Agora eu vou abaixar as mãos porque eu quero. Vou pegar os meus objetos e prosseguir. Porém, vou lhe dar uma sugestão que será útil para a sua vida e para a sua profissão: seja gentil com as pessoas. Inspire amor! Agindo assim você só inspira ódio. Não em mim, que tenho a certeza de que você está com algum problema. Mas lhe garanto que todos os passageiros que transitam por aqui saem com pensamentos amargos em relação a você. Por isso você é tão infeliz! Se você tem um emprego e desfruta de dignidade, por que trata mal as pessoas?

— É porque eu estava muito nervosa!

— Todos nós estamos. Ficar nesta fila por uma hora ou mais não é agradável. Se você é funcionária do governo e está nervosa, não tendo nada a temer em relação à imigração, imagine como ficamos nós, que somos viajantes. Motivos não nos faltam para ficarmos com os nervos à flor da pele.

Nesse momento eu detectei psiquicamente qual era o contexto difícil em que a jovem se encontrava. Por isso aproveitei para introduzir a questão:

— Eu sei que esse comportamento injustificável é por causa do seu namorado, que ontem a agrediu-a e abandonou!

Ela abriu os olhos demonstrando uma imensa surpresa:

— Como é que o senhor sabe disso?

— Eu sei disso e de muito mais, minha filha. A agressão que você sofreu provocou-lhe uma grande revolta. E como você não pode vingar-

-se dele, está derramando a sua infelicidade em mim, que não tenho nenhuma relação com o seu drama pessoal.

— Mas como o senhor pode saber dessas coisas que ninguém sabe? Eu não contei o caso a ninguém!

Fiquei pensando se dizia que era médium ou se falava que era *paranormal*, pois já que estávamos no primeiro mundo, a segunda palavra talvez fosse mais conhecida. Aí resolvi fazer um charme e arriscar:

— É que eu sou paranormal.

— E o que é isso?

Parece que a minha tentativa de falar para uma jovem de primeiro mundo não deu certo... No intuito de ser mais claro eu expliquei:

— Eu sou médium, minha filha. Tenho certas percepções psíquicas e captei o seu problema durante a nossa conversa.

— Mas o meu namorado não me bateu, propriamente — disse ela, com vergonha do seu segredo ser revelado.

— Bateu, sim, senhora! — retruquei. — Ele lhe deu um soco e você caiu no solo. Mas isso é o que menos importa. O importante é que você não deve jogar a culpa nos passageiros, que não têm nada a ver com o incidente infeliz. Se fosse para ficar com raiva de alguém, seria mais justo aborrecer-se com ele, não com as pessoas que você deve atender educadamente. Se você perder o emprego, virão centenas de candidatos para ocupar o seu lugar.

Enquanto eu conversava com ela, Nilson, o primo que me acompanha em atividades espíritas, esperava-me mais adiante sem entender nada do que se passava... Fazia um gesto para que eu seguisse com ele ao portão de embarque. Eu também gesticulava de longe, solicitando um pouco mais de tempo para resolver aquela pendência.

Olhei-a com ternura e acrescentei:

— Agora que você está mais tranquila, eu vou dar-lhe um conselho como se eu fosse o seu avô. Eu nem mesmo lhe sugiro ficar com raiva do seu namorado. Liberte-se dele! Você trabalha e tem uma vida digna. Não depende dele para nada. Compreendo que você ama muito esse rapaz, mas ele não está merecendo a sua companhia. Na verdade ele também a ama, embora seja uma pessoa muito rude, de temperamento primitivo. Saiba que ele vai voltar a procurá-la.

— O senhor tem certeza?

— Dentro da minha relatividade, eu tenho certeza de que isso vai ocorrer. No entanto, o seu namorado a trata com desprezo porque você o estimula. Seu comportamento é de muita permissividade, de muita facilidade. Esse negócio de ser uma mulher que o homem pode usar quando e como quiser vai lhe trazer sempre frustração e infelicidade. Não seja uma mulher que se deixa usar. Seja uma mulher útil, o que é muito diferente!

— Ele morava comigo e nós mantínhamos uma vida em comum. E ontem ele resolveu abandonar-me.

— Isso aconteceu porque você deixou de exigir do seu parceiro uma postura saudável. Ele morava em sua casa e a explorava. Não permita mais que ele tenha acesso ao seu corpo e à sua intimidade sem assumir compromisso. Diga-lhe, quando ele voltar: "Meu bem, a partir de agora tudo vai ser diferente! Você só voltará para a minha casa e só terá intimidades comigo quando nos casarmos!". Imponha respeito! Faça-o tomar uma decisão. Só aceite o retorno dele mediante um casamento.

Notei que ela nunca havia pensado daquela forma sobre o seu problema com o namorado. Para dar um toque de humor e tornar a conversa mais amena eu lhe disse:

— Se após o casamento você for maltratada, vá à Justiça e abra um processo de divórcio, pois assim você ficará com metade do dinheiro dele.

Aproveitando a oportunidade, eu lhe presenteei com *O Evangelho segundo o Espiritismo* em inglês, fazendo-lhe uma dedicatória no próprio idioma em que o livro estava escrito. Indiquei-lhe uma Instituição Espírita na cidade de Atlanta e sugeri que ela passasse a frequentá-la. Dei-lhe também o meu endereço para que mantivéssemos correspondência. Por fim, fiz uma dedicatória no livro e esclareci:

— Leia este livro e visite o Centro Espírita que lhe indiquei. Dessa forma você vai encontrar a felicidade! É uma sugestão que lhe dou, de avô para neta.

Quando me dei conta, ela estava chorando. Aquela policial aparentemente tão ríspida era na verdade uma criança assustada. Em todo o nosso diálogo, eu falei sempre com ternura, embora tivesse usado uma linguagem enérgica nos momentos próprios.

— Eu queria tanto abraçar o senhor — disse-me a jovem, renovada.

— Mas aqui não será possível — redargui. — Imagine o que as pessoas diriam se vissem uma policial abraçando um passageiro! Ninguém entenderia nada. Alguns até iriam pensar que eu a estaria agredindo...

Ela esboçou um leve sorriso e eu completei:

— Vamos fazer o seguinte: leia o livro, vá à Instituição Espírita e escreva-me depois.

— Muito obrigada, senhor Franco!

— Nós nos reencontraremos um dia. Tenha certeza!

Eu já estava saindo quando ela teve um comportamento tipicamente feminino:

— Mas o meu namorado vai voltar mesmo, não vai?

— Vai sim! Eu garanto!

Quando terminou tudo, eu continuei a andar e fui ao encontro de Nilson, que me perguntou:

— Algum problema, Divaldo?

— Não, Nilson. Nenhum problema. Eu tive apenas um *suave diálogo* com aquela jovem que ali está...

E seguimos viagem a Nova Iorque.

Meses depois, eu recebi uma carta sua:

"Senhor Franco, eu estou frequentando o centro espírita! Estou encontrando um tesouro inestimável para minha vida!"

No final da carta havia um *post scriptum*:

"Meu namorado voltou! Pediu para voltar para o meu apartamento e eu não aceitei, impondo que ele tomasse uma decisão e assumisse um compromisso comigo. Portanto, eu exigi o casamento. Ele só entrará na minha casa depois de assinar os papeis no Juiz. Ele se recusa a ceder. E eu também. O que o senhor acha da minha atitude?"

Em resposta eu respondi-lhe e insisti:

"Seja firme! Homem gosta de mulher difícil! Quanto mais difícil, mais ele ama! Quanto mais fácil, mais ele despreza! Só o aceite de volta se

vocês se casarem! Mantenha sua dignidade a qualquer preço! Vale a pena esperar um pouco mais."

Um ano depois, eu retornei a Atlanta e fui proferir uma conferência. Em determinado momento eu percebi que a jovem estava presente na instituição, com a fisionomia transformada, irradiando grande beleza e bem-estar. Demorei para reconhecê-la sem o uniforme de trabalho. Estava linda! Ela me cumprimentou de longe com um breve aceno, ao qual correspondi discretamente.

É impressionante como a vivência do amor provoca uma mudança significativa nas pessoas! A aparência se torna mais agradável, pois quando melhoramos por dentro refletimos uma imensa beleza por fora.

Ao concluir a palestra, ela se aproximou e conversamos um pouco, embora eu não domine o inglês, como já esclareci. A explicação para o fato de que consigo me comunicar razoavelmente em muitos países é que eu falo qualquer idioma... em português.

A policial me informou:

— Senhor Franco, eu gostaria muito de lhe apresentar o meu marido. Não o trouxe hoje aqui porque ele está trabalhando. Quando o senhor irá viajar?

— Amanhã eu viajarei a Nova Iorque para um ciclo de palestras.

— Então eu irei vê-lo! A que horas será sua viagem?

— Minha filha, não se preocupe com isso!

— Faço questão! Amanhã eu estarei de folga e poderei visitá-lo no aeroporto. Pretendo dar-lhe um abraço e apresentar-lhe o meu marido.

— Se você realmente faz questão, será um prazer. Estarei no voo X, mas chegarei ao aeroporto três horas antes.

No dia seguinte fui ao Aeroporto de Atlanta. E para minha sorte, o tal do computador (que é meu inimigo declarado) colocou novamente no cartão o código SSS. E lá fui eu para *a fila dos infelizes...* Até já me acostumei. Agora eu levo um livro para ler enquanto fico esperando até chegar ao portal de revista.

Em certo momento, quando estava andando na fila, ouço um chamamento que vinha de algum lugar do saguão:

— Senhor Franco! Senhor Franco!

De repente vi entrar aquela bela mulher ao lado de um americano típico. Ela sorria com imensa jovialidade e a expressão do rosto estava completamente feliz. Os dois se aproximaram e conversamos um pouco. Ela me deu o abraço que tanto desejava desde o nosso primeiro encontro. Em seguida pegou o rapaz pela mão e falou:

— Bob, este é o senhor Divaldo Franco, meu avô! Lembra-se de que eu lhe falei sobre ele?

— Oh, yes! — respondeu o rapaz, com uma goma de mascar na boca.

Eu já não entendo bem o inglês que alguém pronuncie com perfeição. Mascando chiclete então, é uma tragédia...

O rapaz apertou minha mão com firmeza, para mostrar que era forte, no mesmo instante em que eu lhe falei:

— Ah! Então é você o *tal* do Bob? Mas pelo menos tire o chiclete da boca para nós conversarmos melhor.

Em meio à nossa confraternização ela me propôs:

— Saia desta fila, senhor Franco!

— Mas, colocaram-me aqui, minha filha. O que eu posso fazer?

— De jeito nenhum! O senhor é *embaixador da paz*! Venha comigo!

E levou-nos, a mim e ao Nilson, para o setor destinado aos *embaixadores*. Que sensação maravilhosa! Finalmente eu experimentava o privilégio de ir para a fila das autoridades, embora eu não fosse autoridade nenhuma... A minha nova amiga sorria para todos e eu sorria também, para que eles pensassem que eu era importante... Ao chegarmos ao raio-x, ela disse a um colega de trabalho:

— Fulano, este aqui é o senhor Franco, um *embaixador da paz*!

Confesso que me senti um pouco estranho com aquela mentirinha da moça... Mas como as suas intenções eram as melhores possíveis, resolvi deixar tudo do jeito que estava. O mais engraçado de tudo é que ela me apresentava como embaixador da paz, mas a nossa amizade começou numa verdadeira *guerra*. A paz só veio depois...

A jovem falou-me, com um entusiasmo comovedor:

— Senhor Franco, a minha vida mudou! O senhor está vendo ali todos aqueles funcionários nos olhando? Pois é. Estão todos do *nosso lado*. Eu contei a nossa história para os meus colegas. Eu lhes falei sobre nosso encontro aqui no aeroporto e sobre o quanto nós nos equivocamos ao tratar mal os passageiros. Estou doutrinando todo mundo e aconselhando: "Meus queridos colegas, por que atendemos as pessoas com aspereza? São elas que pagam o nosso salário!".

Era muito curioso ver que ela repetia exatamente as palavras que eu lhe havia dito um ano antes.

Quando passei para o outro lado da vistoria eletrônica e peguei a bagagem de mão, um dos funcionários me disse:

— Senhor Franco, muito obrigado! O aeroporto de Atlanta agradece!

— Mas por quê? — perguntei surpreso.

— Porque, graças ao senhor, nós aqui instituímos uma norma para o trabalho dos funcionários: "Fraternidade e sorriso, em nome do tesouro da amizade!".

E eu complementei:

— Em nome do tesouro do amor universal!

Há alguns meses eu visitei novamente o Centro Espírita em Atlanta e ela estava na palestra. No final da atividade, informou-me:

— Senhor Franco, eu estou grávida! Dentro de cinco meses eu serei mãe de uma linda menina!

Essa experiência ressalta o milagre da libertação pelo amor! E aquela jovem que se deixava humilhar por um homem a quem dizia amar, compreendeu que valorizar-se, desenvolvendo a autoestima é um fator indispensável para não se permitir uma atitude de subserviência e vulgaridade na relação afetiva. E com isso ela pôde finalmente encontrar o caminho do equilíbrio e da felicidade conjugal.

11

DESAFIOS CONJUGAIS

A AMIZADE NA VIDA CONJUGAL

A grande pergunta que norteia qualquer reflexão acerca da experiência conjugal é a forma como poderemos produzir um relacionamento estável e feliz.

Primeiro, deveremos realizar um trabalho interior. A proposta da Doutrina Espírita prevê que consigamos o autoconhecimento. Se não nos conhecermos, não saberemos quais serão as nossas reações e não teremos uma ideia de como nos comportar em determinadas situações, o que resultará em atitudes intempestivas desencadeadas por questões familiares muito simples, quando entramos em litígio com o parceiro em nome de verdadeiras banalidades, graças ao capricho de querermos impor a nossa opinião.

Como a união conjugal é uma parceria, é indispensável que cada um dos membros contribua com a sua melhor parte. Que cada um realize um movimento na direção do outro sem esperar que seja sempre a parte que cede.

Muitas vezes, no egoísmo masculino, o homem deseja que a mulher permaneça como sua serva, sem dar-se conta de que essa época histórica já passou. O desejo que o outro exerça o papel subalterno pode existir também por parte da companheira, cabendo-lhe tomar os mesmos cuidados que recomendamos para o indivíduo do gênero masculino.

Vivemos um tempo de direitos iguais na relação a dois, tornando-se imprescindível que ambos se reconheçam como responsáveis por desenvolver a maturidade no relacionamento, numa atitude recíproca de respeito e de compreensão.

Com muita frequência desejamos que o outro seja o que não conseguimos. A nossa afetividade reproduz uma forma de fuga psicológica. O indivíduo ama na pessoa a imagem do que não consegue ser e ela tem que corresponder a essa expectativa. Este fato é tão comum que a maioria dos casais, quando transcorrem alguns meses após o casamento, enfrenta um processo de insatisfação que leva um dos cônjuges a dizer ao outro: "Eu me decepcionei com você!".

É óbvio que isso teria que acontecer, pois a pessoa construiu uma imagem do companheiro ou companheira. Aquele rapaz bonito, gentil e bem cuidado não era exatamente o que ela pensou. A parceira criou uma imagem e desejava obrigar o marido a interpretar aquele papel projetado futuro a fora. Quando ele deixou de ser alguém que queria conquistá-la, porque já o conseguiu e não soube mantê-la, é evidente que a mudança produza um choque.

Os rapazes também se queixam dessa frustração. Certa vez, um amigo me informou:

— Divaldo, eu me casei com uma mulher e agora estou com outra dentro de casa! Você precisa vê-la acordando pela manhã, em jejum!...

Eu lhe indaguei:

— E como você queria que fosse a aparência da sua mulher pela manhã e em jejum? Se ela ainda não teve tempo de pentear os cabelos, maquiar-se e vestir uma roupa adequada, não poderia ser diferente!

— Eu entendo. Mas confesso que é um pouco frustrante!

— Então vou propor-lhe uma sugestão. Você combina com a sua mulher a ordem em que vocês devem despertar. Ela se levanta meia hora antes, se arruma toda. Quando você acordar, ela estará linda como uma bonequinha e sorrirá para você...

O toque de humor é para ver como nos deixemos engolfar pela ilusão!

Rita Hayworth, uma famosa atriz do cinema no século XX, tornou-se um símbolo sexual desejado por homens de todo o planeta. Sua fase de maior sucesso no cinema ocorreu entre 1940 e 1960, aproximadamente. Ela fez um filme que a imortalizou e comoveu o mundo:

Gilda.[126] A personagem era uma mulher sedutora que arrebatou as plateias e fascinou o publicou masculino. A campanha publicitária do filme utilizava a seguinte frase: "Nunca houve uma mulher como Gilda!".

Sendo uma mulher como todas as outras, porém, ela procurou o amor e teve diversos relacionamentos: cinco casamentos e outros que não foram formalizados. Todos os relacionamentos resultaram em fracasso e amargura. Oportunamente ela declarou a razão do seu drama afetivo: "Os homens casam-se e deitam-se com Gilda, mas acordam com Rita".

A frase é de um realismo trágico. Todos os seus maridos queriam estar ao lado de Gilda, aquela mulher sensual que bailava encantadoramente em um vestido negro. Mas ela era uma criatura humana, com sentimentos, carências e dificuldades como qualquer outra. Ela viveu uma personagem que não poderia reproduzir no cotidiano.

Para que uma união seja estável e feliz o casal deverá cultivar o sentimento de amizade e companheirismo, uma parceria afetiva profunda pelo ser que se encontra ao seu lado. Se esta medida for adotada na vida conjugal o êxito será inevitável.

A amizade é o primeiro passo do amor. Quem não é capaz de ser amigo não será capaz de ser amante, no sentido estético e profundo desta palavra. Porque a amizade é este jogo de fraternidade e de confiança.

Se eu suspeito que alguém me está traindo de alguma forma, porque eu ficarei em silêncio mantendo a suspeita que está macerando a minha alma? Tratarei de ir ao cerne da questão para aclará-la, pois assim eliminarei o conflito que paralisa as minhas forças.

Se o marido chega a casa e não anda muito bem consigo mesmo, a esposa pensa, inadvertidamente: "Ele está me subestimando! Está fazendo pouco caso de mim!"

Em vez de imaginar hipóteses absurdas, a companheira poderia simplesmente entender que ele não está bem e procurar tratá-lo com mais atenção. Se ele não está bem, dê-lhe o direito de ter uma fase ruim e ame-o mais! Somente porque o divórcio está banalizado iremos declinar das nossas responsabilidades diante da primeira dificuldade?

---

[126] Filme de 1946. Nota do organizador.

Ninguém se casou para ter um inimigo dentro de casa, mas para ter um amigo. Se por alguma razão o seu companheiro encontra-se numa fase em que não lhe procura como parceira sexual, receba-o em sua intimidade na condição de um amigo, envolvendo-o em ternura, uma qualidade essencial às relações humanas e que se encontra muito esquecida. Diga-lhe: "Meu bem, não há problema! Eu compreendo você!" Não há homem que resista a uma expressão de carinho da mulher amada! Dê aquele toque de sensibilidade que só as mulheres sabem colocar.

Há esposas que são curiosas em suas atitudes. Busca o espelho e adorna o cabelo com um penteado especial. Quando o marido vai acariciá-la, tocá-la na cabeça, dá um salto de desespero e solicita: "Não desmanche o meu penteado!" Mas ela está se penteando para quem? Não será para o marido? Eu entendo que ela queira embelezar-se para manter a sua autoestima, em primeiro lugar, mas de permitir que o seu marido mereça uma parte dessa história... Faculte ao seu marido despenteá-la um pouquinho! Eu não sei por que, mas o homem adora desmanchar o cabelo da esposa! A companheira pode até fazer melhor: quando o marido chegar do trabalho, sendo sábia, deve deixar o cabelo exposto...

Por sua vez, o marido tem obrigação de entender a indisposição momentânea da esposa. Ela passa por ciclos hormonais que apresentam fases de intensa alteração física e emocional. É necessário tratá-la como uma pessoa que merece o seu respeito, e não como um objeto que se usa e se descarta como melhor aprazer.

Converse-se mais com o seu parceiro, sobretudo ao deitar, mesmo que ele esteja cansado. Eu tenho uma amiga que me comunicou certa vez:

— Divaldo, quando eu começo a conversar com o meu marido ele dorme!

— Qual o problema? — respondi. — É uma caridade! Ele precisa de alguém para hipnotizá-lo... Continue conversando. Como a mulher não aguenta ficar calada, prossiga conversando mesmo que ele esteja adormecido. Pelo menos, assim, vocês não discutirão...

Acaricie o seu marido no leito. Não estou falando de sensualidade. Refiro-me à amizade. O que mantém um casamento é a amizade.

O sexo satura quando deixa de ser novidade. Mas a amizade é o toque especial que confere outro sabor ao sexo. Essa amizade se desdobra, por exemplo, na certeza que o marido tem de que pode contar com a tolerância da esposa dentro do lar. Apesar das agruras da vida profissional serem muito intensas, ele sabe que não pode destilar os seus aborrecimentos com o chefe, senão perderá o emprego. Não pode também fazer uma catarse na rua porque vai enfrentar a rejeição social. Então ele utiliza o espaço do lar como seu refúgio para desabafar. Isto vale para ambos, pois um dos papeis do cônjuge é acolher o parceiro ou parceira nesses momentos de azedume e de amargura.

Algumas vezes a mulher compra uma comida congelada, mas diz ao marido: "Olhe, meu bem! Eu mesma preparei para você!" Não tenha receio! Homem adora fingir que acredita na mulher... Ele sabe que aquela iniciativa significa uma forma da esposa demonstrar carinho e cuidado, pois, de qualquer forma, será uma inovação para quebrar a rotina e conseguir agradá-lo.

O companheiro, por sua vez, não se esqueça de levar flores periodicamente para a esposa. Não se engane: mulher não dispensa receber flores quando possível! Essas formas de afirmação da autossuficiência da mulher são ilusões da modernidade. As mulheres, de vez em quando, gostam de sentir-se fragilizadas (no sentido poético da palavra) e deixarem cair o lenço para que o marido possa pegá-lo romanticamente. Por isso, anote em sua agenda para presentear a companheira com flores... ou joias. Programe-se para comprar um vaso de violetas e diga-lhe que foi uma vontade súbita que o tomou quando pensou no amor que sente por ela. Basta dizer: "Querida, lembrei-me de você hoje e resolvi, de improviso, trazer-lhe estas flores!" Ela vai acreditar, porque, de alguma forma, é verdade! Não se preocupe...

Aliás, há uma grande vantagem em você oferecer-lhe um vaso de flores. É que a alegria de algumas mulheres é fazer um pouco de pirraça a outra. Lisonjeada pelo presente, ela tomará o vaso que você lhe deu e irá mostrá-lo à vizinha: "Veja o que o meu marido me trouxe!" E a vizinha, por sua vez, imaginará que ela está mentindo para se exibir e comentará com uma terceira amiga: "Eu não acredito que ele comprou aquele vaso para ela. Vai ver que alguém lho deu no meio da rua. Sem saber o que fazer com aquilo ele acabou trazendo-o para casa. E ela aproveitou para exibir-se diante de mim!".

Note-se que com um só gesto fará duas mulheres felizes ao mesmo tempo... E por razões exatamente opostas...

A mediunidade mal conduzida, também é, por sua vez, um dos fatores que contribui para a instabilidade do ambiente psíquico gerando frequentes atritos no lar.

Não pode haver nada pior do que ser casado com médium, masculino ou feminino. Quando eu vejo um marido de médium eu exoro: *"Deus te abençoe!"*. Porque é o mesmo que ser marido de médica obstetra, que deixa o marido abandonado no leito para fazer o parto das outras. E o engraçado é que criança adora nascer de noite! Não sei por quê!

É mesmo curioso notar como a mediunidade pode transformar-se em verdadeiro drama que se estabelece na vida do casal. O marido não é médium, mas é meio confuso e perturbado. E a esposa-médium está em casa, aturdida e confusa. E quando os dois se encontram é um Deus-nos-acuda! Ela propõe-lhe, irritada:

— Não me perturbe! Você sabe que eu sou médium!

E ele responde:

— E você sabe que eu não sou!

E aí começa uma *reunião mediúnica* de obsessão...

Porém, é muito pior quando ele é médium e ela não. Ele chega à casa *carregadinho* e ela comenta, com extrema intolerância:

— Lá vem você com seus Espíritos! Por que você me trata assim com tanta grosseria? Eu garanto que na rua você estava alegre e simpático com todo mundo! Seus Espíritos somente o atacam quando você chega a nossa casa! Eu já entendi!

E o desequilíbrio tem início novamente...

Tudo isso são as sutilezas da vida a dois. Se soubermos administrar os pequenos detalhes da vida conjugal, poderemos evitar muitos dissabores e aproveitar melhor a experiência do casamento.

O PROCESSO DE ENVELHECIMENTO

Todo casal deve lidar com tranquilidade com o fenômeno do envelhecimento.

Tudo que nasce, fatalmente irá morrer sob a ação dos mecanismos biológicos que geraram a sua permanência na Natureza.

O processo de envelhecimento é inevitável. Quem não quiser atingir a fase da velhice, que desencarne antes de envelhecer...É a única solução!

A maturidade psicológica que se adquire com o transcorrer do tempo é um fator muito positivo para o indivíduo, porque se traduz como um fenômeno enriquecedor. A sabedoria em lidar com a passagem do tempo está em ver beleza na idade que se tem, não importando qual seja a faixa etária.

Eu conheci um casal no Rio de Janeiro pelo qual tenho um grande apreço. Eles eram muito amáveis e possuíam uma grande fortuna. O marido era italiano e a esposa, brasileira. Moravam no Bairro X. Espíritas muito gentis, eram portadores de generosidade realmente comovedora. Este casal viveu a mais linda história de amor de que eu já tive notícia na vida. O amor deles foi de uma beleza que só pode ser explicada ao convocarmos o princípio da reencarnação.

A esposa pertencia a uma família do norte do país residia na capital, composta por cinco irmãs e uma mãe viúva. Certo dia, uma delas teve um sonho estranho. Ela deveria ir ao cais do porto para encontrar o homem da sua vida, que chegaria de navio.

Imaginemos esta situação naquela cidade nos anos 1930.

Obedecendo ao sonho, no dia seguinte foi ao cais na companhia da mãe e das quatro irmãs. Depois de certo tempo atracou no porto um navio do tipo paquete, do Lloyd Brasileiro. A embarcação havia saído do Rio de Janeiro e chegara àquela capital mais de um mês depois. Era uma viagem considerável.[127]

---

[127] A *Companhia de Navegação Lloyd Brasileiro* foi uma companhia estatal fundada em 1890 e extinta em 1997. Nota do organizador.

Os passageiros começaram a desembarcar para cuidar de seus interesses na cidade. Dentro de alguns minutos desceu um homem portador de grande beleza masculina, que causou grande impressão na família. A jovem, que havia sonhado com a visita ao cais do porto, olhou o rapaz e sorriu. Ele também sorriu e aproximou-se-lhe. Após se cumprimentarem e conversarem um pouco, ele propôs-lhe:

— Você gostaria de ser a minha namorada?

Ela ficou surpresa e embaraçada:

— Mas quem sou eu? Como posso namorar um rapaz tão bonito e de boa família como você?

Imaginemos a diferença cultural que caracterizava aquele encontro. Ele era um rico italiano radicado na cidade do Rio de Janeiro, enquanto ela era uma jovem do norte do país de vida muito simples e de poucos recursos culturais. Mesmo assim conversaram muito no primeiro e no segundo dias de permanência do navio naquele porto.

No terceiro dia, porém, o navio iria zarpar e ele precisava partir. Ela o convidou a ir à sua casa experimentar algum prato típico da região. O italiano aceitou.

Ao chegar à residência ele sentiu-se à vontade e identificou-se ainda mais com todas as integrantes da família. Ao despedir-se, comprometeu-se com a genitora da jovem, informando-a:

— Eu irei embora hoje, mas voltarei para casar-me com a sua filha.

E informou à namorada, solicitando-lhe:

— Faça apenas um pequeno enxoval. Separe somente o que for estritamente necessário. O restante compraremos no Rio de Janeiro. Sou um homem com independência econômica e faço questão de dar-lhe o que há de melhor.

Naquele tempo era comum que as próprias noivas preparassem o seu enxoval. Algumas mulheres bordavam, outras costuravam. Hoje em dia muitas jovens nem sequer sabem o que é isso. Se olharem uma máquina de costura é possível que pensem tratar-se de um computador antigo...

Por fim, o rapaz voltou para o Rio de Janeiro. Os namorados ficaram comunicando-se por carta, com a dificuldade que, naquela época e àquela distância a correspondência demorava muito. Isso tornava o contato muito difícil e desagradável para ambos.

Três meses depois ele retornou ao norte, logo esclarecendo:

— Eu vim casar-me com você.

— Mas quando, meu bem? — respondeu a jovem, meio atordoada com a notícia.

— Dentro de três dias. E como eu sei que a sua mãe é viúva, pretendo levar a família toda para o Rio de Janeiro, caso todos concordem. Possuo duas casas conjugadas no bairro X: uma para nós dois e outra ao lado para sua mãe e suas irmãs.

A noiva ficou tão admirada que resolveu perguntar:

— Mas você tem certeza de que deseja fazer isso?

— Claro que sim! Eu sou espiritualista e estudo doutrinas esotéricas. Creio na imortalidade da alma, na reencarnação e no poder do amor. Tenho certeza que nosso encontro não foi por acaso. Eu sei que se trata de um reencontro.

Eles casaram-se e mudaram-se para o Rio de Janeiro, levando toda a família da jovem, instalando-se na capital carioca e conduzindo a vida sob as diretrizes do amor.

Como o marido já fosse adepto do pensamento espiritualista, a esposa rapidamente se envolveu em estudos sobre a transcendência da vida. Depois de algum tempo ela apresentou mediunidade e ambos resolveram conhecer a Doutrina Espírita. A comunicação com os Espíritos foi uma descoberta fascinante para ele.

Desde 1951 eu vou ao Rio de Janeiro pelo menos uma vez por ano. E nessas ocasiões eles sempre estavam presentes, razão, pela qual, tornamo-nos amigos e mantivemos por muitos anos um contato de imensa cordialidade.

Todavia, depois de certo tempo eles deixaram de aparecer em minhas palestras públicas. Amigos comuns informaram-me que, em face de razões específicas, ele teve que voltar a Itália e levou a família, como era natural. Inicialmente eu estranhei quando eles se ausentaram por longos anos. Mas depois me acostumei com o fato.

Passados muitos anos, já na década de 1970, eu estava proferindo uma conferência no mesmo Estado do Rio de Janeiro e notei o meu amigo italiano na plateia, embora não tenha registrado a presença da sua esposa. Ele deveria estar com setenta anos, aproximadamente. Notei, no entanto, que o distinto cavalheiro estava acompanhado por uma garota bem mais jovem do que ele. Daí, eu pensei: "Meu Deus! Ele deve ter ficado viúvo e encontrou uma namorada muito jovem para fugir da solidão. Ou então ela é neta dele". Caso ela fosse realmente uma namorada, uma situação como essa, nos anos 1970, não era algo comum nem era uma postura bem aceita pela sociedade, que veria naquele quadro uma relação esdrúxula entre um idoso desvairado de setenta anos com uma jovem leviana de vinte e poucos anos de idade. Contudo, procurei disfarçar a minha surpresa para evitar qualquer tipo de embaraço.

Quando terminou a palestra ele abraçou-me e cumprimentou-me com efusão afetiva:

— Olá, Divaldo! Lembra-se de mim?

Esta é uma pergunta horrorosa! Porque, às vezes, a pessoa pergunta se eu me lembro dela e eu digo que não. Então ela completa: "Foi há muitos anos! Você se hospedou lá em casa e eu tinha dois anos de idade!" E a pessoa ainda quer que eu me lembre... Como eu posso ver um indivíduo com quarenta anos de idade e associar a sua imagem à de uma criança de dois anos? Nessas situações, para não ser deselegante eu respondo: "Ah! Claro que me lembro! É que houve ligeiras mudanças em você". Mas o casal a que me refiro já era adulto quando nos conhecemos. Por isso, eu não poderia me esquecer do nobre senhor que me cumprimentava.

Sorrimos muito e eu falei que certamente o reconhecia.

Nesse ínterim, a mocinha ao lado dele também me abraçou com carinho e falou comigo com toda a intimidade. Eu pensava: "Meu Deus! Quem será ela?". Ela me fala de episódios que havíamos vivido e insistia em me perguntar:

— Você se lembra, Divaldo?

E eu balbuciava:

— Ah! Ah... Quer dizer, mais ou menos... Parece que foi isso mesmo...

E a lembrança não me vinha à cabeça de jeito nenhum!

Antecipando o senhor que a acompanhava ela adicionou:

— Quando terminar a palestra você irá até a nossa casa para nos visitar. Vai tomar o seu cafezinho da madrugada.

Este era um hábito que eu tinha anteriormente. Às vezes, eu chegava à sua casa pela madrugada, após as atividades doutrinárias que estavam no programa da noite.

— Vamos tomar aquele café que você tanto gosta! — insistiam os dois.

Fiquei constrangido e raciocinei: "Meu Jesus! Ela realmente me conhece e eu não me recordo dela!".

Passaram-se as horas e fomos à casa de ambos, que era uma mansão de grande luxo. Quando chegamos, por volta das 2h da madrugada, ela me expôs:

— Eu mesma vou preparar o seu cafezinho! Não fiz antes porque o café tem que ser preparado na hora!

Como eu sou praticamente *cafeinômano*, bebo café da semana passada com o mesmo entusiasmo que o tomo quando é preparado e servido logo em seguida!

— Muito obrigado! — respondi.

Ela saiu saltitante e foi para a cozinha.

Intimamente eu me perguntava: "Será que ela sabe como eu prefiro o café?".

Em meio àquela situação constrangedora ele percebeu que eu não a reconhecia. Os homens também são perspicazes. Não são apenas as mulheres que dominam a técnica de perceber as coisas e dissimular. O sexo masculino também conhece o método...

Então ele me questionou:

— Você não está reconhecendo a sua anfitriã, não é verdade?

— Imagine! Como eu não reconheceria? Ela é... Ela é... Claro que eu a reconheço! Bom. Na verdade eu tenho uma vaga ideia...

Ele sorriu e completou:

— É a minha esposa, a mesma que você conheceu há muitos anos.

Eu tomei um susto e ele prosseguiu elucidando-me:

— Pois é, Divaldo. É culpa do nosso cirurgião plástico. Ela fez uma recauchutagem da cabeça aos pés! Então olha só no que deu! Naquela coisa ali! Eu também achei um exagero! Até implante de cabelo ela fez!

— É... Ficou realmente muito diferente!

Para mim foi um choque ver um rosto de *boneca japonesa* numa pessoa de setenta anos... Eu fiquei sem saber para onde olhar, pois queria evitar que ela percebesse a minha surpresa com o fato inusitado.

O marido acrescentou:

— Pois é, Divaldo. Ela está muito feliz com a nova aparência. Mas sabe qual é a sua maior alegria? É quando vamos passear e alguém me pergunta: "É sua filha?". Ela fica toda cheia de si e me chama de *velho*! Mas eu também me vingo! Você sabe que aqui em casa temos aquela escada bifurcada que fica no canto da sala. Como eu pratico esporte, porque sempre fui atleta, na hora em que vamos subir para o nosso quarto, eu o faço correndo e ela tenta acompanhar-me, mas não aguenta. Daí ela estaciona com a respiração ofegante, e me diz: "Meu bem! Espere um pouco por mim! Você sabe que o meu rostinho é de vinte e cinco anos, mas o coração é de setenta!". Somente assim eu consigo devolver a gozação que ela me faz.

É tão maravilhoso viver a cada momento com as possibilidades que a cada etapa nos proporciona! Não pode haver nada melhor do que uma velhice concentrada nos seus valores e na sua sabedoria.

Por isso, precisamos preparar-nos para o envelhecimento e para a morte, que é outro fenômeno biológico natural. Mas esta morte é a porta que se abre na direção da vida! Estamos em um mundo relativo, que está inserido no de natureza perene. Tecnicamente falando não existem dois mundos. O que existem são duas dimensões da realidade. Há uma dimensão que se expressa no campo da energia pura e uma dimensão que se manifesta no campo da energia condensada, que é a matéria conforme a conhecemos.

Se um dos integrantes do casal deseja cuidar da estética, melhorando sua aparência para fomentar a autoestima, a iniciativa é perfeitamente válida. Mas fazer uma renovação estrutural, da cabeça aos pés, parece-me um exagero que depõe contra o bom senso e que talvez signifique uma preocupação excessiva em manter o interesse do parceiro, ou mesmo uma vaidade social destituída de fundamento.

A velhice tem a sua beleza própria. A experiência de ter vivido atribui ao indivíduo uma luminosidade interior que não pode ser subtraída, porque cada momento da vida possui a sua beleza específica. E não adianta tentarmos forjar uma juventude que não mais nos pertence, pois em algum momento esta artificialidade saltará aos olhos de quem nos conhece.

Eu vi em Miami Beach a mais bela cena de ternura da minha vida.

Miami Beach é a cidade dos idosos. Eu visito esse lugar com frequência para ver os meus "colegas"...

Nesta cidade, que fica no estado americano da Flórida, um homem de oitenta anos de idade é um superjovem. Uma mocinha de oitenta e cinco anos está na flor da idade. Uma vez eu estava descendo do sexto andar, do apartamento de uma amiga, e o elevador levava umas dez pessoas. O mais jovem de todos era eu, que na época estava com setenta anos. Pelas ruas da cidade há muitas décadas todas as vias são adaptadas para o trânsito de cadeiras de rodas.

Eu estava caminhando para apreciar um pouco o ambiente a parei num parque onde estava um casal de idosos. Ela deveria ter uns 86 anos e ele quase 90. A senhora olhava-o com expressão apaixonada, ao passo que o cavalheiro a tratava com extrema ternura. Os dois se colocavam bem juntos no banco segurando as mãos trêmulas um do outro.

Eu fiquei olhando por longos minutos aquela cena profunda de amor, que sempre me comove. Confesso que não consigo evitar quando encontro uma manifestação pública de amor. Eu sempre olho e admiro.

Aquele casal me sensibilizou tanto que eu fui ao seu encontro para tentar conversar.

Como quem se faz de desentendido, eu perguntei:

— Por favor, os senhores poderiam informar-me onde fica a Avenida Tal?

É claro que eu sabia a localização. Era apenas um motivo para me aproximar.

— O senhor é estrangeiro? — Indagou-me ele.

E começou a explicar-me com muito boa vontade o que era necessário para chegar ao lugar.

De repente a senhora atalhou:

— Não, meu bem! É melhor ele ir por ali. Vai encontrar a avenida com mais facilidade.

Achei linda a forma como a senhora se havia referido ao parceiro: *meu bem*! É uma expressão muito especial. Esse tal de *meu bem* dissolve até coração feito de aço inoxidável!

— Vocês são casados?— perguntei.

— Não! — respondeu o jovem senhor. — Nós estamos noivos.

— Verdade? Estão noivos?

— Sim senhor.

Eu me lembrei de que é muito comum nos Estados Unidos que os idosos se casem para unir as pensões pagas pelo governo. Como diversos moram isolados, optam por se casarem legalmente para que um cuide do outro e os dois benefícios recebidos do Estado tornem a vida de ambos um pouco melhor, embora a união não tenha qualquer conotação afetiva. Porém, aquele casal parecia que realmente se amava. Ela aproveitou a minha pergunta para completar:

— Eu encontrei o homem da minha vida!

Surpreendi-me com a colocação! Fiquei olhando para aquela senhora, tão idosa que parecia uma fruta ressecada, e pensei no quanto tempo ela teria para viver ainda nesta encarnação com o homem da sua vida...

— É uma pena que não possamos mais ter filhos! Não é, meu bem!

— E por que não? — contestou o senhor. — Nós poderemos ter os filhos da humanidade!

Conversamos muito e a todo instante o que mais me chamava a atenção era a ternura com que se tratavam. Não havia outra conotação em tudo que diziam um ao outro senão a ternura. O toque de mão, o olhar, os gestos... Aquele casal revelava possuir em abundância o afeto de que o mundo e os casais estão carentes.[128]

---

[128] Para ampliar as reflexões sobre o tema, ler: *O Despertar do Espírito,* de Divaldo Franco/ Joanna de Ângelis, Ed. LEAL, cap. 9 (Desafios Afligentes), item "Medo da Velhice". Nota do organizador.

INFIDELIDADE

As lembranças do passado reencarnatório influenciam constantemente o nosso comportamento, sobretudo na área dos relacionamentos interpessoais, requerendo um alto esforço para suplantar os obstáculos que defluem das reminiscências perturbadoras.

Se eu identifico, por exemplo, que uma pessoa da minha convivência é alguém a quem provavelmente estou vinculado por um débito espiritual que necessita de regularização, irei trabalhar o meu consciente para conseguir visualizar virtudes naquele indivíduo a quem antipatizo e que está em meu caminho por uma razão plausível. Com esta medida eu poderei superar a reminiscência amarga.

Em sentido contrário, se esta pessoa me inspira paixão afetiva, uma profunda atração sexual, eu deverei meditar sobre o significado de um sentimento tão intenso e conduzi-lo da melhor forma. Se eu sou casado, por exemplo, não haverá alternativa a não ser superar o desejo e evitar um envolvimento afetivo-sexual que não se justifica, pois o compromisso conjugal deve ser preservado. Até porque, essa paixão que irrompe, voluptuosa e febril, com o passar do tempo será completamente dissipada. E depois? Como ficaremos? Se cedermos aos caprichos do *ego,* colheremos as consequências inevitáveis da irresponsabilidade.

Muitas vezes a atração é difícil de ser trabalhada, uma vez que se trata de uma pessoa que ressurge do nosso passado e mobiliza os nossos sentimentos mais profundos. Quando olhamos alguém e nos desequilibramos emocionalmente, significa que estamos diante de um vínculo anterior. Entretanto, trata-se de um vínculo negativo, que precisamos manejar para torná-lo edificante, do contrário repetiremos a experiência na qual naufragamos, transformando a oportunidade de reabilitação em uma trama ainda mais infeliz.

Em um veículo da imprensa escrita eu tive ocasião de ler uma matéria que ilustrava as consequências da imprevidência no plano afetivo.

Um homem cometeu um duplo homicídio e foi levado a julgamento numa pequena cidade norte-americana. Depois de todos os trâmites judiciais (da acusação e da defesa), no momento de ser anunciada a sentença ele foi convidado pelo juiz a ficar de pé. De semblante amargurado ele atendeu à solicitação do representante da lei. E o juiz lhe perguntou:

— Você matou sua mulher porque ela estava com outro, não é verdade?

— Sim senhor, Meritíssimo.

— Mas eu não consigo entender a sua atitude! Afinal, a sua mulher era uma adúltera pública! Ela o traiu com todos os seus amigos da cidade. Todo mundo comentava a vida desregrada que ela levava. Você sabia disso?

— Sabia, Meritíssimo.

— E não se importava?

— Não. Porque a minha esposa possuía problemas psicológicos. Ela necessitava de um parceiro novo periodicamente. Mas ela me amava! Por isso eu não me importava com a as traições sucessivas.

— Então por que você a matou somente agora que ela estava com esse novo amante?

— Porque esse era diferente! Os outros eram apenas aventuras para satisfazer a sua volúpia incontrolável de uma pessoa enferma, como já disse. Mas com este último amante não era uma experiência fortuita. A este ela realmente amava! Então eu tive que matar os dois, pois ele era um competidor. Eu não poderia suportar que ela se relacionasse com alguém que constituísse uma ameaça aos meus sentimentos.

Notemos como é profunda e complexa a alma humana e como é difícil de ser interpretada em poucas palavras. No caso em análise existia um triângulo amoroso que nasceu em priscas eras e que resultou em tragédia por ausência de maturidade dos envolvidos. No entanto, o desfecho poderia ter sido diferente se eles utilizassem as ferramentas do autoconhecimento e da educação moral.

É muito elevado o grau de comprometimento que o indivíduo adquire quando produz um triângulo amoroso, pois isto implica em responsabilidade pelo desrespeito ao seu parceiro. Vivemos em uma sociedade muito permissiva, mas pelo menos é uma sociedade onde existem instrumentos legais para termos uma vida conjugal digna.

Se eu tenho um relacionamento afetivo e concluo que ele não mais me satisfaz, disponho de meios legais para interromper este laço e procurar outra pessoa. Se estiver casado eu irei recorrer ao divórcio. E se estiver vinculado de qualquer outra forma eu poderei utilizar a honestidade para dizer à outra pessoa: "A partir de agora eu não estarei mais ao seu lado".

No entanto, se me permito a prática da infidelidade e da poligamia, colocando uma terceira pessoa em meu relacionamento, estarei agindo como um desvairado que não consegue ajustar-se ao processo de evolução cultural da humanidade. Eu não tenho o direito de afirmar que a sociedade possui uma estrutura distorcida porque ela não abona os meus desatinos. E se eu insistir na infidelidade, na manutenção de um ou mais amantes em minha vida, irei desenvolver uma consciência de culpa que se prolongará na próxima encarnação. É aquela pessoa que não acredita que ninguém a ame, evitando iniciar relacionamentos para não se decepcionar, pois imagina que não é merecedora de afeto por parte de ninguém. Por isso prefere viver de forma solitária, engolfada em seus receios e inquietações, uma vez que a consciência de culpa encontra-se insculpida em seu mundo íntimo.

O prazer extraconjugal é uma fuga lamentável adotada por alguns indivíduos que não têm coragem de enfrentar suas dificuldades no relacionamento afetivo.

Quando uma pessoa se entrega a uma *aventura sexual* como essa, os resultados quase sempre são desastrosos, caso não renuncie rapidamente à insensatez. Não apenas se contamina com vibrações e companhias espirituais inferiores como pode alterar a saúde espiritual do seu companheiro. Às vezes o infrator dos Códigos da Vida encontra-se tão impregnado de energias deletérias que acaba por *encharcar* o parceiro, se ele não estiver defendido pelas energias da oração e da conduta equilibrada.[129]

Por outro lado, o cônjuge que pratica a traição *intoxica-se* e dá vazão aos seus impulsos sexuais mais primitivos, a tal ponto que muitas vezes começa a exigir do parceiro que está dentro do lar um comportamento equivalente, instalando-se uma crise de sérias proporções na vida do casal.

---

[129] Um caso que ilustra esta explicação está documentado no livro *Nos Domínios da Mediunidade*, de Francisco Cândido Xavier/André Luiz, Ed. FEB, cap. 19 (Dominação Telepática). Nota do organizador.

Não são poucos os homens que querem exigir de suas esposas a cumplicidade na adesão a práticas sexuais esdrúxulas, muito usuais em prostíbulos, recebendo uma negativa veemente, pois ela se sente agredida pelas propostas vulgares que ele expõe, que constituem um ultraje aos seus valores éticos. Se o companheiro deseja um prazer mórbido ela tem o direito de se recusar, uma vez que a proposta violenta a sua sensibilidade. Se ela é a esposa, a companheira e parceira afetiva, não se poderá adequar a uma forma prostituída de praticar o sexo com ele.

Daí, o indivíduo viciado em comportamentos vulgares cria em torno de si uma psicosfera pestilenta que poderá atingir a sua esposa. Mas se ela estiver resguardada no equilíbrio e na boa conduta, possuirá automaticamente defesas que bloquearão qualquer tentativa de produção de danos em sua saúde física e espiritual.

Eu terminei de proferir uma palestra numa determinada cidade brasileira e um entrevistador de televisão decidiu levar-me a um programa da sua emissora. Na ocasião os telespectadores enviaram muitas perguntas, que eu tive o ensejo de responder. Dias depois este jornalista me falou:

— Divaldo, não há quem satisfaça o público. As pessoas disseram que nós combinamos as perguntas. Você responde com tanta rapidez que eles acharam que é uma farsa. Por isso me pediram que alugasse um teatro para que eu o entreviste diante deles, ao mesmo tempo em que todos poderão fazer as perguntas por escrito no próprio local do evento.

Eu respondi que de minha parte não havia nenhum problema, desde que ele providenciasse tudo. Ele conseguiu o teatro e marcou a entrevista às 9h do domingo seguinte.

No dia marcado eu fui até o local do compromisso. Quando eu cheguei ao teatro havia uma fila imensa. Fiquei a conjecturar o que iria haver ali, que estava atraindo tanta gente. Resolvi perguntar para a pessoa mais próxima:

— Mas o que será que vai haver hoje aqui?

— Ah! É um baiano que dizem que vai responder tudo que a gente perguntar! E muita gente dormiu na fila para não ficar de fora.

Eu fiquei tão impressionado que pensei: "Quem será esse baiano?". O engraçado é que eu esqueci que era baiano...

Ao me aproximar do jornalista que organizou aquele encontro, eu perguntei-lhe novamente:

— O que vai haver aqui no teatro depois do nosso evento?

— Nada mais!

— E toda essa gente? Todos vieram fazer o quê?

— Vieram exclusivamente para o nosso bate-papo.

Posicionei-me na tribuna do teatro e iniciamos o diálogo. Após respondermos várias questões alguém propôs em voz alta:

— Eu gostaria que as perguntas fossem feitas diretamente ao entrevistado, em vez de serem elaboradas por escrito!

O jornalista me consultou e eu afirmei que não fazia objeção. Então começamos uma sabatina com perguntas orais.

A certa altura da sabatina uma pessoa me pediu notícias de um parente já desencarnado. Eu solicitei-lhe:

— A senhora pelo menos me forneça o nome do seu parente, a data e o lugar do óbito.

Ela forneceu os dados e os Espíritos me deram a informação pela via da audiência mediúnica, que eu repassei imediatamente para a senhora. Daí por diante todos quiseram notícias de seus entes queridos, o que mudou completamente o foco da entrevista. Em dado momento outra senhora me indagou:

— O senhor poderia me dar notícias de minha filhinha Elizabeth? Ela morreu em circunstâncias trágicas.

Depois que ela me deu os dados de sua filha eu ouvi o Dr. Bezerra de Menezes esclarecer:

— Diga-lhe que pelas mãos de Chico Xavier eu já mandei uma mensagem para ela.

Dirigi-me à solicitante e informei o que o nobre Espírito me comunicara:

— Eu estou ouvindo um benfeitor espiritual dizer-me que a senhora já foi aquinhoada com uma mensagem que ele ditou através do venerando médium Chico Xavier.

Ela confirmou com entusiasmo:

— É verdade!

A atividade acabou rendendo mais do que o esperado. O que era para durar apenas uma hora se prolongou por três horas, terminando ao meio-dia.

O jornalista encerrou o programa e eu desci para me despedir de todos. Formou-se uma pequena roda em que as pessoas vieram cumprimentar-me, aproveitando para tentar esticar mais as perguntas. Eu pedi desculpas para me ausentar porque tinha outro compromisso, quase imediatamente. Foi quando se aproximou de mim a senhora que me pediu notícias da filhinha. Ela deveria ter uns quarenta e dois anos, estava acompanhada de um cavalheiro que aparentava uns cinquenta anos de idade. Foi ela quem me explicou:

— Sr. Divaldo, fui eu quem lhe fez aquela pergunta sobre a menina! O senhor me permite falar-lhe durante cinco minutos?

Quando uma pessoa me pede cinco minutos eu já sei que serão três horas, pois cinco minutos não dão para nada, é óbvio. Então respondi:

— Eu vou dar à senhora vinte minutos. Mais nenhum segundo, nem à senhora nem a ninguém. A senhora há de convir que eu também já estou exausto, pois fiquei em pé respondendo perguntas durante muito tempo. Além disso, eu tenho um compromisso às 16h e outro às 20h. Gostaria de pedir a todos que ninguém mais faça um pedido porque eu terei que negar.

Todos aceitaram a proposta e ela começou narrando:

— Eu estou aqui com a mensagem que a minha filha escreveu pelas mãos de Chico Xavier. Gostaria que o senhor a lesse, mas antes lhe vou contar a nossa história.

A narrativa da senhora encontra-se logo a seguir.

Meu marido e eu éramos o casal mais feliz da Terra! Nós morávamos numa bela cidade. Eu sou psicóloga e ele mantém uma indústria, que o obriga a viajar frequentemente pelo país assim como ao Exterior. Somos uma das famílias mais ricas deste estado. Construímos uma família com cinco filhos rapazes. Meu filho mais velho está agora com dezoito anos de idade. Nosso sonho era ter uma filha. Depois de várias tentativas sem êxito eu tive uma gestação da qual nasceu uma menina. Se alguém puder imaginar um anjo celeste, nascida numa família feliz, constatava que era o Reino dos Céus o nosso lar. Esse anjo que completou o nosso paraíso era a nossa filha, possuidora de cabelos louros e olhos azuis. Todos a amávamos à loucura! Ela era a razão da nossa vida! Chama-se Elizabeth, mas na intimidade nós lhe demos o apelido carinhoso de Bebete.

Quando ela completou quatro anos, meu marido propôs que transferíssemos a nossa residência para a capital, pois quando ele retornava da viagens internacionais ficava muito cansativo para depois dos voos ainda usar o automóvel, para chegar a nossa casa. Ele mandou construir uma mansão num bairro nobre e um ano e meio depois nos transferimos para lá. Colocamos a nossa filhinha no melhor jardim de infância da cidade, com recomendações estritas: ela somente seria entregue à babá quando esta fosse buscá-la com o nosso *chauffeur*.

A vida transcorria normalmente quando, certo dia, meu marido me fez um pedido estranho:

— Querida, eu lhe quero pedir que me envolva com maior ternura porque eu estou sendo atraído por outra mulher.

A confissão dele foi tão honesta que eu, que já estava meio saturada do dia-a-dia do relacionamento, comecei a cuidar mais de mim e a cuidar dele, para reativar a *chamado amor*, preenchendo com carinho o seu vazio existencial. Pouco tempo depois, ele me narrou:

— Eu estive com um psicólogo fazendo-lhe uma consulta e ele recomendou que eu assumisse o meu desejo de estar com a outra mulher. Ele me falou que se não fizer isso eu vou enlouquecer! Entre enlouquecer e assumir a minha realidade é preferível a primeira atitude. Então resolvi assumir a mulher com quem me estou relacionando afetivamente. Mas eu amo você e amo meus filhos! E não quero destruir o nosso lar! Estou neste doloroso dilema! Você é capaz de me entender?

A revelação causou-me um profundo espanto, mas eu procurei controlar-me e respondi-lhe:

— Sou sim. Eu posso compreender as suas necessidades.

Mas ele continuou a falar e ultrapassou todos os limites do improvável:

— Então eu quero lhe pedir licença para passar a semana toda em casa e ficar com ela aos sábados e domingos. Você me aceita?

A proposta era tão absurda que eu pensei que era brincadeira, porém, ele estava pálido e trêmulo. E eu lhe redargui:

— Não posso constrangê-lo a viver comigo. Faça da sua vida o que deseja. Eu aceito a sua proposta. Mas enquanto você estiver com ela não teremos relacionamento íntimo, pois você já tem com quem se compensar. Aceitarei que você fique com ela nos finais de semana somente para manter o meu lar.

— Quando os meus filhos perguntarem por mim eu gostaria que você dissesse que eu estou viajando. — Voltou a propor-me.

Ninguém pode imaginar o que isso significava! Era como um raio destruidor que nos arrebentava em uma noite escura... Ele passou a visitar a outra aos sábados e domingos. Na segunda-feira voltava para casa.

A mulher era tão sedutora que ele, decorrido um mês, resolveu propor-me:

— Não posso viver sem ela! Eu quero refazer os meus planos. Ficarei com minha nova companheira durante a semana e virei para casa aos sábados e domingos. Você concorda?

— Concordo.

Respondi à pergunta dele laconicamente, porque um grande ressentimento tomou conta de mim... Como é que ele, um homem que eu considerava lúcido, poderia me fazer uma proposta daquelas?! Mas eu aceitei para salvar os nossos filhos de uma hecatombe. Toda vez que as crianças me perguntavam pelo pai eu dizia que ele estava viajando.

Nosso filho de catorze anos, oportunamente, me disse:

— Mamãe, como você é ingênua! Todo o bairro sabe que papai tem outra mulher! Eu mesmo já o vi com a outra.

— Você está enganado, meu filho. Respeite o seu pai! Aquela senhora não tem nenhum relacionamento afetivo com ele. São apenas negócios que os dois têm em comum.

— Mas mamãe, eu...

— Não admito que fale mal do seu pai! E o assunto está encerrado.

Nesse ínterim, a nossa menina, que ambos amávamos muito, passava-lhe a mão na cabeça e dizia:

— Papai! Volte para casa! Volte, papai!

E ele respondia:

— Eu estou viajando muito, filhinha! São os meus negócios!

Ela insistia:

— Eu sei. Mas volte, papai! Você é a minha vida! Se você não voltar eu vou morrer!

Certo dia ele falou a Bebete:

— Filhinha, a vida não é um jogo de bonecas! Quando você crescer vai ver como a vida é diferente... E quando você crescer, se alguma vez você souber de alguma coisa terrível sobre mim e não tiver forças para me perdoar, eu quero lhe pedir que você pelo menos me desculpe. Você é capaz de desculpar?

Eu fiquei pensando na gravidade de se perguntar isso a uma menina de menos de cinco anos!

E a filhinha respondeu, emocionada:

— Papai, eu perdoo e desculpo tudo se você voltar para casa!

Embora o apelo da filha fosse muito tocante, ele não teve forças para retornar ao lar.

Cinco meses depois ele chegou a casa em certa ocasião e me confessou:

— Passou a loucura! Foi uma estranha hipnose, um estado de desespero. Eu quero voltar para casa! Você me aceita?

— Aceito.

— Mas você me aceita como seu marido e seu parceiro?

— Não! Eu o receberei como o pai dos meus filhos. Você me magoou tanto e ainda acredita que não tenho sentimentos? Se você tem intenções reais comigo, reconquiste-me!

Depois de um período de mais três meses e passada aquela hipnose que o dominou, ele começou a me reconquistar. Nós já estávamos mais pacificados, como se fôssemos noivos.

Certo dia, a babá se dirigiu à escola para buscar a nossa filha. Ao chegar lá ela recebeu a notícia de que a menina não estava mais:

— Deve haver algum mal-entendido. A menina já foi para o escritório. Veio aqui uma senhora com um bilhete do pai e a garotinha foi entregue.

A babá ficou apavorada! Voltou para casa às pressas e me contou o ocorrido. Eu telefonei imediatamente para o meu marido e ele me informou que não havia mandado ninguém buscá-la. Então entendemos que se tratava de um sequestro! Enlouquecemos!

Corri à escola para falar com os diretores. Eles disseram que a mulher que levou Bebete havia saído do automóvel da minha família. De mediato comunicamos à polícia, que enviou agentes para o aeroporto e para as estradas. Tomamos todas as providências necessárias. Ao cair da noite eu fui à televisão para fazer um apelo diante das câmeras:

— Peçam o que quiserem! Mas não façam mal à nossa filha!

Aproveitei a oportunidade para oferecer uma boa quantia em dinheiro para quem tivesse alguma notícia de Bebete.

No dia seguinte, eu acabei tendo um colapso nervoso, desmaiei e perdi a consciência, sendo internada em um hospital para fazer uma avaliação cuidadosa da minha saúde.

Três dias depois eu estava ainda em profundo choque, recuperando-me lentamente, quando recebi a notícia. Algumas crianças que brincavam num matagal encontraram o corpo da nossa filha, que tinha sido assassinada e mutilada com golpes de machado! Depois do crime ela foi jogada em um saco plástico. Meu marido foi chamado e fez o reconhecimento do corpo.

Não é difícil imaginar como esse episódio repercutiu em nossas vidas e na vida da cidade! Tentar traduzir a dor que me despedaçou a alma é impossível! Ainda mais porque eu sabia que o meu marido havia tido um relacionamento extraconjugal, mas eu não sabia com quem. A polícia investigou ao máximo e não conseguiu solucionar o crime. Até que o meu marido contratou um detetive particular, que ao encontrar a mulher com quem se havia envolvido, começou a pressioná-la. E um dia ela confessou, dominada pelo ódio:

— Fui eu quem matou a menina! Eu a matei porque ela não era uma criança! Era uma mulher que competia comigo! A mulher dele não pôde competir comigo e aquela infame roubou-me o homem que eu amava! Eu a matei e a mataria quantas vezes fossem necessárias!

A mulher foi presa e a população quis linchá-la. Nesse momento surgiu outro drama em nossa família. Enfurecida, eu recriminei o meu marido:

— Foi você quem matou a nossa filha! Graças à sua conduta a tragédia invadiu as nossas vidas! A nossa menina foi assassinada pela sua amante! Se ela é amante ou se é ex-amante, foi você quem matou o nosso *anjo*! Eu nunca o perdoarei! Poderei até enlouquecer, mas não se surpreenda se eu o matar um dia!

Foi quando todo mundo da cidade nos veio visitar. Todos se acharam no direito de entrar em nossa vida para nos consolar. Veio o padre, com aquela litania, falando sobre a vontade de Deus. Que vontade era aquela?! Como é que Deus poderia ter vontade de ver alguém matar a minha filha com golpes de machado? Que Deus era aquele?! Eu pus o padre, Deus e todo mundo para fora da minha casa!

Entre as visitas indesejadas veio até mim uma amiga muito querida, que havia experimentado uma grande tragédia. E ela começou a dialogar comigo:

— Você se lembra do meu drama? Meu filho morreu de acidente de moto. Você sabe como eu quase enlouqueci! Mas quando eu estava a ponto de me suicidar, falaram-me de um homem muito bom chamado Chico Xavier. Então eu fui a Uberaba e o meu filho me fez uma carta psicografada. Eu trouxe a carta e desejo ler para você. A morte não existe! Bebete está viva! Eu não posso lhe dar prova. Tenho apenas o meu testemunho de vida.

Após ler a carta para mim, ela acrescentou, enfaticamente:

— Procure Chico Xavier!

Como eu não tinha fé religiosa e estava com ódio de Deus, decidi não procurar ninguém. Resolvi matar alguém e matar-me depois, para poder ressarcir a dívida que tinha com minha filha. Mas meu marido conversou com o esposo da minha amiga e acabou convencendo-me a procurar o médium mineiro. Por fim, alugamos um avião e fomos a Uberaba.

Quando chegamos ao Centro em que ele atendia as pessoas, confesso que não entendi nada. Chegamos à cidade numa sexta-feira. Eu entrei numa fila de grandes proporções e fiquei sabendo que ela estava organizada desde a quinta-feira, uma vez que Chico só atendia quarenta pessoas por noite, pois era impossível atender a todos. Então eu entrei em desespero e comecei a gritar:

— Vendam-me uma senha! Vendam-me uma senha! Eu pagarei bem a quem me ceder o seu lugar!

Uma senhora que estava na fila me olhou e desencorajou-me:

— Minha senhora, o seu dinheiro aqui não vale nada! Não perca seu tempo. Aqueles que vamos ser atendidos pelo Chico não venderemos nossa senha nem mesmo por toda sua fortuna!

Mas ao dizer isso ela percebeu que eu estava enlouquecendo e perguntou qual era o meu drama. Eu respondi:

— Mataram minha filha! Assassinaram minha filhinha a golpes de machado antes que ela completasse seis anos!

Ela me olhou com profunda compaixão e acrescentou:

— Eu estou no quarto lugar da fila e vou oferecer-lhe a minha senha porque a sua dor é maior do que a minha. Eu venho aqui pela sexta vez. Meu filho morreu de acidente de automóvel, mas você está sofrendo muito mais do que eu.

Agradeci, comovida, e entrei na fila. Olhei para a senhora gentil e vi que ela estava chorando. Éramos duas infelizes com uma única esperança. Os números começaram a ser chamados para dar seguimento ao socorro espiritual. Quando chegou a minha vez, eu me postei diante de Chico. Antes que eu lhe dirigisse uma só palavra, ele me olhou com ternura e falou:

— Como vai, minha filha? Quero dizer a você que a nossa Bebete está muito bem! Não pense na morte! Pense na vida!

Eu quase desmaiei. Quando me recuperei, ele me amparava carinhosamente e me esclarecia:

— A menina veio aqui com a avó Margarida, sua mãezinha, que morreu há alguns meses e está aqui com a senhora. Fique tranquila.

Era espantoso! Aquele homem nunca me havia visto nem falado comigo! Entre soluços e lágrimas, eu interroguei-o:

— Como é que o senhor sabe?

— Ela está aqui — respondeu Chico. — Sente ali e aguarde.

Eram três horas da tarde e a atividade teve continuidade. A noite chegou e Chico começou a psicografar.

Por volta das duas horas da manhã, depois de receber todas as psicografias, ele começou a lê-las. Na primeira carta a ser lida ele anunciou que um jovem havia feito uma carta para sua mãe, declinando o nome de ambos e pedindo que a respectiva genitora ouvisse a leitura. Quando ela levantou-se e se identificou, era a senhora que me havia cedido o lugar na fila. No início da carta o filho dizia-lhe:

"Mãezinha querida!

Eu não estava programado para escrever-lhe hoje. Mas quando a senhora cedeu o seu lugar à outra que sofria mais, eu fui convidado a agradecer-lhe pela renúncia, a abnegação e o amor! Porque sempre que nós damos, passamos a ter merecimento de receber. Muito obrigado, mamãe! Eu estou vivo!".

A mãe do rapaz chorou copiosamente... A carta era um verdadeiro poema, que ela abraçou e beijou! A mensagem comoveu o público.

A quarta carta era para mim e para o meu marido. A psicografia nos citava nominalmente, sendo que nós não havíamos dito nossos nomes a ninguém. E Chico leu a carta para nós dois, que estávamos trêmulos:

"Mãezinha, Papai,

Estou aqui com vovó Margarida e ela está me ajudando a escrever, junto com um velhinho muito bondoso de nome Bezerra de Menezes. Papai, eu não morri! Mamãe, não pense em se matar! Eu vou explicar como aconteceu a minha viagem para cá.

Eu estava brincando na escola quando parou um carro azul e uma senhora muito bonita disse que tinha ido me buscar. Ela apresentou um papel e eu fui liberada. Ela falou que me levaria para o escritório do papai. Entrei no carro e ela pediu que eu sentasse ao seu lado. Era muita simpática esta senhora! Ela gentilmente me ofereceu um chocolate. Comecei a comer o doce e fiquei com um sono muito pesado. Acabei dormindo. Então não vi mais nada. Quando eu acordei, estava em um lugar agradável que parecia um quarto de hospital. E, ao meu lado, estava a vovó Margarida. Então, eu perguntei: 'Vovó, você está aqui?'. E ela respondeu: 'Sim, Bebete. Estou tomando conta de você'. 'Mas você já morreu, vovó!'. 'Não, filhinha! Ninguém morre! Mas agora você também está aqui comigo. O seu corpinho foi deixado dentro de um saco, todo cortado...'. 'E papai? E mamãe?'. 'Estão chorando por você, meu bem.'. 'Mas vovó...'. 'Não vamos conversar agora, Bebete. Durma, repouse para depois visitarmos papai e mamãe!'. E eu dormi demoradamente.

Não sei explicar quanto tempo se passou. Como eu disse, estou escrevendo esta carta ajudada pela vovó. Um dia veio ao meu quarto uma senhora que parecia uma professora. Estava bonita e bem-vestida. Chegou perto de mim e me falou: 'Bebete, eu sou a sua tia Brígida. Você não me conheceu. Eu vim para cá antes de você nascer. Hoje é o dia de visitarmos papai e mamãe. Vamos?'. Então eu senti saudades de você, papai. Senti saudades de mamãe e dos meus irmãos... Eu não sei como aconteceu. Só sei dizer que de repente eu estava correndo em nossa casa, levada por vovó e pela tia Brígida, e encontrei você e mamãe no quarto. Ela estava deitada na cama, muito triste, e você estava em pé, com a gaveta da escrivaninha aberta, olhando um pequeno machado e dizendo: 'Vou matar a miserável! Ou então eu vou amputar-lhe as mãos e depois eu me mato! Porque só assim eu resgatarei a minha filha!'.

Papai, não faça isso! Se você a matar será preso e mamãe ficará viúva de marido vivo. E eu não poderei mais voltar para lhe escrever. Eu não senti dor alguma! Se alguém pensa que me fez sofrer, enganou-se, pois eu estava anestesiada. Ninguém morre! Você precisa viver para amparar os meus irmãos e a mamãe! Certo dia você me disse: 'Bebete, quando você crescer e descobrir algo que não possa perdoar, pelo menos desculpe!'. Lembra-se, papai?

Mãezinha, papai não teve a intenção de deixar você. Vovó me contou que ele estava muito desequilibrado. Eu não lhe peço que perdoe aquela senhora. Mas eu lhe peço que pelo menos a desculpe! Ela não me matou. Apenas me transferiu para cá. Um dia eu contarei a razão do que nos aconteceu. Mas agora eu quero abraçar meus irmãos.

Eu voltarei outras vezes porque ainda não conheço bem tudo isso aqui, nesta casa em que estamos. Volte em paz, mamãe! Eu estou viva!

Um beijo como antigamente, de um lado e do outro do rosto, Bebete".

Na carta, a minha filha declinava o nome de todos os irmãos, em ordem decrescente de idade. Dava notícias de amigos, de parentes encarnados e desencarnados.

Quando eu abracei aqueles papéis, era como se estivesse abraçando a minha filha!.

Eu não perdoei o meu marido. Mas eu o desculpei e hoje eu o amo, em homenagem à nossa filhinha Bebete! Temos um relacionamento conjugal saudável e pleno. E a nossa filha é o elo que nos une. A mulher está no cárcere e vai ser julgada. Eu lamento que aqui no Brasil não exista a pena capital, porque eu desejaria ver morta a miserável!

A história que aquela senhora narrou, no momento em que eu encerrava a sabatina no teatro, é de uma beleza e de uma tragédia comovedoras! Ela segurou as minhas mãos e eu tinha lágrimas nos olhos...

Quando ela terminou de me contar os fatos, eu vi Bebete chegar. Atravessou a multidão conduzida por alguns amigos espirituais. Era uma menina linda, de cabelos dourados e olhos azuis encantadores! Ela se aproximou e me solicitou:

— Peça a mamãe que perdoe a assassina.

Olhei para a mãezinha sofrida e sugeri-lhe:

— Bebete costumava se vestir com uma roupa de musseline cor-de-rosa, com laço na cintura?

— Foi o último presente de aniversário que dei à minha filha! — respondeu a mãe.

— Bebete está aqui. Ela está dizendo que amanhã, segunda-feira, é o aniversário dela. E ela quer da senhora um presente para comemorar a data.

— Qual presente?

— Que a senhora visite a mulher que a mandou de volta para o mundo espiritual.

— Não posso! Isso eu não posso fazer! Eu já ergui um lar de crianças e duas creches em homenagem à minha filha. O que mais eu darei a ela?!

— O perdão a quem a matou! Porque aquele que mata é mais infeliz do que aquele que morre. O assassino nunca se esquecerá daquele momento crucial em que o corpo da vítima tomba. E um dia ele voltará para ressarcir por si mesmo o débito contraído. É certo que o sofrimento daquele que vê o ser querido partir é intraduzível e destruidor! Mas a consciência criminosa é ainda mais desditosa, pois o ácido do remorso vai aos poucos fulminando a sua alma.

— Isso eu não consigo fazer!

— Então ela pede que pelo menos retire os advogados que a senhora contratou para pedir ao juiz que sentencie a pena máxima, porque o promotor público se encarregará disso. Não faça nada por vingança! É uma trama muito cruel! Deixe por conta da lei, que a Justiça fará o resto. Não se envolva tanto!

Ela pensou um instante e me respondeu, profundamente tocada em suas emoções:

— Com a alma despedaçada eu farei isto em homenagem à minha filha!

Neste momento nós nos abraçamos. O pai também me abraçou e chorou como eu nunca vi um homem chorar. Então ele me perguntou:

— Será que minha filha já me perdoou?

— Não senhor! — respondi. — Sua filha o ama! E quem ama não perdoa. O perdão faz pressupor uma mágoa. E quando se ama, não se tem mágoa nunca! Vá para casa em paz...

Eles se foram e eu segui para atender os outros compromissos.

Passaram-se muitos meses...

Bebete me apareceu e me fez psicografar uma carta para os pais. A gentileza de alguns amigos da cidade me permitiu enviar a mensagem ao casal, já que não sabia o seu endereço.

Um dia alguém me chamou ao telefone na Mansão do Caminho. Do outro lado do telefone, eu ouvi uma voz feminina que me dizia:

— Sr. Divaldo, eu sou a mãe de Bebete. Lembra-se de mim?

— Claro que me lembro! Eu nunca poderia esquecer-me da senhora!

— Eu estou telefonando para que o senhor diga a Bebete que hoje pela manhã eu fui ao cárcere. Criei coragem porque agora eu estou frequentando o Espiritismo. Ao chegar lá eu tive um choque emocional tão intenso que por pouco não morri! A mulher que seduziu meu marido era uma amiga minha, que eu convidava sempre para ir à minha casa. Eu havia desenvolvido um bloqueio tão intenso que nunca me interessei em saber quem era a assassina de minha filha. Recusei-me a ver televisão, a ler jornal e a receber qualquer tipo de informação sobre ela. Quando nos vimos, ambas tivemos um choque! Ela, por ver-me ali, e eu por identificar quem me havia trazido tanto sofrimento. Mas eu fui àquele local com um grande propósito. Levei *O Evangelho segundo o Espiritismo* e uma cópia da mensagem de minha filha. Quando eu abri a bolsa, ela gritou, desesperada: "Não me mate!". Ela pensou que eu estava tirando da bolsa algum revólver. Para tranquilizá-la eu informei: "Eu não venho matar você. Se fizesse isso eu somente iria transferi-la de um lugar para outro, porque ninguém morre. Venho aqui dar-lhe vida! A mesma vida que a minha filha me deu!". Ao me aproximar da cela a infeliz mulher recuou. Joguei sobre a cama o Evangelho e a cópia da carta psicografada, dizendo-lhe: *"Faça um bom proveito, como eu o fiz".* Quero dizer-lhe que irei tirar os nossos advogados do caso. A acusação ficará apenas por conta do promotor.

Com a voz embargada de emoção, a senhora continuou sua explicação ao telefone:

— Senhor Divaldo, hoje é aniversário de morte da minha Bebete. E como eu não lhe dei um presente no aniversário de nascimento, eu quero dar-lhe este presente de renascimento no mundo espiritual...

Neste instante Bebete chegou e ditou-me uma mensagem auditiva, que eu repassei para sua mãezinha.

Conforme eu havia mencionado, o casal construiu uma creche e colocou nela o nome da menina. No ano seguinte eles adotaram um lar de crianças e no terceiro ano ergueram outra creche. Anos mais tarde resolveram adotar mais um lar de crianças, em homenagem a Bebete. Porque na carta que Chico Xavier psicografou Bebete dizia:

"Hoje eu vejo tantas crianças ao relento, dormindo no chão. A nossa família tem tanto para dar e nós não damos nada! Ao invés de chorar uma filha morta, ajudem, paizinho e mãezinha, as crianças que não têm pais e vivem abandonadas pelas ruas da vida!".

Aí está a força do amor e do sexo sublimado! Quando formos capazes de amar e de usar o sexo com a finalidade reprodutiva para a qual a Divindade o dotou, bem como para o intercâmbio saudável de hormônios, de emoções e de sensações, com ternura e respeito pelo parceiro, ele será uma fonte inexaurível de bênçãos, mesmo que haja uma ou outra dificuldade em nossa caminhada.

Não há justificativa possível quando alguém desrespeita o parceiro ao enveredar pelo caminho da infidelidade, ainda mais pelo fato de que as leis humanas permitem a qualquer pessoa mudar de parceria com tranquilidade, inclusive sem qualquer consequência cármica, se pensarmos do ponto de vista espiritual. Aquele que trai na vida conjugal, está traindo a si mesmo, enganando-se ao procurar fora do casamento aquilo que ele não encontra dentro de si mesmo. Por isso ele jamais ficará satisfeito com o relacionamento extraconjugal, pois o que lhe falta é algo da sua própria estrutura íntima, não está na relação com este ou com aquele indivíduo. Além disso, o parceiro infiel impõe uma grande dor àquele com quem divide o lar.

Se um cônjuge constatar que está sendo traído, ele deve entender que o traidor é alguém infeliz, necessitado de uma atitude de compaixão. Porém, a pessoa que foi prejudicada não tem a obrigação de ficar ao lado de quem lhe desrespeitou, escravizando-se-lhe. Poderá fazer a opção de ficar e tentar solucionar o problema para começar de novo, conforme a sua disposição íntima. Não obstante, tenho constatado ao longo da vida que esses episódios são muito difíceis de serem contornados, pois quando os vínculos se rompem, raramente a afetividade volta ao padrão inicial.

Em nenhuma hipótese o parceiro lesado deverá perpetuar a postura de fingir que não sabe o que se passa. Inicialmente ele até poderá cercar o ser querido de ternura e não denunciar que está ciente da situação, fazendo isso para ver se o outro consegue despertar para os seus deveres conjugais. Mas esta é uma atitude que não deverá prolongar-se indefinidamente, pois o ato de perdoar não implica em ser conivente com o erro. O perdão significa não lhe fazer o mesmo, não se vingar daquele que lhe feriu. A conivência significará dar ao indivíduo insensato a chance de continuar se equivocando. É necessário em algum momento revelar que a infidelidade já foi descoberta, para que o parceiro infiel tenha a dimensão do quanto feriu o coração amigo que nele confiou, a fim de que este choque o ajude a corrigir-se, mudando de atitude interior. Do contrário, o marido ou a esposa que foge ao compromisso achará tão natural trair que isso fará parte do cotidiano, variando de parceiros e deteriorando um relacionamento que deve ser apoiado no respeito recíproco. Quando esse elemento desaparece, os vínculos do amor também se dissolvem.

O sexo é uma das mais santificantes bênçãos da vida! Até mesmo quando inibido ou quando atormentado, pois isso é o efeito dos nossos próprios atos, que estamos recebendo da vida como forma de educar as nossas inclinações. E quando isso ocorre? O que fazer? Amá-lo, respeitá-lo, adorná-lo de luz e envolvê-lo em ternura, procurando ser cocriador com a Divindade. O bem que fazemos nos faz bem. E o mal que praticamos é *sombra* que carreamos para nossas vidas.

PERDÃO E RECOMEÇO

Mesmo entre as almas extremamente afins, que se comprometeram em estar ao lado uma da outra, podem acontecer fraturas no relacionamento. Um ser que nos ama tem o direito de discordar de nós, pois não se deve exigir que ele concorde sempre conosco. Aliás, quando o outro está sempre de acordo, é porque não ama o seu parceiro, apenas se lhe submete e evita qualquer situação de confronto de ideias, indicando que ocorreu uma perda de interesse pela relação. Quando o outro dialoga, quando discute e até quando se desentende conosco, é sinal de que valoriza o relacionamento, inclusive uma briguinha periódica (sem agressão física!) pode até fazer bem, porque a reconciliação depois do desentendimento se torna muito agradável... Esse reencontro é fascinante e pode ser ilustrado por uma linda história que testemunhei nos Estados Unidos da América.

Eu estava em Nova Iorque e preparava-me para proferir uma conferência em Manhattan em um grande hotel: o Doral Inn. Era julho e fazia muito calor. Eu vinha de uma cidade nos arredores onde eu tenho amigos muito queridos que me hospedam com muita gentileza. Quando eu saí do veículo e cheguei à porta do hotel, eu estava transpirando muito e corri ao banheiro para umedecer o rosto, pois desta forma eu poderia me preparar melhor para a palestra. Dobrei-me sobre a pia, acionei a torneira e fiquei refrescando-me.

Nesse momento, eu percebi que alguém me olhava de forma hostil. Imediatamente eu senti a vibração de ódio, uma onda mental muito agressiva. Aquilo me fez estremecer... Eu levantei a cabeça discretamente e vi pelo espelho que atrás de mim havia um homem afro-americano. Era o zelador que limpava o banheiro. Ele estava apoiado a uma vassoura e me fixava com os olhos avermelhados, injetados de ódio, descarregando sobre mim *dardos psíquicos* de natureza tóxica. Eu tinha duas alternativas: reagir e sair ou agir e quebrar aquela onda de ódio. Peguei uma toalha de papel, voltei-me subitamente para ele e lhe disse:

— Muito obrigado! Você é um verdadeiro missionário! Porque o ambiente aqui está muito agradável, graças a você!

Ele então me respondeu, em tom bastante rude:

— Missionários de quê?

— Missionário da limpeza! Imagine você que eu estava me sentindo muito mal. E ao chegar aqui ao lavabo eu me recuperei completamente! Você sabia que o cientista Albert Einstein dizia que a pessoa mais importante da sua vida era a sua cozinheira?

— Não. Não sabia.

— É porque o físico brilhante comentava que não poderia adoecer para não prejudicar o seu trabalho. A sua vida era tão comprometida com a pesquisa e os valores éticos que ele necessitava manter-se com saúde para não interromper as atividades. A sua cozinheira se desincumbiu tão bem da tarefa que ele nunca teve um problema digestório.

— Está bem. Mas apesar disso eu não quero conversar com você! Eu odeio brancos!

— Ah! Que bom! — respondi. — Porque eu não sou branco, eu sou pálido. Eu venho do Brasil, e segundo o Conde de Gobineau em 1860 no Brasil só havia um branco, que era Dom Pedro II, Imperador do país. O resto é tudo misturado.

E ele retrucou:

— Detesto latino-americanos!

— Mas que interessante! Eu fico muito contente em encontrar alguém que odeia aqueles a quem não conhece. Pois eu sempre faço o exercício de amar principalmente quem odeia, já que eu descobri que toda pessoa que cultiva ódio é muito infeliz. Primeiro ela odeia-se a si mesma e depois joga fora o seu veneno tentando odiar os outros. Mas como o seu ódio não me atinge eu gostaria novamente de lhe agradecer por você ser um anjo da limpeza!

Nesse momento eu senti algo diferente, apontei o dedo em riste para ele e disse:

— Você odeia branco, índio e latino-americano porque você é um covarde!

Eu não falo quase o inglês, mas ao menos consigo não passar fome! No entanto, a frase foi enunciada sem dificuldades. Na mesma hora eu pensei: "Meu Deus! Ele deve ter um metro e noventa de altura e uns cento e vinte quilos! Se ele espirrar eu desencarno! Ele vai aplicar-me um soco que eu vou ter que buscar minha cabeça no Empire States!". O rapaz ficou lívido e aproximou-se de mim com seus quase dois metros de altura. Era uma "montanha de músculos" e eu, esta coisinha cá embaixo... Então ele falou, em tom colérico:

— Como você se atreve?

— Atrevido é você! — redargui.

Ele esbugalhou os olhos e eu continuei:

— Você é um covarde! Quer descarregar em mim o seu problema. A sua mulher o traiu porque você é um grande adúltero!

Eu pensei novamente: "Meu Deus! O que é que o Senhor está fazendo comigo? Este homem vai me dar uma surra no banheiro! E quando no Brasil chegar a notícia de que Divaldo Franco levou uma surra num banheiro de Nova Iorque, as mentes generosas vão dizer: Eu já esperava!".

O ímpeto para dizer aquelas palavras era algo superior a mim. E eu falava um inglês com sotaque típico dos negros americanos.

Ele me perguntou em tom de surpresa e profunda irritação:

— O que é que senhor está me dizendo?!

— É isso mesmo! — completei. — Porque você sempre traiu sua mulher com quantas lhe apareceram, desprezando-a. Então chegou o momento em que ela quis mostrar-lhe que era capaz de encontrar alguém melhor do que você, que está planejando matá-la e não vê que a responsabilidade pelo adultério dela também é sua. Porque o direito que tem o homem, a mulher também possui. Não estou advogando que uma esposa deva quebrar a fidelidade ao seu marido. Não é isso. Só quero dizer que essa ilusão de superioridade masculina foi há mais de cem anos!

— Mas todo homem trai a esposa!

— Há exceções! Nunca generalize! As generalizações representam atos de rebeldia que não correspondem à realidade.

— Mas ela me traiu!

— Porque se sentiu desamada. E por isso ela foi procurar alguém que a amasse.

— Eu a amava!

— E dizia isso a ela?

— Não era necessário! Ela já sabia.

— Mas ela deve ter esquecido. O amor é um medicamento da alma que temos que tomar sempre! Não basta falar que ama somente durante o namoro. É preciso repetir sempre! Se você dizia isso a mulheres que não amava, por que não teria a coragem de dizer o mesmo à sua esposa?

— E se de fato não estivermos amando mais a parceira?

— Continue dizendo que a ama e tenha um pouco de paciência que você voltará a sentir a presença do amor.

— Você por acaso é algum defensor das mulheres?

— Não necessariamente. E não poderia ser defensor da sua esposa porque não a conheço. Conheço apenas você, que é um covarde. E quando uma mulher adultera há sempre outro covarde escondido atrás dela, já que ela não comete a traição sozinha.

— O pior é que ela escolheu um amigo meu para me trair!

— E por aí é que se vê o tipo de amigos que você tem! É sinal de que você não tem bons critérios para se relacionar com as pessoas...

O rapaz abaixou o rosto, envergonhado. Olhei bem para ele e concluí:

— Agora vá lá ao telefone, peça-lhe perdão e marque um encontro esta noite convidando-a para jantar! Há quantos anos você não convida sua mulher para jantar fora?

— O senhor está louco? O senhor sabe quanto custa um jantar em Nova Iorque?

— Eu não disse onde era o jantar. Não lhe sugeri que a levasse a um restaurante de luxo. Compre um cachorro-quente, sente-se com ela na escadaria da Igreja de São Patrício e comam o jantar, contanto que seja fora de casa. Mulher adora isso! Eu não sei por que, mas elas adoram...

Fiz uma breve pausa e prossegui:

— A sua mulher não lhe traiu. Quando ela elegeu o outro, ela estava elegendo você, o parceiro que um dia foi verdadeiramente um homem. Tudo aquilo que você deixou de dizer-lhe o outro falou. E como a sua mulher é um ser sensível, sentindo-se desprezada terminou por aceitar o substituto.

— Isso não justifica!

— Mas explica. Note há quanto tempo você abandonou o seu compromisso afetivo com ela. Há quanto tempo vocês estão casados?

— Há quinze anos.

— Então veja que eu tenho razão. É natural que ela desejasse ouvir novamente aquelas frases apaixonadas que nunca mais escutou. Tenho certeza de que você sempre chegava à casa de mau humor e reclamando bastante. Os maridos acreditam que para serem homens de verdade têm que chegar a casa de forma agressiva. E as mulheres, para mostrar que não são submissas, chegam a casa de maneira vulgar. Isso não é um casamento! É uma arena onde duas pessoas disputam para ver quem vai ganhar a luta por nocaute.

Eu silenciei por alguns segundos para que ele refletisse e propus-lhe:

— Pegue o telefone e vá falar com ela! Você foi agressivo comigo porque está planejando matá-la! Mas eu sei que você a ama! Se este amor não existisse você seria indiferente, pois a única forma de matar o amor é a indiferença. Quando somos indiferentes, é porque desistimos do amor. Quando odiamos, é porque o amor está doente. Então a solução é dar um remédio ao amor! Eu vou proferir uma conferência aqui no hotel. Quando você terminar de telefonar, vá dar-me um sinal de que já lhe falou. Agora vá e telefone! Vá, vá!

Ele ficou parado e eu pensei: "Agora quem vai sou eu!".

Saí do ambiente em seguida. Eu estava pálido e com as pernas trêmulas. Os amigos me perguntaram o que houve, e eu respondi-lhes:

— Foi um incidente no banheiro! Mas eu conto depois.

Fui para outro setor do hotel e procurei acalmar-me, tirar aquele homem da minha mente para não perturbar o tema, pois seria uma conferência com tradução.

Quando eu estava no auge da palestra, ele apareceu na porta já sem o uniforme de trabalho. Vestia-se "discretamente": uma calça vermelha, um paletó branco e um chapéu azul... Ainda veio com um "pequeno" rádio ligado. Estava caracterizado bem ao estilo de um afro- -americano da periferia das grandes cidades.

Ao terminar a palestra, ele veio falar-me em tom de alívio e de excitação:

— Telefonei a minha esposa! Antes de conversar com o senhor eu estava realmente pensando em matá-la! Quando o senhor me chamou de covarde foi com toda a razão. Ela aceitou o convite para jantar comigo e também quer conhecê-lo. Eu lhe contei tudo sobre nosso diálogo há pouco. Nós discutimos um pouquinho porque ela me disse que fez aquilo para me dar o troco. Aí eu respondi o que achava da situação. Eu falei que achava isso, ela disso que achava *aquilo*, eu respondi que achava *aquilo outro*... O senhor sabe como é...

— Eu não sei de nada, meu rapaz... Por favor, me deixe fora dessa briga! O que eu sei é que os dois erraram. Nós precisamos aprender a falar. A arte de falar não é para gerar conflitos, mas para elucidar problemas.

Depois de me ouvir atentamente e concordar comigo, ele acrescentou:

— Senhor Divaldo, eu agora tenho um problema.

— E qual é, meu filho?

— É que nós iremos encontrar-nos hoje à noite e eu não terei tempo de ensaiar o que vou dizer. O que posso dizer a ela?

— Não diga muita coisa. Diga apenas: *"Desculpe-me! Vamos começar tudo outra vez"*.

— O senhor não acha que eu deveria perguntar por que ela fez aquilo?

— Você pode até perguntar, mas eu creio que ela vai dizer que não sabe a razão. Ela apenas usou o corpo de outro homem pensando em você. Veja o quanto você é amado!

— E como eu ficarei? Tenho que levar em consideração que ela entregou sua intimidade a outra pessoa!

— É tudo uma questão de ponto de vista. Você se casaria com uma mulher que já tivesse outras experiências sexuais e afetivas?

— Claro que sim. Se eu a amasse eu me casaria.

— E qual é a diferença? Você já está casado com uma! Basta que de agora em diante você respeite a sua esposa e exija que ela lhe respeite também.

Ele ficou surpreso com a colocação e não prolongou mais o assunto. Em seguida me perguntou:

— Como poderia fazer para ela encontrar-se com o senhor? Ela me disse que gostaria de conhecê-lo.

— É muito difícil! Amanhã eu viajarei a Filadélfia, depois eu irei a Connecticut. Na sexta-feira eu estarei em Nova Iorque, mas estarei falando no Central Park, em uma igreja latino-americana. Ela fala espanhol?

— Não, senhor! Ela não fala.

— É tudo que eu posso oferecer. De qualquer forma eu lhe darei o endereço do local em que farei a palestra. Será às 15 horas da próxima sexta-feira.

Então eu lhe dei o endereço e nos despedimos.

Daí a alguns dias, quando eu estava proferindo a palestra em uma linda catedral gótica, a Catedral do Cristo Científico, levantei a cabeça e vi entrar uma moça linda! Estava vestida com traje de verão, usando roupas leves e um chapéu de abas largas. Ele, como sempre, estava "discretamente" vestido: bem colorido e com o seu rádio ligado.

Fiz um pequeno sinal e ele desligou o aparelho. Os dois vieram e sentaram-se.

Quando eu terminei a palestra, ele se aproximou para dialogar:

— Senhor Divaldo, esta é a mulher da minha vida! Estamos vivendo uma perfeita Lua de mel! Eu lhe pedi perdão e ela me perdoou, dizendo: "Eu só traí você para lhe mostrar o que eu penso. Esta liberalidade que dá ao homem o direito de trair não é somente sua. Se você se sentiu magoado, imagine o quanto você me magoou...". Então ela deseja abraçá-lo.

Eu a abracei com carinho. Era uma moça linda! Negra de olhos claros...

Então eu lhe falei:

— Que pena que a palestra foi em espanhol! Vocês falam espanhol?

— Nem uma letra! — disse ela. — Mas eu entendi tudo que o senhor falou!

— Mas como assim?

— Eu não entendi as palavras, mas entendi a vibração. O senhor falou sobre o amor, a arte de querer bem e a solidariedade. Eu *sentia* as suas palavras...

Nesse momento ela começou a descrever exatamente o que eu havia falado. Mas fez também o seguinte comentário:

— Durante a palestra, às vezes eu fechava os olhos e algo penetrava em meu coração. Então eu segurava a mão do meu marido e lhe dizia baixinho: "Eu te amo!".

— E o que ele respondia?

— Não respondia nada. Ficava me olhando com cara de bobo... Ele é assim mesmo. Nunca responde nada.

Então eu me voltei para ele e aconselhei:

— Meu filho, você tem que aprender a falar com a sua esposa! Toda vez que ela lhe disser "Eu te amo!" você responde "Eu também!".

— E se ela me disser "Eu te odeio!"?

— Você responde "Eu também!", contanto que diga alguma coisa, em vez de ficar calado como se fosse uma pedra! Você está vivo, meu filho!

Ao final, ela concluiu:

— Senhor Divaldo, muito obrigado por haver-me devolvido o homem a quem eu amo!

— Eu é que agradeço pela honra de conhecê-la, minha querida. — respondi. — Mas de hoje em diante tome cuidado! Não mergulhe novamente na alucinação que está na moda. A traição é sempre pior para quem trai.

— Está bem, senhor Divaldo. Eu posso chamá-lo de *tio*?

— Pode me chamar até de avô, minha filha! Como você preferir. O importante é a sua felicidade! Aliás, já está na hora de *encomendarem* um filho. E quando ele nascer, vocês terão uma ponte de ternura para uni-los ainda mais, uma ponte povoada de sorrisos infantis...

— Eu já falei com ele esta semana quando voltamos a nos entender. Fiz a exigência de retirar o contraceptivo para ser mãe.

— Isso é ótimo, minha filha! É uma forma de evitar que vocês fiquem como dois aventureiros no país da ilusão. Que Deus possa dar a você uma maternidade enriquecedora!

Ela me deu um abraço afetuoso e me perguntou:

— O que é que eu posso fazer para nossa união ser sempre feliz? Eu lhe elucidei:

— Um momento. Vou dar-lhe o roteiro da "mina"!

Peguei com um dos amigos um exemplar de *O Livro dos Espíritos* (em inglês) e completei:

— Aqui está a diretriz que me deu felicidade. Eu pretendo reparti-la com vocês. Quero apresentar também o presidente do nosso Centro Espírita aqui em Nova Iorque. Quando vocês quiserem podem ir lá visitar.

Quando nós estávamos despedindo-nos, eu vi que ele perecia guardar no íntimo alguma inquietação. Resolvi abrir-lhe a porta para qualquer questionamento:

—Meu filho, alguma coisa lhe incomoda?

— Sim, senhor Divaldo. Existe algo que não ficou claro para mim. O senhor me daria uma resposta final?

— Lógico. O que deseja saber?

— O senhor me contou que era... Como é mesmo o nome?

— Espírita.

— Não, não. É o outro nome.

— Médium?

— Isso mesmo! Isso quer dizer que o senhor fala com quem está morto?

— E com quem está vivo também.

— E além de falar o senhor também vê quem já morreu?

— Vejo quem já morreu e quem ainda vai morrer. Eu vejo de um lado e vejo do outro.

— E quando o senhor me disse no banheiro: "Você é um covarde!", foi o senhor mesmo ou foi alma de morto?

— Foi *alma de morto sim!*

— Quem foi?

— Eu vou lhe explicar. Eu estava lavando o rosto quando senti o seu desequilíbrio emocional. Eu captei a sua irradiação negativa, mas percebi que o seu ódio não era exatamente contra mim. Ergui a cabeça e vi ao seu lado uma senhora negra, que está aqui conosco neste momento. Ela tem uns setenta e dois anos, é baixinha, tem um coque nos cabelos e possui um xale negro. Posso ver os seus cabelos crespos puxados para trás e com dois pentes nas laterais da cabeça. Ela se chama Pink. Está dizendo que é sua avó.

Ele me olhou surpreso e falou:

— Eu sabia que era aquela danadinha! Quando o senhor disse: *"Vá, vá!"*, eu vi logo que era ela, pois era assim que ela fazia. Ela chegava a bater em meu avô, em meu pai e em todos nós! Até depois de morta ela não me dá sossego!

— Por isso mesmo! — retruquei. — É alma de morto! Está viva!

— E o que eu faço para agradá-la?

— Comporte-se bem! E a partir de hoje mantenha a fidelidade conjugal até a outra encarnação, porque Pink estará no seu rastro!

— Quer dizer que não existe a morte?! Mas como é que o senhor está sabendo como ela era?

— Porque eu estou vendo.

— Mas como é que o senhor vê?

— Olhe, meu filho, leia primeiro este livro. Depois você vai ler mais quatro livros. Depois você vai ler doze anos de Revista Espírita. Só assim você vai poder entender, pois eu não conseguirei explicar tudo hoje. Agora me dê um abraço para nos despedirmos!

A "montanha de músculos" se dobrou sobre mim e me envolveu num abraço.

Desde então os dois passaram a frequentar o centro espírita. Somos amigos até hoje. Ele sempre está em minhas palestras na cidade de Nova Iorque. Raramente eles as perdem. Isto só ocorre quando ele tem que atender aos seus compromissos funcionais. Ele sempre fica a regular distância e quando termina a palestra vem me perguntar:

— Você teve algum incidente no banheiro?

E eu lhe respondo:

— Não! Você foi o único da minha vida...

Eu mantenho correspondência com o casal, que de vez em quando me atualiza em relação aos acontecimentos. O filhinho chegou para alegrar a casa. E qual é nome do garoto? Divaldo! Parece que é a minha sina sair por aí dando nome a meninos de muitos casais que eu aconselhei. E aquele menino era o primeiro Divaldo norte-americano... Eu peço a Deus que venham outros...

Como é fascinante o amor! Notem o ângulo da esposa no episódio: "O mesmo direito que você teve de eleger as parceiras que quis, eu também tive para eleger o parceiro que eu desejei!".

Quando testemunhamos desentendimentos entre os casais, notamos que pode haver desajustes mesmo nas almas que se comprometeram antes da reencarnação para um saudável relacionamento conjugal na Terra. Os dedos da mão nasceram na mesma hora, mas são diferentes. E esta diferença existe para que possamos segurar os objetos. Se todos os dedos fossem iguais não poderíamos reter nenhum objeto em nossas mãos, pois ocorreria um verdadeiro transtorno de equilíbrio. Daí, uma pessoa querida tem o direito de discordar de nós. Pelo fato de ser uma alma afim não significa que deva estar sempre de acordo conosco. Quando o outro está sempre de acordo é porque não ama, apenas se submete, o que indica perda de interesse. Quando o ser querido dialoga, quando discute (sem agressão física, é claro!), é sinal de que valoriza o relacionamento.

O casal deste episódio é constituído por almas profundamente afins, mas que não estão isentas de problemas e desafios, pois fazem parte da nossa vida.

REENCANTAR A VIDA A DOIS

Muitos casais que se dizem amar verdadeiramente se utilizam do sexo promíscuo para *aquecer* o relacionamento e torná-lo mais interessante (segundo eles próprios afirmam). Alguns chegam ao ponto de introduzir outras pessoas na relação sexual ou praticar a troca de casais. Espiritualmente falando, esta é uma escolha que poderá acarretar em graves consequências para esses parceiros.

Poderemos até admitir, em princípio, que os casais que assim procedem realmente se amem, mas certamente não se respeitam.

Quando nós nos respeitamos, a nossa prática sexual estará embasada em um critério de ética. E qualquer manifestação promíscua é um comportamento atentatório aos valores profundos que todos deveremos cultivar.

O fato de uma determinada prática estar na moda não lhe atribui cidadania no plano da ética. Se a promiscuidade invadiu os espaços sociais isto não a credencia para que possamos dela nos utilizar sem qualquer consequência mais grave.

Se um casal se ama de fato não tem necessidade de outros indivíduos para se imiscuírem em sua relação íntima, da mesma forma como também não terão necessidade de práticas de extremo apelo erótico, que atinjam o patamar dos transtornos sexuais classificados pela psiquiatria. Parceiros que agem assim não se amam, apenas se utilizam um do outro para aventuras eróticas que satisfaçam a sua sede desenfreada de novos expedientes sexuais, ainda mais porque também são influenciados pelos vampirizadores sexuais do mundo espiritual, que se valem da invigilância do casal para atenderem aos seus apetites, ao seu desvario e à sua frustração por não disporem mais de corpo físico para continuarem a trajetória de desequilíbrios no campo do sexo.

Seria conveniente que o casal parasse para meditar e verificasse que a cada dia essa sede vai lhes exigir novas experiências, cada uma delas mais degradante.

As fantasias sexuais em um ambiente voltado para o ato sexual podem levar os parceiros a sintonizar com Espíritos ligados ao sexo, pois esta sintonia é o fruto de um intercâmbio psíquico.

Os Espíritos se vinculam a nós produzindo um acoplamento mental, perispírito a perispírito. À medida que a nossa mente emite ondas de teor vibratório inferior elas encontrarão ressonância no mundo espiritual. Aqueles que sincronizam com essas ondas aproximam-se e começam a responder aos nossos apelos mentais. Desta maneira se estabelece um intercâmbio que permite que eles nos influenciem por meio da hipnose, provocando uma dependência emocional entre encarnado e desencarnado. A obsessão está instalada.

Se o indivíduo deseja experimentar um bom relacionamento, que tenha a característica de ser um vínculo compensador, por que ele deveria fantasiar? Muitos parceiros e parceiras, quando estão tendo intimidades sexuais, optam por imaginar um artista de cinema ou alguém que está presente na mídia para produzir um clima de satisfação pessoal que o outro nem sequer irá perceber. Em outras ocasiões este parceiro poderá se valer da relação sexual em curso para imaginar cenas que são próprias de profundos transtornos mentais na área do sexo. Esta postura irá atrair entidades perversas e viciadas, com que se comprazem neste comércio psíquico perturbador, fazendo com que a obsessão seja inevitável, no caso do indivíduo persistir neste comportamento imprevidente.

Se um casal desejar ir a um motel com a finalidade de usufruir momentos de privacidade, corre o risco de absorver as energias de Espíritos inferiores.

Quando nós descemos a um pântano, por mais que tenhamos cuidado saímos com os pés sujos. E se nos adentramos muito no pântano podemos nos afogar com o lamaçal movediço.

Por que em nosso lar não poderemos ter a privacidade que desejamos? Será que devemos nos aproximar da alma do nosso parceiro somente naqueles breves minutos? A privacidade deve ser um estado permanente das almas... Um casal que se ama tem mil momentos privativos no cotidiano.

Daí, quando desejar a intimidade sexual com seu parceiro ou parceira, que procure ter muita tranquilidade, preparando-se psicologicamente. Que se prepare no ambiente da família, procurando ter reservas e cuidados para não ser perturbado, evitando o *voyeurismo* e a curiosidade dos filhos. E entregue-se em plenitude.

Os motéis podem dar conforto promíscuo, roupas contaminadas, lavadas às pressas ou não lavadas, apenas passadas a ferro rapidamente para tirar as dobras produzidas pela utilização do casal anterior. A psicosfera de um ambiente como este é a mais baixa, pois somente vai ali quem está atormentado. A população espiritual é hedionda, porque composta por entidades enfermas. Aqueles encarnados que chegam abrem-se a esse intercâmbio. Como os motéis possuem uma boa e ilusória aparência, semelhante aos bordéis do século XIX, a pessoa passa a ver nesse lugar um fetiche, da mesma forma como outros indivíduos utilizam uma peça de roupa íntima, um cacho do cabelo do seu parceiro ou qualquer artifício dessa natureza para poder sentir estímulo sexual. Em breve a pessoa conseguirá se estimular somente estando num lugar semelhante a esse, perfeitamente perturbador. Isso porque Espíritos viciosos, que perderam o corpo, mas não perderam a função mental, acercam-se daqueles que trazem as distonias e as manipulam, gerando obsessões das mais sórdidas. É uma interdependência como aquela que ocorre em relação ao uso de drogas, álcool, tabaco e alimentos consumidos em excesso.

Visitando bordéis em Salvador para atender a mulheres que nos solicitavam socorro, especialmente na área histórica da cidade, como no Pelourinho, não poucas vezes, ao entrarmos nos edifícios em que elas se entregavam ao nefando comércio da insensatez, defrontávamos as mais torpes apresentações espirituais. Vimos Espíritos que se metamorfosearam (que perderam relativamente a forma perispiritual) e se imantavam como verdadeiros polvos sobre a área do cerebelo, descendo pela espinha dorsal daquelas pobres meretrizes, que no conúbio com outros parceiros transmitiam-lhes as mesmas energias ou propiciavam que os sugadores de energias se transferissem para aqueles que mantinham com elas a relação sexual destituída de sentimentos. As *formas-pensamento* me agrediam. As *lesmas psíquicas* impregnavam o ambiente. Eram esgares transformados em formas mentais semelhantes à água-viva que encontramos no mar.

Viajando muito e hospedando-me em várias residências, não poucas vezes eu vi Espíritos nobres postados diante do quarto dos casais para preservá-los da invasão de entidades vulgares, nos momentos em que os parceiros se buscavam para a completude sexual. Conforme já foi mencionado, mesmo aqueles guias que vêm em tarefa reencarnacionista, trazendo Espíritos para uma futura experiência, procedem com imenso respeito pelo casal. Quando se vai reencarnar um Espírito nobre os mentores espirituais fomentam a ternura nos parceiros e os inspiram a um relacionamento íntimo. Os pais são envolvidos em doces expectativa em relação ao filho que está por vir, mas a intimidade conjugal não é presenciada pelos Mentores. Porque nós temos direito à privacidade. Quando esta privacidade é feita de vulgaridade ela se transforma em espetáculo público de Espíritos também vulgares. Eles veem, gargalham, estimulam, sugerem... É como se fosse um circo, pois é a lei das afinidades psíquicas. Os vampirizadores participam da relação sexual, hora utilizando um, hora utilizando o outro. Chegam a tombar em volúpia, como se estivessem na convulsão do orgasmo, pois toda sensação encontra-se sob o comando da mente. Allan Kardec, com muita sabedoria, afirmou que o perispírito mantém as impressões do corpo físico e sofre os seus efeitos.

Em uma união feita de ternura, amor e cumplicidade há defesas para que a intimidade do casal não se torne um pasto de vampirização espiritual.

No entanto, nesses bordéis, enquanto eu atendia mulheres portadoras de sífilis, tuberculose ou loucura, podia ver que, mesmo nesses lugares de desesperação, vez que outra raiava uma claridade específica de Espíritos superiores que vinham trazer à reencarnação entidades que necessitavam renascer naquele meio hostil e pernicioso, para recomeçarem a marcha sob o açodar de muitas aflições. A mim me espantaram muitas vezes, durante a juventude, esses ambientes, que são indefiníveis para os nossos padrões de compreensão. São lugares soturnos, com odores pútridos da eliminação da *sudorese perispiritual* dos Espíritos perturbadores. Ali eu encontrei pessoas exauridas e algumas delas desvitalizadas, não pela perda da energia glandular (porque não experimentam nada), mas pela perda do tônus vital, do fluido que os Espíritos sugam no momento do comércio infeliz.

Ao longo dos anos eu não vi tormentos desta ordem apenas em ambientes de sordidez humana, um dos mais baixos degraus do processo de manifestação sexual. Também vi e vejo tormentos deste tipo em pessoas que vivem do sexo nos apartamentos de luxo. São homens e mulheres que brilham diante das luzes da sociedade, em seus momentos de glória, mas que permanecem igualmente sugados por esses Espíritos soezes, perversos e vampirizadores, que lhes estão roubando a flor juvenil, provocando o envelhecimento precoce e a degradação que logo mais chega, quando eles são expulsos desses lugares de destaque por outros sempre mais jovens, que lhes constituem perigosos competidores.

Por isso, um dos graves problemas do exercício sexual sem a presença do amor é a porta que se abre para as obsessões muito virulentas.[130]

Certo dia eu encontrei uma senhora numa rua da cidade de São Paulo que me confidenciou a diminuição da chama afetiva no seu relacionamento conjugal. Eu conversei longamente com ela e lhe sugeri técnicas para reencantar o seu casamento. Eu lhe disse:

— Por que a senhora não procura despertar novamente no seu marido o interesse mais intenso pela esposa que ele tem?

— Mas como eu faço isso?

— A senhora pode começar provocando um pouquinho de ciúme nele. Um pouco de ciúme por uma boa causa não faz mal.

— Ah, Sr. Divaldo! Mas ele não sente ciúmes de forma alguma!

— Eu não creio! Os homens dissimulam muito quando estão alimentando no íntimo algum ciúme da mulher amada. Ele finge que não cultiva nenhuma expressão de ciúmes em relação à senhora, para que se entregue ao desprezo. Dê uma boa renovada no seu visual e a senhora vai ver que ele não resistirá! Vá ao salão de beleza e comece solicitando à funcionária: "Minha filha, do cabelo ao pé, eu quero sair daqui como se fosse outra pessoa! Corte o meu cabelo e ponha nele uma cor da última moda! Faça minhas unhas e me dê uma massagem daquelas que a gente perde cem gramas no final!". Quando terminar, minha senhora, compre um vestido dois números menor do que o seu manequim. Afinal, homem nenhum gosta de mulher com roupa larga ao extremo, andando pela rua e parecendo um saco de batatas inglesas... É horrível! Quando se olha, vê-se aquele saco de batatas deslizando pela calçada! Mas quando a mulher providencia um vestido que lhe dá algumas curvas para embelezá-la, aí sim! Não há marido que resista! Aquela silhueta

---

[130] Ver o livro *Depois da Vida*, de Divaldo Franco/Diversos Espíritos, Ed. LEAL, segunda parte, cap. 1 (A Tragédia do Vício). O texto traz o depoimento de um Espírito que na Terra tornou-se viciado em sexo promíscuo e era frequentador assíduo de motéis. Nota do organizador.

feminina de cem quilinhos fica esguia e elegante! Faça isso e a senhora verá que o seu companheiro vai agir diferente. Certamente ele se tornará mais atencioso e cuidará melhor da relação conjugal.

Continuei minhas orientações a ela:

— Quando chegar a casa, não assuma o papel de esposa submissa, que se contenta em ser infeliz ao lado do marido. Isto só é bom em música de samba do Rio de Janeiro. Homem não admira essas mulheres que cozinham, lavam, passam, limpam a casa, mas não cuidam de si mesmas. Fazem todo o serviço do lar para vê-lo impecável e menosprezam a si mesmas, recebendo o companheiro ao final do dia com uma aparência de descuido, completamente desgrenhadas! Fique ciente de que esta atitude é profundamente desagradável para o seu marido. Se você o recebe totalmente descuidada, sem nenhum zelo pela sua beleza feminina, ele vai achar que você está morrendo e é até capaz de pedir a Deus que acelere um pouquinho este processo... O mesmo ocorre com aquelas mulheres que fingem estar sempre doentes para prender o marido em casa. Elas acabam perdendo o companheiro. Já que eles sentem tanta pena da esposa constantemente fragilizada, com o tempo decidem encontrar outra mulher para se distrair, substituindo na rua a *pobrezinha* que ele tem dentro do lar. É compreensível que o marido se veja inclinado a substituir a mulher que está sempre com achaques, uma vez que ele não se casou para ser enfermeiro. Este ofício cabe a um profissional remunerado para tanto, o que não condiz com o papel do marido dentro do lar. Procure cultivar a autoestima! Quando seu marido retornar no final do dia, receba-o com aquele capricho de que eu lhe falei. Esteja linda e se jogue no divã assim que ele abrir a porta. Diga para si mesma, em voz alta: "Ah, meu Deus! Estou tão cansada..." Imediatamente ele vai ficar surpreso e irá perguntar-lhe: "Cansada de quê?" Então a senhora responderá: "Dos meus passeios de hoje!".

Neste instante ela retrucou:

— Meu senhor, se eu disser isso, o meu marido me golpeia!

— Nada disso! Mulher que recebia sova do marido era no século XIX. Estamos em outros tempos! No entanto, se existe este risco, antes que ele tome uma atitude impensada a senhora se tranca no quarto e fica de mal! Mas não demore muito tempo com raiva do seu marido senão as *amiguinhas* dele aproveitarão a oportunidade.

Fiz uma ligeira pausa e continuei:

— Realize variações para quebrar a rotina. Modifique os seus hábitos e mude os móveis de lugar para que ele encontre no lar alguma coisa nova. Quando for servir o jantar, apresente ao seu marido uma mesa impecável! Enfeite-a com uma toalha bem limpa e atraente. Não importa que a toalha seja feita de saco para guardar legumes... Use a sua criatividade! Diga-lhe: "Ah, meu bem! Hoje eu escutei uma música e me lembrei muito de você!" E aproveite a oportunidade para falar-lhe dos momentos felizes que vocês viveram. Ponha flores para adornar a casa. Não caia no engano de que o seu marido é indiferente a isso. Muitas mulheres me falam: "Ah! Meu marido não liga para essas coisas!" Muito cuidado com este pensamento ilusório! Se o seu companheiro não fala para você que admira este comportamento de zelo e de bom gosto, talvez isto se deva exatamente ao fato de que você nunca age assim. Mas pode ser que em *outros lugares* ele valorize o gesto.

A essa altura a senhora já estava meio tonta com os conselhos, que eu estava expondo sem parar nem mesmo para respirar... Então eu concluí:

— Quando tudo estiver no lugar certo, prepare o prato que a mãe dele fazia quando ele era solteiro. Freud explica! É o poder que a figura da mãe exerce sobre o filho. Se não souber cozinhar nada, não há problema! Apele para a astúcia! Compre o prato pronto e diga que foi você quem fez! Mas depois aprenda a fazer o prato para não ficar usando a astúcia o tempo todo. Do contrário, um dia ele vai acabar descobrindo a verdade sobre os seus dons culinários... Lembre-se de um detalhe: se tiver filhos não diga nunca que sabe fazer um prato que não conhece, pois criança adora dizer tudo que viu. É capaz de dizer até qual o nome do cozinheiro que preparou o prato! Aí você corre o risco de passar um vexame histórico diante do seu marido... E não se esqueça de aproveitar a deixa quando ele a convidar para jantar fora. Porque há mulheres que recusam o convite dos maridos para sair e aproveitar um jantar diferente em um restaurante. Elas afirmam que têm receio de gastar. Não faço isso! Vá jantar sem preocupação! Gaste o dinheiro dele! Senão ele vai economizar para gastar com outra mulher! Se ele não tiver uma reserva financeira para sair por aí gastando com outra, ele ficará em casa e se manterá sob o seu controle. Não lhe parece óbvio?

Ela riu com o comentário bem-humorado, mas conservou uma fisionomia meio desconfiada. Após ouvir tudo atentamente a nobre senhora resolveu perguntar-me:

— O senhor me garante que dará certo?

— Garanto! Inúmeros amigos e amigas que são casados me contam maravilhas sobre esta técnica! Mas eu vou acrescentar outra sugestão. Depois que a senhora fizer toda essa renovação exterior, passe na Federação Espírita do Estado de São Paulo para renovar a sua alma.

— Mas o que é que eu vou fazer lá?

— A senhora vai receber outras sugestões sobre sua vida e seu casamento. Vai descobrir que existem horizontes novos que podem contribuir para uma vida mais feliz.

Nesse momento eu resolvi aproveitar o fato de que a maioria das pessoas conserva certo misticismo e algumas superstições. Utilizei uma expressão populuresca para sensibilizá-la.

— Minha senhora, eu não lhe disse algo importante até agora para poupá-la. E não sei se devo dizer...

— Pode falar! Eu estou aceitando conselhos!

— Bem...É que eu estou vendo que a senhora está muito *carregada*...

— Minha nossa! Já me disseram isso também! Até já me aconselharam tomar banho de arruda...

— Arruda não é recomendável! Tome banho de água comum que é mais agradável!

Rimos novamente em meio a tantas crenças que são características marcantes da nossa cultura...

O ser humano é mesmo surpreendente! Basta começar com um pequeno estímulo que todas as formas de superstição afloram. Na verdade, eu aproveitei este fato em benefício dela própria. Provavelmente não surtiria efeito se eu afirmasse que ela estava com uma *influência espiritual* ou que estava *psiquicamente enferma*.

Eu lhe ofereci muitas sugestões e lhe pedi, ao final:

— Se a senhora obtiver êxito na sua tentativa, escreva-me para eu contar a outras pessoas.

Ela se foi... E com o passar do tempo eu me esqueci daquele encontro.

Meses depois eu estava verificando em minha mesa as correspondências que haviam chegado e vi uma carta muito volumosa. Como eu não sou curioso (porque nenhum homem deste mundo é curioso!), eu abri a carta imediatamente... Era uma correspondência da minha amiga a quem dei as sugestões sobre sua vida conjugal. O texto começava muito bem: "Querido irmão Divaldo!".

Ao ver esta saudação tão afetiva eu já fiquei entusiasmado! Ela continuava a carta com as palavras que irei reproduzir abaixo.

Divaldo, fiz exatamente o que você me aconselhou! Fui ao salão de beleza e melhorei bastante a minha aparência. Quando me olhei no espelho eu pensei: "O quê? Onde já se viu? Como é que ele despreza uma mulher linda como esta? O que ele está pensando que eu sou?".

Fui para casa extremamente bela e penteada. Nem me sentei direito para não machucar o vestido que comprei numa loja de grife. O vestido tinha dois números menos do que o meu manequim. Confesso que fiquei até com a respiração um pouco presa...

Quando ele chegou a casa e começou a abrir a porta, eu me joguei no sofá imediatamente, pus a bolsa de lado, fiz um ar de cansada e falei:

— Ah! Estou exausta!

No mesmo instante ele me indagou, em tom de desdém:

— Exausta por quê? Afinal, você não faz nada!

— Como não? Estamos em outra época, querido! Você não ouviu falar na emancipação feminina? A partir de agora eu resolvi distrair-me um pouco. Enquanto você vai trabalhar, eu vou passear nos mais diferentes lugares.

Em visível estado de surpresa ele indagou:

— O quê? Eu trabalho e você se diverte?

Neste momento eu nem permiti que a conversa se alongasse. Peguei minha bolsa, bati a porta do quarto e me tranquei.

Minutos depois, quando chegou a hora do jantar, eu saí do quarto (como se nada tivesse acontecido!), preparei a mesa e servi o jantar. Ele jantou meio aborrecido e fomos para os nossos aposentos. Eu mal consegui dormir para não desmanchar o penteado!

No outro dia, eu acordei cedo, preparei a mesa com o mesmo apuro e ele tomou café sem me dizer nada. Meio-dia eu me desmanchei na cozinha para fazer um almoço saboroso, mas continuei linda de doer os olhos dele! Estava de salto alto e bem perfumada. Ele já me olhou com mais simpatia. Olhou de cima a baixo, esboçou um elogio à minha beleza, mas não falou nada. Fingi que não percebi.

À noite, eu estava lindíssima! Retoquei a maquiagem e fiz tudo com a maior naturalidade. A certa altura, ele não aguentou de curiosidade e me perguntou:

— Mas o que é que está se passando nesta casa?

Eu lhe respondi, aparentando não dar a menor importância à pergunta:

— Não sei do que você está falando...

Ele prosseguiu:

— Mas você está diferente! Parece outra pessoa!

— É que eu estou indo a um lugar.

— Que lugar é esse?

— Um lugar de meu interesse. Se você vai aonde quer, eu faço o mesmo.

— Mas você então está...

— Não estou nada! — atalhei.

— Eu quero saber sobre este lugar!

— Ah! Não sei se você poderá ir lá!

Fui bastante decidida no meu diálogo com ele. E percebi que a curiosidade o dominava completamente.

No dia seguinte, ele me propôs:

— Meu bem, vamos jantar fora?

Aceitei na mesma hora! Quando cheguei ao restaurante, eu pedi tudo que me deu vontade. Já que ele queria me agradar, não fiz nenhuma economia!

No sábado, ele não resistiu a tanta ansiedade e foi direto ao ponto, afirmando-me, resoluto:

— Eu quero conhecer esse lugar que você frequenta! Então, estamos combinados: eu irei ao local que você visita todos os dias à tarde, conforme você me confidenciou!

— É como eu lhe disse antes, meu bem: eu não sei se você poderá entrar.

— Já está resolvido! Eu vou! Vamos para o carro agora mesmo!

Eu estava ansiosa para que ele fosse, mas não podia deixar transparecer as minhas verdadeiras intenções. Como ele é muito machista, eu acrescentei:

— Olhe, eu vou para não discutir com você, mas chegando lá, não se admire se você não conseguir entrar. Lá é um lugar excelente! Muito agradável!

— E onde fica isso?

— Na Av. Maria Paula, no centro da cidade de São Paulo.

Saímos de casa e em pouco tempo chegamos ao nosso destino. Quando estacionamos em frente ao edifício, eu lhe confirmei:

— É aqui mesmo. Vamos entrar.

Ele olhou admirado e não entendeu direito quando viu o que estava escrito na placa da entrada: Federação Espírita do Estado de São Paulo.

Imediatamente reagiu com surpresa e com certa indignação:

— Querida, você está louca! Meter-se com esse negócio de Espiritismo! Onde você está com a cabeça?

— Qual o problema? — inquiri. — A não ser que você não tenha gostado das mudanças que eu me fiz. Que lhe parece? Você prefere o que era ou que eu sou?

— É. Até que você melhorou um pouco...

— Então, vamos entrar.

Passamos na recepção e pedimos para ser acolhidos no setor de atendimento fraterno. Eu estava torcendo para ele receber a atenção de uma atendente que gosto muito. Ela é muito sincera em tudo que nos recomenda. Felizmente foi ela quem nos chamou. Depois de breves instantes de conversa conosco, ela se voltou para ele e expôs:

— Meu filho, estou percebendo que você está com alguns problemas.

— Que tipo de problemas?

— Talvez não seja muito fácil explicar-lhe.

— Fique à vontade.

— Bom. É que você está...

— Pode falar.
— Bem. É que eu vejo que você está muito... *carregado*...
— E o que significa isso?
— Eu lhe irei explicar.

Ela o orientou bastante e deu-lhe *O Evangelho segundo o Espiritismo* para que ele pudesse encontrar-se consigo mesmo.

Divaldo, eu quero dizer que nós nos tornamos espíritas convictos. Seguimos todos os seus conselhos à risca. E esta carta tem dupla finalidade. Desejamos agradecer por sua ajuda fraterna (autorizando-lhe contar a nossa experiência a outros casais) e queremos também dar-lhe uma notícia: eu estou grávida de dois meses! Não é maravilhoso, querido irmão?!

Um abraço fraterno e muito obrigado!

A história que narramos é representativa do poder do amor!

Quando o casal procura investir no relacionamento, os frutos deste investimento aparecem e tornam a vida conjugal muito mais saborosa e feliz. É imprescindível buscar o seu poder criador para renovar o casamento, pois todos somos cocriadores com Deus!

EVANGELHO NO LAR E HARMONIA CONJUGAL

Com o surgimento dos filhos e com a família tornando-se mais coesa, as responsabilidades são maiores, porque, de certo modo, os nossos filhos serão o reflexo do que aprenderem na intimidade do lar. A Psicologia, a Psiquiatria e a psicanálise demonstram os danos que defluem de uma família disfuncional. Conflitos, traumas e complexos longamente fomentados pela convivência familiar irrompem na vida do indivíduo que alcança a adolescência e a fase adulta, explodindo na forma de violência, criminalidade e desprezo pelas bases éticas da sociedade, o que traduz uma resposta consciente ou mesmo inconsciente aos sofrimentos vivenciados no lar.

Diante do quadro esboçado, como evitar o agravamento dos dramas conjugais-familiares e prevenir as mazelas sociais? Há uma excelente proposta apresentada pela Doutrina Espírita: trazer Jesus para a intimidade do lar mediante o estudo semanal do Evangelho.

Todos podemos reservar uma noite por semana para uma convivência saudável com nossos familiares. O estudo do Evangelho no Lar é uma medida preventiva para o nosso desconcerto interior, porque nos une na dimensão espiritual dos relacionamentos, portanto, numa dimensão mais profunda, para que não estejamos unidos apenas pelos laços legais e consanguíneos.

O método para a realização do estudo do Evangelho no Lar é simples, não exigindo condições especiais ou formalismos de qualquer natureza, pois não representa uma cerimônia. Uma vez por semana nos sentamos tranquilamente em volta da mesa e conversamos amorosamente com nossos filhos. O diálogo continua sendo uma das melhores soluções para qualquer conflito nas relações humanas.

Utilizamos de O *Evangelho segundo o Espiritismo* e fazemos a leitura de um pequeno trecho para meditar. No entanto, se o casal é adepto de outra Doutrina, e não a espírita, e por isso prefere uma leitura compatível com suas concepções espirituais, poderá utilizar, por exemplo, o livro-base da sua orientação religiosa. Que recorra à Bíblia ou outro livro que lhe seja satisfatório. Seja na Doutrina Católica, na Religião Evangélica, no Budismo ou nos fundamentos do Islá, todos receberemos os benefícios da comunhão com Deus, que será uma terapia de valor inestimável para o grupo familiar.

Normalmente aconselhamos a leitura da obra O *Evangelho segundo o Espiritismo*, em razão da forma como os bons Espíritos e Allan Kardec interpretaram as palavras de Jesus, privilegiando os aspectos éticos da sua mensagem.

Sendo assim, para iniciar o estudo, pedimos a um filho que formule uma oração e em seguida solicitamos a outro filho ou filha que leia um pequeno texto do Evangelho. Após a leitura teceremos alguns comentários, aprofundamos alguns ângulos importantes e abordamos questões relativas aos problemas enfrentados pela família ao longo da última semana. Discutimos alguma dificuldade que houve entre nós e elegemos estratégias para solucionar os impasses. Uma discussão indevida, uma atitude irrefletida do pai, um comportamento imprevidente da mãe, uma decisão precipitada de um filho, tudo poderá ser solucionado com um gesto de perdão recíproco, que tem lugar naquele momento em que nos tornamos mais receptivos à Presença Divina em nosso lar.

Logo depois de comentarmos o texto que foi selecionado, enunciamos uma oração. Antes colocamos sobre a mesa um recipiente com água para pedir a Jesus que repita o fenômeno de Caná, quando o Mestre Incomparável, em uma festividade de casamento, manipulou as moléculas da água e conferiu ao líquido um sabor agradável, semelhante ao vinho (porém sem teor alcoólico) para presentear os convidados. Neste sentido, vamos solicitar a Jesus que altere a estrutura molecular da água sobre a nossa mesa e a transforme em medicamento espiritual para as nossas necessidades, consubstanciando um verdadeiro veículo de paz. E que a água sirva para sustentar as nossas energias, estabelecer e manter entre os familiares um vínculo de união.

Em seguida, ao longo desta mesma oração, vamos pedir por todos nós que ali estamos para entrar em sintonia com a Divindade. É desejável também que nos lembremos dos enfermos, dos parentes e amigos que passam por alguma dificuldade. Mas também iremos recordar-nos dos nossos inimigos, que são aqueles que, por alguma razão, decidiram afastar-se de nós no caminho evolutivo. Ter inimigos é inevitável. Porém, como me disse certo dia Joanna de Ângelis, não é importante que alguém seja nosso inimigo. O importante é que nós não sejamos inimigos de ninguém. Oremos fraternalmente por eles, quer estejam encarnados ou desencarnados, que nos perseguem, nos odeiam e nos criam situações obsessivas embaraçosas. Incluamos os parentes e amigos que nos precederam na grande viagem de retorno ao mundo espiritual.

Finalmente, elevemos o pensamento aos Espíritos Nobres, para que eles nos visitem em nome do Mestre Nazareno.

Com esse procedimento, o psiquismo insondável de Jesus habitará os recantos da nossa casa.

A reunião deve transcorrer durante vinte ou trinta minutos, no máximo, tempo suficiente para que o encontro seja produtivo e para articularmos um vínculo de ternura na intimidade do nosso lar. E com esta medida estaremos com as portas abertas para que Jesus seja habitante do núcleo familiar em que nos encontramos.[131]

Em síntese, para impedir os conflitos conjugais, necessitamos cultivar o sentimento de espiritualidade em nosso relacionamento. Assim poderemos viver religiosamente, no sentido profundo da palavra, abraçando o amor como a nossa âncora de segurança. Afinal, ao término de uma reunião como essa, quando o casal vai-se recolher ao leito, os parceiros poderão dialogar com transparência e desculpar-se reciprocamente. Cada qual terá a oportunidade de falar sobre suas dificuldades, explicando os problemas e as necessidades interiores que lhe caracterizam a alma, abrindo, enfim, as comportas do coração. Mas é importante que este momento não reproduza uma dessas confissões vulgares em que o parceiro afirma estar arrependido, pede perdão e volta a repetir o mesmo engano. Este diálogo conjugal precisa ser um instante de respeito, de solidariedade e de alta consideração, uma vez que é nesta oportunidade que se cria um momento de ternura. É no ato de ternura que o amor se expressa, podendo, inclusive, ter o seu clímax numa relação íntima. O parceiro e a parceira têm a necessidade de conjugar o seu sentimento com o do outro, de fundir-se no outro para descobrir os meandros da alma do ser amado.

A carícia, a ternura e o amor conjugal fazem com que a família mantenha relações saudáveis, minimizando o impacto das discussões que podem ocorrer e perpetuando a união de todos os membros do grupo. Episódios de discussão fazem-se inevitáveis, pois decorrem das diferenças que nos definem como seres no mundo. Mas que as nossas diferenças sirvam para nos auxiliar na verdadeira união.

Certa vez, estando em Nova Iorque para uma palestra, eu concluí a atividade e um senhor se aproximou para me falar:

— Senhor Divaldo, eu soube que o senhor viaja muito.

— É verdade.

— Eu gostaria de lhe contar a minha história para que o senhor a narrasse em outros lugares. O senhor faria isso?

— Depende da história. Se ela foi útil eu poderei divulgá-la, na medida do possível.

---

[131] Ver o livro *Constelação Familiar*, de Divaldo Franco/Joanna de Ângelis, cap. 21 (Presença do Evangelho no Lar). Nota do organizador.

De fato, a experiência daquele senhor é uma história do cotidiano com a qual me sensibilizei profundamente.

Ele me confidenciou que era um empresário com excelentes recursos financeiros. Casado, há muitos anos, estava infeliz em relacionamento desgastado. Nesse ínterim, apareceu uma jovem por quem se apaixonou. Daí por diante envolveu-se e começou a ter uma vida dupla, que agora o amargurava porque a consciência não permitia a traição e a farsa para ocultar a nova companheira. Mas como dizer à esposa que ele desejava o divórcio? Ela era cumpridora dos seus deveres conjugais e ele ainda lhe reservava um sentimento de ternura. Mas a libido havia cedido lugar a uma amizade destituída de ardor. Ambos não sentiam mais estímulos para uma vida sexual plena. A partir de então a convivência dos parceiros começou a deteriorar.

Após dezenove anos de casamento a vida caíra na rotina e o silêncio se abatera sobre o casal. Houve uma fase em que praticamente não conversavam, apenas discutiam. Agora, nem mesmo a discussão se fazia presente na vida de ambos. Era um silêncio torpe, que tornava a convivência desagradável e produzia uma verdadeira solidão a dois. Toda vez que o silêncio se apodera de um casal é sinal de que algo errado está ocorrendo com o relacionamento.

Certo dia, ele chegou a casa na hora do jantar e encontrou a esposa mergulhada em profunda tristeza. Ele se voltou para a companheira e falou com dureza:

— Pretendo pedir-lhe o divórcio!

— Mas como?

— Eu não desejo magoar você, mas o nosso casamento acabou! Somos dois solitários que moram em uma mesma casa. Somos dois amigos que se deitam no mesmo leito, de costas um para o outro. Faz mais de um ano que não temos intimidades sexuais. Isso não é um casamento! É um compromisso no qual nós nos odiamos, mas permanecemos socialmente. Para que você não se sinta enganada por mim, eu desejo informa-la que me estou relacionando há seis meses com outra mulher. Sinto-me muito feliz com a companheira que escolhi e pretendo casar--me com ela. Não tenho o caráter venal de manter relacionamentos paralelos. Por isso desejo que saiba que sairei do nosso casamento com dignidade e com respeito por você, já que o nosso amor acabou. Iremos separar-nos! Eu lhe darei trinta por cento das ações da nossa empresa. Darei também a mansão, o automóvel e uma pensão generosa para você e para o nosso filho.

Conforme ele já esperava que ocorresse, ela teve um choque emocional. Deblaterou, gritou e quebrou um prato à mesa, reagindo à situação angustiante e saindo da sala de jantar sem dizer-lhe uma só palavra. Por isso, depois do pequeno escândalo da esposa, ele sentiu um grande alívio! Agora era uma questão de tempo.

No dia seguinte, quando o marido retornou do trabalho, ele a encontrou numa escrivaninha redigindo algum texto com celeridade, que ele não sabia do que se tratava. A situação chamou-lhe a atenção porque a sua esposa não tinha o hábito de escrever. Ela estava tensa e permaneceu escrevendo, de cabeça baixa e absolutamente compenetrada.

No terceiro dia, quando ele novamente voltou das atividades profissionais e se preparou para o jantar, ela continuava escrevendo com a mesma celeridade e parecendo alheia à realidade ao seu redor. Na primeira oportunidade que teve ele perguntou-lhe:

— Desejo a resposta em relação à revelação que lhe fiz há três dias. O que você poderia me dizer? Quero saber qual é a sua decisão.

Ela levantou os olhos e ele percebeu o quanto ela estava triste e muito magra.

Após breve silêncio, ela respondeu:

— Se você não me ama mais é justo que nos separemos. Irei conceder-lhe o divórcio amigável, sem nenhuma discussão ou revolta de minha parte. Não quero as suas ações, a mansão, nem a pensão a que tenho direito. Eu não quero nada de você. Tenho plenas condições de me manter e de dar um lar ao meu filho. Mas eu imponho uma condição. Quando nos casamos você me segurou pela mão na entrada da nossa casa, carregou-me nos braços e levou-me até o nosso leito conjugal. Lembra-se?

— Ora! Isso é uma fantasia feminina que todas as mulheres cultivam. É claro que eu me lembro da cena. Mas éramos muito jovens e sonhadores! Ainda tínhamos esse romantismo e eu pretendia satisfazer o seu sonho de esposa recém-casada.

— Pois é. O tempo passou muito depressa... Nosso filho está com dezessete anos. E se nos separarmos agora ele vai ter um abalo emocional de consequências muito negativas para sua vida, já que ele está às vésperas de fazer os exames para ser admitido na universidade. Uma separação nossa agora poderá resultar em um doloroso fracasso pessoal do nosso filho. Por isso eu quero pedir-lhe que durante um mês, a partir de amanhã, você me carregue nos seus braços do quarto até a sala de jantar. É somente isso que lhe solicito.

— Mas isso é uma loucura!

— É a minha condição para conceder o divórcio amigável. Apenas um mês, enquanto nosso filho termina os exames na universidade. Após este período você estará liberado para fazer o que desejar. Se você já me suportou até agora, poderá suportar um pouco mais.

— Eu posso ao menos pensar na sua proposta?

— Tem todo tempo do mundo.

Diante daquela exigência incomum ele ficou intrigado e confuso.

Na noite seguinte ele comunicou o ocorrido à nova companheira no intuito de ser transparente e fiel ao novo compromisso.

— Mas ela deve ter enlouquecido! Pedir-me para carregá-la do quarto até a sala durante um mês? Mas por que isto?

Concluindo que se tratava de uma tentativa da esposa para reconquistar o marido, a jovem rebateu com visível aborrecimento e ar de zombaria:

— Mas que cínica! Isso é um artifício de mulher! Ela deseja encontrar uma forma para prendê-lo! A mulher é um ser muito astuto! Cuidado!

— Não se preocupe. Eu não sinto mais nada por ela. É como se eu carregasse um vaso ou outro objeto qualquer.

— Veja bem o que está fazendo! Não me vá trair!

É curioso notar como o ser humano é contraditório! A traidora falando de traição...

Durante muitas horas o marido pensou em todas as consequências das suas escolhas. Imaginou que um divórcio litigioso instalaria um trauma e um legítimo drama na vida do filho. Como ele era homem de bom caráter preferia proceder de forma a minimizar os problemas na vida da sua família. Por isso, viu-se na obrigação de ceder para ganhar a liberdade definitiva sem grandes tormentos para todos.

Desta forma, na manhã seguinte ele carregou a esposa e, quando estava entrando no corredor da casa, deparou-se com o filho. O rapaz, ao testemunhar a cena comovedora, explodiu em júbilo:

— Mas que maravilha! Como estão os dois *pombinhos*?

Em seguida ele a deixou na sala de jantar e se foi...

No quinto dia, no décimo dia, no décimo quinto dia, a cena se repetiu... E em todas as ocasiões ele informava à nova namorada o que acontecia em sua casa. Por sua vez ela comentava sobre a passagem dos dias e fazia a contagem regressiva para se libertar da outra, que lhe parecia uma competidora, uma ameaça cruel.

— Ainda bem, querido! Só faltam poucos dias para você livrar-se dela! — Falou-lhe entusiasmada.

Certo dia, ele notou que a sua esposa estava ficando cada vez mais magra e mais frágil. No entanto, resolveu não se incomodar com a constatação.

No vigésimo dia ela utilizou um vestido que ele gostava muito, pelo menos naqueles tempos recuados em que o casal ainda estava na plenitude do sentimento conjugal. O marido a segurou de uma forma diferente. Aquele abraço lhe trazia profundas lembranças... Ele experimentou uma onda de ternura pela esposa e estreitou-a nos braços, de encontro ao peito.

No vigésimo quinto dia ele observou que ela, apesar de estar magra, ainda era uma mulher muito bonita, com traços fisionômicos que recordavam uma madona italiana. Os cabelos anelados eram deslumbrantes! Quantas vezes ele passara as mãos por aqueles cabelos cacheados e lhe dissera palavras românticas... Por isso, naquela manhã, quando ela se preparava diante do espelho e ele olhava disfarçadamente, admirando a beleza feminina que o fascinava, algo de diferente aconteceria. A esposa estava com outro vestido que ele gostava muito. O companheiro a colocou nos braços, apertando-a com carinho de encontro ao peito, enquanto ela encostou a sua na cabeça dele. O marido sentiu um frêmito, um arrepio suave e prolongado, para em seguida deixá-la mais uma vez na sala de jantar. No entanto, ele percebeu que a sua companheira estava chorando baixinho e ficou muito comovido com o fato.

No vigésimo sexto dia, ao se aproximar da esposa, ele percebeu que ela estava usando o perfume que havia colocado no dia do casamento. No instante em que a carregou a sua mente retornou à noite de núpcias... Delicadamente, com certo receio, ela passou-lhe a mão pelo pescoço e encostou a cabeça no peito do marido. Ele aspirou suavemente o perfume e comoveu-se até as lágrimas, colocando-a com carinho na sala de jantar.

No vigésimo sétimo dia ele estava muito aturdido e tomou uma decisão. No fim da tarde, quando saiu do escritório, o empresário foi à casa da amante e lhe disse:

— Venho aqui para acabar o nosso relacionamento, pois eu descobri que amo a minha mulher! Não posso mais continuar ao seu lado!

Tomada de surpresa e de indignação, a nova companheira retrucou violentamente, com todos os ingredientes de um grande escândalo:

— Eu sabia! Eu avisei que a miserável iria seduzi-lo outra vez! Eu sabia! Você é um fraco!

Ao dizer palavras fortes e agressivas ela desvelou-se! Utilizou expressões chulas, quebrou móveis e quase o agrediu, expulsando-o da casa. Aquele anjo de ternura se transformou por completo! O seu rosto de sorrisos congestionou-se e ele percebeu a fera que estava por trás daquela aparência meiga.[132]

O marido sentiu-se aliviado pela decisão tomada. Deixando subitamente a cena grotesca e desagradável ele correu até uma floricultura e encomendou uma dúzia de rosas vermelhas, que a sua esposa apreciava bastante. Iria chegar a casa e dizer-lhe o quanto a amava! O quanto era feliz com ela! Afinal, quem é que não tem rusgas, pequenos desentendimentos no lar?

Quando ele recebeu as rosas a florista perguntou:

— Você não quer levar um cartão para ela?

— Ó, sim! Claro, claro! — respondeu meio atordoado.

Ele enxugou o suor do rosto, porque estava muito emocionado, e começou a escrever no cartão:

"Alma querida! Eu quero dizer que a carregarei sempre nos meus braços!"

---

[132] Para analisar as repercussões, na dimensão física e no mundo espiritual, de uma relação extraconjugal, consultar o livro *Depois da Vida*, de Divaldo Franco/Diversos Espíritos, Ed. LEAL, segunda parte, cap. 6 (O Triângulo Amoroso). Nota do organizador.

Minutos depois o marido chegou a casa cantarolando de felicidade! Nesse instante ele foi surpreendido por um ambiente estranho. A casa estava em penumbra. O quarto do casal emitia uma luz muito tênue, que se esparramava pelo corredor. Ele acreditou que a esposa estivesse repousando. Andou pelo corredor com muito cuidado para não a incomodar e adentrou o quarto com o coração transbordante de alegria. A esposa estava no leito conjugal, deitada de lado. Uma suave música tomava conta do ambiente. O companheiro sentou-se no leito com imensa ternura, tocou-a suavemente no ombro e percebeu que ela estava morta!

O marido começou a tremer, colocou as flores ao lado dela e viu uma carta junto ao travesseiro, em um envelope com o nome dele. Tratava-se daquele texto que a esposa estava redigindo nos dias seguintes após o companheiro anunciar que desejava o divórcio.

Abriu-a imediatamente, com o coração que se despedaçava dentro do peito! O texto dizia:

"Escrevo-lhe esta carta porque acabo de vir do oncologista e o médico informou que o meu câncer de colo de útero gerou uma metástase. Ele me deu, no máximo, um mês de vida. É por isso que eu quero lhe pedir que durante este mês você me carregue, para que não fique com remorso se por acaso nos divorciarmos. Como eu morrerei em breve você poderá pensar que a dor da separação me ceifou a vida. E eu não desejo que você sofra. Perdoe-me se eu não soube suportar os momentos difíceis, se eu não soube ser a esposa de que você necessitava. Cuide do nosso filho. Quero que saiba que estou morrendo e que sempre o amarei! Nada irá nos separar! E como eu sei que existe vida após a vida, eu o esperarei com uma guirlanda de flores para prosseguirmos a nossa trajetória no reino da imortalidade!".

A carta se prolongava com uma ternura infinita! Ao concluir a leitura ele descobriu a imensa nobreza daquela alma de mulher! Ela lhe pediu para carregá-la apenas para evitar que ele desenvolvesse um remorso pela sua morte, que era iminente e inevitável. Se a separação se efetivasse e ela viesse a morrer logo em seguida, ele faria uma ponte mental com a sua atitude de pedir o divórcio e talvez não conseguisse suportar a culpa. E o filho certamente o acusaria de ser o responsável pela morte da mãe.

Naquele momento, ao ver a esposa sobre o leito e já sem vida, ele entendeu porque ela estava tão magra. Dominado pela emoção, pegou as rosas que lhe havia levado e espalhou as pétalas sobre o seu corpo.

Após três dias de velório ela foi cremada e as cinzas colocadas em um vaso de cristal que ele pôs na sala, no mesmo lugar onde havia pedido o divórcio.

Logo que se recuperou dos momentos mais dolorosos o marido escreveu um artigo e o publicou em um jornal de grande circulação nos Estados Unidos. No texto ele fazia uma advertência, mais ou menos nos seguintes termos:

"Todos vocês, que possuem um parceiro ou uma parceira, tenham mais tolerância nos relacionamentos conjugais! Todo relacionamento passa por períodos em que ocorrem fenômenos desagradáveis, mas que são transitórios. Eles são o resultado do nosso humor, do tédio, da repetição dos nossos atos. Entretanto, ao final desse período experimentamos outra fase na qual o ardor da afetividade retorna de forma intensa e gratificante. Todos somos mundos de emoções! E as emoções renovam-se periodicamente. Por isso coloquem a amor acima de todas as dificuldades, de todas as vicissitudes! Evitem o silêncio e as discussões agressivas. Desarmem-se e aprendam novamente a conversar. E se for possível, todas as vezes em que tiverem um grande problema no relacionamento afetivo, utilizem o recurso da oração e peçam a Deus que os inspire para que não tomem uma decisão precipitada, pois isso poderá fazer-lhes carregar o amargo pranto que eu trago na alma. Eu não me esforcei o suficiente para sanar as dificuldades conjugais que vivi com a minha esposa. E por isso, até a minha morte eu a carregarei nos meus braços...".

Quando o marido me procurou ao final da palestra ele me narrou a sua experiência e me entregou o texto publicado no jornal. Concluindo aquele diálogo ele me pediu, com lágrimas nos olhos.

— Senhor Divaldo, nas suas viagens diga às pessoas que sejam mais pacientes. Eu estou fazendo uma cruzada pelo meu país para que os casais possam amar-se mais, ajudando-se mutuamente nos momentos difíceis. Desejo divulgar a minha história para que o mundo tome conhecimento. O senhor me promete convidar as pessoas a um ato de amor e de tolerância na vida conjugal?!

Eu olhei aquele homem de olhos marejados, segurei-lhe as duas mãos, que apresentavam uma sudorese fria, e lhe confirmei:

— Tenha a certeza disso! Nas minhas viagens pelo mundo, sempre que tiver oportunidade eu narrarei a sua história.

Essa experiência guarda uma grande lição para todos os casais! Os parceiros são duas pessoas diferentes. Nunca se fundirão! As discussões podem ocorrer uma vez ou outra, mas não se devem tornar um hábito, a fim de não provocarem a instalação do desrespeito no relacionamento.

O amor é curioso porque é como uma brasa. Depois de algum tempo uma camada de cinzas consegue cobri-lo, mas um sopro de ternura reacende a chama que se recompõe com toda vitalidade. Mudamos de parceiros porque estamos insatisfeitos conosco mesmos. Quando substituímos a pessoa que está ao nosso lado identificamos logo depois o mesmo problema conjugal de que nos desejamos afastar. Jamais encontraremos uma parceria ideal porque também não somos o parceiro ideal.

O divórcio deve ser pedido quando houver uma completa incompatibilidade entre o casal, com situações que não podem ser contornadas ou com o perigo de agressões físicas e morais. Na maioria das vezes os motivos para a separação são muito fúteis.

Todos deveremos olhar a pessoa querida com olhos de ternura. Às vezes estamos diante de uma fonte generosa e continuamos sedentos porque nos negamos a beber a água pura...[133]

---

[133] Uma reflexão sobre a vida conjugal está disponível em *O Despertar do Espírito*, de Divaldo Franco/Joanna de Ângelis, Ed. LEAL, cap. 7 (Relacionamentos Humanos), item "Relacionamentos com Parceiros ou Cônjuges". Nota do organizador.

12

O JOVEM E A SEXUALIDADE

SEXO E COMPROMISSOS

Para que o sexo tenha um objetivo elevado e favoreça o desenvolvimento de sentimentos além de proporcionar prazer, ele tem que ser estimulado pelo amor. E o amor não é o impulso de um encontro instantâneo com qualquer um, a qualquer hora e em qualquer lugar. O amor é o resultado de um trabalho bem-elaborado de aproximação lenta e gradual da alma do outro.

Quando se ama, o sexo reflete toda uma trajetória de carinho e respeito entre o casal. Os parceiros se aproximam, dialogam, estimulam-se e fundem-se num ato profundo de afetividade. Passado o momento do clímax sexual, o parceiro dirige à pessoa amada um olhar de imensa gratidão... E pelo fenômeno natural do relaxamento advém o sono, no qual os dois adormecem com um sentimento de ternura que os estimulará a novos encontros cuidadosamente programados.

Como será a emoção desse momento? Não é possível descrever. Um poeta já disse que emoções não são para serem descritas, mas para serem sentidas... O que é a tristeza? O que é a alegria? O que é o amor? Não há palavras! Nós repetimos expressões da nossa língua que acabam girando em torno de algo que não conseguimos definir com precisão. As emoções saudáveis são assim: profundas e gratificantes. Um parceiro olha para o outro, em qualquer circunstância, e sorri, sem dizer uma só palavra. E isso vale por muitas frases programadas pelo nosso intelecto. Quando se fala muito não se diz nada. As grandes coisas são mantidas em silêncio e somente se fazem perceber em pequenos gestos, em carícias, em toques...

O sexo, na relação a dois, é como um combustível que facilita a chama da união, mas com o tempo se apaga porque o corpo possui limites biológicos impostos pela natureza. E quando isso acontece, se o relacionamento não estiver alicerçado na amizade, ele trará frustração e amargura para quem escolheu a sua parceria pelo critério exclusivo da atração sexual.

Desde a época em que ocorreu a revolução sexual, nos anos 1960 e 1970, a questão do sexo antes do casamento passou a ser amplamente discutida.

A visão ética sobre as diversas ocorrências da vida sofre alterações expressivas de acordo com a época. Ocorre que a instituição do casamento tem passado por muitos abalos, especialmente a partir dos anos 1980 aqui no Brasil, porque a finalidade da lei que permitiu a dissolução do casamento civil foi distorcida pela nossa cultura. As pessoas passaram a casar-se com o documento de divórcio assinado, deixando um espaço em branco somente para colocar a data. Eu já vi alguns casais se divorciarem um ano depois do casamento. Outros parceiros se separaram seis, três e até dois meses após a união.

Essas situações de fracasso conjugal induziram os jovens a concluir que é melhor manter um vínculo afetivo mais estreito para que se conheçam bem, a fim de que os namorados identifiquem se fizeram ou não uma boa escolha. E para que os indivíduos realmente se conheçam é necessário que o relacionamento tenha alguma profundidade.

Por isso, na visão que emergiu a partir dos anos 70, um vínculo afetivo de maior proximidade deveria incluir também a parceria sexual, adicionando mais ingredientes para que os parceiros verifiquem se são capazes de viver um relacionamento que tenha densidade, aprendendo a compreender, a renunciar e a dividir os espaços com o outro, pois o grande problema no casamento é a imaturidade dos recém-casados. Normalmente eles estão aprisionados à ilusão de que a vida a dois é uma viagem ao país da fantasia, e que aquela pessoa com quem se vai relacionar na intimidade é um verdadeiro anjo, que fala manso e está sempre bonita.

Portanto, em função do receio de fazer uma escolha equivocada é que muitos jovens transformaram a cultura do seu tempo e optaram por adotar o sexo no namoro.

Eu faço parte de outra geração, pois nasci em 1927. Do meu tempo de juventude para cá eu tenho procurado me adaptar às mudanças e até crescer do ponto de vista psicológico.

Ainda penso que seria interessante se os namorados aguardassem até o casamento para vivenciarem a intimidade sexual. No entanto, se duas pessoas que assumiram um relacionamento afetivo se encontram para um ato sublime de amor, não vejo nisso uma escolha prejudicial aos jovens, nem considero que a virgindade da moça está no hímen e a do rapaz no prepúcio. A virgindade é uma atitude perante a vida, trazendo em seu interior um significado profundo. Há pessoas que não têm virgindade fisiológica, mas possuem muito mais autorrespeito e bom senso do que outras que se orgulham em preservá-la.

Dessa forma, não considero que a relação sexual antes do casamento seja o ideal, mas posso compreender esta opção, desde que o relacionamento seja saudável, isto é, vinculado ao amor, quando as pessoas realmente se procurem com o objetivo de uma união plena.

Por outro lado, o sexo fora da união conjugal pode ser a expressão de uma cultura de promiscuidade e de relacionamentos descartáveis que se instalou na sociedade contemporânea. Trata-se de uma questão completamente diferente do sexo como parte integrante de um namoro entre pessoas que se amam de fato.

Desejo referir-me à visão do sexo como uma experiência exclusivamente voltada para o prazer abjeto e vulgar, o que exige dos jovens uma boa dose de reflexão e discernimento para não se permitirem *contaminar* por essa proposta.

Eu sugiro ao jovem que não se deixe iludir por convites que podem aniquilar a sua paz e a sua saúde!

O comportamento do *ficar*, por exemplo, é um modismo que tem levado um número expressivo de jovens ao consumo de drogas, lícitas ou ilícitas, porque muitos têm receio de que o seu organismo não corresponda à expectativa no momento da relação sexual. E as drogas se tornam uma bengala psicológica para que eles tenham um pouco mais de segurança, expondo o jovem ao risco da dependência química ou da morte por overdose.

O *ficar* pode até ser positivo como uma forma inicial de aproximação e de convivência, de ser amigo, para que o jovem possa ensaiar um relacionamento afetivo subsequente. Entretanto, ninguém deve sentir-se na obrigação de manter relações sexuais precocemente, quando mal estabeleceu o vínculo com a outra pessoa. Se, por acaso, ocorrer a relação sexual, que pode surgir em um instante de arrebatamento juvenil, que ao menos cada um saiba respeitar no outro o seu direito de ser feliz. Aquele que se relaciona conosco merece ter alguém ao seu lado que lhe fale a verdade, sem se aproveitar da intimidade alheia para obter prazer.

Um rapaz, por exemplo, poderá gostar muito de uma jovem enquanto estiverem juntos, sem qualquer intenção de se valer da ingenuidade dela. Mas o que acontecerá se este rapaz se saturar e repentinamente desistir de ficar com a garota? O problema não está no ficar em si mesmo, mas está em entrar e sair da vida da pessoa sem se preocupar com seus sentimentos. A grande questão é cativar o outro e depois abandoná-lo, deixando-o afetivamente desfigurado, amargurado ou até depressivo, muitas vezes caminhando para o suicídio.

Além da questão do vínculo e da desvinculação, que podem gerar sofrimentos para um e consciência de culpa para o outro, adicionemos o fato de que alguns indivíduos, ao se verem diante de uma gestação não planejada, fazem a infeliz opção pelo aborto, que jamais deveria ser cogitado por um jovem que declara sentir-se orientado pelos princípios da Doutrina Espírita. A interrupção da vida intrauterina só pode ser interpretada como um crime dos mais hediondos da humanidade, conforme já discutimos.

Durante o ato de *ficar* muitas vezes a própria ansiedade dificulta o prazer sexual e bloqueia os sentimentos, deixando uma sensação desagradável de incompletude. Quando se cultiva a amizade o resultado é diferente, em razão do fato de que o indivíduo sempre sairá da relação íntima desejando repetir a experiência com aquela pessoa que sensibiliza o seu coração.

Em qualquer circunstância em que o jovem esteja divertindo-se, deverá respeitar o outro ser que, por acaso, demonstre algum interesse afetivo por ele.

Se for um rapaz que esteja com uma garota, que ele procure agir como gostaria que o fizessem com sua irmã, pois assim disporá de um parâmetro para não ferir a jovem que se encontra em sua companhia. Se esses jovens estão num processo inicial de aproximação e de convivência, que poderá ou não se estender, o rapaz deverá compreender que o seu comportamento não precisa reproduzir a conduta de outros jovens da sua idade somente porque está na moda. Por que ele teria que precipitar uma relação sexual com a jovem para satisfazer as exigências daqueles que acredita serem seus amigos? Por que se imiscuir no ato sexual como se as suas decisões obedecessem apenas a um impulso fisiológico animal? Os animais praticam sexo quando a fêmea está no cio, uma fase do ciclo hormonal propícia para o fenômeno da fecundação. A atração do macho da espécie é causada pela ação de substâncias químicas que o corpo da fêmea exala. Essas substâncias, denominadas feromônios, às vezes se propagam por quilômetros de distância. Dessa forma, para que haja a reprodução nos animais não humanos, o instinto impõe o fenômeno da cópula entre os dois sexos.

Como os seres humanos são animais com maior complexidade, porque são seres que apresentam consciência de si, o fato de experimentarmos o impulso animal não significa que devemos manter a relação sexual com a primeira pessoa que atravessa o nosso caminho, porquanto, os animais não sabem que se vão reproduzir quando atendem ao chamado da natureza. Mas nós sabemos que do ato sexual podem surgir várias consequências, entre as quais está a gravidez. Será que um adolescente de doze a dezesseis anos está em condições de assumir a maternidade ou a paternidade precoce? Não seria mais lógico superar o impulso sexual apressado para transformar o instinto em sentimento? Todo ser consciente forçosamente admitirá que o sexo não é a única forma de prazer e de satisfação que se encontra à nossa disposição, pois, do contrário, quando a função sexual estiver em declínio no indivíduo, em face do processo natural do envelhecimento, a vida para ele perderá completamente o sentido.

Acima do sexo está a amizade entre os jovens, que é uma experiência fundamental. O jovem, o adulto e o idoso precisam preservar os vínculos da amizade duradoura e fecunda.

Além dos compromissos espirituais assumidos por quem penetra a intimidade alheia, uma relação sexual fortuita com alguém que não conhecemos pode nos levar a contrair uma doença sexualmente transmissível, algumas das quais possuem a característica de serem fatais. Ninguém poderá dizer com certeza que aquela moça linda e sedutora não possui no organismo um vírus letal ou outra forma de agente patogênico. Da mesma forma, aquele rapaz de voz quente e romântica, que arrebata os corações e desperta o desejo das mulheres, poderá ser o hospedeiro de um microorganismo causador de doença grave para a garota desprevenida que a ele se entrega sem maiores cuidados.

O comportamento do jovem espírita não deve ser exatamente igual ao de outros que não possuem esclarecimento maior sobre as próprias responsabilidades no território do afeto. O jovem espírita já conhece a Lei denominada Lei de Causa e Efeito.

Todos somos construtores de uma nova era! Eu digo aos meus filhos, na Mansão do Caminho: "Eduquei centenas de rapazes e moças aqui nesta instituição, estimulando-os a ter uma vida saudável, dentro dos seus limites. Uns possuíam mais resistências morais para permanecer numa postura ética e responsável, enquanto outros ainda não contavam com a estrutura espiritual sólida o suficiente para se distanciarem de certos equívocos. Mas a todos eu ensinei a não explorarem o outro em benefício do próprio prazer".

Se um indivíduo procura uma companhia para a relação sexual, mesmo que a sua intenção seja apenas a busca de prazer, o sexo poderá estabelecer vinculações afetivas que ele não desejava. Ao produzir o despertamento de afeto no coração alheio, por meio de uma atitude fútil e irresponsável, como o indivíduo irá manejar essa situação não programada?

Em nossas relações sexuais não será suficiente que procuremos atender apenas à necessidade fisiológica e abandonar o outro como quem deixa um prato servido após o repasto. O outro poderá afeiçoar-se a nós e surgirem implicações de natureza cármica. Poderemos traumatizá-lo e levá-lo, por exemplo, ao suicídio, o que certamente será anotado em nossa ficha reencarnatória, uma vez que o mal por nós inspirado é de nossa responsabilidade, tanto quanto o bem que produzimos. Vemos casos de frustrações sexuais terríveis, que tiveram como consequência o surgimento de severos transtornos mentais, porque as pessoas foram traídas nos seus sentimentos profundos e relegadas ao abandono.

Um dos meus mais de seiscentos filhos adotivos perguntou-me um dia:

— Tio, eu estou com uma namorada. E ela me desafiou perguntando: "Afinal, você é ou não é homem?". E eu estou em um dilema. O que eu devo fazer?

Eu respondi-lhe:

— A decisão é sua. Eu não receito moral para ninguém. Os princípios de ética estão à disposição de qualquer pessoa no mundo. Cada um vai utilizá-los na medida do seu entendimento e de suas forças. Allan Kardec escreveu em várias oportunidades que nós deveremos agir sempre baseados no limite de nossas forças. Eu estou vendo que vocês dois não têm afeto profundo um pelo outro. A proposta da sua namorada e o seu desejo de aceitá-la são dirigidos pela vontade de atender ao apelo dos hormônios, em vez de atender aos apelos do coração. Mas como eu disse, cada um tem seus limites. Entre enlouquecer e ceder a um comportamento que não é o ideal, melhor assegurar minimamente o seu equilíbrio psicológico. E se surgir alguma consequência você terá que aceitar e corrigir, caso não seja uma consequência agradável. Não é o que lhe sugiro, mas se você tomar essa decisão eu compreenderei.

Ele me olhou demonstrando estar surpreso com a colocação. Mas insistiu no questionamento:

— Não sei, tio. Eu estou confuso... O senhor não pode me dizer mais nada?

Então eu esclareci:

— Já que você me pede uma sugestão eu vou dar-lhe. Você tem aqui na Mansão do Caminho uma irmã que eu também educo. Você gostaria que o namorado dela fizesse a mesma coisa? Aprovaria se ele realizasse a iniciação sexual de sua irmã de dezesseis anos? E se ela engravidasse? E se optasse por fazer o aborto sem contar nada a ninguém?

E se, por acaso, a sua irmã, por causa dessa iniciação sexual sem afeto, se tornasse uma jovem de encontros fáceis, passando de mão em mão pelos garotos do bairro? Você acharia isso bom?

— De jeito nenhum!

— Então não o faça com a outra moça, mesmo que a proposta tenha partido dela em um desafio a você. Eu até acrescento que a sua namorada já foi iniciada sexualmente, e transformou-se em uma adolescente vulgar, o que é uma pena.

— E o que faço nesse caso?

— Pegue ali aquela ferramenta e vá cuidar daquele pequeno canteiro de milho. Diga assim para ele: "Olá, milho, meu irmão! Eu vim para cuidar de você! Lá vou eu!". Depois que você cuidar do milho por alguns minutos, suar bastante e tomar um banho frio, vai ficar ótimo, sem ter-se envolvido com ninguém através de um relacionamento sexual sem afeto e sem compromisso.

A questão pertence à consciência de cada um. O Evangelho nos ensina a amar, não a usar as pessoas sob a desculpa de que se trata de amor. A proposta será sempre não fazer ao outro o que não gostaríamos que o outro nos fizesse.

Para dar um toque de humor contarei uma velha tradição em forma de parábola do pensamento teológico-cristão.

Narram as tradições que todos nós possuímos uma cruz invisível, que nos compete carregar na Terra a fim de chegarmos ao Reino dos Céus. Logo depois que morremos a cruz se torna visível em nossos ombros e deveremos carregá-la montanha acima, pois logo após o cume está a porta da libertação.

Certa vez, uma alma que na Terra carregava uma cruz de largas proporções, já não aguentava mais de tanto sofrimento. Ao morrer e ver no mundo espiritual o tamanho de sua cruz, ficou inconsolável e não compreendeu a situação. Pensava consigo mesma: "Mas não é possível! A minha cruz é maior que a do Cristo! Eu não entendo!".

Enquanto se lamentava na subida da montanha, viu ao seu lado passarem outras almas carregando cruzes de tamanhos variados. Alguns transportavam cruzes bem menores e outros levavam apenas um pequeno crucifixo pendurado no pescoço. A pobre alma permanecia suportando o peso daquela cruz enorme, que ao ser arrastada, às vezes, ficava presa numa pedra ou numa frincha no solo, enquanto os outros, com suas cruzes minúsculas, passavam por ela e até riam da situação, o que lhe provocava mais insatisfação e revolta. Ela pensou então: "Realmente eu creio que algo está errado!".

Na primeira oportunidade em que encontrou um local de repouso para a árdua subida, a alma viu um serrote pendurado numa porta e teve uma ideia: Em seguida pegou a ferramenta e cortou a sua cruz bem próximo ao local em que a tora vertical se fixa na horizontal. Como resultado, obteve uma cruz com apenas um terço do tamanho original, muito menor e mais leve para carregar. A alma exultou e subiu correndo, chegando ao topo com relativa facilidade.

Do outro lado estava São Pedro, na entrada do Paraíso, conforme as lendas da teologia cristã relatam. Ele olhou para alma com ternura e disse:

— Venha! Estamos esperando por você! A porta está aberta!

A viajante deu-se conta de que entre o cume da montanha e o Céu havia um espaço. Perguntou, então, ao nobre Santo:

— E este abismo? O que eu faço?

São Pedro retrucou:

— Ponha a cruz e passe por cima dela, meu filho! Utilize-a como ponte!

Daí, a alma colocou a sua cruz e ela não era suficiente para chegar à porta.

Em desespero, ela afirmou:

— São Pedro, a cruz não dá! É pequena demais!

O porteiro celestial concluiu:

— Então vá buscar o resto da cruz que ficou lá embaixo, meu filho!

A antiga lenda traz um conceito muito interessante que vale a pena mencionar: todo pedaço que deixarmos pelo caminho nos obrigará a voltar para buscá-lo.

Quando se ama, não se atira o outro à ruína. O sexo antes do casamento deve ser muito bem estudado, a fim de que, sob a alegação de que se tem necessidade dele, não se converta este abençoado recurso da vida em instrumento vulgar. Cada consciência eleja para o próximo o que gostaria que o próximo elegesse para si. Quando Deus colocou a cabeça acima do sexo foi para que ela o conduzisse, embora muitas pessoas deleguem ao sexo o poder de manipular a razão. Há quem utilize a expressão popular "a carne é fraca" para fundamentar as concessões feitas em relação ao sexo. Mas na verdade frágil é o Espírito, já que é ele que se mantém no controle de todas as suas funções. Qualquer atitude tomada é sempre consentida pela nossa consciência. Quando o sexo é adornado pelo amor, o bom senso nos diz quando, como e onde praticá-lo.

Tenho aprendido, com a experiência pessoal e com a adquirida em nossa comunidade, que o sexo antes de um compromisso concreto e de longo prazo, normalmente configura um mecanismo de desequilíbrio, pois é da natureza humana exorbitar sempre que encontra uma oportunidade para dar vazão aos seus impulsos. Embora não justifique nem estimule, eu compreendo, perfeitamente, que uma pessoa, num momento de arrebatamento afetivo, mantenha intimidade sexual com alguém que o sensibilizou, mesmo que ainda não tenha estabelecido um laço afetivo consentido por ambos. Não encaro isso como um escândalo, porque o sexo, da mesma forma que qualquer departamento orgânico, é setor de vida. O que me parece grave é que após esse momento de arrebatamento virão outros. O fenômeno pode ser entendido como a sede de água do mar. Quanto mais se bebe, mais sede se tem.

Em dada ocasião eu recebi uma carta de um jovem que havia ingressado nas atividades da Doutrina Espírita fazia pouco tempo. Ele me confidenciou seus dramas na área do sexo.

Contou-me que era um pervertido em gênero, número e grau, e que agora, mesmo se tornando espírita, ele não havia conseguido superar de um momento para outro as suas más inclinações. Apesar de saber da responsabilidade continuou dando campo ao seu comportamento imprudente. Na Casa Espírita, ele encontrou moças insensatas que se lhe vincularam até o momento em que a consciência disse-lhe: "Basta!". E como se trata de uma personalidade muito sedutora, do ponto de vista sexual, ele possui uma grande facilidade de sensibilizar pessoas que se lhe vinculam pela atração erótica.

Na carta enviada, relatou-me:

"Vitória! Embora eu tenha pervertido e desencaminhado tantas pessoas, muitas das quais se encontram descendo os degraus da perversão através da prostituição, hoje eu estou reabilitando-me. O número de moças insensatas que se atiram nos meus braços é tal, que eu digo a cada uma delas: "Minha amiga, eu não tenho mais a tarefa de corrompê-la! Eu não amo você! Não sinto nada por você! Se fôssemos estabelecer um relacionamento você seria apenas uma a mais. Seis meses atrás eu diria que a amava para usá-la e deixá-la logo em seguida. Mas agora sou espírita e você também é!".

Divaldo, eu agora estou fazendo um trabalho de reeducação: estou resgatando aquelas que eu derrubei".

No final da carta o rapaz declarou:

"As manchas que você vê na carta são lágrimas que eu estou vertendo".

Analisando as palavras do rapaz percebemos o resultado de uma decisão tomada com coragem e lucidez. Depois de seduzir tantas moças, finalmente ele venceu, apesar do número de jovens sonhadoras e levianas que ainda se atiravam aos seus braços. Ele se dispôs com firmeza a fazer um trabalho de reeducação de si mesmo, não retrocedendo ante os convites perniciosos que continuava a receber.

Para mim, essa carta é como se fosse um tesouro que eu estou guardando para dizer aos jovens como é insatisfatória e fugaz a busca sexual destituída de compromisso afetivo.

Frequentemente o jovem se sente pressionado pelo meio social para manter relações sexuais com quem quer seja, num comportamento defensivo que funciona como atestado da sua masculinidade ou da sua feminilidade. E essa pressão, às vezes, é difícil de contornar. Por isso, eu quero dirigir a esse jovem uma palavra de irmão para irmão, de alma para alma, a partir da minha longa experiência de alguém que já atravessou a fronteira dos oitenta anos de idade. A minha palavra de amigo a esse jovem está sintetizada no seguinte conselho: nunca se arrependa de haver renunciado à oportunidade de manter uma relação sexual sem afeto e sem sentido! Todas as oportunidades de prazer fugaz e superficial que não forem fruídas, apesar de estarem na moda, serão convertidas em bênçãos para o futuro, que o indivíduo irá detectar na fase adulta. Essas bênçãos serão valiosos contributos para a sua paz interior.

Conservar as energias sexuais agora, através de uma vida saudável e da canalização das forças psíquicas para as construções do amor, é uma forma de guardar essas energias para o futuro, a fim de que elas sirvam como defesas espirituais na velhice.

Nos veículos de comunicação vemos o sexo transformado em atividade tão trivial como pentear o cabelo ou cortar as unhas. Um indivíduo acha que precisa ter dez experiências sexuais por mês! Outro refere que necessita de vinte relações sexuais descompromissadas. E ambos ficam exauridos, do ponto de vista físico e psicológico, o que os transforma em pessoas sempre insatisfeitas.

Quando ocorrem pelo mundo eventos de grande porte, qual acontece no Brasil em relação ao Carnaval, eu vejo autoridades sanitárias distribuindo preservativos para as pessoas que irão participar da programação. Uma verdadeira fortuna é gasta com essa distribuição, uma atitude que me surpreende e me leva a pensar que seria melhor adotar outra estratégia. Não seria mais adequado que as autoridades distribuíssem cartilhas educativas para levar o indivíduo a refletir sobre o seu corpo e a sua saúde? Por que a resistência em estimular o cidadão a pensar?! Em vez disso, a distribuição pura e simples do preservativo, sem outra ação educativa complementar, evidencia que os governantes, em sua maioria, reconhecem o Carnaval como uma festa de sexo. Talvez até fosse possível que o Carnaval e outras festas cumprissem um papel de espairecimento e de diversão sem maiores consequências. Mas o próprio governo fornece incentivos para que um evento dessa natureza assuma as características de uma verdadeira bacanal, palavra latina que remete ao deus Baco, aquele que a mitologia aponta como responsável pelas orgias e pelo consumo imoderado de bebida alcoólica.

Certo dia, eu estava retornando de uma longa viagem e desembarquei no aeroporto de Salvador, às vésperas do Carnaval. Quando cheguei ao saguão principal, havia uma funcionária distribuindo camisinhas. Ela me deu algumas e continuou a sua tarefa tranquilamente. No intuito de avaliar o tipo de informação que ela oferecia às pessoas, eu me fiz de ingênuo e lhe perguntei:

— O que é isso, minha filha?

— O senhor não sabe para que serve uma camisinha?

— Não! É a primeira vez que me dão algo assim...

— É para que o senhor não se contamine caso mantenha relações sexuais durante o Carnaval.

— E quem lhe disse que eu sou uma pessoa que não cuida da intimidade e da saúde? Quem lhe informou que eu faço do sexo uma coisa banal?

— É que a gente nunca sabe, não é? Então distribuímos para todos! E como todos sabem, isso faz parte do Carnaval.

— Quer dizer que Carnaval é sinônimo de prostituição? Para participar tem que se prostituir?

Ela não respondeu a minha pergunta porque não tinha o que dizer.

A explicação que a jovem me deu é uma prova irrefutável de que não existe preocupação com a educação sexual de profundidade. O que prevalece é mentalidade irresponsável por parte de quase todas as autoridades na área da saúde e da educação.

Os incentivos para que o jovem ceda aos apelos de uma sociedade erotizada podem levá-lo a consequências desastrosas. Por isso, o jovem deve manter a mente e o coração preenchidos com os sentimentos de solidariedade, de construção de um mundo novo, vinculando-se a iniciativas que farão com que ele atravesse os dias da sua juventude sem aceitar nenhum convite que possa destruir a sua paz. E esses convites lhe chegam em forma de promessas variadas, que mexem com os sonhos juvenis e fazem os seus olhos brilharem diante de uma perspectiva de sucesso, de fama, de conquistas passageiras e ilusórias. Que o jovem tenha muito cuidado com essas armadilhas sedutoras da sociedade...

Há muitos anos, quando começaram os concursos de *Miss* (*Miss* Brasil, *Miss* Universo, etc.), eu me encontrava na cidade do Rio de Janeiro em uma determinada ocasião. Naquela época havia um grande desfile no Maracanãzinho, em que as jovens apresentavam-se para serem eleitas e tornarem-se representantes da publicidade de um maiô, que era bastante conhecido e utilizado.

Um senhor espírita que era muito rico e que figurava nas colunas sociais da cidade providenciou uma recepção em sua casa para homenagear a *Miss* que fosse eleita no dia seguinte ao da vitória.

Como mantínhamos bastante relacionamento fraternal, ele me convidou para participar da recepção especial. Fiquei muito sensibilizado porque não conhecia a alta sociedade do Rio de Janeiro. Nunca havia estado num ágape daquela natureza e comecei a imaginar como seria uma *Miss* quando eu a visse pessoalmente. Dentro da expectativa que se me assenhoreou na hora propícia eu compareci ao evento.

Vi chegar um automóvel de luxo no qual estava a *Miss*, que desembarcou impecavelmente vestida. Ao seu lado, estavam os bajuladores abrindo caminho no meio do grupo de convidados. Não pode haver nada mais ridículo do que um bajulador, que somente procede daquela forma para atender aos seus interesses pessoais.

Todos se cumprimentaram e passaram a conversar animadamente. Falavam bastante e riam de forma intermitente. Eu também resolvi rir para acompanhar os hábitos das pessoas no ambiente, resguardando-me de cometer alguma gafe. Fiz exatamente como recomendam os especialistas em etiqueta social e os colunistas de jornal. Espelhei-me principalmente no comportamento do anfitrião.

A jovem *Miss* enfim aproximou-se de nós. Para os meus padrões de observação e de estética era uma moça incomparavelmente linda! Possuía nos traços fisionômicos uma harmonia absolutamente fascinante!

Fizemos uma roda de conversas e os garçons começaram a servir uma bebida qualquer. A anfitriã era uma pessoa muito simples e uma dama notável. Pedi à sua irmã, uma pessoa também muito afável, que ficasse ao meu lado para me assessorar, pois eu não estava acostumado a reuniões como aquela. Eu lhe solicitei, gentilmente:

— Fique ao meu lado para que eu não cometa nenhuma gafe, senão vai ficar mal para vocês. Porque se eu der algum passo em falso, os circunstantes vão pensar: "Imagine só o tipo de amigos que eles possuem!". Daí, eu gostaria que você ficasse perto. Se eu tiver que rir você me avisa discretamente. E se eu tiver que ficar calado, você também poderá me advertir...

Ela achou a minha proposta muito curiosa e concordou.

Permaneci naquele círculo de conversas múltiplas que a recepção proporcionava. Notei que a família anfitriã ofereceu à jovem *Miss* um colar de diamantes e outros presentes de alto valor.

O dono da casa, que era italiano, estava muito entusiasmado com o evento. Inesperadamente ele me solicitou:

— Divaldo, diga algumas palavras para a *Miss*!

Aquele pedido me deixou um tanto embaraçado, pois eu só estava acostumado a falar para pessoas em situações dolorosas, que experimentam dramas familiares e pessoais, distúrbios obsessivos, perdas afetivas, etc., pois estas são as situações mais recorrentes quando estamos na atividade fraterna. Eu pensei comigo mesmo: "Meu Deus! O que devo falar para uma Miss?".

Por alguns segundos eu fiquei sorrindo, disfarçando meu embaraço, enquanto pensava num tema para me dirigir à encantadora jovem.

Naquele instante eu me lembrei de que havia lido um comentário interessante a respeito de moda e beleza, publicado numa revista de grande circulação na época. Um famoso estilista francês afirmava que a beleza não está no excesso de luxo com que algumas mulheres se vestem, pois, às vezes, a mulher exagera no figurino e o resultado se torna deselegante. Para ele, a verdadeira beleza estava nos detalhes. Um vestido simples, por exemplo, adornado com uma flor ou outro detalhe bem escolhido pode ressaltar a beleza feminina de uma forma sutil e agradável. Como eu notei que a *Miss* estava com um broche muito bonito e delicado, resolvi começar o meu comentário reproduzindo essa visão a respeito da beleza. Então, iniciei:

— Segundo Fulano de tal, o famoso estilista francês que todos aqui certamente conhecem, a beleza feminina reside em pequenos aspectos que podem ser notados no figurino...

Prossegui por alguns minutos nessa linha de raciocínio e percebi que todos ficaram admirados com o fato de me ouvirem falando sobre aquele tema. Até parecia que eu era um especialista...

Mas, de repente, o meu assunto acabou e eu fiquei sem ter o que dizer. Com receio de ser indelicado eu não tive alternativa a não ser apelar para o assunto que eu conheço bem. Daí, eu continuei a falar:

— No entanto, existe uma beleza interior que se sobrepõe à beleza externa. Quantos sorrisos deslumbrantes estão ocultando lágrimas amargas!

A situação ficou inusitada, pois quando percebi, estava fazendo uma palestra espírita! Falava a respeito de beleza e sofrimento ocultos num ambiente que talvez não fosse o mais adequado para isso, já que as pessoas ali presentes dificilmente saberiam o que é o sofrimento. Todavia, para minha surpresa, a jovem *Miss* começou a chorar incontrolavelmente. A maquiagem se desfez com as lágrimas e ela correu para dentro da casa, seguida pela sua auxiliar, pela anfitriã e por outras pessoas. Diante da situação eu tratei de concluir a minha breve palestra e perguntei aos presentes, com um sorriso sem graça, como se eu fosse uma criança que acabou de cometer uma travessura:

— Aconteceu alguma coisa?

Fiquei pensando: "Meu Deus! Acabei com a festa! Mas o nosso anfitrião não deveria ter-me colocado para falar aqui! Afinal, eu sei falar em velório, em hospital, em casebre humilde... Eu não estou acostumado com esse deslumbramento de Miss. Acho que nunca mais eles irão deixar-me passar nem perto do Bairro Peixoto!"

De repente, o dono da casa veio correndo e falando com certa angústia:

— Senhor Divaldo! Senhor Divaldo! A *Miss* está chamando-o lá dentro. Ela gostaria de falar-lhe.

Minha imaginação trabalhou rápido: "E agora? O que eu faço? Ela vai dar-me uma 'bolsada' e dizer que eu acabei com o seu dia!".

Sem muita opção eu fui ao seu encontro no quarto dos anfitriões para receber a punição que merecia.

Chegando ao recinto eu percebi que a jovem havia lavado o rosto para retirar a maquiagem desfeita com as lágrimas. Então eu vi que ela era ainda mais linda do que aparentava ser com a maquiagem! Minha primeira reação foi dizer-lhe:

— Como você é linda! — exclamei.

E ela completou:

— E sou profundamente infeliz! O senhor gostaria de sentar-se? Eu tenho algo para lhe dizer.

Nesse instante a jovem me confidenciou:

— O senhor conseguiu sensibilizar-me! O senhor não sabe o preço que eu paguei para chegar até aqui! Para participar de concursos de

Miss na minha cidade, representando o Clube X, os promotores da festa disseram que eu possuía todos os requisitos para o triunfo, mas que eu deveria entender que este é o universo da beleza, e que em qualquer atividade existe um preço para se chegar ao topo. Afirmaram que eu poderia chegar a ser *Miss* Brasil, se soubesse fazer o que era necessário para percorrer a longa estrada que me levaria ao sucesso. E, na minha ilusão de moça, eu me entreguei a um aproveitador que me seduziu. Eu esperava ganhar dinheiro para melhorar de vida, pois sou pobre e desejo dar aos meus pais um lar digno e uma velhice mais tranquila. Agora eu vejo que não vale a pena obter algo raro e caro através de expedientes dessa natureza. Eu acabei vencendo o concurso na minha pequena cidade e fui para a capital concorrer ao título estadual, onde as circunstâncias não foram diferentes. Ganhei mais um concurso por duas razões: pela minha beleza e por uma nova concessão que fiz. Algumas das minhas concorrentes se recusaram a ceder. O resultado é que elas não foram nem relacionadas para a etapa final do concurso. Daí eu vim para o concurso nacional. E numa cidade como esta os *lobos vorazes* começaram o cerco quando nos hospedamos no hotel. Como o senhor sabe, todas nós temos uma auxiliar que nos acompanha durante o concurso. E algumas delas agem como intermediárias para que os donos do poder e do dinheiro tenham acesso às jovens que participam do evento. Muitas dessas intermediárias exercem esta função há muitos anos. Cada ano são acompanhantes de uma *Miss* diferente e, por isso, fazem muitos contatos, contando com uma vasta clientela entre os empresários e patrocinadores despudorados. Por isso, tanto elas quanto as jovens recebem a recompensa pelos favores sexuais. E neste contexto eu me tornei *Miss* Brasil. Agora eu não sei mais o que fazer! Estou arrependida e amargurada, mas assinei um contrato de um ano com a *grife* Y, que comercializa roupas femininas. Além disso, também tenho um contrato relativo à linha de maquiagem de uma marca de cosméticos. O que eu devo fazer?

Diante daquela aflição eu assumi uma postura paternal e lhe falei com energia e ternura:

— Não ceda mais! Você vai disputar o concurso de *Miss* Universo e enfrentará um cerco idêntico ao que já experimentou anteriormente.

Quando vierem os lobos para se aproximarem sorrateiramente, você deve agir com uma técnica especial: mostre a eles que ser mulher não é ser venal! Enfrente as *feras* e perca o título, mas mantenha a sua paz interior e a sua dignidade! Sabe por que, minha filha? Porque a pior coisa do mundo é quando não nos respeitamos! Que os outros não nos respeitem, isso não nos fará mal. Quando sabemos que somos o que não deveríamos ser e temos que fingir para manter as aparências, isso se torna uma verdadeira calamidade. Quando tudo isso começou, você era muito ingênua. Permita-me dizer a você as palavras que Jesus pronunciou quando a mulher equivocada aproximou-se Dele: "Agora tu podes ir, mas não tornes a pecar". É evidente que eu não considero o seu erro um *pecado*, na acepção original da palavra. Eu entendo que foi um deslize provocado pela sua inexperiência, que certamente pode transformar-se no equívoco do profissionalismo na área do sexo. Siga em frente que você será feliz! Eu lhe direi profeticamente que mesmo que você não vença o concurso de *Miss* Universo, sua beleza e sua dignidade irão presenteá-la com um lugar de destaque no mundo profissional que você escolheu. Não é importante estar no lugar mais alto de todos. Você é linda! Por fora você perdeu um pouco da beleza angelical que a sua ingenuidade de antes conseguia expressar. Mas você poderá refazer seus caminhos para ser uma mulher de profunda beleza e de reconhecida integridade.

Eu lhe falei por alguns minutos como um pai falaria a uma filha. Ela deveria ter dezoito anos e eu estava com quarenta anos, aproximadamente. Continuei:

— É preciso que a mulher demonstre aos desequilibrados do sexo que a condição feminina não se afirma através da promiscuidade. Não se trata aqui de ter ou não ter virgindade, mas da postura interior, da manutenção dos valores éticos que devem atribuir beleza e poesia à experiência da sexualidade humana. Se uma jovem passa a ter vida sexual ativa e explica que decidiu fazer isso porque desejava uma experiência de intimidade com o parceiro a quem ama, tal atitude possui um significado muito diferente de usar o corpo e o sexo para obter a ascensão profissional, o que representa uma das mais lamentáveis formas de prostituição! Porque a mulher com poucos recursos materiais que se prostitui num bairro humilde, pode ter sido jogada ali por um homem covarde, que a empurrou no abismo e está sendo aplaudido pela sociedade, enquanto ela verte pranto e bebe a taça de amargura até a última gota, longe da publicidade e das luzes da fama.

Durante alguns minutos mantivemos um diálogo produtivo, e eu esclareci que a Doutrina Espírita nos estimula ao aproveitamento das oportunidades que a vida nos apresenta. Falei-lhe que precisamos ser felizes aqui e agora, no contexto que estamos vivenciando. Afinal, ela era *Miss* Brasil e me dizia que vertia lágrimas de infelicidade. O paradoxo desta situação é que na realidade ela era invejada por milhões de outras jovens que gostariam de estar no seu lugar. Ela me pediu o endereço para mantermos contato e viajou para participar do concurso de *Miss* Universo, no qual foi bastante aplaudida e obteve uma colocação de destaque, embora não tenha sido o primeiro lugar.

Naquela mesma noite do concurso ela me telefonou para relatar o ocorrido:

— Senhor Divaldo, eu resisti! Fui muito assediada, mas concorri ao primeiro lugar me impondo e utilizando apenas o meu porte, a minha beleza, a minha inteligência e a minha lucidez. Como eu falo muito bem o inglês, no momento da avaliação das qualidades intelectuais das candidatas eu impressionei significantemente o júri e a plateia, composta por pessoas de várias partes do mundo. Nos momentos mais difíceis, em que eu recebi propostas perturbadoras, eu me lembrei do que o senhor falou sobre ser livre por manter a minha dignidade feminina e o meu autorrespeito. Por isso, feliz por ter resistido ao convite da insensatez, eu desfilei com mais beleza e elegância do que havia aprendido no clube onde dei os meus primeiros passos na carreira de *Miss*. Muito mais do que somente caminhar com a cabeça erguida, conforme a recomendação que ouvi nas aulas sobre desfile, eu irradiei uma luminosidade interior que me fez muito bem. Não ganhei o primeiro lugar, mas atingi um patamar de valorização do meu trabalho que já me rendeu uma boa soma em dinheiro. Sendo assim, eu vou cumprir o meu contrato com a empresa e depois retornarei ao Brasil.

A jovem percorreu o mundo desfilando a sua beleza especial. Esteve em vários lugares do globo, até que pôde finalizar sua jornada participando do concurso de *Miss* Brasil do ano seguinte, no qual passou o título para outra jovem que havia sido eleita na ocasião. Nessa mesma noite da passagem da faixa e coroa de *Miss* ela me telefonou novamente:

— Senhor Divaldo, eu quero dizer-lhe que a *Miss* se desincumbiu da tarefa assumida durante um ano, sem se equivocar outra vez na área do sexo. Vou voltar aos braços do namorado que eu tinha na minha cidadezinha do interior, pois ele realmente me amava! Com ele eu sempre tive um relacionamento baseado na verdadeira ternura, sem me permitir facilidades sexuais desnecessárias. Ao retornar para minha cidade eu desejo ter um lar e filhos. E quero ser professora do jardim de infância, o que me permitirá infundir nas almas das crianças os objetivos da vida, demonstrando-lhes a diferença entre prazer e felicidade.

De fato ela cumpriu o prometido. Voltou à sua cidade natal, reatou o relacionamento e casou-se com um antigo namorado, tornando-se mãe algum tempo depois. Oportunamente, levou o marido e os primeiros filhos para nos visitar na Mansão do Caminho. E até hoje mantém um jardim de infância em sua cidade, absolutamente gratuito e destinado a mães que não podem pagar, porque o que ela ganhou com o trabalho de *Miss* deu-lhe independência econômica, ao mesmo tempo em que o marido, estimulado pelo exemplo da esposa, investiu fortemente em sua carreira e tornou-se um industrial de sucesso. A ex-*Miss* Brasil adotou a Doutrina Espírita como roteiro para o encontro com a felicidade, revelando uma excelente faculdade mediúnica que brinda a todos com as luzes da verdadeira caridade.

Hoje ela está com mais de quarenta anos, portadora de uma beleza interior e exterior absolutamente comovedoras.[134]

A minha sugestão ao jovem espírita é a atitude *casta*. Quando mencionamos *castidade*, não nos referimos à abstinência total e absoluta, mas ao respeito e à maturidade. Um casal que se ama e se respeita vive castamente. Castidade aqui é o oposto de promiscuidade, de vulgaridade e desrespeito a si mesmo. Por isso, o jovem deve atribuir ao sexo a importância que ele possui, colocando-o sob o comando do amor.

---

[134] Esta narrativa foi gravada em 1997. Nota do organizador.

Sedução e envolvimento sexual

Quem elege um parceiro, de forma fugaz ou duradoura, terá que dar conta dele perante as Leis Cósmicas. Se o deixar no caminho, voltará para buscá-lo. Quando não valorizamos as oportunidades de resgate que a vida nos apresenta, adquirimos mais débitos e caímos em experiências angustiantes. Assim se explicam as grandes ansiedades, as frustrações, a solidão e as tragédias pessoais que muitos indivíduos experimentam todos os dias.

Durante a Segunda Guerra Mundial, eu morava em Feira de Santana, na Bahia, minha terra natal. A cidade foi escolhida para ser o quartel general do Segundo Regimento de Infantaria, tendo hospedado muitos militares que vieram de todos os lugares da Bahia.

Nesse contexto, chegou a Feira de Santana um tenente que era natural de Salvador. Era um jovem portador de beleza masculina inigualável. As mulheres o consideravam um verdadeiro *deus* em forma humana. Ele pertencia à cavalaria e vestia-se com o conhecido orgulho militar, trazendo o espadim ao lado, as botas e os sapatos luzindo. A cidade toda era apaixonada pelo rapaz. As moças ingênuas e as senhoras ficavam na janela, deslumbradas, enquanto aquele verdadeiro Adônis desfilava pelas ruas montado em seu cavalo negro. O chão parecia tremer quando ele passava! Eu era apenas um garoto e também parava para olhar, admirado.

Esse homem foi instrumento de muita infelicidade, causando a ruptura de lares e destruindo vidas.

Naquela época eu conhecia um casal cuja esposa não tinha uma conduta sexual saudável. O movimento de uma cidade do interior é bastante curioso. Os moradores acabam sabendo da vida de todo mundo. Até aquilo que ainda vai acontecer, a população já sabe...

Eu ouvia as pessoas dizerem que o tenente estava flertando com aquela senhora. Ela se postava na janela e ele desfilava acintosamente nas proximidades da sua residência.

Finalmente ele a seduziu e conseguiu retirá-la do lar. A esposa levou a vergonha à face dos filhos e o marido foi humilhado pela im-

DIVALDO FRANCO

piedade que é comum em cidades pequenas, onde a vigilância da vida alheia normalmente domina os interesses da população.

O novo casal teve uma vida muito atribulada. Depois de certo tempo, como era de se esperar, o tenente abandonou-a, já que ele a considerava descartável, repetindo o mesmo comportamento com diversas mulheres e terminando por destruí-las. Atingida por um sofrimento insuportável a senhora acabou cometendo suicídio...

Naquele período (de 1942 a 1945), do aquartelamento até o fim da guerra, eu acompanhei a história desse homem. Era uma história trágica. Eu não tinha a dimensão precisa para avaliar, mas considerava que ele mantinha uma postura criminosa, principalmente pelo cinismo com que manipulava as mulheres. Era um verdadeiro criminoso sexual.

Passaram-se aproximadamente quarenta anos...

Em 1982, terminando de proferir uma palestra em nossa casa espírita, em Salvador, aproximaram-se duas moças muito aflitas e me solicitaram:

— Senhor Divaldo, nós vimos aqui lhe pedir que visite nosso pai que está morrendo com um câncer. Ele está muito deformado, chorando dia e noite com dores pelo corpo. A morfina não adianta. Já não sabemos mais o que fazer! Estamos enlouquecendo e ele não morre! Gostaria que o senhor pedisse a Deus para que ele morresse, pois assim tanto ele quanto nós sofreríamos menos. É uma coisa bárbara! Se o senhor for a nossa casa talvez até nem tenha coragem de o ver. O senhor o visitaria?

E eu respondi:

— Eu visitarei. Quando terminarmos a atividade aqui, eu irei vê-lo com vocês.

Expliquei-lhes que não era exatamente assim que devemos proceder. Disse que iria visitar o pai enfermo para confortá-lo e tentar contribuir para que ele se desapegasse da matéria.

Pela madrugada, após as atividades doutrinárias, fomos até a residência da família. Ao entrarmos no quarto eu vi algo que até hoje, muitos anos depois, ainda me provoca ressonâncias impressionantes. Nunca havia visto nada igual! O senhor estava transformado em um escombro devido ao câncer cruel. A doença havia atingido todos os órgãos, descamando a pele e produzindo pelo corpo um odor de carne em estado de decomposição. Ele teve uma reação adversa à terapia medicamentosa que provocou uma alergia com deformação facial generalizada. O rosto parecia uma bola de futebol. As orelhas diminuíram de tamanho e as narinas desceram para perto da boca, que se tornou apenas um pequeno orifício na face. Foi necessário introduzir um pequeno tubo para ele se alimentar, pois a glote ficou obstruída e a respiração era estertorada. E o Espírito permanecia insistindo em não se desvincular da matéria.

Eu tive um impacto muito desagradável e fiz um grande esforço para não demonstrar. Para poder falar-lhe eu perguntei à esposa:

— Qual é o nome dele?

Ela me respondeu:

— General Fulano.

Eu tive mais um impacto! Parei, meditei um pouco e me lembrei do jovem tenente. Então, indaguei à família:

— O senhor general serviu em Feira de Santa?

— Sim! Serviu, na época, ocupando a patente de tenente — esclareceu uma das filhas.

Fechei os olhos e visualizei aquele que era tido como um verdadeiro *deus*, cavalgando pelas ruas da cidade. Pensei na ruína que ele havia causado a tantos lares... E agora eu o via com o corpo infecto e apodrecido que não se desintegrava em definitivo.

O Espírito Bezerra de Menezes aproximou-se de mim e ampliou minhas percepções psíquicas. Nesse instante, eu vi, no campo áurico do general, obsidiando-o de forma tenaz e violenta, aquela primeira mulher a que me referi no início, que era um tanto leviana. Ela plasmou psiquicamente um tridente e postou-se ao lado de sua vítima, repetindo furiosamente a mesma frase:

— Paga-me, desgraçado! Tu me pagarás agora e depois!

Pude ver também várias outras mulheres psiquicamente acopladas ao antigo sedutor, gritando desesperadas enquanto exauriam as energias daquele corpo deteriorado. Uma delas estava alojada no sistema reprodutor do obsidiado, contribuindo para a instalação do câncer que o destruía.[135]

À medida que me concentrava, minha mente penetrava na intimidade daquela cena aterradora. Diante daquelas mulheres que o afligiam e que prometiam torturá-lo ainda mais no mundo espiritual, ele tentava esconder-se no corpo e evitar a perseguição, vitalizando os órgãos para não desencarnar. A certa altura o nobre médico espiritual me informou:

— É necessário muito amor, meu filho, para que possamos contribuir de alguma forma na modificação deste quadro doloroso. Peça para ele se libertar das lembranças, porque na mente reproduzem-se como num caleidoscópio as recordações de todos os delitos praticados.

Estendi as mãos para iniciar uma transfusão de bioenergia e lhe disse:

—Tenente Fulano!

Um dos parentes quis corrigir-me, elucidando-me:

— Ele é general.

Eu insisti:

— Ele é tenente.

E continuei:

—Tenente, eu me recordo do senhor quando eu era criança em Feira de Santana. Lembra-se de Fulana?

Ele moveu o rosto deformado, tentando olhar-me com ar de surpresa e eu completei:

— Para que o senhor regularize os seus compromissos com as Leis da Vida Deus levará em conta o quanto o senhor sofreu com esta enfermidade. O senhor era tão jovem... É compreensível que agisse daquela forma, deixando-se levar pelos impulsos da juventude. Suas atitudes não foram por maldade. Mas a bondade de Deus pode ajudá-lo nesse momento. Lembre-se de que "o amor cobre a multidão de pecados..."[136]

Nesse momento eu me dirigi à senhora desencarnada:

— Senhora, só o amor liberta-nos de todas as dores!

---

[135] Uma explicação detalhada deste processo encontra-se no livro *Entre os Dois Mundos*, de Divaldo Franco/Manoel P. de Miranda, Ed. LEAL, cap. 15 (Parasitoses Físicas). Nota do organizador.

[136] I Pedro, 4:8. Nota do organizador.

Falei a quatro ou cinco mulheres desencarnadas enquanto aplicava o passe no enfermo. Era, na verdade, um diálogo mediúnico para esclarecer os Espíritos que estavam sendo atendidos, sem que ocorresse o fenômeno da psicofonia, como normalmente acontece nas atividades específicas da casa espírita.

Durante aproximadamente uma hora e meia eu dialoguei com os Espíritos perseguidores, enquanto o paciente estertorava.

Ao final, voltei-me para ele e concluí:

— Morra em paz! O senhor precisa morrer. Liberte-se!

Ele foi aos poucos entrando num estado de maior calma. Pedi à família que ficássemos lendo o Evangelho enquanto as horas se passavam durante a madrugada. No início da manhã solicitei que a família saísse um pouco do quarto para descansar, ficando apenas um dos filhos para me servir de companhia e de testemunha. Às cinco horas da manhã, ele finalmente desencarnou.

Os bons Espíritos se aproximaram para ajudá-lo. Mas os adversários, apesar da intervenção Divina, ameaçavam-no com violência.

Os benfeitores me informaram que depois de um período de recuperação ele iria enfrentar as consequências do que havia feito na Terra, reencarnando sob os estigmas de um transtorno sexual de alta gravidade, no qual ele experimentaria os desejos eróticos mais atormentadores e teria um corpo que não responderia aos impulsos da mente superexcitada.[137]

Quando vemos casos de frigidez, de disfunção erétil e outros transtornos inenarráveis, a explicação está no passado de cada qual, caracterizado pelo uso que foi feito da função sexual.

Em relação a esses assuntos (deveres na família, relacionamentos conjugais, sexo e vida), a Doutrina Espírita nos oferece o código de ética: não façamos ao outro, no lar ou fora dele, o que não desejarmos que o outro nos faça![138]

---

[137] Um caso como esse é estudado no livro *Tormentos de Obsessão*, de Divaldo Franco/Manoel P. de Miranda, Ed. LEAL, cap. 5 (Contato Precioso). Nota do organizador.

[138] Planos de vingança no Além-túmulo, motivados por uma lesão afetiva, podem ser analisados no livro *Depois da Vida*, de Divaldo Franco/Diversos Espíritos, primeira parte, cap. 9 (Vingança e Loucura). Nota do organizador.

Sexo, namoro e casamento

Muitos afirmam que casamento e família são instituições falidas. Em absoluto! O que faliu foram alguns valores éticos, que perderam o seu significado diante da nossa consciência. Esta consciência sustenta o rótulo de religiosa, mas assume uma postura utilitarista, fundamentada no materialismo contumaz. O casamento é um fator de alta responsabilidade em nossas vidas. Por isso, deveremos incutir na mente de nossos filhos que eles meditem para não estabelecerem ligações afetivas apressadas. Só há desvinculação rápida quando a vinculação foi precipitada, lembrando sempre que toda responsabilidade que deixarmos no caminho voltaremos para buscar.

Entretanto, o casamento entre as criaturas humanas, ainda se faz assinalar muito mais pelas explosões do instinto do que pelas manifestações da afetividade superior. Escolhemos os parceiros por impulsos sexuais irrefletidos, desencadeados pela atração erótica encarregada de nos fazer esquecer a realidade afetiva, que representa o critério essencial na escolha de uma companhia para os grandes desafios da vida. Quando amamos, o sexo se insere na relação a dois como um complemento, não devendo ser o aspecto fundamental. Em sentido oposto, quando nos deixamos arrastar pelo sexo, o amor é substituído pela chama terrível da paixão momentânea, que arde na palha do desejo e logo desaparece.

Na área do sexo sem vínculo conjugal ou do chamado sexo-livre, adotemos o comportamento do respeito à criatura humana. Livre, o sexo sempre foi. A questão é que, do ponto de vista biológico e espiritual, necessita-se de um parceiro e com ele se deve assumir a responsabilidade afetiva. Ideal seria que não fosse necessário legalizar uma união já abençoada pelo amor. Mas a fragilidade humana exige que sejam elaboradas diversas formas de regularizar a vida social e estimular o cumprimento de compromissos, contribuindo para que os laços de afeto tenham longevidade e proporcionem ao casal a aquisição de maturidade psicológica. Por isso, se o par mantém uma relação afetiva consistente e já decidiu permanecer unido, por que não honrar esse relacionamento através do casamento? Qual a justificativa para a atitude egoísta de usufruir indefinidamente do prazer sexual e da intimidade do outro sem conduzir essa união afetiva a um patamar mais elevado de responsabilidade?

É evidente que a decisão de casar-se exige critério e maturidade para que seja feita uma escolha adequada. Eu recomendo ao jovem que realize uma autorreflexão para ver quais são as suas possibilidades de tolerar o parceiro, a fim de que uma decisão precipitada não resulte na tomada de uma nova decisão, que será igualmente imatura. A Psicologia estabelece que a maior dificuldade do relacionamento de qualquer jovem e de qualquer adulto, quando buscam o casamento, é a concessão de espaço. O espaço que todo indivíduo tem quando é solteiro, isto é, a liberdade de movimentos, a área na qual vive, a disposição das atividades e interesses a que se acostuma, quando vem o compromisso matrimonial e tem que reparti-lo, a princípio, sob o estímulo dos valores do desejo, faz a concessão, porém, mais tarde, o hábito que nele está arraigado começa a gerar atritos que se transformam normalmente em atitudes de agressividade, resultando em separação. Então é necessário que o indivíduo masculino ou feminino considere que, a partir da sua união conjugal, ele é uma parte que marcha na busca de outra parte para que se complementem numa vivência inteira.

Na fase de namoro teremos que apresentar o que somos e aquilo de que gostamos, uma vez que é necessário discutir o nosso futuro. É melhor que um relacionamento sem perspectivas seja interrompido agora do que mais tarde, quando existirem responsabilidades que pesem na economia da nossa afetividade.

Se temos uma forma de conceber as coisas e o outro difere frontalmente, essa união será uma tragédia! Porque, se na fase da conquista, que se reveste de encantamento e de uma especial ternura, o outro se opõe a tudo sem a menor preocupação em ser desagradável, quando passarem as primeiras sensações de uma relação mais íntima e vier o desinteresse, não haverá nenhuma razão para que esse parceiro permaneça ao nosso lado.

As fases iniciais do namoro são para que venhamos a descobrir-nos, a identificar-nos. É indispensável conversar, perguntar, dialogar, para que o par se conheça e discuta o futuro, que chegará para todos. Essa atitude é fundamental para trazer benefícios à nossa união afetiva ou para constatarmos que aquele parceiro não constitui a melhor opção para a nossa felicidade.

Quando fazemos o que se encontra ao nosso alcance para não ferir ninguém, a dissolução do vínculo não resultará em compromissos negativos para o futuro. Se estivermos namorando uma pessoa e explicarmos que certas atitudes que o outro toma não são recomendáveis, mas a pessoa não aceitar as nossas advertências, teremos o direito de optar pelo fim do relacionamento de forma unilateral, mesmo que o parceiro se queixe de traição ou desrespeito aos seus sentimentos. Quando não existe a possibilidade de superar as diferenças, se rompermos o relacionamento com respeito e serenidade, não seremos responsabilizados por provocar a infelicidade do outro.

Portanto, se desfazemos um compromisso sem ferir e sem despejar no parceiro as nossas mágoas longamente represadas, o que acontecer daí por diante não estará presente em nossa contabilidade espiritual.

Sugerimos aos jovens uma fórmula para encontrar saúde e paz: amem, e o amor dirá o que fazer.

Amor e paixão

Muitas pessoas se preocupam em saber se estamos diante da pessoa que escolhemos no mundo espiritual para ser nosso marido ou esposa. Quem dera que a gente soubesse! Se fosse possível essa identificação sem nenhuma margem de erro, as uniões conjugais seriam muito felizes!

Não é importante saber se o nosso parceiro ou parceira é alguém que elegemos antes de reencarnarmos. O importante é verificarmos se os gostos e tendências do outro demonstram que existe afinidade entre nós, independentemente de já termos convivido com ele ou não. O importante não é uma parceria previamente definida, mas é a formação e a manutenção de uma parceria feliz.

Uma pessoa adequada para nós é aquela que nos produz emoções, não aquela que nos provoca sensações. Se um rapaz encontra uma moça e imediatamente sente a irrupção do desejo sexual, isto é uma sensação. Mas se ele a vê, e logo sente por ela um encantamento especial, um impulso para se aproximar com cuidado e gentileza, estará diante de uma emoção, que tem caráter mais profundo. Por outro lado, uma moça conhece um rapaz e logo o associa à imagem de um ator famoso, que lhe desperta sonhos eróticos e que agora vê de alguma forma materializado na figura do jovem que encontrou. Isto representa uma sensação, uma eclosão de interesse sexual. Contudo, se ela se depara com o rapaz e sente alegria por vê-lo, uma necessidade de estar ao seu lado e de conversar, de tocar-lhe a mão com ternura, ela experimentou uma emoção, o desabrochar de uma centelha de afetividade.

No caso do rapaz que se encantou com uma jovem, e no episódio da moça que se sentiu feliz com o encontro, a comprovação da afinidade se fará somente mais tarde, à medida que o relacionamento se tornar mais profundo, porque o sentimento estará mais bem caracterizado. Em caso de se confirmar a afinidade é provável que a pessoa que está em nossa companhia seja uma alma querida, que antes de renascer se comprometeu conosco para a formação de uma família saudável. No entanto, não há como estabelecer critérios infalíveis para essa conclusão.

Se a decisão de unir-se a outra pessoa exige uma análise cuidadosa, que se inicia no autoconhecimento e tem continuidade na convivência com o outro, isto se torna um dos aprendizados mais importantes para o jovem: a distinção entre amor e paixão.

Em um capítulo anterior eu me referi ao caso da proprietária do jornal que se declarou apaixonada por mim, envolvendo-se posteriormente em outras paixões que só lhe trouxeram dissabores. Por esta razão, é medida de urgência que o jovem identifique quando encontrou o amor ou quando foi acometido por um *surto* de paixão que terá existência breve.

Nas velhas tradições do pensamento budista há uma bela narração a respeito de um jovem portador de beleza incomparável. Chamava-se Ananda.

Discípulo de Buda, ele se fascinara pela doutrina libertadora. Amava o mestre e entregara-se à sua nobre filosofia em caráter de totalidade. Ele havia encontrado no príncipe Sidarta Gautama um roteiro para a vida feliz. Se nos for possível fazer uma comparação, Ananda era para Buda o que o jovem João representava para Jesus.

Sendo um discípulo abnegado, muitas vezes viajava pelo Sul da Índia levando a mensagem do *samadhi*: a libertação e a vitória sobre a ilusão.

Em um dos seus retornos de viagem, sob o sol ardente, percorrendo uma estrada poeirenta para ir ao monastério onde estava o mestre, Ananda viu, à sombra generosa de uma árvore, uma jovem que retirava água de um poço. Ela repetia o gesto seguidamente no intuito de saborear a linfa cristalina e refrescante para saciar a sua sede.

Muito cansado e transpirando em abundância, ele acercou-se da fonte e solicitou jovialmente à moça, causando-lhe grande espanto:

— Dá-me de beber!

A jovem identificou nele as características de um brâmane: o porte, a roupa específica, a forma de apresentar os cabelos e o sinal colocado no centro da testa. Muito surpresa com aquela situação, ela respondeu:

— Como tu me pedes água? Eu sou uma pária! Não sabes que os párias são a *sombra* da fatalidade e possuem as marcas do abandono da Divindade?

O discípulo sereno redarguiu:

— Vejo em ti apenas a imagem de um anjo... Não me importa se a tua é uma condição social marginalizada. Vejo-te como uma mulher. E as mulheres são anjos que a Divindade coloca na Terra para tornar menos ásperas os caminhos e menos solitárias as jornadas. Dá-me de beber!

Para se ter uma ideia do quanto aquele diálogo constituía uma subversão aos costumes, basta dizer que um pária era tão amaldiçoado, que se a sua sombra caísse sobre alguém ou alguma coisa, aquilo ficaria impuro.

A jovem não dispunha de um vasilhame adequado para atender ao pedido:

— Mas eu não tenho como dar-te a água!

— Dá-me na concha das tuas mãos! — respondeu o jovem brâmane.

— As minhas mãos são impuras! Eu lido com cadáveres e outras imundícies.

— Dá-me a água nas tuas mãos!

A mulher, trêmula e desconcertada, mergulhou as mãos no poço e encheu-as com água, distendendo-as àquele jovem de beleza seráfica, que se dobrou e sorveu suavemente o líquido, deixando que os seus lábios tocassem várias vezes as mãos da jovem. Ele agradeceu sorrindo e completou, com uma voz repassada de ternura:

— Nunca me esquecerei de ti! Eu sou Ananda.

Ao dizer isso ele partiu, enquanto a jovem ficou atormentada pelo fogo do desejo. As labaredas da ansiedade crepitaram-lhe na alma! Embora desejasse, ela jamais acreditou ser possível ter a presença de alguém que lhe reconfortasse o coração amargurado, ainda mais um príncipe da sabedoria espiritual, descendente dos Pândavas, um homem com tanta beleza na alma sublimada e no corpo viril! Porque ela era invisível aos olhos da casta superior, por ser excluída e motivo de escárnio.

Tomada por essa angústia, ela recorreu à sua mãe, que praticava as *artes mágicas*, na tradicional conceituação da bruxaria.

— Mamãe, eu tenho que me casar com esse homem! Ele foi a primeira luz na noite dos meus desencantos! Nele encontrei o hálito da vida, a manifestação da esperança e o perfume do amor! Tu, que falas com as almas dos imortais, que podes dialogar com as *sombras*, pede-lhes para que me ofereçam de presente, nesta vida amarga, o suave canto daquela voz. Eu desejo ter ao meu lado a presença máscula de alguém que passou pelo meu caminho e eternizou aqueles breves segundos em um tempo sem-fim...

Atendendo ao apelo formulado pela filha, a mãe concentrou-se profundamente, compreendendo a tragédia que se abatia sobre a jovem pária, desprezada e devorada pela paixão. A genitora afirmou, em tom grave:

— Como tu podes pensar em tê-lo como marido? Ele é discípulo de Buda. Naturalmente ele fez votos de abnegação e de castidade, o que inviabiliza completamente qualquer tentativa de convencê-lo a te desposar. Ao mesmo tempo, os anjos do Paraíso o assessoram. E eu não posso interceder junto aos Numes tutelares da Humanidade para que o desviem da sua trajetória espiritual.

— Mamãe, se eu não encontrar novamente esse homem, eu me matarei! A sede que arde na minha alma e a doçura do seu olhar que me aplaca as labaredas são o único motivo que me faz continuar a viver! Apesar de ser pária eu também tenho um corpo que atrai os homens. Eles me atiram galanteios e me oferecem gemas preciosas. Mas eu me tenho preservado porque sonhei um dia com um banquete de núpcias... Tu és minha mãe! Acalma meu desespero! Intercede junto às *sombras* para que elas o atormentem e o despertem!

Com a negativa materna, a mulher pária mergulhou em profunda melancolia. Os dias se passaram, e ela estava com o corpo abalado, morrendo aos poucos, vitimada por um desejo não vivenciado.

Foi então que a mãe resolveu consultar as *sombras* para satisfazer o pedido pungente de sua filha. Durante o transe profundo ela percebeu que poderia deslocar-se em Espírito na direção de Ananda, acompanhada de seres perversos que a conduziram na tentativa de manipular os pensamentos e as emoções do discípulo de Buda.

Neste ínterim, o jovem havia chegado ao monastério. Buda o recebeu com o seu enigmático sorriso, a sua jovialidade e a sua ternura, abençoando aquele que se lhe transformara em um verdadeiro filho espiritual.

Por sua vez, Ananda procurou os seus aposentos, atirou-se no leito, mas não conseguiu dormir. Pela primeira vez ele sentiu que estranhos personagens que haviam sido sepultados nas águas do Rio Ganges retornavam de além da cortina da morte para perturbá-lo. O discípulo mergulhou na esfera dos sonhos...

Ele sonhou que a jovem pária apresentava-se vestida de princesa, adornada de joias e exalando odor de perfumes raros. Ante o som de uma música mística ela dançava com movimentos sensuais, exibindo uma postura de sedução quase irresistível. À medida que dançava, despia-se. Iniciava retirando o véu que lhe adornava a cabeça e em seguida o tecido que lhe cobria os ombros. Lentamente, à medida que os movimentos faziam-se mais perturbadores e provocantes, ela se desnudava e se apresentava aos seus olhos como a oferta máxima do prazer, sobretudo para ele, que na aspereza da castidade pensava em pelo menos um dia desabrochar a rosa da sensualidade em um hausto de amor.

Debateu-se, angustiou-se naquele pesadelo, enquanto forças estranhas dominavam-lhe o corpo e provocavam-lhe a emoção.

Buda, que nesse momento entregava-se à meditação, irradiou a sua aura e percebeu que o seu discípulo estava sob a ameaça das forças telúricas do invisível, que conseguiam mobilizar no jovem a tentação da carne, utilizando os vigorosos impulsos da animalidade que existem em todos nós. O mestre deslocou o seu pensamento até o quarto de Ananda e expulsou as forças negativas, fazendo que se diluíssem sob o sopro da ternura e da compaixão.

O jovem despertou banhado por álgido suor, tremendo e assustado, detectando as energias protetoras do mestre nos seus aposentos.

A partir desse dia, Ananda penetrou ainda mais no labirinto das meditações, que poderiam proporcionar-lhe maior soma de forças para permanecer em paz.

A jovem, que não havia alcançado os seus objetivos através das *artes mágicas*, recorreu novamente à mãe pedindo-lhe uma solução para o seu drama, já que a sua vida perdera o sentido. O seu único sentimento era o de posse, o desejo irrefreável de ter Ananda ao seu lado. Aquela alma e aquele corpo deveriam pertencer-lhe.

Com sabedoria a mãe ofereceu-lhe uma sugestão:

— Vai a Buda. Procura o príncipe e ele te dirá alguma coisa sobre como irás obter a tua felicidade.

A jovem partiu...

Quando chegou ao mosteiro em que o príncipe meditava, prosternou-se e demorou-se em atitude de reverência, procurando não interromper a concentração do mestre. No instante em que ele recobrou a lucidez, ela lhe suplicou:

— Príncipe Buda, eu amo Ananda! E somente vós possuís o condão de me brindar com a companhia dele, a joia mais rara que existe na Índia!

— Tu amas Ananda? — perguntou o mestre.

— Amo, senhor! Mais do que a mim mesma!

Buda olhou-a demoradamente e respondeu-lhe com um sorriso:

— Se tu desejas ter Ananda, deverás pagar o preço do amor. Terás que ascender até o ponto em que ele se encontra. Porque se tu queres possuí-lo, é necessário conquistá-lo. Ele não é o ser ideal para atender a ardência da tua paixão. Ananda é um homem dedicado a preocupações transcendentais. E para atingir o patamar em que ele transita, terás que elevar-te através da meditação e filiar-te ao pensamento de transformação íntima.

Ele fez uma pausa para que a proposta fosse bem assimilada e concluiu:

— Terás que meditar por duas razões: primeiro, para acalmar o fogo da paixão; depois, para ser realmente a companheira que ele merece.

— E por quanto tempo deverei meditar?

— Por dez anos.

A jovem ergueu a cabeça e respondeu:

— Por amor a Ananda eu estou disposta!

O mestre concluiu:

— Então vai e medita! Busca a Presença Divina, e eu te darei Ananda.

Decidida a conquistar o amor de Ananda, ela abandonou tudo, despiu-se das marcas de pária e começou a meditar. Permanecia dominada pelo Espírito de *maya*, a ilusão, que ela deveria aniquilar em sua intimidade.

Após o primeiro período de meditação que Buda lhe prescreveu, ela procurou o iluminado e lhe disse que já havia encontrado um pouco de paz, mas Ananda não lhe saía da cabeça. Aos seus olhos, a cada dia o brâmane se apresentava mais viril, mais belo e encantador. Era a materialização do seu sonho e da sua ambição.

— Senhor, eu creio que estou preparada!

Ao ouvir o relato, o mestre a contemplou, penetrou-lhe a alma e aconselhou-a:

— É verdade que tu estás caminhando de maneira muito proveitosa. Mas falta-te um pouco mais. Necessitas aprender a renúncia para que te libertes da ilusão e da ambição. Medita mais e encontrarás a plenitude que te falta!

— Por quanto tempo?

— Mais cinco anos.

A jovem mergulhou por mais esse período no abismo do insondável... Penetrou ainda mais no *Self.* E quando emergiu, procurou novamente o mestre, curvou-se aos seus pés e relatou:

— Agora eu estou preparada!

Buda mandou chamar Ananda e lhe comunicou que aquela era a mulher que a vida havia preparado para servir-lhe de companheira.

A ex-pária levantou-se, olhou o mestre e o seu discípulo com tranquilidade e declarou para surpresa de todos:

— Eu já não necessito do corpo de Ananda! Ao encontrar a mim mesma e ao perceber a presença da Alma Universal, meus planos se modificaram por completo. Ao haver superado o fogo da ilusão, a paixão tentadora da posse, atingindo o patamar em que o brâmane se encontra, eu já não desejo o homem, a materialização de sua presença física para me preencher, pois eu já o tenho na intimidade do meu coração!

E depois de beijar suavemente a mão de Ananda, a jovem saiu na direção do infinito...

Buda observou atentamente aquela cena e concluiu:

— A grande conquista somente é possível por fora quando a alma conquista a si mesma por dentro.[139]

No campo do relacionamento a dois, identificamos duas formas de atração que se hospedam na intimidade do ser humano.

A primeira delas é a paixão, a atração provocada pelos instintos, que surge como uma *febre* de desejo e está relacionada ao impulso para a procriação. A paixão pode até ser interpretada como uma forma de amor, mas um amor primitivo e imediatista, que todos trazemos das experiências evolutivas do processo antropossociopsicológico, permanecendo em nós para favorecer a perpetuação da vida.

A outra forma de atração que nos motiva a estabelecer vínculos é o amor propriamente dito, verdadeiro e plenificador. Este sentimento também nos impulsiona ao intercurso sexual, cuja finalidade precípua, além da continuidade da espécie, é o intercâmbio de *hormônios psíquicos*, de vibrações emocionais que sustentam a vida e realimentam os sentimentos profundos daqueles que mantém um vínculo afetivo.

Muitos autores da história da Filosofia, como Epicuro, que viveu aproximadamente no ano 350 antes de Cristo, estabeleceram que a felicidade depende do prazer. Esse pressuposto é o fundamento da doutrina hedonista, segundo a qual para estar realizado o indivíduo necessita ter

---

[139] O Espírito Joanna de Ângelis analisa psicologicamente esta narrativa da tradição budista. Consultar o livro *O Despertar do Espírito*, de Divaldo Franco/Joanna de Ângelis, Ed. LEAL, cap. 9 (Desafios Afligentes), item "Luta pela Vida". Nota do organizador.

poder para comprar o que deseja, amealhando posses materiais e desfrutando de todas as oportunidades de prazer que estiverem ao seu alcance.

Neste sentido, o sexo exerce papel preponderante, porque a proposta hedonista se perpetuou em nossa esfera emocional até hoje. Como a maioria de nós vive preocupada em atender ao prazer, mas não consegue obter todos os bens materiais e o poder social que gostaria de possuir, o sexo, na sua feição de instrumento da paixão, acaba tornando-se uma válvula de escape para nossas *fugas psicológicas*. O ser humano decide praticar o sexo para experimentar o prazer sem a necessidade de ter culpa ou conflito, entendendo que se não está enfrentando ou prejudicando o seu semelhante para obter vantagens materiais, tudo estará dentro de um padrão de normalidade. Ele poderá desfrutar do prazer sexual sem se perturbar e conservando a consciência tranquila. Por isso, a pessoa troca de parceiros sempre buscando experiências agradáveis e *aventuras*, esquecendo-se de que após o orgasmo, quando advém o relaxamento do corpo e o repouso, a sensação de prazer é logo substituída por um sentimento de frustração. Com a continuidade das experiências malsucedidas, o indivíduo vai lentamente descobrindo que o prazer verdadeiro somente poderá ser vivenciado quando o sexo estiver fixado num sentimento profundo de amor.[140]

Na história evolutiva do espírito, a paixão e o amor se encontram como duas vertentes à disposição do livre-arbítrio, a partir de cuja escolha ocorre o nosso desenvolvimento moral ou a nossa decadência espiritual. Quando optamos pela paixão, estacionamos voluntariamente em alguns degraus da evolução até nos resolvermos pela libertação das amarras da inferioridade mediante a conquista do amor.[141]

---

[140] *Amor, Imbatível Amor*, de Divaldo Franco/Joanna de Ângelis, Ed. LEAL, cap. 2 (Conquista do prazer). Nota do organizador.
[141] Analisar também a obra *Lições para a Felicidade*, de Divaldo Franco/Joanna de Ângelis, Ed. LEAL, cap.26 (Paixão e Amor). Nota do organizador.

13

EDUCAÇÃO AFETIVO-SEXUAL

DIALOGANDO SOBRE SEXO

O problema do sexo é um problema psíquico. Vivemos um momento de transformações em que o sexo deixou de ser uma função genital para ser um *apêndice mental*.

Em nossa sociedade, que vive de aparências e de frivolidades, somos induzidos a falar em sexo o tempo inteiro para mostrar que estamos atualizados com as "coisas da moda", pois, do contrário, projetaremos uma imagem de pessoas ultrapassadas.

Em minha época de juventude, esse tema era tão proibido que nem ao menos pronunciávamos a palavra *sexo*, pois quem a enunciasse era tido como pessoa vulgar. Por isso, durante vinte anos eu realizei palestras e nunca utilizei essa expressão para que ninguém concluísse que eu estava atentando contra a moral.

Trabalhando na Mansão do Caminho, eu sempre estive cercado de crianças de todas as faixas etárias, que recebiam educação nos diversos Lares da nossa instituição.

Nos anos 1960, eclodiu nos Estados Unidos a revolução sexual, que pretendia modificar os costumes e quebrar inúmeros tabus. Em meio a essas transformações culturais, os psicólogos recomendavam que os pais e educadores dialogassem sobre sexo com naturalidade, na tentativa de apresentar o tema de forma tranquila e construtiva. Eu pensava: "Como é que eu irei abordar esse assunto com as meninas e os meninos da nossa comunidade?". Toda vez que conversávamos, eu os olhava e me interrogava sobre o melhor método de abordagem do tema.

Um dia eu decidi fazer a abordagem. Orei demoradamente e preparei-me para o desafio que me aguardava. Permaneci por longas horas diante do espelho relacionando todos os nomes e expressões que eu conhecia sobre o tema do sexo. E confesso que, quando pronunciava alguns nomes e utilizava algumas daquelas expressões, surpreendia-me, pois que não estava acostumado. Era natural que a inibição tomasse conta de mim.

Finalmente chegou o momento decisivo. Sem conseguir disfarçar o meu constrangimento, eu resolvi conversar primeiro com os meninos maiores. Começamos a brincar todos juntos. Em seguida colocamos os pequenos para procurar-nos e subimos em árvores muito altas que existem em nossa comunidade. Eram aproximadamente doze meninos dos mais fortes e mais altos do grupo. Quando estávamos lá em cima, eu me reclinei num galho e falei:

— Então, meninos, vocês já sabem como é que a gente nasce, não é verdade?

Eles responderam quase em coro:

— Não senhor! Como é?

O susto com a pergunta quase me fez cair da árvore! Eu estava tentando facilitar as coisas para mim, evitando arriscar-me com um tema tão embaraçoso. Se eles já entendessem do assunto, eu não teria muito a dizer. Infelizmente a minha tática não deu certo... Sem saber como reagir, eu balbuciei:

— Bom. É... Quer dizer... Vejam bem: a... Vamos brincar que depois eu explico!

O meu erro é que eu comecei pelo fim. Era necessário rever a estratégia e tentar novamente em outra oportunidade.

Certo dia eu tive uma ideia luminosa! Comprei coelhos machos e fêmeas e os soltei no terreno da Mansão do Caminho para que eles corressem e interagissem livremente. Seria uma forma de permitir que a Natureza ensinasse às crianças.

Numa ocasião em que eu estava conversando com um dos pequenos, veio um menorzinho, de seis anos, e me disse, aflito:

— Tio Divaldo! Venha correndo! Lá fora tem um coelho *vomitando* outro coelhinho!

Eu aproveitei a situação inusitada, chamei todos os meninos e meninas e lhes expliquei:

— É assim que todos nascemos!

A partir daí, dei uma aula prática que esclareceu a todos sobre as questões fundamentais do sexo e da reprodução. Era uma forma de vencer a barreira que eu mesmo havia erguido. E o meu esforço pessoal foi bastante acentuado.

Ao tratarmos do tema do sexo é necessário bom senso e tato psicológico. Sob o pretexto de exercermos a nossa liberdade de expressão geralmente discutimos o assunto com uma boa dose de insensatez.

EDUCAÇÃO E VULNERABILIDADE SOCIAL

No contexto da educação sexual, nos deparamos também com a tarefa de orientar crianças e jovens em situação de carência social nas periferias dos grandes centros urbanos. E para alcançar o êxito esperado neste investimento é indispensável abordar o problema com a naturalidade com que as crianças e jovens o conhecem. Estes menores testemunham a prática sexual dos seus pais e irmãos no espaço reduzido da sua própria casa, que muitas vezes é um barraco, um casebre ou uma palafita.

O bairro em que moramos, o Pau da Lima, na cidade do Salvador (BA), é um dos bairros mais perigosos do Brasil, apresentando uma das mais altas incidências de consumo e tráfico de substâncias psicoativas. Também verificamos na região a ocorrência de crimes de toda gênese e de elevadas taxas de prostituição.

Ao constatar essa difícil conjuntura eu sempre ficava impressionado porque a qualquer hora do dia ou da noite as ruas estavam cheias de pessoas caminhando. Passávamos às três horas da manhã e víamos numerosos moradores repletando as ruas e vielas do lugar. Transitávamos às duas da tarde ou às dez horas da manhã e o fato se repetia, sem que pudéssemos identificar a causa de tal anomalia.

Um dia, numa reunião com a comunidade do bairro, eu resolvi comentar o assunto para ver se alguém me dava uma explicação satisfatória. Tentando não chamar a atenção para as minhas verdadeiras intenções, a certa altura da nossa reunião eu lhes expus:

— Eu gosto muito aqui do Pau da Lima, meus amigos! Esta comunidade é muito festiva e alegre, pois a qualquer hora do dia ou da noite eu encontro dezenas de indivíduos passeando com a família. Por que vocês gostam tanto de andar nas ruas em qualquer horário?

Nesse instante uma das moradoras mais falantes e desinibidas pôs as mãos na cintura, num ar desafiador, e respondeu:

— Sabe o que é, "Seu" Divaldo? É que o barraco é muito pequeno e não cabe todo mundo ao mesmo tempo lá dentro! Então enquanto metade da família dorme, a outra metade caminha na rua, pois quando todos tentam deitar-se de uma só vez, não existe chão suficiente na casa...

Finalmente eu havia descoberto o porquê daquela situação. Tratava-se de uma espécie de revezamento, uma inusitada rotatividade... Se houvesse doze pessoas na residência, no momento em que seis dormiam, as outras seis eram obrigadas a andar pelas ruas e aguardar a sua hora para o descanso.

O espaço reduzido e a ausência de privacidade deflagram situações de verdadeira promiscuidade dentro da família. Mães acabam mantendo relações sexuais com seus próprios filhos e engravidam. Pais satisfazem o seu instinto sexual com suas filhas. Amantes de mulheres casadas têm intimidades com as filhas dessas esposas imprevidentes. O número de situações aberrantes é extenso, e elas não são exceções. Pelo contrário. São relativamente normais nesse contexto social.

A primeira destas situações foi bastante chocante para mim. Uma mãe dirigiu-se à Mansão do Caminho para solicitar a nossa ajuda porque o seu filho ameaçava abandoná-la. Começamos a dialogar para que eu entendesse melhor a situação:

— Minha senhora, que tem de grave o seu filho sair de casa? A responsabilidade pelo que faz da própria vida é dele e de mais ninguém! Quantos anos o seu filho tem?

— Dezessete.

— Ele já é quase maior de idade. Qual o problema? Por que você está tão preocupada?

— Ah, "Seu" Divaldo! O senhor sabe que eu tenho filho pequeno para criar! Ele só tem dois meses!

— Mas a senhora é uma mulher saudável e pode trabalhar para sustentar seu filho recém-nascido.

— Mas o meu filho de dezessete anos vai abandonar a mim e ao meu bebê!

— E o que tem de tão grave nisso?

— É porque ele é o pai!

— Pai de quem?

— Do menino!

— E a mãe do menino?

— Sou eu!

— Não! Espere um pouco! Acho que há nesta história alguma parte que eu não entendi direito.

Confesso que eu fui tomado de uma indignação com a narrativa esdrúxula que estava escutando. Era uma afronta aos meus padrões de compreensão das relações familiares. Após uma pausa breve eu retomei:

— Então, quer dizer-me que você é a mãe do menino de dois meses de idade?

— Sou, sim!

— E o pai da criança é o seu outro filho de dezessete anos?

— É, "seu" Divaldo. Se ele um dia iria encontrar outra mulher para fazer *essas coisas*, pelo menos comigo é melhor porque eu mesmo ensino a ele...

— Minha filha, diga ao seu filho mais velho que ele pode ir embora, que tomarei conta do filho dele. Mas antes que ele se vá peça para passar aqui para que tenhamos uma conversa.

No dia seguinte ele veio falar comigo. Era um adolescente raquítico e sem o menor zelo com sua própria aparência. Eu o interroguei:

— É você que é o pai do filho de sua mãe?

— Sou, sim senhor.

— Sente-se aí, menino! Vamos ter uma conversa séria!

Coloquei as mãos na cintura para ver se o intimidava, mas acredito que minha tentativa não surtiu muito efeito... Prossegui com o diálogo:

— Conte-me direito esta história porque eu não estou acreditando! Você é o quê?

— Eu sou o pai!

— Você *foi* o pai! Isso acabou! No dia em que eu flagrar você tentando se aproximar novamente de sua mãe com outras intenções eu...

— O senhor vai fazer o quê? — atalhou o rapaz, devolvendo-me o tom de intimidação.

— Eu irei repreendê-lo! — concluí, percebendo que meus argumentos não eram suficientes para fazê-lo refletir naquele instante.

Conversei com ele uma tarde inteira. Consegui desarmar-lhe o ímpeto e, ao final do diálogo, ele me confessou:

— Mas a culpa não foi minha! Foi a minha mãe que tomou a iniciativa!

— Com ela eu conversarei depois, pois esta parte da história ela não me contou.

Se eu contasse algumas das experiências que testemunhamos junto a essas comunidades certamente provocaria espanto em um número considerável de pessoas.

Em nosso bairro é raro encontrar uma adolescente de catorze anos que não tenha feito um aborto. O índice de prostituição de menores, principalmente entre doze a catorze anos, é alarmante.

Nós fornecemos enxovais para gestantes. E entre aquelas que receberam este recurso havia uma mulher que eu denominei a rainha do parto, porque ela teve vinte e oito filhos. Aos quarenta e um anos de idade ela recebeu o título simbólico de *mãe do ano*. Os jornais noticiaram amplamente e recolheram diversas doações para ela.

Quando nasceu o seu vigésimo sétimo filho, eu lhe adverti, com um toque de humor:

— Minha filha, agora eu me despeço de você. Você me dá muito trabalho! Pelo amor de Deus, você não me arrume mais crianças! Se engravidar novamente, por favor, procure outros locais para doação de enxoval porque aqui sua cota já acabou! Você tem uma barriga que povoa um país! Se eu lhe mandar para a Holanda, em quinze dias você vai encher aquele país inteiro com uma nova civilização!

Eu fiz um ar de descontração e acrescentei:

— Já que lhe demos enxovais até o filho número vinte e sete, se você tiver outro filho, eu lhe sugiro que procure a Irmã Dulce. Ela agora lhe dará enxovais até o filho número cinquenta e quatro![142]

Ela sorriu profusamente e respondeu-me:

— Não, doutor Divaldo! Eu não quero mais saber dessas coisas! Já aprendi!

— Espero que sim, minha filha! Mas se não aprendeu depois de vinte e sete filhos, eu já perdi a esperança de que um dia você aprenda! Veja lá, *hein*! Basta pensar que você já fica grávida! É impressionante! Que fertilidade!

— Sim senhor! Pode deixar!

Despedimo-nos em clima de bom humor e ela agradeceu muito.

Um dia, quando estávamos na reunião social com a comunidade, eu olhei-a e vi um Espírito reencarnante ligado ao organismo materno, pois quando a mulher está gestante a vidência mediúnica nos permite ver a conexão perispiritual entre a mãe e o ser em formação.[143] Eu me assustei, e pensei: "Meu Deus! Mas será possível isso? Quando terminar a reunião eu vou chamar-lhe a atenção gravemente!".

Ao término da reunião ela já se preparava para sair, quando eu lhe pedi que ficasse um pouco mais. Aproximei-me e informei:

— Minha filha, você está grávida novamente!

— Não senhor! Deve ser um engano seu!

— Está sim! E não pense em abortar!

— Mas, doutor Divaldo, o senhor está me rogando praga com essa história de que eu estou grávida!

— Ah, minha querida! Eu tenho olhos pequeninos, mas vejo longe... E você está realmente esperando outro filho!

— Mas será mesmo?

— Com certeza absoluta! Este é o único tumor que se não mexer, ele sai do organismo sozinho dentro de nove meses! Pode experimentar!

— É... Até que eu tenho sentido umas *atrapalhações* no meu corpo, mas pensei que era o encerramento da *carreira*.

— Mas não é! É a continuação da sua *carreira*!

---

[142] Irmã Dulce foi uma Freira católica que ergueu inúmeras obras de promoção social em Salvador. Irmã Dulce, o *Anjo Bom* da Bahia, como era conhecida por muitos, era uma grande amiga e irmã espiritual de Divaldo Franco. Nota do organizador.

[143] Consultar o cap. Sexo e Reencarnação, deste livro, item "Reencarnação e famílias não planejadas". Nota do organizador.

— Nos últimos meses eu não fiz nada! Só se o filho é de Jesus Cristo!

— Então deve ser dele mesmo! Porque a sua gravidez é um fato!

— Mas eu chamo tanto por Jesus para ele me ajudar nessas coisas!

— O problema está exatamente aí! Chame menos por Ele, porque de tanto chamá-lo Ele resolveu lhe dar de presente mais uma gravidez...

Rimos muito e ela ficou um pouco constrangida com a notícia, pois acreditava que os sintomas experimentados nas últimas semanas eram os do climatério. Na verdade eram sensações físicas provocadas pela gestação.

É fácil notar que eu procurei falar com a linguagem que lhe era própria, para facilitar a sua compreensão. Depois de alguns minutos ela lembrou-se da doação do enxoval e perguntou:

— De qualquer forma o senhor vai me dar o enxoval de novo. Não vai me dar, *véio*?

— Ah, desta vez não! Este eu não vou dar porque eu lhe falei que tomasse cuidado!

É claro que eu disse aquilo apenas para lhe dar uma lição, uma vez que eu já estava até calculando quantas peças iríamos doar...

— Minha filha! Como isso foi acontecer? — continuei.

— Ah, doutor Divaldo! Agora eu me lembrei do que aconteceu. É que a tentação é mais forte! Foi quando o senhor estava viajando. A gente lá em casa estava numa fome enorme... Aí eu saí para *batalhar*. Fui pedir ajuda e deu nisso! É assim, doutor Divaldo. Eles só dão ajuda se a gente tiver intimidades.

— Da próxima vez, menina, pelo amor de Deus, peça ajuda somente a quem não possa engravidá-la! Peça a velho, a doente, a mulher, etc.. E não dê intimidade! O seu problema é que você só pede ajuda a esses jovens fortes e saudáveis, verdadeiros zangões fecundadores que andam por aí. Bata na porta de quem é incapaz de fecundar...

Neste clima de descontração, ela me perguntou:

— Mas o senhor não acha que se a criança veio é porque Jesus queria?

Nesse momento eu quase tive uma crise de risos por me lembrar do episódio relativo à fila da reencarnação dirigida pelo Espírito Bezerra de Menezes, conforme as explicações de Chico Xavier. Ela achou estranha aquela reação e me perguntou:

— O que houve, senhor Divaldo?

— Nada não, minha filha! É que Jesus é assim mesmo...

Quando a criança nasceu, ela foi homenageada e apareceu até na televisão. Após a homenagem ela comentou:

— Irmão Divaldo, eu já fui artista de televisão por dois minutos! Eu estava muito feliz! Matei de inveja as minhas amigas que tinham somente vinte ou vinte e dois filhos!

Por fim eu terminei resignando-me com a minha *mãe do ano* e sua vigésima oitava gestação.

Outra senhora que também já estava com muitos filhos chegou grávida novamente. E mais uma vez lá fui eu dar mil e uma recomendações. A certa altura da conversa, ela me relatou:

— Mas irmão Divaldo, eu não sei por que isso acontece!

Eu notava que ela realmente não sabia direito como é que engravidava.

— Você me garantiu que não teria mais nenhum relacionamento com ninguém! — acrescentei. — Como é que engravidou de novo?

— Ah! Eu agora estou lembrando-me do que pode ter acontecido. Relacionamento mesmo eu não tive. Mas um dia um amigo meu ficou um pouquinho encostado junto de mim...

— Então foi esse encosto que fez a sua barriga crescer novamente! Aliás, agora eu estou até preocupado! Porque se *encosto* dá gravidez os médiuns estão em séria dificuldade!

E completei aquelas recomendações brincando com ela:

— Meu bem, no dia em que você estiver grávida novamente não me apareça aqui na Mansão do Caminho! Porque o Evangelho manda perdoarmos sete vezes. Eu já lhe perdoei dezesseis! Quero dizer-lhe, minha querida, que eu não contava mais com uma nova gestação. Mas, já que você está mesmo esperando outro filho, em homenagem a este herói que vem por aí, eu dar-lhe-ei um enxoval duplo!

Gostaria de dizer que me arrependi por ter dito aquilo, pois, ao final da gestação, nasceram gêmeos! Nunca mais farei uma afirmação tão arriscada! Eu devo ter dito aquela frase quando os amigos espirituais estavam prestando bastante atenção... E eu creio que eles gostaram da ideia...

Assistimos uma família que foi o caso mais impressionante que eu já vi.

Era uma jovem do Paraná, magrinha e com doença cardíaca, residente em nosso bairro. Ela foi cega durante muitos anos e foi dada a um casal de médicos que se responsabilizou pelo seu bem-estar.

Quando completou quinze anos, recebeu um transplante de córnea e recuperou a visão. Aos dezessete anos foi diagnosticada com um problema cardíaco. Aos dezenove casou-se em uma cidade na divisa entre São Paulo e Paraná. Na viagem de núpcias, quando se deslocava para a casa dos pais adotivos em Curitiba, o automóvel tombou na estrada e ela ficou viúva. Nesse ínterim, conheceu outro rapaz e se casou, tendo com ele uma filha. Dois anos depois, o novo marido morreu, obrigando a jovem a regressar com a filha para a casa dos pais.

Tempos depois ela encontrou um índio e apaixonou-se. O rapaz era um indígena aculturado da região de Guarapuava. Eles casaram-se em um mês de janeiro. Há uma tradição que diz que índios nunca têm filhos gêmeos. Mas em novembro do mesmo ano ela teve duas crianças gêmeas. Em outubro do outro ano novo parto, porém, de trigêmeos. No ano seguinte vieram mais dois gêmeos. Dez meses mais tarde nasceram trigêmeos!

Eu confesso que nunca houvera ouvido falar em um índio desses... Em três anos de casados, eles tiveram oito filhos!

Para completar a história, o índio ficou desgostoso com toda aquela responsabilidade. Até que um dia, falou à esposa:

— Mas isso é insuportável! No início éramos eu, você e a menina. Agora somos onze debaixo do mesmo teto! Não aguento mais!

...E o pai daquele "exército de meninos" pegou seus pertences e foi embora fertilizar outras almas pelo mundo afora...

Ao final de toda esta "aventura", ela precisou fazer uma cirurgia cardíaca para colocar pontes de safena, ocasião em que fui visitá-la.

Quando cheguei à sua residência, fiquei profundamente chocado com a situação. Era lamentável ver aquela verdadeira multidão de crianças órfãs de pais vivos e desidratadas. Estávamos com um de nossos médicos, que as examinou a todas.

Então eu pensei: "Meu Deus! O que o Senhor deseja que eu faça? Como poderei ajudar? Como é que o Senhor tem coragem de me arrumar um problema como esse? Como eu poderei responsabilizar-me pelas crianças? E se esta senhora morrer e deixar nove filhos menores de dez anos em nossas mãos?".

Ao refletir sobre isso, eu perguntei-lhe:

— O que você gostaria que fizéssemos pela sua família?

Com a fisionomia profundamente abatida, ela respondeu:

— Eu gostaria que o senhor nos desse alguma comida.

— Isso poderemos providenciar com facilidade — esclareci-a.— Fique tranquila.

Eu olhei para aqueles pequeninos desnutridos, em estado de absoluta miséria, e entendi que apenas a comida não seria suficiente. Então propus-lhe:

— Façamos o seguinte: os menores nós colocaremos na creche; os do meio também serão colocados no jardim de infância; os maiores serão matriculados no pré-fundamental; e a menina mais velha irá para a alfabetização. Ficaremos com todos. Portanto, você terá que levá-los diariamente à Mansão do Caminho.

Ela olhou-me como se houvesse algum problema, e lamentou-se:

— Ah, *Seu* Divaldo! E como é que eu vou entrar no ônibus com nove crianças? Duas delas eu carrego e mais duas a menina carrega. E o resto? Como eu faço?

Não havendo outra solução, decidimos providenciar também o transporte. Diariamente mandávamos um veículo buscar e levar os meninos ao lar.

Como se não bastasse, três dias depois, ela queixou-se:

— E agora, *Seu* Divaldo? O que é que eu vou ficar fazendo aqui em casa sem comida, sem trabalho e sem nada?

Então combinamos que ela iria todos os dias junto com os filhos à Mansão do Caminho. Lá, poderia alimentar-se com as crianças e retornar ao lar sem maiores dificuldades.

Um ano e meio depois, ela já estava bem melhor. Havia reestabelecido a saúde e se encontrava mais tranquila e bem disposta. Tanto a mãe quanto as crianças haviam recuperado o peso.

Pois bem. Um dia ela procurou-me para me dar uma notícia que me aterrorizou. Com um jeitinho de menina que faz travessuras, aquele jeito manso que quer dissimular a cabecinha cheia de ideias, confessou-me:

— Tio Divaldo, eu quero contar-lhe uma coisa. É que eu conheci um rapaz e...

Antes mesmo que terminasse a frase, eu identifiquei o sinal de perigo e atalhei-a, com um leve tom de humor, mas com firmeza:

— Minha filha! Pelo amor de Deus! Se você se envolver com ele eu devolvo as crianças! Porque, contando com você eu já tenho dez para cuidar! Você ainda acha pouco? Tire esse negócio de rapaz da cabeça!

— Mas tio...

— Não tem mais nem menos, menina! Você é uma pessoa que basta pensar e já engravida de trigêmeos!

No dia seguinte, eu pedi à nossa ginecologista e obstetra:

— Pelo amor de Deus, converse com essa criatura para que ela tenha consciência! Convença esta senhora de que a missão dela na maternidade já está encerrada, selada e decretada, com todos os méritos e louvores!

Para vermos como é difícil lidar com uma população sem orientação sexual, sem noções de planejamento familiar, de cuidados com o próprio corpo e com a sua energia sexual.

Outro fato que caracteriza essas comunidades é que com tantas trocas de parceiros sexuais muitas crianças nascem sabendo pouco sobre o genitor, correndo o risco de, no futuro, acontecerem relacionamentos sexuais entre irmãos que não se conhecem.

Infelizmente, isso tem acontecido, inclusive no bairro em que se encontra a Mansão do Caminho, em Salvador. É certo que o desconhecimento do genitor quase sempre gera conflito no filho, que se sente sem identidade masculina, não raro mergulhando em abismos depressivos. Em razão do número crescente de filhos descendentes de diversos progenitores, podem ocorrer, por uma ou outra razão, relacionamentos sexuais imprevisíveis.

Os casos narrados servem para dar uma noção muito suave das experiências em uma população como essa, na qual o tema do sexo é abordado sem nenhum segredo. Eles vivem em um contexto sociocultural que normalmente difere daquele em que vivem, por exemplo, os dirigentes do trabalho de promoção social na casa espírita.

Essas jovens mães, desprovidas de maiores recursos educacionais e sem terem um companheiro definido, devem ser orientadas para que evitem novas gestações, já que não dispõem de condições para educar um elevado número de filhos. Nos encontros de pais e educadores deveremos dizer-lhes a verdade: "Meu bem, porque você se descuida e assume novos compromissos? Se você põe um filho no mundo e não pode educá-lo, quem irá fazê-lo? Com tantos mecanismos para impedir a gravidez, a sua atitude irresponsável não se justifica! Se você entende que tem 'necessidades' e não as pode disciplinar, pelo menos evite procriar!".

Essa orientação está baseada em um conceito que nós, os espíritas, devemos conhecer com muita clareza: cada um deve ter os filhos que pode educar. Deus permitiu que o ser humano desenvolvesse a Ciência para que ela produzisse mecanismos evolutivos necessários à programação da família em todos os aspectos, inclusive na questão reprodutiva. O que acontece, infelizmente, é que muitas pessoas em situação de vulnerabilidade social não se procuram para estabelecer um laço afetivo com fins superiores. Em vez de se encontrarem para programar uma família, apenas se encontram para satisfazer o instinto sexual e para se reproduzirem sem maiores preocupações.

Por isso, cabe-nos advertir: "Você não tem o direito de trazer à Terra Espíritos que não terão boas oportunidades educacionais nem o suporte de uma família cuidadosamente planejada! Como você pode ter um filho e largá-lo, sem pai e sem orientação alguma?".

Ao dizer isso, não significa que estaremos renunciando ao comportamento de amor e compreensão. Em absoluto! O nosso diálogo será realizado com amor, mas com severidade. Ninguém pense que uma atitude de pretensa doçura diante de momentos graves significa que somos humildes. Isso não é humildade, é uma postura de pieguismo e de omissão. Ainda irei utilizar-me de uma expressão mais incisiva: é covardia moral!

Uma das virtudes mais importantes do cristão genuíno é ter a coragem de dizer o que é preciso, sem ofender a ninguém, naturalmente. Se a pessoa a quem desejamos esclarecer sentir-se ofendida, isso é outra coisa. Ninguém foi mais humilde do que Jesus. No entanto, em muitas ocasiões, ele teve que advertir as pessoas com firmeza, como naquela em que afirmou que os fariseus eram sepulcros caiados, que por fora estavam impregnados com o branco da pureza, enquanto por dentro eram constituídos de podridão. A diferença entre essas palavras ditas por Jesus e enunciadas por nós, certamente seria de diferente emoção. Se partisse de nós, provavelmente seria em um momento de ira, de descontrole emocional, fazendo que o seu conteúdo ficasse carregado de emoção negativa. Na boca de Jesus essas palavras soaram de forma diferente, pois ele as pronunciou como educador e não guardou nenhuma mágoa dos religiosos hipócritas a quem advertiu. Ele continuou a amá-los, mas compreendendo que eles eram indivíduos hipócritas, que facilmente tombavam ao se depararem com os tropeços do caminho, fingindo pureza. Por isso, não nos cabe renunciar ao dever de educar, dentro das possibilidades que o nosso nível evolutivo permite.

Temos que educar essas mães e pais irresponsáveis e levianos que são vítimas da própria ignorância e do ambiente de muitas fragilidades socioeconômicas. Elucidemo-los com bondade, mas também com franqueza. O verdadeiro amor não dispensa a atitude leal e a palavra negativa que deve ser dita de vez em quando como forma de pôr limites a quem precisa. O problema não está naquilo que dizemos, mas na forma como enunciamos.

Desta maneira, para infundir a alegria de viver na criança, no jovem e no adulto em situação de vulnerabilidade social, deveremos falar sobre o sexo e a sexualidade com a naturalidade que o contexto permite, tratando dos temas relativos à saúde sexual e demonstrando que deveremos destinar ao sistema reprodutor os mesmos cuidados que precisamos ter em relação a qualquer outro do corpo. Não esperemos que todos os indivíduos pertencentes ao nosso público-alvo se transformem em cidadãos exemplares, com um nível educacional dos mais elevados na sociedade, porque essa é uma hipótese remota. Mas, ao menos, eles saberão que a função sexual merece um mínimo de respeito e de canalização adequada das energias. A nossa tarefa é de fomentar neles a dignificação humana.

Por fim, deveremos exercitá-los na solidariedade e na atitude humanitária, pois no momento em que se tornarem líderes, terão desenvolvido o espírito de serviço à humanidade e poderão aplicá-lo.

EROTIZAÇÃO PRECOCE E O PAPEL DOS PAIS

O programa educativo estabelecido para um indivíduo na escola ou no lar deve contemplar as questões da sexualidade, para que esteja integrada em um planejamento mais amplo, em vez de ser enquadrada em uma proposta pedagógica à parte. A educação integral deve garantir que o estudo da sexualidade acompanhe todos os outros aspectos do desenvolvimento do ser.

O papel primordial na educação sexual dos filhos pertence à família. Ninguém transfira essa tarefa para a escola! Na minha experiência de vida tenho constatado que a maioria dos professores, com as exceções compreensíveis, têm conflitos sexuais. E como normalmente estão desequipados de princípios éticos para o exercício da profissão, não sabem falar sobre sexo com naturalidade e com beleza, descendo a comportamentos vulgares e às expressões chulas na linguagem utilizada para dialogar com os alunos.

Algo semelhante acontece nos meios de comunicação de massa. Sempre que vou ler ou assistir a uma entrevista sobre sexualidade, eu desaprendo aquilo que já sabia e tomo conhecimento de vulgaridades que não me interessavam conhecer. Por isso, deveremos estar atentos às influências que alcançam o nosso filho.

Muitos pais dizem aos seus filhos: "Quando se está com a boca cheia de comida, à mesa, não se conversa. A mesa é um lugar para se alimentar, não para debates!". Este é um dever que lhe compete. Mas se todas as boas posturas devem ser ensinadas, também ensinaremos a boa conduta sexual, evitando que os filhos se tornem pessoas hipócritas ou psicologicamente *castradas*, dois comportamentos extremos que são reconhecidamente prejudiciais.

Como o impulso sexual é inevitável, um jovem que permaneça sem orientação alguma vai exercer o sexo, ainda que ele conheça ou não os seus mecanismos. Se, durante a vigília, que é a vida consciente, ele não realizar as suas aspirações, nos estados oníricos irá vivenciar seus desejos e terá poluções noturnas, já que a sua mente está cheia de imagens desta e de outras encarnações.

Desde que o inconsciente tem predominância em nosso comportamento, durante o sono e nos sonhos a sua manifestação é ainda mais acentuada, uma vez que nesse estado há um desbloqueio de toda censura que nos impomos para manter as convenções sociais. No nosso estágio atual de evolução quase tudo que fazemos é regido pelo inconsciente.

Para que o jovem possa viver plenamente a sua sexualidade, no ambiente do lar os pais poderão, por exemplo, banhar-se com os filhos para que eles desenvolvam a curiosidade em torno do sexo e façam perguntas, dando margem às orientações necessárias. Os filhos notarão as diferenças e semelhanças entre os seus órgãos e os órgãos dos seus pais, que aproveitarão a oportunidade para educarem os pequenos com maior naturalidade, da mesma forma como falariam sobre alimentação, repouso, estudo e os demais ângulos de um desenvolvimento humano saudável. Se os genitores conseguirem imprimir esse caráter de naturalidade ao processo de educação sexual, as crianças irão absorver os conteúdos de maneira muito tranquila.

Nesse sentido, eu recomendaria aos pais não anteciparem informações que não forem solicitadas pela criança. Esperem o educando perguntar, mostrem-se aptos a dialogar a respeito de qualquer tema no âmbito da sexualidade. É a proposta do filósofo grego Sócrates, que se procurava utilizar dos conteúdos trazidos pelos educandos para trabalhar os assuntos do seu interesse. Aliás, a palavra latina *educere* significa *mover de dentro para fora*. A função do educador é despertar o interesse do educando para que ele formule suas próprias interrogações e busque o conhecimento por si mesmo. Quando Sócrates saía a caminhar pelas ruas de Atenas, na Grécia Antiga, sempre que era interrogado pelos alunos, aproveitava o conhecimento que os educandos detinham para falar sobre os assuntos solicitados, sempre estimulando os jovens a descobrirem as suas respostas. Este método pedagógico é denominado *maiêutica*, que significava *parto*.

O cuidado em não antecipar informações sobre sexo e sexualidade reveste-se de importância que muitos pais e educadores desconhecem. Quando apresentamos esclarecimentos de forma precipitada estamos auxiliando a introjeção de ideias para as quais o psiquismo da criança ainda não amadureceu. No momento em que esses conceitos começam a fazer sentido para o educando ele próprio se encarrega de questionar.

Evitemos ser coadjuvantes no seu despertamento antecipado para os temas da sexualidade. Enquanto a criança não estiver perguntando sobre esses assuntos, ainda é ingênua. Deixemos que experimente a ingenuidade que é inerente à sua faixa etária, respeitando o seu ciclo de maturação psicológica, do contrário poderemos contribuir com o surgimento da malícia e da erotização precoce, que a criança ainda não construiu no seu psiquismo. O que existe nela não é malícia, mas curiosidade. A malícia encontra-se alojada na mente do adulto, que ao olhar qualquer cena mais insinuante do dia a dia dá-lhe uma conotação sexual à imagem visualizada. Ao contrário disso, a criança registra tudo com naturalidade e vai procurar satisfazer a sua curiosidade em torno do que viu ou escutou, embora os meios de comunicação tenham contribuído, a partir dos referidos anos 1960, para que a inocência infantil sofresse interferências negativas.

Acompanho na mídia alguns pretensos sexólogos que se aventuram a ensinar sobre sexo e deturpam o significado profundo desta experiência humana tão enriquecedora. Em vez de orientarem para a educação, orientam para a liberação, não estimulando o jovem a refletir sobre os seus valores e sobre os vínculos afetivos.

É importante que saibamos que essa erotização precoce não produz apenas efeitos psicológicos perturbadores, mas também pode desencadear consequências fisiológicas. Refiro-me à puberdade precoce.

Joanna de Ângelis me informou que a puberdade precoce é um fenômeno que se vem tornando cada vez mais frequente. Nos climas tropicais, por exemplo, a maturação sexual ocorre mais rapidamente. Por outro lado, os meios de comunicação veiculam informações sobre sexo que estimulam o psiquismo infantil e provocam o amadurecimento psicológico antes do fisiológico. Como consequência, a mente influencia o corpo e o modifica, fazendo o organismo apresentar características não compatíveis com a idade real da criança.

Quando ligamos a televisão, podemos encontrar em determinados canais programas de sexo explícito a qualquer hora do dia. Isso provoca na criança uma expressão de desejo que não está de acordo com a fase de desenvolvimento biológico em que se encontra. As suas energias mentais são mobilizadas e surgem *necessidades* precoces, que uma atitude educativa cuidadosa pode prevenir ou corrigir, evitando o surgimento da puberdade precoce.

Quando os pais receberem as primeiras solicitações de esclarecimento, deverão atentar para o fato de que agora o filho iniciou um processo de busca que será ininterrupto. Com isso, os familiares poderão apresentar informações gerais sobre desenvolvimento, puberdade, adolescência e sexualidade, para que a filha não seja surpreendida pela ovulação e a irrupção da menarca, a primeira menstruação, e para que o filho não se espante com o fenômeno da ejaculação, situações que a qualquer momento poderão tornar-se parte das suas vidas.

Tenho visto meninas na puberdade que ao menstruarem pela primeira vez tiveram um choque emocional, mesmo após a revolução dos meios de comunicação que a internet promoveu, pois isso não é garantia de que as pessoas saibam digerir a informação. E essas meninas, em pleno século XXI, usaram tecidos inapropriados para estancar o sangramento, vindo a contrair doenças infecciosas provocadas pela falta de higiene, o que demonstra que estavam mal informadas, tanto pelas colegas quanto por namorados imaturos que não entendem nada de sexo e pretendem ensinar o que não sabem.

Dessa forma, o conhecimento em torno do seu próprio corpo e das próprias reações emocionais evitará que haja traumas no trânsito da infância para a adolescência, ocasião em que o medo e a vergonha podem fazer o jovem ocultar esses fenômenos fisiológicos. O adolescente deverá entender que seu corpo vai aos poucos respondendo aos estímulos sexuais, deflagrando sensações completamente novas para ele.

Por isso, se os pais imprimem naturalidade ao trabalhar esses conceitos com a criança, o educando terá segurança para formular outras perguntas e para desenvolver a vida sexual saudável.

A partir daí, vários aspectos relativos à sexualidade deverão ser explicados em caráter preventivo, antes mesmo que o adolescente os solicite.

Deveremos acompanhar nossos filhos quando eles estiverem na televisão ou no computador para sabermos quais são os seus programas prediletos. Eu faço isso com os meus.

De vez em quando, chegamos de surpresa para verificar o que estão assistindo. E se eles tentam mudar rapidamente o canal ou a página da internet eu digo, com certa dose de bom humor:

— Ué! Por que vai mudar? O velhinho também precisa ver o que está acontecendo no mundo. Eu também sou filho de Deus! Deixe-me ver o que é isso.

Muitas vezes, eles estão vendo filmes eróticos e procuro mostrar tranquilidade pedindo para assistir um trecho:

— Ah! Então é isso que você está vendo? Passe aí para que eu veja um pouco também.

Confesso que eu me sinto meio embaraçado porque não tenho o hábito. Mas eu trato a situação com naturalidade para que ele não perceba o meu constrangimento. E seleciono algum aspecto do que está sendo exibido para comentar. Se por exemplo eu vejo uma mulher sedutora em atitude vulgar, representando o papel de uma "deusa do sexo" na tela, eu faço o contraponto e informo:

— Parece que tudo que ela está fazendo é verdadeiro, mas no lar as coisas não se passam assim. Isso é uma ficção. Essa jovem é uma profissional. Ela não está sentindo absolutamente nada! É como se fosse motorista e estivesse dirigindo um automóvel. O corpo e o sexo são seus instrumentos de trabalho, que ela usa sem emoção alguma. Esse rapaz, aparentando uma virilidade invejável, tem problemas sexuais muito graves e provavelmente usa drogas para estimular-se. Tudo isso é feito para iludir quem assiste, já que o organismo humano tem limites. Nem sempre as pessoas estarão dispostas física e emocionalmente para o ato sexual. Mas já que você quer saber mais sobre o sexo, o que é bastante saudável, eu vou lhe dar um bom livro para ler sobre esse assunto.

Eu seleciono uma boa obra, peço que leia e depois vou conversar. Alguns deles referem-me depois:

— Puxa, tio! Obrigado por me ajudar! É que alguns colegas disseram que esse vídeo era muito bom para ver o que é o sexo.

A curiosidade infantojuvenil a respeito do sexo influencia-os para que tenham relações sexuais precoces. Em nosso bairro, estamos fazendo partos em crianças de doze anos de idade! E depois que têm o filho, largam o bebê com a avó, que é outra pessoa profundamente infeliz, para terem filhos sem planejamento no futuro.

Não vamos permitir que a ignorância, o supremo desconhecimento sobre o corpo e o sexo, contribua para que nosso filho se envolva em situações amargas.

Desde que temos mais experiência de vida, é nossa obrigação estarmos vigilantes. E se não soubermos como agir procuremos informar-nos para educar melhor. Quando comecei a cuidar de crianças e jovens na Mansão do Caminho eu não detinha nenhuma experiência educacional. Os Espíritos me orientavam e eu procurava psicólogos e pedagogos para aprender com eles o que fazer. Além disso, conversava com muitos pais sensatos para recolher opiniões úteis. Por fim, eu tentava recordar-me do que havia aprendido com a minha própria família, que é sempre a grande escola para todos nós.

Muitos pais me perguntam se há uma idade certa para que o jovem inicie a experiência do namoro.

Não há uma idade fixa e definida para namorar. Mas o que eu lamento em nossa cultura é que o sexo prevaleça acima de tudo, fazendo as crianças perderem a infância em meio às deturpações disseminadas na mídia.

Às vezes, eu acompanho um pouco dos programas de televisão para aprender o que não se deve ensinar. E as apresentadoras desses programas, com raríssimas exceções, são selecionadas para essa função somente porque possuem uma aparência erótica e extravagante. Infelizmente, quase todas são destituídas de boa formação moral, cultural e educacional. Bem se vê que uma apresentadora com essas características também não revela qualquer habilidade pedagógica ou de manejo com o público infantil, embora fosse o ideal, pois ela está trabalhando com crianças.

É de estarrecer que a primeira pergunta que fazem a uma criança que participa de um programa como esse é a seguinte: "E onde está o seu namoradinho?". É uma pergunta embaraçosa para a mente infantil, pelo fato de que uma criança de cinco ou seis anos de idade não sabe a diferença entre um namorado e aquele amiguinho com quem costuma brincar. Então a apresentadora vai enxertar na mente daquele pequeno ser um conceito que só deveria fazer parte da sua experiência existencial bem mais tarde, quando atingisse a adolescência.

A explicação para isso é que essa apresentadora de televisão é alguém que possui um transtorno da libido, carregando em sua intimidade questões mal resolvidas na área dos relacionamentos. Ela troca de parceiros como quem troca de vestido. Por isso, não consegue conceber que uma pessoa de qualquer idade esteja ao lado de outra sem que haja entre ambos uma conotação sexual, porque esse comportamento faz parte da sua individualidade. Daí, transfere para as crianças as suas inquietações sexuais. Muitas dessas apresentadoras praticaram o aborto ou usam drogas para terem emoções novas e estimularem a função sexual, que está desgastada pelo abuso e pela vulgaridade. São as grandes "educadoras" da mídia de diversos países, a quem as mães confiam os seus filhos, porque estão sempre muito ocupadas para dar-lhes atenção.

O pior de tudo isso é que as mães acham linda a postura da apresentadora! Elas consideram normal erotizar precocemente o filho ou a filha de cinco, seis ou oito anos de idade. Uma irresponsabilidade como essa tem lugar porque as mães que agem assim são igualmente frustradas, dominadas por carências sexuais e afetivas não atendidas. Como nos períodos que antecederam a revolução sexual dos anos 1960-70 havia menos permissividade social em relação ao sexo, elas não se realizaram sexualmente e por isso liberam os filhos de qualquer vigilância ou cuidado educacional, pois desta forma poderão realizar-se através deles.

De diversas maneiras essas mães levam adiante o seu comportamento imaturo. Vestem o seu filho de *rapazinho* e a sua filha de *mocinha*. Não pode haver nada mais antipático do que um *rapazinho de cinco anos* e uma *mocinha de seis anos* toda maquiada! A mãe coloca maquiagem até no perispírito da menina! Quando eu olho aquela imagem artificial, imposta e trabalhada com desvelo pela genitora imprevidente, não me consigo furtar ao sentimento de lamentação pelo fato de que o pequeno ser está perdendo a infância, que deve ser o período da aprendizagem, o período lúdico da criatividade e da imaginação. É uma época na qual a criança deve permanecer livre das emoções recalcadas e dos pensamentos ardilosos que pertencem ao mundo dos adultos. Mas lhes impomos padrões de comportamento adulto, que normalmente estão impregnados de deturpações.

Uma criança que foi intensamente estimulada desde cedo chega aos nove, dez ou onze anos ansiosa por vivenciar aquilo que lhe foi incutido na mente. E, na primeira oportunidade em que estiver com alguém, vai realizar a experiência sexual para satisfazer a qualquer preço a sua curiosidade. Como essa criança (ou pré-adolescente) ainda não conhece o próprio corpo e não sabe utilizar os seus equipamentos emocionais, a experiência torna-se uma grande frustração porque não consegue detectar as sensações que envolvem o ato sexual. É necessário que o organismo alcance a fase na qual os hormônios preparam o corpo do indivíduo para uma relação íntima.

As consequências desse desastroso processo de deseducação sexual podem ser facilmente visualizadas. De uma menina precocemente estimulada, teremos uma adolescente sexualmente frustrada, que estará mudando constantemente de parceiro, procurando em cada um deles a fantasia infantil que não viveu. O mesmo acontecerá em relação aos meninos precocemente estimulados que atingem a adolescência. Eles tentarão encontrar a realização masculina a partir da sua fantasia infantil do que é ser um homem.

Não se pode estabelecer uma idade fixa e definida para começar a namorar. Todavia, é importante que os pais e educadores respeitem o ritmo do indivíduo em formação, além da necessidade que tem este indivíduo de respeitar o seu tempo e os seus limites.

De uma forma geral, a partir das informações sobre o desenvolvimento humano que a Ciência disponibiliza, ao lado da minha experiência pessoal de educador, eu recomendaria que um adolescente começasse a pensar em namorar a partir dos catorze ou quinze anos de idade. Mas que esse namoro seja uma experiência de companhia e de convivência com outro adolescente, sem precipitações.

Muitas crianças estão nascendo a partir da gravidez involuntária ou indesejada de pais jovens que não assumem a responsabilidade do casamento. Ao ser criado sem a estrutura de um lar convencional ou mesmo por avós, quase sempre há prejuízo para o desenvolvimento do filho.

O sexo deve ser exercido quando o indivíduo alcança a maturidade biológica e emocional. O laço estabelecido por duas pessoas que mantêm vida íntima é um investimento de expressiva importância, exigindo que os parceiros estejam em condições de educar os filhos que resultam do relacionamento sexual entre ambos. Naturalmente, os progenitores têm compromisso com aqueles Espíritos que são trazidos à reencarnação, em face dos vínculos que vigem entre todos, no natural desdobramento da evolução. Quando esses filhos são abandonados é compreensível que venham a sofrer transtornos de várias ordens: revolta, conflitos e insegurança, experimentando o risco de derraparem nos vícios ou na criminalidade. Quando os avós assumem os encargos em lugar dos pais, embora o gesto de nobreza e de abnegação, de alguma forma substituindo os faltosos, os descendentes, ainda assim, experimentam o drama do abandono a que foram relegados pelos pais, podendo tornar-se instáveis emocionalmente e, mais tarde, pais conflitivos.

Inúmeros pais e educadores entendem que o *Naturismo* é grande valor para atividades de lazer e entretenimento, o que não deixa de ser uma tremenda falta de bom senso.

Quando eu encontro adultos advogando que a nudez nas atividades de lazer é perfeitamente recomendável para o jovem, eu nunca me pronuncio para não perder tempo com essas pessoas precipitadas. Eu apenas sorrio e imagino uma enorme plateia de pessoas despidas numa noite de frio e assistindo a uma conferência... Como deve ser desconfortável!

A nudez pode até ser interessante durante certo tempo, mas não preenche o indivíduo em sua busca interior e em sua necessidade de integração com os valores da vida.

É uma questão de adequação. Os animais não humanos foram dotados de pelos espessos para se adequarem às condições ambientais e conseguirem sobreviver. Mas o ser humano não possui essa estrutura biológica, porque foi dotado de inteligência para suprir as suas necessidades de adaptação. A criatividade humana elaborou tecidos para os diversos climas e para variações de tempo. Quando nos despojamos dos tecidos que a inteligência humana desenvolveu para nossa proteção, não se trata de uma necessidade de integração com a Natureza, mas de uma concepção distorcida e negligente, alimentada por um transtorno sexual manifesto. Viver de acordo com a Natureza é respeitar-lhe os códigos em vez de infringi-los. Toda vez que nos desarmonizamos quebramos a Sinfonia da Vida.

Quando os jovens me falam da necessidade de terem uma "vida natural", eu me permito refutar o argumento e lhes digo:

— Por que você está me falando em "ter uma vida natural"? A vida que você tem não é artificial!

— Mas, tio, a gente nasce nu!

— Porque durante nove meses ficamos no ventre materno, onde não há necessidade de usar roupas, já que a proteção que o organismo da mãe propicia é suficiente. Imagine você de pijama no ventre de sua mãe! Não seria adequado! Mas quando você se deslocou do útero, a primeira providência a ser tomada para lhe preservar a circulação sanguínea foi aquecê-lo. Este aquecimento pode ser obtido no ventre materno ou com o agasalho criado pela inteligência do homem. Como você pode notar, tudo é uma questão de adequação. É da Lei. Por que iremos violar a Lei?

Quero dizer com isso que a proposta do *Naturismo*, que alguns pais e educadores reiteram e estimulam, é na verdade um embuste do *ego*, um mecanismo de evasão da realidade para promover fugas promíscuas do comportamento.

Outra questão frequente são as doenças infectocontagiosas que podem ser contraídas através do contato sexual. Deveremos orientar os nossos filhos para o risco que elas representam, esclarecendo sobre o uso do preservativo, embora este não deva ser o foco da nossa orientação.

Precisamos infundir-lhes a ideia de que o melhor mecanismo de prevenção é ter uma vida sexual saudável. Se nos concentrarmos em falar somente sobre o preservativo, estaremos liberando o nosso filho para que ele se entregue a aventuras sexuais, o que equivale a dizer que estaremos induzindo-o a uma forma de prostituição. Esta conduta dos pais corresponde a um aplauso diante do desejo do filho de se utilizar de alguém a quem pretende viciar para descartar depois, uma prática que pode desencadear danos psicológicos, às vezes, irreparáveis.

É evidente que muitas vezes os educandos não seguirão as nossas diretrizes. A nossa tarefa, no entanto, é demonstrar que o sexo é um complemento para o amor, em vez de ser a razão principal para duas pessoas se buscarem na intimidade. E se os filhos insistirem em ignorar as nossas sugestões para um comportamento de educação afetiva, resolvendo-se por ter experiências sexuais variadas e descomprometidas, que utilizem o preservativo para, ao menos, manterem a saúde física, uma vez que a saúde psicológica estará sendo negligenciada por eles.

Namoro e educação afetiva

Certa vez uma senhora narrou-me que sua filha de quinze anos sempre se posicionava contra ela e contra o pai, em razão de estar envolvida com o namorado de dezessete anos de idade. Nessa circunstância ela me perguntou como introduzir o Evangelho de Jesus em seu lar.

Todas as pessoas que já tiveram dezessete anos sabem que isso é natural. Não creio que se deva depositar tanta importância nessa situação, ainda mais se o jovem for o primeiro namorado de sua filha. É previsível que ela fique a favor do namorado e contra os pais.

A técnica ideal para solucionar a questão é a seguinte: conquistar o namorado da filha e trazê-lo para a evangelização. Ela virá também. Uma jovem de quinze anos apaixonada por um rapazinho que vai ao Centro Espírita certamente terá o maior prazer em acompanhá-lo nas atividades. Se duvidar, ela até se transformará em médium e palestrante da casa...

Também existe o fato de que nós, adultos, somos muito intransigentes quando antipatizamos com o namorado da nossa filha. No caso apresentado eu desconfio que a mãe não quer a continuidade do namoro. Ela deve ter razões particulares que talvez sejam o fruto de uma observação apressada em relação ao rapaz. Isso é próprio das mães. Então ela assume uma posição contra o namorado, e a filha se vinga através de uma postura de rebeldia. É um jogo psicológico.

Procure fazer diferente. Quando a sua filha chegar a casa, pergunte, amigavelmente (mesmo que, interiormente, não esteja de acordo):

— Como vai o seu namorado?

Se ela responder com desconfiança e azedume, não se perturbe e dê sequência à sua tentativa de aproximação:

— Ora, mamãe! Você nunca me perguntou por ele antes! Por que esse interesse agora?

— Claro que estou interessada! Ele não é o seu namorado? Então eu gostaria de conhecê-lo melhor para participar mais da vida da minha filha... Eu gostaria de conversar um pouco mais com ele.

Com a nossa experiência de adultos conseguimos vencer as resistências e contornar as dificuldades. Quando o rapaz chegar à sua casa converse com naturalidade, ainda que não esteja feliz com a ocorrência.

— Muito bem, meu jovem! Gostei de conhecê-lo! Eu até pensei que se tratava de um rapaz qualquer, mas vejo que você é um jovem especial e de boa família.

Com um elogio desses, mesmo que ele não seja muito especial, ele irá fingir que é, somente para fazer boa figura diante da namorada e da sogra.

Neste mesmo dia ou num diálogo seguinte, aproveite e pergunte-lhe:

— Eu já lhe falei que somos espíritas?

— Não, senhora! Ainda não me falou — responderá ele.

— Somos espíritas e estamos procurando participar de atividades em nossa instituição. Também estamos iniciando as reuniões semanais do Evangelho no lar. Você gostaria de participar conosco?

Tenho certeza de que ele atenderá ao seu convite, e ela seguirá o namorado. Mas se você obstinar-se em desfazer o namoro da sua filha, ela também terá o direito de reagir. Afinal, um relacionamento como esse está fundamentado em sonhos e em ilusões juvenis.

É importante ter muito cuidado com uma situação desta natureza. Um namoro aos quinze anos, no qual a imaturidade determina as escolhas e as ações do jovem, pode resultar em problemas um pouco mais delicados, já que a insistência dos pais em dissolver o relacionamento vai transformar a posição da filha em um capricho juvenil, que fará com que ela queira casar-se cedo para ver-se livre do empecilho que experimenta dentro do lar, precipitando uma decisão que não deveria ser tomada em plena adolescência. E um casamento motivado pelo capricho estará fadado ao insucesso e à separação. Para acelerar o processo do casamento e se evadir de casa, a filha ainda poderá utilizar o artifício injustificável da gravidez precoce, que geraria mais um campo de imensas dificuldades para ela e para os avós da criança.

Em razão disso, é necessário *ir com,* em vez de *ir contra* a prole, seja filha ou filho. Se os pais partirem para o enfretamento perderão a oportunidade de solucionar a questão. Porque estamos diante de um fenômeno biológico e psíquico, originado na exacerbação dos hormônios que eclodem na puberdade. É uma fase da vida em que a razão raramente funciona quando se trata de relacionamentos. Basta que os pais se recordem da época em que eram púberes e adolescentes.

Quando eu ouço críticas dos mais velhos em relação às paixões juvenis, eu me lembro de que o tempo só faz mudar alguns aspectos da vivência do jovem nesta fase da existência. Alteram-se as músicas e as danças, as artes e as formas de se expressar. Mas na essência um jovem de qualquer época histórica experimenta as mesmas ilusões e buscas de autoafirmação e autodescoberta.

Cada época tem os seus perigos e desafios. E nós, que não somos mais jovens na idade cronológica, teremos que ser ao menos joviais se quisermos entendê-los e educá-los.

Um dia um de meus filhos me propôs:

— Tio, o que o senhor acha da gente dançar essa música que está na moda? Chama-se dança aeróbica!

— A gente, não, meu filho! — respondi. — Só se for você e os outros meninos. Porque se eu entrar nessa dança eu não saio dela com vida! Vou deslocar todas as minhas vértebras e resultará em um trabalho tremendo para consertar, pois o meu traumatologista mora longe! Mas vocês podem fazer uma aula aqui. Será um prazer vê-los divertir-se.

Daí eu os deixo participarem da aula de dança e vou acompanhando de perto.

Um dia apareceu na Mansão do Caminho um rapaz, professor de educação física, oferecendo-se como voluntário para ministrar uma aula de dança aeróbica. Eu não sabia direito o que era, mas decidi permitir que ele conduzisse uma aula para alguns meninos e meninas da nossa comunidade. Resolvi colocar uma colaboradora nossa para estar com eles na aula. Era uma senhora na fase da maturidade, gordinha e solteira. Nada melhor do que uma solteirona para acompanhar jovens bem de perto, pois elas têm uma dose de malícia bem expressiva! Veem até o que não existe, podendo controlar com habilidade os excessos da meninada...

Num desses dias de aula apareceu-me um menino que eu chamo de Júlio "Terror".[144] O menino era o mais arteiro de todos que eu já havia conhecido na Mansão! Júlio aproximou-se e perguntou:

— Tio, o senhor está sabendo que tia Ivone agora está dançando música *erótica*?

— Música o quê?

— Música *erótica*, tio! Não conhece?

— Menino! De onde você tirou isso? A tia Ivone está dançando música aeróbica! Não é música erótica!

— Ah, tio! É a mesma coisa!

— Com ligeiras diferenças, não é?

O toque de humor é para que nos lembremos de que é indispensável saber lidar com os jovens para obtermos bons resultados.

Desejo reiterar que a idade de quinze anos é delicada. É necessário muito tato para conviver-se com os filhos nessa fase. Os pais nunca devem ficar contra o namorado da filha ou a namorada do filho, porque o filho e a filha, com raras exceções, vão escolher preservar o namoro. E não adianta chantageá-los dizendo-lhes: "Como você tem coragem de fazer isso comigo que sou sua mãe?". Isso é um dramalhão de telenovela que não surtirá o menor efeito! Eles vão fazer porque lhes falta o discernimento. Vá com seu filho para ajudá-lo nos caminhos por onde ele transita. E a mãe que é mais habilidosa traz o namorado da filha para casa e lhe dá lanche saboroso... Faz a comidinha deliciosa e ainda manda a filha dizer que foi ela quem fez para agradar o namorado...

---

[144] O autor também faz referência a esse menino em seu livro *A Nova Geração: a visão espírita sobre as crianças índigo e cristal*, de Divaldo Franco e Vanessa Anseloni, Ed. LEAL, cap. 4 (Um Caso Sobre Criança Índigo). Nota do organizador.

Para educar o filho, temos que aprender a manejar os problemas causados por aquela pessoa que consideramos como má companhia, mas também sem prejudicar o filho dos outros, uma vez que aquela companhia inadequada também é o filho de alguém que deve zelar por ele.

Evangelize o namorado e vai ver como ficará mais fácil inserir a sua filha nas atividades e na vivência do Evangelho.

A FALÊNCIA DA EDUCAÇÃO SEXUAL NO LAR

O perigo que ronda o jovem pode vir até de dentro de casa, quando ele é estimulado por pais inconsequentes a um comportamento de adesão aos convites sociais para viver de forma vulgar.

Em uma oportunidade eu viajei a São Paulo para cumprir uma agenda de atividades doutrinárias. A programação teria início no período do Carnaval, por se tratar de um feriado prolongado que facilita a realização de encontros e seminários de mais extensa duração.

Eu estava em um aeroporto lendo um livro e aguardando horário do embarque.

Em determinado momento uma jovem aproximou-se e sentou-se ao meu lado, tentando conversar comigo. Após alguns minutos começamos a dialogar:

— O senhor está indo passar o Carnaval em São Paulo?

— Sim, minha filha. Tenho compromissos naquela cidade.

— E o senhor tem família por lá?

— Sim! Eu tenho uma grande família que venho construindo há muitos anos...

Certamente ela não entendeu que eu me referia aos amigos de ideal espírita, alguns dos quais se tornaram verdadeiros familiares pelo coração.

— Mas o senhor pretende ver o desfile que haverá na cidade?

—Você se refere ao desfile das almas? Eu tenho visto esse desfile em todos os dias da minha vida. E não somente em São Paulo, mas em diversos lugares do mundo.

Ela me olhou sem entender do que eu estava falando, mas continuou e me disse algo surpreendente:

— Quando me sentei aqui, notei que o senhor tem algo diferente no rosto. Parece que a sua fisionomia transborda de felicidade. Vi, desde o início, que o senhor sorri espontaneamente, sem realizar nenhum esforço para demonstrar a sua alegria. Eu logo percebi que havia algo de especial no senhor. Por isso resolvi aproximar-me. Minha vontade era de contaminar-me com a sua alegria...

Confesso que o comentário me fez muito bem. Então eu considerei:

— Gostei muito da palavra que você utilizou! Afinal, a maioria das pessoas se refere ao contágio da doença, mas ninguém se recorda do contágio da saúde! O amor e a alegria de viver são elementos que podem contaminar-nos, sendo indispensáveis para a nossa evolução. Você deve conhecer o ditado popular: "Quando nos unimos ao Bem e às pessoas boas, tornamo-nos uma delas. Se nos aproximamos dos maus, transformamo-nos em pessoas piores do que eles".

Ela pareceu ter ficado sensibilizada com o meu comentário. Daí, ela me confessou:

— Na verdade eu sou muito infeliz! Não tenho família e sou muito solitária.

Olhei para aquela jovem tão linda e me impressionei! Porque normalmente pessoas muito bonitas têm uma fila de pretendentes batendo à sua porta.

Ela prosseguiu:

— A minha alma é muito triste! Desde muito cedo eu comecei a me envolver em aventuras que me fizeram perder o rumo. Eu tinha apenas catorze anos de idade. Joguei fora tudo o que uma pessoa pode ter de bom: a pureza da minha adolescência, a minha dignidade. E tudo isso somente para possuir joias, viagens, roupas de grife, exposição na mídia e outras coisas a que as pessoas normalmente dão valor. Mas hoje eu penso: "O que eu realmente ganhei com isso? Será que valeu a pena vender a alma ao diabo?".

— Não, minha filha! Você ainda não a vendeu! Você apenas empenhou, pôs a sua alma em um leilão. Mas pode resgatá-la se desejar. Basta pagar os juros que decorrem da sua longa permanência nas mãos alheias.

— E qual é o juro?

— Amar! Você deve amar para libertar-se das escolhas infelizes que fez para sua vida. E o primeiro resultado dessa nova proposta de vida é deixar de ser solitária. Seja solidária para não ser solitária. As pessoas que se entregam à solidão são atingidas pela força devastadora do materialismo, das ilusões e dos convites à autodestruição.

— Mas eu amei! Já tive a oportunidade de ter ao meu lado homens que me amaram.

— Não acredito que você tenha vivenciado amor, porque esses homens pagaram, de uma forma ou de outra, para desfrutar da sua intimidade. E quando não existe a ternura espontânea, não há o sentimento de amor, mas o desejo. Você desejou corpos e negociou o seu próprio corpo. E quando o prazer dos sentidos é única coisa que entra em cena, o arrependimento e a frustração tomam conta de nós. O ser humano não é constituído apenas do corpo e não deve viver apenas em sua função. O corpo é somente um instrumento da alma, que é o centro da vida.

Ao ouvir as minhas palavras a jovem começou a chorar discretamente. Então eu lhe sugeri:

— Se você quiser, eu posso ser uma espécie de pai adotivo. Posso adotá-la como minha filha espiritual. Quero contribuir para a sua felicidade e vê-la livre desse contexto ilusório em que você se encontra. E farei isso em nome do amor, sem nunca lhe pedir nada!

A moça olhou fixamente para mim, segurou as minhas mãos e me respondeu:

— Que pena que não tive alguém como o senhor para me orientar! O senhor é o pai que eu gostaria de ter tido e que a vida me negou...

— E seu pai já faleceu?

— Não, senhor. Ainda está vivo. Ele e minha mãe são os responsáveis pela minha situação, pois foram os dois que me ensinaram a ser leviana para conseguir coisas materiais. Foi com eles que eu aprendi a vender o meu corpo e a renunciar à minha dignidade.

Ela fez uma pausa ligeira e prosseguiu:

— Eu ainda não lhe falei, mas eu irei desfilar em uma escola de samba no Carnaval. Além de ganhar dinheiro e outras facilidades, fui presenteada com uma fantasia das mais caras e importantes para a escola.

— E você já desfila há muito tempo ou está iniciando agora?

— Já faço isso há alguns anos, porque me rende contratos de publicidade e encontros sexuais com empresários muito ricos. Não sei se o senhor já ouviu falar de mim. Eu me chamo Fulana de tal.

Ao ouvir aquele nome eu fiquei estarrecido! Era uma celebridade do meio artístico, do denominado *Show Business*. Daí eu pude ver como nós nos enganamos em relação às pessoas famosas, que exibem felicidade por fora, mas por dentro podem estar despedaçadas pelo sofrimento silencioso.

— Daqui a algumas horas — disse-me — o senhor poderá ver-me na televisão em pleno desfile. Estarei sob o efeito de drogas, especialmente de cocaína, para apagar a tristeza e me fazer sorrir. Dessa forma eu poderei ficar mais bonita para cumprir o meu contrato.

— Então por que você não interrompe esse ciclo agora, minha filha? Reconstrua o seu destino a partir de hoje. Não desfile! Por que desfilar no carro da ilusão em vez de percorrer a estrada da vida no carro da realidade? Você chegou ao estado em que se encontra como consequência de uma educação equivocada, de uma influência familiar distorcida e venal. Não dê continuidade à corrupção de si mesma, que os seus pais lhe ensinaram a praticar.

— Mas como posso fazer isso? Afinal, eu já recebi o cachê para desfilar.

— Então pelo menos esteja lúcida. Não use drogas de nenhuma natureza. E se você receber um convite impróprio de algum explorador, não aceite em hipótese alguma! Vá ao seu compromisso e faça tudo sem maiores envolvimentos com o clima de corrupção ao seu redor. Quando estiver no carro de desfile, sorria e diga para si mesma: "Esta é a última vez! É a minha despedida. Saio deste lugar para sorrir no carro da vida e ser feliz ao lado de pessoas que me amem de verdade. Estou me retirando do Carnaval da vida, onde a carne nada vale, para entrar na vida plena do amor que tudo vale!".

Emocionada, a jovem me falou que gostaria de seguir as minhas recomendações, mas se sentia muito fragilizada:

— Senhor Divaldo, eu não sei se consigo desfilar sem estimulantes porque sou escrava das drogas. É difícil conter-me porque eu sou dependente química. Mas se eu não conseguir agora, eu lhe prometo que depois que passar o Carnaval eu vou procurar ajuda médica. Se for necessário, eu até me submeto a uma internação para mudar de vida e construir um futuro melhor para mim.

Já estávamos nos despedindo quando eu concluí aquele diálogo fazendo-lhe um convite:

— Como a partir de agora você é minha filha espiritual, eu quero convidá-la para estar por alguns dias em um lugar diferente de todos que você já conheceu. Visite-me na Mansão do Caminho. Você vai notar que lá nós nos amamos, respeitamos as nossas imperfeições e trabalhamos por uma educação do ser profundo, desejando que os jovens tenham saúde plena e não se tornem presas fáceis do materialismo, dos prazeres, da prostituição e das instituições corrompidas que patrocinam o tráfico pelo mundo. Esteja conosco por um período, ainda que breve, e eu tenho certeza de que o seu coração será tocado por um sentimento de paz que preencherá todos os vazios da sua alma!

Amar e educar são fáceis tarefas, desde que estejamos dispostos a assumir a postura de verdadeiros educadores. Mas, para que possamos assumi-la, é imprescindível apresentarmos os requisitos que queremos infundir nos outros, o que representa o grande problema da educação, uma vez que pretendemos educar sem sermos educados.

É muito fácil conduzir a juventude para o bem. Basta que o educador se lembre de quando era jovem e do que gostaria que houvessem feito com ele, fazendo o mesmo com aquele que Deus colocou em seu caminho.[145]

---

[145] Analisar também o livro *Constelação Familiar*, de Divaldo Franco/Joanna de Ângelis, Ed. LEAL, cap. 15 (Educação Sexual). Nota do organizador.

14

JESUS: MODELO DE
SEXUALIDADE INTEGRAL

A ANIMA E O ANIMUS

Jesus é o maior desafio da história cultural da humanidade, merecendo de inúmeros estudiosos investigações, análises, defesas e acusações, traduzidas em opiniões invariavelmente suspeitas, porque repassadas pela concepção pessoal de cada um.

Desde Sigmund Freud a psicanálise estabeleceu que Ele foi o grande *castrador* da criatura humana. Para o pensamento psicanalítico as propostas de Jesus eram pessimistas, sobretudo pelo fato de negarem a fruição dos prazeres ilusórios do mundo. Ainda segundo essa visão, Jesus teria interditado a qualquer indivíduo a possibilidade de se realizar como ser humano.

É natural que a presença desse homem incomparável seja motivo de muitos paradoxos, como normalmente acontece com as pessoas que se notabilizaram nas páginas da História.

Mas, afinal, quem é Jesus? Qual a sua personalidade do ponto de vista da Psicologia Profunda? Como se pode explicar uma personalidade tão complexa para os dias desafiadores do desenvolvimento cultural contemporâneo?

Carl Gustav Jung, fazendo uma análise da natureza humana, afirma que nós carregamos no inconsciente duas expressões opostas e complementares na área da sexualidade. O psiquiatra consegue estarrecer a comunidade científica e a cultura da época ao propor que em todo ser masculino existe uma expressão feminina (a *anima)*, da mesma forma que em todo ser feminino há uma expressão masculina (o *animus).* É graças a estes dois conteúdos do inconsciente que nós temos sonhos sexuais e imagens que muitas vezes nos entorpecem: o homem sonhando com a mulher e a mulher sonhando com o homem em figuras mitológicas e tradicionais.

À luz da Psicologia Transpessoal e da Doutrina Espírita a explicação para isso está na reencarnação, que nos deixa *marcas psicológicas* de ambos os gêneros, fazendo surgir aquilo que o psiquiatra suíço denominou como *animus* e *anima*.

A teoria junguiana prevê que a harmonia do indivíduo com a sua realidade exige o desenvolvimento equivalente das duas polaridades psicológicas. Somente empreendendo esse esforço o candidato aos louros da autoconquista se tornará um ser integral, perfeitamente equilibrado. Numa conceituação moderna diríamos que esta pessoa torna-se um ser *transpessoal.*

Jung constatou que muitas vezes uma pessoa masculina apresenta em seu psiquismo a predominância do arquétipo *anima*. Equivale a dizer que a expressão feminina pode manifestar-se de forma tão pronunciada no homem, que ele se mostra como um ser de grande sensibilidade, sem que isso interfira sobre a sua orientação sexual e a sua postura masculina. Por outro lado, determinadas mulheres possuem em seu psiquismo o arquétipo *animus*, que as induz a comportamentos tipicamente masculinos (de intensa virilidade, de firmeza e decisão), sem que isso altere a sua orientação sexual e a sua postura feminina.

Essa realidade do psiquismo humano interfere em nossos relacionamentos afetivos, pois que, muitas vezes, não estamos amando uma pessoa específica, mas o conteúdo psicológico que ela carrega na intimidade. Procurarei tornar o conceito mais facilmente assimilável.

Imaginemos um homem que revela um comportamento dócil e sensível, que poderemos denominar como um temperamento acentuadamente feminino. Em dado momento ele se apaixona por uma mulher que apresenta um temperamento oposto ao dele. Em realidade a *anima* que está nele apaixonou-se pelo *animus* que está nela. Além de identificar uma mulher que lhe atrai, ele também viu nela um caráter acentuadamente viril, uma pessoa forte e decidida, manifestando, portanto, uma característica que ele não possui. Por isso, é natural que ele procure uma companheira que lhe complemente. Está demonstrado que o homem se deixou arrebatar pelo conteúdo psicológico da mulher, sem nenhuma vinculação com experiências do passado reencarnatório. É o seu conteúdo psicológico que se vê atraído pelo conteúdo psicológico daquela que lhe desperta interesse afetivo.

Acontece que a *anima* é muito ciumenta, como a maioria das mulheres. E o *animus* é muito senhor de si, como a maioria dos homens. E nem sempre a *anima* se permite uma entrega amorosa, por ter insegurança no terreno do afeto, assim como nem todo *animus* se deixará submeter ao parceiro por conta da postura totalitária que é própria do perfil masculino.

Uma das dificuldades que deflui deste quadro é que, às vezes, o parceiro deseja que o outro se adapte à suas necessidades psicológicas. Exige que o temperamento do ser querido responda aos seus apelos em regime de sintonia perfeita, o que é muito difícil de ser obtido.

É conveniente acrescentar que esses choques psicológicos ocorrem não apenas entre amantes, mas também entre amigos que se estimam profundamente, mas em cujo relacionamento as diferenças entre o *animus* e a *anima* não podem ser diluídas facilmente.

No relacionamento conjugal, por exemplo, muitas vezes o homem não sabe controlar a sua *anima*, tornando-se ciumento e caprichoso com a esposa, além de assumir uma postura de crítica destrutiva em relação a todas as mulheres. Este fenômeno é decorrência da sua *anima*, que cultiva a inveja doentia em relação às outras. Em contrapartida, a companheira afirma que os homens são todos traiçoeiros e inconsequentes, não merecendo nenhuma consideração por parte das mulheres, uma conduta que denuncia as próprias defecções do seu *animus*, pois é muito fácil visualizar nos nossos iguais aquilo que somos.

Um exemplo muito claro do encontro de seres antípodas é o relacionamento de George Sand e Frédéric Chopin.

Chopin era um homem que apresentava em seu comportamento a predominância da *anima*. Até a sua música é permeada de doçura, feita de toques sutis e de feminilidade. George Sand, que possuía o conteúdo *animus* bastante desenvolvido, vestia-se de homem para ludibriar a sociedade da época e consagrar-se no mundo da literatura sem correr o risco de ser rejeitada pelo fato de ser mulher. E ela conseguiu alcançar o seu objetivo.

Os dois se apaixonaram e se uniram. Ela, sendo uma mulher com a predominância do conteúdo psicológico masculino, casou-se com um homem que revelava a predominância do conteúdo psicológico feminino, pois, desta forma, seria teoricamente possível a perfeita identificação.

Contudo, o par não pôde manter a união porque houve choques psicológicos que os dois não souberam administrar. Individualmente cada qual necessitava alcançar a perfeita integração do seu conteúdo inconsciente com a sua realidade total. A natureza psicológica de George Sand tentou impor que o seu parceiro desenvolvesse o conteúdo masculino que se expressava nele de forma limitada, pois ele permitia a dominação da *anima* sobre o seu comportamento. Enquanto isso, Chopin exigia que a sua companheira deixasse aflorar a sua dimensão feminina, que predominava na realidade psicológica do músico. Mas George Sand, porque também não conseguisse integrar as suas duas polaridades, abria espaço para o poder ditatorial do seu *animus*.

O resultado foi a separação dos parceiros, já que essas almas antípodas estão inconscientemente em litígio. A mulher que é dirigida pelo conteúdo psicológico *animus* invariavelmente deseja manipular o marido, ao passo que o homem com os sentimentos orientados pela *anima* pretende ser o administrador de todos os detalhes da vida no lar. Eles podem temer um ao outro, mas não se amam, porque não puderem *digerir* a dominação do seu inconsciente. O homem precisa integrar os seus conteúdos conscientes e inconscientes para viver em harmonia com a sua feminilidade dentro da masculinidade. E a mulher necessita integrar a masculinidade psicológica na sua condição feminina.

Portanto, ao longo do processo evolutivo o homem terá que se harmonizar com a sua *anima*, enquanto a mulher terá de se afinar com o seu *animus*. Este esforço é condição precípua para que haja um verdadeiro equilíbrio fisiopsicológico no indivíduo. O processo de desenvolvimento psicológico prevê uma gradual *absorção* dos conteúdos inconscientes, para que, aos poucos, possam eliminar os impulsos que os tomam de assalto periodicamente, que representam os conflitos inconscientes trazidos do passado reencarnatório em relação à sexualidade e às questões de gênero.

O CONTEXTO CULTURAL JUDAICO-CRISTÃO

É certo que a vida de Jesus foi assinalada por atitudes que provocaram surpresa. Em determinado momento Ele assumia um comportamento de doçura, de pacificação, para em outro instante ser arrebatadoramente viril, apresentando opiniões firmes e definidas.

A primeira análise psicológica da personalidade de Jesus foi realizada por uma das maiores psicólogas do século XX, a Dra. Hanna Wolff. Ela iniciou o seu trabalho demitizando a figura de Jesus. Para a pesquisadora Ele não era Divino, porque a Divindade é um atributo de Deus. No entanto, seria Ele um homem como qualquer um de nós? É óbvio que sim! É certo que não! Afinal, há homens e homens. Há indivíduos e *indivíduos*. Ele era naturalmente um Homem, mas alguém superior à maioria, senão à totalidade dos *homens*.[146]

Esta personagem enigmática deixou para a posteridade grandes desafios de interpretação da Sua trajetória. Uma das indagações mais frequentes é se Jesus teria sido casado. Uns dizem que sim. Outros afirmam que não.

Se analisarmos a cultura judaica da época e as suas tradições quanto à união conjugal, o casamento era consumado, em média, entre catorze e dezoito anos, para as meninas, e entre dezesseis e dezoito anos para os rapazes. Portanto, era provável que Ele, chegando aos trinta anos de idade, já houvesse se casado. Mas não se tem notícia histórica da Sua mulher e dos Seus filhos, a não ser a hipótese sobre a união afetiva entre Jesus e Maria Madalena, que é destituída de fundamento, conforme analisamos na narrativa a respeito da convertida de Magdala.

Do ponto de vista psicológico a tradição hebraica é eminentemente patriarcal e machista. Em toda a história e em toda a tradição do judaísmo somente encontramos figuras masculinas com papel relevante

---

[146] *Jesus na Perspectiva da Psicologia Profunda*, de Hanna Wolff, Ed. Paulinas. Nota do organizador.

na liderança do povo hebreu. Existem raras exceções femininas, como Judith, Ruth e Esther, que se destacaram em meio à supremacia dos homens. Mas para os israelitas Deus é uma figura masculina. O primeiro ser humano criado por Deus é masculino, a partir do qual surge a mulher, dando à figura mitológica de Adão dois filhos que são também homens: Caim e Abel. Os filhos de Noé, o homem que teria construído a arca para se proteger do dilúvio universal, são igualmente masculinos.

Aproveitando-se desta herança cultural, muitos autores afirmam que o fato de Jesus ter escolhido doze homens para o seu apostolado significa que Ele menosprezava as mulheres, o que não corresponde à realidade. Este ponto de vista impregnado com preconceito defluiu da preferência judaica pelo ser masculino em detrimento do feminino. Ao contrário disso, Jesus é o grande impulsionador dessa realidade que é o coração feminino.

A mulher tem sido uma vítima histórica do preconceito judaico de gênero que foi transmitido ao Cristianismo. Filósofos e romancistas levantaram a voz no Ocidente e no Oriente para dizer que a mulher é um ser bruto, que não merece respeito e cuja única finalidade é a procriação.

Santo Agostinho, por exemplo, embora tivesse realmente santificado a existência em atos de amor, no início da sua vida era um homem perturbado pelo sexo, cultivando uma vida extremamente dissoluta. Mesmo depois da sua conversão ao Cristianismo ele afirmava que a mulher não passava de um ser muito perigoso e cruel que só servia para o coito. Quando se programava para receber uma mulher estava sempre cercado de várias testemunhas, porque não confiava no próprio equilíbrio. Era um fenômeno denominado como *projeção*. Na sua mentalidade, o elemento feminino era o responsável pela tentação, e não ele que era sexualmente instável e inseguro. Era muito conveniente transferir a culpa para a mulher...

Toda essa trajetória de brutalidade e discriminação contra a mulher na cultura judaico-cristã tem origem no mito bíblico de Adão e Eva, que iremos analisar detalhadamente.

Segundo os religiosos ortodoxos, o princípio de que a mulher é inferior ao homem é amparado pela história de Adão e Eva, na qual a mulher foi a responsável pelo fracasso do homem. Este ponto de vista se apoia em uma narrativa absolutamente fictícia e destituída de sentido lógico, como são muitas passagens bíblicas do antigo e do novo testamento. É uma punição que as mulheres têm que pagar até hoje para resgatar os pecados de uma Eva que nunca existiu.

A ideia que fundamenta o mito de Adão e Eva é tão bárbara que eu fico impressionado ante as pessoas que nela creem... É evidente que eu dou a todos o direito de pensar o que quiserem. Mas confesso que sempre me surpreendo. Eu também já acreditei nisso um dia, até os meus 10 anos de idade. Algumas pessoas acreditam até aos 80 anos...

Vamos analisar detalhadamente esse mito que é responsável pelo surgimento do conceito de pecado e pela repressão à mulher.

Diz a tradição que a Divindade criou o Paraíso para em seguida criar a humanidade. O Paraíso ficava onde hoje é o Iraque, na antiga Mesopotâmia, onde um dia existiram a Babilônia e a Assíria. Deus fez surgir o homem fazendo um boneco de barro e soprando-lhe a vida pelas narinas. Assim, o primeiro homem foi nascido do lodo (ou do pó) da terra. A palavra Adão significa exatamente "nascido da terra, do barro". Trata-se de uma fantasia absurda! O ser que criou o universo, o equilíbrio gravitacional, a eletricidade, o magnetismo, não precisava ficar brincando de fazer bonequinhos de barro para dar origem ao homem, ainda mais, depois de ter criado toda a escala zoológica e os demais seres vivos. Só poderemos entender esta metáfora como uma forma de representar a origem da espécie humana após a formação dos primeiros seres vivos, quando as moléculas orgânicas aglutinaram-se nas profundezas das águas dos oceanos. E com o passar dos milênios alguns seres microscópicos chegaram à terra firme impulsionados pelo bater das águas do oceano nas rochas litorâneas.

Quando o primeiro ser humano ficou pronto, o Senhor da Vida percebeu que não era recomendável que ele ficasse sozinho no mundo. Então, Deus adormeceu Adão, tirou-lhe uma costela e fez a mulher. Aí está a origem do machismo. Ao conceber que a mulher deriva do homem, a cultura judaica pretendia que ela se tornasse dependente e submissa para sempre, não tendo jamais igualdade de direitos, pois se ela é parte só poderia ser entendida como um objeto que lhe pertence, sem direito à liberdade nem à identidade.

O interessante é que se Deus fez Adão a partir de um boneco de barro, por que não moldou Eva utilizando-se de outro boneco de barro? Não lhe custaria nada! Mas o desejo de colocar a mulher em um patamar inferior foi responsável por criar a imagem da costela de Adão.

Eu tenho um amigo psiquiatra que é a pessoa mais irônica que conheço. Um dia conversávamos, e eu lhe informei:

— Há uma coisa que eu não entendo. Nós temos costelas pares. Como é que Deus tirou apenas uma? O homem ficaria aleijado!

— Mas na verdade Deus tirou duas costelas — respondeu-me. — Com uma costela ele fez Eva, enquanto a outra ele jogou fora. Mas depois se arrependeu, pois seria um desperdício, e foi buscar a costela que estava velha e mofada. E somente para não ficar no prejuízo ele fez a sogra...

Uma amiga minha, que é sogra, escutando a nossa conversa, resolveu contestar:

— Quer dizer que com a costela mofada e velha Deus fez a sogra? E por que não a nora?

É uma discussão intérmina, que eu deixarei para a História universal decidir...

Dando continuidade à análise do mito, quando Deus criou Adão e Eva ele disse: "Vocês podem desfrutar de tudo, menos do fruto da árvore do bem e do mal. Se comerem deste fruto vocês morrerão!". Já se vê, por esta afirmativa, que Deus não era um bom psicólogo. Ou Deus era muito ingênuo ou muito desequilibrado. Aliás, era também um pouco sadomasoquista. Pensemos em alguém dizendo-nos: "Irei dar-lhe tudo, mas proíbo que coma aquele fruto dali!". Diante de uma proibição dessa, nenhuma fruta seria atraente. Só interessaria aquela, por ser proibida! É da natureza humana essa opção.

Nesse ínterim, o diabo se disfarçou de serpente do Paraíso e moveu-se na árvore da sabedoria para levar o casal a provar do fruto proibido: a tentação do sexo. Vejamos que a serpente é feminina. Até nisso a mulher sofre... O ardiloso animal preferiu tentar a mulher, que se deixava manipular com facilidade e era considerada frágil, enquanto o homem era tido como forte. Eva, que era fraca, acabou por aceitar a sugestão macabra. Mas se Eva era fraca a culpa era de Deus, que assim a criara! E o mais interessante é que Eva seduziu Adão, que era forte. Tão forte que cedeu diante daquela que era considerada frágil... Concordou com a proposta e experimentou o saboroso alimento. E quando acabaram de comer deram-se conta de que estavam nus.

É fácil notar que esse trecho do mito bíblico contém uma perversidade psicológica em relação à mulher.

Um amigo me contou uma anedota interessante. Ele disse que quando Eva estava no Paraíso e a serpente lhe ofereceu o fruto proibido, a esposa de Adão manteve uma atitude muito digna e não aceitou, em respeito à ordem que Deus havia dado. A serpente ficou muito frustrada! E como não havia alternativa resolveu apelar para uma estratégia infalível. O animal lhe disse: "Pode comer, querida! Esse fruto emagrece!". Então Eva não resistiu e comeu-a...

Para satisfazer a sua ira, Deus expulsou o casal do Paraíso condenando Adão a trabalhar para se sustentar. A Divindade sentenciou: "A partir de agora comereis o pão com o suor do vosso rosto!".[147] Este conceito representa um verdadeiro contrassenso em relação ao que a Ciência moderna nos informa. O trabalho é uma bênção! Ele é compreendido hoje como uma forma de psicoterapia das mais benéficas para o ser humano. A pessoa ociosa corre o risco de desenvolver transtorno depressivo, porque perde o objetivo existencial. Além disso, desqualificar a importância do trabalho é um flagrante desacordo com o que nos ensinou Jesus: "Meu Pai trabalha até hoje, e eu também trabalho!".[148]

Fico impressionado com a imagem de Deus que é projetada no texto bíblico. É um Deus tomado pelo ódio e que apresenta um comportamento pior do que o meu! Como poderia o Criador aparecer com tanta revolta a duas crianças, a dois jovens? Ele não teve a menor tolerância nem habilidade educativa com seus filhos. Muitos psicólogos dizem que, quando um filho desobedece a nossa orientação, é de vital importância ter serenidade e insistir no nosso propósito. Deveremos sorrir e dizer-lhe tranquilamente: "Apesar de você não ter feito o que eu pedi, a partir de agora você irá fazê-lo". E como a criança quase sempre vai querer nos cansar para nos forçar a desistir (e a maioria dos pais de-

---

[147] Gênesis, 3:17-19. Nota do organizador.
[148] João, 5:17. Nota do organizador.

siste), sorrimos e insistimos até cansá-la e obedecer-nos. Somente assim ela desenvolverá bons hábitos. Mas esse Deus que expulsou Adão e Eva do Paraíso é absolutamente destituído de sentimentos bons!

A psicanálise, ao interpretar esses símbolos, apresenta uma explicação de rara beleza. No pensamento psicanalítico Adão e Eva simbolizam a descoberta da sexualidade. O Paraíso bíblico representa a infância, quando somos absolutamente inocentes. De repente chega a puberdade, uma fase em que a criança experimenta as descargas hormonais que lhe potencializam a libido e lhe desenvolvem os caracteres sexuais secundários. A puberdade é simbolizada na árvore que contém o fruto proibido do sexo. Esse conceito decorre do fato de que ao descobrirmos a libido desenvolvemos a malícia. A partir daí o indivíduo que transita pela puberdade poderá olhar os seus parentes consanguíneos com outros olhos. O pai já não é tão pai, a mãe já não é tão mãe... Nesse instante podem eclodir conflitos psicológicos, como os complexos de Édipo e de Electra.

Deus também resolveu castigar a cobra. Castigou-a, mais ou menos, assim: "A partir de agora tu rastejarás pelo chão!"[149]. Eu gostaria de saber como é que a cobra andava antes de ser castigada por Deus! Será que ela se deslocava na ponta do rabo, como se fosse uma bailarina?

A serpente é a simbologia do *kundaline*, a energia que se desloca do centro (ou *chakra*) genésico e sobe pelos demais centros vitais até atingir a glândula pineal, desencadeando a liberação dos hormônios da sexualidade.

Ainda segundo o mito da origem da Humanidade, Adão e Eva tiveram dois filhos: Caim, que era mau, e Abel, que era bom. Todo sacrifício que Abel fazia Deus apreciava muito, mas tudo que Caim realizava desagradava ao Senhor da Vida. Essa situação ficou tão insuportável para Caim que ele se enfureceu e matou Abel. Entretanto, é compreensível que o desfecho não poderia ser outro. Imaginemos o que significa ser rejeitado por Deus! Não ser querido por outras pessoas é até suportável. Mas não ser querido por Deus? E ao lado disso ver o irmão ser amado e bajulado até o máximo! Quando Abel acendia uma fogueira,

---

[149] Gênesis, 3:14. Nota do organizador.

Deus o cumprimentava com carinho e o abençoava. Quando Caim sacrificava um carneiro, Deus recusava sumariamente. É uma frustração que levaria qualquer um a experimentar um sofrimento enlouquecedor!

Depois que Caim matou Abel, Deus apareceu-lhe tomado de ódio e perguntou-lhe: "Caim, onde está o teu irmão?". Imaginemos uma cena como essa! O Criador do universo personificado em um velho cheio de ódio por aquele pobre menino ignorante! É uma aberração que eu não posso conceber!

O jovem homicida era uma figura que mereceria piedade, pois ele também era vítima das circunstâncias. O texto bíblico nos mostra que Deus era o culpado por Caim haver assassinado Abel, uma vez que Abel era bom e Caim era mau. Que culpa tinha Caim de ser mau? Afinal, a sua personalidade lhe foi dada pelo próprio Criador. Ele era filho do mesmo pai e da mesma mãe. E só nasceu porque Deus assim desejou.

Para punir Caim, o Criador se aproximou do filho homicida e o expulsou de sua terra natal. Caim reclamou dizendo que a punição era muito severa e que se alguém o encontrasse o mataria. Então Deus marcou o seu filho rebelde colocando-lhe um sinal na testa para que ninguém o matasse. Se Deus queria que as pessoas não matassem Caim, é porque havia mais gente na Terra, o que significa outra contradição, pois o texto bíblico se refere apenas a Caim, Abel, Adão e Eva. Então, quem mais poderia matar Caim? Não havia mais ninguém no mundo...

Quando Deus expulsou Caim, ele foi para as terras de Node e teve um filho com sua mulher. Mas com quem? Só havia uma mulher na terra que era a sua mãe. Caim e Abel representam a dualidade do Bem e do Mal. Portanto, a narrativa é fruto de uma herança psicológica que traduz um arquétipo muito antigo: a dualidade de todas as coisas (*sombra* e *luz*, masculino e feminino, *yin* e *yang*). Essa dualidade forma o *Tao*, a integração das metades complementares, dando harmonia a tudo o que existe, de acordo com as mais antigas tradições orientais.

Outro aspecto que desejamos destacar neste mito é que a humanidade inteira não poderia originar-se de um único par de seres humanos, o que certamente tipifica uma proposta cientificamente absurda! O povoamento da Terra por uma única família é geneticamente improvável, porque os filhos que se originam dos mesmos genes, não

DIVALDO FRANCO

raro apresentam deficiências físicas que podem reduzir a expectativa de vida ou mesmo determinar a morte prematura. Pais, tios, avós, e irmãos não poderiam gerar toda a Humanidade. E se fosse verdade seria um dos acontecimentos mais promíscuos e lamentáveis da história da humanidade: o filho tendo relações sexuais com a mãe e as irmãs; o pai relacionando-se sexualmente com as filhas, já que no início só havia um casal, conforme o texto elucida. Daí, chegaríamos à conclusão de que Deus seria um ser imprevidente, pois ele deveria saber que ao colocar na Terra somente Adão e Eva obrigaria a família a manter relações sexuais incestuosas. Desta forma, o Criador teria programado a evolução humana de maneira grotesca e vulgar, para depois enviar a Lei e tentar moralizar os costumes selvagens que Ele mesmo incentivou. Seria muito melhor enviar a Lei primeiro e em seguida criar a Humanidade.

Portanto, toda a narrativa referente a Adão, Eva, Caim e Abel é mitológica, como muitas narrativas semelhantes que existem pelo mundo, na tentativa de explicar a origem da humanidade. São ideias arquetípicas presentes no inconsciente coletivo. Este mito foi elaborado para dar àquele povo simples e nômade, que vagou pelo deserto por tantos anos, uma ideia aproximada a respeito de muitos séculos da realidade da Criação.

Atualmente, a psicanálise decifra este mito e nós temos duas provas da evolução darwiniana: os fósseis descobertos pela Paleontologia e a história genética dos seres vivos, que a decodificação do genoma humano permitiu.

De tudo que foi analisado, dois ângulos são destacados pelos autores mais severos em relação à mulher. O primeiro deles, é que a mulher é inferior ao homem porque Deus criou Adão por inteiro, ao passo que Eva é apenas um pedaço do primeiro ser que chegou a Terra, já que ela se teria originado de uma costela. Por isso, a mulher tem que ser sempre um acessório do homem, sem identidade própria e destituída de qualquer importância.

O segundo aspecto é que Eva seduziu o seu companheiro, mas ele cedeu por culpa dela, não porque ele fosse frágil. São Jerônimo é um dos autores que procuram demonstrar essa tese.

À luz da Psicologia junguiana Adão e Eva simbolizam a complementação das polaridades: o *animus* e a *anima*. Eva é a porção feminina do homem, ao passo que Adão é a porção masculina de todas as mulheres.

Mesmo com a importante participação do elemento feminino no contexto judaico-cristão, a herança machista e repressora se perpetuou.

Na tradição católica, por exemplo, registramos a presença histórica de mulheres ímpares como Maria de Nazaré, Maria de Magdala, Joana de Cusa, Maria de Jerusalém e tantas outras que foram a glória da Doutrina Cristã nascente! Dorcas é outro exemplo da superioridade feminina no Cristianismo primitivo. Ela foi uma mulher gentil e caridosa, que costurava roupas para os desvalidos e transformou a sua casa de costureira na igreja primitiva de Paulo, na qual ele passou a levar a todos a mensagem do Cristo. E é ali, junto àquela mulher valorosa, que ele encontrou o repouso para as suas fadigas.[150]

Nenhuma dessas figuras expressivas foi suficiente para emancipar a mulher. Somente por volta de 1870 é que a mulher foi reconhecida como um ser que também era dotado de alma, já que a cultura do ódio à mulher se prolongou por muitos séculos. É possível constatar essa realidade histórica quando nos recordamos de que o papa Paulo VI publicou em 1968 a sua encíclica *Humanae Vitae*, afirmando que a mulher só serve para procriar. A justificativa para teólogos, filósofos e escritores escreverem textos tornando o prazer sexual um pecado ou uma prática condenável, no intuito de decidir sobre a vida íntima das pessoas, é o fato de que esses autores experimentavam grandes conflitos sexuais. E na impossibilidade de resolverem os seus dramas optavam por *castrar psicologicamente* os outros, impondo penas arbitrárias e atitudes impiedosas, no intuito de condenarem sumariamente a vivência sexual.

Uma análise equilibrada faz-nos concluir que são inúteis tanto a promiscuidade quanto a castração, pois a função sexual é um dos aspectos mais importantes da vida humana. Assim como a alimentação, a respiração ou a circulação sanguínea, a atividade sexual saudável é fonte de vida, uma vez que está relacionada aos hormônios físicos,

---

[150] Para ver o breve relato que a Bíblia faz a respeito da vida de Dorcas, consultar Atos, 9:36-43. Nota do organizador.

mas também permite aos parceiros a troca de hormônios psíquicos, que contribuem para o nosso bem-estar e felicidade. De fato, a reprodução da espécie é o objetivo maior do fenômeno sexual, mas as sensações e emoções que o sexo proporciona são meios que a Divindade nos ofereceu para contribuir em favor da nossa evolução. A visão de que o sexo é algo pecaminoso e vulgar está na alma das pessoas que não conseguem administrar os seus conflitos psicológicos.

Eu nunca me esquecerei da obra magistral de Victor Hugo, *O Corcunda de Notre Dame*, publicada em 1831, quando um sacerdote austero que vivia em castidade encontra a cigana Esmeralda e se apaixona por ela. Como era incapaz de exercer o sexo, manda matá-la. É o fenômeno psicológico da projeção. Sempre atacamos nos outros o problema que carregamos no íntimo. Nosso drama pessoal serve de parâmetro para que visualizemos no semelhante algo que conhecemos bem. Se somos mentirosos, descobrimos outro mentiroso em qualquer lugar. Se somos verdadeiros, logo visualizamos quem é honesto, pois sabemos quais são as características da honestidade. Por esta razão, quem é frustrado em uma área qualquer da vida tende a realizar o mecanismo de projeção. Quando constatarmos que uma pessoa é perseguida, não será difícil entender que os seus perseguidores estão tentando *matar* no perseguido o conflito que lhes dilacera a intimidade e que não têm coragem de solucionar. Este será sempre um grande desafio: a coragem de autodescobrir-se, de analisar as suas fragilidades e trabalhá-las. Somos um diamante bruto que está sendo modificado pelas experiências da vida. Todos nós possuímos um brilho potencial, mas somente a lapidação das experiências irá dar-nos brilho total.

Essa era a injunção histórico-antropológica que predominava. Mas até hoje estamos pagando o preço de incorporar na nossa cultura essa narrativa absurda do Paraíso perdido, que não apresenta o menor sentido. E uma das consequências mais nefastas desse lamentável episódio é que o sexo e o ato de procriar tornaram-se um pecado.[151]

---

[151] Nos capítulos "Energia Sexual" e "Educação Afetivo-Sexual", deste livro, Divaldo narra suas dificuldades para lidar com as questões da sexualidade. Ao analisar o contexto cultural judaico-cristão, o presente capítulo nos proporciona uma melhor compreensão das dificuldades mencionadas. Nota do organizador.

Após os primeiros momentos históricos da psicanálise foi necessária uma revisão dos seus fundamentos pelos continuadores do movimento, pois o próprio Freud apresentava preconceito contra a mulher. Ele falava que o ser feminino tem inveja da genitália do homem. Para rebater esta afirmativa outro autor declarou mais tarde que era o homem que tinha inveja da genitália feminina.

As definições, redefinições e batalhas conceituais travadas pela psicanálise evidenciam a dificuldade em equacionar o pensamento cristão e consequentemente a personalidade de Jesus. Por isso, a Psicologia junguiana (ou Psicologia Profunda) foi capaz de abordar a realidade de Homem de Nazaré com lentes de observação mais precisas.

JESUS SOB O OLHAR DA PSICOLOGIA

Hanna Wolff,[152] uma das maiores psicólogas junguianas do século XX, teve a coragem de escrever que Jesus conseguiu realizar o feito mais extraordinário catalogado pela Psicologia: ser alguém pleno, integrando com a mais absoluta perfeição o *animus* e a *anima*. Ele foi o único ser da História humana que atingiu a harmonia entre as duas polaridades psicológicas. Na expressão de Joanna de Ângelis, Ele atingiu um estágio de *androginia psicológica perfeita*.

Muitas das teses que a autora apresenta foram referendadas e aprofundadas pelo Espírito Joanna de Ângelis em um livro no qual a benfeitora estuda a personalidade de Jesus pela ótica junguiana, transpessoal e espírita.[153]

Quando os fariseus se aproximam de Jesus e Ele se resolveu por repreendê-los, Joanna de Ângelis afirma que o Divino Amigo assumiu um comportamento de masculinidade enérgica para fazer frente à impostura. Ele experimenta ira, um reflexo da sua natureza humana, uma vez que a ira é um fenômeno com bases fisiológicas. O sábio Espírito denomina *Ira Santa*, porque destituída de qualquer resíduo de ódio ou de

---

[152] 1910-2001. Nota do organizador.
[153] *Jesus e o Evangelho à Luz da Psicologia Profunda,* de Divaldo Franco/Joanna de Ângelis, Ed. LEAL. Nota do organizador.

ressentimento. Este ângulo da personalidade de Jesus ressalta a presença do *animus* em sua estrutura psicológica, pois a sua realidade era composta pelos dois parceiros (*animus e anima*) em estado de completa integração.

Eu fico imaginando a voz do Galileu reverberando para advertir os insensatos: "Hipócritas! Sepulcros caiados de branco por fora e por dentro somente podridão! Raça de víboras! Até quando vos suportarei?!".

A maioria de nós procura escamotear a verdade, ri e deixa a situação de lado, para não entrar em contenda. Nós não temos a coragem de dizer que alguém é hipócrita porque para isso nos falta a autoridade moral que Jesus possuía.

Como os fariseus estavam imersos na *sombra* impenetrável dos interesses pessoais, Jesus não poderia adotar uma postura covarde e subserviente, pois são instantes que exigem atitude enérgica e viril. O comportamento farisaico fez com que os pusilânimes se reunissem em segredo para tentar matá-lO, pois a *sombra* é covarde, não tendo coragem para enfrentar a *luz*.

Quando Jesus encontrou a esposa flagrada em adultério, ameaçada de apedrejamento, o Mestre tomou-lhe o partido. E, diante daquela mulher humilhada, Ele certamente foi tocado em sua sensibilidade feminina, em sua *anima*, considerando que aquela que praticara o delito estava prestes e ser submetida a uma morte dolorosa por lapidação. E Jesus, que foi o primeiro defensor da mulher, dando-lhe o direito de igualdade, resolveu tomar uma atitude diferente. Os acusadores exigiam que ela fosse apedrejada, mas ao mesmo tempo queriam testar se o amor e a misericórdia ensinados por de Jesus seriam postos em prática. Se Ele propusesse o perdão estaria afrontando as leias judaicas. E se concordasse com a lapidação os seus ensinamentos seriam considerados uma pregação vazia de sentido. Nessa circunstância qualquer coisa que dissesse O faria cair em contradição e seria alvo de críticas. Sua resposta para o desafio revelou uma postura máscula, governada pelo seu conteúdo *animus*:

— Aquele que estiver sem pecado, atire-lhe a primeira pedra!

Em silêncio, o Homem Galileu inclinou o corpo e começou a escrever no pó da praça. Imediatamente, as pessoas foram assaltadas pela curiosidade de saber o que Ele escrevia. É da natureza humana essa curiosidade, fazendo que os apedrejadores, tentassem ler o que fazia. À medida, porém, que cada um olhava, Ele anotava uma falha do seu caráter, responsável pelos seus delitos correspondentes, tais como: ladrão, hipócrita, adúltero... Cada um que lia os seus crimes escritos na areia ia-se retirando do local, assolado pela vergonha e pelo receio de ser descoberto. Dentro de alguns minutos a praça estava deserta. Naquele momento, com o lugar esvaziado de acusadores, Jesus olhou a mulher, que estava com a emoção descontrolada, e perguntou-lhe:

— Mulher, onde estão os teus acusadores?

— Todos se foram, Senhor!

É óbvio que os acusadores se retiraram porque todos eram piores do que ela. Além disso, se a mulher estava sendo acusada de ser adúltera, é porque havia praticado o adultério com outro homem que não era o seu marido. Onde estava o adúltero? Só há uma mulher caída porque existe um homem que a derrubou. E o marido dela? Onde estava? Será que ele também não seria corresponsável pelo fato? Será que ele cumpria com os seus deveres conjugais? Não teria sido o próprio parceiro irresponsável quem levou o amigo sedutor para a sua casa, aproximando-o da esposa? Não é difícil imaginar que o visitante foi aos poucos envolvendo a mulher do amigo em uma ternura que o marido desatento deixou de oferecer-lhe. E ela, fragilizada pelo desprezo do companheiro, fez uma *transferência*, associando a imagem daquele marido gentil do passado à voz suave do visitante, que lhe fazia recordar a juventude. Quando finalmente aceitou a carícia do homem astuto, tinha os pensamentos voltados para o companheiro, revendo pelas telas da memória o marido dos tempos em que era carinhoso. Esse foi o grande jogo psicológico que Jesus percebeu.[154]

O Homem de Nazaré insistiu no diálogo:

— Se os teus lapidadores foram embora e ninguém te condenou, eu também não te condeno! Vai, e não tornes a pecar!

O enfrentamento dos pusilânimes é uma das demonstrações mais belas da manifestação do *animus* de Jesus. É necessário coragem para

---

[154] Esta explicação está no livro *Pelos Caminhos de Jesus,* de Divaldo Franco/Amélia Rodrigues, Ed. LEAL, cap. 15 (Encontro de Reparação). Nota do organizador.

arrostar as leis ignóbeis e as pessoas indignas, sem rebaixar-se e sem as humilhar. A postura de equilíbrio para dizer a verdade desprovida do desejo de vingança, mas com o intuito de educar, é muito difícil de ser praticada. Ele conseguia esta façanha com naturalidade, porque era um homem no qual se expressava a polaridade masculina com todo vigor, que o levava a uma atitude de franqueza e de transparência, mas em quem também predominava a doçura maternal, que O induzia à atitude de compreensão irrestrita. Ele deu uma mensagem enérgica, mas simultaneamente acolheu a mulher em seu sofrimento, ofertando-lhe um colo generoso de mãe. Nesse momento é a *anima* (o amor de mãe) que fala pela sua boca. Se o mestre fosse reproduzir os princípios da lei judaica, deveria julgá-la conforme os costumes da época, prescrevendo-lhe a pena de apedrejamento. Ao contrário disso, Jesus optou pela compaixão, que se desvela nas palavras gentis do capítulo 8 do Evangelho de João, que todos conhecemos: *"Mulher, onde estão os teus acusadores?"*.

Só a mulher-mãe é capaz de um gesto de tamanha grandeza! É um sentimento de maternidade adimensional, que se expressa além da forma física. Uma pessoa poderá ser mãe da arte, mãe da beleza e da cultura. A maternidade biológica não é a única forma de progenitura. Foi exatamente este sentimento que caracterizava a *anima* que se manifestava em Jesus. Mas Ele não se tornou um homem com trejeitos e hábitos femininos. A sua masculinidade permaneceu intocada e o seu animus pode ser identificado no instante seguinte da absolvição da mulher adúltera: "Vai em paz, mas não tornes a pecar!".

É possível notar que o Grande Educador não concordou com o erro dela. Inicialmente Ele usou de misericórdia maternal para em seguida lançar mão da advertência paternal firme e consciente, estabelecendo que a partir daquele momento qualquer delito cometido pela mulher seria grave, porque agora ela não possuía mais a *sombra* da ignorância.[155]

A mesma expressão maternal se manifesta em Seu diálogo com Maria de Magdala, quando a mulher arrependida invade a casa de Si-

---

[155] Esta passagem é analisada no livro *Jesus e o Evangelho à Luz da Psicologia Profunda*, de Divaldo Franco/Joanna de Ângelis, Ed. LEAL, cap. 16 (O Ódio). Ver também *Luz do Mundo*, de Divaldo Franco/Amélia Rodrigues, Ed. LEAL, cap. 13 (Atire a Primeira Pedra). Nota do organizador.

mão para lavar-lhe os pés com perfume de nardo, enxugando-os com seus cabelos. Disse-lhe Jesus: "Por muito amares, teus pecados são perdoados!". Esta é também uma atitude tipicamente feminina.

Curiosamente, convencionou-se que o homem tem que ser rígido e insensível. Sua tarefa é buscar o pão para o lar, ser o provedor das necessidades materiais da família. O Homem-Jesus deu outra dimensão à figura masculina e apresentou uma alternativa de maior amplitude. E por isso, a tradição judaica encontrou n'Ele um defensor da mulher e dos seus direitos. Ele estava sempre cercado pelas mulheres, até no momento da crucificação, quando todos os seus amigos homens fugiram, com exceção de João. Ali estavam mulheres piedosas: Joana de Cusa, Maria de Magdala, Maria de Nazaré, Verônica... Todas arrostaram as consequências de enfrentar a tradição do seu país e os soldados vulgares do Império Romano. Nenhuma delas temeu os resultados da sua opção corajosa, seguindo ao lado do seu amigo até os últimos momentos, Aquele que lhes havia dado dignidade durante toda a vida.

Em outra ocasião, um jovem rico se aproximou do Mestre e O inquiriu:

— Senhor, eu desejo seguir-te! Gostaria de entrar no Reino dos Céus! O que é necessário fazer?

— O que a Lei recomenda? — redarguiu Jesus.

— A Lei apregoa que é necessário amar a Deus, e eu O amo; que é indispensável respeitar os pais, e eu fui um filho excelente, embora hoje eu seja órfão; as escrituras também recomendam não roubar; não desejar a mulher do próximo... Eu tenho obedecido completamente a todos esses mandamentos. E agora? Que faço?

— Agora vai, vende tudo que tens, dá os teus pertences aos pobres e segue-me!

Esta recomendação é um verdadeiro conselho de mãe, pois ele falava suavemente ao coração do rapaz.

— Eu poderia fazer isso — respondeu o jovem. — Sou muito rico! Poderia libertar-me dos bens aos quais não estou apegado. Mas amanhã haverá uma corrida tradicional entre nós hebreus e os romanos. Será uma corrida de bigas num lugar aqui próximo, em Cesareia. Pretendo esmagá-los, porque tenho os melhores corcéis e possuo braços vigorosos, além de ter treinado exaustivamente para este evento. Eu desejo humilhar os romanos que humilham o meu povo! Depois disso eu te seguirei.

O *animus* se voltou para o rapaz e deu o ultimato:

— Só aceitarei a tua oferta se for agora! Se tu queres seguir-me, terás que ser agora!

— Mas agora, Senhor? Antes do meu compromisso?

— Agora ou nunca mais!

Com essa proposta Jesus nos ensina que na vida é necessário ter decisão. É muito comum que nos esquivemos quando surge um desafio que nos exige uma posição definida. Uma pessoa pergunta-nos: "Qual a sua opinião sobre isso? Será agora?". E nós respondemos com o comportamento pusilânime que nos demarca o caráter: "Bem... Quer dizer... Vamos ver! Quem sabe, mais tarde? Vamos ver o que acontece até lá". E não apresentamos uma decisão firme. Falta-nos altivez!

— Agora ou nunca mais! — sentenciou Jesus.

O jovem parou por um instante para refletir. A tradição narra que ele carregava um cacho de uvas maduras nas mãos. Estavam diante do entardecer. A fímbria de ouro do Sol emoldurava o dorso das montanhas ao longe... Ele estava sob uma pérgula, conforme escreve o Espírito Amélia Rodrigues. Naquele momento o jovem oscilou como um pêndulo de relógio. De uma lado estava Deus. Do outro estava o mundo. Em ambos os lados a glória o esperava. Só que uma era efêmera, enquanto a outra era eterna. Ele era jovem e tinha receio de perder oportunidades importantes. Aquele era o momento da decisão. E decisão é o grande desafio da vida!

Subitamente ele se recordou que dentro de alguns minutos deveria participar de um banquete no qual seriam definidas as últimas regras da competição que ocorreria no dia seguinte. O jovem deixou cair o cacho de uva, que arrebentou no chão e se misturou ao pó da terra, formando uma pequena massa de lama, deu as costas a Jesus e pôs-se a correr na vã ilusão de após a vitória retornar para seguir o Mestre.

Jesus se entristeceu... Era a *anima* lamentando a opção feita pelo rapaz. Quando Pedro e os amigos chegaram da aldeia próxima, onde foram comprar suprimentos no mercado, viram o Galileu triste e indagaram:

— Senhor, que se passa?

Ao que Ele respondeu:

— É tão difícil um rico encontrar o caminho para Deus! Mais fácil passarmos uma corda de grande espessura pelo fundo de uma agulha do que um rico entrar no Reino de Céus![156]

Alguns estudiosos precipitados afirmam que nessa passagem evangélica Jesus teria amaldiçoado a riqueza. Será que esta opinião é coerente? É evidente que não! Temos que compreender a riqueza a que ele se reportou, pois o jovem declarou que poderia renunciar aos bens materiais aos quais não se apegara. É que existem algumas falsas riquezas a que nós não renunciamos.

Muitos somos capazes de dar até a roupa do corpo, mas não concedemos o perdão a quem nos feriu. Nesse caso, a nossa riqueza se chama orgulho. Outros oferecem uma moeda a uma pessoa na rua, mas não são capazes de dar-lhes um aperto de mão. Dirão simplesmente: "Imaginem! Eu, apertar a mão daquele sujeito? Jamais faria isso! Prefiro morrer". Esta é a riqueza da presunção. A juventude é também uma riqueza. E alguns pais piegas dizem: "Não! Meu filho não pode gastar sua juventude com essas coisas! Primeiro ele tem que gozar a vida! Depois ele poderá pensar em Deus!". E se este filho morrer antes de ficar velho? Perderá a oportunidade e voltará a reencarnar com retardo mental ou paralisia junto à mesma família da encarnação anterior, para cobrar ao pai e à mãe irresponsáveis o débito contraído pela sua negligência como educadores.

Por isso, o jovem que era rico de saúde e de mocidade não quis dar esse tesouro ao Ministério do Reino. Ele foi ao banquete e, no dia seguinte, participou da competição de bigas. Em uma das curvas da corrida a sua roda arrebentou o eixo e ele caiu, sendo pisoteado e despedaçado pelos animais que vinham logo atrás.

Com o ventre rasgado e as vísceras à mostra, segundo relata o Espírito Amélia Rodrigues, naquele estado de quase desmaio e abandono definitivo do corpo, ele viu duas mãos distendidas em sua direção, dizendo-lhe:

---

[156] Consultar *Primícias do Reino*, de Divaldo Franco/Amélia Rodrigues, Ed. LEAL, cap. 5 (O Mancebo Rico). Ver também Mateus, 19:16-30; Marcos, 10:17-31; Lucas, 18:18-30. Nota do organizador.

DIVALDO FRANCO

— Vem! Ainda é tempo! Não vieste para estar comigo, mas eu venho para estar contigo!

Era a doçura de mãe, a *anima* que, apesar da atitude ingrata do filho esperava por ele no momento da verdade.

No momento em que Jesus utilizou as forças do *animus*, ao convidar o jovem e lhe dizer "Agora ou nunca mais!", Ele sabia que se o moço rico seguisse com seus planos morreria no dia seguinte. E naquele momento de decisão o jovem perdeu a oportunidade mais extraordinária da sua vida!

Muitos de nós passamos por situações equivalentes, tanto na área dos compromissos espirituais quanto em outros lances da vida social. Precisamos manter uma decisão e a nossa atitude dúbia leva-nos a menosprezar excelentes oportunidades de progresso.

Quando Ele foi visitar Lázaro e as suas irmãs, temos mais um episódio merecedor de análise acurada. Aquela casa foi a residência na qual Ele mais se hospedou. A tradição teológica afirma que Jesus nunca dormiu duas noites seguidas em um mesmo lugar. As duas exceções foram a casa de Pedro, às margens do Mar da Galileia, e a casa de Lázaro, em Betânia.

Eu sempre me pus a imaginar como deveria ser o clima daquela residência em que Ele gostava de estar. Por isso, em uma oportunidade em que fui a Israel, visitei a casa na qual essa família morava, segundo afirma a tradição. Minha imaginação viajou no tempo para reencontrar Jesus na atmosfera daquele lugar: aquele quintal com rosas de saron,[157] aquelas pedras que serviam de mesa, as crianças brincando com alegria e correndo com celeridade por todos os lados, o psiquismo das pessoas e a presença superior do Mestre impregnando a todos...[158]

---

[157] Saron significa "terra plana". Pronuncia-se "xaron". Corresponde a uma região entre o Mar Mediterrâneo e as montanhas do Efrain. As rosas de saron são consideradas das mais belas do mundo, impressionando pela sua beleza e o seu aroma. A referência bíblica está em Cantares 2:1. Nota do organizador.
[158] Através da psicometria Divaldo captou cenas do ambiente. Fenômenos como esse são comuns em suas viagens. Ver o livro *O Semeador de Estrelas,* de Suely Caldas Schubert, Ed. LEAL, cap. 11 (Amélia Rodrigues e as Histórias do Evangelho — Cicerone em Israel). Nota do organizador.

Na ocasião específica que desejo destacar, o doce Carpinteiro conversava tranquilamente com a família. Lázaro estava deslumbrado, ouvindo-o, enquanto a jovem Maria, sua irmã, permanecia enrodilhada aos Seus pés em grande encantamento. Marta providenciava a comida, arrumava a casa e corria de um lado para o outro a fim de manter as coisas em ordem.

Pelo fato de Maria estar em êxtase, escutando apenas as palavras do Nazareno, Marta pediu a Jesus:

— Senhor, manda que Maria venha ajudar-me! Há tanto o que fazer!

Com a sua energia *animus,* Ele retrucou:

— Marta, Marta! Maria escolheu a melhor parte: aquela que não lhe será tirada!

Marta estava voltada para as coisas do mundo, para o atendimento aos protocolos sociais. Maria, ao contrário, procurava sentir o aroma da eternidade...

Algo semelhante acontece comigo em viagens para proferir palestras. Eu me hospedo na casa de alguém e na hora em que a atividade doutrinária vai começar eu me preparo para ir ao local programado. Na hora de sair de casa eu vejo que a anfitriã não vai. Daí eu questiono o porquê daquela situação:

— A senhora não vai conosco?

— Não, Divaldo! Não posso! Tenho que ficar aqui e providenciar tudo.

— Providenciar o quê?

— Tenho que fazer os preparativos para o lanche.

— Mas eu não lancho após a palestra.

— Ah! Mas nós convidamos algumas pessoas para um pequeno lanche depois da atividade doutrinária... E por isso eu não poderei acompanhar a sua conferência.

— Então eu peço licença para dizer-lhe que a senhora não mais contará com a minha presença em sua casa. A senhora está demonstrando que não valoriza o principal, que é o encontro de estudos agendado pela Instituição Espírita. É verdadeiramente lamentável a sua escolha da parte menos importante. Talvez eu não retorne nunca mais à sua cidade e a senhora perderá uma oportunidade de aprender um pouco mais e confraternizar conosco.

O mais curioso é que, muitas vezes, quando retorno da palestra e a anfitriã recebe as pessoas para o lanche, tem a coragem de me solicitar:

— Divaldo, você poderia repetir um pouco aquilo que falou na conferência? Assim eu não perderia todo o conteúdo.

E eu respondo:

— De forma alguma! Não posso fazer uma nova palestra no momento do lanche. Como, porém, está gravada, a irmã a ouvirá depois.

Temos que ser firmes em situações dessa natureza para não comprometermos os objetivos que nos dispusemos a atingir. Muitas vezes, a recepção para o lanche é mais frequentada do que a própria palestra. Trocar uma palestra por uma recepção social, que poderia ser realizada em outra circunstância, é uma demonstração cabal de inversão de valores e de perda de oportunidade. Por que o dirigente se sente na obrigação de alimentar convidados?! Que cada um se alimente na sua própria casa e reserve o tempo disponível para aproveitar o evento. Fomos lá para uma palestra, não para um banquete! A mensagem e a meditação em torno da imortalidade são o motivo do nosso encontro, embora seja compreensível que a convivência fraterna nos enriqueça de paz. No entanto, é uma grande incoerência trocar o que é principal pelo que é acessório.

Não nos devemos permitir engolfar pela ilusão! Com a sua postura *animus* foi esta a lição que o incomparável Amigo nos deu quando advertiu Marta, pois ela escolheu as coisas transitórias do mundo em vez de estar em comunhão com Ele.

Contudo, quando Jesus estava em um lugar bastante longe daquele lar abençoado, recebeu as notícias de um mensageiro que O procurou com sofreguidão:

— Senhor, eu venho da parte dos teus amigos de Betânia. Lázaro morreu!

Naquele momento Jesus chorou! Imaginemos Ele chorando com a notícia do falecimento de um amigo querido... Era a mãe entrando em pranto doloroso por um filho que se foi... Em seguida Ele projetou o psiquismo na direção da casa e informou ao mensageiro:

— Não. Lázaro não está morto! Ele apenas *dorme*.

Mais uma vez era o *animus* que se apresentava, revelando a certeza da permanência de Lázaro no mundo físico. Foram necessários mais três dias para que Jesus visitasse a família que chorava a perda do ente querido. E quando Ele finalmente foi ao encontro da família, Maria lhe disse:

— Senhor, nós sabemos que se tu estivesses aqui meu irmão não estaria morto!

Jesus ouviu aquelas palavras e mandou retirar a pedra de moinho que vedava a sepultura.

A estrutura das sepulturas era constituída por uma grande escavação na rocha, dentro da qual havia uma antecâmara e outro compartimento mais interno. Os dois espaços eram separados por uma segunda porta. Era no compartimento mais recluso que normalmente estava a tumba propriamente dita, escavada no chão, em posição horizontal, e selada com outra pedra de grandes proporções. O corpo poderia ser depositado tanto no primeiro quanto no segundo compartimento, como aconteceu com Jesus. A pedra que selava a entrada, dando acesso à antecâmara, era enorme, de moinho, arredondada, o que facilitava o trabalho na hora de movê-la.

Quando Jesus solicitou que retirassem a primeira pedra, as pessoas sentiram o odor pútrido que emanava do interior da sepultura. Todos disseram:

— Mas ele está morto! Não há o que fazer!

Lázaro era portador de uma grave doença de pele, uma dermatose, que as populações do passado chamavam de lepra. Este episódio é a origem de uma expressão que é encontrada na bíblia e em outros textos antigos, nos quais o leproso era chamado de lázaro ou lazarento, numa referência histórica à figura de Lázaro. E em muitos casos não se tratava mesmo de lepra. Como não havia diagnóstico, qualquer caso de enfermidade purulenta da pele, era logo classificado como um caso de hanseníase devoradora.

Lázaro, irmão de Marta e Maria, estava há três dias na sepultura com o corpo rígido e em pé, envolvido por ataduras, como se fosse uma múmia. Com a pele abafada e a dermatose purulenta se manifestando, ele naturalmente exalava odores desagradáveis. A perda dos movimentos não indicava que ele estava morto, mas que experimentava os efeitos da catalepsia. Tratava-se, na verdade, de um transe cataléptico. E, enquanto as pessoas tentavam vedar o nariz para não sentirem os odores, Jesus se aproximou e disse, em aramaico, uma frase muito conhecida que a tradição teológica consagrou em latim:

— Lázaro, surge et ambula! (Lázaro, levanta-te e anda!)

Ao ouvir a palavra do Mestre e receber as suas irradiações psíquicas superiores, Lázaro se moveu e começou a tirar as ataduras, sendo em seguida restituído à sua família. Mas como a morte é um fenômeno biológico e as leis de Deus são inderrogáveis, Lázaro veio a morrer tempos depois.

Esta é a razão pela qual Jesus disse, diversas vezes: "A minha mensagem é de ressurreição e vida eterna!",[159] pois é exatamente esta vida transcendente que não pode ser tomada e jamais será consumida.

Quanto mais analisamos as palavras e os atos de Jesus, constatamos uma realidade psicológica em que as duas naturezas, *anima* e *animus*, geram um ser absolutamente integral, que se revela em um homem pleno e harmônico, merecendo dos Espíritos a mais bela definição, conforme a questão 625 de *O Livro dos Espíritos*, quando Allan Kardec interrogou as entidades superiores: "Qual o ser mais perfeito que Deus ofereceu ao homem para servir-lhe de guia e modelo?". E os Espíritos respondem: *"Jesus"*.

Notemos que na formulação da pergunta o codificador teve o cuidado de dizer "qual o ser" (ou "qual o tipo", a depender da tradução). Ele poderia ter dito "qual o homem", "qual a mulher" ou "qual o Espírito". Mas o mestre lionês optou por uma expressão que vai além da *persona*, estabelecendo o conceito de *ser integral*, aquele em que os dois símbolos psíquicos (as duas polaridades) estão plenamente harmonizados.

Podemos dizer que o Jesus que o Espiritismo propõe não é aquele que está crucificado e suspenso na parede. Essa figura de Jesus representa um distúrbio sadomasoquista, pois ela sugere duas interpretações falsas. Na primeira, o indivíduo vê a dor da crucificação e passa amar Jesus em razão do Seu sofrimento, numa postura sadista de amar aquele que

---

[159] Algumas passagens em que Jesus utiliza essas expressões: João, 11:25-26; João, 6:47; Mateus, 25:46. Nota do organizador.

sofre. Na outra falsa interpretação, o indivíduo entende que se Jesus estava integrado ao psiquismo divino e sofreu intensamente, ele também terá que sofrer para encontrar o Reino dos Céus, o que não deixa de ser uma postura masoquista, uma vez que o sofrimento em si mesmo não é o caminho para a felicidade. Para encontrar a felicidade precisamos amar! A dor é um acidente de percurso que se instala quando não observamos a Lei de Amor. O Espiritismo é uma Doutrina de otimismo. Sugere-nos amar para sermos felizes!

Daí, vamos descrucificar Jesus e levá-lO a qualquer lugar em que nós estejamos! Que Ele fale pela nossa boca. Que Ele aja pelas nossas mãos.

A crucificação, aliás, é uma demonstração eloquente da perfeita integração entre a *anima* e o *animus* de Jesus, porque Ele preferiu morrer a ceder, já que poderia simplesmente ter concordado com Pilatos, com Herodes ou com o Sumo Sacerdote do Templo de Jerusalém. Mas o Mestre optou por perder o corpo físico em lugar de submeter-se às paixões miseráveis das criaturas humanas. É necessário ser *animus* para tomar tal atitude em benefício do ideal que se apregoa.

Quantos teremos essa coragem? Diante dos enfrentamentos da vida, muitas pessoas ficam em uma posição cômoda de concordar com o lado que estiver levando vantagem. São seres imaturos, cujo *animus* ainda se encontra vacilante. Por outro lado, a personalidade de Jesus é uma característica de amor. Ele era o homem que amava qual mãe, apesar de ser um amigo vigoroso que agia como pai. Foi atado a um poste para ser agredido, sofrendo com as chibatadas que lhe dilaceraram o corpo em várias regiões, porque eram dois os soldados que o surravam: um lhe chicoteava nas costas e o outro nas pernas. Utilizavam correias de couro cru com esferas de metal cortantes nas pontas para rasgar as carnes com mais eficiência. O objetivo da flagelação tão cruel era diminuir as resistências de Jesus para que Ele não demorasse a morrer quando estivesse crucificado. O Nazareno experimentava a contorção da dor, mas não reclamava. E ao ser atado à cruz, o Prisioneiro rogou a Deus: "Perdoa-os, meu Pai! Eles não sabem o que fazem!" Era a *anima*, o sentimento sublime de maternidade que se fazia presente em um gesto de perdão, oferecendo-nos a grande lição do amor e convidando-nos a segui-lO.

Ser vigoroso quando necessário e terno quando a situação assim exigir é algo que verdadeiramente nos desafia.

É muito comum notarmos esse conflito nos casais. A esposa se aproxima do marido e diz:

— Então, meu bem?

E ele responde de má vontade, em poucas palavras:

— O que é?

Nesse momento percebemos a manifestação do *animus*, machista e violento, que dirige o comportamento do marido. Mas a mulher não deve ceder:

— Olha, meu bem. Você não é nenhum rio cheio que ninguém possa atravessar. Eu vou insistir! Você me ama?

Ele vai continuar fingindo que não sabe falar de amor.

— O que é que você quer de mim? Por que me faz tantas perguntas?

Mas a mulher não se deve dar por vencida:

— Eu sei que você tem afeto por mim. Afinal, quando éramos jovens e sonhadores você me dizia tantas coisas lindas...

O marido aproveita a oportunidade e responde:

— Pois é. Eu dizia aquelas coisas quando éramos sonhadores. Mas agora eu já despertei!

E ela não deixa por menos:

— Então trate de voltar a sonhar!

Uma palavra de carinho significa a permanência do amor do casal. E aquele que ainda não aprendeu a falar de ternura deve esforçar-se mais, no intuito de realizar a fusão entre a energia e a sensibilidade.

O Espírito de Verdade ofereceu-nos a todos uma orientação da mais alta relevância: *"Espíritas, amai-vos e instruí-vos!"*. Notemos que esta recomendação vai ao encontro do processo de integração a que nos referimos. Temos que estudar a Doutrina, penetrá-la, conhecê-la em profundidade em vez de ficarmos apenas na superfície. É o princípio do *animus* retratado na frase do nobre Espírito que guiava o codificador. No entanto, a proposta do estudo deve ser coroada com uma atitude de amor fraternal, que traduz o movimento permanente da nossa dimensão *anima*.

Por isso, a Doutrina Espírita nos convida a fazer a integração do *animus* na *anima* e da *anima* no *animus*. O nosso lado feminino integra-se na masculinidade, enquanto o nosso lado masculino se articula com a nossa dimensão feminina. Em determinados momentos utilizaremos o recurso da energia para arrostar os desafios. Em outras situações deixaremos que a doçura fale mais alto.

Jesus é o nosso modelo de sexualidade integral! Nas conjunturas que atravessarmos, em meio às dores que nos afligem ou em qualquer circunstância recordemo-nos do Incomparável Amigo. Seja qual for o desafio que nos alcance, Jesus é a resposta. Ao surgirem dúvidas, façamos a nós mesmos a seguinte pergunta: Que faria Jesus se estivesse em meu lugar? Se nos questionarmos qual seria a conduta do Homem-Jesus frente aos problemas que batem à nossa porta, certamente seremos balsamizados por uma brisa gentil que tomará conta da nossa alma e nos levará às lágrimas e ao êxtase, quando reconheceremos a nossa pequenez e seremos induzidos ao mais profundo sentimento de gratidão...

Anotações

Anotações

Impressão e Acabamento

(011) 4393-2911